Siedler
Deutsche Geschichte

Buch

Ein europäisches Friedenswerk steht am Beginn dieser Epoche – der Westfälische Friede von 1648. Er beendet den Dreißigjährigen Krieg, der für Deutschland mit dem Verlust von einem Drittel seiner Bevölkerung und der Verwüstung ganzer Landstriche katastrophale Auswirkungen gehabt hat. Der Westfälische Friede ordnet die Kräfte auf dem Kontinent neu und sichert die Existenz des Reiches für weitere 150 Jahre. Doch die Hauptrolle spielen nun andere: die europäischen Mächte und ihre Allianzen.

Im Laufe des achtzehnten Jahrhunderts treten Preußen und Österreich immer deutlicher in den Vordergrund. Gemeinsam mit England, Frankreich und Rußland sind sie die Vormächte Europas. Ein neuartiger, auch vom kulturellen Gegensatz zwischen protestantischem Norden und katholischem Süden geprägter Machtdualismus bildet sich heraus, der den alten Verfassungsdualismus zwischen Kaiser und Reich völlig verblassen läßt. Nach dem Ende des Siebenjährigen Krieges 1756 ist Preußen auf dem Weg zur Vorherrschaft in Deutschland.

In der Hochzeit des Absolutismus werden Staatsorganisation und Hofkultur überall in Deutschland vom französischen Vorbild geprägt: Lauter kleine Sonnenkönige versuchen, Ludwig XIV. zu kopieren und Versailles nachzubauen. Die Zeit des Barock gleicht einem Gesamtkunstwerk, denn die Strukturprinzipien der Rationalität und der Berechenbarkeit erstreckten sich nicht nur auf die politische Organisation, sondern auch auf Wissenschaft, Kunst und Musik.

Autor

Heinz Schilling, geboren 1942, ist Professor für Neuere Geschichte an der Berliner Humboldt-Universität. Veröffentlichungen unter anderem: »Religion, Political Culture and the Emergence of the early modern Society« (1992), »Die Stadt in der frühen Neuzeit« (1993).

Heinz Schilling

Höfe und Allianzen

Deutschland 1648 – 1763

Siedler

Inhaltsverzeichnis

Vorwort

Das Buch »Höfe und Allianzen« befaßt sich mit dem jüngeren Abschnitt jener Epoche zwischen Mittelalter und Moderne, den wir frühe Neuzeit nennen. Der ältere Abschnitt ist dargestellt in dem Band »Aufbruch und Krise«. Er behandelt das Werden der Neuzeit im »bürgerlichen« 16. Jahrhundert; das Weltreich Kaiser Karls V., in dem die Sonne nicht unterging; die Abdankung dieses Herrschers und die Aufteilung seiner Länder zwischen der spanischen und der österreichischen Linie des Hauses Habsburg; die Auflehnung Martin Luthers gegen die Papstkirche, die Reformation und die Spaltung der abendländischen Christenheit in feindliche Konfessionskirchen; schließlich die umfassende Krise des ausgehenden 16. Jahrhunderts und den Dreißigjährigen Krieg, der aus der religiösen und politischen Uneinigkeit der Deutschen entstanden war und sich dann rasch ausweitete zu einem alles verschlingenden Ringen der europäischen Mächte auf dem Boden des Reiches.

»Höfe und Allianzen« setzt ein mit der Überwindung dieser Krise im Westfälischen Frieden und der anschließenden Phase neugewonnener Stabilität. Den veränderten Zeitläuften entsprechend, war der Aufbau anders zu wählen als im vorangegangenen Band, und auch neue Akzente galt es zu setzen: Dem Prinzip, deutsche Geschichte als europäische Geschichte darzustellen, war noch entschiedener Rechnung zu tragen – eine Konsequenz der westfälischen Friedensordnung, die den im 16. Jahrhundert aufgestiegenen deutschen Fürstenstaat durch das äußere Allianzrecht abrundete und dadurch im Reich ein Mächtespiel im kleinen auslöste. Wenn deutsche Geschichte je Geschichte »Mitten in Europa« war, dann in der Epoche, von der dieses Buch handelt.

Der Territorial- oder Fürstenstaat beansprucht auch als innenpolitische Handlungseinheit Vorrang – machtpolitisch ebenso wie gesellschafts-, wirtschafts- oder kulturgeschichtlich. Der Fürst und seine höfische oder bürokratische Entourage bestimmten die Lebensverhältnisse und den Gang der Entwicklung. Indem aus der Vielzahl von Ländern und Herrschaften im Verlaufe des 18. Jahrhunderts Österreich und Preußen immer deutlicher als die beiden konkurrierenden Vormächte hervortraten, war diesem neuen Dualismus und der damit zusammenhängenden Konfrontation zwischen Maria Theresia und Friedrich dem Großen besondere Aufmerksamkeit zu schenken. An den beiden politischen und wirtschaftlichen »Riesen« ließ sich zugleich vieles exemplarisch aufzeigen, was auch die anderen deutschen Territorien bewegte, bis hin zu den »Zwergen« unter ihnen.

Sozialgeschichtlich war zu beachten, daß in den deutschen Fürstenstaaten der Adel wieder die erste Stelle einnahm, auch wenn seine politischen Herrschaftsrechte endgültig gebrochen waren. Das Bürgertum, das dem 16. Jahrhundert den Stempel aufgeprägt hatte, war ins zweite Glied zurückgetreten. Da aber höfisch-adliger Glanz und politische Macht ohne ökonomisches Wachstum und ohne Finanzressourcen undenkbar waren, förderten Fürsten und Bürokraten bald auch wieder das Bürgertum. So konnte die im 16. Jahrhundert begonnene, in den langen Kriegsjahren aber ins

Stocken geratene Entfaltung eines frühneuzeitlichen Wirtschaftsbürgertums erneut voranschreiten. Das war ein Prozeß, der schließlich zur Überwindung der alten Gesellschaft führen sollte, zur Ablösung der alteuropäischen Adelswelt durch die Bürgernation des 19. Jahrhunderts. Der ökonomische und gesellschaftliche Wandel, der diesem Umbruch zugrunde lag, wurzelte tief in der Welt der Höfe und Allianzen. Das wird jedoch nur angeschnitten, denn er gehört zur Vorgeschichte jenes neuen Zeitalters, das sich in den Jahrzehnten nach dem Hubertusburger Frieden von 1763 Bahn brach und in dem anschließenden Band »Fürstenstaat und Bürgernation« abgehandelt wird.

Ein weiterer Akzent war auf die Realität des Alten Reiches zu setzen: Auch nach dem Westfälischen Frieden ging die deutsche Geschichte nicht vollständig auf im Mächtespiel von Einzelstaaten, blieb Deutschland mehr als die Addition partikularer Hof- und Untertanengesellschaften. Im Unterschied zu früheren Zeiten findet das Alte Reich in der jüngeren Historiographie eine zunehmend freundliche Beurteilung, ohne daß seine Schwächen geleugnet würden. Dem wird in der Darstellung Rechnung getragen, womit zugleich eine Brücke zur historisch-politischen Kultur der Gegenwart geschlagen wird. Denn es steht einer offenen, demokratischen und liberalen Gesellschaft wohl an, sich auf Rechts-, Freiheits- und Friedenstraditionen ihrer Geschichte zu besinnen, so sehr sich diese auch von den modernen Formen individualistischer Freiheitsrechte und parlamentarischer Demokratie unterscheiden mögen.

Diese Aktualität der frühneuzeitlichen Geschichte und das Vertrauen darauf, sie dem geschärften historischen Bewußtsein unserer Zeit verständlich machen zu können, waren eine wesentliche Voraussetzung für die Arbeit an der zweibändigen Geschichte Deutschlands in der frühen Neuzeit. In den Jahren des Konzipierens und Schreibens hat sich viel Dankesschuld für Ermutigung und Unterstützung angesammelt, die großenteils privater Natur ist. Zwei glückliche Konstellationen gilt es eigens zu nennen – zum einen das inspirierende Interesse von Wolf Jobst Siedler und sein verlegerisches Engagement für eine Epoche, die im öffentlichen Bewußtsein der Deutschen eher am Rande liegt; zum anderen die Atmosphäre von Kreativität und Zuverlässigkeit am Historischen Institut der Universität Gießen, für die den Kollegen, Mitarbeitern und Studenten zu danken ist. In einer Zeit, in der historische Bücher nicht mehr in einer abgeschirmten Gelehrtenstube entstehen, waren das günstige Voraussetzungen. Ob sie genutzt wurden, mag die Kritik entscheiden.

Gießen, im März 1989 Heinz Schilling

Vorwort zur vierten Auflage
im Band »Aufbruch und Krise«.

I.

Deutschland und Europa im Zeitalter der Höfe und Allianzen

1. Das Ancien régime, Höhe- und Wendepunkt Alteuropas

Das Ende der großen Kriege, die Europa in der ersten Hälfte des 17. Jahrhunderts erschüttert hatten und die im Südwesten und Nordosten auch noch während des ersten Jahrzehnts seiner zweiten Hälfte andauerten, markiert zugleich einen Einschnitt innerhalb der frühneuzeitlichen Epoche der europäischen Geschichte. Deutschland und Europa erscheinen nach 1650 in vielfacher Hinsicht in einem anderen Licht als in den Jahrhunderten zuvor. So ist es gerechtfertigt, von einer Zweiteilung der frühneuzeitlichen Geschichte Deutschlands zu sprechen – einer *älteren Frühneuzeit,* von etwa 1500 bis 1650, die nach dem Aufbruch der Reformationszeit in die Verfestigung des konfessionellen Zeitalters und die anschließende Krise des 17. Jahrhunderts einmündete, und einer *jüngeren Frühneuzeit*, die nach Überwindung der politisch-weltanschaulichen Totalkonfrontation sowie der ökonomischen und gesellschaftlichen Schwierigkeiten ein gutes Jahrhundert des Aufbaus und der gefestigten Ordnung brachte.

In der »werdenden Neuzeit«[1] war das Mittelalter von der frühneuzeitlichen Welt abgelöst worden. Das war ein langer Prozeß, der bereits im späten Mittelalter begonnen hatte und der – abstrakt gesprochen – durch Institutionalisierung und Differenzierung des öffentlichen Lebens sowie durch tiefe mentale Umbrüche gekennzeichnet war. An die Stelle des mittelalterlichen Personenverbandsstaates war der neuzeitliche institutionelle Flächenstaat getreten – ein Wechsel in der politischen Organisation, der zugleich im alltäglichen Leben aller Menschen seine tiefen Spuren hinterließ, bei Königen und beim Adel ebenso wie bei Bürgern und Bauern. Auch die Wirtschaft hatte sich neu formiert. Der Frühkapitalismus, der in Italien, den Niederlanden und Oberdeutschland emporgekommen war, hatte sich im Zuge einer großräumigen Verlagerung der transkontinentalen Handelsrouten in den neuen Wirtschaftszentren am Atlantiksaum zur frühneuzeitlichen Weltwirtschaft gewandelt und verdichtet. Produktion, Handel und Verkehr waren in bislang unvorstellbaren Dimensionen gewachsen. So war dies auch und besonders eine Epoche der kommerziellen Revolution gewesen.

Zur gleichen Zeit hatten die Ausweitung des Weltkreises über die Ozeane hinweg nach Asien und Amerika und der Verlust der christlichen Glaubenseinheit die kollektiven und individuellen Denkbilder, die Mentalität der Menschen tiefgreifend verändert. Die Entdeckung Amerikas hatte einen globalen Horizont eröffnet; mit der Reformation war die Einheit der Societas Christiana endgültig zerbrochen. Im Zuge der Konfessionalisierung waren drei religiöse Weltanschauungssysteme entstanden, die schließlich durch eine neue, pietistische Frömmigkeit und durch säkulare Weltentwürfe aufgebrochen wurden. Auch diesen Umbruch erlebten alle Schichten – klar und bewußt die Intellektuellen, das heißt Theologen, Juristen und die rasch an Prestige gewinnenden Naturwissenschaftler, gefühlsmäßig und eher unbewußt der »gemeine Mann« in Stadt und Land.

Das alles war begleitet gewesen von einem gewaltigen demographischen Aufschwung, der die schweren Bevölkerungsverluste der spätmittelalterlichen Pestzüge rasch ausgeglichen hatte. Als dann gegen Ende des 16. Jahrhunderts so viele Menschen in Europa lebten, daß es zu ernsten Versorgungsproblemen kam, war eine Stagnation eingetreten, der schließlich ein mehr oder weniger radikaler Rückgang der Bevölkerungszahlen folgte.

Man hat diese Jahrhunderte der raschen Veränderungen und gewaltsamen Umbrüche als Zeit der Suche nach Stabilität charakterisiert, nach einer neuen, umfassenden Ordnung, die an die Stelle der zerbrochenen mittelalterlichen treten konnte.[2] Nach der Krise des 17. Jahrhunderts, deren gewaltigste Manifestation der große europäische Krieg von dreißig Jahren gewesen war, war dann um 1650 eine neue Stabilität erreicht - soweit man in der Geschichte überhaupt je von Stabilität sprechen kann. In Europa etablierte sich das Ancien régime oder das Alte Reich - wie man in bezug auf die deutsche Geschichte sagen kann. Wie in jeder Sozialformation gab es auch im europäischen Ancien régime innere Spannungen und voranschreitende Veränderungen. In seinen Grundzügen blieb es aber ein gutes Jahrhundert lang erhalten, bis es fortgefegt wurde vom Neuerungssturm der großen atlantischen Revolutionen, der amerikanischen von 1776 und der Französischen von 1789.

Dieses lange Jahrhundert des Ancien régime war Höhe- und Wendepunkt Alteuropas zugleich. Höhepunkt war es insofern, als die Welt des Adels und der Monarchen an Hunderten von großen und kleinen Höfen einen kulturellen Glanz entfaltete, der alles Vergleichbare im Mittelalter und der älteren Frühneuzeit übertraf. Höhepunkt war es auch insofern, als das Mitte des 17. Jahrhunderts in Westfalen (1648), in Oliva (1660) und im Pyrenäenfrieden (1659) etablierte und danach in einer Reihe weiterer internationaler Kongresse immer aufs neue austarierte Friedenssystem das klassische Mächteeuropa hervorbrachte. Seine Allianzdiplomatie vollendete die im Italien der Renaissance entstandene neuzeitliche Idee der Staatenindividualität und band sie zugleich ein in ein System kollektiver Friedenssicherung. Denn durch die neuzeitliche Staatenvielfalt war für Europa der Friede zu einer Frage des Überlebens geworden.

Das Ancien régime war aber zugleich der Wendepunkt Alteuropas, denn der höfische Glanz war Ausgleich dafür, daß die Herrschaftsrechte des Adels entscheidend beschnitten oder umgedeutet worden waren. Im frühmodernen, vom Prinzip der Souveränität her legitimierten und organisierten Staat konnte der Adel nicht mehr eigenständig öffentliche Funktionen wahrnehmen. Damit war das mittelalterliche Feudalsystem überwunden und der Weg frei für den Bürger, der im Verlauf des 19. Jahrhunderts den Adligen ablöste - als geistig-kulturelles Leitbild ebenso wie in seinen Elitefunktionen in Staat und Gesellschaft. Dieser Prozeß zog sich über Generationen hin, und er war begleitet von schweren politischen und sozialen Erschütterungen. Seine Ursprünge aber liegen im Ancien régime selbst. Vor allem in dessen letztem Drittel entwickelte sich eine Formierungs- und Veränderungsdynamik, die die überkommenen geistigen und materiellen Grundlagen der Alten Welt in Frage stellte und so zur bürgerlichen Moderne überleitete. Dieser Wandel setzte ein lange bevor die politischen Umbrüche das Ende des alteuropäischen Zeitalters offenkundig werden ließen. Die Historiker knüpfen daher den Beginn der Moderne nicht mehr an ein einziges Ereignis – etwa den Sturm auf die Pariser Bastille am 14. Juli 1789, der lange als epochesetzende Tat galt. Der Übergang von der alteuropäischen in die moderne Welt war ein zeitlich breit angelegtes Schwellengeschehen, das in den einzelnen europäischen Ländern zu verschiedenen Zeiten einsetzte und zunächst von recht unterschiedlichen Kräften bestimmt war. Damit steht fest, daß jede Darstellung der alteuropäischen Geschichte ihren Endpunkt eigens zu bestimmen hat.

Will man für die deutsche Geschichte einen Zeitpunkt bestimmen, zu dem die Frühneuzeit endet und die Übergangsepoche hin zur Moderne einsetzt, so treten mehrere denkbare Einschnitte ins Blickfeld: das Jahr 1806, in dem Kaiser Franz II. nach einem Ultimatum Napoleons die römisch-deutsche Kaiserwürde niederlegte und damit einen formellen Schlußstrich unter die fast tausendjährige Geschichte des Heiligen Römischen Reiches Deutscher Nation zog; das Jahr 1792, als dieser Kaiser des Übergangs die Regierung antrat und Deutschland durch den Ersten Koalitionskrieg (1792-1797) in den Sog der revolutionären Ereignisse und Ideen geriet;[3] 1789/90, als die seit Mitte des 18. Jahrhunderts »beherrschenden politischen Figuren abgetreten waren und das Donnerrollen aus Paris für ganz Europa eine neue Zeit ankündigte«;[4] oder auch 1786, das Todesjahr Friedrichs des Großen, wenn man deutsche Geschichte vornehmlich unter preußischer Perspektive schreiben will.

Nimmt man aber die Erkenntnis ernst, daß den politischen Umbrüchen mentale, gesellschaftliche, wirtschaftliche und demographische Veränderungen vorangingen, die schon längst die Fundamente der alteuropäischen Gesellschaften untergraben hatten, so wird man einem früheren Datum zuneigen. Denn es war keineswegs so, daß Deutschland bis zum Ende des 18. Jahrhunderts von der umwälzenden Grundwelle unberührt geblieben war, gleichsam als ein Eiland alteuropäischer Unwandelbarkeit, das erst überrollt wurde, als von außen die Woge der Modernität heranbrandete. Auch in den deutschen Einzelstaaten waren die gesellschaftlichen und ökonomischen Veränderungen längst im Gang, als die französischen Revolutionstruppen den politischen Umbruch erzwangen. Eine erste Phase beschleunigten Wandels waren die Jahrzehnte nach Abschluß des Siebenjährigen Krieges. Der Wiederaufbau – das »Retablissement«, wie man damals sagte – geriet vor allem in Preußen und Österreich sowie in einigen anderen nicht direkt vom Krieg betroffenen Gebieten, voran in der Reichs- und Messestadt Frankfurt, zu einem bald mächtigen Wandel, der das Schwungrad der wirtschaftlichen und gesellschaftlichen Modernisierung antrieb.

Nicht anders verhält es sich mit dem Staat und der Politik. In den Formen der politisch-rechtlichen Organisation und im Stil des Regierens lassen sich in den Jahrzehnten, die dem siebenjährigen Mächteringen folgten, tiefgreifende Veränderungen erkennen. Sie brachten einerseits die alteuropäische Herrschafts- und Verwaltungspraxis zur höchsten Entfaltung, machten andererseits aber bereits den Weg frei für Reformen, die zur Überwindung des Ancien régime und zu modernen Verhältnissen in Staat und Gesellschaft führen mußten. Es war die Zeit des bürokratischen und aufgeklärten Absolutismus, den man getrost einen reformerischen Absolutismus nennen darf.[5]

Das lange Jahrhundert zwischen Westfälischem und Hubertusburger Frieden, die Zeit zwischen 1648 und 1763 also, war eine Ära der Höfe und Allianzen. Von diesen beiden Fixpunkten der inneren und der zwischenstaatlichen Organisation aus läßt sich das Zeitalter begreifen, lassen sich seine Verhältnisse, Ereignisse und Persönlichkeiten ausbreiten. Erst in der daran anschließenden Epoche wurden Staat und Gesellschaft so weit versachlicht, daß die historische Darstellung auf abstrakteren Prinzipien und Institutionen begründet werden muß. Bis dahin aber standen die bunten und wechselvollen Konfigurationen der Höfe und Allianzen im Zentrum - mit allen Widerspiegelungen und Entsprechungen, Hemmnissen und Belastungen, die sie in den näheren und weiteren Lebenskreisen hervorriefen. Von einer Epoche der Höfe und Allianzen zu sprechen bedeutet also nicht, in die alte Historiographie der Haupt- und Staatsaktionen oder in die Perspektive des Hofberichterstatters zurückzufallen. Es geht vielmehr darum, die Bauprinzipien und bewegenden Kräfte des Zeitalters bloßzulegen und die Auswirkungen auf Politik, Wirtschaft, Kultur und Gesellschaft zu bestimmen.

2. Eine Welt der Höfe

Mit dem Westfälischen Frieden war in Europa das Zeitalter der Höfe aufgezogen. Selbst in Staaten, die sich der Entwicklung hin zum fürstlichen Absolutismus hatten entziehen können, spielte der Hof als gesellschaftliche und politische Institution eine bedeutende Rolle – in der niederländischen Republik, wo die Oranierstatthalter einen Hof unterhielten, ebenso wie in England zur Zeit des konstitutionellen, parlamentarisch gebundenen Königtums nach 1688. Sogar in Stadtrepubliken wie Venedig oder Hamburg entwickelten die Ratsgremien nicht selten ein quasihöfisches Zeremoniell und feierten nach Art der Fürstenhöfe große Barockfeste, um ihre Herrschaft repräsentativ darzustellen. So beging Hamburg alle Kaiserfeiertage und vor allem die großen Reformationsjubiläen von 1617 und 1717 mit barockem Pomp, um die Freiheitstradition und die Macht des lutherischen Stadtstaates zu demonstrieren.[6]

Voll entfaltet waren die kulturellen, gesellschaftlichen und politischen Funktionen des Hofes natürlich nur in den absolutistischen Fürstenstaaten. Dort stand der Fürst im Mittelpunkt der Regierungs- und Gesellschaftsordnung, und zwar der Fürst als Person. Der französische Sonnenkönig Ludwig XIV., der Vorbild für so viele Herrscher dieser Epoche war, konnte von sich sagen: »L'état, c'est moi«, »Der Staat, das bin ich«. Diese Maxime konnte sich gut hundert Jahre behaupten, bis sie von einem anderen Herrscher- und Staatsverständnis verdrängt wurde, für das Friedrich der Große ähnlich prägnante Worte fand: »Der Herrscher ist der erste Diener des Staates«, das heißt, er steht an der Spitze eines abstrakten, von seiner Person abgelösten, rational-bürokratisch verwalteten Staatssystems.[7]

In der Geschichte der politischen Organisationsformen in Europa bedeutet der höfische Absolutismus eine Phase des Übergangs: Der mittelalterliche Personenverbandsstaat ist bereits durch den frühmodernen Staat abgelöst, der ja im Unterschied zu jenem durch institutionelle und sachliche, vor allem gebietsmäßige Zusammenhänge bestimmt ist. Auf dieser frühen Entwicklungsstufe ist der neuzeitliche Staat aber noch einmal ganz und gar auf die Person als tragendes Bauprinzip ausgerichtet – weniger an der Basis, wo die alten personellen Verbindlichkeiten zunehmend von neuzeitlich-sachlichen abgelöst werden, von dem Untertanenverband des Flächenstaates vor allem, wohl aber an seiner Spitze. Der Fürst des höfischen Absolutismus bedeutet die höchste Steigerung des für Alteuropa so wichtigen personellen Prinzips. Damit war aber zugleich der dialektische Umschlag erreicht, so daß in den darauffolgenden Zeitabschnitten das Personelle Schritt für Schritt in den Hintergrund trat und der neuzeitlich moderne Staat mehr und mehr von rein sachlichen Kriterien bestimmt wurde. Die erste Phase dieser dialektischen Gegenbewegung war der aufgeklärte, bürokratische Absolutismus, in der der Fürst zwar noch eine zentrale Rolle spielt, aber bereits als Diener einer sachlich-funktional aufgebauten Staatsmaschinerie.

So gesehen ist es verständlich und konsequent, daß nach Überwindung der geistigen und politischen Krise in der ersten Hälfte des

Schloß Versailles aus der Vogelperspektive, Gemälde von Pierre Patel, 1668

Versailles, das unweit der Hauptstadt Paris errichtete Schloß des französischen Sonnenkönigs, war das Urbild ungezählter Schloßbauten des europäischen Absolutismus. Zum Vorbild wurden auch das höfische Zeremoniell und die barocken Feste, die sich in seinen weitläufigen Räumen oder in der überlegt gestalteten Parklandschaft entfalteten.

17. Jahrhunderts,[8] im Zeitalter Ludwigs XIV. und den anschließenden Dezennien, die noch im Bann des großen Franzosenkönigs standen, alle Institutionen des Staates einschließlich der Kirche auf die Person des Herrschers ausgerichtet waren und auch die Kultur, die Wissenschaft und das gesamte öffentliche Leben von ihm und seiner Entourage geprägt wurden. Die wichtigste Institution, mit und in der der Fürst regierte, lebte, sich vergnügte, Minister und Botschafter empfing, den Staat inszenierte, war der Hof. Dort lag das Kraftzentrum des Fürstenstaates. Von dort aus – so lautete jedenfalls das Programm – sollte der Herrscher in immer weiter gezogenen Kreisen das ganze Land in den Bann schlagen, so wie die Sonne mit ihren Strahlen die Erde bis in den letzten Winkel hinein erhellt, erwärmt und belebt.

Natürlich standen auch dem französischen Sonnenkönig und den anderen Herrschern seiner Epoche eine Schar von Beamten und ein vielfältig gegliedertes System von Behörden zur Verfügung. Anders als die aufgeklärten Monarchen in der Endphase des europäischen Absolutismus lenkten sie den Staats- und Regierungsapparat jedoch nicht in der abgeschirmten, unbeachteten Einsamkeit eines Kabinetts, sondern in der glanzvollen Öffentlichkeit des Hofes. Wenn Ludwig XIV. in Versailles und gleich ihm zahllose Fürsten in ihren Versailles das Lever, das Aufwachen und Aufstehen des Königs, zelebrierten, dann inszenierten sie den Staat auf der Bühne des Hofes. Stellvertretend für die gesamte Untertanenschaft hatte der Hof die Inkarnation der Souveränität, der höchsten Staatsgewalt also, in der Person des Monarchen zu registrieren. In dieser täglichen Zeremonie, der das abendliche Coucher entsprach, sowie bei Galadiners und prunkvollen Festen führte der Monarch an seinem Hof die absolutistische, in der Regel makellos adlige Staatsgesellschaft zusammen und unterwarf sie, und damit das Land, seinem souveränen Willen.

Höfe gab es schon lange bevor Ludwig XIV. den höfischen Absolutismus als ein besonderes Herrschafts- und Gesellschaftssystem ins Leben rief.[9] Im frühen und hohen Mittelalter war der Hof, die curia, der cour oder court eines Fürsten, vornehmlich eines Königs, der jeweilige Ort, an dem sich der meist noch durch seine Länder ziehende Herrscher mit seiner Kanzlei und seiner Gefolgschaft aufhielt. Die personelle Zusammensetzung fluktuierte stark - Vasallen, die zu Rat und Hilfe verpflichtet waren, kamen und gingen. Nur auf den glanzvollen Hoftagen und im Hoflager versammelte sich aus besonderen Anlässen der Gefahr oder der Freude alles, was in der ritterlichen Welt Rang und Namen hatte. Später, vor allem im 15. und 16. Jahrhundert, entwickelten sich feste Residenzorte. Der Hof wurde zum Regierungs- und Machtzentrum des frühmodernen Staates ausgebaut mit formalisierten und permanenten Verwaltungsinstitutionen und einem rasch anwachsenden Personalbedarf sowohl in der Haushaltung als auch im Regierungsapparat des Herrschers. Daneben war der Hof Zentrum eines Patronage- und Klientelsystems, dessen Rang und Ausdehnung Macht und Ansehen des jeweiligen Herrschers bestimmten. Außer den Monarchen baute auch der Hochadel Höfe auf, und zwar nicht nur im Reich, wo die Fürsten zu selbständigen Landesherren aufgestiegen waren, sondern auch in den meisten anderen europäischen Ländern, wo im Einflußbereich der großen Magnatendynastien Land und Leute auf den Adelshof ausgerichtet wurden und sich ein Patronagesystem herausbildete, das nicht selten in offene Konkurrenz zum zentralen Hof des Monarchen trat.

Gleichzeitig fand das neue Ideal des kultivierten und gebildeten Höflings Verbreitung, das die Stelle des zugleich kriegerisch und religiös geprägten Ritterbildes des Mittelalters einnahm. Entstanden war die neue Lehre vom »Hofmann« in Italien, etwa zur gleichen Zeit wie die berühmte Lehre vom neuzeitlichen Machtstaat, die der Florentiner Niccolo Machiavelli entwickelt hatte. Urheber war der päpstliche Protonotar und Diplomat Baldassare Castiglione, dessen »Libro del cortegiano« oder »Buch vom Hofmann« erstmals 1528 in Venedig in einer eleganten Folioausgabe erschienen war. In einem lockeren Gesprächsstil wurde hier nach Art der beliebten Fürsten- und Ratsherrenspiegel das Idealbild eines Hofmannes entwickelt, an dem der Adel die neue höfische Lebenshaltung und Lebensart erlernen sollte: Selbstbeherrschung und nonchalante Leichtigkeit - »sprezzatura« war der italienische Schlüsselbegriff -, Eleganz der Sprache und der Umgangsformen, das geistreiche Gespräch, die Kennerschaft der bildenden Künste. Innerhalb einer Generation eroberte der »Hofmann« Europa - um 1534 konnte man das Werk in spanisch, um 1537 in französisch, 1561 in englisch und um 1566 in deutsch und polnisch lesen. Als der Dreißigjährige Krieg ausbrach, war es in mindestens 110 Ausgaben verbreitet, davon 60 in Italien, 50 oder mehr in anderen Ländern.[10]

Eine einheitliche europäische Hofkultur gab es jedoch zunächst noch nicht - zu unterschiedlich waren die politischen, sozialen und kulturellen Konstellationen. Und vor allem waren allenthalben Herrscher und Adel in tiefe Feindschaft verstrickt, weil im frühmodernen Staat die Machtverteilung neu zu regeln war und weil die konfessionellen Gegensätze häufig für zusätzlichen Zündstoff sorgten. Die Adligen beharrten auf ihren überkommenen Herrschaftsrechten und waren nicht bereit, sich dem unbedingten Souveränitätsanspruch des Fürsten zu beugen. Sie wollten nicht Höflinge, sondern unabhängige Magnaten sein. So rasch der »Cortegiano« literarisch verbreitet worden war, so schwer ließ sich das in ihm verherrlichte neue Adelsideal in der sozialen Realität durchsetzen.

Das änderte sich schlagartig, als Mitte des 17. Jahrhunderts die konfessionellen und politischen Auseinandersetzungen zu Ende gingen. Die neu errungene Stabilität schloß nicht zuletzt einen Kompromiß zwischen Adel und Krongewalt ein. Zum Vorreiter dieser Entwicklung wurde Frankreich, wo mit der Überwindung der Fronde von 1648 bis 1653 die letzte Adelserhebung gegen das neuzeitlich absolutistische Königtum niedergeschlagen wurde. Ludwig XIV., der nach dem Tod Kardinal Mazarins am 10. März 1661 zweiundzwanzigjährig das Regiment in die eigene Hand nahm, erkannte mit sicherem Instinkt, daß seine Herrschaft erst dann stabil und unanfechtbar sein würde, wenn es ihm gelänge, die Unzufriedenheit des Adels auf Dauer zu beseitigen. Er erreichte dies, indem er den Adel an den Hof zog, an einen Hof, dem der große Franzosenkönig neue Gestalt und eine spezifische Funktion gab. Ludwig verließ mit seinem Hofstaat den Louvre, den alten Stadtpalast seiner Vorfahren, und begab sich in die offene Landschaft.

In Versailles entstand eine gewaltige Schloß- und Parkanlage, die vom König selbst bis hin zu den Türbeschlägen und der Blumenbepflanzung der Rabatten durchdacht war. Hier manifestierten sich zum erstenmal und doch zugleich in großartiger Vollendung Anspruch und Idee des barocken Gesamtkunstwerks - eine Metapher der Welt als ein geordnetes System, in dessen Zentrum der absolute Herrscher und sein Hof standen. Das war eine kunstvolle, künstliche Welt, die von den übrigen Lebenskreisen abgeschirmt und separiert war, vor allem von der ins Unüberschaubare wuchernden Hauptstadt Paris. Und dennoch war der Hof lebendige Mitte des ganzen Landes; er war Fluchtpunkt der neuen, »more geometrico« - nach Art der Geometrie - klar aufgebauten und rational disziplinierten Herrschafts- und Gesellschaftsordnung des Absolutismus.

Zunächst und vor allem war der Versailler Hof und mit ihm jeder der zahlreichen europäischen Höfe, die seinem Muster folgten, die Bühne, wo Fürst und Adel die neue, vom Herrscher bestimmte Einvernehmlichkeit inszenierten.[11] »Der König«, so berichtet der Höfling Saint-Simon über Versailles, »sah nicht allein darauf, daß der hohe Adel sich an seinem Hof einfand, er verlangte es auch von dem kleinen Adel. Bei seinem Lever und seinem Coucher, bei seinen Mahlzeiten, in seinen Gärten zu Versailles - immer blickte er um sich und bemerkte jedermann. Den Vornehmen nahm er es übel, wenn sie ihren ständigen Aufenthalt nicht bei Hofe nahmen, den anderen, wenn sie nur selten kamen, und seine volle Ungnade traf die, welche sich nie oder fast nie zeigten. Wenn einer von diesen etwas wünschte, sagte der König stolz: Ich kenne ihn nicht. Und dieses Urteil war unwiderruflich.«[12]

Der Sonnenkönig hatte dieses Herrschaftssystem höchstpersönlich erfunden und damit das bislang in Europa vorbildliche spanische Hofzeremoniell abgelöst, wo - wie er in seinen für den Thronfolger verfaßten Memoiren spöttisch bemerkt - »die Majestät der Könige

Ludwig XIV. als Sonnenkönig, Figurine aus dem Ballett »Die Macht«, Kostümzeichnung eines Unbekannten, 1653

Im »mondänen Ballett« der Versailler Hofgesellschaft spielte Ludwig XIV. stets die Hauptrolle.

zum guten Teil darin zum Ausdruck kommt, daß sie sich überhaupt nicht sehen lassen!« Demgegenüber sei es sein Ziel, »ohne Minderung meiner Autorität und mit der gebührenden Ehrerbietung zwischen mir und meinen Völkern, vor allem den Leuten von Stande, ein Band der Zuneigung [zu knüpfen] und ihnen so klar zu machen, daß es nicht Abneigung gegen sie, nicht gewollte Strenge, nicht Gemütsverhärtung sei, die mich in anderen Dingen reserviert und streng zu ihnen sein ließ, sondern einfach Vernunft und Pflichtbewußtsein. Eine solche gemeinsame Teilnahme an Vergnügungen, die der Hofgesellschaft eine angemessene Vertraulichkeit mit uns gestattet, beglückt und bezaubert sie mehr als man sagen kann. Das Volk andererseits hat seine Freude an dem Schauspiel, dessen Zweck im Grunde ja doch immer ist, ihm zu gefallen, und alle unsere Untertanen im ganzen genommen sind entzückt zu sehen, daß wir lieben, was sie auch lieben und worin sie sich am glücklichsten befinden. Damit gewinnen wir ihren Sinn und ihr Herz, vielleicht mehr noch als durch Belohnungen und Wohltaten . . .«

Um die Stellung des Monarchen innerhalb dieser höfischen Gesellschaft symbolisch darzustellen, habe er »als Figur die Sonne« gewählt, »die in den Spielregeln dieser Kunst die vornehmste von allen ist und durch die Einzigartigkeit, durch den Glanz, der sie umgibt, durch das Licht, das sie den anderen, sie wie ein Hofstaat umgebenden Sternen mitteilt, durch die gleichmäßige Gerechtigkeit, mit der sie dieses Licht allen Zonen der Erde zuteilt, durch das Gute, das sie allerorten bewirkt, indem sie unaufhörlich auf allen Seiten Leben, Freude und Tätigkeit weckt, durch ihre unermüdliche Bewegung, die gleichwohl als ständige Ruhe erscheint, durch ihren gleichbleibenden und unveränderlichen Lauf, von dem sie sich nie entfernt und niemals abweicht, sicher das lebendigste und schönste Sinnbild eines großen Herrschers darstellt«.[13]

Noch in dem kleinsten Detail brachten das Versailler Schloß und seine Einrichtungen das Programm des Sonnengottes Phöbus Apoll zur Darstellung, zum Beispiel in dieser Schmuckrosette an der Treppe der Botschafter.

Der Mythos des Sonnengotts Phöbus Apoll beherrscht auch das architektonische Programm des Versailler Schlosses und seiner großen Gärten:[14] Zentrum der gesamten Anlage ist das Schlafzimmer des Königs, das Chambre du Roi, im innersten Hof gelegen, dem Cour de Marbre, der eine exklusive, durch drei Stufen von den übrigen Höfen abgesetzte Bühne bildet. Im Giebel, genau über dem Zimmer des Königs, zeigt eine lorbeerumkränzte Uhr Zeit und Stunde an, die dem Hof und dem Land gleichsam vom Tagesablauf des Monarchen gesetzt wurden. Mit dem Sonnenhaupt ihrer Zeiger, auf das der gesamte Figurenschmuck der Fassade bezogen ist, war dieser apollinische Zeitmesser Symbol des absoluten Souveräns und seiner lebenspendenden und ordnenden Macht. Dieses Thema wird auf der Gartenseite und in der von ihr ausgehenden weitläufigen Parkanlage aufgenommen und in einem großen Skulpturenprogramm entfaltet. Umgeben von Nymphen und Heroen erscheint Apoll, der Sonnengott, zusammen mit seiner Schwester Diana oder seiner Mutter Latona in immer neuen Variationen eines göttlichherrscherlichen Gestus, gipfelnd im Bassin d'Apollon, wo der Gott in einem goldenen Sonnenwagen aus den schäumenden Wogen aufsteigt, um seine Tagesherrschaft am Firmament anzutreten.

In die christliche Gegenwart übertragen, verwies die Mythologie des antiken Sonnengotts auf die Sakralität des Herrschers. Bereits im mittelalterlichen Frankreich wurde dem geweihten König eine

besondere Verbindung zu den himmlischen Mächten nachgesagt, konkret wirksam in der Heilung von Skrofulose als Teil der Krönungsfeierlichkeiten und anderer hoher Staatszeremonien. Hierauf aufbauend entstand im Umfeld der neuzeitlichen Konfessionalität die Theorie des absolutistischen Jure-divino-Königtums, einer sakrosankten Königsherrschaft von Gottes Gnaden also, der Ludwig XIV. von Frankreich zeremoniell und machtmäßig Realität verlieh, nachdem eine Generation zuvor Jakob I. von England für sich und seine Standesgenossen in einer langen Staatsschrift bereits den theoretischen Anspruch angemeldet hatte.

Die Gärten von Versailles mit ihren aus der Seine über ein Leitungssystem von insgesamt 165 Kilometern Länge mit Wasser gespeisten Brunnen und Wasserspielen, dem Großen Kanal, den Hainen und Bosketten waren Schauplatz der höfischen Feste und Feierlichkeiten, in deren Erfindung und Ausgestaltung sich Künstler und Höflinge übertrafen und die doch nur einem einzigen Ziel dienten – der Verherrlichung des Herrschers und der Selbstdarstellung seines Hofes: Singspiele und Schäferromanzen, Opern und Menuetts, galante Prozessionen und Wasserfahrten, Jagdgesellschaften und Feuerwerke lösten einander ab. Ein »mondänes Ballett«[15] war in Gang gesetzt, dessen Figurationen und Bewegungsabläufe die Unterwerfung unter den allgegenwärtigen Willen des Monarchen symbolhaft-spielerisch vergegenwärtigten, zu der die adlige Hofgesellschaft alltäglich aufs neue verpflichtet war, stellvertretend für die gesamte Untertanenschaft.

Der Sonnengott Apoll mit seiner Familie auf den Höhen des Heiligen Berges Olympus – Ludwig XIV. und seine Familie als griechische Götter dargestellt von dem französischen Maler Jean Nocret (1615-1672) auf einem repräsentativen Staatsgemälde von 1669

Der König als Apoll auf dem Thron sitzend, vor ihm seine Frau Maria Theresia mit ihren Kindern; im Zentrum die Königinmutter, auf der linken Seite Philipp von Orléans, der Bruder des Königs, mit Frau und Schwiegertochter

Der Roi Soleil war zugleich Roi bureaucrate, der von Versailles aus sein Königreich auf bürokratischem Wege regierte und verwaltete. Zur Seite stand ihm ein großer Stab von Ministern, Ratskollegien und Beamten.
Der *conseil d'état*, der Staatsrat, war das höchste Beratungsgremium des Königs und zugleich oberste Verwaltungsspitze des Königreiches. Er tagte im Prinzip stets unter Anwesenheit des Königs; war dieser verhindert, so repräsentierte man ihn symbolisch durch seinen Sessel.
Als *conseil secret*, als Geheimer Rat, war der engere Staatsrat unter Ludwig XIV. so etwas wie unser modernes Ministerkabinett, gebildet jedoch nur aus einem kleinen um den König versammelten Kreis von Chefministern, zu dem nur die persönliche Einladung des Monarchen Zutritt verschaffte.
Der *conseil des dépêches* entstand um 1650 und beschäftigte sich mit der inneren Verwaltung des Königreiches, vor allem mit Rechtsfragen sowie kirchlichen und kommunalen Angelegenheiten.

Glanz und Vergnügungen waren nur die eine Seite des barockhöfischen Alltags. Der absolutistische Hof war zugleich administrative Schaltstelle, in der ein Heer von Bürokraten tätig war. Und vor allem war der Hof die erbarmungslos realistische Arena, in der sich politische Programme durchzusetzen und zu behaupten hatten und wo um Einfluß und Ansehen gerungen wurde zwischen den inländischen Großen und ihren Hofparteien sowie zwischen den Gesandten und Diplomaten auswärtiger Mächte, die den König und seine Entourage zu einer für ihre jeweiligen Staaten vorteilhaften Außenpolitik bewegen wollten. Dabei war es aber keineswegs so, daß die Monarchen sich das Heft aus der Hand nehmen ließen. Ludwig XIV., das Vorbild für sie alle, absolvierte neben seinen höfisch-zeremoniellen Auftritten ein kaum vorstellbares Pensum an alltäglicher Regierungs- und Aktenarbeit.

»Ich bin«, so konnte er sich rühmen, »über alles unterrichtet, höre auch meine geringsten Untertanen an, weiß jederzeit über Stärke und Ausbildungsstand meiner Truppen und über den Zustand meiner Festungen Bescheid, gebe unverzüglich meine Befehle zu ihrer Versorgung, verhandle unmittelbar mit den fremden Gesandten, empfange und lese die Depeschen und entwerfe teilweise selber die Antworten, während ich für die übrigen meinen Sekretären das Wesentliche angebe. Ich regle Einnahmen und Ausgaben des Staates und lasse mir von denen, die ich mit wichtigen Ämtern betraue, persönlich Rechnung legen; ich halte meine Angelegenheiten so geheim wie das kein anderer vor mir getan hat, verteile Gnadenerweise nach meiner Wahl und erhalte, wenn mich nicht alles täuscht, die, die mir dienen, auch wenn ich sie und die Ihren mit Wohltaten überhäufe, in einer Bescheidenheit, die weit entfernt ist von der hohen Stellung und der Machtfülle der Premierminister.«[16]

So war der Versailler Hof auch der Ort, an dem der Monarch seine herrscherlichen und zeremoniellen Pflichten erfüllte. In der Spannung zwischen Zurückgezogenheit in den innersten Räumen des Schlosses und der Öffentlichkeit seiner Auftritte bei Staatsakten und Festen füllte Ludwig XIV. die Rolle aus, die ihm innerhalb des höfischen Staats- und Gesellschaftssystems zufiel – als Oberhaupt der Gallikanischen Kirche, Souverän des Staates, als erster Seigneur der Feudalgesellschaft, als Chef der Administration, als regierender Herrscher und oberster Kriegsherr. Diese »wiederkehrenden öffent-

lichen Epiphanien«[17] verdichteten sich zu einem mythologisch-symbolhaften Ereignis, wenn Ludwig XIV. bei den »Carrousels«, höfischen Abwandlungen mittelalterlicher Ritterspiele, in den Versailler Gärten persönlich als Apoll auftrat – als der französische Sonnengott.

Deutschland hatte kein Versailles, und es hatte keinen Sonnenkönig. Es hatte deren viele und gerade darum keinen. Nachdem die Kaiser die frühmoderne Staatsbildung den Landesherren hatten überlassen müssen, gab es im Reich Dutzende von Inhabern der höchsten Herrschaftsgewalt. Und da jeder von ihnen, der es sich irgendwie leisten zu können meinte, eine Residenz und einen Hof nach dem Muster des französischen Vorbilds aufbaute, existierte in Deutschland »eine Vielzahl von Höfen – großen und kleinen, weltlichen und geistlichen, bedeutenden und unbedeutenden –, ganz abgesehen von den zahlreichen Residenzen der Reichsritterschaft, die – obwohl oft nicht ansehnlicher als normale Herrensitze – für sich den Anspruch erhoben, kleine Höfe zu sein«.[18] Nicht wenige dieser Höfe entfalteten ein glanzvolles kulturelles und gesellschaftliches Leben; manche deutsche Schloß- und Gartenanlage kann sich neben Versailles durchaus sehen lassen – etwa Schönbrunn, Nymphenburg, Dresden und Potsdam, auch Karlsruhe und Ludwigsburg mit ihren planvoll angelegten und auf das Schloß ausgerichteten Residenzstädten. Auch kleinere Fürsten und Herren zeigten sich zu einem herrschaftlich-höfischen Gestus von eigenem künstlerischen Gewicht in der Lage, darunter bemerkenswert viele geistliche Landesherren. Man denke etwa an das Brühler Schloß des Kölner Erzbischofs, an Fulda, die Würzburger Residenz oder das bambergische Schloß Pommersfelden.

Der höfische Absolutismus setzte sich selbst in entlegenen Klosterbauten des Barock durch. So etwa in der fränkischen Zisterzienserabtei Ebrach, wo Anfang des 18. Jahrhunderts ein Schloßstift entstand, dessen Architektur und Skulpturenschmuck in ähnlicher Weise wie in Versailles zur Versinnbildlichung eines politisch herrschaftlichen Programms genutzt wurden, nämlich des Anspruchs auf Freiheit von territorialen Bindungen und der Demonstration unmittelbarer Beziehungen zu Kaiser und Papst.[19]

Unter den streng geometrischen Schloßgärten des höfischen Zeit-

Der königliche Finanzrat (*conseil royale des finances*) war für die Staatsfinanzen zuständig und daher besonders wichtig. Er trat in der Regel dienstags zusammen, und zwar meist in Anwesenheit des Königs.
Der *conseil privé ou des parties* war mit der konkreten Ausfertigung von Rechts- und Verwaltungsangelegenheiten befaßt.

21 Kilometer lang sind die streng gestutzten Hainbuchenhecken im großen Garten von Herrenhausen, die zahllose Rasen- und Wasserflächen, Vasen, Statuen, heraldische Ornamente und ein für Schauspiele und Musikaufführungen gedachtes Naturtheater umschließen.

alters ragen in Deutschland Schwetzingen, Schleißheim, Kassel und vor allem Herrenhausen bei Hannover hervor. Herrenhausen ist die Schöpfung einer Frau, der Kurfürstin Sophie von Braunschweig-Lüneburg, der Gemahlin des Kurfürsten Ernst August. Gestalt und Bedeutung der barocken Gartenanlage waren ihr im Sommer 1679 auf einer Fahrt durch Versailles von Ludwig XIV. persönlich erläutert worden. Vor allem das lebendige Spiel der Fontänen hatte sie begeistert, während ihr die beschnittenen Hecken und Bosketten gar zu künstlich wirkten. Die Natur, so wies sie ihre Gärtner später an, dürfe nicht in Gefahr geraten, durch menschliche Eingriffe ausgelöscht zu werden. Auch in Herrenhausen, dessen Ausbau Sophie kurz nach ihrer Rückkehr aus Frankreich in Angriff nahm, ist die Natur der strengen Geometrie unterworfen, von der Leibniz, der die Kurfürstin beriet, sagte, sie sei »die Metaphysik der Natur«. Die Strenge wird aber gemildert durch die Weite der Rondelle und Verbindungsachsen, die das Lichtspiel des niederdeutschen Himmels freigeben, und vor allem durch die Kanäle und Grachten, die das Ganze nach holländischer Art umranden.[20]

Schwierigkeiten machten im norddeutschen Flachland die Fontänen; selbst das Genie des Philosophen und Universalgelehrten Leibniz, der 1696 darüber ein Gutachten erstellte, reichte nicht aus, die große Fontäne des zentralen Bassins bis zu der von der Kurfürstin Sophie gewünschten Höhe springen zu lassen. Musik und Schauspiel sollten dafür entschädigen. Georg Friedrich Händel war Hofkapellmeister in Herrenhausen, bevor er dem ersten Welfenkönig nach England folgte. Zur Aufführung von Singspielen, Opern, Ballett und Instrumentalmusik ließ die Kurfürstin, die selbst meisterhaft die Laute schlug, ein Heckentheater anlegen, das älteste der Barockzeit überhaupt. In dieser geschlossenen Welt, die der Niederländer Pieter van Empthusen mit vergoldeten Bleiplastiken ausstattete, entfaltete sich zwischen antiken Göttern und Heroen das Barocktheater als Höhepunkt des höfischen Lebens. Im Spiel sind die Grenzen zwischen Schein und Sein, zwischen Wirklichkeit und Traum verwischt, wird die Verwandlung des Hofes in den antiken Götterhimmel festliches Ereignis, feiert die höfische Gesellschaft die Apotheose des Fürsten und seiner Dynastie.

Oberdischingen im oberschwäbischen Alb-Donau-Kreis, Zwergresidenz des Reichsritters Franz Ludwig Schenk zu Castell mit der Ende des 18. Jahrhunderts angelegten Herrengasse

Die höfische Konfiguration als besondere soziale Formation des europäischen Absolutismus[21] setzte sich somit seit Mitte des 17. Jahrhunderts auch in Deutschland durch. Im Unterschied zu Frankreich und den meisten anderen europäischen Ländern war das aber keine nationale Konfiguration. Es entstand ein kompliziertes Geflecht von Höfen, die - häufig in unmittelbarer räumlicher Nachbarschaft - miteinander konkurrierten, nicht selten auch intrigant rivalisierten, jedenfalls in irgendeiner Beziehung zueinander standen. Die meisten dieser »deutschen« Höfe waren international zusammengesetzt - indem sie sich aus verschiedenen deutschen Landschaften und Einzelstaaten rekrutierten oder sich gar, wie vor allem am Wiener Hof, unter den Höflingen und Beamten sowie in der Dienerschaft viele Nichtdeutsche befanden. Einige waren auch Nebenhöfe größerer europäischer Höfe - so vor allem Hannover-Herrenhausen und Dresden nach der Erhebung der einheimischen Dynastie zu Königen von England beziehungsweise Polen; der Oldenburger Hof war ein Nebenhof von Kopenhagen und der Kasseler Hof zeitweilig ein Nebenhof von Stockholm.

Die Welt der deutschen Höfe war vielgestaltig und abgestuft. Rangmäßig und nach dem im Barockzeitalter wichtigen zeremoniell-diplomatischen Protokoll galt die Hierarchie der Reichsaristokratie - an der Spitze der Kaiserhof, gefolgt von den kurfürstlichen, fürstlichen, gräflichen und freiherrlichen oder ritterschaftlichen Höfen. Der Aufstieg mehrerer Kurfürsten zu königlicher Würde und die Verbindung einiger Reichsterritorien mit ausländischen Monarchen - vor allem Dänemark und Schweden - brachte diese Hierarchie in Unordnung. Hinzu kam die politische und kulturelle Anziehungskraft, die sich keineswegs immer mit dem protokollarischen Rang des jeweiligen Hofes deckte. Man kann geradezu von wechselnden Moden der Beliebtheit einzelner Höfe sprechen. Dabei spielte die politische und die teilweise damit deckungsgleiche konfessionelle Geographie des Reiches eine wichtige Rolle: die süd- und westdeutsche katholische Welt blickte auf den Wiener Kaiserhof, die nord- und mitteldeutsche protestantische Welt auf den Hof der Preußenkönige in Berlin.

Auch die personelle Zusammensetzung und der politisch-kultu-

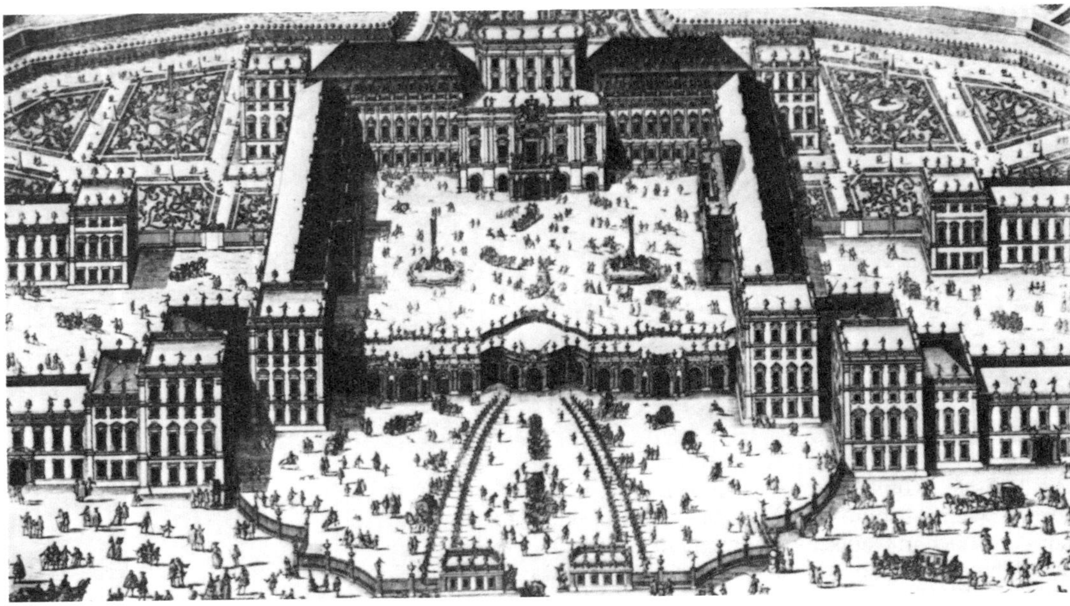

Für das zwischen 1720 und 1760 erbaute weitläufige Schloß in Mannheim mit seiner rund 600 Meter breiten Stadtfront war Versailles direktes Vorbild.

Nachdem 1689 die Franzosen Rastatt verbrannt hatten, begann Markgraf Ludwig Wilhelm von Baden (1655-1701), der »Türkenlouis«, 1697 mit dem Bau einer Festung, einer gitterförmigen Stadt und des ersten deutschen Schlosses nach Versailler Vorbild. Baumeister war der Italiener Domenico Egidio Rossi. Auf der Höhe des 1686 von Vauban auf der linken Rheinseite erbauten Fort Louis gelegen, bekundete die Rastatter Residenz auf der rechten Rheinseite den Willen der Markgrafen von Baden-Baden zur Selbstbehauptung gegenüber den Franzosen. Von überschaubarer Größe, um einen geschlossenen Ehrenhof gruppiert, der auf dem zur Stadt hin abfallenden Gelände durch eine skulpturengeschmückte Balustrade abgegrenzt ist, gehört das Rastätter Schloß zu den beeindruckendsten Barockanlagen eines deutschen Mittelterritoriums.

relle Zuschnitt der deutschen Höfe war recht verschieden, wobei wiederum nicht zuletzt die konfessionellen Kräfte stilbildend wirkten. An den protestantischen Höfen fehlte die bunte und rangmäßig tief gestaffelte Klerikergesellschaft vom Reichsprälaten über die meist jesuitischen Beichtväter bis hin zum Bettelmönch, die aus dem höfischen Leben der katholischen Territorien nicht wegzudenken ist. Umgekehrt besaß mancher der protestantischen Höfe einen im katholischen Umfeld unbekannten martialischen Zug, vor allem, seitdem das am Preußenhof in Berlin Mode geworden war.

Der besondere Aufbau der höfischen Welt im Reich hatte ambivalente Folgen für die Rolle des höfisch-absolutistischen Herrschafts- und Gesellschaftssystems innerhalb der deutschen Geschichte. Ei-

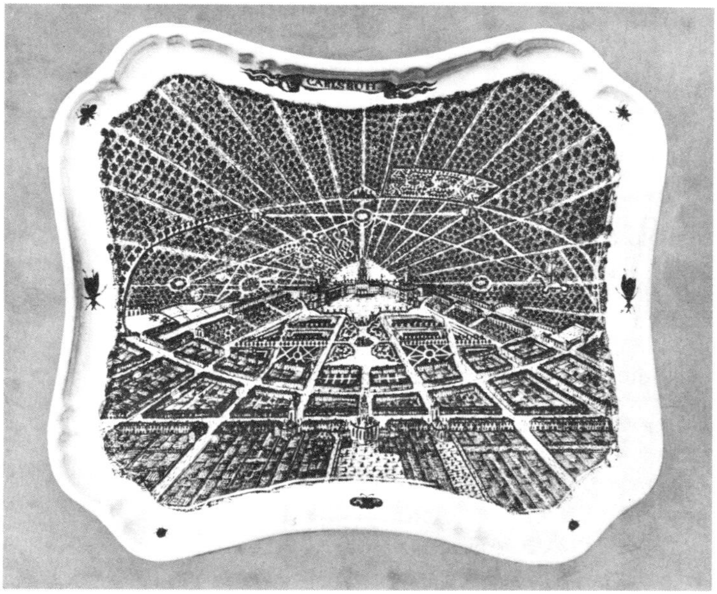

Ansicht der Stadt Karlsruhe, Fayenceplatte aus der Durlacher Manufaktur, um 1765

Der Wille zur Geometrie kommt auch in der Stadtplanung zum Ausdruck. Das Schloß in Karlsruhe, der Sitz des Herrschers, wird durch die radial darauf ausgerichteten Straßenzüge sinnfällig zum Mittelpunkt der Stadt wie des Staates.

Das wittelsbachische Schleißheim gehört zu den eindrucksvollsten Barockschlössern Deutschlands, obwohl nur einer von vier geplanten Flügeln vollendet wurde. Hinter dem Schloß eröffnet sich eine weitläufige barocke Anlage, die bis Lustheim reicht.

nerseits darf man »annehmen, daß ... Höfe und höfische Gesellschaft in Deutschland einen erheblichen Einfluß auf das Denken und Verhalten der Menschen, ihre sozialen Vorstellungen und moralischen Urteile, ihre Sprache und Kunst ausübten«.[22] Andererseits wurde die Entfaltung des Absolutismus aber auch gehemmt. Kleinräumigkeit, Geldmangel, Konkurrenzdruck und eine andere historisch-politische Kultur sorgten dafür, daß »im Reich die Höfe ... niemals in einem dem französischen Vorbild vergleichbaren Maße absolutistisch, elitär und politisch funktional waren. [Und daher] waren sie im allgemeinen viel weniger abgeschlossen, streng reglementierend und überpersönlich« als der Versailler Hof.[23] Zudem bestanden auch innerhalb des Reiches erhebliche Unterschiede, und zwar sowohl in der Größe als auch in der politisch-gesellschaftlichen Kraft der Höfe. Die Verhältnisse in Wien, Berlin, Dresden und München sind gar nicht vergleichbar mit denjenigen an Klein- und Kleinsthöfen wie Ansbach-Bayreuth, Lippe-Detmold, Schwarzburg-Arnstadt,

Aus dem Rahmen barock-höfischer Prachtentfaltung fiel der Preußenhof in Berlin. Seit Friedrich Wilhelm I., dem Soldatenkönig, gaben dort nicht Mätressen und Höflinge den Ton an, sondern nüchterne Bürokraten und Offiziere, die abendlich mit dem Monarchen im »Tabakskollegium« zusammenkamen.

Neuwied oder gar mit dem Hof in Oberdischingen, Residenz der Reichsritter Schenk von Castell.

Die zahlreichen Duodezfürsten mochten sich noch so sehr wie kleine Sonnenkönige fühlen, absolutistische Herrscher waren sie deswegen noch lange nicht. Es mangelte an politischer Kraft, häufig auch am politischen Interesse, Schritte innerer Konzentration und Modernisierung durchzusetzen. Sie konnten weder zu einer wirklichen Souveränität unabhängig von äußerer Einwirkung und innerer Mitsprache gelangen noch zu einer rationalen, zentralisierten und differenzierten Administration.

Im Unterschied zu Versailles und den zwei, drei deutschen Höfen, die schließlich einen vergleichbaren Grad politisch-gesellschaftlicher Machtkonzentration erreichten, blieb es in den zahlreicheren Duodezfürstentümern in der Regel bei einer patriarchalischen Regierungsweise, die sich auf Religion, Polizei, Justiz und Schulwesen beschränkte. Ansonsten war man vor allem mit der künstlerisch-kulturellen Selbstdarstellung des Fürsten beschäftigt, ohne je das Maß an

gesellschaftlicher Distanz und persönlicher Hervorhebung zu erreichen, das absolutistische Herrschaft nach französischer Art erst ermöglichte. Es war, als wenn man nur die bunte Schale und den äußeren Schein eines vielbewunderten Fabelwesens nachzubilden vermocht hätte, nicht aber seine Kraft entfaltende Muskulatur und sein energisches Herz.

Bei den mittleren und größeren Höfen kam hinzu, daß neben der A-la-mode-Faszination des französischen Vorbilds in Deutschland ältere Traditionen höfischen Lebens und höfischer Konfiguration erhalten geblieben waren und ebenfalls stilbildend wirkten. In Staatszeremoniell und Architektur blickten die deutschen Höfe, so laut sie auch ihre ständische Libertät und die Freundschaft mit dem Sonnenkönig betonen mochten, immer noch zuerst auf den kaiserlichen Hof in Wien. Der aber stand – dem Hof der spanischen Bruderlinie gleich – in der Erbfolge des Burgunderhofs. Augenfällig wird dieser Unterschied an der inneren Raumfolge der Schlösser: »In Deutschland war zwar der Einfluß französischer Formen merkbar,

Der Zuschauerraum des ersten Wiener Opernhauses, erbaut von dem italienischen Architekten Giovanni Burnacini, mit dem Thron für Kaiser Ferdinand III. während einer Turnierszene in der 1652 aufgeführten Oper »La Gara«

Neben dem Schloß war auch das Opernhaus repräsentative Bühne für die Selbstdarstellung des absolutistischen Herrschers.

aber bis auf das kurfürstliche Schloß zu Bonn gab es kein großes Residenzschloß im Alten Reich, dessen innerer Aufbau der Raumfolge und den zeremoniellen Bedürfnissen von Versailles auch nur annähernd entsprochen hätte. Die kurfürstlichen Schlösser zu Dresden, Berlin und München blieben alle gekennzeichnet durch die traditionelle Abfolge von Gardensaal, danach zwei oder drei Vorräumen abgestuften Glanzes, Audienzsaal, dem ... Festsaal und dem fürstlichen Schlafgemach; mitunter lag zwischen Audienzsaal und dem großen, fast immer durch zwei Stockwerke gehenden Festsaal noch ein Saal für den Staatsrat«.[24] Diese architektonischen Unterschiede waren zugleich Ausdruck politisch, sozial und mentalitätsmäßig weitreichender Verschiedenheiten im alltäglichen Zeremoniell, in der personellen Zusammensetzung und der Funktion des Hofes sowie seiner einzelnen Teile und nicht zuletzt im Herrschafts- und Staatsverständnis.

Unter den deutschen Verhältnissen konnten sich dann jene Züge besonders markant entwickeln, die man »Relativität des Absolutismus« nennt. Diese scheinbar widersprüchliche Bezeichnung ist ein Ergebnis der jüngeren Absolutismusforschung. Sie hat nachgewiesen, daß die Prinzipien und das Modell absolutistischer Herrschaft und Verwaltung nur begrenzt verwirklicht werden konnten. Vor allem ist es nirgends gelungen, das Mitbestimmungsrecht von Personenkreisen, Korporationen und Institutionen außerhalb des absolutistischen Machtzentrums »Hof« restlos auszuschalten. Das gilt selbst für Frankreich, wo manche Provinzialstände in der Steuer- und Finanzverwaltung beachtliche Rechte behaupten konnten, die sie bis weit ins 18. Jahrhundert hinein teils in Konkurrenz, teils in Abstimmung mit der Krongewalt wahrnahmen. Die Historiker haben sich daher angewöhnt, die historische Realität des europäischen Absolutismus nicht mehr durch einen Kreis mit einem Mittelpunkt abzubilden, sondern als Ellipse, die zwei Brennpunkte besitzt – den Souverän mit dem Hof und der zentralgesteuerten Bürokratie und das »Land« mit eigenen Interessen und einer eigenen, vielfach abgestuften politischen Elite.[25]

Wie die Höfe keineswegs einheitlich waren, so war auch der Durchdringungsgrad des Absolutismus in den einzelnen deutschen Territorien sehr unterschiedlich. Im Reich standen »patriarchalische, dualistische, demokratisch-oligarchische [Reichsstädte] und monarchisch-absolutistisch regierte Staatsgebilde nebeneinander, deren Konsistenz im Sinne moderner Staatlichkeit von überaus unterschiedlicher Natur war«.[26] Generell läßt sich sagen, daß die Stellung der Landstände in der historischen Realität weit stärker war als das der Idee und der Theorie absoluter Herrschaft entsprochen hätte.[27] Da die Fürsten auf die Mitarbeit lokaler und regionaler Eliten angewiesen waren, entstand »eine breite Zone vielschichtiger Durchdringung landherrlicher und landständischer Kompetenzen«.[28] Und da nach Überwindung des alten Antagonismus zwischen Krongewalt und Adelslibertät im 18. Jahrhundert Hof und Adel rasch aufeinander zugingen, war in den meisten Staaten eine funktionierende Kohabitation beider Sphären begründet.

Dieses neue Bild gilt selbst für Preußen, von dem allgemein die Rede geht, »hier sei die Durchsetzung der monarchischen Souveränität voll gelungen«. Kenner der konkreten Verhältnisse in der Mark

Schloß Arolsen, die Residenz des Duodezfürstentums Waldeck-Pyrmont, zeigt den Wunsch der kleinen deutschen Fürstenhäuser, Versailles nachzuahmen. Die 1710 begonnene Anlage lehnt sich mit ihren drei einen inneren Ehrenhof umschließenden Flügeln deutlich an das Vorbild an, wenn auch im Miniaturformat. Doch selbst in dieser bescheidenen Größe belastete der Schloßbau das kleine Fürstentum finanziell über die Maßen, so daß er nur etappenweise fertiggestellt werden konnte und die Innenausstattung sich über Jahrzehnte hinzog. Auf zwei dem Schloß vorgelagerte prächtige Marställe mußte man schließlich ganz verzichten.

Brandenburg, in Kleve, Schlesien oder im Herzogtum Preußen halten dem jedoch entgegen, daß es auch im Staat des Soldatenkönigs und Friedrichs des Großen »Personen und kleine Personengruppen als Entscheidungsträger gegeben [habe]. . ., die ›das Feuer unter der Asche gehütet‹ und so über die Zeit des Absolutismus hinweg ständische Kontinuitäten bewahrt hätten«.[29]

3. Ein Europa der Allianzen und Allianzkriege

Auch die Art und Weise, in der die europäischen und deutschen Staaten im Zeitalter des höfischen Absolutismus zusammenlebten, miteinander in Austausch oder in Konflikt traten, hatte völlig neue Züge angenommen. Noch im Verlauf des Dreißigjährigen Krieges waren an die Stelle der konfessionell-ideologischen Macht- und Militärblöcke, die seit dem ausgehenden 16. Jahrhundert das politische Geschehen in Europa beherrscht hatten, säkulare interessengeleitete Kampfbündnisse getreten. Jetzt, seit der Mitte des 17. Jahrhunderts, wurde die internationale Politik zunehmend durch ein freies Spiel der Interessenallianzen bestimmt, nicht nur im europäischen Rahmen, sondern vor allem auch innerhalb des Reiches, dessen Einzelstaaten das Recht zu weitgehend autonomer Außenpolitik hatten. Die Allianz und der Allianzkrieg waren fortan die wichtigsten Instrumente der internationalen Politik.

Krieg als politisches Kalkül

Uns Heutigen, die wir unter dem Damoklesschwert globaler Selbstvernichtung leben, verlangt es einige Anstrengung ab, den Krieg als ein Instrument der internationalen Politik zu begreifen, das einen festen Platz im Kalkül der Mächte hatte und jederzeit einsetzbar war. Und doch war das bis in unser Jahrhundert der Massenvernichtungswaffen hinein die Regel. In der Epoche des höfischen Absolutismus waren Kriegsallianzen und Allianzkriege sogar die Grundprinzipien der europäischen Staatenordnung schlechthin. Im Vergleich zu den mörderischen Kriegen, die diese Epoche einrahmen – der große europäische Glaubens- und Mächtekrieg in der ersten Hälfte des 17. Jahrhunderts und die Revolutions- und Völkerkriege um die Wende zum 19. Jahrhundert –, war das Jahrhundert der Höfe und Allianzen friedlich.[30] Besonders deutlich wird das, wenn man die Verluste ins Auge faßt: Geradezu menschenverschlingend waren die militärischen Auseinandersetzungen, die im Zeichen der Ideologie geführt wurden – der Dreißigjährige Krieg, dann wieder die von der Französischen Revolution ausgelösten Kriege.

Die dazwischenliegende, *relativ* friedliche Epoche wurde in regelmäßigen Rhythmen von Kriegen durchzogen. Zunächst waren es die Kriege Ludwigs XIV. – der Devolutionskrieg in den sechziger Jahren, der Holländische (1672-1679) und Pfälzer (1688-1697) Krieg in den darauffolgenden Jahrzehnten. Gleichzeitig fanden im Südosten die entscheidenden Türkenschlachten statt, bis weit ins 18. Jahrhundert hinein. Es folgten der Spanische Erbfolgekrieg (1701-1714) und der große Nordische Krieg (1700-1721), der Polnische Thronfolge- (1733 bis 1735) und der Österreichische Erbfolgekrieg (1740-1748), schließlich der Siebenjährige Krieg (1756-1763).

Diese Kriege waren ein Teil der europäischen Mächte- und Friedensordnung. Sie galten der Sicherung, in begrenztem Umfang auch der Veränderung eines Mächtesystems, das angelegt war auf die Aus-

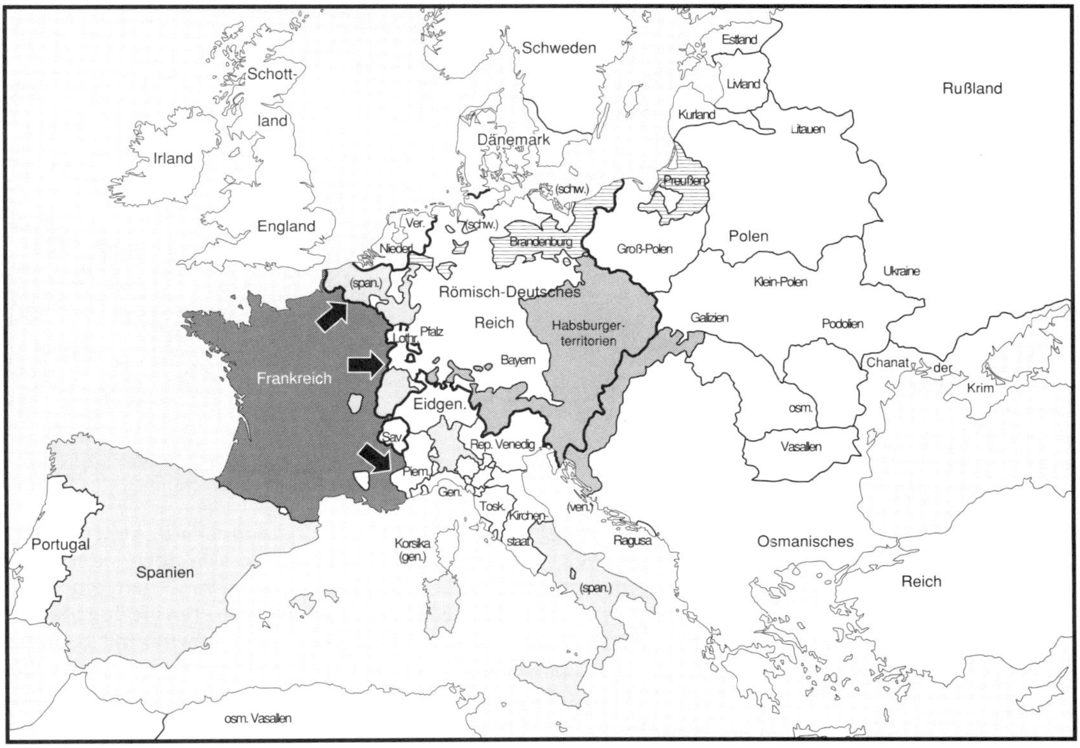

Europa unter der Vorherrschaft Frankreichs seit 1660

tarierung der Kräfte, auf die Balance of power, wie es bald in der Sprache derjenigen heißen sollte, die dieses Mächtegleichgewicht besonders argwöhnisch hüteten, weil sie am meisten davon profitierten.[31] Es war der begrenzte, kalkulierbare Krieg als politisches Mittel, der die Mächtebalance garantierte und zugleich den großen, alles verschlingenden Feuersturm, das Inferno nach Art des eben überwundenen dreißigjährigen Glaubenskrieges verhindern sollte. Dieser kalkulierte Kabinettskrieg wurde offensiv zur Sicherung oder Vergrößerung von Einzelstaaten geführt, so etwa von Ludwig XIV. und Friedrich II. von Preußen. Aber er wurde auch defensiv eingesetzt, nämlich zur Wahrung des Gleichgewichts, und damit indirekt auch im Einzelstaatsinteresse – so etwa Ende des 17. Jahrhunderts von den Seemächten unter Leitung Wilhelms III. von Oranien oder im 18. Jahrhundert von Kaiserin Maria Theresia, die häufig Krieg führte, aber nie, um ihren Staat zu vergrößern, sondern stets nur um seine Stellung zu verteidigen. In dem engen Geflecht von Beziehungen, in das die europäischen Staaten inzwischen eingebunden waren, wurden diese Kriege in der Regel als Allianzkriege ausgetragen.[32]

Der Allianzkrieg als politisches Mittel war ein Produkt der historischen Entwicklung, aber auch eine Konsequenz des Westfälischen Friedenssystems. Denn erst die Überwindung des konfessionsgeleiteten Typus der Außenpolitik und des ihm eigentümlichen Glaubenskrieges hatte wieder die Möglichkeit eröffnet, den Krieg politisch einzusetzen, nämlich rational und im Ergebnis einigermaßen sicher berechenbar. Dagegen war der konfessionsgeleitete Krieg, der

Nahkampf in der Seeschlacht bei La Hogue zwischen England, den Niederlanden und Frankreich im Jahre 1692

Im Zeitalter der Allianzen und Allianzkriege war der Krieg zu Wasser und zu Land kalkulierbares Mittel der Politik. In den Seeschlachten, die auf den europäischen Meeren und in den Gewässern Asiens, Afrikas und Amerikas ausgetragen wurden, ging es stets um zweierlei - um die Machtverteilung auf dem alten Kontinent und um die Herrschaft über die Welt. Die deutschen Länder waren daran nur indirekt beteiligt - als Allianzpartner der westeuropäischen Seemächte Spanien, Holland, England und Frankreich, die das Ringen unter sich ausmachten.

in der ersten Hälfte des 17. Jahrhunderts gewütet hatte, kein politisch kalkulierbares Instrument gewesen, hatte er sich doch jeder politischen Kontrolle und Steuerung entzogen. Erst innerhalb eines von weltlichen Interessen geleiteten, zwischen mehreren großen Staaten austarierten Mächteeuropa konnten die Politiker den mit begrenztem Einsatz an Menschen und Waffen geführten Krieg in ein politisches Kalkül einbeziehen. Wie scharf sie dieses Kalkül berechneten, hing von ihren Ambitionen und von den Ressourcen ihres Staates ab. Friedrich II. zum Beispiel führten seine Kriege wiederholt nahe an den Abgrund, weil er entschlossen war, alle Kräfte seines weit über die europäische Landkarte zerstreuten Staates zu sammeln und in den Kreis der Großmächte vorzustoßen.

Am radikalsten ist die Rolle des Krieges im neuzeitlichen Mächtespiel bei Thomas Hobbes beschrieben, dem nüchtern machtrealistischen englischen Philosophen und Staatsdenker. Sein Hauptwerk, der »Leviathan«, erschien drei Jahre nach Abschluß des Westfälischen Friedens. Es verarbeitet die englischen Erfahrungen im puritanischen Bürgerkrieg. In der politischen Theorie des Thomas Hobbes ist die Entbindung des Einzelstaats von moralisch-normativen Verpflichtungen nach Art des christlichen Naturrechts - sei es der Scholastiker, sei es der Reformatoren - radikal zu Ende geführt. Denn der natürliche Zustand im menschlichen Zusammenleben ist für Hobbes nicht ein paradiesischer Urfriede, sondern der Krieg aller gegen alle, der »bellum omnium contra omnes«.[33] In diesem Naturzustand, der fiktiven Phase vor der Vergesellschaftung der Menschen, ist - so eine andere berühmte Stelle bei Hobbes - der Mensch dem Menschen ein Wolf: homo homini lupus.[34] Innergesellschaftlich wird der naturgegebene Krieg aller gegen alle durch den Zusammenschluß der Menschen zu einem Staat unter einem souveränen Herrscher sozialisiert und gebändigt. Zwischen den Staaten ist ein solch prinzipieller Verzicht auf urwüchsige Gewalt dagegen nicht möglich. Im Mächteeuropa ist daher der Krieg der natürliche Zustand:

»In all times, kings, and persons of sovereign authority, because of their independency, are in continual jealousies, and in the state and

Szene aus der Schlacht vor Malplaquet im Jahre 1709, in der der Herzog von Marlborough die Franzosen entscheidend schlug

An den Landschlachten der frühen Neuzeit waren immer mehr Soldaten beteiligt. Die Kampfstärke der Heere wuchs rasch, von 60 000 bis 70 000 Mann im Dreißigjährigen Krieg auf bis zu 400 000 Soldaten in den ersten Jahrzehnten des 18. Jahrhunderts. Gleichzeitig wuchs die Bedeutung der Schußwaffen – der leichten wie der schweren, der Artillerie ebenso wie der Handfeuerwaffen von Infanterie und Kavallerie. Was die Taktik anbelangt, so kam es immer mehr auf Beweglichkeit und technische Perfektion an, und das heißt auf Geschwindigkeit und Präzision beim Formieren und Umformieren der Schlachtreihe sowie beim Angreifen und Schießen. Nicht selten fiel dann aber die letzte Entscheidung im Handgemenge, wo Geistesgegenwart und Mut den Ausschlag gaben.

posture of gladiators; having their weapons pointing, and their eyes fixed on one another; that is, their forts, garrisons, and guns upon the frontiers of their kingdoms; and continual spies upon their neighbours; which is a posture of war. But because they uphold thereby, the industry of their subjects; there does not follow from it, that misery, which accompanies the liberty of particular men«, und die Natur dieses Staatenkrieges bestehe »not in actual fighting; but in the known disposition thereto«.[35]

Hobbes, der in die Geschichte des politischen Denkens als der Theoretiker der unbedingten Unterwerfung des einzelnen Menschen unter den absolutistischen Machtstaat eingegangen ist, kannte nicht das uns heute selbstverständliche Verlangen, auch die Staaten zu sozialisieren und sie in derselben Weise wie die Individuen aus dem natürlichen Kriegszustand herauszuführen. In seiner Theorie bleiben die Staaten im Naturzustand, wo allein die utilitas regiert, das egoistische Nutzenkalkül. Das erste allgemeine Grund- und Vernunftgesetz, nach dem im Naturzustand der politische Nutzen zu suchen ist, lautet: »Jeder soll nach Frieden streben, so weit er Hoffnung hat ihn [in der Form, wie er seinen Interessen dient, H.Sch.] zu erreichen. Wenn er ihn nicht haben kann, dann soll er den Krieg wählen und damit alle Vorteile und Hilfen, die dieser ihm für seine Interessen bietet.«[36]

Kein Monarch oder Diplomat des 17. oder 18. Jahrhunderts hat sich uneingeschränkt mit der Hobbesschen Theorie eines fast totalitären Machtstaates im Innern, ergänzt durch den prinzipiellen Kriegszustand zwischen den Staaten auf internationaler Ebene, identifiziert. Dennoch richteten die Politiker die Maxime ihres Handelns nicht selten daran aus. Das gilt namentlich von der scharfen Trennung zwischen der innerstaatlichen Sphäre unbedingter Ruhe, absoluten Gehorsams und Friedens – was dem Absolutismus ja entgegenkam – und einem außerstaatlichen (extra civitatem), nicht humanisierten Bereich des Krieges als einer Disposition zum Waffengang. Innerhalb des Staates sollten die naturwüchsigen Feindschaftsverhältnisse generell ausgeschaltet, sollte der Mensch gezähmt und diszi-

Titelbild der englischen Ausgabe des »Leviathan« von 1651

Der Leviathan, der Machtstaat des Thomas Hobbes, dargestellt als großer Mensch, der sich zusammensetzt aus Tausenden von einzelnen Untertanen, unter dem Motto: »Es gibt keine Macht auf Erden, die gleich kommt« (Hiob 41,24). Schwert und Bischofsstab zeigen an, daß der neuzeitliche Leviathan sowohl die weltliche als auch die geistliche Macht innehat.

pliniert werden – zu seinem eigenen Wohl und zum Wohl seiner »Mitbürger«. Auf dem Feld zwischenstaatlicher Beziehungen dagegen blieb jeder Staat des anderen Feind, solange nicht Friedens- und Allianzverträge die Feindschaft außer Kraft gesetzt hatten. Diese Verträge konnten stets nur zeitlich befristete Geltung haben, selbst wenn sie – wie mancher Friedensvertrag – die Formel »auf ewig und alle Zeiten« beinhalteten.[37] Nicht selten waren sie auch räumlich begrenzt. Sie konnten immer nur dort und so lange gelten, wie die Interessen der Partner gleichgerichtet waren. Die Geschichte des neuzeitlichen Mächteeuropa ist daher auf weite Strecken eine Geschichte der sich wandelnden Interessen und dadurch bedingter Veränderungen der Allianzen.

Gleichgewicht, Staateninteresse und Konvenienz

Das aus dem Zusammenbruch der von Papst und Kaiser gelenkten Res publica Christiana des Mittelalters hervorgegangene neuzeitliche Mächteeuropa hatte Mitte des 17. Jahrhunderts bereits verschiedene Entwicklungsstadien durchlaufen. Zunächst hatten Karl V. und seine burgundisch-niederländischen Berater versucht, den Kontinent nach der Idee eines neuzeitlich universellen Kaisertums zu ordnen. Die neuen partikularen Groß- und Nationalstaaten sollten sich in ein abgestuftes, vom Kaiser und dem Hause Habsburg dirigiertes System einfügen; auf diese Weise sollten Einheit und Frieden bewahrt werden. Auf das Scheitern dieses Konzepts folgte Mitte des 16. Jahrhunderts das Zeitalter der spanischen Hegemonie und des von Holland und England angeführten Widerstands dagegen. Erst als der Westfälische Frieden den Niedergang der ersten europäisch-atlantischen Weltmacht besiegelte, konnte sich in dem nun einsetzenden Jahrhundert der »Allianzen und Allianzkriege« die Gleichgewichtsidee ausbreiten - die Vorstellung von der »Gleichheit jener Waage, die Reiche gegen Reiche wiegt«, wie der Reichspublizist Justus Möser 1748 anläßlich der Hundertjahrfeier des Westfälischen Friedensschlusses dichtete.[38]

Niccolo Machiavelli - berühmt-berüchtigter Verfasser des »Il Principe«, der ersten realistischen Staatstheorie der frühen Neuzeit; farbige Terrakottabüste nach der Totenmaske

Denn mit den großen Friedensschlüssen der Jahre 1648, 1659 und 1660, die nach einem halben Jahrhundert der Spannungen und Kriege dem Kontinent zuerst in der Mitte, dann im Westen und Norden die lang ersehnte Ruhe brachten, war die neuzeitliche europäische Staatenwelt voll entfaltet. Trotz der starken Stellung, die Frankreich in den siebziger Jahren des 17. Jahrhunderts errang, war es nicht mehr in gleicher Weise Hegemonialmacht wie etwa ein Jahrhundert zuvor Spanien. Das Ringen um die machtpolitischen Positionen in Europa hielt an - im Grunde bis zur Mitte unseres Jahrhunderts. Das betrifft vor allem den Kreis der Großmächte, der sich vom 16. bis in die zweite Hälfte des 18. Jahrhunderts immer wieder veränderte, bis die Pentarchie, die Vorherrschaft von fünf europäischen Großmächten, längere Stabilität brachte. Zunächst waren die Niederlande und England, dann Frankreich und Schweden zu Großmächten aufgestiegen, schließlich Österreich, Brandenburg-Preußen und Rußland.

Diese Aufsteigerkämpfe waren es, die das Jahrhundert der Höfe und Allianzen in Atem hielten. Der Kreis der Mächtegesellschaft war gerade auch in der oberen Etage offen. Die einen stiegen auf, andere fielen zurück, so bereits früh Polen und die Niederlande, im ersten Drittel des 18. Jahrhunderts dann auch Schweden. Zwischen den Großmächten ging es um das als Ideal gedachte Gleichgewicht innerhalb dieses Systems. Daraus ergab sich, daß die Hegemonie einer einzelnen Macht verhindert werden mußte. Die kleineren Staaten nahmen als Allianzpartner der großen an diesem Ringen teil.

Eng verbunden mit der Gleichgewichtstheorie war die Lehre von den Staatsinteressen. In gewisser Weise war die eine sogar Voraussetzung der anderen. Denn die einzige Kraft, die überhaupt in der Lage war, die so unterschiedlichen Mächte in einem Gleichgewicht zu halten, war deren Eigeninteresse. Die Interessenlehre war daher auch älter als die Gleichgewichtstheorie, jedenfalls in ihrer ausgearbeiteten Fassung. Die Staatsinteressenlehre des späten 17. und 18. Jahrhunderts konnte an die berühmt-berüchtigte Analyse der amoralisch-egoistischen Triebkräfte in der Politik anknüpfen, die Niccolo Machiavelli (1469–1527) vorgelegt hatte, vor allem in seinem bereits 1513 abgefaßten, 1532 in Rom publizierten, 1557 auf den päpstlichen Index verbotener Bücher gesetzten, deswegen aber um so eifriger gelesenen Traktat vom Fürsten, »Il Principe«.[39] Diese frühe, aus den Verhältnissen im Italien der Renaissance hervorgegangene, schon ganz und gar säkular verstandene Interessenlehre wurde Mitte des

16. Jahrhunderts zusammengefaßt in dem Schlagwort der »ragione di stato«, der Staatsräson, deren Siegeszug zugleich der neuzeitlich individualisierenden Staatsbetrachtung Bahn brach.[40]

Im nordalpinen Europa war diese Interessenlehre allerdings zunächst in den Windschatten der Konfessionalisierung geraten. Das hatte einmal die Mobilisierung christlich-ethischer Normen gegen den als amoralisch empfundenen »Machiavellismus« zur Folge, zum anderen den expliziten Vorrang des »Bekenntnisses«, also einer religiösen Kategorie, vor den säkular verstandenen Interessen der Staaten. Natürlich blieben im konfessionellen Zeitalter politische und ökonomische Interessen nicht ganz und gar ausgeschaltet, im Gegenteil, die Konkurrenz der aufsteigenden Machtstaaten ließ sie immer entschiedener zur Geltung kommen. Fürs erste erschienen sie aber eingepaßt in die konfessionellen Allianzen und Legitimationsmuster.

Die Schranken fielen erst, als im Verlauf des Dreißigjährigen Krieges das konfessionelle Moment in den Hintergrund trat und Politik endgültig als ein vorwiegend weltliches Geschäft begriffen wurde. Bald galt es als selbstverständlich, daß die entscheidende Richtschnur, nach der sich die einzelnen Staaten im Innern wie nach außen orientieren konnten und sollten, ihr je eigenes Staatsinteresse war, vor allem machtpolitisch, zunehmend aber auch handelspolitisch und allgemein ökonomisch verstanden. Zu einer expliziten Theorie verdichtet, erscheint die neuzeitliche Lehre von den Staatsinteressen erstmals in der 1638 in Paris publizierten und in Deutschland wie in den anderen Ländern Europas rasch rezipierten Schrift »De l'Interest des Princes et Estats de la Chrestienté«.[41] Verfasser war der Herzog Heinrich von Rohan, zunächst prominenter Hugenottenführer, später dann Parteigänger Richelieus und des Königs. Er hatte seinen Interessenbegriff ursprünglich neutral formuliert, also für das politische Handeln allgemein. Die Zuspitzung auf die Interessen des Fürsten und des von ihm vertretenen absolutistischen Machtstaates erfolgte erst nach dem Übertritt in das königlich-katholische Lager.

An der Biographie ihres prominentesten Vertreters tritt somit besonders deutlich zutage, daß sich die Staatsinteressenlehre im ersten Drittel des 17. Jahrhunderts »gleichsam aus der Gemengelage konfessioneller und ständischer Kampfgruppen herausgeschält [hatte], um jenseits theologischer und rechtlicher Positionen neue und größere Handlungsfreiheit und rationale Erfolgschancen ausmessen zu können«.[42] Im späteren 17. und im 18. Jahrhundert war es zunehmend dieser je individuell zu definierende Interessenstandpunkt, der die internationale Politik der einzelnen Staaten bestimmte und das Europa der Mächte insgesamt prägte. Er gewann in dem Maße an Bedeutung, wie im Zuge der Aufklärung »Rationalität« zur Richtschnur auch des politischen Handelns wurde. Zugleich trat die ursprünglich vorhandene Ausrichtung der Interessenlehre an dem Fürsten und seiner Dynastie rasch in den Hintergrund. Als Lehre von den Staatsinteressen wurde sie dann im 19. Jahrhundert zur Lebensmaxime der Nationalstaaten.

Mit der Identifizierung der Staatsinteressen als der letztlich beherrschenden Kraft im europäischen Mächtespiel lag erstmals ein Ordnungskonzept vor, das nicht nur ideellen Charakter hatte, son-

Unterzeichnung des Nimweger Friedensvertrages zwischen Frankreich und Spanien am 17. September 1678, Gemälde von Henri Gascar (1635-1701)

Das europäische Mächtesystem wurde dirigiert von der alteuropäischen Diplomatie, die Allianzen schmiedete, Kriege durch Geheimverhandlungen vorbereitete und auf den periodisch zusammentretenden Friedenskongressen die politische Karte Europas neu zeichnete.

dern auf einer realistischen Zustandsbeschreibung aufbaute. Der Universalismus des Mittelalters und der von Kaiser Karl V. geprägten Übergangszeit war nun endgültig abgelöst durch den Partikularismus egoistischer Einzelstaaten, voran der Großmächte. Deren Interessen galten fortan als die letztlich einzig zuverlässigen Grundlagen für ein geordnetes Zusammenleben innerhalb der europäischen Staatengemeinschaft, und zwar noch im 19. Jahrhundert. Auch in der Geschichte des internationalen Systems war damit der traditionelle Idealismus durch den neuzeitlichen Realismus abgelöst worden. Nach Überwindung der gradualistisch abgestuften Einheitsidee des Mittelalters hatten sich auch in der Beziehungsgeschichte der europäischen Staaten Differenzierung und Individualisierung durchgesetzt, die geradezu ein Signum der Neuzeit waren.

Gleichzeitig mit der vollen Entfaltung des internationalen Systems trat die europäische Diplomatie in ihre Blütephase ein; auch das beinhaltet die Formel vom »Jahrhundert der Allianzen«. Aufgabe der Diplomaten war es, im Ausland die Interessen der eigenen Staaten zu sichern und dabei zugleich die europäische Ordnung im Auge zu behalten. Nötigenfalls war im Interesse des eigenen Staates der Krieg allianzpolitisch vorzubereiten und waren die Kampfeshandlungen politisch-diplomatisch abzusichern. Die Stunde der alteuropäischen Diplomatie schlug indes auf den großen Friedenskongressen, die regelmäßig am Ende solcher Allianzkriege einberufen wurden.[43] Hier galt es die europäische Mächteordnung neu zu begründen, die Gewichte auszutarieren, alte Gegensätze zu überbrücken, Vorkehrungen zur Lokalisierung und Neutralisierung zukünftig möglicher Konflikte zu treffen und bei alldem stets die eigenen Staatsinteressen fest im Auge zu behalten.

Die Möglichkeiten, vor allem aber die Grenzen und Gefahren dieses durch Interessen und Allianzen gesteuerten Mächtesystems tre-

Abgeordnete des Friedenskongresses von Baden 1714, Ölgemälde von Johann Rudolf Huber

Die neuzeitliche Diplomatie folgte strengen Regeln des Zeremoniells, die besonders sorgfältig eingehalten wurden, wenn es um die Beilegung von Krieg und Streit ging. Um Hervorhebung oder Hintansetzung einer Vertragspartei zu vermeiden, versammelten sich die Abgeordneten um einen rechteckigen Tisch in streng symmetrischer Anordnung. Um Rangstreitigkeiten über den Vortritt beim Einzug zu umgehen, zogen die beiden Verhandlungsdelegationen getrennt durch zwei Türen in das Verhandlungszimmer ein.

ten kraß in der Konvenienzpolitik zutage. Sie fußte auf dem »droit de convenance«, das Jean Rousset de Missy (1686-1762), ein in Holland lebender Hugenottenexulant und Herausgeber des berühmten »Mercure historique et politique«, 1730 auf dem Höhepunkt des Interessen- und Gleichgewichtsdenkens postulierte.[44] Gemeint war damit der im Prinzip gute Grundsatz, internationale Probleme ohne Gewalt auf dem Weg gegenseitiger Verständigung zu regeln. Wie Hobbes ein Jahrhundert zuvor die inneren Ordnungsprobleme der vom Krieg aller gegen alle erschütterten Staaten nach rationalen Grundannahmen und Konstruktionen nach Art der Geometrie zu lösen versucht hatte, so sollte nun eine rationalen Kriterien verpflichtete Konvenienzpolitik die Ordnung zwischen den Staaten herstellen. Hatte Hobbes im Verhältnis der Staaten untereinander noch den Krieg als naturgegeben akzeptiert, so war das aufbrechende Vernunftzeitalter optimistisch genug anzunehmen, auch international den Krieg aller gegen alle bändigen zu können, und zwar indem auf dem Weg der Konvenienz, der vernünftigen Übereinkunft also, die Interessen aller Mitglieder der Staatengemeinschaft sichergestellt würden.

Allein, die Umsetzung in die Praxis war problematisch, jedenfalls für die kleineren Staaten und für die Menschen, die von den Auswirkungen der Konvenienzpolitik betroffen waren. Denn es waren natürlich die militärisch und diplomatisch überlegenen Großmächte, die sich durch Geheimverhandlungen und Kabinettspolitik untereinander abstimmten. Immer häufiger wurde Übereinkunft über die Köpfe der Betroffenen hinweg und ohne Rücksicht auf ihr Wollen und ihr Recht erzielt. So war die Konvenienz nicht selten rücksichtslose Komplizenschaft der Großen gegen die Kleinen – am deutlichsten bei den polnischen Teilungen gegen Ende des 18. Jahrhunderts. Im besten Fall kam es zu einem großangelegten Ländertausch über die Köpfe der Untertanen hinweg, wie vor allem 1735, als zur Lösung des polnischen Thronfolgekonflikts und zur Absicherung Frankreichs gegen eine fiktive Gefahr von seiten der Habsburger in geheimen Verhandlungen zwischen kaiserlichen und französischen Diplomaten entschieden wurde, daß Lothringen und Bar, Parma und Piacenza, die Toskana und weitere kleinere italienische Herrschaften, Neapel und Sizilien in einem großen Ringtausch neue Herrscher erhielten und Staaten zugeschlagen wurden, mit denen sie bislang nichts oder wenig zu tun gehabt hatten.

Im Extremfall konnte das Konvenienzprinzip »schlecht und recht auch zur Bezeichnung eines nackten, nicht durch Legitimität gestützten Machtinteresses einer Einzelmacht gebraucht werden«.[45] Davon profitierten vor allem die Aufsteiger unter den europäischen Mächten. Ihre bedenkenlose Herausforderung des Bestehenden erhielt dadurch zumindest den Schein einer Rechtfertigung. Meisterhaft wußte das vor allem Friedrich der Große zu handhaben.

Die veränderte Rolle von »Konfession« und »Dynastie« im internationalen Mächtespiel

Indem die säkularen Staatsinteressen zum Motor der internationalen Politik wurden, erhielten »Konfession« und »Dynastie«, die beiden älteren Leitkategorien des frühneuzeitlichen Mächtespiels, einen niedrigeren Stellenwert. Das ist besonders deutlich bei den konfessionellen Antriebskräften. Ihre Wirkung war am größten im ausgehenden 16. und im ersten Drittel des 17. Jahrhunderts, als sich die europäische Staatenwelt mit Ausnahme Frankreichs nach Bekenntnis und Glauben ausgerichtet hatte – auf der einen Seite der katholisch-spanische Block, der von der iberischen Halbinsel über Italien, Süddeutschland, Österreich und Böhmen bis nach Polen reichte; auf der anderen Seite der protestantische, vom Calvinismus gelenkte Block, der von Holland angeführt wurde und seine wichtigsten Allianzpartner unter den deutschen Fürsten, in den skandinavischen Königreichen und auf der britischen Insel hatte.

Mit der konsequenten Trennung von Religion und Politik, dem einzigen Ausweg aus dem Chaos der Glaubenskriege, war die »Konfession« als Wirkkraft auf dem Feld der internationalen Beziehungen in den Hintergrund getreten. Bekenntnis und Glauben gehörten fortan nicht mehr zu den Kardinalinstrumenten der auswärtigen Politik; das internationale System wurde von ihnen nicht mehr geprägt. Ganz ausgespielt hatten sie indes noch nicht. So wurden die konfessionellen Unterschiede nochmals relevant, als Wilhelm III. von Oranien als englischer König und holländischer Statthalter zum Kampf gegen Ludwig XIV. von Frankreich aufrief. Und auch der Siebenjährige Krieg war in gewisser Weise noch ein Glaubenskrieg zwischen päpstlich-habsburgisch-süddeutscher und protestantisch-preußisch-norddeutscher Partei.

So erbittert und verletzend in beiden Fällen die religiöse Polemik auch war, das Konfessionelle war nicht mehr strukturierende Kraft, sondern nur noch Arabeske der Mächtepolitik. Das konfessionelle Argument war zur Propaganda verkommen: Ludwig XIV. wurde Ende des 17. Jahrhunderts als katholischer Antichrist geschmäht, wozu Türkenpolitik und blutige Hugenottenverfolgungen hinreichend Argumente lieferten. Mitte des 18. Jahrhunderts diffamierte

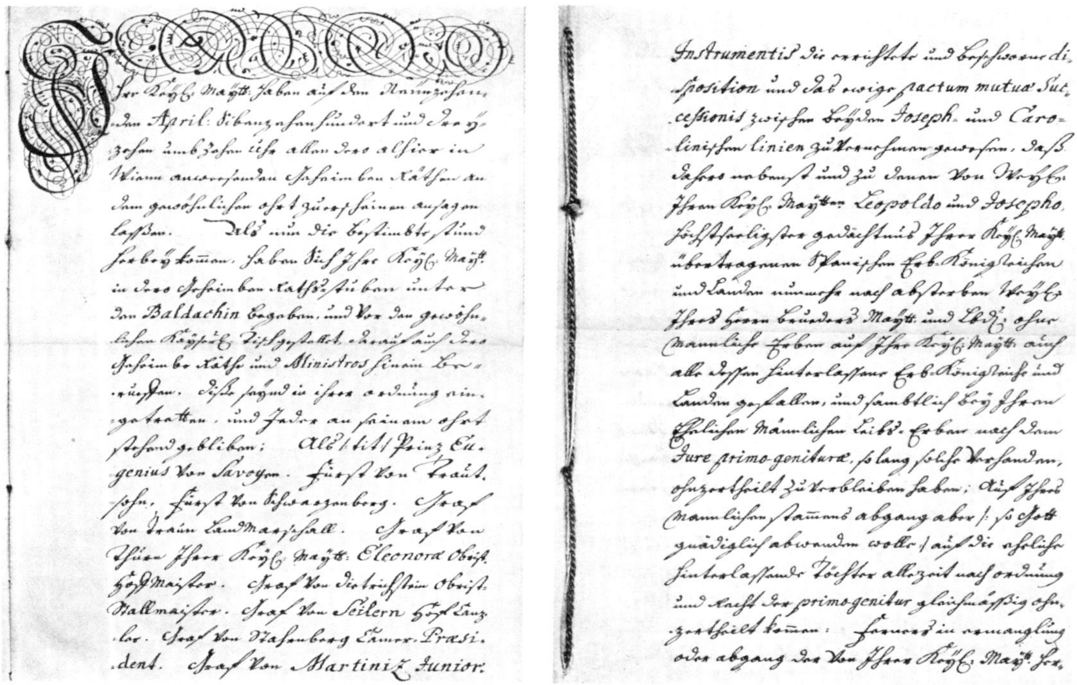

Die am 19. April 1713 publizierte Pragmatische Sanktion war ein Hausgesetz der österreichischen Habsburger, das die europäische Staatenwelt eine knappe Generation lang in Atem hielt.

eine von Maria Theresia und dem Papst geschickt dirigierte Reichspublizistik den evangelischen Preußenkönig als atheistische, durch und durch verderbte Ausgeburt protestantischer Häresie, was den offen zur Schau getragenen Agnostizismus des Roi philosophe ins Groteske verzerrte.[46]

Beim dynastischen Faktor, dem zweiten traditionellen Instrument in der Beziehungsgeschichte der europäischen Staaten, trat weniger ein Bedeutungsverlust als ein Funktionswandel ein. Aus dem Mittelalter, letztlich schon aus Vorzeiten überkommen, hatten dynastische Verflechtungen auch auf dem Höhepunkt des konfessionellen Zeitalters eine maßgebliche Rolle gespielt – besonders deutlich im Fall der beiden habsburgischen Linien. Die Fürstenhäuser strebten in der Regel gleichkonfessionelle Ehebündnisse an. Wo es die politischen Belange geboten erscheinen ließen, schloß man aber auch Mischehen – nicht ohne im stillen zu hoffen und auch Vorkehrungen dafür zu treffen, den Ehepartner und dessen Klientel irgendwie doch für die eigene Religion gewinnen zu können.

Im Zeitalter der Staatsräson und der interessengeleiteten Allianzpolitik gewann das dynastische Moment erneut eine hervorragende Bedeutung sowohl im Innern der Staaten als auch für ihre internationalen Beziehungen. Staatsinteressen und dynastisches Denken gingen eine enge Verbindung ein und förderten sich gegenseitig, wo immer es möglich war. Indem die Dynastie funktional auf das Interesse des Staates eingeschworen wurde, ergab sich aus dieser Konstellation ein weiterer, entscheidender Schritt zur neuzeitlichen Versachlichung ehemals personal bestimmter Institutionen. War im Mittelalter ursprünglich Politik im Innern und nach außen ganz und gar auf die Person des Herrschers ausgerichtet gewesen, so daß bei dessen Tod Herrschaftsrechte und Bündnisabsprachen erloschen, so war die im Laufe der Jahrhunderte eingetretene Versachlichung der politischen Ordnung im 18. Jahrhundert so weit vorangeschritten, daß das personelle Element, der Herrscher und seine Dynastie also, zu einer sachlich-rechtlich bestimmten Institution geworden waren, deren Belange in den Staatsinteressen aufgehen sollten.

Im Innern der Staaten ergab sich aus der höchsten Steigerung des Personellen im absolutistischen Herrschaftsbild zugleich ein entscheidender Anstoß für die Versachlichung des Regiments und der höchsten Staatsgewalt. Im internationalen System bewirkte die Verbindung von Dynastie und Staatsinteresse eine neue, neuzeitliche Funktionalität. Dynastisches Erbrecht und Hausgesetze waren im Zeitalter der Staatsräson und Allianzdiplomatie verfassungs- und mächtepolitische Tatsachen ersten Ranges. Nichts macht das deutlicher als die Pragmatische Sanktion, das habsburgische Hausgesetz, das die dynastische Erbfolge regeln sollte und damit zugleich zu einem der folgenschwersten reichs- und europapolitischen Ereignisse des 18. Jahrhunderts wurde. Dynastische Stabilität war in jener Epoche politische Stabilität; Erbfolgekrisen waren zugleich Krisen der Staaten und des Staatensystems.[47]

Besondere Bedingungen des Mächtespiels in der Mitte Europas und in den überseeischen Randzonen

In zwei Zonen galten für das Spiel der Allianzen und Allianzkriege besondere Bedingungen und eigene Regeln: im deutschen Reich und in der außereuropäischen Welt – im Reich, weil das die Kernzone des Mächtesystems war, wo sich infolge der geographischen Lage und bestimmter historischer Vorentscheidungen das Geflecht der Allianzen besonders dicht und komplex entwickelte; in Übersee, weil diese Gebiete zwar im Zuge der Expansion und Kolonialisierung immer enger an das europäische System angeschlossen wurden, aber nur als Randzonen, wo in den Beziehungen zwischen Europäern und Einheimischen, vor allem aber auch bei den Konflikten zwischen den europäischen Konkurrenten selbst, ganz andere Normen galten als auf dem alten Kontinent.

Die Mittellage des Reiches hatte bereits während des 16. und in der ersten Hälfte des 17. Jahrhunderts die auswärtigen Mächte immer aufs neue zur Einmischung herausgefordert. Der Westfälische Friedensschluß schrieb diesen Zustand fest, indem er Frankreich und Schweden zu Garantiemächten für die Durchführung und Aufrechterhaltung der neuen Ordnung im Reich machte. Darüber hinaus erhielten die deutschen Fürsten das volle Bündnisrecht untereinander und mit auswärtigen Mächten. Damit waren die deutschen Einzelstaaten zu allianz- und vertragsfähigen Mitgliedern des europäischen Mächtesystems aufgestiegen.[48] In gewisser Weise war so das Reich selbst zu einem Allianz- und Mächtesystem geworden, das mit dem europäischen eng verzahnt war. Hinzu kam, daß neben den Garantiemächten Frankreich und Schweden auch andere auswärtige Mächte direkte Interessen im Reich wahrzunehmen hatten, vor allem die Könige von Dänemark und – seit Anfang des 18. Jahrhunderts – von England als Landesherren von Holstein und Oldenburg beziehungsweise von Kurhannover. Schließlich waren umgekehrt mehrere Reichsstände durch außerdeutsche Besitzungen und Interessen unmittelbar in die europäischen Dinge verwickelt, so vor allem Österreich und Brandenburg-Preußen, seit dem ausgehenden 17. Jahrhundert auch Sachsen, zeitweilig selbst Hessen-Kassel.

Durch diese Konfiguration wurde die deutsche Reichsgeschichte von innen her gesprengt. Deutsche und europäische Geschichte gingen ineinander über; die allianzpolitischen Kraftlinien des europäischen Mächtesysstems überlagerten sich mit denjenigen der deutschen Staatenwelt. Interessen der auswärtigen Mächte wurden politisch und militärisch auf dem Gebiet des Reiches verfochten, wie umgekehrt die deutschen Einzelstaaten die europäische Bühne für ihre Interessen nutzten. So wurde das Reich zum Forum, gar zu häufig auch zum Schlachtfeld der Interessenpolitik deutscher und europäischer Staaten.

Das war aber nur die eine Seite, denn das in Deutschland verdichtete und von dort in die anderen Regionen Europas ausgreifende Mächte- und Allianzsystem ging nie auf in diesen egoistischen Interessenkonflikten, jedenfalls nicht nach den Vorstellungen der politischen Denker des Zeitalters. Von Gottfried Wilhelm Leibniz, der im 17. Jahrhundert unermüdlich darauf hinwies, daß das Reich als Mitte Europas dessen Schicksal sei, über den großen Schweizer Staatsphilosophen Jean-Jacques Rousseau im 18. Jahrhundert bis hin zu einer anonymen Stimme am Vorabend der endgültigen Auflösung des Reiches war man sich einig in der Gewißheit: »... durch Deutschlands Ruhe und Sicherheit wird immer die von einem großen Teil Europens zugleich mit gesichert.«[49]

In der anderen Sonderzone des frühneuzeitlichen Mächtesystems, in den überseeischen Randgebieten, war die Lage genau umgekehrt – statt einer Verdichtung wie in den mitteleuropäischen Kernzonen ergab sich dort eine Ausdünnung der Allianz- und Vertragsbeziehungen. Dieser Zustand hatte sich bereits im späten Mittelalter angebahnt, als die zwischen Spanien und Portugal vermittelnden päpstlichen Bullen den neuentdeckten Kontinent als vom Recht unberührten Raum begriffen. Damit war ein Gegensatz konstruiert, der über Jahrhunderte hin das Denken der Europäer bestimmte – zwischen den alten, zivilisierten Teilen der Erde, wo Recht und Ordnung etabliert waren, und den neuen Gebieten, wo das nicht beziehungsweise noch nicht der Fall war. Diese europazentrische Sicht, die das eigene christlich-antike Normensystem absolut setzte, führte dazu, daß drei Jahrhunderte lang ein grundsätzlicher Unterschied zwischen europäischem und überseeischem Rechtskreis gemacht wurde. Verträge zwischen Eingeborenen und Europäern hatten eine prinzipiell andere Struktur und einen prinzipiell anderen Status als die Verträge, die die Europäer untereinander schlossen. Erst als 1783 Großbritannien mit seinen als Vereinigte Staaten zur Selbständigkeit gelangten ehemaligen Kolonien in Nordamerika Frieden schloß, begann die Ausweitung des europäischen Vertragswesens auf außereuropäische Gebiete, die im 19. Jahrhundert dann rasch ganz Amerika sowie Teile von Afrika und Asien erfaßte.[50]

Auch das politische und rechtliche Verhältnis der europäischen

Englisches und niederländisches Fort an der Westküste Afrikas, Kupferstich von Pierre Quentin Chedel, Mitte des 18. Jahrhunderts

»Kein Frieden jenseits der Freundschaftslinie« – dieser Grundsatz des frühneuzeitlichen europäischen Völkerrechts bedeutete, daß die Kolonialmächte sich trotz europäischer Allianzen und Friedensschlüsse in Übersee als Konkurrenten gegenüberstanden und zur Selbstbehauptung militärische Vorkehrungen zu treffen hatten.

Mächte untereinander war in Übersee ein anderes als auf dem alten Kontinent. Friedens- und Rechtsnormen, die in Europa ausgehandelt wurden, galten nicht oder jedenfalls nicht automatisch für die Neue Welt. Die europäische Staatengemeinschaft, die sich im Mittelalter herausgebildet hatte und untereinander im Krieg wie im Frieden anerkannte Normen befolgte, endete dort, wo in der Vorstellung der Europäer der geordnete, zivilisierte Teil der Welt überging in die Gebiete, wo noch der Naturzustand des nicht gebändigten Krieges aller gegen alle herrschte. Diese Linie, die in einem zwischen Frankreich und England ausgetauschten Dokument von 1610 auf den »Meridian der Azoren im Westen und den Wendekreis des Krebses im Süden« festgelegt wurde,[51] nannte man »Amity-Line«, Freundschaftslinie. Von ihr war erstmals 1559 in einem mündlichen Zusatzabkommen zum Frieden von Cateau Cambrésis zwischen Spanien und Frankreich die Rede.[52] Die vertragschließenden Partner hatten in einer Reihe von Fragen, die ihr Verhältnis in Übersee betrafen, keine Einigung erzielen können, wollten deswegen aber nicht gegen ihre nach Frieden verlangenden Hauptinteressen in Europa handeln.

Die »Amity-Line« grenzte in diesem und in vielen späteren Verträgen den Geltungsbereich europäischer Friedens- und Allianzabsprachen nach außen ab gegen ein Gebiet, in dem auch in Friedenszeiten der Kampf weiterging, vor allem in Form von Piraterie und Kaperzügen. Die beschworene Freundschaft herrschte nur diesseits der Linie, jenseits galt: »No peace beyond the line.« Dort herrschte nicht das Gesetz der europäischen Staatengemeinschaft, dort sollten »die Stärkeren die Herren sein«.[53]

Diese Rechtsauffassung führte dazu, daß die Kolonien und vor allem die außereuropäischen Meere auch im Zeitalter der Allianzen und Allianzkriege gesonderte Zonen blieben, in denen das Spiel und Gegenspiel der europäischen Mächte nicht oder nur mittelbar Gültigkeit hatte. Umgekehrt kamen die Verhältnisse in Übersee bei den innereuropäischen Auseinandersetzungen in dem Maße ins Spiel, in dem der Kreis der am Überseehandel und an Kolonialbesitz interessierten Mächte zunahm und die machtpolitische Position in Europa

Francisco Suárez (1548-1617), Stich des 17. Jahrhunderts

Der Jesuitenprofessor Francisco Suárez gehört zu den bedeutendsten Vertretern der spanischen Barockscholastik. Seine Rechts- und Staatsphilosophie, die er in dem 1612 erschienenen Werk »De Legibus ac Deo Legislatore« entwickelte, wirkte unter anderem auch auf Hugo Grotius.

immer entschiedener von der Möglichkeit mitbestimmt wurde, auf überseeische Ressourcen zurückzugreifen. Europäische Machtgegensätze flossen zusammen mit überseeischer Interessenkonkurrenz; es entstanden weltweite Konfliktsyndrome - spätestens im Siebenjährigen Krieg von 1756 bis 1763, den man daher den ersten Weltkrieg in der europäischen Geschichte nennt.

Unter anderen Prämissen trugen auch Philosophen und Rechtsdenker dazu bei, daß die Unterschiede zwischen der Alten und der Neuen Welt überbrückt wurden. Die Triebkräfte ergaben sich einerseits aus christlich-ethischen, andererseits aus machtpolitisch-materialistischen Gesichtspunkten. Am Anfang stand die große Völkerrechtsschule der spanischen Universität Salamanca, wo der Dominikaner Francisco de Vitoria (gestorben 1546) und der Jesuit Francisco Suárez (1548-1617) zusammen mit anderen führenden Köpfen der katholischen Spätscholastik in Abwehr des päpstlichen Suprematsanspruchs das Besitzrecht der Spanier in Übersee säkular begründeten und dabei das Ius gentium Europaeum entwickelten. Dieses neuzeitliche europäische Völker- und Naturrecht sollte die Beziehungen aller Völker und Staaten regeln, und zwar - wie vor allem Vitoria betonte - auf der Basis prinzipieller Rechtsgleichheit, konkretisiert in der Orbis-Vorstellung als einer alle Völker der Welt umfassenden Rechtsgemeinschaft.[54] In krassem Gegensatz zur herrschenden Praxis hatte sich in der akademisch philosophischen Auseinandersetzung mit dem brutalen Vorgehen der Konquista die Theorie einer universellen Res publica und weltumspannenden Staatengemeinschaft herausgebildet, der Christen wie Heiden gleichermaßen angehören sollten.

Zu den Konsequenzen dieses neuzeitlichen Völker- und Naturrechts gehörte die ebenfalls bereits von der spanischen Spätscholastik angebahnte Erkenntnis, daß im Gegensatz zum Anspruch der spanischen Krone die außereuropäischen Meere nicht einzelnen Staaten zugehören können, sondern der Staatengemeinschaft offenstehen müssen. Der Franzosenkönig Franz I. meldete 1540 die macht- und handelspolitischen Ansprüche der im Vergleich zu Spanien und Portugal jüngeren europäischen Kolonialmächte an, als er den Gesandten Kaiser Karls V. aufforderte, Adams Testament vorzulegen, in dem dieser die Welt unter seinen Nachkommen in der Art und Weise aufgeteilt habe, wie es die Spanier unablässig behaupteten.[55]

Einen ausgearbeiteten Gegenentwurf gegen die spanische Theorie legte 1609 der große holländische Jurist Hugo Grotius (1583-1645) vor,[56] und zwar im Auftrag der niederländischen Ostindienkompanie, deren Handelsinteressen durch den Anspruch der Spanier und Portugiesen blockiert wurden. Seine Schrift »Mare liberum« - »Von der Freiheit des Meeres« -, die kraft natürlichen Rechts jegliche Beschränkung der Verkehrs- und Handelsfreiheit auf den Meeren zurückwies, wurde zum Manifest, unter dem die rasch wachsende Schar der jüngeren Kolonialmächte in Übersee Fuß faßte.

Um 1640 war das iberische Monopol in der Neuen Welt faktisch gebrochen. Damit hatte zugleich jene weltdurchdringende Dynamik freie Bahn erhalten, die die überseeischen Räume, vor allem Mittel- und Nordamerika, näher an den alten Kontinent und das dort etablierte europäische Mächtesystem heranführte. Das neuzeitliche

Völkerrecht und die Idee von der Freiheit der Meere »bot eine rechtliche und theoretische Struktur für den Aufbau internationaler Beziehungen - eine Struktur, die Antwort auf die quälende Frage nach der Rechtsbasis für Handel und Ansiedlung in Amerika gab. Dadurch wurde die Neue Welt im Verlauf des 17. Jahrhunderts in das rechtliche Rahmenwerk einbezogen, das für ein Europa von souveränen Staaten gedacht war... Sie wurde an das politische, diplomatische und ökonomische System des frühneuzeitlichen Europa angeschlossen.« Es entstand ein Geflecht von Beziehungen, das den alten und den neuen Kontinent überspannte. Aber »diese Welt sollte noch über Jahrhunderte hinweg eine vorwiegend europäische Welt sein, in der überseeische Besitzungen als begehrte Anhängsel des Alten Kontinents angesehen wurden, die das militärische und ökonomische Gewicht der in Europa rivalisierenden Mächte entscheidend erhöhten«.[57]

Francisco de Vitoria (1486-1546), Fragment eines Porträts in der Klausur des Dominikanerklosters von Salamanca

Als Professor der Theologie leitete Francisco de Vitoria in Salamanca die spanische Barockscholastik ein. Die Entdeckung Amerikas regte ihn zu seinen Werken »De Indis« und »De iure belli« an, in denen er grundlegende Gedanken zur Kolonialethik und zum modernen Völkerrecht entwickelte.

Der Vorsprung der »Großmächte«

Der Kabinettskrieg, die Interessenpolitik, das Konvenienzprinzip, der Wettlauf auf den Meeren und in Übersee - all dies führte zu einer weiteren einschneidenden Veränderung innerhalb der europäischen Staatenordnung. In der zweiten Hälfte des 17. Jahrhunderts war unübersehbar, daß längerfristig nur noch die Großmächte, die ihre Menschen- und Finanzressourcen zu mobilisieren wußten, außenpolitisches Eigengewicht besitzen würden. Mittel- und Kleinstaaten waren ihnen als Allianzpartner zugeordnet, hatten aber nur eine begrenzte Handlungsfreiheit und ein gleichsam geliehenes Gewicht. Eben daraus ergab sich als Folge, daß ein Staat oder ein Monarch, der sich mit einer solchen Abhängigkeit nicht zufriedengeben wollte, unter Einsatz aller Kräfte dafür sorgen mußte, den Sprung in den Kreis der Großmächte zu schaffen und sich dort zu behaupten.

Das ist die strukturgeschichtliche Erklärung für das »Mirakel des Hauses Brandenburg«: nicht Eitelkeit oder militärische Verblendung des Soldatenkönigs und seines Sohnes waren die entscheidende Triebfeder der gewaltigen Anstrengungen, die Preußen in den beiden ersten Dritteln des 18. Jahrhunderts unternahm, sondern das Gesetz, das den nach Selbständigkeit Strebenden zur Größe zwang. Für Österreich und Rußland galt das ebenso, nur mußten sie sich aufgrund der ungleich größeren Ressourcen weniger Entsagung abverlangen, als es darum ging, alle Kräfte zu mobilisieren.

Das war die neue Situation nach dem Dreißigjährigen Krieg; vor 1650 hatte das Kriterium »groß« für das außenpolitische Gewicht eines Staates noch nicht die ausschlaggebende Rolle gespielt. Das zeigt die Rolle Burgunds im 14. und 15. ebenso wie der rasche Aufstieg Hollands um die Wende vom 16. zum 17. Jahrhundert. Burgund war zu internationalem Rang aufgestiegen, weil es der Wille seiner Herzöge war, die darüber hinaus politisches Geschick, einen Modernitätsvorsprung in Regierung und Verwaltung sowie eine schlagkräftige Reiterei und Artillerie in die Waagschale werfen konnten. Im Falle Hollands hatte die Überlegenheit im Handel und in der Schifffahrt ausgereicht, der kleinen Republik auch auf dem Feld der internationalen Politik Respekt und Handlungsfreiheit zu verschaffen.

Hugo Grotius, der Vater des modernen Völker- und Kriegsrechts und zugleich Vorkämpfer der Idee von der Freiheit aller Meere

Nach dem Westfälischen Frieden hatten sich die Bedingungen für eine bedeutende Position innerhalb des internationalen Systems radikal verändert. Nun schlug zuallererst die »Größe« zu Buche – an Quadratmeilen, an Menschen, an Finanz- und Wirtschaftskraft. So gab es jetzt eigentlich nur noch drei Mächte mit einem eigenen Gewicht: Frankreich, England und Schweden. Polen und Spanien, die Vormächte des 16. Jahrhunderts, waren ausgeschieden. Die kleinen Niederlande hielten noch eine Zeitlang auf den Meeren mit, dann fielen sie auch dort zurück.

Deutschland zählte kaum noch als mächtepolitische Potenz – als Reich nicht mehr, und auch keiner seiner Einzelstaaten hatte entsprechendes Gewicht. Die Deutschen mußten sich über eine Generation hinweg im Theatrum Europaeum mit Nebenrollen begnügen. Sie standen im Bann einer mächtepolitischen Dynamik, die von außen in ihr Reich eingriff. Das hing auch damit zusammen, daß das Reich als solches kein eigenes Staatsinteresse zu formulieren vermochte – abgesehen von dem ganz und gar elementaren Willen, die Wiederholung des mörderischen Ringens von Weltanschauungsblöcken auf deutschem Boden auszuschließen. Ohne ein handlungsleitendes Interesse war in der neuzeitlichen Staatenwelt jedoch weitausgreifende Außenpolitik nicht mehr möglich. Auch bei den internationalen Beziehungen ragte das Alte Reich in seiner vormodern-archaischen Gestalt, »einem Monstrum gleich«,[58] in die Neuzeit hinein – der Bewegungsfähigkeit weitgehend beraubt.

Um so energischer gingen die deutschen Einzelstaaten daran, ihre Staatsinteressen auch außenpolitisch zur Geltung zu bringen, sowohl innerhalb des Reiches als auch im europäischen Rahmen. Da Mitte des 17. Jahrhunderts noch keiner unter ihnen über die dazu nötigen politischen und militärischen Mittel verfügte, schossen in Deutschland die Assoziationen und Allianzen wie Pilze aus dem Boden – vor allem im Westen und Südwesten des Reiches, der Übergangszone nach Frankreich hin, wo die Kleinstaaten vorherrschten. Die Kaisermacht war zunächst noch ein schlafender Riese; erst durch den Erfolg gegen die Türken im Belagerungsjahr 1683 wurde sie sich ihrer Kräfte bewußt.

II.
Nach dem Großen Krieg – Wiederaufbau und Neubeginn

1. Ein europäischer Frieden

Am Anfang des Zeitalters der Höfe und Allianzen stand der Westfälische Frieden. Friedrich Schiller, der ja unter anderem auch Geschichtsprofessor an der Universität Jena war, nannte ihn 1793 auf den letzten Seiten seiner »Geschichte des Dreißigjährigen Krieges« das »mühsame, teure und dauernde Werk der Staatskunst, ... das interessanteste und charaktervollste Werk der menschlichen Weisheit und Leidenschaft«.[1]

In dem Moment, als die französischen Revolutionstruppen darangingen, Europa erneut in ein martialisches Chaos zu führen und das Ancien régime im Inferno des Umsturzes untergehen zu lassen, gedenkt der Dichter und Historiker, der die Französische Revolution so begeistert gefeiert hatte, mit höchster Anerkennung jener Friedensordnung, deren Untergang ihm vor Augen stand und der er ansonsten keine Träne nachweinte, weil er in Stuttgart ihre grausamen und despotischen Auswüchse am eigenen Leibe erfahren hatte. Allein, diese Hochschätzung des Friedenswerkes wurde mit Alteuropa zu Grabe getragen. Im 19. und frühen 20. Jahrhundert galt es den Propheten und Apologeten des Nationalstaates als Dokument tiefster Erniedrigung der Deutschen, die um des Friedens willen die nationale Einheit und Unabhängigkeit preisgegeben hätten.

Heute sind wir wieder zu einer positiven Beurteilung im Sinne Schillers zurückgekehrt.[2] Nachdem die im 19. Jahrhundert erstandene Welt des klassischen europäischen Nationalstaates in zwei Weltkriegen versunken ist, haben Politiker und Historiker gelernt, nicht mehr nur in macht- und nationalstaatlichen Kategorien zu denken. So wissen sie die inneren, reichspolitischen und vor allem die äußeren, europäischen Bestimmungen der westfälischen Friedensdokumente wieder zu schätzen. Der Friede tritt erneut hervor als ein wohlabgestimmtes Ganzes, das in der Mitte Europas die politischen Gewichte neu verteilte, um mit dem Deutschen Reich zugleich dem Kontinent dauerhafte Stabilität zu garantieren.

So wenig der Dreißigjährige Krieg ein deutscher Krieg war,[3] war der Westfälische Friede allein ein deutscher Friede. Vielmehr war – wie Schiller in geradezu modern anmutender Terminologie feststellt – »durch dreißigjährige Anstrengungen und Leiden von jedem einzelnen Kämpfer« ein Frieden gewonnen worden, dessen »Vorteil oder Nachteil die europäische Gemeinschaft« erntete.[4]

Die Konturen dieses Friedens waren nicht allein auf den Schlachtfeldern festgelegt worden. Sie waren auch ein Produkt der europäischen Geistes- und Religionsgeschichte. Zwei Antriebskräfte waren hier entscheidend – das philosophisch-juristische Friedensdenken und eine neue religiöse Innerlichkeit, der das Konfrontationsgebot der Orthodoxie fremd war.

Die philosophische und juristische Beschäftigung mit dem Frieden war auch auf den Höhepunkten der militärischen Auseinandersetzungen nie eingestellt worden. Im Verlauf des 16. und frühen 17. Jahrhunderts hatte sich als eigener Strang des europäischen Völkerrechts das neuzeitliche Kriegs- und Friedensrecht herausgebildet. Vollender war auch hier der große holländische Jurist, Historiker und

Politiker Hugo Grotius. In seinem 1625 erschienenen Hauptwerk »De iure belli ac pacis« hatte er die Summe der im Mittelalter wurzelnden und im spanischen Salamanca fortentwickelten christlichen Naturrechtstradition gezogen und sie zugleich überführt in das rational-säkulare Naturrecht der Neuzeit.[5] Die Zeitgenossen waren sich dieser geistigen Voraussetzung des 1648 geglückten Friedensschlusses bewußt. Vor allem in Münster, am Ort des Geschehens, ehrte man Hugo Grotius, den großen holländischen Völkerrechtler, der 1645 noch vor Beginn der offiziellen Friedensverhandlungen gestorben war, als »geistigen Vater des Friedens«.[6]

Die Neudefinition des Friedens stand zugleich in innerem Zusammenhang mit tiefen Veränderungen in der religiösen Sensibilität und Spiritualität der Christen, und zwar über die Fronten hinweg. Auf beiden Seiten war zu Beginn des mörderischen Ringens der Krieg gutgeheißen, wenn nicht gar gepriesen worden. Er galt als Instrument der göttlichen Fügung, das endlich der eigenen Wahrheit zum Sieg verhelfen würde. Als sich das als Illusion herausstellte und der rein politisch motivierte Kampf der europäischen Mächte immer unverhohlener in den Vordergrund trat, erwachte in den christlichen Lagern eine radikale Kritik am Krieg. Der Umschlag ist besonders augenfällig in der Flugblattpropaganda, die das Kriegsgeschehen vom ersten bis zum letzten Tag begleitete. Hatten anfangs solche Illustrationen und Texte dominiert, die den Gegner diffamierten und zum Entscheidungskampf gegen ihn aufriefen, so war seit Mitte der dreißiger Jahre immer häufiger der leidende Christus dargestellt worden, umgeben von sich streitenden und zur Einigung unfähigen Politikern und Theologen.

Das war eine unmißverständliche Anklage und ein Aufruf zur Umkehr: Die konfessionell motivierte Selbstzerfleischung sei nichts anderes als eine zweite Kreuzigung des Herrn, während wahre Nachfolge Christi Verträglichkeit und Friedfertigkeit fordere. Dieses und eine Vielzahl ähnlich argumentierender Traktate zeigen, daß auch den Tiefgläubigen unter den Christen deutlich vor Augen stand, was die Politiker die alltägliche Erfahrung mit dem Krieg gelehrt hatte, daß nämlich die Religion nur noch als Vorwand für weltliche Machtinteressen diente. Der einzige Ausweg bestand darin, die Weltlichkeit des politischen Geschäfts anzuerkennen und damit einen klaren Trennstrich zwischen Religion und Politik zu ziehen.[7]

Die im Verlauf des Krieges vollzogene Entkonfessionalisierung der Politik bedeutete offenbar nicht die Abkehr vom Christentum überhaupt. Die Säkularisation war auch in dieser Beziehung ein außerordentlich komplexer Prozeß, der mit der innerchristlichen Entwicklung stets verbunden blieb. Die Abkehr vom Glaubenskrieg und von der konfessionellen Instrumentalisierung der Politik, die diesen Glaubenskrieg hervorgebracht hatte, war nicht zuletzt dadurch ermöglicht worden, daß solche Elemente des Christentums in den Vordergrund traten, die nicht konfessionell gebunden, sondern allen Konfessionen gemeinsam waren.

In diesem Zusammenhang spricht man in der Geistes- und Religionsgeschichte vom Pietismus, der seit den ersten Jahrzehnten des 17. Jahrhunderts allenthalben die konfessionelle Orthodoxie verdrängte. Durch ihn erhielt auch der christliche Friedensbegriff eine neue Prägung. Er war nicht mehr konfessionell gesteuerte Interessensicherung, sondern ein überkonfessioneller Frieden, orientiert an der Idee des zeitlosen Friedens im überirdischen Königreich Christi.

Religiöse Friedenssehnsucht und naturrechtliches Friedensdenken machten Wege frei, die über Generationen hin blockiert gewesen waren, in Europa wie in der von Europäern eroberten Neuen Welt. Denn im konfessionellen Zeitalter waren »die früheren Ansätze, von einer humanistischen pax christiana her über die Christenheit hinaus die humanitas und die Organisation der Welt zu bedenken«, kaum noch verfolgt worden. Nachdem nun der Konfrontationsideologie durch die neue Innerlichkeit und durch die entschiedene Verweltlichung der Politik die Grundlage entzogen worden war, konnte in der zweiten Hälfte der Frühneuzeit vom »nachkonfessionellen, rationalistischen und säkularisierten Naturrechtsdenken her ... eine neue Zuordnung von Frieden und Menschheit« angestrebt werden.[8]

Vorteile und Handlungsspielräume des Friedenskonzepts mußten sich jedoch zuerst in Europa bewähren, in der Beziehung der christlichen Staaten untereinander. Wie Hugo Grotius für die theoretische Grundlegung entscheidend verantwortlich ist, so ist auch für die Umsetzung in die politische Praxis eines großen Mannes zu gedenken, dessen Wirken den Westfälischen Frieden zutiefst prägte, auch wenn er selbst die Eröffnung des Kongresses nicht mehr erlebte. Die gleiche Bedeutung, die dem holländischen Juristen für die geistigen Voraussetzungen des Friedens zuzumessen ist, gebührt dem französischen Kardinal Richelieu für die praktische Diplomatie und den konkreten Entwurf des Friedens. Sein Europa umspannendes Friedens- und Ordnungskonzept setzte das neuzeitliche Naturrecht in reale Politik um.

Richelieu als europäischer Friedenspolitiker[9] – das ist keine unumstrittene Charakterisierung. Die deutschen Historiker sahen über Generationen hinweg in dem französischen Premierminister nur den machiavellistischen Staatsmann, der allein die »ragione di stato« Frankreichs im Auge hatte und auf Kosten Deutschlands skrupellos durchsetzte. Interessen- und Friedenspolitik waren Mitte des 17. Jahrhunderts jedoch keine Gegensätze. Ein längerfristig stabiles Friedenssystem ließ sich vielmehr nur auf der soliden Basis der einzelstaatlichen Interessen errichten. Richelieu aber begriff als erster und am entschiedensten unter seinen Zeitgenossen das europäische Staatensystem als eine säkular-weltliche Veranstaltung, die nach eigenen, irdischen Gesetzen ablief und in der die Politiker autonom handeln konnten und mußten.

Der Kardinal und Erste Minister Ludwigs XIII. vollzog damit für die zwischenstaatlichen Beziehungen dasselbe, was zum Ende des 16. Jahrhunderts die Gruppe der Politiques – Kronjuristen nach Art des großen politischen Denkers Jean Bodin – für die innere Politik Frankreichs theoretisch und mit der Thronbesteigung Heinrichs IV. auch praktisch vollbracht hatte, nämlich die Sicherung der politischen Ordnung und eines geregelten Zusammenlebens über die Konfessionsgrenzen hinweg. Auf die Staatengesellschaft übertragen ergab sich daraus das Prinzip regulärer zwischenstaatlicher Beziehungen unabhängig von der religiösen Ausrichtung der Einzelstaaten.

Kardinal Richelieu (1585-1642), französischer Interessenpolitiker und Architekt des europäischen Friedens- und Ordnungskonzeptes, das wir den Westfälischen Frieden nennen; dreifaches Porträt, als Entwurf für ein geplantes Denkmal gedacht, Ölgemälde von Philippe de Champaigne

Ein Unterschied blieb indes bestehen: Im Staat gab es den Souverän, der als Träger der höchsten Staatsgewalt die Entpolitisierung privater Glaubenseinstellungen erzwingen konnte; das internationale System aber kannte nichts dergleichen. Denn der Papst, der einen solchen Anspruch stellte, konnte ihn nicht verwirklichen, solange er als Oberhaupt einer Konfessionspartei agierte. Allein das richtig erkannte Eigeninteresse konnte die Staaten zum Wechsel von der konfessionellen zur säkularen Bestimmung ihrer Politik bewegen. Und hierzu hatten die langen leidvollen Kriegsjahre den entscheidenden Anstoß gegeben, indem sie die Staaten gelehrt hatten, daß das Zusammenleben innerhalb der europäischen Staatenwelt unabhängig von den verfeindeten Konfessionen und Weltanschauungssystemen funktionieren mußte - nach autonomen und säkularen Gesetzen.

Das brachte eine Entlastung von der Verpflichtung auf eine katholische oder protestantische Prinzipienpolitik, was im Falle der altgläubigen Staaten zugleich die Emanzipation von der Kurie bedeutete, welche den Anspruch erhob, die Grundprinzipien katholischer Politik zu bestimmen. Zugleich war es aber auch eine Befreiung von den allgemeinchristlichen Normen im Vollzug der Außenpolitik und damit die endgültige Freisetzung des neuzeitlichen Staatenegoismus, der nur dem eigenen Interessenstandpunkt verpflichtet blieb - ging es nun um Frieden oder um begrenzten Krieg.

Für den Politiker selber erwuchs daraus eine Spannung zwischen seinem privaten Glauben und dem öffentlichen Handeln. Richelieu hat dies in seinen Memoiren scharfsichtig beschrieben. Für die Staaten und die sie nach außen vertretenden Politiker wies er entschieden die Verpflichtung auf christliche Normen zurück. Die Christenpflicht, erlittenes Unrecht zu vergeben, gelte für das Handeln von Privatpersonen; das Handeln von Staaten, sprich Staatsmännern, folge anderen Gesetzen. Denn, so führte der Kardinal theologisch dozierend aus, »das Heil der Menschen verwirklicht sich endgültig im Jenseits, deshalb verwundert es nicht, daß Gott will, daß der einzelne ihm [also Gott, H.Sch.] die Rache überläßt ... Aber die Staaten haben nach dieser Welt keinen Fortbestand, ihr Heil ist jetzt oder gar nicht.«[10]

Diese Argumentation macht deutlich, daß die Säkularisation der

Politik nichts mit Atheismus und prinzipieller Ablehnung des Christentums zu tun hat. Der Kardinal verschafft sich die Freiheit zu säkularer, das heißt nicht mehr religiös oder gar konfessionell gebundener Politik, indem er zwischen dem Individuum und der Privatperson einerseits und den Institutionen »Staat« und »Gesellschaft« andererseits unterscheidet. Die Privatperson sieht sich wegen ihrer Hoffnung auf ein ewiges Leben veranlaßt, ihr Handeln an den christlichen Normen auszurichten. Da demgegenüber Staaten rein diesseitig sind, müssen sie ihr »Heil« in dieser Welt suchen. Für sie kann der christliche Sittenkanon nicht gelten.

Eine Generation später sollte Ludwig XIV., der im Innern Frankreichs alles zur Förderung des katholischen Glaubens tat, die machtpolitische Schlußfolgerung aus dieser Erkenntnis ziehen, indem er frei von Skrupeln eines christlich denkenden Monarchen in die Niederlande und in das Reich einfiel, um das »Heil«, das heißt die gebietsmäßige Arrondierung seines Staates, zu erstreiten.

Eine einflußreiche Macht stemmte sich allerdings mit aller Kraft der Säkularisation des Friedens und der internationalen Beziehungen entgegen, nämlich der Vatikan. Der katholischen Hierarchie fiel es bereits schwer, den epochalen Wandel in der religiösen Spiritualität des Kirchenvolkes mitzuvollziehen, der die Entstehung und die Verbreitung des neuen Friedenskonzepts so nachhaltig gefördert hatte. Den theologischen Repräsentanten der anderen Kirchen ging es damit zwar nicht grundsätzlich anders, sie hatten aber kein direktes politisches Mitspracherecht. Bis zum letzten Tag der Münsteraner Verhandlungen beharrte der päpstliche Nuntius Fabio Chigi, Bischof von Nardo,[11] darauf, daß der Frieden nur dann abgeschlossen werden dürfe, wenn bestimmte Interessenpositionen des Katholizismus gesichert wären, die seine Stellung in Deutschland und Europa festigen und stärken würden. Er blieb somit dem älteren konfessionalistischen Friedenskonzept treu, das über Generationen hin den Ausgleich und die Koexistenz der Glaubensgemeinschaften unmöglich gemacht hatte.

Der päpstliche Diplomat folgte dabei direkten Anweisungen des Vatikans. Ihm war sogar bereits ein geheimes Protestbreve mit auf den Friedenskongreß gegeben worden, das er in dem Moment bekanntgeben sollte, in dem sich ein Friedensschluß abzeichnete, der den Katholizismus in Deutschland und Europa beeinträchtigen würde. Chigi hatte lange gezögert, dieses äußerste Mittel anzuwenden, war der Protest doch ein zweischneidiges Schwert: Blieb er ohne Erfolg, so war ein für allemal offenbar, daß die katholischen Staaten sich von ihrem geistlichen Oberhaupt emanzipiert hatten und Politik als rein säkulares Geschäft betrieben, in dem Rom nicht mehr und nicht weniger als jeder andere Allianzpartner zählte, auf dem Schlachtfeld nicht anders als am Verhandlungstisch.

Als dann aber Ende 1647 kein Zweifel mehr bestand, daß die katholischen Vormächte - der Kaiser und Kurbayern nicht anders als die geistlichen Kurfürsten und Fürstbischöfe - alle Bedenken beiseite schieben und die befürchteten Konzessionen machen würden, um den Protestanten endlich über die Gräben hinweg die Hand des Friedens reichen zu können, gab ihnen der Nuntius am 24. Dezember das fast fünf Jahre geheimgehaltene Breve bekannt. Erfolg hatte er damit nicht. Ja, es sollte noch schlimmer kommen - selbst Spanien, das als großer Vorkämpfer für ein einheitlich katholisches Europa in den Krieg eingetreten war, zeigte sich entschlossen, lang aufrechterhaltene katholische Rechtspositionen zu räumen.

Gegen jeden einzelnen der Friedensverträge, deren Abschluß er nicht mehr verhindern konnte, legte der Vertreter des Vatikans Rechtsvorbehalt ein – zuerst gegen den Anfang 1648 geschlossenen spanisch-niederländischen Frieden: »Im Audienzsaal des Minoritenklosters zu Münster, wo der Nuntius Fabio Chigi seine Wohnung genommen hatte, versammelte sich am Montag, dem 18. Mai 1648, um 9 Uhr vormittags eine kleine Gruppe von Geistlichen und Laien, denen sich nach gehaltener Meßfeier der päpstliche Diplomat zugesellte. Vor dem herbeigerufenen münsterschen Notar Hermann Bordewick und sieben Zeugen verlas der Nuntius mit lauter Stimme einen schriftlichen Protest gegen den am 15. Mai ratifizierten spanisch-niederländischen Friedensschluß, übergab diesen Text dann dem Notar und begehrte, er möge über den offiziellen Protest ein oder mehrere publica instrumenta ausfertigen, in die auch das den geplanten Vertrag ablehnende Breve des Papstes vom 20. November 1647 eingesetzt werden solle, dessen Kopie er den spanischen Gesandten Peñaranda und Brun früher zugestellt habe. Chigi protestierte weisungsgemäß, weil durch den Friedensvertrag katholische Landesteile in Nordbrabant und Limburg an die Generalstaaten abgetreten wurden und keine genügenden Garantien für die Erhaltung des katholischen Gottesdienstes in den betroffenen Gebieten vorlagen. Der Notar stellte die gewünschte Urkunde am 3. Juli 1648 aus, wie Chigi eigenhändig bestätigte. Notar und Zeugen wurden unter Eid zur strengsten Verschwiegenheit verpflichtet, das Dokument blieb geheim und wurde den Niederländern nicht bekannt, weil man von seiner Publizität eine Verschlechterung der Lage der niederländischen Katholiken befürchten mußte. Der Protest ist erst durch Gisbert Brom, den Direktor des Niederländischen Historischen Instituts in Rom, im 20. Jahrhundert aufgefunden und 1914 veröffentlicht worden.«[12]

Gegen die im Oktober 1648 zwischen dem Kaiser, Frankreich und Schweden abgeschlossenen Verträge fand gleich dreimal ein solches Protestzeremoniell statt – am 14. Oktober, als feststand, daß die Unterzeichnung am 24. des Monats erfolgen würde; am 26. Oktober gegen deren Vollzug; dann ein weiteres Mal nach der Ratifikation. Schließlich erschien 1651 in Rom das Breve »Zelo domus Dei«, in dem Papst Innozenz X. nochmals alle Vertragsbestimmungen für ungültig erklärte, die den Rechten der Kirche und des päpstlichen Stuhles zuwiderliefen.[13] Allein, die katholischen Mächte nahmen diese Protestationen nur noch kühl zur Kenntnis. Und kaum jemanden bekümmerte es, daß Nuntius Chigi in den Tagen, als alle Welt den Frieden feierte, seine Klostergemächer nicht verließ, um jeden Anschein von Gratulationsvisiten zu vermeiden. Das Naturrechtsdenken, das im 15. und 16. Jahrhundert nicht zuletzt von katholischen Theologen, voran von den Patres an der spanischen Universität Salamanca, entwickelt worden war, hatte in seiner säkularisierten Gestalt dem Anspruch der Kurie die Grundlage entzogen, als Hüter des wahren Glaubens im internationalen Verkehr die Spielregeln mitzubestimmen.

Leopold von Ranke, der große protestantische Historiker des

19. Jahrhunderts, verurteilte die Haltung der Kurie aufs schärfste. Damit habe das Papsttum »eine Stellung außerhalb der lebendigen und wirksamen Interessen der Welt« bezogen.[14] So rigide wird heute kein Historiker mehr urteilen. Einmal, weil die inzwischen ans Licht geförderten Verhandlungsakten eindeutig belegen, daß auch der päpstliche Nuntius in Münster und Osnabrück seit seiner Ankunft im März 1644 in zahlreichen Gesprächen und Demarchen redlich um tragfähige Abmachungen bemüht gewesen ist und den Friedensschluß dadurch zweifellos gefördert hat. Zum andern, weil die vergleichende Konfessionsgeschichte nachgewiesen hat, daß Mitte des 17. Jahrhunderts auch die protestantischen Theologen - etwa die calvinistischen Puritaner in England - nach wie vor von einer Kriegspflicht des Staates aus religiösen Gründen sprachen[15] und damit in bestimmten Konstellationen ebenfalls ein Friedensverbot vertreten mußten.

Der Protest der Kurie gegen den Westfälischen Frieden war somit kein Ausdruck einer spezifisch katholischen Mentalität. Das konfessionelle Macht- und Positionsdenken, das die Politiker aus Gründen der blanken Selbsterhaltung abgelegt hatten, war bei den Theologen noch weitverbreitet. Der »Vorsprung« des Protestantismus lag lediglich darin, daß seine Theologen bei den Friedensverhandlungen, die auch über religiöse und kirchliche Machtfragen entschieden, nicht selbstverantwortlich mitreden mußten - in Münster und Osnabrück nicht und auch auf den zahlreichen späteren europäischen Friedenskongressen nicht. Der Protestantismus besaß keine staatsähnliche Stellung. Im Gegensatz zu den Kurienkardinälen trugen protestantische Theologen daher auch keine direkte Verantwortung für die konkreten Absprachen; auf protestantischer Seite lag die Entscheidung allein bei den Staaten und ihren Politikern. Diese waren aber inzwischen entschlossen, das Zusammenleben der europäischen Völker nach weltlichen Konzepten neu zu ordnen, und zwar - wie die Kurie verärgert feststellte - die katholischen Staatsmänner ebenso wie die protestantischen.

Die Päpste haben sich dieser Entwicklung noch über Generationen hin widersetzt. Mitte des 18. Jahrhunderts schien es sich sogar auszuzahlen, daß sie den westfälischen Friedensschluß immer noch nicht voll anerkannt hatten: Als im Siebenjährigen Krieg (1756-1763) das protestantische Preußen und das katholische Österreich gegeneinander antraten, tauchten die alten konfessionellen Schablonen wieder auf, und eine Revision des Friedens schien greifbar nahe. Kaiserin Maria Theresia war von aufrichtigem Glaubenseifer erfaßt, die geliebte katholische Religion zu einem großen Triumph zu führen. Die Kurie erkannte ihre Chance und erneuerte formell den Protest gegen den ungeliebten Frieden, der seit mehr als einem Jahrhundert Reichsgrundgesetz der Deutschen war. »Wollte doch nur Gott«, so lautete die Anweisung an die päpstlichen Diplomaten, »daß die glücklichen Erfolge der katholischen Waffen den Zugang dazu öffnen, die Wiedergutmachung der in den damaligen unglücklichen Zeiten erlittenen Nachteile zu verlangen.«[16]

Natürlich glaubte in Rom niemand ernsthaft daran, das Rad der Geschichte um hundert Jahre zurückdrehen zu können. Es ging darum, die eigene römisch-katholische Interpretation der kirchlichen Bestimmungen durchzusetzen. Aber der letzte militärische

Triumph des katholischen Österreich blieb aus; Friedrich II. von Preußen behauptete sich. Damit war die Revision der Reichsverfassung im katholischen Sinn endgültig gescheitert.

Bestehen blieben die Schwierigkeiten der Kurie, sich auf den Boden des nachkonfessionellen weltlichen Staats- und Völkerrechts zu stellen. Rom geriet in immer größere Distanz zur politischen Realität und zum aktuellen Stand der juristischen und politiktheoretischen Diskussion. Über die geistigen und strukturellen Umbrüche hinweg verstanden die Päpste nach wie vor das Friedensamt, das sie beanspruchten und das manche Großmacht ihnen im Prinzip auch zubilligte, als konfessionell gebunden. Allein, der protestantische Teil der Christenheit ließ sich nicht zwingen, die Friedenskonzepte Roms anzunehmen, und die katholischen Mächte konnten nicht daran gehindert werden, ihren eigenen Staatsinteressen zu folgen und mit Protestanten wie mit ihresgleichen Politik zu machen. Die kuriale Diplomatie konzentrierte sich daher auf den katholischen Halbkreis, um diesen in Frieden zu einigen und gegenüber den protestantischen Mächten zu stärken. Damit hatten die Päpste deutlich den neuzeitlichen Staatenpartikularismus anerkannt, gleichzeitig aber ein konfessionell-gegenreformatorisches Minimalprogramm gerettet.

Doch auch mit diesem reduzierten Konfessionalismus stand der Vatikan so sehr dem Geist der Zeit entgegen, daß er sich selbst politische Handlungschancen verstellte. Denn bereits in den dreißiger Jahren des 18. Jahrhunderts hatten französische Diplomaten die Idee entwickelt, den Papst zu einem »père commun« aller Christen zu machen und in Rom eine überkonfessionelle völkerrechtliche Schiedsstelle einzurichten, zu der auch protestantische Mächte Vertrauen schöpfen könnten. Aber es sollte noch Generationen dauern, bevor dieses Konzept von der Kurie aufgegriffen wurde. Erst nachdem die Französische Revolution den christlichen Grundkonsens Alteuropas aufgekündigt hatte und die Mächte eines prinzipiellen Atheismus am Horizont aufgezogen waren, entwickelte im März 1806 der Staatssekretär des damaligen Papstes Pius VII. in einem Schreiben an Napoleon einen göttlichen Friedensauftrag des Papsttums, der nicht mehr aggressiv gegen die Häretiker gerichtet war, sondern auf eine konfessionell neutrale Vermittlungspolitik zwischen den europäischen Mächten abzielte, gleichgültig welcher Konfession sie angehörten.[17]

2. Der deutsche Frieden – Rückständigkeit und ein mühsamer Wiederaufbau

Entschädigung Schwedens und Frankreichs

Es sei ein christlicher, allgemeiner, immerwährender Friede und wahre und aufrichtige Freundschaft zwischen der heiligen kaiserlichen Majestät, dem Hause Österreich und allen seinen Verbündeten und Anhängern und deren jeglichen Erben und Nachfolgern, insbesondere dem Katholischen König, den Kurfürsten, Fürsten und Ständen des Reiches einerseits, und der heiligen königlichen Majestät und dem Königreich Schweden und allen seinen Verbündeten und Anhängern und deren jeglichen Erben und Nachfolgern, insbesondere dem Allerchristlichsten König und den betreffenden Kurfürsten, Fürsten und Ständen des Reiches andererseits; und es soll dieser [Friede] dergestalt aufrichtig und ernstlich gehalten und gepflegt werden, daß jeder Teil des andern Nutzen, Ehre und Vorteil fördere und daß in jeder Hinsicht, sowohl seitens des gesamten Römischen Reiches mit dem Königreich Schweden, als auch hinwiederum seitens des Königreiches Schweden mit dem Römischen Reiche, vertrauensvolle Nachbarschaft und die gesicherte Pflege der Friedens- und Freundschaftsbestrebungen neu erstarken und erblühen.[18]

Mit dieser feierlichen Beteuerung beginnt der am 24. Oktober 1648 in Osnabrück zwischen dem Kaiser, den Reichsständen und der Königin von Schweden geschlossene Friedensvertrag, das Instrumentum Pacis Caesareo-Suecicum Osnabrugense, wie der Titel des lateinischen Originals lautet. Zur selben Zeit wurde in der eine knappe Tagesreise südlich gelegenen westfälischen Schwesterstadt Münster ein Parallelvertrag unterzeichnet, das Instrumentum Pacis Caesareo-Gallicum Monasteriense, das den Frieden zwischen Kaiser, Reichsständen und dem »Allerchristlichen König« von Frankreich herstellte. Aus pragmatischen Gründen und wegen der Konfessionsparität hatte man Anfang der vierziger Jahre zwei Kongreßorte bestimmt, das protestantische Osnabrück, wo zwischen Kaiser, Reichsständen und Schweden verhandelt wurde, und das katholische Münster, wo unter Vermittlung des päpstlichen Gesandten Vertreter des Kaisers, Frankreichs und der übrigen am Konflikt beteiligten Mächte tagten. So war man dann auch zu zwei getrennten Verträgen gelangt, die aber in Einleitung und allgemeinen Passagen gleich angelegt waren und sich daher wohlabgestimmt zum großen westfälischen Friedensinstrument ergänzen konnten.

»Friede«, »Freundschaft« und »vertrauensvolle Nachbarschaft« im Innern wie nach außen waren lange entbehrte Güter, die die Deutschen wie kein anderes europäisches Volk ersehnt hatten und die ihr Reich wie kein anderes der europäischen Länder nötig hatte – zum Überleben und zur Rettung der politisch-staatlichen Existenz des Reiches und seiner Gliedstaaten.

Von dem Frieden, den sie unter die Reichsgrundgesetze aufnahmen, haben die Deutschen ohne Zweifel profitiert. Nicht zuletzt, weil er ihnen die Möglichkeit eröffnete, ihr Reich endgültig nach den im ausgehenden Mittelalter und im 16. Jahrhundert herangereiften und im Chaos des Krieges geläuterten Plänen zu einem Haus auszubauen, das zwar nicht mit der Modernität der west- und nordeuropäischen Nachbarn konkurrieren konnte, das aber festgefügt war und seinen Bewohnern Raum gab, schiedlich-friedlich nach der je eigenen Fasson zusammenzuleben.

Unübersehbar sind aber auch die Kosten, die die Deutschen für diesen europäischen Frieden zu zahlen hatten: Schweden und Frankreich, die für ihren Kriegseinsatz entschädigt werden wollten, erhoben Anspruch auf Teile des Reiches, die zu besitzen oder zu kontrollieren in ihrem Staatsinteresse lag. Welche Gebiete und Rechte das konkret sein sollten, darüber war am Verhandlungstisch zäh gerungen worden. Und selbst in den Jahren, die dem langen Krieg folgten, kam es darüber wiederholt zum Konflikt, vor allem mit den Schweden. Denn es gab deutsche Fürsten, welche die von den Schweden gewünschten Länder für sich reklamierten und hierbei verbriefte Rechte ins Feld führen konnten - so vor allem der Kurfürst von Brandenburg, der Erbansprüche auf Pommern besaß und diese unbedingt realisieren wollte, um seinem Staat einen direkten Zugang zur Ostsee zu verschaffen. Nur schweren Herzens hatte er bei den Friedensverhandlungen den wichtigen vorpommerschen Teil mit der Odermündung den Schweden überlassen, nicht ohne an anderer Stelle Entschädigung zu fordern. Die Hohenzollern erhielten das westfälische Fürstbistum Minden und das ehemalige Erzstift Magdeburg, die in anderer Weise dem brandenburgischen Staatsinteresse förderlich waren.

Zusätzlich zu Vorpommern und dem zur Odermündung gehörenden Streifen rechts der Oder hatte sich Schweden die Hälfte der Seezölle in den Häfen des an Brandenburg übertragenen Hinterpommern gesichert, dazu die Anwartschaft für den Fall, daß die Hohenzollern ausstürben. Das Ringen um die genaue Abgrenzung der schwedischen und brandenburgischen Interessen in Pommern ging auch nach dem Krieg noch jahrelang weiter; der Westfälische Friede hatte an der Nordostecke des Reiches einen Konfliktherd geschaffen, der bis ins 18. Jahrhundert hinein immer aufs neue in hellen Flammen auflodern sollte.

Auch an der weiter westlich gelegenen deutschen Ostseeküste hatte Schweden Position bezogen: bei Wismar und Warnemünde, dem Ausfalltor für Rostock, sowie durch die Zollhoheit in allen mecklenburgischen Häfen. Nach genau demselben Muster gingen die schwedischen Diplomaten an der Nordseeküste vor, wo sie sich die Bistümer Verden und Bremen zu einem weltlichen Herzogtum zusammenlegen ließen, mit dem Ziel, die Weser- und Elbmündung zu kontrollieren. Störenfried war die Stadt Bremen, der das Osnabrücker Instrument ausdrücklich die alten Freiheiten und Besitzungen zugesichert hatte. Die Schweden ergriffen die erste Gelegenheit, bremisches Territorium an der Unterweser gewaltsam zu besetzen und der Stadt die Huldigung abzunötigen, mußten sich nach einigem Hin und Her aber schließlich doch dazu bereitfinden, Ende 1666 die Reichsunmittelbarkeit Bremens anzuerkennen.[19]

»Wenn Frankreich«, so hatte Kardinal Mazarin, der Nachfolger Richelieus als Premierminister, 1646 in einer Instruktion für den französischen Unterhändler über wünschenswerte Gewinne räso-

Kardinal Mazarin (1602-1661), der die französische Großmacht- und Friedensdiplomatie im Sinne Richelieus fortsetzte und in der letzten Phase des Friedens die entscheidenden Instruktionen ausarbeitete; Gemälde aus dem Atelier Philippe de Champaigne

niert, »irgend etwas vom Hause Österreich zu befürchten hat, dann nur von der Seite Flanderns und Deutschlands her; einerseits wegen der Möglichkeit, ihre Kräfte zu vereinigen ..., andererseits weil ... ein einziger Erfolg in dem nahe gelegenen Paris ... Panik hervorrufen könnte. - Der Erwerb der Niederlande schafft uns für immer Sicherheit gegen diese beiden Gefahrenquellen ..., weil Spanien auf jener Seite nichts mehr besitzen würde, und wenn wir uns unsere Grenzen in allen Richtungen bis zum Rhein ausgedehnt hätten, wären wir in der Lage, von seiten des Kaisers kein Übel mehr fürchten zu müssen ... [Er wäre gezwungen,] auf gutes Einvernehmen mit Frankreich bedacht zu sein, was wiederum nicht wenig zu der für Frankreich mit gutem Grund so erwünschten Trennung der spanischen und deutschen Linie des Hauses Habsburg beitragen würde.«[20]

Von diesem aus der tiefsitzenden Einkreisungsfurcht der Franzosen geborenen Programm, das übrigens von einem Vorschlag der Holländer mitinspiriert war, die spanischen Niederlande zwischen Frankreich und den Generalstaaten zu teilen, hatten die französischen Unterhändler nur Teile verwirklichen können. Abgesehen von der endgültigen Sicherung der bereits 1552 in Besitz genommenen ehemaligen Reichsbistümer Metz, Toul und Verdun waren Frankreich im Münsteraner Friedenspatent strategisch wichtige Gebiete und Hoheitsrechte im Elsaß zugesprochen worden, die ihm später als Trittsteine zur Rheingrenze dienen sollten. Die Ausdehnung bis an den Rhein ist bereits in dem eben zitierten Gutachten Mazarins genannt; 1646 war das aber noch eine Fiktion und kein konkret angestrebtes Ziel. Und noch ein weiteres gilt es zu beachten: Die antihabsburgische Stoßrichtung Mazarins richtete sich einstweilen nicht gegen den Kaiser als Oberhaupt des Reiches, sondern gegen den Kaiser als Vetter und natürlichen Bündnispartner der Spanier, mit denen Frankreich ja weiterhin im Krieg stand.

Die der Krone Frankreichs zugeschlagenen Besitzungen und Rechte waren teils dem Reich, teils dem Hause Österreich genommen worden: die Stadt Breisach, die Landgrafschaft Ober- und Niederelsaß, der Sundgau sowie die Landvogtei über die zehn Elsässer Reichsstädte, darunter Hagenau, Colmar, Schlettstadt, Weißenburg und Landau. Zwar wurde dem französischen König ausdrücklich auferlegt, diese »in derselben Freiheit und dem Besitz der Reichsunmittelbarkeit zu belassen« und sich mit den eingeschränkten »Rechten zu begnügen, die dem Hause Österreich [dort] zustanden«, aber den Diplomaten war klar, daß es letztlich eine Machtfrage zwischen Ludwig XIV. und dem Kaiser war, ob diese Einschränkung wirkliches Gewicht erlangen konnte.[21]

Wie so manches in frühneuzeitlichen Friedensverträgen, ließ man diesen Punkt wohl bewußt in der Schwebe, in der Hoffnung, in einem günstigen Augenblick die eigenen Belange im Handstreich durchzusetzen. Allerdings war unverkennbar, daß der Allerchristlichste König die bessere Ausgangsbasis hatte: Im Westfälischen Frieden war ihm noch das Besatzungsrecht in der speyrischen Festung Philippsburg zugesprochen worden und damit ein rechtsrheinischer Brückenkopf.[22] Als es Frankreich dann 1659 im Pyrenäenfrieden gelang, zu sehr günstigen Bedingungen mit Spanien zum Ausgleich zu kommen, sah sich das Haus Österreich gezwungen, im Oberrheingebiet seinen Rückzug beschleunigt fortzusetzen. Im Elsaß entstand ein Machtvakuum, das die 1648 im Westfälischen Frieden festgelegte Unterordnung der dortigen französischen Hoheitsrechte unter das Reichsrecht zu toten Buchstaben werden ließ.

Die Entschädigung der Schweden kostete Deutschland keine einzige Quadratmeile. Die Gebiete wurden dem Schwedenkönig als kaiserliche Lehen übertragen, wodurch dieser Mitglied des Reiches wurde - wie bereits zuvor sein dänischer und später sein englischer Vetter. Dagegen führten die Frankreich zugestandenen Rechte dazu, daß die Gebiete links des Oberrheins aus dem Reich ausschieden. Schließlich sollte auch die große und weithin angesehene Reichsstadt Straßburg nicht mehr zu retten sein, die 1648 noch unangetastet geblieben war.

Der lange Weg zu den Weltmeeren

Alle diese politischen Kosten, die in der nationalstaatlichen Geschichtsschreibung des 19. und frühen 20. Jahrhunderts eine so große Rolle spielten, scheinen aus der Distanz eines postnationalstaatlichen Europa weniger bedrückend als andere Nachteile, die das Reich in Kauf nehmen mußte - teils als Folge der Verwüstungen durch die langen Jahre des Krieges, teils aber auch durch die skizzierten Friedensbedingungen.

Ob Straßburg und das Elsaß beim Reich hätten gehalten werden können, das scheint den der Katastrophe des 20. Jahrhunderts Entkommenen keine Schicksalsfrage der deutschen Geschichte mehr zu sein. Anders verhält es sich mit den wirtschaftlichen und gesellschaftlichen Innovations- und Modernisierungsschranken. Mitte des 17. Jahrhunderts hatte Deutschland oder - genauer gesagt - hatten die deutschen Einzelstaaten den Anschluß an die wirtschaftliche und gesellschaftliche Entwicklung der westeuropäischen Nachbarstaaten verloren, und es sollte gerade der daraus erwachsene Nachholbedarf sein, der im 19. Jahrhundert die Wirtschaftsexpansion im Zeichen der Industrialisierung und des imperialistischen Welthandelssystems in einem neuen deutschen Kaiserreich politisch und militärisch so aggressiv werden ließ.

Aus dieser Perspektive scheinen die erst im 18. Jahrhundert revidierten Abtretungen von handelsstrategischen Schlüsselstellungen an der Ost- und Nordsee weitaus folgenschwerer als die territorialen Verluste am Oberrhein, auch wenn das Elsaß dem Alten Reich dadurch auf Dauer entfremdet wurde. Indem nämlich die Schweden Pommern als neugewonnene Provinz in den Verband ihres Ostseereiches eingliederten und auch die Vorrechte, die sie anderwärts an der Gegenküste besaßen, einseitig für die eigenen Staatsinteressen nutzten, besiegelten sie dort das Ende der großen Hansetradition, ohne daß sie Impulse für zukunftsgerichtete Neuansätze in Handel, Gewerbe oder Landwirtschaft gesetzt hätten. Überhaupt fehlte es nahezu eine Generation lang an einer energischen Zivilverwaltung, die die Eigenbelange der neuen Provinz hätte fördern können. Denn die pommerschen Ämter waren zwischen 1654 und 1689 für den Unterhalt der abgedankten Königin Christina reserviert. Stockholm und dem mächtigen Reichsfeldherrn Karl Gustav von Wrangel, der

Ausgangspunkt für die brandenburgischen Kolonialunternehmungen, die der Große Kurfürst in den achtziger Jahren des 17. Jahrhunderts mit Gewalt vorantrieb, war die ostfriesische Hafenstadt Emden. Vergleicht man das dortige Magazingebäude der kurbrandenburgischen Flotte mit den endlosen Lagerhallen der niederländischen und englischen Überseekompanien oder auch nur mit den vielen großen Speichern einzelner Überseehändler in Amsterdam und London, so wird verständlich, daß der Kolonialtraum der Hohenzollern rasch an der Realität zerbrach.

als Generalgouverneur an der Spitze der Provinz stand, ging es in erster Linie darum, die militärische Bastion zu sichern: Pommern wurde zum kontinentalen Brückenkopf der schwedischen Großmacht ausgebaut; eine längerfristige Förderung von Gewerbe, Handel und Schiffsverkehr konnte sich auf dieser Basis nicht entwickeln.[23]

Wichtiger noch sind die überregionalen Konsequenzen. Durch die schwedischen Besitzungen an der Nord- und Ostseeküste war für die deutschen Territorien der Weg zu den Weltmeeren blockiert, den diese als Erben der hansischen Tradition hätten antreten können und den Brandenburg dann verspätet und an ungeeigneter Stelle zu erzwingen suchte, als es nach dem Anfall Ostfrieslands im Jahre 1744 Emden zum preußischen Überseehafen ausbaute. Wären Bremen und Verden nicht erst 1719 nach der Niederlage Schwedens im Nordischen Krieg, sondern bereits 1648 an Hannover gefallen, vielleicht hätte sich dann in Westdeutschland ein maritim interessierter Staat entwickelt. Oder gar wenn Stettin und die Odermündung in den Besitz des Großen Kurfürsten gefallen wären – auch das hätte den Wiedereintritt Deutschlands in den Kreis der Handelsstaaten wohl erleichtert, wenn auch die Ostsee mit der neuzeitlichen Dynamik des Atlantiks nicht mithalten konnte.

Brandenburg-Preußen wäre dann ein anderer Staat geworden – mit einer besseren Interessenbalance zwischen weltoffenem Handel und binnenländischem Agrariertum, mit einer anders ausgerichteten und möglicherweise auch qualitativ anderen Machtstaatspolitik, mit einem Militärsystem, in dem neben dem Landheer die Flotte eine wichtige Rolle gespielt hätte. Denn im Gegensatz zum uhrwerkhaften Aufmarsch der alteuropäischen Armeen, der den einzelnen Soldaten zum willenlosen Rädchen werden ließ, förderten Leben und Kämpfen auf einem Schiff den Gemeinschaftsgeist und das Bewußtsein, daß alle Mitglieder der Schiffsbesatzung aufeinander angewiesen sind - von der niedrigsten bis zur höchsten Charge. Wäre bereits dem Großen Kurfürsten der Zugang zum Meer gelungen, dann hätte sich womöglich in Brandenburg-Preußen eine andere politische Kultur herausgebildet als unter der von Agrarjunkern, Bürokraten und Militärs gestützten Autokratie, nämlich eine politische Kultur, die die libertär-demokratischen Traditionen in sich aufgenommen hätte, welche die Staatsdenker seit Aristoteles maritim bestimmten Gesellschaften nachsagen.[24] Diese kontrafaktische Geschichte konsequent weitergedacht, läßt die ganze Tragweite der antimaritimen Weichenstellung im Westfälischen Frieden zutage treten. Denn eine andere, unborussische Politikkultur in Brandenburg-Preußen hätte natürlich auch die gesamte deutsche Geschichte im 19. und 20. Jahrhundert in ganz andere Bahnen gelenkt.

Daß auch Habsburg und Österreich keinen Zutritt zu den Weltmeeren besaßen, erscheint vertraut und selbstverständlich; es ist eher befremdlich, diese Tatsache im Zusammenhang mit den Konsequenzen des Dreißigjährigen Krieges überhaupt zu erwähnen. Und doch war erst eine Generation vergangen, seit des Kaisers Generalissimus Wallenstein als Admiral des Baltischen Meeres Pläne hatte schmieden können, mit den Hanseaten eine habsburgische Flotte aufzubauen und an der Seite Spaniens die Weltmeere zu beherrschen. Solch hochfahrende Seemachtsträume hat man in Wien nie mehr geträumt. Deutlicher noch als für Brandenburg-Preußen stand

Lagerhaus der Ostindischen Kompanie in Amsterdam, Kupferstich aus dem Jahre 1664

nun fest, daß Habsburg militärisch wie ökonomisch nur als Binnenstaat zur Großmacht würde aufsteigen können.

Um die übrigen deutschen Territorien war es nicht anders bestellt: Bayern, Sachsen, Württemberg und Hannover, das erst 1719 durch den Gewinn der schwedischen Herzogtümer Bremen und Verden an die Nordsee vorstieß, sie alle waren geprägt durch eine dem atlantischen Welthandel abgekehrte Binnenlage, zudem noch durch traditionell starke oder neu erstarkte Feudalstrukturen. Jetzt, da alles auf die Entwicklung in den Großterritorien ankam, wurden die gesellschaftsgeschichtlichen Kosten deutlich, die Deutschland dafür zu zahlen hatte, daß sich in den schwach feudalisierten und küstennahen Gebieten am Niederrhein und an der Nordsee kein Großterritorium hatte bilden können, oder daß es – wie im Falle Jülich-Kleves[25] – schon in den Ansätzen zerstört worden war.

In der zweiten Hälfte des 17. Jahrhunderts war nichts mehr übrig geblieben von der einstigen Vitalität des deutschen Wirtschaftsraums, der zu Beginn der Neuzeit Bergbauregionen sowie Handels- und Produktionszentren von europäischer, ja mondialer Bedeutung besessen hatte.[26] Diese Schwächung hatte sich bereits vor dem Krieg abgezeichnet – als Folge der Umorientierung des Welthandels von der mediterran-alpinen Zone hin zum Atlantiksaum sowie der Drehung im Achsenkreuz der Haupthandelswege von der vorherrschenden Nord-Süd- zur vorherrschenden West-Ost-Richtung. Innerhalb weniger Generationen war das Reich aus dem Zentrum der europäischen Wirtschaftsdynamik gerückt und gegenüber den maritimen Mächten des Westens in einen nicht wettzumachenden Standortnachteil geraten. Um so folgenschwerer war es, daß nun auch noch die letzten Chancen genommen, die wenigen Wege verstellt wurden: Eben in dem Moment, in dem alles auf die Präsenz auf den Meeren ankam, nahmen die Gebietsregelungen des Westfälischen Friedens den deutschen Groß- und Mittelterritorien den Zugang zur Ostsee und zu jenem schmalen Saum des atlantischen Randmeeres, der dem Reich mit der vergleichsweise kurzen Nordseeküste überhaupt noch geblieben war.

Allerdings hatte nicht erst der große Krieg das Reich dem Atlantik ferngerückt. Eine jahrhundertalte Entwicklung war an ihren Schlußpunkt gelangt, und die europäische Staatengesellschaft nahm den Friedenskongreß gleichsam zum Anlaß, dies notariell zu bestätigen. Bis in die Neuzeit hinein gehörte das Mündungsdelta des größten deutschen Stromes zum Reich. Die Herzogtümer und Grafschaften, die sich dort gebildet hatten, waren aber bereits im hohen Mittelalter eigene Wege gegangen. Durch den achtzigjährigen Unabhängigkeitskrieg der Niederländer gegen Habsburg-Spanien, dessen zweite Phase mit dem Dreißigjährigen Krieg zusammenfiel, fand diese Entwicklung ihren staats- und verfassungspolitischen Abschluß. Mit dem Anfang Januar 1648 in Münster abgeschlossenen Frieden zwischen Spanien und den Niederlanden war die staatliche Selbständigkeit des Rheindeltas vollzogen. Das damals wichtigste europäische Küstengebiet mit den bedeutendsten Hafenstädten war aus dem Reichsverband ausgeschieden.[27]

Die holländischen Handelsherren hielten zwar aus eigenem Interesse den traditionellen Verkehr rheinaufwärts offen, wovon vor allem Frankfurt profitierte. Von der Wirtschaftsdynamik, die sich am niederländischen Kreuzweg der europäisch-atlantischen Handelsstraßen entfaltete, blieb das Reich dennoch weitgehend unberührt. Es waren Holländer, nicht Deutsche, die mit dem Blick auf das offene Meer im 17. Jahrhundert ein weltumspannendes Handelsnetz aufbauten und in ihren großen und kleinen Städten Umschlag- und Zulieferungsbetriebe sowie Exportgewerbe ansiedelten. Mit der 1688 eingeleiteten Personalunion zwischen der holländischen Oranier-Statthalterschaft und der englischen Krone traten die ökonomischen, politischen und kulturellen Verbindungen nach Osten, also ins Reich, endgültig in den Hintergrund zugunsten der maritimen Orientierung über den Kanal hinweg, der anders als im Zeitalter der Dampflokomotive in Alteuropa nicht trennte, sondern verband, weil der Weg übers Wasser leichter und billiger war als der zu Land.

Für den Zugang des Reiches zu den Weltmeeren stand fortan nur noch ein kleiner Küstenstreifen zur Verfügung – an der äußersten Ecke der Nordsee gelegen, die selbst zum atlantischen Randmeer geworden war. Gerade in dem Moment, in dem Holland, England und Frankreich entschlossen mit den alten Kolonialmächten Spanien und Portugal gleichzogen, waren die Deutschen praktisch auf die beiden Ausfalltore Hamburg und Bremen beschränkt. In der frühmodernen Weltwirtschaft, deren Verflechtung von Jahr zu Jahr zunahm, spielten deutsche Firmen wenig mehr als eine Statistenrolle. Hinzu kam, daß die beiden Hafenstädte eine ganze Generation lang von Schweden und Dänemark bedrängt und in ihrem wirtschaftspolitischen Handlungsspielraum eingeengt wurden.

Gegen Ende des 16. Jahrhunderts hatte es einen kurzen Moment so ausgesehen, als würde sich dem ostfriesischen Emden eine große Zukunft als Hafen- und Handelsstadt von europäischer Bedeutung öffnen.[28] Die Stadt besaß zeitweilig die größte Handelsflotte des Kontinents. Allein, das war ein Boom, der ganz und gar von der Einwanderung niederländischer Glaubensflüchtlinge getragen wurde. Als diese nach der Gründung der nordniederländischen Republik nach Hause zurückkehrten, verwelkten die Emdener Blütenträume sehr schnell. Als dann auch noch der Emsstrom sein Bett verlagerte und nicht mehr direkt an der Stadt vorbeifloß, fiel Emden endgültig auf die Stufe eines Hafens für die Küstenschiffahrt zurück. Es war fortan nur noch ein drittklassiger Handelsplatz, der von den großen kommerziellen Strömungen abgeschnitten war.

Zudem hatte sich Emden als calvinistische Stadtrepublik freiwillig in die Hand der Niederländer gegeben. Die holländische Garnison sicherte die Stadt zwar militärisch, aber die Niederlande konnten in keiner Weise am wirtschaftlichen Wiedererstarken ihres einstigen Zufluchthafens interessiert sein. Nicht nur die Schweden, sondern auch die Niederländer, die im 17. Jahrhundert im nordwestlichen Deutschland eine breite Einflußzone besaßen, erschwerten es den Deutschen, mit den ökonomischen Kriegsfolgen rasch fertigzuwerden. Es sollte bis 1744 dauern, ehe ein frischer Wind die Brackwasser des Dollart wieder in Bewegung brachte. In diesem Jahr traten die Hohenzollern das Erbe des ostfriesischen Fürstenhauses der Cirksena an; Emden schien dem preußischen Binnenstaat das langersehnte Tor zu den Weltmeeren zu bieten.

In der Ostsee, wo neben den Skandinaviern und Holländern auch die Engländer, dazu später noch die Russen als Konkurrenten der

Zeitraum	Riga	Danzig	Königsberg	Narwa	Gesamt
1601–1610	79	956	425	10	2 242
1611–1620	117	1 059	485	1	2 444
1621–1630	52	409	439	1	1 720
1631–1640	241	574	276	8	1 755
1641–1650	297	691	226	6	1 815
1651–1660	233	334	180	14	1 404
1661–1670	106	348	175	11	1 314
1671–1680	179	283	182	24	1 286
1681–1690	299	440	200	76	2 001
1691–1700	259	303	205	88	1 839

Anzahl der Schiffspassagen im Sundverkehr westwärts und des Westverkehrs einzelner Häfen im 17. Jahrhundert in Zehnjahresdurchschnitten

Deutschen auftraten, behauptete die deutsche Kaufmannschaft ihre Stellung. Allein, dieses europäische Binnenmeer sollte in der frühneuzeitlichen Weltwirtschaft nie mehr die Rolle spielen wie vor dem großen Krieg. Im Westen war Lübeck weiterhin der wichtigste Umschlagplatz für Güter aus Skandinavien, Polen, dem Baltikum und Rußland. Stärker denn je konzentrierte sich der Vorort der Hanse auf die Binnenfahrt in der Ostsee. In den Westen, zur Nordsee oder gar darüber hinaus richtete sich nur ein knappes Sechstel seines Seehandels. Für die neuen Zentren des Welthandels war die Stadt abgelegen. Die kommerzielle Dynamik war geschwunden, der wagende Kaufmannsgeist erlahmt. Lübeck, das einst bis hoch in den Norden hinauf und weit zum Osten hin mächtig gewesen war, spielte politisch keine Rolle mehr. Denn das Ringen der neuzeitlichen Mächte überforderte die Kräfte einer Stadt. Die politischen Auseinandersetzungen des 16. und frühen 17. Jahrhunderts hatten die letzten Reserven aufgezehrt. Den sozialen und ökonomischen Sturz indes bedeutete das alles nicht. Zumindest das Patriziat erfreute sich weiterhin eines behäbigen Wohlstands, nicht zuletzt durch Investitionen im agrarischen Umland.

Nicht anders sah es in den übrigen Ostseehäfen mit großer Vergangenheit aus. Danzig, im »langen 16. Jahrhundert« östlicher Eckstein der kommerziellen Revolution, sollte bis 1700 zwei Drittel seines Seehandels einbüßen, weil Getreide im Westen kaum noch gefragt war. Und doch blieb in den Kaufherrenhäusern an der Langgasse, dem Langen Markt und an den vielen Wasserläufen ein beachtlicher Wohlstand erhalten, gelangte das hochqualifizierte und spezialisierte Handwerk zu neuer Blüte. Es gab aber auch aufsteigende Sterne. Das estnische Narwa – in schwedischer Hand, bis es 1704 an Rußland fiel – konnte sein Handelsaufkommen fast verzehnfachen, allerdings war die Ausgangsbasis sehr niedrig. Weit bedeutender war da der Handelsboom, den Riga erlebte, die seit alters etablierte Hafenstadt an der Düna. Im ersten Jahrzehnt des 17. Jahrhunderts durchfuhren 79 Schiffe aus Riga den Sund westwärts; Mitte des Jahrhunderts waren es 233, an seinem Ende 259. Dieser Handelsaufschwung war möglich, weil Narwa und Riga nicht Getreide exportierten, sondern Hanf, Flachs, Holz, Häute und Leder, also Rohstoffe, die nach wie vor in den Gewerbezonen und auf den Werften Hollands, Englands und Frankreichs äußerst begehrt waren.[29]

Brandenburgisches Fort vor der Küste Guineas im Jahre 1694

Die brandenburgische Kolonialpolitik war vor allem auf die westafrikanische Goldküste gerichtet, wo im Elfenbein- und Sklavenhandel hohe Gewinne lockten.

Der ungünstigen Geographie zum Trotz machten einige deutsche Territorien den zaghaften Versuch, doch noch Anschluß an den Welthandel zu finden. Dem Herzog von Kurland schien selbst von den östlichen Küsten des Baltischen Meeres der Weg nicht zu weit, als die Schwäche Spaniens in der Karibik ein koloniales Vakuum entstehen ließ. Ernsthafte Unternehmungen gingen aber nur von den Großterritorien Österreich und Preußen aus. Und selbst diese wurden entweder im Keim erstickt, so die habsburgische Ostindien-Handelsgesellschaft, die 1722 in Ostende entstehen sollte, oder sie kümmerten vor sich hin, so das Goldküstenunternehmen des Großen Kurfürsten, das dessen nüchtern rechnender Enkel 1717 an Holland verkaufte.

Um so bemerkenswerter ist die Rolle, die ein deutscher Reichsfürst in Übersee spielte und die daher als eine koloniale Arabeske

Gedenkmünze zur Gründung der Kolonie Großfriedrichsburg in Guinea 1681

Rückseite mit einem knienden Neger, eine Schale mit den Schätzen seines Landes offerierend und der Umschrift »COEPTA. NAVIGATIO. AD ORAS. GVINAE. AN. MDCLXXXI. FELICITER« (1681 hat die Schiffahrt an die Küste von Guinea glücklich begonnen).

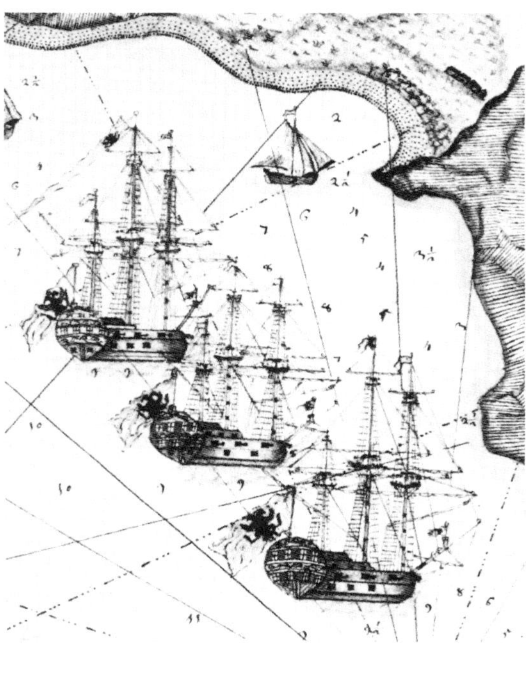

Schiffe der österreichischen Ostindien-Handelsgesellschaft in der Bay von Santagio auf den Kapverdischen Inseln im Jahre 1724 – zwei Jahre nach Vollzug ihrer Gründung und drei Jahre vor der faktischen Aufhebung angesichts massiven Drucks von seiten Frankreichs und der Seemächte

Marmorbüste des Johann Moritz von Nassau-Siegen von Bartholomäus Eggers, vorgesehen für den Garten des Mauritshuis in Den Haag

»Qua patet orbis« – »Soweit der Erdkreis reicht«, mit dieser Devise zog der deutsche Fürst im Auftrag der Niederländischen Westindischen Kompanie nach Brasilien, um dort eine niederländische Kolonie aufzubauen und um den neuen Kontinent naturwissenschaftlich erforschen zu lassen.

zur frühneuzeitlichen Geschichte Deutschlands Erwähnung verdient: Von 1636 bis 1644 war Graf Johann Moritz von Nassau-Siegen (1604-1679) Gouverneur von Brasilien. Er übte dieses Amt im Auftrag der niederländischen Westindischen Kompanie aus, welche die Schwäche der portugiesischen Kolonialmacht genutzt hatte, für einige Jahrzehnte in Südamerika Fuß zu fassen.[30]

Um die Plantagen mit geeigneten Arbeitskräften zu versorgen, organisierte der neue Gouverneur Brasiliens Überfälle auf die westafrikanischen Besitzungen der Portugiesen und ließ Schiffsladungen voll Negersklaven nach Südamerika bringen. Alte und neue Kolonialmächte waren gleichermaßen an jenem Dreieckshandel interessiert, der im weiteren 17. und 18. Jahrhundert immer größere Gewinne abwarf: Billige Textilien, Schnaps, Glasperlen und anderer Tand gingen von Europa an die Küsten Afrikas als Geschenk für Häuptlinge und Stammeskönige; Negersklaven – Schwarzes Elfenbein, wie sie die Europäer verschämt-begehrlich nannten – wurden über den Atlantik nach Mittelamerika verschifft; Amerika lieferte den Europäern die kostbaren Kolonialwaren, vor allem Zucker, Tabak und Kaffee. Keiner hatte Bedenken, in diesen Sklavenhandel einzutreten, auch die Brandenburger nicht, als sie sich Ende des 17. Jahrhunderts in Guinea festsetzten. Und wenn sich das Gewissen regte, sei es das christliche, sei es das humanistische, dann wurde es rasch übertönt von der ökonomischen Begehrlichkeit oder vom Drang, mitzuhalten und dabeizusein.

In Recife de Pernambuco baute Jan Maurits de Braziliaan, wie der Nassauerfürst in Holland nun hieß, in tropischer Üppigkeit eine Festungs- und Residenzstadt mit unverkennbar europäisch-niederländischem Gepräge. Zwischen zwei älteren Forts ließ der Gouverneur mit bester Poldertechnik eine schlammige Flußniederung entsumpfen, um dort die Wohnstadt Mauritiopolis anzulegen. Durchschnitten von einem Mittelkanal, der über zwei Seitenkänale mit dem Meer und dem Fluß in Verbindung stand, und von streng geometrischem Aufbau, vermag diese koloniale Gründung die Herkunft aus der europäischen Diskussion um die Idealstadt nicht zu verleugnen. Auf einer vorgelagerten Insel entstand Vrijburg – die arx libertatis, der Gouverneurspalast mit einer weitausgreifenden, ebenfalls rational durchkonstruierten Gartenanlage, die auf amerikanischem Boden eine völlige Neuheit darstellte. Wie zu Beginn der spanischen und portugiesischen *conquista* gerierte sich hier ein deutscher Reichsgraf als Kolonialherr und inszenierte nach Art der europäischen Höfe Herrschaft. Das zog ihm den Tadel der Amsterdamer Mijnheeren zu, die sich an solche Repräsentation nur schwer gewöhnen wollten, mochte sie mächtepolitisch und diplomatisch auch geboten erscheinen.

»So weit der Erdkreis reicht«, »qua patet orbis« – mit dieser von humanistischer Wißbegier geprägten Devise war Johann Moritz

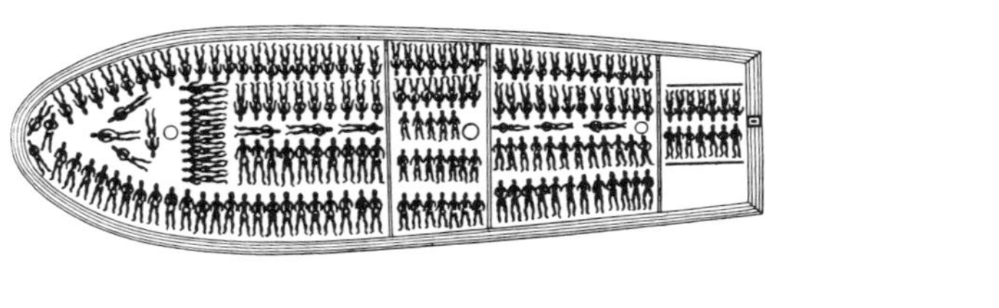

»Belegungsplan« für ein englisches Sklavenschiff

In der stickigen Luft unter Deck war jeder Quadratmeter genauestens ausgenutzt, um den Profit im Handel mit »schwarzem Elfenbein« zu steigern. Lediglich die Furcht vor Seuchen und damit vor kommerziellen Verlusten hinderte die europäischen Händler daran, ihre Menschenware auf noch engerem Raum zusammenzupferchen.

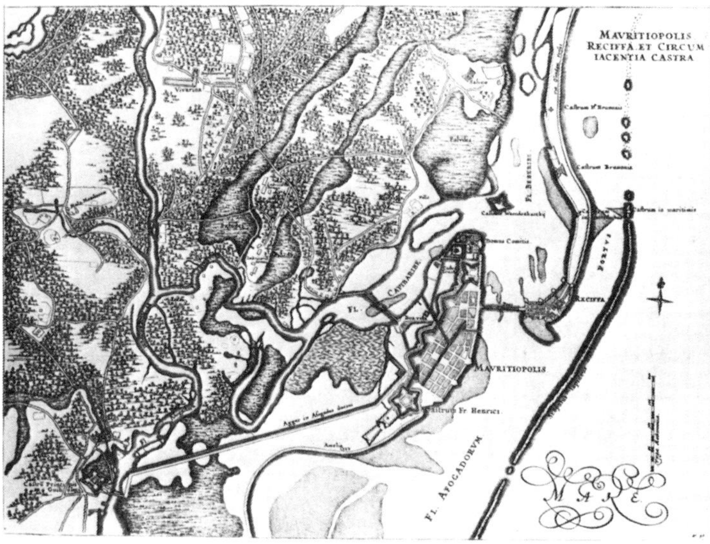

Recife und Mauritsstad, Kupferstich aus: Casparus Barlaeus, »Rerum per octennium in Brasilia ... historia«, Amsterdam 1647

Die Mauritsbrücke verbindet Mauritsstad mit der ehemals portugiesischen Stadt Recife, am Nordende der Stadt der von Johann Moritz errichtete Palast Vrijburg.

übers Meer gezogen. Von ihr ließ er sich in seinen ethnologischen, medizinischen, zoologischen und botanischen Studien über die den Europäern noch weithin fremde Welt Südamerikas leiten. Einen ganzen Stab von wissenschaftlichen und künstlerischen Mitarbeitern versammelte er um sich, um Fauna und Flora Brasiliens aufnehmen zu lassen. Als deutlich wurde, daß die Holländer den südamerikanischen Außenposten nicht würden halten können, kehrte er nach Europa zurück und mit ihm eine umfangreiche Sammlung botanischer und zoologischer Raritäten sowie eine Vielzahl von Abbildungen und wissenschaftlichen Beschreibungen.

Die wissenschaftliche Auswertung dieses Materials, an der Johann Moritz als Statthalter des Großen Kurfürsten in Kleve (1647-1679) und als Hausherr des Haager Mauritshuis lebhaften Anteil nahm, brachte den noch jungen Naturwissenschaften einen großen Aufschwung - vor allem an den niederländischen Universitäten. Leiden, deren vornehmste, feierte den Nassauer als »Beschützer von Kunst und Wissenschaft«, aber auch Dänemark und Brandenburg, wohin Teile der Sammlung als Geschenk gelangten, profitierten davon. Durch die dynastischen und politischen Verbindungen, die vor allem der Große Kurfürst zu den Nassauern und den Niederlanden besaß, machten sich somit auch im Reich, wo nicht die ökonomischen, so doch die wissenschaftlichen und kulturellen Impulse bemerkbar, die Europa durch das Ausgreifen auf den neuen Kontinent erhielt.

Überraschender noch sind die städtebaulichen Nachklänge, die die südamerikanischen Träume des nassauischen Fürsten seit Ende der vierziger Jahre auf kargem deutschen Boden fanden. Als brandenburgischer Statthalter ließ Johann Moritz die Stadt Kleve zu einem großen barocken Gesamtkunstwerk ausbauen. Sommerresidenz, Park und Tiergarten wurden mit dem mittelalterlichen Stadtkern in ordnende Beziehung gesetzt, und zwar durch eine eng mit Bäumen bepflanzte Verbindungsstraße, die Nassauer Allee. Das war ein Kompositionsprinzip, das bereits bei den älteren Gründungen

Titelkupferstich des Werkes von Dr. Willem Piso »De Indiae utriusque re naturali et medica«, Amsterdam 1658

Die wirtschaftlich wenig erfolgreiche Kolonialzeit der Niederländer in Brasilien brachte den jungen Naturwissenschaften in Europa wichtige Impulse, und noch Jahre nach der Rückkehr des Gouverneurs erschienen in den Niederlanden große Sachwerke, die die ethnologischen, zoologischen, botanischen und geographischen Entdeckungen systematisch darstellten und auswerteten.

des Nassauers auf brasilianischem Boden seine Anwendung gefunden hatte – eine vor allem im niederländischen Kulturkreis anzutreffende Fortentwicklung des klassizistischen Motivs gradliniger Alleen oder Kanäle.[31] Als wenig später der Große Kurfürst daranging, seiner Residenzstadt Berlin Glanz und Ansehen zu verleihen, ließ er sich von den Plänen seines Klever Statthalters inspirieren. Schloß-und Tiergarten wurden ausgebaut, und zwischen beiden entstand eine mit Linden und Nußbäumen bepflanzte Verbindungsachse, die bald »Unter den Linden« hieß.

Das Wirken des Johann Moritz von Nassau-Siegen für die Holländer ist Ergebnis der deutschen Unterlegenheit im Wettlauf um die europäische Expansion in Übersee. Diese Unterlegenheit hatte aber auch ihre positive Seite: die mit der frühneuzeitlichen Kolonialbewegung verbundene europäische Schuld teilen die Deutschen kaum. Und doch setzte gerade diese frühe »Unschuld« die Aggressivität frei, mit der zwei Jahrhunderte später ein anderes Deutsches Reich das Versäumte nachzuholen suchte. Dadurch wirkte die Verspätung, die aus der spezifischen frühneuzeitlichen Geschichte der Deutschen kam, mit bei der Katastrophe des 20. Jahrhunderts.

Die Kriegsverluste und die Bedingungen des Neuanfangs

So waren es die geographische Randlage und die politische Schwäche, die den Anschluß der deutschen Territorien an die Wirtschaftsdynamik des Atlantiksaums erschwerten; hinzu kamen aber auch die unmittelbaren Kriegsfolgen, die den Abstand des Reiches zu den wirtschaftlich expandierenden Seemächten West- und Nordwesteuropas seit der Mitte des Jahrhunderts rasch vergrößerten. In dem Moment, in dem die europäischen Konkurrenten in die entscheidende ökonomische und handelsstrategische Expansionsphase eintraten, mußten die deutschen Regierungen erst einmal darangehen, verlassene Höfe und Dörfer neu zu besiedeln und zerstörte Gewerberegionen wieder aufzubauen: »Die Äcker sind Wald geworden ... Von den 2 245 Hufen, die der Kurfürst in Niederbarnim hat, genießt er nicht das geringste ... Ein Bote, der von Kursachsen nach Berlin eilt, ging vom Morgen bis zum Abend über unbebautes Land, durch anschließendes Nadelholz, ohne ein Dorf zu finden, in dem er rasten konnte.« So und ähnlich liest man in den Berichten der brandenburgischen Amtsmänner Seite um Seite. Und aus der Umgebung von Ulm weiß der Chronist Hans Heberle zu berichten, daß »der Heidhoft und der Zimmersumpf zusammengewachsen [sind], welches zu meiner Zeit ein ganzes Feld war. Jetzund ist es ein Holz worden.«[32]

Das Morden der Soldateska, Hunger und Pest hatten Höfe, Dörfer, ja ganze Landstriche entvölkert. Fast noch schlimmer für die Überlebenden war der Mangel an Zugtieren, die die Soldaten in den letzten Kriegsjahren auch aus den entlegensten Ställen geraubt hatten: »Da hat man wenig mit sähen können ausrichten.« Wahre Bettlerhorden zogen übers Land, an einem Tag »biß uff die 20 oder 30 einem für das hauß komen ... unverschempte bettler gewessen [sind]«.[33] Vor allem die ehemaligen Kriegsvölker waren ein großes Problem. Von Jugend an nur im Kriegshandwerk geübt und gewöhnt, von der Hand in den Mund zu leben, war es schier unmöglich, diese Männer zu kontinuierlicher harter Arbeit anzuhalten. In einigen Territorien lagen noch Besatzungstruppen - so zum Beispiel allein im Hochstift Münster Niederländer in der Burg Bevergern, Schweden in Vechta und in den wichtigen Landstädten Coesfeld, Borken und Bocholt die Hessen. Von diesen Stützpunkten aus machten die Soldaten das Umland unsicher und blockierten jeden Versuch eines systematischen Wiederaufbaus der Wirtschaft. Erst 1652/53 gelang es dem energischen Fürstbischof Bernhard von Galen, diese Besatzungstruppen loszuwerden - teils durch Gewalt, teils durch Geld, das er wiederum dem erschöpften Land entziehen mußte.[34]

Aufgrund der Unterernährung und der ständig drohenden Seuchengefahr kam auch das Bevölkerungswachstum, das nach Kriegen in der Regel rasch einsetzt, nur langsam in Gang: »Wegen des elenden und betrüblichen Zustandes in zwei Jahren und darüber kein Kind zur Welt geboren worden«, diese Eintragung im Kirchenbuch eines Ackerbürgerstädtchens bei Coburg dürfte keinen Einzelfall beklagen. Das war der Wurzelgrund für jene gewaltigen Übertreibungen und sagenhaften Ausschmückungen der Kriegsverwüstungen, die erst die wissenschaftliche Demographie unseres Jahrhunderts endgültig widerlegen konnte. So heißt es etwa in einem erfundenen Beschluß des fränkischen Kreistages, jeder Mann müsse zur Auffüllung der Bevölkerung zwei Frauen nehmen, katholische Geistliche sollten zur Ehe gezwungen werden und jedem Mann unter sechzig sei der Zutritt ins Kloster zu verwehren.[35]

Anders verhält es sich mit den zitierten Berichten der Chronisten und Beamten. Sie sind durchaus wörtlich zu nehmen: Ruinen, Hunger und Armut waren das Schicksal der Nachkriegsgeneration. Dennoch lassen sich die deutschen Schwierigkeiten aus den Kriegszerstörungen allein nicht ableiten. Vor allem kann man auf diese Weise das lange Ausbleiben einer neuen Phase sozialer und ökonomischer Dynamik nicht erklären. Denn auch die anderen europäischen Länder hatten eine Periode innerer und äußerer Kriege hinter sich. In der wirtschaftlich führenden niederländischen Republik hatte sie nicht weniger als achtzig lange Jahre gedauert. Sicher waren die unmittelbaren Kriegseinwirkungen in Deutschland ungleich größer. Doch neben Zonen mit erheblichen Kriegseinwirkungen und Bevölkerungsverlusten zwischen einem Drittel und der Hälfte, wie in Brandenburg, Magdeburg, Hessen, Franken, Bayern, Schwaben und im Elsaß oder gar von bis zu zwei Dritteln, wie in Pommern, Mecklenburg, Thüringen, Kurtrier, der Pfalz und Württemberg, gab es im Norden, Nordwesten und in den Alpen Gebiete mit geringen Verlusten. So fanden sich in Westfalen, Niedersachsen und am Niederrhein sogar blühende Städte und Landstriche, die von Bevölkerungsverlusten gänzlich verschont geblieben waren; auch Gebiete wie Salzburg und die österreichischen Erblande, Schleswig-Holstein und weite Teile der Nordseeküste waren unversehrt. Hamburg erreichte jetzt einen ersten Höhepunkt seiner Wirtschafts- und Bevölkerungsentwicklung.[36]

In der Frühneuzeit fand die ökonomische Entwicklung nicht im Rahmen des Reiches, sondern in einzelnen kleineren Wirtschaftsräumen statt. Und da in Deutschland keineswegs alle Wirtschaftsräume verwüstet waren, bestanden regional durchaus Wachstumsaussichten. Hinzu kommt, daß es auch im Reich ähnlich wie in Schweden Regionen intensiver Kriegswirtschaft gegeben hatte – etwa Nürnberg, die Oberpfalz, der mittlere Thüringer Wald mit

Fränkisches Bauerngehöft, Radierung von Franz Edmund Weirotter (1730-1771)

Armut und Elend kennzeichneten mancherorts in Deutschland Dörfer noch Generationen nach dem Großen Krieg.

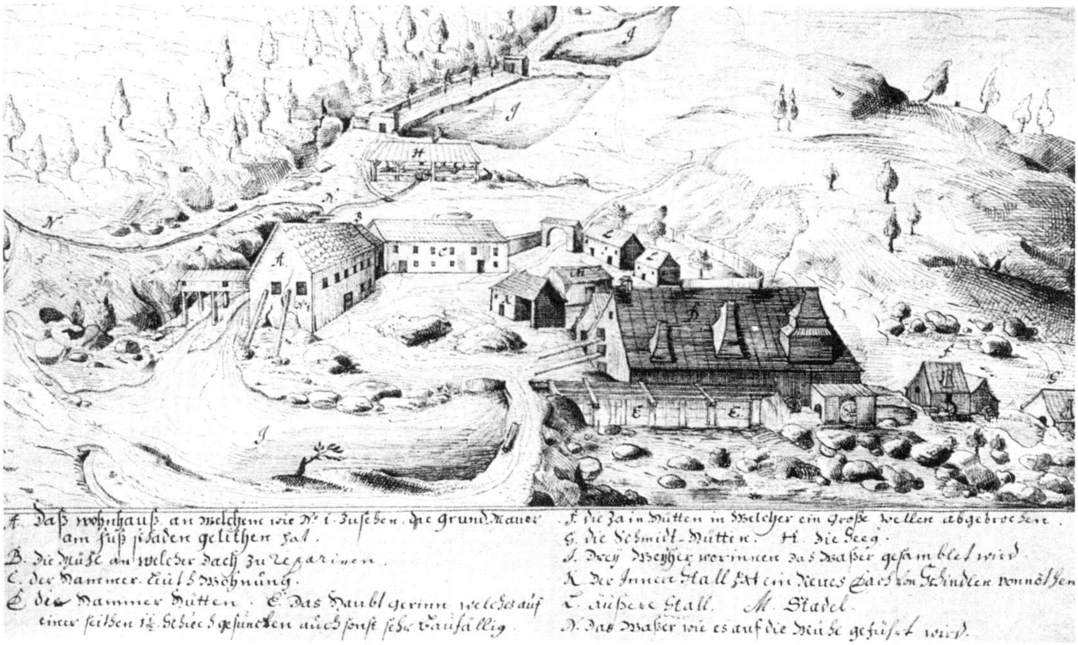

Das Hüttenwerk Altenhammer um 1709

Auch nach dem Dreißigjährigen Krieg war die Oberpfalz das Zentrum der Eisenverarbeitung in Deutschland. In dem von Wirtschafts- und Wohnhäusern umgebenen Hüttengebäude (D) sind neben dem Hochofen (ganz rechts) zwei weitere Feuerstellen untergebracht. Die Wasserräder dienen dem Antrieb der Hochofenblasebälge, der Hämmer sowie der Schmiede (G).

Suhl und Schmalkalden sowie Essen und Solingen im Rheinland. Zerstörungen waren hier natürlich nicht ausgeblieben, aber man hatte die Eisenhämmer und Waffenschmieden doch auch immer wieder aufgebaut: um 1620 exportierte Essen 15 000 Handfeuerwaffen pro Jahr, in den fünfziger Jahren waren es immerhin noch 1 000 bis 1 800 Stück. Und Kapital war auch vorhanden in der Hand so manchen Kriegsprofiteurs, der klug genug gewesen war, die Karten nicht zu überreizen, wie Hans de Witte, der Bankier Wallensteins, es getan hatte, dem nur noch der Weg in den Freitod geblieben war.[37]

Auch in Deutschland ging die Geburtenrate nach Ende des Krieges wieder nach oben, wenn auch langsamer als anderwärts. Anhaltende Bevölkerungsprobleme gab es nur dort, wo solche Erholungsphasen sogleich wieder durch neue Kriegseinwirkungen direkt oder indirekt gestört wurden – so im Donauraum aufgrund der Reichskriege gegen die Türken und vor allem des Spanischen Erbfolgekrieges zu Anfang des 18. Jahrhunderts sowie in der Pfalz und am Mittelrhein aufgrund der Franzoseneinfälle im letzten Viertel des 17. Jahrhunderts. In diesen Regionen Süd- und Westdeutschlands addierten sich die Verluste des Dreißigjährigen Krieges und der nachfolgenden Kriege, und es kam zu einer so weitgehenden Schädigung der Bevölkerung, daß die nach Kriegen übliche Wiederauffüllung der Lücken bis ins 18. Jahrhundert hinein ausblieb.[38]

Vor allem das Herzogtum Württemberg und der übrige Südwesten des Reichs sind ein Beweis dafür, daß nicht die direkten Kriegsverluste an Menschen und Sachwerten den Wiederaufbau erschwerten. Es waren vielmehr die Konsequenzen des Krieges und der Friedensverträge im weitesten Sinn, die dort den Aufschwung belasteten und immer wieder verzögerten: »Wirtschaftliche Kriegsfolgelasten und langfristig anhaltender Bevölkerungsrückgang im Zusammenspiel mit dauerhafter Schwächung der Reichsorganisation bei gleichzeitigem Ausbau der französischen Machtposition im Elsaß und am Oberrhein – Konstellationen, die der Dreißigjährige Krieg geschaffen hatte« – blieben ein weiteres Jahrhundert lang entscheidende Faktoren für Möglichkeiten und Grenzen der sozioökonomischen Entwicklungschancen im Herzogtum Württemberg und im deutschen Südwesten insgesamt.[39]

In anderen Teilen des Reiches waren die Rahmenbedingungen für den Wiederaufbau jedoch weit besser. Und dort setzte dann auch bereits in der zweiten Generation nach Beendigung des Krieges wieder ein ansehnliches natürliches Bevölkerungswachstum ein, nicht selten zusätzlich unterstützt durch Zuwanderung aus anderen Teilen Europas. Wenn trotz allem auch in diesen Gebieten eine neue Wirtschaftsdynamik noch lange auf sich warten ließ und der Rückstand gegenüber der kommerziellen und gewerblichen Entwicklung der Nachbarn vor allem im Westen Europas in der zweiten Hälfte des 17. Jahrhunderts weiter zunahm, so kann das nicht allein an dem großen Krieg der ersten Jahrhunderthälfte gelegen haben.

Die tieferen Gründe für die anhaltende sozioökonomische Rückständigkeit auch der günstig davongekommenen deutschen Regionen und Einzelstaaten vermag ein vergleichender Blick auf die Verhältnisse in Westeuropa aufzudecken. Dort war die aus dem langen Krieg politisch wie ökonomisch gefestigt hervorgegangene Republik der Vereinigten Niederlande die vielbewunderte und eifrig kopierte europäische Vorreitergesellschaft.[40] Seit dem ausgehenden 16. Jahrhundert hatte sie trotz des Existenzkampfes mit der spanischen Hegemonialmacht die Führung der kommerziellen und gewerblichen Entwicklung übernommen und war erfolgreich in die Übersee-Expansion eingetreten. Begünstigt durch ihre geographische Lage, die sie indes in gewissem Umfang mit Nordwestdeutschland teilte, beruhte dieser Erfolg im Kern auf der bürgerlich-republikanischen Staats- und Gesellschaftsverfassung, die eine beachtliche Leistungsfähigkeit und eine ungehemmte Wirkungsmöglichkeit der vor allem in den Seeprovinzen traditionell starken gemeindlich-genossenschaftlichen Strukturen garantierte. Das gilt besonders für die vielen, oft kleinen Stadtkommunen, in denen neue Großgewerbe aufblühten und deren Kaufmannschaft entschlossen in den Welthandel einstieg. Leiden und Haarlem entwickelten sich innerhalb einer Generation zu den wichtigsten Zentren der europäischen Laken- und Leinenproduktion. Amsterdam hatte die Nachfolge Antwerpens als Umschlaghafen und Stapelmarkt des europäischen Welthandelssystems angetreten. Selbst Städtchen wie Hoorn, Enkhuizen oder die friesische Hafenstadt Dokkum entfalteten weitgespannte Handelsaktivitäten.

Auch die Landwirtschaft war entschieden modernisiert worden. Die Bauernbetriebe spezialisierten sich auf solche Produkte, die auf den jeweiligen Böden höchstmögliche Erträge brachten und die auf nahen oder ferneren Märkten gute Absatzchancen hatten. Man verzichtete darauf, gewerbliche Produkte für den Bedarf der Familie oder des landwirtschaftlichen Betriebes selbst herzustellen, wie das anderwärts in Europa noch gang und gäbe war. Zur Verbesserung der Produktionsweise wurden hohe Kosten aufgebracht – um Polder und Fehne urbar zu machen; um Felder und Wiesen mit organischem

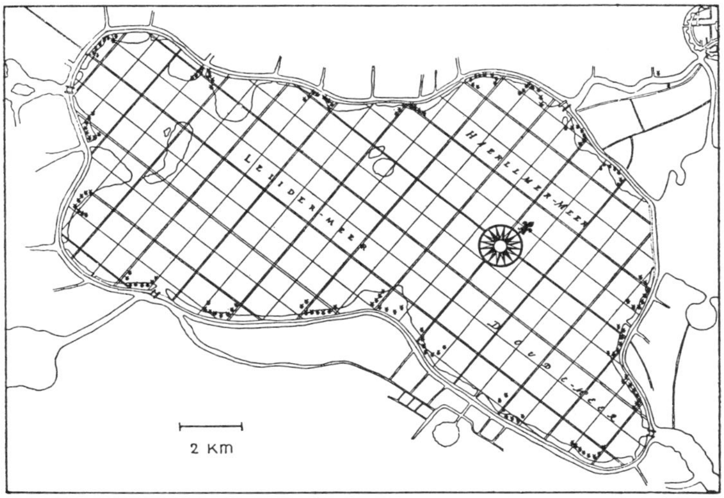

Das Hinterland von Enkhuizen, Gemälde, um 1600

Modernisierung der Landwirtschaft bedeutete auch Intensivierung und Ertragsoptimierung durch Düngung der Felder und Züchtung neuer Tierrassen.

Der Vorsprung der niederländischen Landwirtschaft basierte auf hohem Einsatz von Kapital und Technologie – Plan zur Trockenlegung des Haarlemer Meeres zwischen Amsterdam und Haarlem. Deutlich erkennbar das Kanalraster und am Rand die insgesamt 160 Windmühlen, die das Wasser aus den Poldern pumpen sollten.

oder anorganischem Dung, der teilweise über weite Strecken herangeschafft wurde, zu düngen; um gesündere und leistungsfähigere Tierrassen zu züchten; um modernste Technologie einzusetzen, etwa beim Butterstampfen mechanisch betriebene Fässer oder Windmühlen zum Be- oder Entwässern. Durch Spezialisierung, Differenzierung und hohen Kapitaleinsatz hatte sich die niederländische Landwirtschaft optimal an die neuen Nachfragemuster nach Agrarprodukten angepaßt. Und vor allem hatte sie einen Produktivitätsgrad erreicht, der in Deutschland noch über Generationen hinweg unbekannt bleiben sollte. All das war nur möglich gewesen, weil in den Niederlanden die Schranken des Feudalismus fehlten oder nur schwach ausgebildet waren und es eine starke und lebenskräftige

Haus »Zum römischen Kaiser« in Mainz, das der Großkaufmann und kurfürstliche Rentmeister Eduard Rokoch zwischen 1653 und 1664 erbauen ließ. Vor allem die Großkaufleute und hohen Beamten in den Residenzstädten konnten sich sehr bald nach dem Krieg neue Prachtbauten erlauben.

Tradition der dörflichen Selbstverwaltung gab. Das waren Bedingungen, die ein flexibles, selbstbewußtes Bauerntum förderten. Die niederländischen Bauern waren an weitgreifende Dispositionen und selbstverantwortliches Handeln gewöhnt und wußten ihr Eigeninteresse sehr wohl zu verfolgen – Verhaltensweisen, die ihre Standesgenossen im Reich bei weitem nicht so vollkommen beherrschten.[41]

Während in vielen absolutistischen Staaten ideologische Enge und Glaubenszwang die wirtschaftliche und kulturelle Entwicklung behinderten, hatte sich in den Nordprovinzen der Niederlande eine weitgehende Toleranz etabliert, die vornehmlich im Großbürgertum verankert war.[42] Die soziale und wirtschaftliche Selbstverwaltung vor allem der Stadtkommunen innerhalb eines bündisch aufgebauten Ständestaates und die Tatsache, daß eine relativ breite Schicht von Großbürgern und Freibauern ihre Gewinne ungeschmälert nutzen konnte, erwiesen sich bis in die letzten Jahrzehnte des 17. Jahrhunderts hinein als sichere Grundlage ökonomischer Dynamik. Danach wurde die kleine Republik, auch wenn ihr Wohlstand weiterhin beachtlich blieb, Zug um Zug durch die zentralistisch verfaßten Groß- und Machtstaaten Frankreich und England überholt, die inzwischen so weit innerlich gefestigt waren, daß sie ihr Übergewicht an Menschen, Finanzen und Rohstoffen konzentriert einzusetzen vermochten. So war es unvermeidlich, daß sich innerhalb weniger Jahre die europäischen Handels- und Gewerbe-, zuletzt auch die Finanzzentren erneut verlagerten.[43]

Hier gibt sich ein Paradigmawechsel in der europäischen Wirtschaftsgeschichte zu erkennen: Bis in die zweite Hälfte des 17. Jahrhunderts hinein bot der libertäre, nicht diszipliniert auf einen Wirtschaftswillen hin orientierte Wirtschaftsraum der niederländischen Republik die optimalen Wachstumsbedingungen. Dann triumphierten die merkantilistischen Systeme der Großstaaten. Davon profitierten Frankreich und England, kaum aber das Reich. Die deutschen Fürstenstaaten reagierten aber prompt. Nachdem zum Beispiel Brandenburg noch zur Zeit des Großen Kurfürsten die Niederlande zu kopieren gesucht hatte, orientierte man sich seit dem ausgehenden 17. Jahrhundert immer deutlicher am französischen Wirtschaftsmodell.

Nach den Vorentscheidungen der ersten Phase der Frühneuzeit konnte das Schwungrad der gesellschaftlichen Entwicklung in Deutschland weder nach niederländischer Art von unten, durch die kommunale oder individuelle Initiative von Stadtbürgern und Freibauern noch mit dem konzentrierten Einsatz nationaler Kräfte nach dem Modell Frankreichs und Englands in Gang kommen: die Initiative mußte von den Territorialstaaten ausgehen – als einer speziellen deutschen Variante der Entwicklung westeuropäischer Großstaaten, und zwar weniger des englischen als des absolutistischen französischen Typs.

Stagnation der Bevölkerung und Agrardepression

Zunächst konnte in Deutschland allerdings niemand daran denken, den Wettlauf mit den Nachbarn aufzunehmen. Die ersten Nachkriegsjahre waren nicht die Zeit für systematisch abgestimmte, auf die weitere Zukunft gerichtete Wirtschaftsplanung. In den entvölkerten und verheerten Landstrichen des Reiches waren ganz andere, viel einfachere, zugleich aber auch unendlich schwierigere Aufgaben zu lösen. Entscheidend war die Sicherung der Ernährung und damit die Soforthilfe für die Landwirtschaft. Land war im Überfluß vorhanden. Doch es mußte wieder urbar gemacht werden. Dort, wo die Betriebe leidlich in Stand geblieben waren, war dafür Sorge zu tragen, daß sie produktiv und ökonomisch rentabel wurden. Denn viele Bauern hatten sich in den langen Kriegsjahren schwer verschulden müssen. Zudem drückte die Steuerlast, die ja nur noch auf wenige intakte Höfe verteilt werden konnte.

Wo die Bauern nicht wie im Osten an die Scholle gebunden waren, bestand unter diesen Bedingungen die Gefahr, daß auch noch die wenigen Bauernfamilien, die bis zum Schluß ausgeharrt hatten, ihre Höfe verlassen würden, um ihr Glück anderwärts zu suchen. Denn selbst die Vaganten, die in großen Scharen durchs Land zogen und angesichts des Arbeitskräftemangels als Saison- oder Gelegenheitsarbeiter leicht ihren Lebensunterhalt verdienen konnten, hatten es in manchem besser als die gegen Schulden, Steuern und grundherrliche Abgaben ankämpfenden Bauern: »Das Land ist«, so berichtete ein Schultheiß aus der einstmals hochkultivierten Gegend zwischen Heidelberg und Mannheim, »noch gar sehr mit Leuten erschöpfet, daß man ... das Gesinde im landt nit selbsten ... haben kann.« Ausländische Leute, die man zu hohem Lohn gewinnt, seien aber so untauglich und widerwillig, daß »sie ... dem armen Landmann ... viel Schaden an dem Vieh oder in der Arbeit tun.« Und aus dem Schwarzwald klagt eine Flugschrift: »In unserm gemeinen Elend und Trauern hat allein noch das Gesinde Freud und Mut. Wir müssen sie lassen Meister sein, müssen ihnen fast den Seckel zu dem Gelde geben, ihnen voll auftragen und selber Mangel leiden.«[44]

Eine moderne wirtschaftswissenschaftliche Situationsanalyse betont, daß diese geringe »Seßhaftigkeit vor allem der zuwandernden Menschen in erster Linie ökonomisch bedingt [war]: Statt mit Landerwerb und bürgerlicher Niederlassung hohe Kriegsfolgelasten in Form von Schulden und Steuern zu übernehmen ohne die Aussicht auf einen entsprechenden Wirtschaftserfolg, schien es vorteilhafter, zunächst nur die begehrte Arbeitskraft zu den zeitbedingt relativ hohen Lohnsätzen zur Verfügung zu stellen und sich jeder steuerlichen Belastung zu entziehen, da die Gemeinden auf die Besteuerung der nicht seßhaften Taglöhner verzichteten, um nicht ihren Abzug zu provozieren.«[45]

Wer überlebt hatte oder in den ersten Nachkriegsjahren geboren wurde, hatte also durchaus gute Lebens- und Arbeitschancen. Volkswirtschaftlich kam alles darauf an, diesen Menschen die Übernahme oder die Beibehaltung eines Hofes zu ermöglichen und seine Bewirtschaftung schmackhaft zu machen. Die Kanzleien bemühten sich daher eifrig um eine Minderung der Lasten. Es kam zu Zins- und Schuldnachlässen. Reichsweit wurden generell 75 Prozent aller im Krieg aufgelaufenen Zinsrückstände kassiert; für das restliche Zinsviertel und für das Schuldenkapital wurde eine Zahlungsfrist von zehn Jahren eingeräumt.[46] Für weitergehende Entlastungen hatte jedes Territorium eigene Wege zu suchen. In Württemberg zum Beispiel, das zu den am schwersten geschädigten Gebieten des Reiches zählte, schloß die Landschaft einen Vergleich mit den Gläubigern, demzufolge auch die Kapitalschulden um die Hälfte reduziert wurden.[47] Natürlich gingen solche Regelungen zu Lasten anderer Bevölkerungskreise, vor allem des Adels und des Bürgertums, und es wurde dem Handel und dem Gewerbe Kapital entzogen, das diese Wirtschaftszweige nicht weniger nötig gehabt hätten als die Landwirtschaft.

Da auch bei den günstigsten Bedingungen die einheimische Bevölkerung zur Neubesiedlung des Landes nicht ausreichte, verlegten sich viele Staaten auf eine systematische Einwanderungspolitik. So war in vielen Landstrichen der Wiederaufbau die Leistung von Fremden und Zugezogenen. In der Kurpfalz siedelte die Regierung Schweizer, Flamen, Wallonen und Hugenotten an. Allein in Mannheim lebten 1665 bereits 432 hugenottische Familien mit über 2 000 Seelen.[48]

In Brandenburg-Preußen kümmerte sich Kurfürst Friedrich Wilhelm persönlich um die Anwerbung neuer Siedler. Er hatte als Kurprinz fünf Jahre in den Niederlanden gelebt und dort auch die moderne Landwirtschaft kennengelernt.[49] Er setzte auf niederländische Siedler, die gleichzeitig mit dem Wiederaufbau Wege zu einer strukturellen Modernisierung der ostelbischen Landwirtschaft weisen sollten. Hunderte von holländischen und friesischen Bauernfamilien kamen nach Tilsit und Insterburg in Preußen, nach Liebenwalde, Gramzow und Chorin in der Mark, wo sie die wüstgefallenen

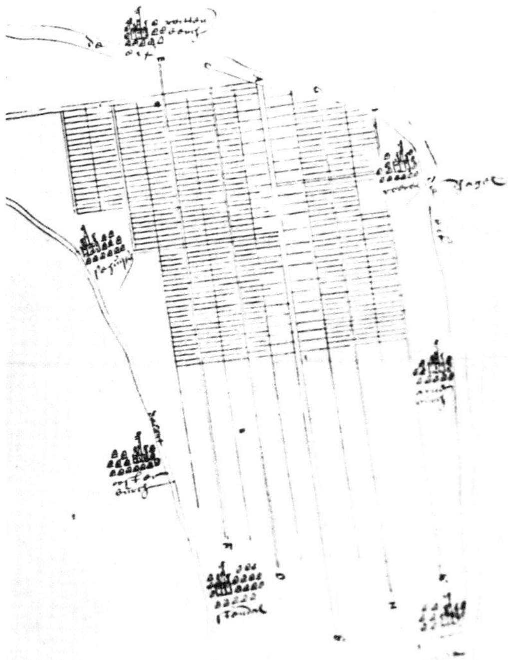

Vermessungsskizze einer Delegation friesischer Kolonisten, die 1648 in der Wische der Altmark, einem feuchten Niederungsstrich längs der Elbe, nach geeignetem Siedelland Umschau hielt. Die Skizze zeigt, daß die Friesen geschlossene Dörfer mit streifiger Aufteilung planten, die sich bei entsprechenden Entwässerungsprojekten in den Niederlanden seit Generationen bewährt hatten.

Äcker nach den neuen Methoden ihrer Heimat bewirtschaften sollten. Die Wische - morastige Landstriche in den Elbniederungen - von Werben bis Tangermünde sollten von Polderingenieuren trokkengelegt, nach holländischem Meilenmaß vermessen und mit neuen Dörfern besiedelt werden, in denen holländisches Recht, holländische Lebensformen und das niederländisch-reformierte Bekenntnis gelten sollten. Die Gemarkung Zehlendorf, die der Kurfürstin, einer niederländischen Oranierprinzessin, unterstand, gelangte geschlossen in die Hand niederländischer Kolonisten.

Voraussetzung für eine erfolgreiche Aufsiedlung durch Immigration war eine tolerante Religionspolitik der jeweiligen Regierungen. Denn die meisten Immigranten kamen aus reformierten Gebieten der Schweiz oder der Niederlande und waren somit Angehörige einer Konfession, die in den meisten deutschen Territorien offiziell verboten war. Nicht anders verhielt es sich mit binnenwandernden Katholiken, wenn sie in protestantische Gegenden zogen. Wo die Bereitschaft zur Duldung fehlte, wie etwa in dem weiterhin streng lutherischen Herzogtum Württemberg, war es kaum möglich, Einwanderer zu finden, so daß sich dort der Prozeß der Wiederbesiedlung besonders schwierig und langwierig gestaltete.[50]

Doch auch dort, wo man eine tolerante Regierungspolitik betrieb und die einheimischen Bauern an die Scholle gebunden waren, die Landflucht also keine Rolle spielte, dauerte es mehr als ein halbes Jahrhundert, bis der erhoffte Aufschwung tatsächlich eintrat. Selbst in Brandenburg-Preußen mußte König Friedrich Wilhelm I. 1718 auf einer Inspektionsreise feststellen, daß »noch unzählige Äcker, Höfe und Dörfer wüste waren«.[51] Solche Mißerfolge waren zu einem Teil auf den Widerstand der Einheimischen zurückzuführen, die ihren Besitzstand und ihre traditionelle Lebens- und Wirtschaftsweise verteidigten. So gerieten die Holländersiedlungen in der Mark Brandenburg in Schwierigkeiten, weil sich das Establishment von Junkern, Lokalbeamten und lutherischer Pastorenschaft von der den Neusiedlern kraft kurfürstlichem Privileg zugestandenen Rechts-, Wirtschafts- und Glaubensfreiheit bedroht fühlte und alles tat, den Erfolg der Einwanderer zu unterbinden. Damit war die Ausbreitung der neuen Wirtschaftsmethoden und Lebensverhältnisse im Keim erstickt.

Entscheidender als solcher Kleinkrieg war die allgemeine Konjunkturlage.[52] Sie herrschte in ganz Europa, wirkte sich aber wegen der Nöte des Wiederaufbaus in den deutschen Territorien besonders ungünstig aus. Nach der Hochkonjunktur des langen 16. Jahrhunderts, die besonders die Agrarproduktion gefördert hatte, war mit dem Krieg und der Nachkriegszeit eine ebenfalls lange »Stockungsspanne« (Wilhelm Abel) eingetreten, die erst Anfang des 18. Jahrhunderts endete. In allem, was für das Gedeihen der Landwirtschaft und der alteuropäischen Wirtschaft allgemein ausschlaggebend war, herrschten die genau umgekehrten Bedingungen wie während der vorherigen Konjunkturphase[53] – der Wellenberg war durch ein Wellental abgelöst worden.

In der ersten Hälfte des 17. Jahrhunderts war die europäische Bevölkerung rasch geschrumpft; das im dritten Viertel wieder einsetzende Wachstum verlief stockend und langsam. Die Demographen, deren Berechnungen auch für diese Zeitspanne auf sehr lückenhaften und statistisch ungenügenden Quellen beruhen, nehmen für das 17. Jahrhundert insgesamt, also frühe Verluste und späteres Wachstum zusammengenommen, einen Anstieg der Bevölkerungszahl in Europa – ohne Osteuropa – von knapp acht Prozent an, und zwar von 70,6 auf 76,0 Millionen. Die Wirtschaftskonjunktur des 16. Jahrhunderts war, das sei in Erinnerung gerufen, durch eine Wachstumsrate von insgesamt gut 25 Prozent getragen gewesen. Die einzelnen Länder und Regionen zeigen deutliche Unterschiede: im Süden und Südwesten – in Italien, Spanien, Portugal – schrumpfte die Bevölkerung von 23,6 auf 22,7 Millionen, also um etwa vier Prozent; in Zentraleuropa – Deutschland, die Schweiz und Frankreich zusammengenommen – stieg sie leicht an, und zwar von 35 auf 36,2 Millonen; dagegen gab es ein erhebliches Wachstum in Nord- und Westeuropa

Bevölkerung Europas zwischen 1600 und 1800 (in Millionen, 1600 = 100)

Gebiet	1600	1700	1750	1800
I. Mittelmeerraum (Spanien, Portugal, Italien)	23,6 *(100)*	22,7 *(96)*	27,0 *(114)*	32,7 *(139)*
II. Mitteleuropa (Frankreich, Schweiz, Deutschland)	35,0 *(100)*	36,2 *(103)*	41,3 *(118)*	53,2 *(152)*
III. Nord- und Westeuropa (England, Schottland, Irland, Niederlande, skand. Länder)	12,0 *(100)*	16,1 *(134)*	18,3 *(153)*	25,9 *(216)*
Gesamt	70,6 *(100)*	75,0 *(106)*	86,6 *(123)*	111,8 *(158)*

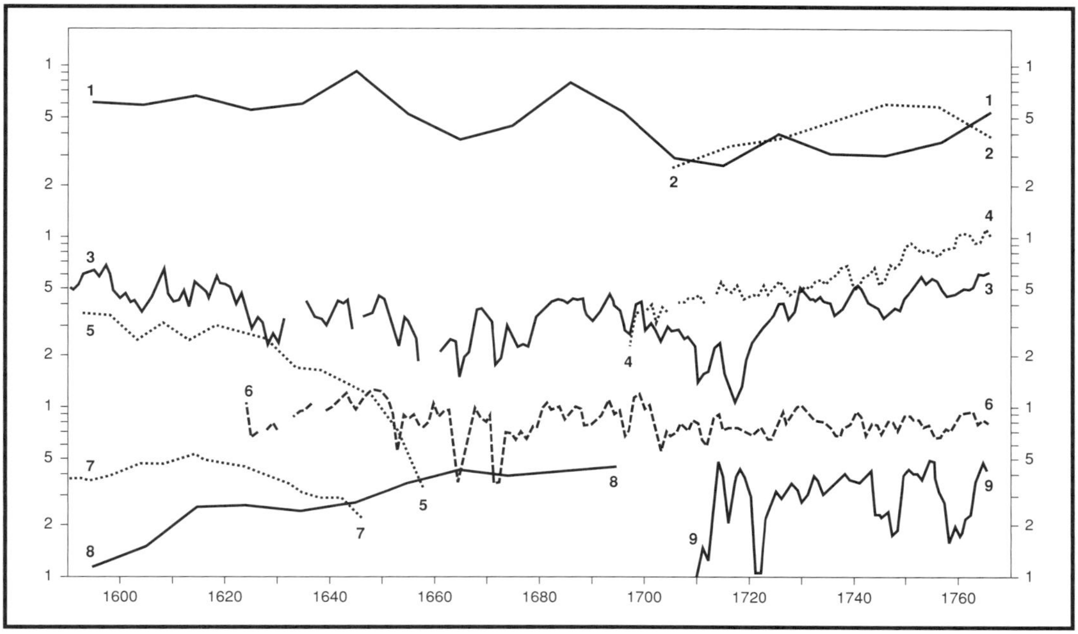

Europäische Handelsaktivitäten im 17. und 18. Jahrhundert
1. Getreideausfuhr vom baltischen Raum durch den dänischen Sund, Zehnjahresdurchschnitte (1 = 10 000 Last; 1 Last = 2 Tonnen)
2. Getreideausfuhr Englands, Zehnjahresdurchschnitte (1 = 10 000 Last)
3. Anzahl der Schiffspassagen pro Jahr (1=1000 Schiffe)
4. Gesamter englischer Export pro Jahr (1=1 Mill. Pfund Sterling)
5. Silbereinfuhr in Sevilla in Fünfjahressummen (1=1 Mill. Pesos)
6. »Konvoigeld« der im Amsterdamer Hafen ein- und auslaufenden Schiffe pro Jahr (1 = 100 000 Gulden)
7. Tonnage des Schiffsverkehrs zwischen Sevilla und Amerika in gleitenden Dreizehnjahresdurchschnitten (1 = 10 000 Bruttoregistertonnen)
8. Anzahl der von Europa nach Asien auslaufenden Schiffe pro Jahr (1 = 100 Schiffe)
9. Anzahl der in Marseille einlaufenden Schiffe (ohne Getreidefrachter) pro Jahr (1 = 100 Schiffe)

mit England, Schottland, Irland, Skandinavien und den Niederlanden, nämlich um 34 Prozent von 12 auf 16,1 Millionen.

Für Deutschland, wo demographische Berechnungen besonders schwierig sind, geht man allgemein davon aus, daß nach dem Sturz der Bevölkerungskurve von rund 16 Millionen um 1620 auf schätzungsweise 10 Millionen um die Mitte des Jahrhunderts etwa 1700 die Einwohnerzahl von 1600 wieder erreicht war, wahrscheinlich mit einem kleinen Gewinn. Aber auch hier sind deutliche regionale Unterschiede zu beachten. Der Südosten, der weitgehend vom Dreißigjährigen Krieg verschont worden war, erlebte auch im 17. Jahrhundert einen kontinuierlichen Bevölkerungsanstieg, in den habsburgischen Erblanden von 1,8 auf 2,1 Millionen, also mit einer Steigerungsrate, die der des 16. Jahrhunderts doch nahekommt. Selbst Sachsen, wo die Bevölkerung durch schwere Kriegseinwirkungen zwischen 1630 und 1650 von 920 000 auf 535 000 geschrumpft war, konnte die Verluste relativ rasch ausgleichen. Der Vorkriegsstand dürfte um 1700 wieder erreicht worden sein; 1755 lebten dort fast 1,7 Millionen Menschen.[54]

Abgesehen von Regionen mit besonders günstigen Verhältnissen, wie innerhalb des Reiches die Habsburgerterritorien, war also bis ins 18. Jahrhundert hinein die Grundvoraussetzung für einen Wirtschaftsaufschwung nicht gegeben. Denn anders als im modernen, industriellen Wirtschaftssystem war angesichts der Dominanz des primären Sektors in Alteuropa nicht die Kaufkraft der Verbraucher, sondern die Zahl der Mäuler der Motor des Wachstums.

Sinkende Nachfrage bedeutete zugleich Sinken der Preise. So hatte sich im Verlauf des ersten Jahrhundertviertels der Geldverfall umgekehrt in einen Verfall der Preise. Während der langen, erst im zweiten Viertel des 18. Jahrhunderts endenden Abschwungphase

Getreidepreise in Mitteleuropa von 1626 bis 1750, Durchschnittswerte für jeweils 25 Jahre, Gramm Silber je 100 Kilogramm (1626-1650 = 100)

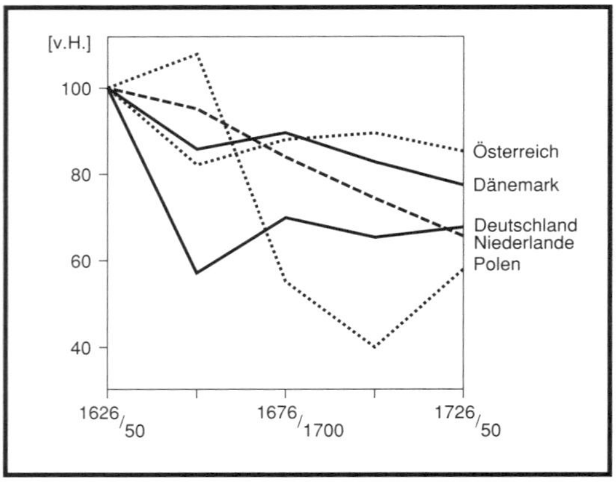

sanken zum Beispiel die Preise für das Brotgetreide um ein gutes Drittel. Am radikalsten war der Verfall in Polen, das mit seiner Getreidemonokultur in eine schwere Krise geriet. Mit Ausnahme Österreichs, wo es weiterhin genügend Konsumenten gab, erlebten die meisten deutschen Territorien einen ähnlich raschen Verfall der Agrarpreise wie Polen, doch nur bis 1650. Danach stiegen sie wieder leicht an und hielten sich ab 1675 auf etwa drei Viertel des Standes von 1625. Hier schlug wohl die Tatsache zu Buche, daß die vom Krieg schwer geschädigte deutsche Landwirtschaft mit dem in den Nachkriegsjahren ansteigenden Bedarf nicht Schritt zu halten vermochte, auch wenn die Nachfrage wesentlich geringer war als im 16. Jahrhundert. Ein spürbarer Konjunkturaufschwung ergab sich daraus nicht. Noch über lange Jahrzehnte hin blieb der Wert von Ländereien, von Adelsgütern ebenso wie von Bauernhöfen, sehr gering. Das gilt für das gesamte Reich, von Holstein und Pommern über Sachsen bis hinab nach Bayern. Es setzte zwar eine langsame Erholung ein. Auf der Wende des Jahrhunderts war aber kaum die Hälfte, oft nicht einmal der dritte oder vierte Teil des Vorkriegswertes erreicht.[55]

Parallel zum Bevölkerungsrückgang und zum Preisverfall brach der internationale Warenaustausch zusammen, auch dies eine Erklärung für den Anstieg der Getreidepreise seit 1650 in der Mitte Europas. Die Kornzufuhr aus dem Baltikum, von der Mittel- und Westeuropa im langen 16. Jahrhundert abhängig gewesen waren,[56] hatte

Ochsenausfuhr Jütlands und Getreideausfuhr Danzigs vom 16. bis 18. Jahrhundert in Zehnjahresdurchschnitten (1 Last = 2 Tonnen)

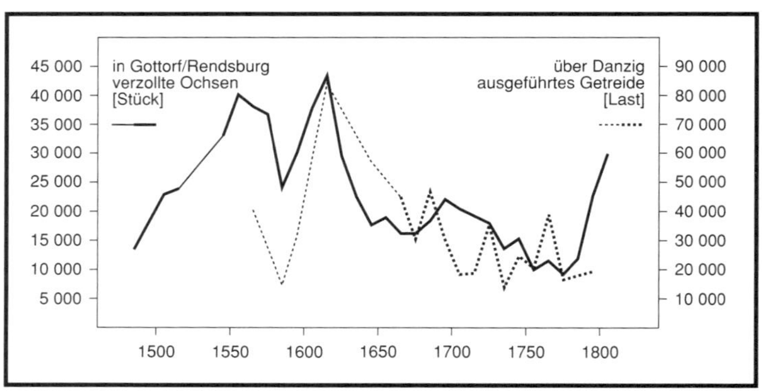

bereits gestockt, als Schweden von 1627 bis 1630 die Weichselmündung blockierte. Aufgrund der kriegsbedingten Nachfrage im Westen hatte Danzig danach aber nochmals seine alte Stellung als Zentrum des Kornexports zurückgewonnen, mit einer Spitzenleistung von 250 000 Tonnen im Jahr 1649. Von der nächsten Krise vermochte sich der Kornexport dann aber nicht mehr zu erholen. Als im Schwedisch-Polnischen Krieg von 1655 bis 1660 erneut die Ausfuhr behindert wurde, trat die endgültige Wende ein. Von nun an gingen die Danziger Exportraten rasch zurück, bis sie Mitte des 18. Jahrhunderts mit 40 000 Tonnen pro Jahr ihren Tiefstand erreichten. Neben der geringen Nachfrage trug dazu bei, daß inzwischen auch England als Exporteur von Getreide auftrat.[57] Daß zur gleichen Zeit die Nachfrage nach osteuropäischen und skandinavischen Ochsen radikal zurückging und auch nach dem Krieg nicht so bald wiederbelebt wurde, verwundert kaum, war der übermäßige Fleischkonsum doch eine Folge des Wirtschaftsbooms im 16. Jahrhundert gewesen.

Die Lage wurde vollends schwierig und war durch wirtschaftspolitische Maßnahmen kaum noch zu steuern, als die Löhne im Handwerk und die Preise für Gewerbeprodukte relativ stabil blieben und nur zögernd dem Verfall der Agrarpreise folgten. Um die daraus resultierende Anziehungskraft von Stadt und Gewerbe zu bremsen und die Landwirtschaft rasch zu stabilisieren, versuchten die meisten deutschen Regierungen die Gewerbelöhne zu reglementieren und den Preisverfall für Agrarprodukte zu bremsen. In Württemberg zum Bespiel erhob sich eine »Flut von lokal differenzierten und häufig revidierten Taxordnungen, um unter Berufung auf ›christliche Billigkeit‹ und ›christliche Liebe‹ die als unangemessen hoch empfundenen Forderungen von Lohnarbeitern und Handwerkern durch scharfe Strafandrohungen abzublocken - eine Interessenpolitik, die stets zugunsten der Landwirtschaft, selten oder nie zugunsten des Handwerks betrieben worden zu sein scheint.«[58] Ergänzend dazu wurden die aus dem 16. Jahrhundert bekannten Luxus- und Kleiderordnungen erneuert, was den Konsum von Gewerbeprodukten einschränken sollte. Wo es nötig und möglich war, wurden zum Schutz der einheimischen Landwirtschaft Einfuhrverbote oder Einfuhrzölle erhoben, so in Württemberg oder in Sachsen, wo das billigere böhmische Getreide auf den Markt drängte.

All dies behinderte die gewerbliche oder kommerzielle Entfaltung, ohne aber der Landwirtschaft spürbar auf die Beine zu helfen.

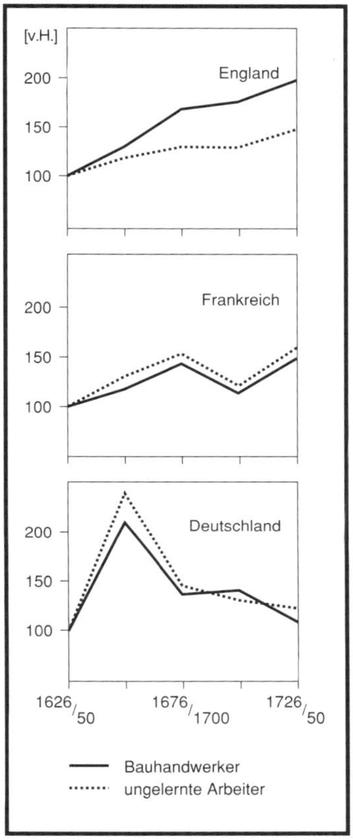

Löhne in Mitteleuropa von 1626 bis 1750

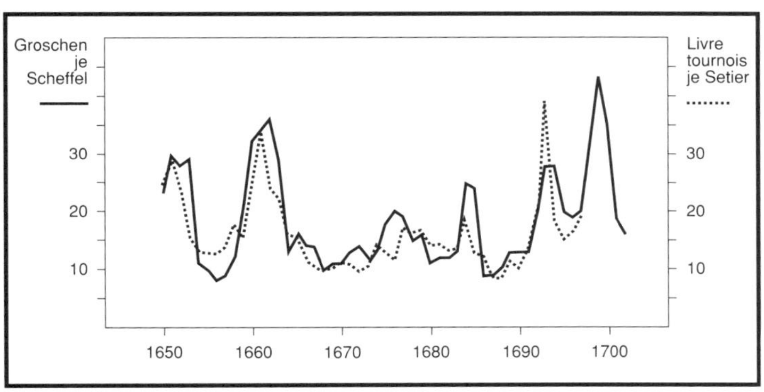

Brotgetreidepreise in Paris und Berlin von 1650 bis 1702 (Jahrespreise in Geld der Zeit)

Denn die Staaten zeigten sich nicht willens oder in der Lage, zugleich auch ihre Militär- oder Luxusausgaben zu drosseln, um so die ländlichen Betriebe von dem verderblichen Steuerdruck zu befreien. Um die Städter stärker heranzuziehen, griff man zwar zu neuen Verbrauchssteuern, diese Akzise hatte aber für die Bauern in erster Linie negative Folgen. Denn, so berichtete 1719 ein sächsischer Steuerbeamter, »man kan sagen, daß bey währender Accise die Landleute noch mehr als zuvor graviret werden darum, weil sie ihre kleinen Victualien, so sie auff den Marckt bringen, in der Stadt veraccisiren müssen unter dem Vorwand, daß sie es wieder auff die Sachen schlagen, da doch solches öffters, wenn die Victualien so häuffig auff den Marckt kommen, nicht geschehen kan«.[59]

Eine grundlegende Besserung trat erst ein, als im zweiten Drittel des 18. Jahrhunderts die Bevölkerung rascher wuchs und damit die Nachfage wieder lebhafter wurde.[60] Zwischen 1700 und 1750 stieg die Einwohnerzahl Mittel-, West- und Südeuropas von 75 auf 86,6 Millionen, was einer Wachstumsrate von über fünfzehn Prozent entspricht, gegenüber knapp acht Prozent während des 17. Jahrhunderts. Im Reich verzeichnete vor allem Brandenburg-Preußen einen deutlichen Bevölkerungsgewinn – von etwa 1,4 Millionen beim Tod des Großen Kurfürsten im Jahre 1688 auf rund 2,2 Millionen beim Regierungsantritt Friedrichs des Großen im Jahre 1740, also über 50 Prozent in einem halben Jahrhundert, den Zuwachs durch Gebietserweiterungen nicht mitgerechnet. 1740 dürfte die Gesamteinwohnerschaft Deutschlands achtzehn Millionen erreicht und damit den Stand von vor dem Dreißigjährigen Krieg um zwei und denjenigen an seinem Ende um acht Millionen überschritten haben.

Von den vierziger Jahren des 18. Jahrhunderts an beschleunigte sich das Wachstum nochmals erheblich. In den 65 Jahren zwischen 1740 und 1805 wuchs die Bevölkerung in Frankreich von etwa 20 auf etwa 30 Millionen, also um 50 Prozent, in England von sechs auf zehn Millionen, das sind 65 Prozent, und in Brandenburg-Preußen im Besitzstand von 1748 gar um 80 Prozent, nämlich von 3,2 auf 5,7 Millionen. Die vierziger und fünfziger Jahre des 18. Jahrhunderts waren die »Take-off-Phase« der sogenannten demographischen Revolution, die zusammen mit der politischen und industriellen Revolution die Transformation Alteuropas in die moderne Welt des 19. und 20. Jahrhundert vorantrieb.[61] Dieses Bevölkerungswachstum war Voraussetzung für den erneuten Konjunkturumschlag – von der Depressionsphase des 17. in die Phase der Hochkonjunktur seit dem zweiten Drittel des folgenden Jahrhunderts. Davon profitierte in erster Linie die Landwirtschaft. Im Zeichen hoher Preise für Agrarprodukte erlebte sie nun die Blüte, die herbeizuführen die landesherrlichen Regierungen seit den ersten Nachkriegsjahren vergeblich versucht hatten. Auch im Zeitalter des planerischen Rationalismus und Absolutismus hatten staatliche Verordnungen gegen die Marktmechanismen letztlich keine Chancen.

Staatliche Wirtschaftsförderung und der Primat der Politik

Auch der Wiederaufbau von Handel, Gewerbe und Manufaktur sowie des im Krieg weitgehend zerstörten Verkehrsnetzes kam nur langsam voran. In den ersten Nachkriegsjahrzehnten war von den zu Hunderten[62] zählenden Reichsständen allenfalls das knappe Dutzend Groß- und Mittelterritorien überhaupt in der Lage, selbständig eine einigermaßen planvolle Handels- und Gewerbepolitik aufzunehmen. Den vielen Klein- und Kleinstfürstentümern, die das Bild des Alten Reiches prägten, fehlte meist bereits die Kraft zur Vollendung der frühmodernen Staatsbildung, die inzwischen nach Lage der Dinge die einzig mögliche Grundlage für eine erfolgreiche Wirtschafts- und Gesellschaftsentfaltung war. Um so eifriger bemühte sich so mancher dieser Duodezfürsten durch eine Nachahmung des französischen Absolutismus und seines Versailler Hofes wenigstens ständische Ebenbürtigkeit unter Beweit zu stellen. Das Ergebnis war eine für die Untertanen häufig besonders unangenehme, weil hautnahe Abart des höfischen Absolutismus, der dann allerdings durchaus auch ökonomische Impulse setzte, nämlich im Bereich der Luxusgewerbe, etwa der Möbelmanufaktur.[63]

Auch die größeren deutschen Staaten taten sich mit einer systematischen Wirtschaftsförderung noch lange schwer. Das lag nicht daran, daß es an Plänen und Projekten mangelte. Vor allem der *Brandenburger* Kurfürst leitete gleichzeitig mit der Peuplierungs- und Agrarpolitik die Förderung von Handel und Gewerbe ein, die in den vom Krieg hart getroffenen hohenzollerischen Territorien besonders schwer darniederlagen.[64] Vorbild war auch hier Holland, in dessen großen Hafen- und Gewerbezentren der junge Kurprinz die Kommerzien, die Finanzen, den Schiffsbau und das Manufakturwesen studiert und dabei Eindrücke gewonnen hatte, die er zeit seines Lebens nicht mehr vergaß.

Gleich nach Abschluß des Krieges holte die brandenburgische Regierung niederländische Experten als Aufbau- und Entwicklungshelfer ins Land: Kanal- und Sielbaumeister entwarfen Pläne zur verkehrsmäßigen Erschließung, die – wie die Niederlande lehrten – am einfachsten und effektivsten über Wasserwege erfolgte. Knotenpunkt des geplanten Netzes sollte die Doppelstadt Berlin-Cölln sein, wo ein Grachten- und Kanalsystem nach holländischem Muster entstand – zum Wohle der Frachtschiffahrt und des Berliner Hofes, der eine Lustjacht bauen ließ, um unter Regie seiner oranischen Kurfürstin über Spree und Havelseen in die Natur hinauszusegeln. Auch im fernen Ostpreußen sollte ein Kanal zwischen Memel und Pregel entstehen, was aber Planung blieb. Die Arbeiten knzentrierten sich schließlich auf die Verbindung von Oder und Spree. Zwischen 1662 und 1668 wurde eine rund 27 Kilometer lange Wasserstraße gegraben, die mit der damals modernsten holländischen Schleusentechnik den rund 40 Meter hohen sandigen Höhenrücken durchschnitt, der die beiden Flüsse trennt. Dieser Friedrich-Wilhelm- oder Müllroser Kanal sollte die Mark Brandenburg an die Flußschiffahrt der Elbe anschließen und damit an das Ausfalltor zum Überseehandel. Handelspolitisch war so der richtige Weg eingeschlagen. Das zeigt nichts deutlicher als die nervöse Reaktion der Schweden, die sogleich alarmiert waren, als die niederländischen Ingenieure darangingen,

Medaille zur Erneuerung der alten hölzernen Schleusen durch steinerne im Jahre 1694

Die Elbe bei Magdeburg, Stich aus dem 17. Jahrhundert

Über ein umfängliches Kanalsystem und die Elbe wollten der Große Kurfürst und seine Nachfolger die Wirtschaft Berlins, der Mark Brandenburg, aber auch Schlesiens an den Hamburger Handel anbinden und die schwedischen Zölle an der Odermündung umgehen.

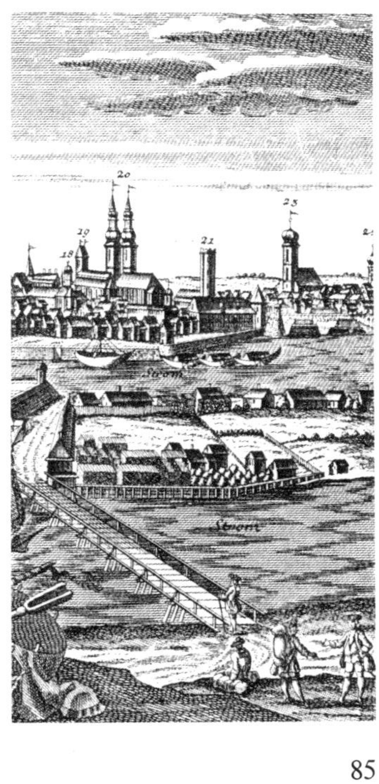

Große Kunstschreinerwerkstatt in einer deutschen Stadt, Mitte des 18. Jahrhunderts. Durch den steigenden Bedarf an Luxusgütern blühten eine Reihe von Gewerben rasch auf.

das Gelände für die geplante Oder-Spree-Verbindung zu vermessen. Denn sie fürchteten zu Recht, daß ein solcher Kanal dem Handel ihrer Hafenstadt Stettin abträglich wäre.

Bei der Gewerbeförderung stützte sich der Kurfürst auf den wallonischen Seidenfärber Jean Chevenix, der in Brandenburg eine Seidenmanufaktur aufbauen sollte. In der höfischen Welt war das eine Wachstumsbranche ersten Ranges. Um den Rohstoff im Lande selbst zu gewinnen, legte man allenthalben Maulbeerbaumkulturen an, selbst auf Friedhöfen. Ähnliche Versuche wurden mit der Seifen- und Zuckersiederei, mit der Tabakverarbeitung und der Spitzenklöppelei unternommen. Die Zahl der Unternehmungen nahm sprunghaft zu, als 1683 die Hugenotten kamen: Jean Biet aus Paris gründete eine Manufaktur für halbseidene Stoffe, Jacques Mercier eine weitere für Gobelins und Tapeten, die Familie Quesnot eine Gold- und Silberbortenfabrik. Als erster Einheimischer erwarb Johann Andreas Krautt aus Giebichenstein bei Halle 1686 ein Manufakturprivileg, und zwar für die Gold- und Silberdrahtzieherei, die er zu beachtlicher Blüte führte. Zur Modernisierung der Domänenwirtschaft, die auch gewerbliche Betriebe wie die Brauerei einschloß, kamen aus Den Haag die Brüder Pierre und Hugues Lamy. Auch das neue Besteuerungssystem durch Verbrauchsabgaben, die berühmte preußische Akzise, ging auf niederländisches Vorbild zurück, wie natürlich auch die Übersee- und Kolonialpolitik. Anders als in deutschen Territorien üblich, setzte der Große Kurfürst auf die Initiative privater Gesellschaften, die nach Art der niederländischen Westindien- und Ostindienkompanie durch einen sogenannten Oktroi staatlich privilegiert wurden. Der niederländische Admiral Arnold Gijsels van Lier sollte Pillau zum Sitz einer Ostindiengesellschaft ausbauen.

So richtig und zukunftsweisend die Projekte auch waren, die Erfolge all dieser Anstrengungen waren zunächst mehr als bescheiden. Vor allem erwies es sich als nahezu unmöglich, strukturelle Innovationen durchzusetzen: Die Übersee-Unternehmungen scheiterten an Kapitalmangel. Denn der brandenburgische Staat war arm und benötigte das wenige Geld zum Aufbau eines stehenden Heeres. In den Hansestädten und in den benachbarten Territorien, wohin man sich auf der Suche nach Geldgebern wandte, waren Bürgertum und Adel solchen kommerziellen und kolonialen Abenteuern

Eine Wachstumsbranche ersten Ranges war die Seidenverarbeitung; Werkraum einer manufakturmäßig betriebenen Seidenfärberei

noch ganz und gar abgeneigt. Die Fluß- und Kanalschiffahrt blieb kläglich. Der Weg über den Friedrich-Wilhelm-Kanal war beschwerlich und langwierig; den Elbhandel behinderten nach wie vor heimtückische Untiefen, gefährliche Treibholzfelder und vor allem die vielen Zollstellen, die den Anrainern das Staatssäckel füllen sollten.

Der Große Kurfürst ließ zwar ein Gutachten erarbeiten, wie das alles zu verbessern sei, und er plante sogar eine Konferenz aller Elbanlieger, schließlich war aber auch ihm das schnell und einfach zu erzielende Einkommen über den Zoll lieber. Er verpachtete die brandenburgische Zollstelle bei Lenzen an einen Hamburger Kaufmann, der an seine eigenen Gewinne dachte und an einer systematischen, langfristig angelegten Förderung der Schiffahrt kein Interesse zeigte. Die Modernisierung der Domänenwirtschaft war nicht durchführbar, weil die niederländischen Experten den Umsturz der brandenburgischen Dinge zur Voraussetzung machten: Landwirtschaft, Handel und Gewerbe, so ließen sie den Kurfürsten wissen, würden dauerhaft nur gesunden, wenn die bäuerliche Erbuntertänigkeit beseitigt, eine allgemeine Freizügigkeit der Bevölkerung und eine

Brückenzoll, Kupferstich aus Hohbergs »Georgica Curiosa«, Nürnberg 1687

Auf Wasser- und Landstraßen wurde der freie Fluß der Waren immer wieder durch Zollschranken gehindert.

Gleichstellung von Stadt- und Landbewohnern durchgesetzt würden. Das waren Pläne, die zwei Jahrhunderte zu früh kamen und daher nicht realisierbar waren, auch nicht in der scheinbar offenen Situation des Wiederaufbaus.

Denn es zeigte sich sehr bald, daß die alten Gesellschaftsstrukturen aus dem Krieg gestärkt hervorgeganen waren. Vor allem der Adel hatte wieder Tritt gefaßt, so daß die Fürsten die staatlich-absolutistische Konzentration, der sie den Vorrang einräumten, nur durchzusetzen vermochten, indem sie dem Adel in seinem eigenen Bereich freie Hand ließen. Das bedeutete aber die Restauration der traditionellen Gesellschafts- und Wirtschaftsverfassung und damit mächtige Barrieren gegen ökonomische und soziale Innovationen. Für Brandenburg-Preußen ist bekannt, daß der staatliche Absolutismus der Hohenzollern, so selbstbewußt er später auch nach außen auftrat, durch einen sozialkonservativen Kompromiß mit der Junkerkaste erkauft wurde.[65]

Hinzu kam ein weiteres schweres Erbe, das den wirtschaftlichen Neuanfang in Brandenburg-Preußen so schwierig machte: der Primat der Politik. Der Große Kurfürst sah noch eine volle Generation lang seine Kräfte durch Schweden gebunden, das die Ostsee an der pommerschen und mecklenburgischen Küste kontrollierte. Auch nach Beendigung des Krieges stand daher im Vordergrund der brandenburgischen Politik der bereits 1644 eingeleitete Aufbau eines schlagkräftigen stehenden Heeres und das Streben nach Präsenz im deutschen und europäischen Mächtespiel. Es ist die Zeit der berühmt-berüchtigten »Schaukelpolitik«, also des geschickten Wechsels der Allianzen im rechten Augenblick; im Innern waren es Jahrzehnte des Kräftemessens zwischen Kurfürst und Adel um die Militärverfassung. Vom Zwang zur Machtpolitik gab es auch nach 1648 kein Entrinnen, nicht einmal eine Atempause.

In den anderen Regionen des Reiches sah die wirtschaftliche und gesellschaftliche Entwicklung in den Nachkriegsjahrzehnten nicht prinzipiell anders aus, im Osten und in der Mitte des Reiches nicht und auch nicht im Süden und Westen. Das Brandenburg benachbarte, traditionell gewerbestarke Kurfürstentum *Sachsen* erlebte vergleichsweise früh eine staatliche Wirtschaftsinitiative, und zwar sowohl zugunsten des alten Verlagswesens auf der Grundlage ländlichen Heimgewerbes als auch zugunsten der neuen Manufakturwirtschaft. Allein, »ihr Anteil an der gewerblichen Gesamterzeugung wurde erst beträchtlicher, als bis gegen Ende der ersten Hälfte des 18. Jahrhunderts in schnellerer Folge als vordem Manufakturen emporwuchsen. Zu einem solchen Aufblühen trug nicht unerheblich die Verbindung bei, die seit der Wahl Augusts des Starken zum König von Polen im Jahr 1697 zwischen diesem Staate und Sachsen bestand, und deren ökonomische Bedeutung ... hauptsächlich in der Schaffung eines größeren, unter gleicher staatlicher Führung stehenden und sich ergänzenden Wirtschaftsgebietes lag.«[66] Auch hier brachten also erst macht- und staatspolitische Entscheidungen das ökonomische Schwungrad endgültig in Gang.

In der Landwirtschaft war der Aufbau noch schleppender, und er hatte folgenschwere soziale Konsequenzen. In der Niederlausitz, wo größere Städte fehlten und das Landgewerbe schwach entwickelt war, blieb noch Jahre nach Kriegsende die Hälfte des Landes unbeackert. Die wenigen intakten Höfe drohte der Abgabedruck zu erstikken. Weil das Land hoch verschuldet war, wurden die Kontributionen in den Nachkriegsjahren sogar noch gesteigert. Hinzu kamen weitere Steuern und das Geld, das zur Tilgung der ebenfalls beträchtlichen privaten Schulden der Grundherren aufgebracht werden mußte.

Da es unter diesen Umständen nicht möglich war, genügend Neusiedler für die wüsten Bauernhöfe zu finden, gingen der sächsische Kurfürst und die adligen Grundherren daran, die Äcker ehemaliger Bauerngüter aufzuteilen und mit Kleinbauern oder Gärtnern, die hier Kossäten hießen, zu besetzen. Anderes ehemaliges Bauernland wurde von Rittergutsbesitzern übernommen, die damit ihre Eigenwirtschaft vergrößerten oder darauf neue Vorwerke und Schäfereien einrichteten. Um den notorischen Gesindemangel zu beseitigen und die hohen Lohnkosten für die freien Arbeitskräfte zu umgehen, steigerten die Gutsherren die Dienstleistungen ihrer abhängigen Bauern.

Aus all dem ergab sich eine schwere Schwächung des Bauernstandes, die bis ins 19. Jahrhundert hinein nachwirkte. Denn die zunächst aus der Not des Wiederaufbaus geborenen Maßnahmen wurden 1669 durch die »Fürstlich Sächsische revidierte Landesordnung in dero Markgrafentum Niederlausitz« festgeschrieben. Zwar wird dort ausdrücklich betont, daß die bäuerlichen Untertanen keine leibeigenen Knechte oder Sklaven, sondern freigeborene Leute seien. Doch wurden sie in faktisch unausweichliche Dienstbarkeit geführt. Mit ihrem Land sowie den Diensten und Leistungen für den Gutsherrn wurden sie wie dinglicher Besitz dem Vermögen ihres Herrn zugerechnet und konnten entsprechend veräußert werden. Ohne Erlaß- und Kundschaftsbrief durften sie ihre Scholle nicht verlassen. Die Untertanenkinder waren zu einer bestimmten Dienstzeit als Knechte und Mägde im Hause oder in der Wirtschaft des Herrn verpflichtet. Sie erhielten dafür zwar Lohn, aber zu Bedingungen, die nicht auf einem freien Markt der Arbeitskraft festgelegt wurden. Durch den Krieg und die Zwänge des Wiederaufbaus waren Bauern, deren persönlicher Rechtsstand zuvor vergleichweise gut gewesen war, »in eine Form der Untertänigkeit geraten, die der Leibeigenschaft in mancher Beziehung nahekam«. Und auch die rechtlichen Regelungen ihres Besitzes von Grund und Boden und der Weitervererbung ihrer Höfe hatten sich deutlich verschlechtert.[67]

Das Kurfürstentum *Bayern*, im ersten Jahrhundertdrittel Vorreiter der frühneuzeitlichen Modernisierung in Deutschland,[68] war schwer vom Krieg gezeichnet. Die letzten Jahre, als sich die Kämpfe auf den Donauraum und die südlich anschließenden Landstriche konzentriert hatten, waren besonders verlustreich gewesen. Die Bevölkerung Bayerns war auf die Hälfte des Vorkriegsstandes zusammengeschmolzen; etwa 900 Städte, Dörfer und Flecken lagen wüst danieder.[69] Folgerichtig setzten die Wiederaufbaumaßnahmen bei der Landwirtschaft ein. Ähnlich wie in der Lausitz zählte der Adel zu den Gewinnern. Obgleich auch er schwer unter dem Krieg gelitten hatte, konnte er in der Nachkriegszeit seine ökonomische Position nicht unerheblich verbessern, teils durch Vergrößerung seines Grundbesitzes auf Kosten der Bauern und bürgerlicher Grundherren, teils – und dies vor allem – durch das »fürstliche Versorgungsmonopol«, das ihm beträchtliche Einkünfte in landesherrlichen Diensten sicherte. In einer allgemeinen Kreditkrise gab es in Bayern immer wieder Adlige, die als Kreditgeber großen Stils auftreten konnten. Um seine eigenständigen Herrschaftsrechte beschnitten, gewann der Adel an der Seite des absolutistischen Herrschers um so mehr Einfluß und Mitwirkungschancen in der Wirtschaft und bei anderen öffentlichen Angelegenheiten.[70]

Die bayrische Bürokratie bewegte sich durchaus in den richtigen Bahnen, indem sie die bereits Anfang des Jahrhunderts von Kurfürst Maximilian I. eingeleitete rationale, merkantilistische Neugestaltung der Markt- und Wirtschaftsordnung fortsetzte. Gleichzeitig mit der Landwirtschaft wurden Gewerbe und Handel gefördert – durch Importbeschränkungen und Hinlenkung der Inlandsnachfrage auf bayrische Produkte, durch Einführung neuer Gewerbezweige, etwa der Seiden- und Samtherstellung, durch die Vergabe von Staatsaufträgen, vor allem der Herstellung von Uniformen, Livreen und Waffen.

Durchschlagende Erfolge ließen aber auch im Süden des Reiches lange auf sich warten: In München stieg der Weizenpreis erst ab 1671; selbst 1760 hatte die Zahl der intakten Bauernhöfe den Stand von 1616 noch nicht wieder erreicht.[71] Die merkantilistische Gewerbeförderung geriet immer wieder ins Stocken, weil die örtlichen Eliten in den Hofmark- und Klosterbezirken die landesherrlichen Verordnungen hintertrieben und weil Kurfürst Ferdinand Maria, der wie sein Vater in der großen Politik mitspielte und daher ein stehendes Heer benötigte, »häufig fiskalische Überlegungen über das eigene Grundkonzept der Gewerbeförderung stellte«.[72] Der Primat der Politik also auch im Süden des Reiches.

Selbst in den benachbarten *habsburgischen Territorien,* die mit Ausnahme Böhmens im Dreißigjährigen Krieg wenig gelitten hatten und demzufolge die Zwänge des Wiederaufbaus kaum kannten, sah es nicht grundsätzlich anders aus. Von der ständigen Türkenabwehr abgesehen, waren zwar keine militärischen und politischen Anstrengungen vonnöten, die dem hohenzollerischen Kraftakt vergleichbar wären. Dennoch konnten auch die Habsburger keineswegs sofort eine planmäßige Wirtschaftspolitik in die Wege leiten.[73] Denn Kaiser Ferdinand III. war in den frühen fünfziger Jahren vor allem damit beschäftigt, die reichspolitischen Schäden einzugrenzen, die der Westfälische Frieden der kaiserlichen Stellung zugefügt hatte. Unter anderem mußte er den »verfassunggebenden« Reichstag von Regensburg planen, den das Friedensinstrument vorgeschrieben hatte. Dann gab es eine Thronfolgekrise, als im Sommer 1654 der noch nicht einundzwanzigjährige Ferdinand IV. an den Blattern starb, nachdem die Hofburg soeben 1653 mit allen Kräften seine Wahl zum deutschen König und designierten Kaiser durchzusetzen vermocht hatte. Die Thronfolge mußte in aller Eile auf seinen vierzehnjährigen Bruder Leopold umgestellt werden, der eigentlich Kleriker hatte werden sollen. Doch die Zeit reichte nicht, ihn vivente imperatore zum deutschen König wählen zu lassen. Als Kaiser Ferdinand III. im Frühjahr 1657 starb, trat im Reich ein mehrmonatiges Interregnum ein, das alle Kräfte der Habsburger band.

In einer nur durch Personalunion zusammengehaltenen Ländermasse, wie es der Habsburgerstaat Mitte des 17. Jahrhunderts noch war, bedeutete ein Bruch in der dynastischen Sukzession ja stets zugleich eine Staatskrise, zumal wenn der Erbe noch jung war. Die eben überstandene Prozedur, alle Länder auf einen Thronfolger einzuschwören, was neben politischen Zugeständnissen einen ungeheuren Zeit-, Geld- und Energieaufwand bedeutete, mußte erneut in Gang gesetzt werden. Und auch die Sukzession in der Kaiserwürde war nicht selbstverständlich, da das diplomatisch und militärisch erstarkte Frankreich alles aufbot, einen Gegenkandidaten ins Rennen zu schicken. Als all diese Klippen endlich umschifft waren, beanspruchten die Türken, die seit Anfang der sechziger Jahre erneut von Südosten gegen Österreich anbrandeten, sowie die gegen die Niederlande und Nordwestdeutschland gerichteten Expansionsgelüste der Franzosen die volle Energie der Habsburger.

So wenig wie in Berlin konnte unter diesen Umständen in Wien einem zügigen und gezielten Wirtschaftsaufbau Vorrang eingeräumt werden. So kam auch der habsburgische Merkantilismus nur langsam in Gang, bis 1740 mit der Regierungsübernahme durch Maria Theresia eine neue, dynamische Phase einsetzte. Das Gewerbe stand deutlicher noch als anderwärts im Zentrum, da ja im Alpenraum die Landwirtschaft vom Kriegsgeschehen kaum berührt gewesen war. Bereits 1672 entstand in Linz eine Wollzeugmanufaktur, die erste ihrer Art im Reich, der Preußen erst ein knappes halbes Jahrhundert später mit dem Berliner Lagerhaus ähnliches zur Seite stellen konnte. Auch die bedeutendsten deutschen Wirtschaftstheoretiker waren in Wien tätig, weil sie der Meinung waren, auch wirtschaftlich gelte »Österreich über alles, wenn es nur will«, wie einer von ihnen, Philipp Wilhelm von Hörnigk, 1684 mit einem programmatischen Buchtitel verkündete.[74]

Der führende Kopf der deutschen Frühmerkantilisten, der in Speyer geborene Pfarrerssohn Johann Joachim Becher, kam 1660 über München nach Wien, wo er rege schriftstellerische und praktische Aktivitäten entfaltete. Nicht anders als der brandenburgische Kurfürst das Vorbild Hollands vor Augen, plante er eine Orient- und eine Okzidentkompanie, die den Handel mit der Türkei beziehungsweise die Ausfuhr österreichischer Waren wie Holz, Leder, Eisen, Quecksilber und Textilien nach Westen organisieren sollten. In Walpersdorf in Niederösterreich gründete er eine Seidenfabrik, deren Rohstoffbedarf durch Seidenraupenplantagen vor allem im Görzischen gedeckt werden sollte. Auf dem Tabor in Wien entstand 1675 das kaiserliche Manufakturhaus, das zahlreiche Gewerbe unter einem Dach zusammenfaßte, dazu eine Apotheke und eine Lehrwerkstatt, wo einheimische Handwerker moderne Techniken und Betriebsformen kennenlernen sollten. Kaum eines dieser Projekte florierte. Becher war der große Anreger, aber noch nicht der Begründer einer österreichischen Wirtschaftsmacht. Als er 1677 enttäuscht Wien verließ, um nach Holland und England zu gehen, setzte der aus Coburg stammende Wilhelm Schröder sein Werk fort.

Bleibende Erfolge stellten sich erstmals ein, als der allgemeine Aufbruch nach der siegreichen Türkenabwehr von 1683 auch wirtschaftlich so etwas wie »Gründerjahre« hervorbrachte. Davon profitierten vor allem zwei Kernräume – Böhmen mit einer bedeutenden Textilproduktion um Reichenberg, Prag und Brünn und die österreichischen Alpenländer, wo das Montangewerbe traditionell stark war. Die bereits 1625 gegründete »Innerberger Hauptgewerkschaft«, die schließlich 3 000 Arbeiter beschäftigte, errang bald Weltgeltung.

Nicht anders als in Brandenburg waren auch in Österreich Einwanderer maßgeblich an den wirtschaftlichen Erfolgen beteiligt – im späten 17. Jahrhundert vor allem Textilunternehmer aus den österreichischen Niederlanden und Italien, im 18. Jahrhundert Engländer, die etwas von der Metallverarbeitung verstanden. Bedeutend war auch der Anteil jüdischer Finanziers und Unternehmer, die in Österreich meist als sogenannte Hofjuden tätig wurden. Das war eine Institution, die fast alle europäischen und deutschen Höfe im Zeitalter des Absolutismus ausbildeten, um die Staatsausgaben zu finanzieren und die Staatswirtschaft in Gang zu bringen. Seit den siebziger Jahren des 17. Jahrhunderts traten in den habsburgischen Ländern jüdische Hoffaktoren wie Lämel, Oppenheimer, Wertheimstein und Wertheimer auch als Verleger und Manufakturisten auf.

So beachtlich die Erfolge jedoch auch waren, die wirtschaftliche Erneuerung konnte weiterhin nur in kleinen Schritten erfolgen. Gerade im Zeichen siegreicher Türkenkriege besaß auch für die Habsburger der Ausbau des Heeres Priorität. Der schwer ins Rollen gebrachte Wirtschaftsaufschwung wurde immer wieder gebremst; das änderte sich erst seit Mitte des 18. Jahrhunderts.

In all dem wird eine Grundtatsache deutlich, die über die erwähnten Beispiele und auch über die unmittelbare Nachkriegszeit hinaus die deutsche Geschichte des 17. und 18. Jahrhunderts entscheidend prägte: Der Wirtschaftspolitik wurde nirgends Vorrang eingeräumt. Auch nach Ende des Dreißigjährigen Krieges blieben die deutschen Einzelstaaten in erster Linie mit politischen Problemen beschäftigt, im Innern wie nach außen. Staatliche, vor allem militärische Notwendigkeiten hatten Vorrang vor den gesellschaftlichen und ökonomischen Bedürfnissen. Wegen der Konkurrenz zwischen Habsburg und Preußen, die nach ersten Reibereien auf dem Regensburger Reichstag von 1653/54 die ganze weitere Geschichte des 17. Jahrhunderts durchzog, bis sie sich im 18. Jahrhundert zur groß angelegten Konfrontation steigerte, und angesichts der militärischen Auseinandersetzungen mit den Schweden, den Türken und den Franzosen, die von der Mittellage des Reiches herrührten, stand in Deutschland außer Frage, daß militärischen und politischen Notwendigkeiten der Vorrang vor ökonomischen und sozialen Anstrengungen einzuräumen war. Jene wirtschaftlichen und gesellschaftlichen Modernisierungen, die notwenig waren, um in den deutschen Einzelstaaten Handel und Gewerbe wieder auf die Beine zu bringen und konkurrenzfähig zu machen mit der sich rasch verdichtenden Volkswirtschaft der großen Nachbarstaaten – diese Innovationen konnten erst mit aller Energie angegangen werden, nachdem im Innern und nach außen die Machtfrage entschieden war.

Auch hier zeigt sich ein einschneidender Unterschied zur westeuropäischen Entwicklung. Frankreich und England hatten ihre großen Staatskrisen in der zweiten Hälfte des 16. Jahrhunderts mit den Hugenottenkriegen oder doch bis Mitte des 17. Jahrhunderts mit der Puritanischen Revolution durchgefochten. Danach war die innere Staatsbildung so weit vorangeschritten, daß man sich mit voller

Energie der Volkswirtschaft zuwenden konnte. In Deutschland dagegen blieben Grundfragen der politischen Organisation bis weit ins späte 17. Jahrhundert hinein ungelöst, und so kam es hier zu einer besonderen Fixierung auf die Probleme des Staates sowie seiner politischen und militärischen Machtressourcen. Dagegen rückten die Franzosen und deutlicher noch die Engländer jetzt schon Handel und Wandel ins Zentrum des öffentlichen Interesses.

3. Das Alte Reich – monströs, aber festgefügt

Was den unförmigen Reichskörper zusammenhält

In vielen Deiner Briefe, liebster Bruder Laelius, wolltest Du unbedingt wissen, warum ich so lange in Deutschland umhergereist bin. Da ich nun endlich auf Deine eindringlichen Mahnungen hin nach Hause zurückkehren werde, möchte ich es Dir mit wenigen Worten erklären ... Du weißt, daß mich das Geschäft, das mich über die Alpen führte, länger als erwartet am bayerischen Hof aufgehalten hat. Hier habe ich mich nun, um meine Langeweile zu vertreiben, mit den verschiedenen Schriften ... über den deutschen Krieg zu befassen begonnen ... Da ich nun von den bedeutsamen Ereignissen und von den vielen heftigen Schlachten las, wunderte ich mich, wie dieses Land so große Schäden überstehen konnte, obwohl dreißig Jahre lang Einheimische und Fremde an seinem Untergang gearbeitet haben. Mich gelüstete deshalb danach, Kraft und Macht dieses Volkes, seine verschiedenen Stämme und das Band, das diesen unförmigen Körper zusammenhält, genauer kennenzulernen.

Aus diesem Widmungsbrief, der dem 1667 veröffentlichten Traktat »De statu Imperii Germanici« (Über die Verfassung des Deutschen Reiches) vorangestellt ist, spricht das Erstaunen darüber, daß das eben noch in mörderischem Bürgerkrieg zerrissene und schwer beschädigte Reich weiterexistiert. Und es spricht daraus Neugier: Wie und wodurch war das möglich? Der aus Verona stammende Edelmann Severinus Laelius Monzambano, aus dessen Feder der Brief angeblich stammt, gesteht, über diesen Fragen die schöne Heimat fast vergessen zu haben, und sieht sich nun gezwungen, seinem in Italien zurückgebliebenen Bruder Laelius eine plausible Erklärung dafür abzugeben. Das geschieht in Form einer großen Abhandlung, die sowohl historische und politologische als auch staats- und verfassungsrechtliche Zusammenhänge berücksichtigt.

Samuel von Pufendorf, Porträtstich von Samuel Blesendorf, nach 1694

Sogleich nach dem Westfälischen Frieden blühte die Reichspublizistik auf, die bis zum Ende des Alten Reiches Hunderte von Traktaten und dickleibigen Abhandlungen über Wesen und Gestalt des Heiligen Römischen Reiches Deutscher Nation hervorbrachte. Am berühmtesten ist aber ohne Zweifel die 1667 unter dem Pseudonym Severinus de Monzambano erschienene Schrift »De statu imperii Germanici« von Samuel von Pufendorf.

Der wahre Verfasser war jedoch kein Südländer, sondern der deutsche Staatsrechtler und Historiker Samuel Pufendorf. Er wählte die Form eines fingierten Augenzeugenberichts aus der Perspektive eines Ausländers, weil sie ihm die Möglichkeit gab, Authentizität zu beanspruchen und zugleich als Autor im Hintergrund zu bleiben. Das sollte vor persönlichen Anfeindungen schützen und der Analyse einen objektiven Charakter verleihen, den sie wegen der eindeutigen politischen Ausrichtung ihres Autors tatsächlich kaum beanspruchen konnte.[75]

Die Abhandlung, auf die sich noch heute die Historiker gern beziehen, um Wesen und Gestalt des Alten Reiches zu bestimmen, erregte sogleich großes Aufsehen. Sie wurde gerühmt oder geschmäht, je nach politischem Standpunkt des Lesers. Die Reichsöffentlichkeit war sich über den wahren Verfasser schnell im klaren, zumal der wirkliche Autor den »Monzambano« engagiert gegen jeden Angriff verteidigte. Als Pufendorf diese Schrift abfaßte, war er Professor an der calvinistischen Universität Heidelberg, auf dem damals in Deutschland einzigartigen Lehrstuhl für Naturrecht, den der Pfälzer Kurfürst eigens für ihn eingerichtet hatte. Wenig später trat Pufendorf in schwedische Dienste; von 1688 bis zu seinem Tod 1694 war er Historiograph und Hofrat des Großen Kurfürsten in Berlin. Die Sicht der deutschen Dinge, die er im »Monzambano« und einer ganzen Reihe weiterer Schriften mit Scharfsinn und propagandistischem Geschick vertrat, vermittelte somit die Perspektive der Fürsten und ihrer Territorialstaaten.

Das war eine zugleich antihabsburgische und antikaiserliche Sicht. Denn für Heidelberg nicht weniger als für Stockholm und Berlin waren politische Selbstbehauptung und Aufstieg im Reich gleichbedeutend mit politischer, rechtlicher und kultureller Profilierung gegen Wien und den dort ansässigen Kaiserhof. Es wäre aber ein Mißverständnis, darin zugleich eine Kampfansage an das Reich zu sehen. Im Gegenteil, Pufendorf will das Reich erhalten, indem er für eine zweckmäßige Reform seiner Verfassung und die Formulierung einer eigenen »ratio status« unabhängig von derjenigen des Kaisers und des Hauses Österreich eintritt. Das konnte letztendlich auf nichts anderes als auf eine Art Bund souveräner Staaten hinauslaufen, eine Perspektive, die den Kaiser natürlich nicht erfreute. Seine politische Zensur, die der soeben überwundenen konfessionellen Zensur auf dem Fuß gefolgt war, verfügte daher eilends ein Verbot. Die Verbreitung des Traktats in kaiserfernen Gegenden war dadurch nicht aufzuhalten. Im Gegenteil, was der Kaiser verbieten ließ, wurde dort um so eifriger gelesen.

Den Bahnen der vertrauten aristotelischen Staatsformenlehre folgend, erörtert das Traktat ausführlich die Frage, ob das Reich eine Demokratie, Aristokratie oder eine Monarchie sei. Da er einzelne Elemente aller drei Grundformen in der Reichsverfassung nachweisen kann, sieht sich Monzambano-Pufendorf zu dem Schluß gezwungen, daß »nichts anderes übrig bleibt, als das deutsche Reich, wenn man es nach den Regeln der Wissenschaft von der Politik klassifizieren will, einen irregulären und einem Monstrum ähnlichen [*monstro simile* im lateinischen Original] Körper zu nennen, der sich im Laufe der Zeit durch die fahrlässige Gefälligkeit der Kaiser, durch den Ehrgeiz der Fürsten und durch die Machenschaften der Geistlichen aus einer regulären Monarchie zu einer so disharmonischen Staatsform entwickelt hat, daß es nicht mehr eine beschränkte Monarchie, wenngleich der äußere Schein dafür spricht, aber noch nicht eine Föderation mehrerer Staaten ist, vielmehr ein Mittelding zwischen beiden. Dieser Zustand ist die dauernde Quelle für die tödliche Krankheit und die inneren Umwälzungen des Reiches, da auf der einen Seite der Kaiser nach der Wiederherstellung der monarchischen Herrschaft, auf der anderen die Stände nach völliger Freiheit streben ... [Man wird] Deutschland [daher] nicht ohne größte Erschütterungen und ohne totale Verwirrung der Verhältnisse zur monarchischen Staatsform zurückführen können; zum *Staatenbund* entwickelt es sich dagegen von selbst.

»Wenn man von der gegenseitigen Renitenz des Kaisers und der Stände absieht, dann ist es schon jetzt eine Föderation von Bundesgenossen ungleichen Rechts, indem die Stände die Hoheit des Kaisers gebührend anzuerkennen und zu ehren haben ... Wir können also den Zustand Deutschlands am besten als einen solchen bezeichnen, der einem Bund mehrerer Staaten sehr nahe kommt, in dem ein

Der Monzambano rief eine ganze Flut von Kommentaren und Gegenschriften hervor, so eine 1682 in Stuttgart erschienene gelehrte Abhandlung des Straßburger Staatsrechtlehrers Dr. Johann Georg von Kulpis. Der diesem Werk beigegebene Titelkupfer symbolisiert in einer den Zeitgenossen sogleich verständlichen Emblematik die Macht und die Würde des Heiligen Römischen Reiches: Die mit den Reichsinsignien behängte Palme steht für die königliche Kraft und die königliche Würde des Reiches, flankiert von Personifikationen von Krieg und Frieden als Attribute souveräner Macht, umstrahlt vom göttlichen Glanz eines offenen Himmels und umlagert von widerlichem Getier, geflügelten Hexen, Schlangen, einem Basilisken, einer Sirene, die sich die Maske der Verstellung vors Antlitz hält, als Versinnbildlichung von Neid und Kräften der Finsternis, die dem herrlichen, gottgefälligen Reich nichts anhaben können.

Fürst als Führer des Bundes die herausragende Stellung hat und mit dem Anschein königlicher Gewalt umgeben ist.«[76]

Die Vereinigten Staaten von Deutschland – ein solches Bild vom frühneuzeitlichen Reich war maliziös und sollte den Kaiser treffen. Und es war der Beginn einer ganzen Flut von Propagandaschriften, in denen antikaiserliche Reichspublizisten das Reich abqualifizierten. Das hat die herrschende protestantisch-borussische Geschichtswissenschaft im 19. Jahrhundert dann bereitwillig aufgenommen. Im Licht der modernen Verfassungs- und Strukturgeschichte erscheint diese Kritik verzerrend und zumindest teilweise unberechtigt. Nimmt man das Bild vom monströsen Reich indes als neutrale Beschreibung, so ist es so ganz falsch nicht: Einem Monstrum vergangener Epochen gleich ragte das Reich in die neue Zeit der frühmodernen Nationalstaaten hinein.

Treffend ist das Bild auch insofern, als es die Schwerfälligkeit und Unbeweglichkeit der frühneuzeitlichen Reichsinstitutionen markiert. Seit dem Vertragswerk von 1648 war das Reich endgültig gegen einen gewaltlosen inneren Wandel abgeschirmt: Als Teil des internationalen Friedenswerkes unterlag das westfälische Reichsgrundgesetz dem »Schutz« und dem Willen der auswärtigen Garantiemächte Schweden und Frankreich, deren Staatsinteresse in der Mitte Europas keine grundlegenden Veränderungen duldete, jedenfalls nicht solche, die den Zusammenhalt und die innere Geschlossenheit des Reiches gestärkt hätten. Namentlich das rasch zur europäischen Vormacht aufsteigende Frankreich betätigte sich im 17. und 18. Jahrhundert als »Hüter deutscher Libertät«. Es fühlte sich sozusagen aufgefordert, in die deutschen Dinge einzugreifen.

In seiner monströsen, archaischen Gestalt war das Reich aber festgefügt, und es sollte das absolutistische Königreich der Franzosen, das Mitte des 17. Jahrhunderts an die Spitze der politischen und gesellschaftlichen Modernisierung getreten war, um gut eineinhalb Jahrzehnte überdauern. So sah sich Ende des 18. Jahrhunderts ein anderer Reisender mit genau derselben Frage konfrontiert, die mehr als hundert Jahre zuvor Monzambano-Pufendorf bewegt hatte:

Das liebe heil'ge Römische Reich
Wie hält's nur noch zusammen,

so stimmt in Goethes Faust der weinselige Student Frosch in Auerbachs Keller ein offenbar vielgesungenes Lied an, kurz bevor der auf Zerstreuung bedachte Doktor Faustus in Begleitung von Mephisto das Lokal betritt. Bestürzt antwortet der Zechgenosse Brander:

Ein garstig Lied! Pfui! ein politisch Lied
Ein leidig Lied! Dankt Gott mit jedem Morgen,
Daß ihr nicht braucht fürs Röm'sche Reich zu sorgen!
Ich halt' es wenigstens für reichlichen Gewinn,
Daß ich nicht Kaiser oder Kanzler bin.

Was hier in altdeutscher Burschenherrlichkeit mehr liebevoll als bissig verspottet wird, hatte seine Fundamente im Westfälischen Frieden und den ersten Nachkriegsjahren erhalten. Der große Glaubenskrieg, dessen Schrecken noch allen vor Augen standen, hatte gezeigt, daß die deutschen Reichsstände über alle politischen und weltanschaulichen Gegensätze hinweg auf Ausgleich und gegenseitige Duldung angewiesen waren, wollten sie nicht allesamt untergehen im Chaos des naturwüchsigen *bellum omnium contra omnes,* das ja nach der einflußreichen Lehre des Thomas Hobbes unweigerlich einsetzte, wenn dem Egoismus der Einzelstaaten ungezügelt Raum gelassen wurde. Und so gingen sie daran, das gemeinsame Haus des Reiches, dessen Grundmauern ihre Väter und Großväter willkürlich untergraben hatten, zu befestigen und neu einzurichten.

Das Ergebnis war ein verwinkelter, unübersichtlicher, aber widerstandsfähiger Bau, dessen Dach ein Mindestmaß an Schutz und Sicherheit bot. Denn im Gegensatz zum Europa der Mächte, wo die Bändigung des zerstörerischen Staatenegoismus allein auf dem freien Spiel von Allianzen und Gegenallianzen und dem davon geprägten Mächtegleichgewicht beruhte, wurde die deutsche Staatenwelt zusätzlich durch übergeordnete rechtliche und politische Ausgleichs- und Schlichtungsinstanzen geordnet - nämlich die Reichsgerichte, die Kreise, den Reichstag und natürlich den Kaiser. Den mittleren und kleineren Territorien boten sie einen gewissen Schutz, weil sie die Wolfsnatur der Großen zähmten. Im Vergleich zu den Steuerungsmechanismen der einheitlichen Nationalstaaten waren diese Institutionen schwach. Zudem wurden nicht einmal alle Regelungen und Verbesserungen der Reichsverfassung, die man in der Hochstimmung des Friedensschlusses im Auge gehabt hatte, auch tatsächlich durchgeführt. Doch eins war gewährleistet - nicht der Krieg, sondern der Friede war der Normalzustand zwischen den Reichsständen. Das war keine geringe Leistung des Reiches in einer Zeit, in der Theoretiker wie Thomas Hobbes davon ausgingen, daß zwischen den Staaten der Naturzustand des Krieges aller gegen alle herrsche.[77]

Das Reich überwölbte die deutschen Territorien und hielt sie zusammen mit einem Band, das staatsrechtlicher und nicht bloß völkerrechtlicher Natur war. Wo die frühmoderne Staatlichkeit des Territoriums sich kräftig entfaltete, wie vor allem in Preußen und Österreich, aber auch in Mittelterritorien wie Bayern, Sachsen und Hessen-Kassel, dort »war der Anteil des Reiches gering, aber nie gleich null. Wo die Landeshoheit nur in geringem Maße entwickelt war, war der Anteil des Reiches entsprechend groß«.[78] Indem der Westfälische Friede die rechtliche Basis der territorialen Staatsbildung weiter ausbaute und den Reichsständen darüber hinaus als neues Recht die Bündnisfreiheit untereinander und nach außen zusprach, hatte er zwar »das föderative Element der Reichsverfassung wesentlich verstärkt und dem Reich Züge einer Staatenföderation angeheftet. Aber diese Verfassungsgestaltung war nicht allein bestimmend. Auch nach 1648 lagen in dem Verfassungsbau des Reiches mehrere Schichten bei- und übereinander; sie waren durch die Geschichte aneinandergefügt und miteinander verbunden, ohne daß eines dieser Elemente sich ganz durchsetzen und die ihm fremden absorbieren konnte. Lehnrechtliche, königsherrschaftliche, ständisch-territoriale und die nun verstärkten föderativen Strukturen zusammen bildeten und bestimmten den Verfassungsbau des Reiches. Der staatsrechtlich-völkerrechtliche Zwischenzustand war weiterhin das signum für den politischen status des Reichs. Will man diesen status ... positiv in eine Formel fassen, so wäre das Reich zu umschreiben als ein unter einem (wahl)monarchischen Oberhaupt auf lehnrechtlicher Grundlage beruhendes, dualistisch und föderativ organisiertes Gefüge herrschaftlicher und staatlicher Gewalten.«[79]

Insbesondere das Lehnsrecht ist von den modernen Historikern immer wieder unterschätzt und vorschnell für tot erklärt worden. In den letzten eineinhalb Jahrhunderten des Heiligen Römischen Reiches büßte es seine bindende Kraft nie ganz ein. Der Kaiser als Oberhaupt des Reichslehnsverbandes blieb bis 1806 eine politische und rechtliche Realität. Das Band, das die deutschen Fürstenstaaten bis zum Ende des Alten Reiches zusammenhielt, war stets mehr als das zwischen fremden Staaten allgemein gültige Völkerrecht. Über dem Bündnisrecht stand im Reich die Lehnspflicht und damit ein innerstaatliches Rechtsband. Zu einem bloßen Bund souveräner Staaten, wie ihn Pufendorf in seiner 1667 erschienenen Schrift angekündigt hatte und wie man im 18. Jahrhundert im Ausland, vor allem in Frankreich, das Reich gerne sah,[80] wurde Deutschland erst im 19. Jahrhundert, also nach dem Zusammenbruch des Alten Reiches in den Napoleonischen Kriegen. Dagegen ist das Reich an den frühneuzeitlichen Gegensätzen und Spannungen nicht zerbrochen, selbst an der tiefen Feindschaft der Konfessionsblöcke nicht. Über die Gräben des langen Glaubens- und Bürgerkrieges hinweg wirkten die Erfahrungen des 16. Jahrhunderts fort, die gezeigt hatten, daß es durchaus möglich war, das mittelalterliche Reich an die geänderten Rahmenbedingungen neuzeitlichen politischen Handelns anzupassen.

Die Fürsten und ihre Gesandten auf dem Westfälischen Friedenskongreß, die selbst nur Feindschaft und Krieg erlebt hatten, wußten, daß Deutschland im Übergang zur Neuzeit mit den Reichstagen, den Reichskreisen und den Reichsgerichten politische und rechtliche Steuerungskapazitäten entwickelt hatte, die das friedlich-schiedliche Zusammenleben der zahlreichen deutschen Herrschaften, Grafschaften und Fürstentümer garantierten, ohne ihnen damit den Weg in die neuzeitliche Staatlichkeit zu versperren. Und selbst die wichtigste Gemeinschaftsaufgabe, die Verteidigung nach außen, war – wie die Türkenabwehr zeigt – im 16. Jahrhundert bewältigt worden, ermöglicht durch das 1521 eingeführte Reichssteuersystem und die allgemeine Reichskriegsverfassung.

An diese Tradition konnte man Mitte des 17. Jahrhunderts anknüpfen, als es darum ging, über den unmittelbaren Tageserfolg hinaus – so wichtig er der gequälten Nation auch war – zu einer dauerhaften politisch-rechtlichen Ordnung und Stabilität zu kommen. Es ging darum, das frühneuzeitliche Reichssystem, das nach den großen Reichstagen des ausgehenden Mittelalters und der Reformationsepoche im Augsburger Gesetzeswerk von 1555 Gestalt angenommen hatte,[81] zu restituieren und zugleich jene schwachen Stellen zu beseitigen, die an der Wende des 16. Jahrhunderts zuerst zur Lähmung der Schlichtungsinstanzen und zur unversöhnlichen Konfrontation und dann in den alles verschlingenden Bürgerkrieg geführt hatten.

Diese Verfassungs- und Ordnungsarbeit konnte der Friedenskongreß selbst nicht zu Ende führen. Die deutschen Teilnehmer wollten das wohl auch gar nicht, weil es ihnen günstiger erschien, die internen Dinge, soweit sie nicht unmittelbar drängten, unter sich und ohne Beeinflussung durch die Franzosen und Schweden zu regeln. Man legte daher fest, daß »binnen sechs Monaten nach Ratifikation des Friedens ein Reichstag abgehalten werden« sollte, um über die

»Geschäfte, die hier nicht erledigt werden konnten, gemäß allseitiger Zustimmung der Reichsstände« zu verhandeln und zu beschließen.[82] Dieser Reichstag ist wegen vielfältiger politischer Verwicklungen und des weiterhin schwelenden Mißtrauens zwischen Reichsständen und Habsburgerkaiser erst nach fünf Jahren in Regensburg zusammengetreten.

Die Beschlüsse der Regensburger Reichstage wurden am 17. Mai 1654 im sogenannten *Jüngsten Reichsabschied* verkündet. »Jüngster«, was »letzter« bedeutet, wird er genannt, weil hier zum letzten Mal in der Reichsgeschichte das im späten Mittelalter eingebürgerte Verfahren durchgeführt wurde, daß am Ende eines Reichstages alle verabschiedeten und vom Kaiser bestätigten Beschlüsse zu einem einheitlichen Gesetzeswerk zusammengefaßt und feierlich verkündet wurden. Der nächste Reichstag, der sich 1663 ebenfalls in Regensburg versammelte, wurde nicht mehr verabschiedet und entwickelte sich somit zum »Immerwährenden Reichstag«.

Das westfälische Friedensinstrument und der Jüngste Reichsabschied von 1654 sind aufeinander bezogen und bilden zusammen das Fundamentalgesetz,[83] auf dem das Deutsche Reich in den letzten eineinhalb Jahrhunderten seines Bestehens ruhte.

Gesicherte und befriedete Mehrkonfessionalität

Die für den Moment wichtigsten Entscheidungen betrafen die *Konfessionsverfassung*. Der Westfälische Friede brachte die endgültige staats- und verfassungsrechtliche Anerkennung der Reformation und der daraus entstandenen politischen und kirchlichen Realitäten. Die Vorbehalte, die den Augsburger Religionsfrieden noch belastet hatten, waren bis auf einen formalen Hinweis auf eine wünschenswerte Einigung der Parteien verschwunden: den offenen Vorbehalt des Vertrags selbst, der die Friedensregelungen befristete bis zur »endlichen vergleichung der religion«,[84] vor allem aber auch die heimlichen Vorbehalte, die 1555 beide Seiten im Herzen getragen hatten, weil sie hofften, in einem Moment der Stärke die nicht eindeutig geklärten Streitpunkte gewaltsam im eigenen Sinne lösen zu können.

Auch die ausdrückliche Begrenzung des Friedens auf Katholiken und Lutheraner wurde aufgehoben.[85] Die reformierten oder calvinistischen Reichsstände, die zum Ende des Reformationsjahrhunderts gar nicht anders gekonnt hatten, als den Status quo, der sie rechtlos gemacht hatte, zu sprengen, wurden nun in das Reich integriert: »Sämtliche Rechte oder Vergünstigungen«, so verfügte der siebte Artikel des Osnabrücker Friedensvertrages, »welche ... den katholischen und den der Augsburgischen Konfession zugetanen Ständen und Untertanen [zustehen, sollen] auch denen unter ihnen, die die Reformierte genannt werden, zukommen«.[86] Daß ein Reichsstand keiner der drei Großkonfessionen angehörte, sich etwa zu den Täufern oder gar Antitrinitariern hielt, war auch nach 1648 reichsrechtlich nicht vorgesehen.

Der Besitzstand der drei Konfessionen wurde auf ein sogenanntes Normaljahr festgeschrieben, und zwar auf den 1. Januar 1624. Damit waren die hin und her brandenden Bewegungen von mehr als einem

Jahrhundert in die endgültige Konfessionskarte des Reiches eingegangen - die lutherische Reformation, die mehr als zwei Drittel Deutschlands erfaßt hatte, die Gegenreformation, die seit 1555 im Gegenschlag ein Gutteil des Verlorenen zurückeroberte, schließlich auch die zweite, die calvinistische Reformation, die seit dem letzten Jahrhundertdrittel von Genf, Frankreich und den Niederlanden aus vor allem im Westen des Reiches vorgedrungen war.

Das Normaljahr war so gewählt, daß die Veränderungen der ersten Kriegsjahre zugunsten der Katholiken - vor allem in Böhmen - bestehen blieben, nicht aber der weitgreifende Anspruch, den der Kaiser im Restitutionsedikt von 1629 formuliert hatte. Die reichsrechtlich und reichspolitisch wichtigste Einzelbestimmung war die Restitution der calvinistischen Wittelsbacher, die die Unter- oder Rheinpfalz zurückerstattet erhielten. Zugleich wurde für sie eine neue - die achte - Kurwürde errichtet; die alte Wittelsbacherkur blieb beim bayrischen Zweig des Hauses, ebenso das oberpfälzische Territorium mit der Hauptstadt Amberg. Die katholische Mehrheit des Kurkollegiums blieb somit erhalten - den katholischen Kurfürsten von Köln, Mainz, Trier, Böhmen und Bayern standen die protestantischen von Brandenburg, Sachsen und der Pfalz gegenüber. Damit war die Katholizität des Kaisertums weiterhin gesichert.[87]

Das Cuius-regio-eius-religio-Prinzip wurde insofern eingeschränkt, als fortan eine Veränderung im Konfessionsstand der Landesherrschaft den Glauben der Untertanen unberührt lassen sollte. Das war ein wichtiger Schritt zur Entkonfessionalisierung der Staatsgewalt und zugleich zur Entpersonalisierung der öffentlichen Angelegenheiten: Die persönliche Religiosität des Herrschers war für das Staatswesen, dem er vorstand, nicht mehr verpflichtend. Das entsprach aber auch der historischen Erfahrung, die bereits 1613 den zum Calvinismus konvertierten Hohenzollern gezeigt hatte, daß es nicht mehr möglich war, den über Generationen verwurzelten Glauben eines Landes mit einem Federstrich zu verändern.

Damit war die konfessionelle, kulturelle und mentale Prägung der deutschen Landschaften festgelegt - bis in unser Jahrhundert hinein, als die großen Bevölkerungsumwälzungen im Anschluß an den Zweiten Weltkrieg auch die religiöse Zusammensetzung der deutschen Landschaften neu mischten. Anders verhielt es sich mit den politischen Gewichten der Konfessionen. Erbfälle und Konversionen verschoben sie Schritt für Schritt zugunsten der Katholiken, so vor allem 1685, als die calvinistische Pfalz an die katholische Linie Pfalz-Neuburg fiel, und 1697, als der sächsische Kurfürst August der Starke, Nachfahre bedeutender protestantischer Glaubenshelden, konvertierte, um die polnische Königskrone zu erlangen. Die Heidelberger Jesuitenkirche und die katholische Hofkirche in Dresden legen noch heute von dieser Machtverschiebung Zeugnis ab.

Es war aber Vorsorge getroffen, daß die politische und rechtliche Handlungsfähigkeit des Reiches von dergleichen Veränderungen nicht mehr bedroht wurde. Für die Reichsinstitutionen war Parität vereinbart worden - für die Reichstagsausschüsse ebenso wie für die obersten Reichsgerichte.[88] Der Kaiser sah sich gezwungen, sechs evangelische Reichshofräte zu berufen, damit auch an seinem Wiener Reichshofrat bei allen Rechtsfällen, an denen Stände verschiedener Konfessionen beteiligt waren, paritätische Kollegien urteilten.

Am Reichstag galt der Grundsatz, daß in Religionssachen niemand majorisiert werden dürfe, sondern alle Streitigkeiten durch »gütlichen Vergleich« («amicabilis compositio«) geschlichtet werden könnten, ohne Rücksicht auf die Stimmenmehrheit.[89] Wenn Religionsfragen zu erörtern waren, vollzog der Reichstag die *»itio in partes«*, das heißt katholische und evangelische Reichsstände traten zu getrennten Beratungen und Entscheidungen zusammen, die auch in diesem Kreis einstimmig zu fällen waren; danach war im Sinne der »amicabilis compositio« Einvernehmen zwischen den beiden Konfessionsparteien herbeizuführen.

Auf diese Weise waren die konfessionellen Parteiungen, die sich bereits an den Reichstagen der dreißiger Jahre des 16. Jahrhunderts herausgebildet hatten, zu Institutionen der Reichsverfassung geworden. Sie besaßen eine korporative Organisation und wurden von einem Direktor und einem Vizedirektor geleitet – das Corpus Evangelicorum durch Kursachsen und Kurbrandenburg, das Corpus Catholicorum durch den Reichsvizekanzler und Kurfürsten von Mainz. Angesichts der weiterhin vorhandenen, wenn auch gelockerten Verzahnung von Religion und Politik spielte das Corpus Evangelicorum eine beachtliche Rolle, während das Corpus Catholicorum nur selten von sich aus aktiv wurde, weil in der Regel der Kaiser die katholischen Interessen vertrat.

Die »itio in partes« blieb nicht auf die eigentlichen Religionsfragen begrenzt; die Protestanten beantragten sie bisweilen auch in anderen, vorwiegend politischen Angelegenheiten, in denen sie nicht zusammen mit den Katholiken abstimmen wollten. Damit war ein Minderheitenschutz erreicht, der die Arbeit des Reichstages zweifellos nicht erleichterte und die Handlungsfähigkeit des Reiches weiter beeinträchtigte. Das war aber eine inzwischen fest verankerte historisch-politische Tradition, die in der berühmten Speyerer Protestation der lutherischen Reichsstände von 1529 und darüber hinaus in der Rechtspraxis der mittelalterlichen Hof- und Reichstage wurzelte.

Von heute aus geurteilt, handelte es sich dabei lediglich um einen Minderheitenschutz für Reichsstände, für Obrigkeiten also, nicht aber für Individuen. Wer darin einen historischen Defekt sieht, läßt außer acht, daß fast alle modernen Freiheitsrechte ihren Ursprung nicht in individuellen, sondern in korporativen Rechten und Privilegien hatten. So ist dem Kanonisten Martin Heckel zuzustimmen, daß »vielleicht erst unser eigenes, von den Kämpfen und Nöten der weltanschaulichen Koexistenz geschütteltes Jahrhundert ein abgewogeneres historisches Urteil über dieses eigenartige und bedenkenswerte Instrument der konfessionellen Koexistenz finden [kann] als es der hinter uns liegenden Epoche des geschlossenen säkularen Nationalstaates ... möglich war ... Hat man die Kalamitäten der verfassungsrechtlichen Lage im Reiche, die Verheerungen der Religionskriege und die Grausamkeiten der Unterdrückung und Verfolgung konfessioneller Minoritäten andernorts im Auge, dann wird man das Verdienst jenes verfassungsrechtlichen Instituts um die Einigung, den Frieden, die Freiheit und die Gleichheit in rechtlich geordneten rechtsstaatlichen Formen nicht gering achten, sondern verstehen, daß es als ›*einziges Palladium*‹ und ›*vornehmste Stütze der Freyheit und mit so vielem Blut erkauften Aequalität*‹ gepriesen worden ist.«[90]

Die Mehrkonfessionalität des Reiches war ihrer selbstzerstörerischen Konfrontationsdynamik entkleidet und hatte ein sicheres Rechtsfundament erhalten. Die in die Reichsverfassung eingebauten Sicherungen gegen unkontrollierbare Konfliktanhäufung und gegen eine neue religiös-weltanschauliche Totalkonfrontation der konfessionellen Machtblöcke bewährten sich bis zum Ende des Alten Reiches. Das war um so erstaunlicher, als die konfessionellen Streitereien keineswegs aufhörten und Mitte des 18. Jahrhunderts im Ringen zwischen Friedrich und Maria Theresia sogar noch einmal das ganze Reich erfaßten. Unter dem Einfluß von Aufklärung und Rationalismus verloren die beiden konfessionellen Korporationen zum Ende des 18. Jahrhunderts hin dann allerdings rasch an religiöser Kraft. Immer offenkundiger wurden sie zu reichspolitischen Parteiungen. Nicht ohne Ironie und Übertreibung konnte daher 1787 der österreichische Graf Trauttmansdorff aus Kurmainz nach Wien berichten: »Meiner Meinung nach ist seit geraumer Zeit schon in Deutschland der Religionsunterschied dergestalt bloß zum politischen Vorwand und Losungswort geworden, daß, wenn heute der Kaiserliche Hof und die mächtigen Reichsstände sich zur augsburgischen Konfession bekennte, morgen die Protestanten die katholische Religion annehmen würden.«[91]

Feierliche Eröffnung des Regensburger Reichstages am 30. Juni 1653, zeitgenössischer Kupferstich

An der Stirnwand des Reichssaales steht der Kaiserthron, um den sich, abgestuft nach Rang und Würde, die Bänke der drei ständischen Kollegien gruppieren: Neben dem Kaiserthron die Kurfürsten, auf den durchlaufenden Bänken an den Längsseiten des Saales links von ihm die weltlichen, rechts die Geistlichen Herren des Reichsfürstenstandes, wobei die protestantische Geistlichkeit auf einer kleinen Querbank auf der Seite der geistlichen Bank Platz nahm; dem Kaiser gegenüber, an der Rückseite des Saales, die Vertreter der Reichsstädte, aufgeteilt in die Rheinische und die Schwäbische Bank. Der kleine Raum im Vordergrund des Bildes gab geladenen Zuschauern Gelegenheit, die Reichstagsverhandlung zu beobachten.

Trotz reichsgrundrechtlich festgeschriebener Mehrkonfessionalität der Reichsstände blieben Kaiser und Reich auch nach 1648 katholisch. Das hing mit der mittelalterlich sakralen Herkunft des Heiligen Reiches zusammen, die auch die mächtig gegenwirkenden Kräfte der Neuzeit nicht ganz aufzuzehren vermochten.[92] Und es war eine Folge der Tatsache, daß Erzbischöfe, Bischöfe und Äbte als Reichsfürsten politische Ämter bekleideten. Die katholische Kirche diente dem Reich, wie umgekehrt das Reich durch die Reichskirche und den Kaiser als deren höchster Schirmherr den Katholizismus stützten. Die Protestanten erkannten das im großen und ganzen an, auch wenn es immer wieder Projekte für ein evangelisches Kaisertum gab.[93] Bereits Mitte des 16. Jahrhunderts hatte es Philipp Melanchthon gutgeheißen, daß die Katholiken das Frankfurter Bartholomäusstift, den »Kaiserdom«, zurückerhielten,[94] wo die Römischen Könige gewählt und seit 1562 auch gekrönt wurden. Die Versuche, ein protestantisches Kaisertum zu erzwingen, wurden nur selten energisch betrieben und schlugen alle bereits im Ansatz fehl.

Jeder neugewählte König mußte gleich im ersten Artikel der Wahlkapitulation schwören, »den Stuhl zu Rom, Päbstliche Heiligkeit und Christliche Kirche« zu schützen und zu fördern. Indem die geistlichen Fürsten Schlüsselämter im Reich und in den Kreisen innehatten, war die Katholizität des Alten Reiches gesichert, obgleich die meisten Fürsten und die meisten Deutschen protestantisch waren.[95] Als sich der alte Geheime Rat Goethe, der seine protestantische Herkunft nicht verleugnen konnte, an die in der Frankfurter Jugendzeit miterlebte Krönung Kaiser Josephs II. erinnerte, lobte er den »unendlichen Reiz« der »politisch-religiösen Feierlichkeit«. Kaiser und Reich, repräsentiert durch Fürsten, Prälaten und Ratsherren, schienen »nur eine Masse zu sein, die nur von einem Willen bewegt, prächtig harmonisch, und soeben unter dem Geläute der Glocken aus dem Tempel tretend, als ein Heiliges uns entgegenstrahlte«.[96]

Der Reichstag als Forum politischer Öffentlichkeit

Kaum weniger bedeutsam als die endgültige Bändigung der selbstzerstörerischen Kräfte der Konfessionalisierung war die Reaktivierung des Reichstages. Zu Beginn des Jahrhunderts war er blockiert worden. Eine ganze Generation lang, von 1613 bis 1640, hatten Kaiser das Reich ohne Reichstag regiert, gestützt nur auf einzelne Fürsten, bisweilen auch in Absprache mit dem Kurfürstenkollegium. Am Ende des Krieges waren auch die katholischen Fürsten überzeugt, daß nur eine fest institutionalisierte Reichsversammlung auf Dauer die Krongewalt würde ausbalancieren können. Daher erfuhr der Reichstag eine in der ersten Jahrhunderthälfte nicht für möglich gehaltene Wiederbelebung. In den westfälischen Vertragstexten ist

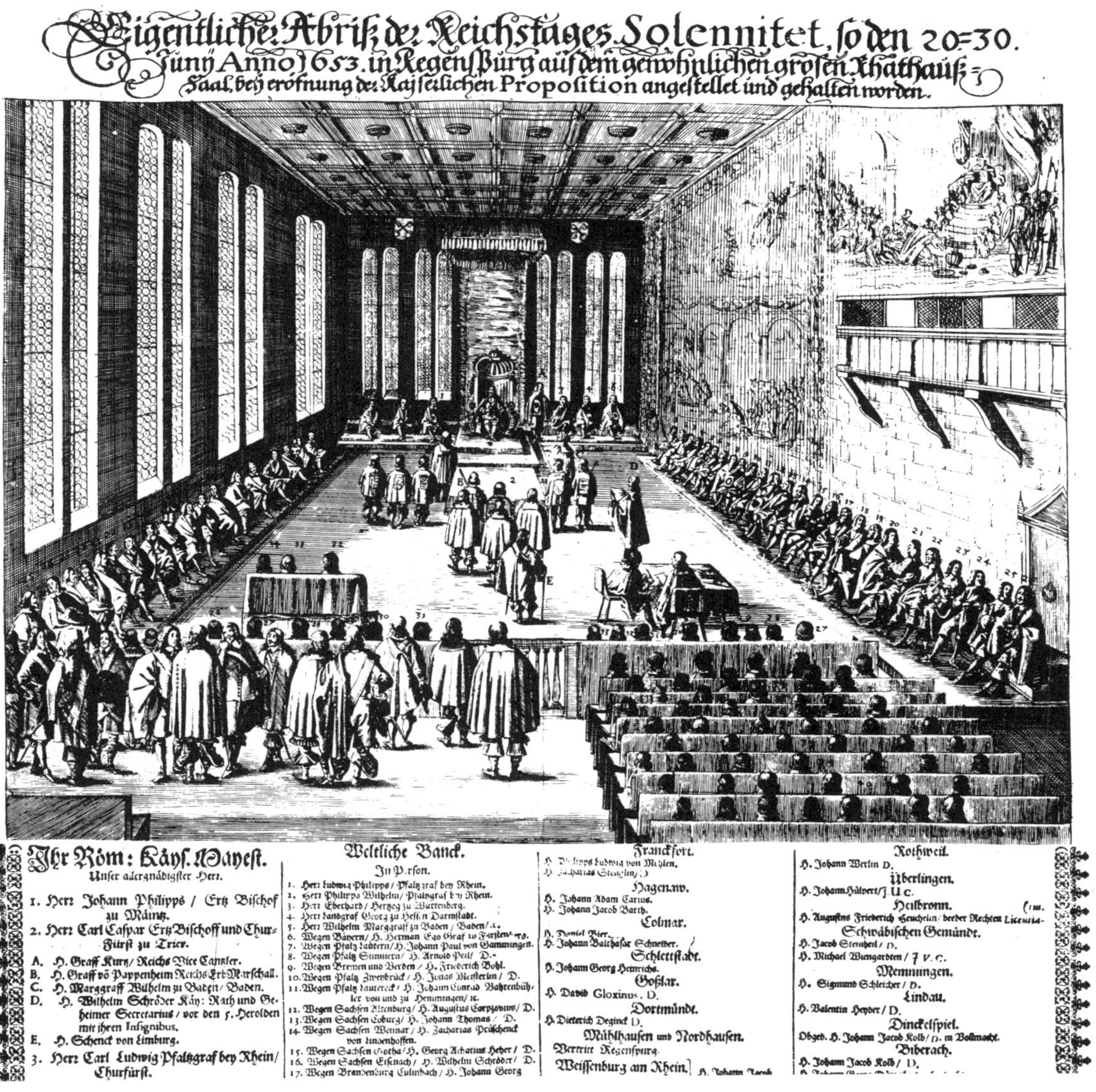

Innhalt vnd Verfassung der
COMOEDI.
Von
Liebs Betrug/
Erfunnet
Von BENEDICTO FERRARI.
Dedicieret
Dem Aller Durchleuchtigsten/ Großmächtigsten vnd
Vnüberwindlichsten Römischen Kayser/ auch zu Hungarn
vnd Böhem König etc. etc.
FERDINANDO III.
Vnserem Allergnädigsten Herzen
Auff den Kays: Reichs Tag zu Regenspurg
in Music vorzuhalten in dem Jahr 1653.
Von Höchstgedachter Röm: Kays: May: Capelmaister
ANTONIO BERTALLI in die Music gesetzt.
Gezieret mit denen Scenen vnd verstellungen des Theatri
Durch
JOHAN BVRNACCINI Röm: Kays: Mayest:
INGENIER.
Gedruckt in der Kays. Freyen Reichs Statt Regenspurg
bey Christoff Fischer/ Im 1653. Jahr.

Libretto des 1653 auf dem Regensburger Reichstag vor Kaiser Ferdinand III. aufgeführten Singspiels

Das aufrecht stehende Cembalo stammt aus dem Besitz Kaiser Leopolds I., der selbst Oratorien, Messen, Kammermusik und musikdramatische Werke komponiert hat.

er die am häufigsten genannte Institution des Reiches. Ihm wird eine Schlüsselstellung zugewiesen, und zwar sowohl bei der unmittelbar anstehenden Neuordnung des Reiches, das heißt bei der Umsetzung der Friedensabkommen in politische Wirklichkeit, als auch darüber hinaus als das auf Dauer wichtigste zentrale Verfassungsorgan neben dem Kaiser.

Der Reichstag sollte in Zukunft »ohne Widerspruch ... das Stimmrecht in allen Beratungen über Reichsgeschäfte haben, vornehmlich wenn Gesetze zu erlassen oder auszulegen, Krieg zu beschließen, Steuern auszuschreiben, Werbungen oder Einquartierungen von Soldaten vorzunehmen, neue Befestigungen innerhalb des Herrschaftsgebietes der Stände im Namen des Reiches zu errichten ..., und auch wo Frieden oder Bündnisse zu schließen ... sind«. Kurz, der Kaiser war endgültig an die »auf dem Reichstag abgegebene freie Zustimmung und Einwilligung aller Reichsstände«[97] angewiesen – im Krieg ebenso wie im Frieden, in der Reichs- ebenso wie in der Außenpolitik. Das Reich ohne die Ständeversammlung zu regieren, war fortan nicht mehr möglich.

Dem ersten Reichstag, der ein halbes Jahr nach Ratifikation des Friedens zusammentreten sollte, wurde die Aufgabe zugewiesen, die im Friedensinstrument eingeleitete Verfassungsreform fortzusetzen; er sollte so etwas wie eine »Verfassunggebende Versammlung« werden, im alteuropäischen Sinne, wie sich versteht.[98] Denn er war nicht nur beauftragt, die in Osnabrück und Münster ausgeklammerten Verfassungsfragen zu bearbeiten – namentlich das Verfahren der Königswahl einschließlich der Ausarbeitung einer beständigen, das heißt unveränderbaren Wahlkapitulation sowie die Restitution und Verbesserung der Kreis-, Steuer-, Militär-, Gerichtsverfassung und des Polizeiwesens des Reiches.[99] Die reichsverfassungsrechtlich relevanten Bestimmungen des Friedenschlusses konnten überhaupt erst durch die Einbeziehung in den Abschied des nächsten Reichstages sowie in die dort zu beschließende kaiserliche Wahlkapitulation zu »Grundgesetzen des Reiches« werden, zu *leges et constitutiones fundamentales imperii*.[100]

Der Reichstag wurde erst am 30. Juni 1653 eröffnet, also rund vier Jahre später als im westfälischen Friedensinstrument vorgesehen. Dafür geriet er zu einem großen barocken Fest, auf dem sich die neu zuordnende deutsche Fürsten- und Staatenwelt mit großer Prachtentfaltung darstellte. Wie stets bei den Auftritten im Jahrhundert der Höfe stand hinter dem schönen Schein und dem anmutigen Spiel der energische Wille, den jeweiligen Rang und die ständische Position zur Geltung zu bringen und damit die Macht und das Staatsinteresse.

Mit Staunen und Besorgnis nahmen die Reichsstände zur Kenntnis, daß die Habsburger ungeachtet der Niederlage, die ihren hochfahrenden Plänen für einen monarchisch organisierten Kaiserstaat soeben zugefügt worden war, diese zeremonielle Bühne souverän beherrschten. Zur allgemeinen Überraschung begab sich Kaiser Ferdinand III., der seit 1637 an der Spitze des Reiches stand, selbst nach Regensburg. Vor zwei Dezennien war er als militärischer Bezwinger an der Spitze des katholischen Heeres in die Stadt des nunmehrigen Reichstages eingezogen und hatte wenig später den großen Sieg von Nördlingen erfochten. Jetzt kam er im Glanz des Friedenskaisers, begleitet von einem Hofstaat, der nach Tausenden zählte. Als Kenner und Liebhaber der Musik, der als erster einer Reihe von Habsburgerkaisern auch selber komponierte, lud Ferdinand III. den Reichstag zu einer Oper ein. Die Künstler ließ er aus Italien kommen, wo dieses Musikspiel soeben erfunden worden war. Gut 46000 Gulden ließ der Habsburger sich diese Demonstration kosten, die zeigen sollte, daß der Kaiser und das Haus Österreich aus dem Elend des Krieges wiedererstanden waren.[101] Das war ein glanzvoller Auftakt für die Epoche des höfischen Absolutismus im Reich, in der die Musik wie alle übrigen Künste dem Willen zu barocker Pracht und fürstlich-festlicher Repräsentation zu dienen hatte.

Am Rande des Reichstages gab es übrigens ein weiteres Spektakel zu sehen: Otto Guericke (1602-1686), Bürgermeister und Reichstagsgesandter Magdeburgs, Ingenieur und Naturwissenschaftler von Beruf, führte eine Apparatur vor, mittels derer sich erstaunliche Dinge über die Luft zeigen und beweisen ließen - ihr Druck und dessen Größe, ihr Gewicht und ein Vakuum. Der Erzbischof von Mainz war begeistert, kaufte die Luftpumpe und ließ sie nach Würzburg bringen. Guericke experimentierte weiter, »evakuierte« zwei aneinandergefügte Halbkugeln von 60 Zentimeter Durchmesser und ließ je acht Pferde daran ziehen: Die »Magdeburger Halbkugeln« hielten zusammen; erst als ein Kind das Ventil öffnete und Luft einströmte, fielen sie von selbst auseinander.[102]

Der politische Alltag sah indes anders aus. Die Verhandlungen gingen nur zäh voran, und die Fürsten feilschten wie eh und je um Vorteile - mit dem Kaiser, aber auch untereinander. Über Verbesserungen bei der Wahl des Königs und über den Text einer ständigen Wahlkapitulation konnte man sich durchaus nicht einigen. Und auch die angestrebte Geschäftsordnung der Reichsversammlung selbst kam nicht zustande. Als dann im Frühjahr 1654 im Streit um das schlesische Herzogtum Jägerndorf, das die Habsburger 1623 auf der Höhe ihrer Macht unter Umgehung brandenburgischer Erbansprüche einem ihrer Paladine, dem Fürsten Karl von Liechtenstein, übergeben hatten, eine Niederlage Österreichs drohte, schloß der

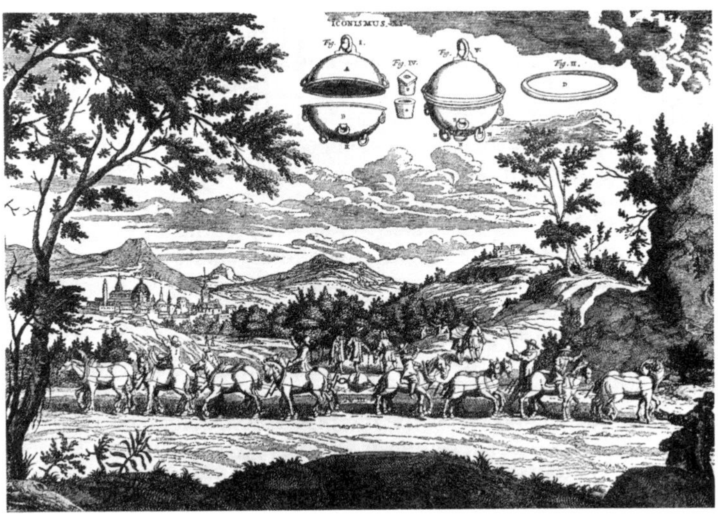

Das Experiment des Physikers Otto von Guericke mit den sogenannten Magdeburger Halbkugeln, das er 1653 zu Regensburg in Anwesenheit des Kaisers und zahlreicher Fürsten vorführte

Kaiser eilends den Reichstag. Die Verfassungsaufgaben, die ihm das westfälische Friedensinstrument übertragen hatte, hatte er nicht zu lösen vermocht. Die Verfassungsreform war damit abgebrochen. Eine Katastrophe war das nicht, denn es lag in der Konsequenz der Entscheidungen von 1648, daß das Reich selbst keine neuen Regierungs- und Verwaltungsorganisationen ausbildete, dieses vielmehr den großen Reichsständen vorbehalten blieb.[103] Strenggenommen war das sogar der einzig gangbare Weg der administrativ-verfassungsrechtlichen Modernisierung. Denn »das Reich ... im anstaltsstaatlichen Sinne reformieren wollen hieße es revolutionär beenden«.[104]

Die Institution des Reichstages selbst wurde aber nicht mehr in Frage gestellt. Denn es sollte sich bald zeigen, daß es nicht im Interesse Habsburgs lag, die offene Austragung der politischen Gegensätze auf der Reichsversammlung zu unterbinden, bot sich damit doch der Ständeopposition Gelegenheit, im weiten Reich um so ungenierter gegen Österreich Front zu machen. Als dann auch noch die Türkengefahr akut wurde und Reichshilfe not tat, berief Kaiser Leopold I., seit 1658 Nachfolger seines Vaters Ferdinand, 1663 den Reichstag wieder ein, der sich dann zum »Immerwährenden Reichstag« entwickeln sollte und erst endete, als das Reich selbst unterging. Wie das Alte Reich insgesamt, so stand auch der Immerwährende Reichstag in Regensburg lange in Mißkredit. Erst die Historikergeneration nach dem Zweiten Weltkrieg stellte klar, daß »es nicht ein Zeichen von Sterilität, vom zähen Leben des Leblosen [war, wenn] der Reichtag von 1663 bis 1806 fortdauernd tagte, sondern ein Erfolg der Reichsstände, die auf dieses Kontrollorgan gegenüber der kaiserlichen Regierung nicht mehr verzichten wollten«.[105]

Über hundert Jahre hin existierte in Regensburg ein Forum, auf dem um die Gemeinschaftsaufgaben des Reiches gerungen wurde, wo aber auch die Gegensätze in den Staatsinteressen der einzelnen Mächte hart aufeinanderprallten. Die Reichsstände selbst erschienen nicht mehr; sie ließen sich durch Gesandte vertreten, häufig Regensburger Bürger und Juristen, die nicht selten im Dienst gleich mehrerer der kleinen Fürsten standen.

Dieser Gesandtenkongreß hat Kriege zwischen den deutschen Ländern nicht zu verhindern vermocht. Vor allem die Großmächte Österreich und Preußen ließen sich im 18. Jahrhundert nicht mehr an die Leine nehmen. Überflüssig war damit der Reichstag aber keineswegs. Er bot den mittleren und kleineren Staaten Gelegenheit, ihre Stimme zu erheben und untereinander, aber auch bei den Großen nach Allianzpartnern Ausschau zu halten. »Zu ihren Gunsten vor allem ermöglichte der Reichstag einen verrechtlichten Interessenausgleich, verbürgte Rechtssicherheit und regelte Konflikte. Die Mechanismen in der Verfahrensweise des Reichstages vermochten zahlreiche Gegensätze zu formalisieren, damit zu neutralisieren und in die differenzierte Einheit des Reiches einzubinden.«[106]

Die Großen aber waren gezwungen – wollten sie ihre Anhänger nicht verlieren –, in Regensburg ihre Politik zu legitimieren und für sie zu werben. Damit waren die Interessen der Kleinen und des Reiches insgesamt besser gewahrt, als wenn es dieses Forum nicht gegeben hätte. In Regensburg standen stets auch europäische Dinge zur Debatte: Denn die Könige von Dänemark, Schweden und seit 1714 auch von England besaßen dort Sitz und Stimme, und alle übrigen europäischen Staaten von Rang waren durch Gesandte vertreten. Ungeachtet aller Unzulänglichkeiten konnte der deutsche Reichstag für jene Kräfte zum Vorbild werden, die sich auch für Europa, später dann für die ganze Welt, eine Institution friedlichen Interessenausgleichs erträumten.

Nachdem sie nur einmal, und zwar 1344, ganz am Anfang der Entwicklung, Parlament genannt worden war, blieb es für die Versammlung der Reichsstände bis zum Ende des Reiches bei der älteren deutschen Bezeichnung »Reichstag«.[107] Aber der Regensburger Reichstag ist dennoch mit gutem Grund das Parlament des Alten Reiches genannt worden. Moderne parlamentarische und demokratische Vorstellungen darf man damit indes nicht verbinden, beim Reichstag nicht und auch nicht bei den Ständeversammlungen der anderen europäischen Länder. Selbst das englische Parlament war in der Frühneuzeit durchaus keine Versammlung von Repräsentanten der ganzen Nation, sondern von Vertretern lokaler Gewalten - und dennoch repräsentierten sie, wenn sie zusammen mit dem König agierten, das ganze politische Gemeinwesen.[108] In diesem vormodernen Sinn hat auch der deutsche Reichstag das Reich repräsentiert, war er Parlament des Alten Reiches. Der moderne, demokratische Parlamentarismus entwickelte sich erst im 19. Jahrhundert, nachdem das Ancien régime in den großen Revolutionen zerbrochen war.

Wenn das englische Parlament des 17. und 18. Jahrhunderts eher modernen Vorstellungen zu entsprechen scheint, so liegt das daran, daß die Mitglieder des Unterhauses in einer Art Wahl von der politischen Nation, nämlich der niederadligen und bürgerlichen Politikelite in Stadt und Land, nach Westminster geschickt wurden. Dagegen wurden die Mitglieder des Immerwährenden Reichstages von den fürstlichen und reichsstädtischen Regierungen entsandt, von der Obrigkeit also. Und sie blieben selbstverständlich an deren Weisungen gebunden. Sitz und Stimme auf dem Reichstag leiteten sich her von einem Territorium oder einer Herrschaft: Gesandte, deren Fürsten wie die Hohenzollern und Habsburger mehrere reichsunmittelbare Länder besaßen, hatten in Regensburg eine entsprechende Anzahl von Stimmen. Dagegen mußten sich Prälaten und Reichsgrafen, auch wenn sie gefürstet wurden, mit zahlreichen anderen Standesgenossen eine Stimme teilen. Denn ihren Herrschaften stand keine Viril-, sondern nur Anteil an einer Kuriatstimme zu, nicht Einzel-, sondern Kollektivstimme. Für die 103 weltlichen Grafen und Herren der schwäbischen, Wetterauer, fränkischen und westfälischen Grafenbank gab es insgesamt vier solcher Kuriatstimmen; zwei weitere standen den 40 Mitgliedern der schwäbischen und rheinischen Prälatenbank zu.[109]

Der Immerwährende Reichstag war nicht anders als einst der Reichstag des 15. und 16. Jahrhunderts das Repräsentationsorgan der Reichsstände, die sich inzwischen zu quasisouveränen Einzelstaaten fortentwickelt hatten. Man hat ihn daher mit einem gewissen Recht parallel zur Vollversammlung der Vereinten Nationen gestellt.[110] In diesem Sinne gibt es keine direkten Entwicklungslinien von dem Parlament des Alten Reiches zu den modernparlamentarischen Volksvertretungen im Bund und in den Ländern. Diese wurzeln vor allem in der englischen Variante der alteuropäischen Repräsentation, deren Vertretungsmodell sich dynamisieren und fortentwickeln ließ zur moderndemokratischen Volksvertretung.

Aus diesen verfassungsmorphologischen Zusammenhängen darf jedoch nicht abgeleitet werden, dem Reichstag komme in der Geschichte der modernen Repräsentationssysteme kein Platz zu. In der Frühneuzeit galt er als das vornehmste Ständeparlament in ganz Europa. In der zeitgenössischen Politiktheorie, ohne deren intensives Bemühen um Form und Wesen der Repräsentation der moderne Parlamentarismus undenkbar wäre, spielte er daher stets eine prominente Rolle, wenn es darum ging, die Beteiligung an und die Verteilung von Herrschaft als Kernbestand der politischen Ordnung und der politischen Kultur in Europa herauszustellen.[111]

Sofern nicht die in Religionsfragen vorgeschriebene *itio in partes* erfolgte, wurde auf dem Immerwährenden Reichstag wie bei den Reichstagen des 15. und 16. Jahrhunderts in drei getrennten Kurien verhandelt und abgestimmt – in der Kurfürstenkurie mit acht, vorübergehend neun Mitgliedern, in der Fürstenkurie mit zuletzt 94 Viril- und sechs Kuriatstimmen und in der Kurie der Reichsstädte, deren Zahl radikal zurückging, von nominell 87 im Jahre 1521 über 49 im Jahre 1755 auf ganze 37 im letzten Jahrzehnt des 18. Jahrhunderts.[112] Daß die Reichsstädte ein volles, mitentscheidendes Stimmrecht, das *votum decisivum*, besaßen, war neu; sie hatten es bereits im 16. Jahrhundert beansprucht, aber erst im Westfälischen Frieden durchzusetzen vermocht.[113] Bei den Abstimmungen in den Kurien galt das Mehrheitsprinzip. Danach wurden die Beschlüsse der Kurien durch Relation und Korrelation aufeinander abgestimmt – zunächst die Entscheidungen der Kurfürsten mit derjenigen der Fürsten, dann deren gemeinsamer Wille mit den Vorstellungen der Reichsstädte. Politisch bedeutete dieses Verfahren, daß die acht Kurfürstenstimmen mindestens dasselbe Gewicht hatten wie die hundert Stimmen der Fürstenbank, während das Reichsstadtbürgertum kaum eine Chance hatte, gegen die vollzogene Einigung der oberen Kurien den eigenen Standpunkt durchzusetzen.

Das Ergebnis dieses abgestuften Entscheidungsprozesses innerhalb und zwischen den Reichsständen war das *conclusum trium collegiorum,* der Beschluß der drei Kurien, den der Reichserzkanzler, der Erzbischof von Mainz, an den Kaiser weiterleitete beziehungsweise an den Prinzipalkommissar, seinen ständigen Vertreter beim Reichstag. Stimmte der Kaiser zu, wozu er nicht verpflichtet war, wurde das *conclusum trium collegiorum* zum *conclusum Imperii,* dem Reichsschluß, der, durch eine kaiserliche Verlautbarung veröffentlicht, Gesetzescharakter hatte.[114]

Der Gesetzgebungsarbeit des Immerwährenden Reichstages waren allerdings enge Grenzen gesetzt. Denn nach der Staatwerdung der deutschen Länder wurde der Löwenanteil aller Gesetze in den Territorien erlassen, hauptsächlich in Form von Polizeiordnungen. Dem Reichstag blieben lediglich die übergreifenden, einheitlichen Regelungen: in erster Linie die Wahrung der Reichseinheit, worauf sich ein Gutteil der Gesetzgebungsarbeit des ersten Regensburger Reichstages bezogen hatte;[115] die Sicherstellung der Verteidigung, die der Immerwährende Reichstag 1681 und dann nochmals im ersten Jahrzehnt des 18. Jahrhunderts regelte;[116] das Münzwesen, das die Münzkommission des Reichstages periodisch überprüfte

Vollständige
Sammlung
Aller
Von Anfang des noch fürwährenden Teutschen
Reichs-Tags de Anno 1663. biß anhero abgefaßten
Reichs-Schlüsse,
Worinnen,
Nebst der bey Eröffnung dieses Reichs-Tags beschehenen Kayserlichen
Proposition, alle nachhero von Zeit zu Zeit dahin ergangene
Kayserl. Commissions-und andere Decreta:
Der Höchst-Hoch-und Löblichen Reichs-Stände
gemeinsamlich abgefaßte
Bedencken, Gutachten und Schlüsse:
Hierüber erfolgte
Kayserliche Ratificationen und Resolutionen:
Auch
Sonstige von der allgemeinen Reichs-Versammlung/ sowohl an die Römisch-Kayserlich-als Römisch-Königliche Majestät, Majestät, deßgleichen an einige Chur-und Fürsten, auch auswärtige Mächten erlassene Schreiben, und von diesen hinwiederum an jene ertheilte
Antwort- und Handlungen/
In
Allerhand Staats-Kriegs-Friedens-Religions-Justitz-Policey-Müntz-und verschiedenen andern allgemeinen Reichs-und der Stände Particular-Anliegenheiten, begriffen, und dem Publico genuinè mitgetheilt werden.
Alles
Zu mehrerer Beleuchtung des Römisch-Teutschen Reichs wahrer Grund-Verfassung, und Regierungs-Form, mithin dem Allerhöchsten Oberhaupt sowohl, als dessen Gliedern sammt und sonders dabey zustehender respectivè allerhöchsten Reservaten / Hoheiten / Præeminentien / Prærogativen / Freyheiten / Recht- und Gerechtigkeiten: auch zu deren und des allgemeinen Wesens Nutzen / Wohlfahrt und Besten.
Zweyter Theil,
Zusammengetragen
Durch
Johann Joseph Pachner von Eggenstorff/
Churfürstlich-Pfältzischen Regierungs-Rath/ und dermahligen Legations-Secretarium bey der allgemeinen Reichs-Versammlung zu Regenspurg.
Mit der Römisch-Kayserlichen Majestät Allergnädigstem Privilegio.
REGENSPURG,
Gedruckt zu Stadt am Hof bey Johann Bernhard Riepel, MDCCXL.

Titelblatt der 1740 von Johann Joseph Pachner von Eggenstorff herausgegebenen »Vollständigen Sammlung aller ... Reichsschlüsse«

Da der Regensburger Reichstag nicht mehr auseinanderging, kam es nicht mehr zu den bis 1654 üblichen Reichsabschieden. Die in Regensburg erarbeiteten Reichsgesetze und Entscheidungen in anderen zur Zuständigkeit des Reichstages gehörigen Reichsangelegenheiten wurden daher in Form von Reichsschlüssen publiziert.

und neuordnete; schließlich die Rahmenbedingungen der Wirtschaftsordnung, wo sich der Reichstag 1731 mit einem beachtlichen »Reichsschluß betr. die Handwerksmißbräuche« zu Wort meldete, der sogenannten Reichszunft- beziehungsweise Reichshandwerksordnung.[117]

Besondere Bedeutung besaß die Reichshandwerksordnung. Sie nahm den Zünften die zur Cliquenwirtschaft der Meister mißbrauchte »Autonomie«, erleichterte den Zugang zu den Handwerken, unter anderem durch die Eingrenzung des prohibitiv wirkenden Unehrlichkeitsstatus, sie verbesserte die Stellung der Lehrlinge und Gesellen und beseitigte eine Reihe von einzelnen Mißbräuchen.[118] Mit dieser Gewerbegesetzgebung zeigte das Reich nochmals Initiative vor den Einzelstaaten. Denn die Reichshandwerksordnung wurde in vielen Punkten richtungweisend für die entsprechenden Regelungen in den Territorien. 1772 erließ der Regensburger Reichstag weitere gewerbliche Vorschriften, und zwar gegen den »blauen Montag« der Gesellen, gegen den Ausschluß von Frauen von bestimmten Handwerken, vor allem der Textilverarbeitung, und auch gegen die übliche Beschränkung in der Zahl der Gesellen und Arbeiter, denn dadurch werde, lautete die modern anmutende Argumentation, den geschickten Meistern Arbeit genommen und auf weniger geschickte Meister übertragen.[119] So hat der Reichstag in den Jahrzehnten, als es darauf ankam, daß Deutschland den Anschluß an

Festmahl der Reichstagsgesandten beim Prinzipalkommissar, Kupferstich von Johann Matthias Steidlin und Andreas Geyer

Der Prinzipalkommissar war der Vertreter des Kaisers am Immerwährenden Reichstag in Regensburg, meist ein hoher geistlicher oder weltlicher Fürst. Dargestellt ist das Fürstenmahl des Prinzipalkommissars Kardinal Christian August von Sachsen-Zeitz, Primas von Ungarn, mit den Gesandten und Ständen des Reiches im Jahre 1717.

die europäische Wirtschaftsentwicklung nicht ganz verpaßte, zur nachhaltigen Verbesserung der gewerblichen Produktion beigetragen.[120]

Wichtiger als die Gesetzesarbeit, in der er es am Ende doch nur zu wenigen großen Vorhaben brachte, waren andere Aufgaben des Reichstages. Vor allem war Regensburg der Ort politischer Verhandlungen und politischer Demonstration, eine politische Börse, an der sich so etwas wie Reichsöffentlichkeit entfaltete, wenn natürlich auch in einem schichtenspezifischen Sinn. Als der Große Kurfürst 1687 seinen profranzösischen Reichstagsgesandten Gottfried von Jena abberief, war aller Welt klar, daß Preußen nach einem Jahrzehnt im Schlepptau Frankreichs an die Seite des Kaisers zurückkehren wollte. Und nachdem 1733 der bayrische Geheimratskanzler Unertl in Regensburg erschienen war, um persönlich ein Votum zur Reichsgarantie der Pragmatischen Sanktion abzugeben, wußten das Reich und Europa, daß es zu einem erbitterten Streit um das Erbe des Hauses Österreich kommen würde, wenn Kaiser Karl VI. ohne männliche Nachkommen stürbe. Bündnisse der Reichsstände wie der Rheinbund oder der Frankfurter Fürstenbund nahmen ihren offiziellen Sitz in Regensburg.[121]

Darüber hinaus war der Reichstag ein Ort der großen europäischen Diplomatie einschließlich der dazugehörenden Intrige und Spionage: 1665 verhandelte der südniederländische Frater Christobal de Roxas y Spinola in Regensburg über ein spanisch-schwedisches Bündnis. Frankreich baute sogleich in den ersten Jahren eine eigene Reichstagsdiplomatie auf, die unter Leitung des Gesandten Robert Vincent de Gravel 1663 bis 1674 über die Reichstagsgesandten der Reichsstände geschickt Fäden an die deutschen Höfe spann. Die Allianz zwischen Wittelsbach und Frankreich, die über Generationen hin bis in die Napoleonische Ära hinein eine Konstante in den

Auf dem Höhepunkt der Konfrontation zwischen Habsburgern und Hohenzollern verschlechterten sich auch die diplomatischen Umgangsformen am Regensburger Reichstag: Als der kaiserliche Notar Dr. Aprill dem preußischen Reichstagsgesandten Freiherrn Erich Christoph von Plotho 1757 nach Ausbruch des Siebenjährigen Krieges die Androhung der Acht und die Reichskriegserklärung gegen Preußen überbringen wollte, wurde er kurzerhand hinausgeworfen. Diese so ganz und gar undiplomatische Szene wurde in der Reichsöffentlichkeit sehr beachtet und fand daher auch Aufnahme in Goethes Jugenderinnerung »Dichtung und Wahrheit«. Selbst ein Jahrhundert später gehörte sie noch zum Schatz preußisch-hohenzollerischer Geschichtsminiaturen, wie diese Lithographie aus der Mitte des 19. Jahrhunderts belegt.

deutschen und europäischen Mächtekonstellationen bildete, wurde somit in Regensburg geschmiedet. Und auch als Kurbayern Anfang der achtziger Jahre hieraus kurzfristig ausscherte, um sich der antifranzösischen Haager Allianz anzuschließen, bahnte sich das am Rande des Reichstages an.[122] Als Meister der Spionage erwies sich der preußische Resident Erich Christoph Freiherr von Plotho, der während des Siebenjährigen Krieges von Regensburg aus ein Nachrichtennetz aufbaute, um Friedrich II. mit den gewünschten Informationen zu versorgen.[123]

Ähnlich wie am Wiener Kaiserhof und am Reichskammergericht bildete sich am Reichstag eine deutsche Politikelite heraus, der stets das Reich insgesamt vor Augen stand, auch wenn die einzelnen Mitglieder auf die Interessen ihrer jeweiligen Staaten eingeschworen waren. Über deren Zusammensetzung und soziale Herkunft oder gar über die Mobilität hin zu den Regierungen und Behörden der Einzelstaaten oder zu den anderen Reichsinstitutionen ist wenig bekannt. Selbst die familiären Verflechtungen und damit die möglichen Ansätze zu gemeinsamen Einstellungen und Verhaltensweisen oder gar zu einer eigenen politischen Kultur sind kaum erforscht. Von den Juristen an den Reichsgerichten wissen wir, daß sie in eben jener Zeit ein »berufsbezogenes gemeinsames Standesbewußtsein« ausbildeten, sozialgeschichtlich verwurzelt in geographisch weitgespannten Heiratskreisen. So heiratete zum Beispiel der Kammergerichtsassessor Johann Christoph von Schmitz, dessen Vater dem Lokalbeamtentum angehörte, während die Mutter aus dem Gewerbebürgertum Münsters in Westfalen stammte, in ein großflächiges Netz neuadliger Hofrats-, Geheimer Rats-, Kanzler- und Vizekanzlerfamilien ein, die im Mittelrheingebiet angesiedelt waren und damit in einer Region mit traditionell starkem Reichsbewußtsein. Vermutlich gab es am Regensburger Reichstag auch solche sozialen Verbände mit ähnlichem Korpsgeist und Reichsbewußtsein. Darauf deutet jedenfalls die Reaktion der Regensburger Reichstagsgesellschaft auf das Auftreten des eben erwähnten Residenten Friedrichs II. hin, das allgemein als zu agil und aggressiv verurteilt wurde.[124]

Solche Verhaltensweisen werden nicht wenig dazu beigetragen haben, daß sich Preußen im Reich bald isoliert sah, während die Wiener Hofburg Regensburg zum Forum der moralischen Anklage gegen den König von Preußen nutzen konnte.[125] Für das Reichskammergerichtspersonal sucht man bereits in mühsamer prosopographischer Kleinarbeit Mosaikstein um Mosaikstein zusammenzufügen, um ein Sozialprofil der an den Reichsinstitutionen tätigen Politikelite zu zeichnen;[126] für den Immerwährenden Reichstag dagegen steht das noch aus. Immerhin gibt es eine einigermaßen verläßliche Statistik: Zwischen 1663 und 1806 waren am Regensburger Reichstag 29 kaiserliche Prinzipalkommissare oder einfache Konkommissare tätig, wobei die Prinzipalkommissare ausschließlich Mitglieder des Hochadels waren, im 18. Jahrhundert im »Familienbesitz« zunächst der Fürstenbergs, dann der Thurn und Taxis.[127] Hinzu kamen 152 Residenten der acht beziehungsweise neun Kurfürsten und 339 Gesandte von Fürsten, schließlich eine relativ geringe Zahl Vertreter von Reichsstädten, die ganz überwiegend Regensburger Bürger waren.

So war der Reichstag keineswegs nur zu einem Zehntel besetzt, wie seine Kritiker bisweilen behaupteten. Nimmt man eine Differenzierung nach Kurien vor, was angesichts des Geschäftsgangs im Reichstag nötig ist, so zeigt sich, daß die politisch wichtigste Kurie, das Kurfürstenkollegium, im großen und ganzen stets vollbesetzt war. Dagegen verzichtete mancher Fürst zeitweilig oder ganz darauf, sein Stimmrecht durch einen Residenten wahrnehmen zu lassen, was für die Klein- und Kleinststaaten nicht zuletzt eine Frage der Kosten und der Ressourcen an geeigneten Politikern war. Immerhin war auch der Fürstenrat durchschnittlich zu einem Drittel besetzt, wenn man in Rechnung stellt, daß eine Reihe von Fürsten mehrere Länder besaßen und die darauf entfallenden Stimmen natürlich von ein und demselben Residenten führen ließen – die 94 Virilstimmen entfielen zuletzt auf nur noch 60 reale Herrscherpersonen.[128] Auch diese Zahlen belegen, daß die deutsche Fürsten- und Staatenwelt dem Reichstag erhebliche politische Bedeutung beimaß.

Die Reichsgerichte

Neben dem Reichstag waren es vor allem die beiden obersten *Reichsgerichte*, die zur Verrechtlichung von politischen und gesellschaftlichen Konflikten sowie zum Schutz der Kleinen und Mittleren vor der Begehrlichkeit der Großen beitrugen. Auch sie wurden im Zuge der westfälischen Friedensregelungen restituiert und verbessert. Da war zum einen das *Reichskammergericht.*[129] Es war das von den Ständen kontrollierte höchste Reichsgericht, das zunächst in Speyer, später dann, nach der Flucht vor den Franzosen im Jahre 1693, in Wetzlar ansässig war. Im Osnabrücker Frieden war festgelegt worden, daß es fortan paritätisch von Katholiken und Protestanten zu besetzen sei. Darüber hinaus sollte die Zahl der von den Reichsständen zu berufenden Assessoren auf fünfzig erhöht werden, damit die Prozesse, die sich häufig über Jahre hinzogen, beschleunigt würden. Aber auch im Alten Reich hing die tatsächliche Stellenbesetzung von den zur Verfügung stehenden Finanzmitteln ab. Und da der »Kammerzieler«, die von den einzelnen Reichsständen proportional zu ihrer Finanzkraft für das Kammergericht aufzubringende Reichssteuer, nur stockend und unvollständig gezahlt wurde, waren trotz dieser guten und richtigen Bestimmung in Wirklichkeit niemals fünfzig Assessoren tätig. Schließlich wurde 1654 im Jüngsten Reichsabschied auch noch eine neue Prozeßordnung für das Reichskammergericht erlassen, die vor allem das Appellations- und Revisionsverfahren verbesserte. Um die über Jahrzehnte aufgelaufenen Revisionssachen aufzuarbeiten, beschloß man, eine Reichsdeputation einzuberufen, die ebenfalls paritätisch besetzt sein sollte. In die Tat umgesetzt wurde dieses löbliche Unternehmen indes erst nach gut hundert Jahren - und dann noch ohne den gewünschten Erfolg.

Neben dem ständischen Reichskammergericht gab es seit dem letzten Jahrzehnt des 16. Jahrhunderts ein zweites höchstes Reichsgericht, den kaiserlichen *Reichshofrat* in Wien - auch dies ein Ergebnis der historisch gewachsenen Monstrosität des Reiches.[130] Der Hofrat erhielt Mitte des 17. Jahrhunderts ebenfalls eine neue Ordnung, allerdings nicht - wie im Westfälischen Frieden festgelegt - durch den Reichstag, sondern durch eine kaiserliche Verfügung. Zum Ärger vor allem der protestantischen Reichsstände hatte damit Habsburg erneut bewiesen, daß in Wien und bei den dort ansässigen Reichsinstitutionen der Kaiser Herr im Hause war. Diese Demonstration war um so deutlicher, als die Publikation im März 1654 erfolgte, zu einem Zeitpunkt, als der »verfassunggebende« Reichstag noch tagte.

Sowohl die Zeitgenossen als auch die späteren Historiker haben die Leistung der beiden Gerichte im ausgehenden 17. und 18. Jahrhundert ganz unterschiedlich beurteilt. Besonders die evangelischen Stände warfen dem Reichshofrat immer wieder vor, trotz seiner sechs protestantischen Mitglieder parteiisch zu sein. Da die höchste Gerichtsbarkeit des Kaisers ein Politikum war, muß diese Kritik, die vornehmlich von den Gegnern des Hauses Österreich kam, allen voran von Preußen, ihrerseits als Ausdruck eines Parteistandpunktes gelten. Aber natürlich waren in Wien die Interessen des Kaisers und des Katholizismus mächtig, und sie machten vor den Türen des Hofrates - über dessen Besetzung allein der Kaiser entschied - nicht halt.

Dennoch wurde das kaiserliche Gericht von den Reichsständen und deren Untertanen zunehmend in Anspruch genommen, und zwar auch von Protestanten. Das hing vor allem mit der rascheren Abwicklung und dem - trotz möglicher Beeinflussung durch den Kaiser - kalkulierbaren Gang der Verfahren zusammen. Vorteilhaft wirkten sich auch die Kommissionen aus, deren sich der Hofrat gern bediente, um sich an Ort und Stelle zu informieren und zu sachkundigem Urteil zu gelangen. Selbst Angelegenheiten, die - von Wien gesehen - so entlegene Ecken des Reiches wie Ostfriesland betrafen, wußte der Reichshofrat kompetent zu behandeln.[131] Im Vergleich zum Reichskammergericht, wo sich die Stände häufig gegenseitig

Titelkupfer zu einem 1721 in zweiter Auflage erschienenen Handbuch über das Reichskammergericht aus der Feder des Prokurators Johann Friedrich Hofmann

Unter dem Reichsadler öffnet sich der Blick auf die Wetzlarer Kammergerichtskanzlei, in der in einem erhellten, durch eine Schranke abgeteilten Raum der Kanzleiverwalter und der Protonotar arbeiten; im mittleren Raum der Protokollant, die Gerichtssekretäre und die Notare; in der unteren Abteilung Kopisten und Kanzleidiener.

blockierten, gilt daher der Wiener Reichshofrat als funktionsfähiger und überlegen in der substantiellen Rechtsprechung. Daß seine Rechtsprechung auch politisch war, spricht nicht dagegen. Der Reichshofrat hat maßgeblich zur Verbesserung der kaiserlichen Stellung im Reich seit Ende des 17. Jahrhunderts beigetragen, nicht zuletzt durch eine notorisch landständefreundliche Entscheidungspraxis in den zahlreichen Konflikten zwischen Fürsten und Untertanen.[132]

Dagegen kam das Kammergericht in seiner Wetzlarer Zeit immer mehr ins Gerede – wegen unübersehbarer Korruptionsfälle und in die Augen springender Skandale, wegen Intrigen unter der Richterschaft und Verzögerungen von Prozessen sowie wegen der notorischen Wirkungslosigkeit seiner Urteile. Zahlreich und boshaft waren die Anekdoten; etwa über die Rationalität im Rhythmus und der Reihenfolge der Aktenbearbeitung: Um die Akten vor Mäusefraß zu schützen, befestige sie der Registrator an Fäden und bewahre sie von der Decke herabhängend auf. Da die klugen Mäuse jedoch die Fäden durchnagten, um an ihren papiernen Fraß zu gelangen, fielen von Zeit zu Zeit Aktenbündel zu Boden, die daraufhin in den Bearbeitungsgang gegeben würden. So oder ähnlich lautete das vernichtende Urteil der Zeitgenossen über den für sie undurchschaubaren Geschäftsgang des Gerichts.

Rechtshistoriker, die sich in den letzten Jahren intensiver um Einsichten in die politische und geographische Herkunft der am Kammergericht prozessierenden Parteien sowie um die Kategorisierung der behandelten Rechtsmaterien bemühen, halten dieser Kritik entgegen, daß wohl kaum über 80 000 Personen und Institutionen »den kostspieligen Weg nach Speyer und später nach Wetzlar gewählt haben, um sich einem sinnlosen Zeremoniell auszusetzen«.[133] Das zeigt, daß das Reichskammergericht weiterhin eine bedeutende Funktion im Rechtsleben des Alten Reiches eingenommen haben muß, wenn auch der ungeheure Geschäftsanfall des 16. Jahrhunderts, der in den neunziger Jahren mit jährlich fast 700 neuen Prozessen kulminierte, später bei weitem nicht mehr erreicht wurde.[134]

Seit der zweiten Hälfte des 16. Jahrhunderts wurde das Gericht immer seltener als Kontrollinstanz für niedere Gerichte, also im Zuge einer Appellation, angegangen; es war in der Regel Erstinstanz. Gleichzeitig damit veränderte sich die soziale Zusammensetzung der Kammergerichtsklientel. Hatte zunächst vor allem das südwestdeutsche Reichsstadtbürgertum in Speyer prozessiert, so war es im 17. und 18. Jahrhundert eher der niedere Adel Nord- und Ostdeutschlands. Das war ein bemerkenswerter Wandel: Anstelle der kaisernahen, süddeutschen bürgerlichen Elite, die sich nach 1650 hauptsächlich nach Wien gewandt hatte, nahm nun vor allem die kaiserferne, protestantische Elite das Reichskammergericht in Anspruch. Wo nicht wie in den Kurfürstentümern landesherrliche Rechtsprivilegien den Weg nach Wetzlar abschnitten, suchte der landsässige Adel die Entscheidung des Kammergerichts, wenn er sich mit seinesgleichen oder anderen konkurrierenden Herrschaftsträgern um Rechtspositionen stritt. In der Regel geschah das direkt und nicht erst in zweiter Instanz oder gar erst, nachdem sich eine der streitenden Parteien ihr vermeintliches Recht gewaltsam genommen hatte und

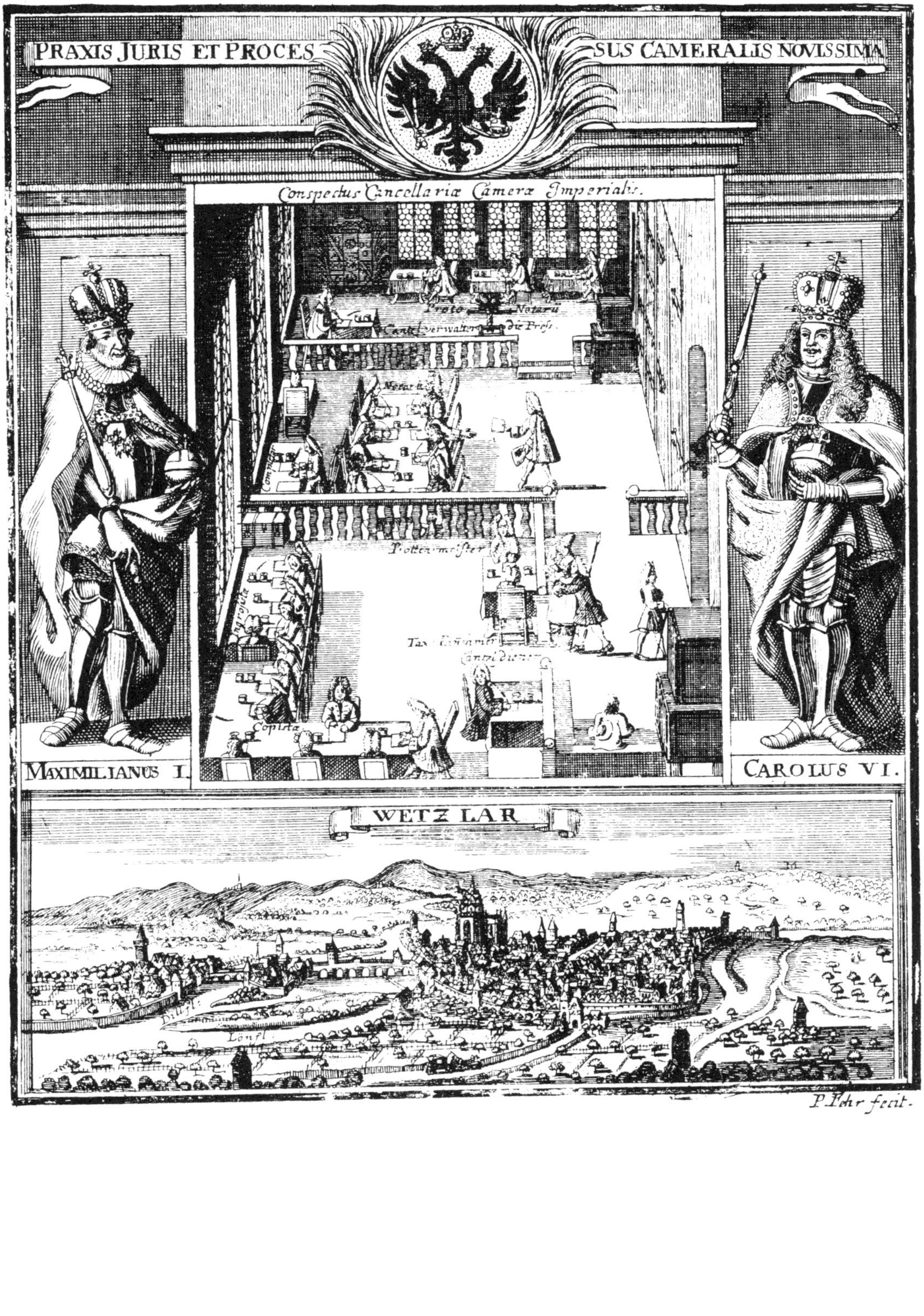
PRAXIS JURIS ET PROCES SUS CAMERALIS NOVISSIMA
Conspectus Cancellariæ Cameræ Imperialis.
Proto Notarii
Notarii
Copista
MAXIMILIANUS I.
CAROLUS VI.
WETZLAR
P. Fehr fecit.

die andere am Reichsgericht Schutz suchen mußte. Angesichts der sprichwörtlichen Raufsucht der Junker ist das ein beachtenswertes Indiz für die Eindämmung des Landfriedensbruchs durch die Verrechtlichung von Konflikten auf dem Gerichtsweg – und damit ein Beleg für eine unverkennbare Modernisierung unter dem Dach des archaischen Reiches.

Darüber hinaus machen diese neuen prosopographischen Einsichten deutlich, daß gerade das angeblich unfähige und funktionslose Reichskammergericht »eine Klammer der Reichseinheit«[135] war. Denn die adligen wie die bürgerlichen Eliten Nord- und Ostdeutschlands hatten spätestens mit der Reformation ihre Verbindungen zum Reich gelockert. Das Kammergericht war für eine neue, vom Kaiser unabhängige Reichsorientierung ein unentbehrlicher Fluchtpunkt. In dieser sozial- und klientelgeschichtlichen Sicht erweisen sich Reichshofrat und Reichskammergericht nicht als konkurrierende, sondern als sich ergänzende Klammern der Reichseinheit – die eine für die süddeutsche, katholische und reichsstädtisch-bürgerliche, die andere für die nord- und ostdeutsche, protestantische, adlige Elite. Was dem modernen Auge zunächst als monströse, dysfunktionale Zweiköpfigkeit der höchsten Gerichtsbarkeit erscheint, erweist sich bei näherer Betrachtung als sinnvoll, weil es den Bedürfnissen des differenzierten Reichskörpers entsprach.

Eine andere Art von Prozessen, die sowohl vor dem Reichskammergericht als auch vor dem Hofrat geführt werden konnten, machen die Klagen von Untertanen gegen ihre Obrigkeit aus. Im Zuge der frühmodernen Staatsbildung traten zwangsläufig Konflikte zwischen Staat und Untertanen oder deren Korporationen auf. Der sich herausbildende neuzeitliche Staat konnte die flächenmäßig und sachlich begründete einheitliche Staatsgewalt, die im mittelalterlichen, personal bestimmten Staatstypus unbekannt war, ja nur durchsetzen, indem er ältere Rechte und überkommene Privilegien zerstörte. Hinzu kam die bislang ebenfalls unbekannte Inanspruchnahme des einzelnen Untertanen durch Steuer und Abgaben sowie durch andere Verpflichtungen für den Staat, vor allem zum Militärdienst. Ähnlich verhielt es sich auf der unteren Ebene staatlich-gesellschaftlicher Organisation – bei den Grundherrschaften, zum Teil auch in den Städten, wo mit der aufziehenden Neuzeit die Grundherren oder die Magistrate ebenfalls ihre eigene Position zu Lasten von Rechten und Gewohnheiten ausbauten, die bislang die dörfliche oder städtische Gemeinde innegehabt hatte. Im 16. Jahrhundert kam es in vielen Fällen zum Aufstand, zum Versuch einzelner Gruppen oder der Gemeinden, die politischen, gesellschaftlichen, ökonomischen und kirchlichen Rechte mit Gewalt zu verteidigen oder auch sie auszudehnen. Die bekanntesten Beispiele sind die Stadtreformationen und der Bauernkrieg.

Nicht zuletzt die Erschütterung des Bauernkrieges, den Leopold von Ranke das »größte Naturereignis der deutschen Geschichte« genannt hat, weil er die Existenz Deutschlands in Frage gestellt habe, hatte die Reichsstände veranlaßt, in immer neuen Anläufen eine funktionsfähige Reichsjustiz zu etablieren. Denn wenn solche Konflikte der Justiz anvertraut wurden, blieben die mit einem Aufstand verbundenen Gefahren für Staat und Gesellschaft gebannt.

»Wer verhandelt«, so faßt der Rechtshistoriker Bernd Diestelkamp die Neubewertung des Reichskammergerichts zusammen, »übt keine Gewalt, solange er Hoffnung haben kann, auf dem Rechtswege etwas zu erreichen. Insbesondere wird aber durch das prozessuale Verfahren das Konfliktpotential strikt auf die konkreten Beschwerden begrenzt. Die Obrigkeit als solche bleibt dabei unangefochten. Genau dies meinte ein Prokurator am Reichskammergericht, der nach der Französischen Revolution mit Emphase erklärte, daß es in Deutschland einer solchen Revolution nicht bedürfe, da es im Reich das Reichskammergericht gebe, bei dem jeder Untertan Hilfe gegen Willkür seiner Herrschaft oder den Übermut fürstlicher Behörden erhalten könne. In dieselbe Richtung zielen andere Äußerungen, daß das Reichskammergericht die Menschenrechte der Untertanen geschützt habe.« Gerade weil die Reichsjustiz, und zwar Reichshofrat und Reichskammergericht gleichermaßen, »durchaus erfolgreich in das Verhältnis zwischen Obrigkeit und Untertanen hineingewirkt hat, konnte sich in der Tat in Deutschland die Anschauung bilden und durchsetzen, daß blutige Revolutionen unnötig seien, solange nur die Staatsgewalt rechtlich reagierte. Das spezifisch deutsche Vertrauen auf die Reform von oben hat hier eine seiner Wurzeln – nicht etwa in besonderem Untertanengeist der Deutschen.«

»Aber auch die spezielle Entwicklung des Rechtsstaates in Deutschland ist ohne diese Komponente nicht zu deuten. Während sich in Westeuropa der Rechtsstaat als ein auf Wahrung der Menschenrechte ausgerichtetes politisches System entfaltete, führte die vom Reichskammergericht maßgeblich mitgeprägte historische Erfahrung der Deutschen zur Form des Rechtswegstaates. Die Wahrung der Bürgerrechte glaubte man den Gerichten anvertrauen zu können, ohne daß sich das politische System grundlegend ändern mußte. Schließlich geht die notorische Prozeßfreudigkeit der Deutschen gerade auch im öffentlichen Bereich sicherlich darauf zurück, daß sich das Reich als Justizstaat bewährt hatte. So wird man das Wirken des Reichskammergerichts wohl kaum weiter als bedeutungslos bezeichnen können.«[136]

Die Reichskreise und die Reichswehrverfassung

Der Westfälische Frieden hatte auch die Voraussetzungen dafür geschaffen, daß die Reichskreise wieder, wie bereits im 16. Jahrhundert, auf der Zwischenstufe zwischen Reich und Territorien wichtige überterritoriale Ordnungsaufgaben übernehmen konnten.[137] Ihre konkrete Funktionsfähigkeit entwickelte sich allerdings sachlich und regional recht unterschiedlich. Vor allem die Vorstellung, sie könnten – gar mit eigenem Kreisaufgebot – wirksam die Verteidigung des Reiches organisieren, erwies sich als Illusion, vor allem dort, wo militärisch starke Mittel- oder Großmächte dem Kreis angehörten, deren Hauptinteressen außerhalb des Kreisgebietes lagen und die ihre militärische Unabhängigkeit argwöhnisch hüteten.

Das galt etwa für Schweden, das gleich drei Reichskreisen angehörte: dem obersächsischen für Pommern, dem niedersächsischen für Bremen und Wismar und dem niederrheinisch-westfälischen für Verden.[138] Besonders schwierig war die Lage im niederrheinisch-

Plenarsitzung der dem Schwäbischen Reichskreis angehörenden geistlichen und weltlichen Stände im Ulmer Ratssaal

Zu den Reichskreisen, die gute Arbeit leisteten, indem sie territorialübergreifende Gemeinschaftsaufgaben in Angriff nahmen, zählt vor allem der Schwäbische Reichskreis.

Reichstaler als Gemeinschaftsprägung des Schwäbischen Kreises, 1694

Sicherung und Ordnung der Währung gehörten zu den wichtigsten Aufgaben der Kreise. Die Vorderseite dieses Talers trägt ein Schild mit dem Wappen des Schwäbischen Kreises, die Rückseite die Wappen der kreisausschreibenden Fürsten, des Bischofs von Konstanz und des Herzogs von Württemberg.

westfälischen Kreis, wo neben Schweden auch Brandenburg-Preußen, Hessen-Kassel und Braunschweig-Lüneburg massive Sonderinteressen verfolgten. Da die zivilen Angelegenheiten zusätzlich durch konfessionelle Gegensätze zwischen den zahlreichen katholischen Fürstbistümern und den protestantischen, vor allem den calvinistischen weltlichen Ständen belastet wurden, blieben im Nordwesten des Reiches die Kreisaktivitäten relativ schwach. In anderen Zonen sah es noch schlechter aus: Der habsburgische Kreistag trat nie und der kurrheinische erst 1679 zusammen, während der obersächsische bereits 1683 seine Arbeit einstellte. Dagegen entfalteten die Kreise in Schwaben und Franken eine beachtliche Ordnungs- und Verwaltungstätigkeit. Das waren Gebiete mit zahlreichen, meist kleinen Territorien und Herrschaften – über 100 allein in Schwaben, dazu 31 Reichsstädte. Hier war gegenseitige Hilfe geradezu lebensnotwendig.[139]

Die Kreise ernannten die Assessoren des Reichskammergerichts und trieben bei ihren Mitgliedern die zum Unterhalt dieses Gerichts bestimmte Steuer, den Kammerzieler, ein. Im Falle eines Reichskrieges hatten sie das Kontingent der dem Kreis zugehörenden Stände zu organisieren, sofern nicht die mächtigeren Stände ihre Armeen selbst in den Krieg führten. Im Vordergrund der auf das Kreisgebiet selbst bezogenen Aufgaben standen Fragen der inneren Sicherheit, der Wirtschaftsförderung sowie der Sozial- und Gesundheitsfürsorge. So sorgten die Kreistage und die Kreisdirektoren – einer oder zwei der einflußreichsten Fürsten, in deren Hand die alltägliche Verwaltung lag – für Koordination und Verbesserung im Polizei-, Rechts- und Gerichtswesen, für den Ausbau des Verkehrsnetzes, ein geordnetes und stabiles Münz- und Währungssystem, die Einrichtung und Überwachung von Handels-, Zoll- und Gewerbeordnungen sowie für Armen-, Alten- und Krankenanstalten.

Vor allem im Südwesten des Reiches übernahmen die Kreise und ihre Organe *staatliche* Funktionen.[140] In diesem Raum bildete sich also nicht nur innerhalb der Territorien frühmoderne Staatlichkeit heraus, obgleich mit dem Herzogtum Württemberg ein bedeutender Reichsstand dem Kreis angehörte, der als einer der beiden Direktoren Mitverantwortung für dessen Politik trug. In Südwestdeutschland waren die Einzelterritorien, die größeren wie die kleineren, zusammen mit den Reichsstädten in eine föderative Struktur eingebunden. Ihr obrigkeitlich-herrschaftliches Regiment, das sich im Zuge der frühneuzeitlichen Staatsbildung durchgesetzt hatte, wurde ergänzt durch das auf Absprache und Abstimmung basierende Politik- und Verwaltungsmodell der Kreise.

Das hatte Folgen für die politische Kultur der Deutschen. Die im 19. und 20. Jahrhundert nicht zuletzt aus einem Unterlegenheitsgefühl gegenüber den älteren National- und Einheitsstaaten in den Vordergrund gestellte absolutistische Tradition ist nur der eine Strang in der deutschen Geschichte. Der lockere Verfassungsorganismus des Reiches hatte staatlich-politische Organisationsformen sich entfalten lassen, die fast republikanisch anmuten – und zwar selbst in der hohen Zeit des höfischen Absolutismus. Neben den Reichsstädten, die die klassische Politiktheorie stets als Beispiel für republikanisches Leben im Reich nennt,[141] waren die Kreise Vertreter dieses Staatsmodells. Wie die einzelnen Provinzen in der republikanischen Union der Vereinigten Niederlande in der Generalität oder die Schweizer Kantone auf den Tagsatzungen zusammenwirkten und ein gemeinsames Staatsinteresse verfolgten,[142] so wirkten in bestimmten Zonen des deutschen Reiches die Kreisstände zusammen auf den Kreistagen und bei der dort beschlossenen gemeinsamen Gesetzes- und Verwaltungstätigkeit.

Titelkupfer der erstmals 1640 erschienenen Schrift »De Ratione Status in Imperio Romano Germanico« von Hippolithus a Lapide

Der Reichsadler wird von einem gekrönten Mann und einem Löwen – wahrscheinlich Habsburg und Bayern – sowie einem gewappneten Krieger – wahrscheinlich Spanien – angefallen. Der Reichspublizist Hippolithus a Lapide, alias Bogislaw Philipp von Chemnitz (1605-1678), gehörte zu den entschiedensten Gegnern der Habsburger. Um die Unabhängigkeit der Fürsten zu sichern, trat er für ein Reichsheer ein, das nicht dem Kaiser, sondern ausschließlich den Reichsständen unterstehen sollte.

Die Wiederbelebung der Kreise war zugleich Teil einer weitgreifenden Reaktivierung der *Reichswehrverfassung.* Angesichts der bitteren Erfahrung, daß auch nach dem »offtbesagten Münster- und Osnabrückischen Frieden-Schluß ... verschiedene gewaltsame Einbrüch wider Churfürsten und Stände des Reiches ... von andern im Krieg stehenden Parteyen de facto fürgenommen ... worden«, waren sich alle auf dem Regensburger »Verfassungsreichstag« vertretenen Reichsstände einig in dem Wunsch, »daß Heilig Römische Reich [möge] wider allen auswärtigen Gewalt und etwan herfürbrechende Empörungen auf alle Fäll gesichert und bey beständigem Ruhestand erhalten werden«.[143]

Die Frage, wie die Verteidigung konkret zu verbessern sei, führte jedoch zu nicht endendem Disput. Denn hier stießen wie eh und je die Interessen des Kaisers und der Reichsstände aufeinander. Zwanzig Jahre zuvor, im Prager Frieden von 1635, als es einen Moment lang so ausgesehen hatte, als ob der Krieg nicht lange dreißig Jahre würde dauern müssen, hatte Kaiser Ferdinand II. sich eine »kaiserliche Reichs-Armada« zusichern lassen. Obgleich den Ständen ein weitreichendes Kontrollrecht eingeräumt werden sollte und die weiteren Kriegsereignisse diesen Plan rasch zunichte gemacht hatten, war bereits dieser Schemen eines Reichsheeres von den antihabsburgischen Reichspublizisten heftig attackiert worden: So hatte Hippolithus a Lapide, alias Bogislaw von Chemnitz, ein lutherischer Theologe in holländischen, später schwedischen Diensten, der wohl berühmteste, mit Sicherheit bösartigste unter ihnen, 1640 klar und deutlich zu verstehen gegeben, daß ein »stehendes Heer nicht nur dem Namen nach ›des Heiligen Römischen Reiches Heer‹ heißen [darf] ..., sondern es muß auch tatsächlich ein solches sein und vom Reich und den Ständen wirklich und uneingeschränkt abhängen«. Der Kaiser könne zwar formell Oberbefehlshaber werden, »aber er darf ohne Befehl der Stände ... gegen niemanden die Waffen erheben«.[144]

Indem er den Kaiser in Fragen der Außen- und Kriegspolitik an die Zustimmung des Reichstages band, hatte der Westfälische Frieden diesen Wunsch in der Reichsverfassung verankert. Es war daher wahrscheinlich, daß die Stände auf dem Regensburger »Verfassungsreichstag« gerade bei der Frage der Wehrorganisation für Zugeständnisse zu gewinnen waren, und in der Tat einigte man sich, die 1555 beschlossene und danach mehrmals veränderte Exekutionsordnung wiederherzustellen.[145] Sie basierte auf der Zuständigkeit der Kreise und ihrer Kreisobersten sowohl für die Friedenswahrung im Innern als auch für die Bereitstellung der notwendigen Kontingente für die Verteidigung nach außen. Damit die Funktionsfähigkeit dieses Systems nicht noch einmal zusammenbrach, legte man ausdrücklich fest, »kein Churfürst oder Stand, noch derselben Unterthanen [sei davon] zu eximiren«.[146]

Diese Bestimmung klang zwar gut, war aber in einem ganz speziellen Sinn gemeint. Den Ständen, sonderlich den größeren unter ihnen, die eine eigene Armee aufgebaut hatten, ging es um eine reichsrechtlich sanktionierte Handhabe, ihre Untertanen zur Rekrutierung und Finanzierung des »miles perpetuus«, wie die Zeitgenossen die frühen stehenden Heere nannten, heranzuziehen. Denn nach herkömmlichen Rechtsvorstellungen war das »Land« nur bei akuter Kriegsgefahr dem Fürsten zu militärischer Hilfe mit Geld oder Waffendienst verpflichtet. Hier wies nun die in Regensburg beschlossene Neufassung der Reichskriegsverfassung den Landesherren den entscheidenden Ausweg: »Landsassen, Unterthanen und Bürger« wurden verpflichtet, »zu Besetz- und Erhaltung« der ihren Landesherren »zugehörigen nöthigen Vestungen, Plätzen und Guarnisonen ... mit hülfflichem Beytrag gehorsamlich an Hand zu gehen«. Darüber hinaus wurden die Reichsgerichte angewiesen, in allen Fragen der Militärlasten keine Klagen aus den Territorien anzunehmen, sondern den sofortigen Gehorsam zu verfügen.[147]

Wie bereits im 16. Jahrhundert, als die Landesherren die Reichssteuer dazu genutzt hatten, in ihren Territorien das eigene neuzeitliche Steuerrecht durchzusetzen,[148] so führte auch im 17. Jahrhundert die Reform der Reichswehrverfassung in erster Linie zu einer Festigung der Einzelstaaten. Denn die Wehrsteuerhoheit lag nun endgültig in der Hand der Fürsten, und es wurde reichsrechtlich sanktioniert, daß die gesamte Wehrorganisation innerhalb der Einzelterritorien erfolgt war und weiterhin erfolgen sollte. Die außerordentliche Rolle, die das Militärwesen in den größeren Territorien im weiteren Verlauf des 17. und im 18. Jahrhundert spielte, stärkte die moderne Staatlichkeit der Territorien erneut entscheidend. Die Untertanen konnten keine Rechtshilfe erwarten, wenn ihr Landesherr ihre Stadt zur Festung erklärte und Handel und Wandel dadurch zum Erliegen kamen oder wenn – wie bald in Brandenburg-Preußen – die Bauernsöhne bestimmter Distrikte zur Armee gepreßt wurden.

Damit hatten die Stände 1654 die »patriotische« Pflicht, die gesetzlichen Grundlagen für eine effektive Verteidigung des Reiches zu schaffen, geschickt auf die Mühlen des absolutistischen Fürsten- und Militärstaates gelenkt. Das kam vor allem dem Kurfürsten von Brandenburg direkt zustatten, der eben jetzt mit seinen märkischen und ostpreußischen Landständen in heftige Auseinandersetzungen um den Unterhalt des *miles perpetuus* verwickelt war. Der Brandenburger war es auch, der vier Jahre später für die Ausweitung dieser proabsolutistischen Bestimmungen in der Reichsverfassung sorgte. Auf Betreiben des Großen Kurfürsten kam in die Wahlkapitulation für Kaiser Leopold I. ein Passus, der den Landständen das Selbstversammlungsrecht sowie jegliche »Disposition über die Landsteuern« nahm und ihnen zugleich auch in diesen Angelegenheiten den Weg zu den Reichsgerichten versperrte.[149]

Ende der siebziger Jahre unternahm der Kaiser nochmals einen Anlauf zu einer tiefergreifenden Reform der Reichswehrverfassung. Angesichts der Schwäche, die das Reich im Holländischen Krieg Ludwigs XIV. gezeigt hatte, und der sich erneut zuspitzenden Türkenbedrohung ging es darum, die Schlagkraft des Reichsheeres zu verbessern. Es mußte schneller verfügbar und einheitlicher sein. Das Ergebnis war die sogenannte Reichsarmatur von 1681. Diese sah ein einfaches Reichsaufgebot von 40 000 Mann vor, 12 000 zu Pferd, davon 2 000 Dragoner, und 28 000 zu Fuß.[150] Finanzierung und Aufstellung wurden den Kreisen übertragen, die selbst entscheiden konnten, wie sie ihren jeweiligen Anteil am Heer aufbringen und die Lasten auf die einzelnen Kreisstände verteilen wollten. Die mit Modifikationen seit anderthalb Jahrhunderten gültige einheitliche Reichsmatrikel von 1521 fiel nun weg zugunsten mehrerer Kreismatrikeln, die sich allerdings nach der alten Gesamtmatrikel richteten. An die Stelle der einen schwerfälligen Reichskriegskasse waren zahlreiche flexiblere und daher effektivere Kreiskriegskassen getreten. Nachdem sich gezeigt hatte, daß eine einheitliche Reichsarmee nicht aufgestellt werden konnte, wurde die Verteidigung des Reiches entschlossen auf die Reichskreise abgestellt. Das war eine Lösung, die zwischen dem Zentralismus einer kaiserlichen Armee und der vollständigen Dezentralisierung zugunsten der reichsständischen, einzelstaatlichen Armeen lag.[151]

Das entsprach den logistischen Möglichkeiten des Zeitalters, das selbst absolutistische Zentralstaaten wie Frankreich zu regionalen Untergliederungen zwang. Wegen der im damaligen Europa einzigartigen Großräumigkeit und der besonderen föderalen Struktur des Reiches war diese zeittypische Notwendigkeit in Mitteleuropa besonders dringlich. Die neue Reichswehrverfassung hat dann auch wirklich die Verteidigungsbereitschaft mancher Kreise verbessert. Vor allem die Kreise im Südwesten stellten tatsächlich einheitliche Kontingente zusammen und unterhielten zentrale Kriegskassen. Auf der Wende zum 18. Jahrhundert gelang es sogar, im Frankfurter Assoziationsrezeß von 1697 die Verteidigungsanstrengungen aller fünf westlichen Reichskreise zu koordinieren. Auf die Bedrohung von Westen durch Ludwig XIV. und Frankreich war die neue Reichswehrverfassung also eine durchaus richtige Antwort.

Kaum weniger bedeutsam war die allgemeine Kräftigung des politischen und verfassungsmäßigen Lebens der Kreise durch diese erweiterte militärische Aufgabenstellung. Erst jetzt war die 1648 beschlossene Wiederbelebung der Reichskreise abgeschlossen. Wo sie funktionierten, waren die Kreise nun führend an den politischen Aufgaben des Reiches beteiligt.

Wie alle Aufgaben des Alten Reiches, so hatte auch die Reichswehrverfassung dort ihre Schwierigkeiten und Grenzen, wo die

Eigeninteressen einflußreicher Reichsstände ins Spiel kamen. Wo Mittel- und Großstaaten, die ein eigenes Heer unterhielten, im Kreis den Ton angaben, schlug die Reform in ihr Gegenteil um. Das Kreisheer, das den Kaiser unabhängig vom guten Willen einzelner Fürsten machen sollte, wurde hier von den stehenden Heeren der Großterritorien aufgesogen. Denn als Konsequenz der Neuordnung von 1681 bildete sich der Usus heraus, daß die größeren Stände die kleineren gegenüber dem Reich »vertraten«, das heißt, sie stellten deren Kontingent an Soldaten für die Reichsarmee und wickelten teilweise auch deren Steuerzahlungen ab. Auf diese Weise entstanden zwei Klassen von Staaten – die »Armierten«, wie die Mittel- und Großstaaten mit einem stehenden Heer genannt wurden, und die »Nichtarmierten«, das heißt Territorien, die sich dem Reich gegenüber von den Armierten vertreten ließen.

Das war ein Rationalisierungs- und Spezialisierungsschub, wie er während der Frühneuzeit in so vielen Lebensbereichen eintrat. Es war natürlich effektiver, den Großen größere Heere zuzugestehen als jeden der zahlreichen Duodezfürsten ein kleines Kontingent zur Reichsarmee schicken zu lassen. Der zunächst nur wehrtechnische Unterschied zwischen Armierten und Nichtarmierten erlangte indes bald weit über das Wehrwesen hinaus allgemeines politisches Gewicht. Denn die mit dem Vertretungsprinzip verbundene Arbeitsteilung machte sich für die Großen in doppelter Weise bezahlt: Zum einen führte sie zu Erleichterungen in der Finanz- und Militärwirtschaft, weil regelmäßig »Vertretungsgelder« flossen und das Gebiet der nichtarmierten Partner darüber hinaus für die Rekrutierung von Soldaten offenstand. Zum anderen konnte aus dem Kreis der militärisch vertretenen Kleinstaaten mit der Zeit eine politische Klientel werden, die das Gewicht der Vormacht im Reich und in Europa verstärkte. So war es im Falle Brandenburgs.

Der Kaiser als Reichsoberhaupt – nicht Österreich, das als armierter Stand ja ebenfalls von den Rationalisierungsvorteilen profitierte – war bei diesem Effekt der Reform mehr denn je auf den guten Willen der mächtigen Reichsfürsten angewiesen, ihm und dem Reichsheer mit der Schlagkraft ihrer Staatsarmeen zu dienen. Und auch politisch verlor er auf lange Sicht an Einfluß, weil sich die vertretenen, nichtarmierten Klein- und Kleinststaaten zunehmend weniger dem Reich als dem armierten »Klientelherrn« verpflichtet fühlten, der sie gegenüber dem Reich vertrat. Wirklich zum Tragen kam das aber erst im zweiten Viertel des 18. Jahrhunderts, während der Kaiser im ausgehenden 17. Jahrhundert von der gegen Türken und Franzosen er-

Brandenburgische Soldaten aus dem ersten stehenden Heer des Großen Kurfürsten - Musketiere, Kanoniere, Fahnenträger, Militärmusiker, Offiziere zu Pferd und zu Fuß

folgreichen Reichsverteidigung profitierte und an Ansehen gewann.

Als erster der deutschen Staaten besaß Brandenburg-Preußen ein stehendes Heer, das rasch ausgebaut wurde - von 8 000 Soldaten im Jahre 1660 über 31 000 Soldaten im Todesjahr des Großen Kurfürsten 1688, auf 83 000 in der Regierungszeit des Soldatenkönigs. Österreich zog natürlich nach, allerdings nicht in der planvollen, vom Herrscher persönlich bestimmten Art wie in Preußen, sondern als Antwort auf die konkreten politischen und militärischen Aufgaben. Nach Abschluß des Dreißigjährigen Krieges blieben zunächst nur wenige Regimenter erhalten, die über die folgenden Jahrzehnte hin zu einem stehenden Heer um- und ausgebaut wurden. Prinz Eugen konnte auf der Wende zum 18. Jahrhundert schließlich über 60 Regimenter, dazu über Artillerie und weitere Hilfskontingente verfügen.

Nach 1681 weitete sich der Kreis der Armierten rasch aus, weil die Armee zum Zeichen der reichspolitischen Eigenständigkeit geworden war. So armierten sich in rascher Folge die Kurfürstentümer Sachsen, Bayern, Mainz, Köln und Trier sowie die Fürstentümer Braunschweig-Wolfenbüttel, Hessen-Kassel, Hessen-Darmstadt, Sachsen-Gotha, Münster, Würzburg und Salzburg. Die Truppenstärken blieben jedoch bescheiden bis ins zweite Drittel des 18. Jahrhunderts hinein, in den meisten kleineren Territorien auch darüber hinaus. Sachsen, wo nach Ende des Dreißigjährigen Krieges nur eine Leibgarde und eine kleine Truppe für die höfische Repräsentation erhalten geblieben waren, stellte 1682 ein Heer von 10 000 Mann auf, das bis 1733 auf 30 000 Soldaten anwuchs.

Die bayrische Armee war unter Kurfürst Ferdinand Maria (1651/1654-1679) bis zu 16 000 Mann stark, ohne aber bereits im vollen Sinne ein stehendes Heer zu bilden. Bis zu Beginn des 18. Jahrhunderts wuchs sie auf 28 000 Soldaten an. Von der Katastrophe zu Beginn des Spanischen Erbfolgekrieges, in der es fast ganz aufgerieben wurde, erholte sich das bayrische Heer nur sehr langsam. Die armierten geistlichen Territorien unterhielten noch weit kleinere Armeen - Würzburg, eines der größten unter ihnen, zwischen 2 500 und 3 000 Mann, was rund ein Prozent der Bevölkerung ausmachte, während Preußen und das wegen seines Soldatenhandels berüchtigte Hessen-Kassel zur gleichen Zeit bereits Truppenstärken bis zu vier Prozent der Bevölkerung erreichten. Den Herzögen von Württemberg blieb der Eintritt in die neuentstandene obere Etage der Reichsfürsten bis ins 18. Jahrhundert hinein versperrt. Denn die Stände beriefen sich auf den Buchstaben der Reichsarmatur von 1681 und zahlten nur für die Truppen des Schwäbischen Kreises. Erst als das Land

Anfang des 18. Jahrhunderts im Spanischen Erbfolgekrieg hart bedrängt wurde, gelang es Herzog Eberhard Ludwig 1724, den Widerstand zu brechen und ein kleines Kontingent stehender Truppen durchzusetzen. Erst Karl Eugen, der berüchtigte »Vater« der Karlsschule, jener Stuttgarter Eliteanstalt, auf der der junge Schiller studierte, erhöhte die Truppenstärke der württembergischen Armee von 3 000 auf 12 000 Mann. Für kurze Zeit besaßen selbst Kleinterritorien wie Paderborn und Lippe eigene Truppen – und traten damit in die erlauchte Gesellschaft der Armierten ein. Hier wie auch bei manchem mittleren Territorium diente die eigene Armee weniger der militärischen Schlagkraft als dem außenpolitischen Prestige und der Machtdemonstration nach innen.[152]

Für den Zusammenhalt, die Einheit Deutschlands, war die 1654 und 1681 reformierte Reichswehrverfassung problematisch, denn sie »hat die militärische Kraft des Reiches ... mehr gespalten als vergrößert«.[153] Den Gewinn hatten die Einzelstaaten; wo die inneren Voraussetzungen gegeben waren, nutzten die Fürsten den neuen Handlungsspielraum entschlossen, um ihre Staaten nach innen und außen systematisch zu festigen. So ließ sich die Basis für einen späteren Absprung in den Kreis der europäischen Großmächte vorbereiten. Das gilt für den brandenburgischen Kurfürsten ebenso wie für den habsburgischen Kaiser, der den Verlust an unsicheren Kompetenzen im Reich allemal aufgewogen sah durch den Gewinn an machtpolitischer Stabilität in den Erblanden. Das war nun bereits ein altes Spiel. Nachdem über Jahrhunderte hin alles auf die Staatsbildung in den Territorien hinausgelaufen und Macht zum Signum des frühmodernen Staates geworden war, konnte in Deutschland das Militärwesen zuallerletzt als Motor einer Einheit wirken, wie sie die westeuropäischen Nationalstaaten entwickelt hatten.

Die Reichswehrverfassung darf daher nicht vorrangig danach beurteilt werden, ob sie die Einheit der Deutschen förderte oder schwächte. Die mittelalterlich feudalen, das heißt personalen Bande hatten auch im Reich an Bedeutung verloren. An ihrer Stelle mußte die Interessenallianz der neuzeitlichen Einzelstaaten zur wichtigsten Klammer des deutschen Reiches werden. So war es konsequent, daß diesen Einzelstaaten auch bei der gemeinsamen Verteidigung eine tragende Rolle zufiel. Immerhin war es für den überterritorialen Zusammenhalt außerordentlich wichtig, daß in den Zonen, in denen dominante Großterritorien fehlten, die Zwischenebenen der Kreise entscheidend gestärkt worden waren. Die 1654 und 1681 durchgeführte Reform des Reichskriegswesens war somit durchaus zweckmäßig. Wieder einmal war aus dem Interessenkonflikt zwischen Kaiser und Reich eine Lösung hervorgegangen, die nach Lage der Dinge so schlecht gar nicht war.

In den äußeren Bedrohungen, denen Deutschland im letzten Drittel des 17. Jahrhunderts im Westen durch die Franzosen und im Südosten durch die Türken ausgesetzt war, sollte sich dieses System dann auch bewähren – nicht brillant und nicht ohne Verluste, sondern als zäh erarbeitetes und erlittenes Werk der Einigung auf ein gemeinsames Minimalinteresse, das stabil begründet war im »egoistischen« Einzelinteresse der deutschen Teilstaaten. Die Verteidigung des Reiches war keine Institution, kein System, sondern ein Prozeß, eine Aufgabe, auf die man sich jeweils neu einigen mußte.

Vor allem beim Kaiser setzte das politisches Gespür und Verhandlungsgeschick voraus. Wellen des Reichspatriotismus, wie sie im letzten Drittel des 17. Jahrhunderts von der Franzosen- und Türkengefahr ausgelöst wurden, erleichterten ihm diese Aufgabe. In solchen Zeiten ließ sich die gemeinsame Verteidigung erfolgreich organisieren, inspiriert und angeführt durch den Kaiser und getragen sowohl von den armierten Einzelterritorien als auch von den funktionsfähigen Kreisen.

Daß ein weiteres halbes Jahrhundert später die Reichsarmee kläglich versagte, steht auf einem anderen Blatt und erklärt sich aus einer ganz anderen Konstellation. Im Siebenjährigen Krieg stand eine personell und strukturell verkarstete Reichsarmee, die vom Ruhm vergangener Tage zehrte, den jungen, zu allem entschlossenen Armeen des skrupellosesten unter den Reichsfürsten gegenüber – und wurde bei Roßbach zur vielverspotteten »Reißausarmee«. Von der preußischen Propaganda geschickt ausgeschlachtet und bis ins politische Volkslied hinein popularisiert,[154] prägte dieses Versagen das Bild vom Kriegswesen des Alten Reiches bis in unsere Tage hinein – aufs Ganze gesehen zu Unrecht.

Das Alte Reich und die historisch-politische Kultur der Deutschen

So war das Alte Reich, das nach Ansicht der Zeitgenossen »den Ehrenvorzug vor allen und jeden Staaten in ganz Europa« hatte,[155] ein altertümliches, aber erstaunlich stabiles Haus – »ein dauerhaftes gothisches Gebäude, das eben nicht nach allen Regeln der Baukunst errichtet ist, in welchem man aber sicher wohnet«, wie es noch 1795 gerühmt wurde,[156] als der einst scheinbar so überlegene absolutistische Königsstaat der Franzosen bereits der Vergessenheit anheimfiel. In der frühen Neuzeit – zuerst 1555, dann nochmals 1648 – hat man das aus dem Mittelalter überkommene Haus von Grund auf renoviert und modernisiert – soweit das nicht mehr veränderbare Grundgemäuer es zuließ. Dadurch wurde es in den Stand gesetzt, für seine Bewohner die wichtigsten Funktionen zu erfüllen, die sie von dem gemeinsamen Haus erwarteten. Zu einem modernen Staatsgebäude, das den Regeln der neuzeitlichen Lehre von der politischen Organisation entsprach, ließ es sich indes nicht mehr umbauen. Denn in seinen Mauern herrschte nicht das Prinzip einer einheitlichen, ungeteilten Souveränität; und unter seinem Dach lebte weiterhin eine Vielzahl von Völkern – das Alte Reich darf nicht mit dem nationalen Reich der Deutschen im 19. und 20. Jahrhundert verwechselt werden. Seine Geschichte geht nicht auf in der Vorgeschichte irgendeines der späteren deutschen Staaten.

Seit seiner Renovierung hatte das »gothische Haus« mehrere gut ausgebaute Stockwerke. Das Untergeschoß war weitläufig, verwinkelt und in viele Wohnungen aufgeteilt, die in Größe, Einrichtung und Besitzstand sehr unterschiedlich waren – von den am komfortabelsten und modernsten ausgestatteten Behausungen der Großterritorien mit europäischem Ansehen bis hin zu den vielen Reichsrittern und kleinen, politisch wie wirtschaftlich unbedeutenden Reichsstädtchen, die in archaischen Gewölben ihr Dasein fristeten. Nachdem im 18. Jahrhundert eine Reihe von Zusammenlegungen stattgefunden hatte, zählten die Behausungen der Reichsstände 1792, als zum letzten Mal eine Liste der reichstagsfähigen Stände aufgestellt wurde, noch nach Hunderten – acht für die Kurfürsten, 94 für die Fürsten, 141 für Prälaten oder Grafen, 51 für Reichsstädte, die vom Reichstag ausgeschlossenen Ritter gar nicht mitgerechnet.[157] Erst die umstürzende Modernisierung der Napoleonischen Zeit, die den »Flickenteppich«, wie die Kritiker die politische Landkarte des Alten Reiches gerne nannten, beseitigte, schuf für einige wenige dieser alten Territorien, die entscheidend vergrößert und arrondiert wurden, die Voraussetzung für eine eigenständige Staatlichkeit. So zum Beispiel im Südwesten, wo aus den 600 kleinstaatlichen Gebilden des Alten Reiches die beiden zusammenhängenden Flächenstaaten Baden und Württemberg entstanden.[158]

Die Vielzahl politischer Behausungen des Untergeschosses wurde von weiteren Geschossen überwölbt und zusammengebunden. In ihnen war das Reich mit seinen Institutionen angesiedelt und nahm eine Reihe von Aufgaben für alle Hausgenossen wahr. In einer Zwischenetage, dem Mezzaningeschoß der Barockarchitektur vergleichbar, residierten die Reichskreise, zuständig für bestimmte benachbarte oder sonstwie zusammengehörende Einheiten des untersten Geschosses. Sie erledigten diejenigen Gemeinschafts- und Versorgungsaufgaben, die gegenseitige Abstimmung und Unterstützung voraussetzten. Die Ausstattung dieser Zwischenetagen war bescheidener als die des Grundgeschosses, und es gab weniger Lebensluft. Das Obergeschoß wurde vom Reich im engeren Sinne gebildet, das die Kreise und die Territorien überwölbte und ihnen ein zusammenhaltendes und schützendes Dach bot. Hier wohnten und wirkten die drei wichtigsten Gesamtinstitutionen – der Kaiser, der Reichstag und die Reichsgerichte.

Einen Hausherrn gab es nicht; alle Bewohner waren Eigentümer, natürlich nicht das Volk, aber die Herren, vom König über die Fürsten bis hinab zu den Ratsherren der Reichsstädte. Wo im weitläufigen Untergeschoß ein starker Fürst residierte, der in seinem Bereich die frühmoderne Staatlichkeit auszubauen vermochte, hatten die Institutionen der oberen Etagen, die Kreise, der Kaiser und das Reich, wenig mitzureden, wenn sie ihren Einfluß auch nie ganz verloren. Anders verhielt es sich mit den Herren von geringerem Stand und wenig Mitteln; sie gelangten nicht zu voller frühmoderner Staatlichkeit und mußten sich demzufolge häufiger das Eingreifen und das Mitregiment der Kreise, des Reiches oder des Kaisers gefallen lassen.

Die Aufgaben, die ein neuzeitlicher Staat übernehmen mußte, wurden hauptsächlich im Untergeschoß erledigt. Doch auch die Kreise und das Reich nahmen in Absprache und in Zusammenarbeit mit ihnen modernstaatliche Aufgaben wahr, nämlich solche, die der Erhaltung von Ruhe und Ordnung innerhalb des Hauses sowie seiner Sicherung und Verteidigung nach außen dienten. Für seine katholischen Bewohner hatte das Reich darüber hinaus auch noch religiöse und kirchenrechtliche Funktionen, nämlich in Gestalt der Reichskirche mit dem Kaiser als ihrem Oberhaupt.

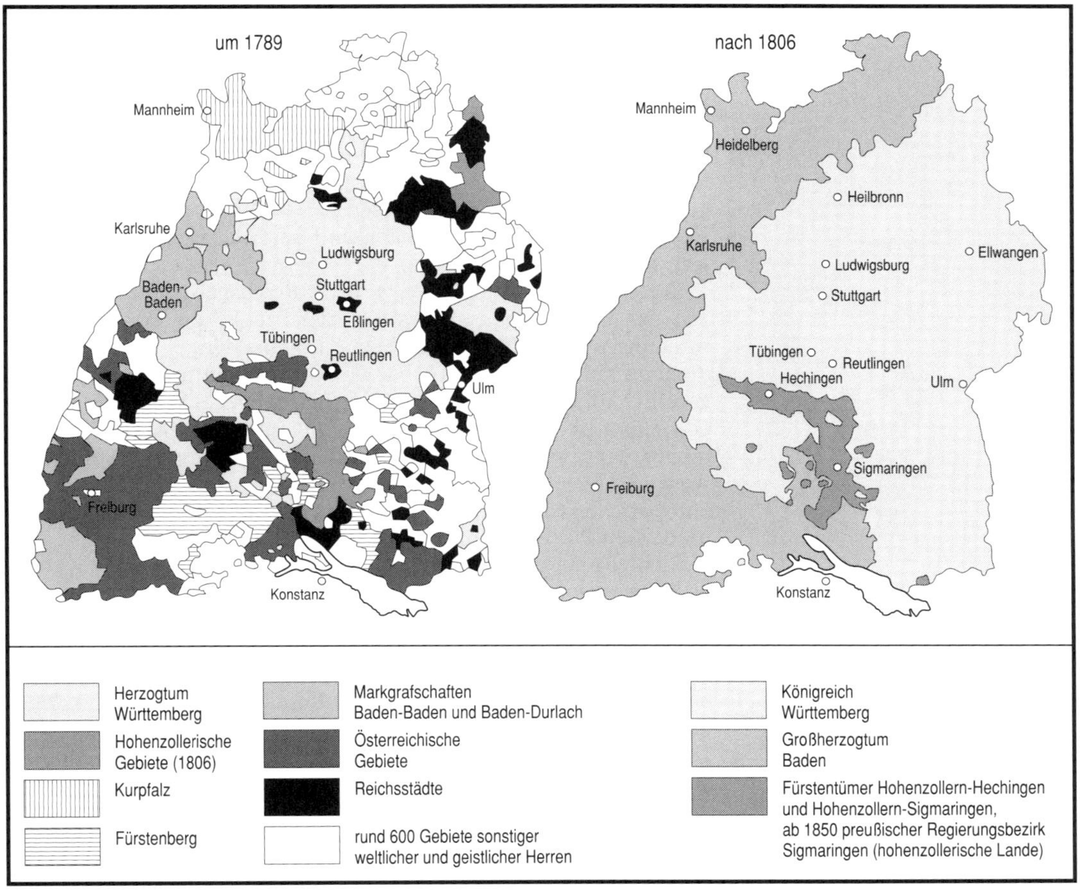

Der Flickenteppich im Südwesten während der letzten Phase des Alten Reiches und die Neuordnung in der Napoleonischen Ära

Die neuentdeckte Geschichte des Alten Reiches legt Traditionen der historisch-politischen Kultur bloß, die lange verschüttet waren. Die Publizisten und Historiker, die die Schwäche des Alten Reiches herausstrichen, um den Egoismus der Partikularstaaten zu rechtfertigen oder – im 19. Jahrhundert – den starken Nationalstaat zu fördern, haben die »Tugenden« der alten Verfassung kräftig verspottet und diskreditiert. Hinzu kam das Unverständnis für die Bedingungen und Bauprinzipien der alteuropäischen Politikordnung, das sich aus dem erst im 19. Jahrhundert entstandenen, dann aber ganz und gar die Vorstellungen der Historiker dominierenden Anstaltsstaat ergab. In der neuen, von solchen verfälschenden Bewertungsmaßstäben freien Sicht können die vermeintlichen Schwächen der Alten Ordnung wieder als Tugenden gelten, jedenfalls ein Teil von ihnen. Denn sie dokumentieren eine historisch-politische Kultur, auf die es sich zu besinnen lohnt, nachdem die verspätet und aggressiv vollzogene Nationalstaatwerdung des 19. Jahrhunderts in die Katastrophe geführt hat.

Da ist zunächst die militärisch-kriegerische Tradition. In der partikular- und nationalstaatlichen Variante ist sie aggressiv, offensiv, unterdrückend nach innen wie nach außen. Für den preußischen

Militärstaat des 18. und 19. Jahrhunderts ist das allbekannt; es gilt aber genauso für den habsburgischen Militarismus und für manchen der deutschen Mittelstaaten, besonders beunruhigend im Fall Hessen-Kassels, das Preußen auf schmaler Grundlage imitierte. Die militärische Räson des Reiches war dagegen ganz und gar defensiv und auf Konsens angelegt, sowohl hinsichtlich der sie tragenden Kräfte als auch in der Zielsetzung. Es war reichsgrundgesetzlich festgelegt, daß das Reich friedfertig war und keine außenpolitische Expansion entwickelte. Fähigkeit und Bereitschaft zur Verteidigung waren dennoch gewährleistet.

Der Regensburger Reichstag und die Reichsgerichte waren Instanzen des Interessenausgleichs und der friedlichen Konfliktregulierung, die ungeachtet ihrer unbestreitbaren Mängel Beachtung verdienen als ein historisches Modell für die Schlichtung politischer und gesellschaftlicher Gegensätze. Am Reichstag, der vornehmsten der europäischen Ständeversammlungen, entwickelten sich darüber hinaus ein regulärer Geschäftsgang sowie Formen der politischen Auseinandersetzung und Öffentlichkeit, die zwar ganz und gar alteuropäischen Charakters waren, aber dennoch zur Vorgeschichte des modernen Parlamentarismus gehören.

Richtet man den Blick auf das Ganze des Reiches, dann werden auch die absolutistischen Traditionen relativiert. Denn der Absolutismus setzte sich nur in den Groß- und einigen Mittelterritorien durch, während in einer Reihe von mittleren und in den kleineren Territorien, die die politische Kultur des Alten Reiches nicht weniger prägten als jene, die Beteiligung der Repräsentanten des Landes in der einen oder anderen Form erhalten blieb. In den vielen geistlichen Territorien war das geradezu ein Strukturmerkmal, da dort Domkapitel oder Konvente Mitträger der Herrschaft waren, was jedesmal unübersehbar hervortrat, wenn der Fürstbischof oder Fürstabt starb. Und vor allem gab es in den Reichsstädten und in den Kreisen ein öffentlich-politisches Leben, das im alteuropäischen Sinne republikanische Züge trug. Somit gehört das Reich im Zeitalter der Höfe und Allianzen zu jenen Zonen, in denen vor- und antiabsolutistische Formen des politischen Lebens erhalten blieben, während von Ausnahmen abgesehen rundum in Europa der Absolutismus triumphierte. Die Gebiete im Süden und Westen, wo diese antiabsolutistischen Traditionen besonders stark waren, entwickelten sich nicht von ungefähr zu einem sogenannten »dritten Deutschland«, das später einen eigenen Weg suchte – unabhängig von den absolutistischen obrigkeitsstaatlichen Traditionen Österreichs und Preußens.

Vergleicht man den Reichstag mit dem englischen Parlament und das republikanische Leben in den Reichsstädten und den funktionierenden Reichskreisen mit demjenigen in den alteuropäischen Republiken Venedig, Schweiz und Niederlande, dann tritt allerdings ein Unterschied hervor: Auf den Reichs- und Kreistagen waren es die Regierungen, und zwar meist Fürsten, und nicht die Untertanen oder die Bevölkerung, die das republikanische Politikmodell trugen. Es spricht indes einiges dafür, daß dies eher ein vordergründiger und kein qualitativer Gegensatz zu den alteuropäischen Ständerepubliken war. Der verfassungsrechtlich klare Gegensatz zwischen der genossenschaftlichen Koordination durch die Fürsten und Obrigkeiten in Deutschland einerseits und der direkten Beteiligung der städti-

Sitzung des Rates in der Freien und Reichsstadt Köln, Kupferstich aus dem Jahre 1660 in einem bei Gerhardt Altzenbach in Köln verlegten Almanach

Neben den absolutistischen Fürstenstaaten gab es im Reich eine Vielzahl von republikanischen Gemeinwesen, die nach vorabsolutistischen Traditionen oligarchisch-korporativ regiert wurden.

schen und ländlichen Gemeinden in den Niederlanden und der Schweiz andererseits, dieser Gegensatz verliert an Schärfe, wenn man das konkrete Funktionieren des höfischen Absolutismus beachtet.

Da auch im Absolutismus Regierung und Verwaltung durch eine mehr oder weniger breit angelegte Politikelite mitgetragen wurden, trat der verfassungsmorphologische Gegensatz in der gesellschaftlichen und politischen Realität in den Hintergrund. Das war um so mehr der Fall, als auch die Stände in den Niederlanden und die Politikelite in den Kantonen der Eidgenossenschaft nicht in modern-staatlichem Sinn demokratisch legitimiert waren, sondern in einem alteuropäischen Herrschaftsverständnis. Die niederländischen Generalstaaten waren kein nach allgemeinem, gleichem Wahlrecht zusammengesetztes Gremium, sondern Gesandte der Provinzialstände, die sich ihrerseits sehr unterschiedlich rekrutierten. In den Binnenprovinzen war der Adel sehr stark. Selbst in den Seeprovinzen war es nicht das Stadtbürgertum als solches, das auf den Provinzialtagen vertreten war, sondern das bürgerlich-aristokratische Regentenpatriziat – genau wie bei der Vertretung der Reichsstädte auf den deutschen Kreistagen. In der Schweiz war es nicht anders, wenn man etwa an die Rolle des Berner Patriziats im großen Landgebiet dieser Stadtrepublik denkt.

4. Die Territorien zwischen Reichsstandschaft und frühmoderner Staatlichkeit

Alle Fragen nach dem Staats- und Verfassungsrecht des Alten Reiches enden letztlich bei der Spannung zwischen frühmoderner Staatlichkeit in den Einzelterritorien und vormoderner, überstaatlicher Existenz des Reiches. Diese Dualität war das Ergebnis einer langen Geschichte. Es bedeutete somit Leistung und nicht Versagen der Mitte des 17. Jahrhunderts in Osnabrück, Münster und Regensburg versammelten Politiker, daß sie diese Spannung als architektonische Grundgegebenheit akzeptierten und zum Bauprinzip des Reiches im Zeitalter der Höfe und Allianzen machten. Es war historisch konsequent, wenn sie die letzten Hindernisse auf dem Weg zur staatlichen Eigenständigkeit der deutschen Territorien unter dem Dach des Reiches beseitigten. Die im späten Mittelalter einsetzende und im »langen 16. Jahrhundert« mächtig voranschreitende territoriale Staatsbildung konnte in ein neues Stadium eintreten.[159]

Superiorität und Bündnisrecht

Das Osnabrücker Friedensinstrument übertrug den Fürsten zwei grundlegende Rechtskomplexe: das *ius territorii et superioritatis,* das den Landesherren in ihren jeweiligen Territorien die Gewalt in allen geistlichen und weltlichen Dingen zusprach, und das Bündnisrecht, das »den einzelnen Ständen« (singulis statibus) die Freiheit gab, »zur Selbstbehauptung und Sicherheit untereinander und mit ausländischen Staaten Bündnisse abzuschließen«.[160] Das Superioritätsrecht bezog sich auf das Innere der Territorien und rundete hier die im Mittelalter begonnene und im »langen 16. Jahrhundert« entscheidend ausgebaute Landeshoheit der deutschen Fürsten ab. Das Allianzrecht war neu, jedenfalls als formell anerkanntes Privilegium. Es eröffnete den Reichsständen ganz neue Handlungsspielräume im europäischen Mächtekonzert.

Für das neuzeitliche Staatsrecht, das seit Jean Bodin die höchste Gewalt im Staat als Souveränität qualifiziert, stellte und stellt sich die Frage, ob die deutschen Einzelstaaten die volle Souveränität erlangt haben.[161] Das Problem ist inhaltlich und semantisch vielschichtig und läßt nicht ein einfaches Ja oder Nein als Antwort zu. So sahen es auch die Zeitgenossen. Selbst die französischen Juristen, die sonst auf die Eindeutigkeit der Souveränitätskategorie größten Wert legten, wußten, daß sich die staats- und verfassungsrechtlichen Verhältnisse im Reich nicht mit dem gängigen Schema erfassen ließen.[162]

Inhaltlich ist zwischen äußerer und innerer Souveränität zu unterscheiden. Die volle äußere Souveränität stand für die Territorien des Alten Reiches nie zur Debatte, auch nicht für die wenigen, die schließlich vollentfaltete Einzelstaaten wurden. Denn das fürstliche Bündnisrecht blieb ausdrücklich eingeschränkt und durfte sich nicht gegen Kaiser und Reich oder gegen den Landfrieden richten. Über dem außenpolitischen Bündnisrecht stand die Lehnspflicht und damit ein innerstaatliches Rechtsband. Was die innere Souveränität anbelangt, so war in Deutschland Mitte des 17. Jahrhunderts mit einer historisch gewachsenen sprachlichen Doppeldeutigkeit zu rechnen, die dadurch verstärkt wurde, daß in der lateinischen Fassung der Bodinschen Lehre zwei Begriffe für das französische »droit de souveraineté« zu finden waren, nämlich »majestas« und »superioritas«.[163]

Die Verwendung von »superioritas« oder – eingedeutscht – Superiorität machte innerhalb des Reiches keine Schwierigkeiten, weil das ein unabhängig von Bodin und seiner neuen Souveränitätslehre eingeführter Begriff war. Bereits im 16. Jahrhundert konnten selbst kleinere Landesherren unterfürstlicher Qualität, wie etwa Graf Simon VI. zur Lippe, die Gewalt, die sie gegenüber den Einwohnern ihrer Territorien in Anspruch nahmen, ungehindert »Superiorität« nennen.[164] Die Unterordnung unter Kaiser und Reich war damit jedoch nicht in Frage gestellt. Denn Superiorität meinte hier die historisch gewachsene deutsche Realität und nicht die von Bodin neu definierte Souveränität als höchste Staatsgewalt, über der es keine andere Gewalt geben darf. Die in den deutschen Territorien von den Landesherren ausgeübte, als Superioritas bezeichnete Gewalt war also etwas, das es der Bodinschen Theorie nach, die ja Staatlichkeit als absolute Unabhängigkeit von übergeordneten Instanzen definiert, gar nicht geben durfte. Mit den deutschen Territorien hatten sich jedoch politische Einheiten etabliert, die in einen übergreifenden politischen Verband integriert waren und gleichwohl so etwas wie Eigenstaatlichkeit besaßen. Auf der anderen Seite, und das ließ zunehmend Doppeldeutigkeit entstehen, konnten die von Bodin gesetzten Maßstäbe, die auch von deutschen Juristen und Politikern eifrig rezipiert wurden, längerfristig nicht ohne Rückwirkung auf die verfassungsrechtliche Stellung der deutschen Territorien und das Selbstverständnis ihrer Landesherren bleiben.

Der Wortlaut der Friedensverträge legt von diesem Gemisch Zeugnis ab. Der Begriff »superioritas« erscheint dort einerseits im Kontext der dem Reich untergeordneten Einzelstaaten. So wenn im Osnabrücker Instrument die Rechtsqualität der Reichsstände als »ius territorii et superioritatis« bezeichnet wird und dadurch abgehoben ist von der semi-öffentlichen Stellung des Landadels, der Städte oder anderer Untertanenverbände, etwa geistlichen Korporationen, die keine »superioritas« besitzen. Andererseits findet »superioritas« Verwendung für staatsrechtliche Sachverhalte außerhalb des Reiches, namentlich in Oberitalien, wo eine Einbindung in eine übergeordnete Staatlichkeit nach Art des Reiches nicht gegeben war: Das Münsteraner Friedensinstrument sichert dem Herzog von Savoyen zu, daß der Kaiser, und das heißt in diesem Umfeld das Haus Österreich, ihn in den Besitzungen Roccaverano, Olmo und Cesole fortan nicht mehr stören werde. Die staatsrechtliche Qualität dieser Besitzungen, die keinerlei übergeordneten Instanzen unterworfen waren, erscheint im lateinischen Original ebenfalls als »superioritas seu ius superioritatis«.[165]

Mitte des 17. Jahrhunderts schwankte somit in der politischen und rechtlichen Sprache der Deutschen die inhaltliche Bedeutung des Wortes »superioritas« zwischen der älteren, bereits im Mittelalter entstandenen Landeshoheit und der neueren Souveränität im eigentlichen Sinn, die ein Produkt der Neuzeit ist, orientiert an der politischen Realität des frühen französischen Nationalstaates. Im Französischen wurden beide Bedeutungen mit »souveraineté« oder »droit de souveraineté« wiedergegeben,[166] was den Sachverhalt weiter komplizierte. Denn eine solche Zweideutigkeit, die den Unterschied zwischen Souveränität im vollen Sinne und einfacher Landeshoheit begrifflich nicht mehr zum Ausdruck brachte, ließ sich gezielt einsetzen und interessenpolitisch nutzen. Das paßte vorzüglich in das Grundkonzept der französischen Deutschlandpolitik, die darauf abzielte, die deutschen Einzelstaaten auf Kosten des Reiches zu stärken. Und auch die deutschen Fürsten selbst mußten daran interessiert sein, daß mit dem Begriff »superioritas« möglichst viel von den Inhalten der neuzeitlichen Souveränitätslehre auf ihre Herrschaftsrechte überging. So verblaßten schließlich die staatsrechtlich subtilen Unterschiede zwischen reichsrechtlichem und universellem Bedeutungsgehalt von *superioritas-souveraineté* mehr und mehr.

Die semisouveräne Staatlichkeit der Territorien, im Mittelalter angebahnt und in der ersten Hälfte der Frühneuzeit ausgebaut, erfuhr 1648 mit dem neu errungenen Bündnisrecht der Fürsten ihre Abrundung. Georg Wilhelm Leibniz, der große Polyhistor und Reichspublizist, der sich immer wieder mit der politischen und rechtlichen Stellung der Fürsten im Reich und in Europa auseinandersetzte, wollte in diesem Allianzrecht weniger die reichsrechtliche Neuerung als eine Bestätigung einer alten, erst in jüngerer Zeit in Frage gestellten Praxis sehen. Die außenpolitische Allianzfähigkeit habe lediglich »die Rechte der deutschen Füsten in ihrem alten Glanz erneuert, [weil man] endlich aufhörte, harmlose Verhandlungen mit auswärtigen Mächten als Verbrechen anzusehen«.[167] Der Polyhistor spielte auf die lange Tradition mittelalterlicher Bundesschlüsse an,[168] die Partner sehr unterschiedlichen Standes und verschiedener Rechtsqualität zusammengeführt hatte – Fürsten, Reichsstädte und Reichsritter ebenso wie den landsässigen Adel und Landstädte. Meist waren sie bunt gemischt, wie im Schwäbischen Bund, dem zwischen 1488 und 1534 Ritter, Reichsstädte, Fürsten und sogar der Kaiser angehörten, oder im norddeutschen Hansebund, wo neben wenigen Reichsstädten die Landstädte dominierten.

Genau genommen war diese Tradition aber kein Beweis, sondern eher eine Widerlegung der These vom »alten Glanz« reichsfürstlicher Außenpolitik und damit verbundener Souveränität. Denn all das waren Zusammenschlüsse innerhalb des mittelalterlichen *Personen*verbandsstaates gewesen, dem das neuzeitliche Prinzip der Souveränität ebenso fremd war wie die gebietsmäßige Organisation und Abgrenzung von Staatlichkeit. Diese alten Bundesschlüsse waren keine Vorläufer des modernen Allianzrechts. Im Gegenteil, die Fürsten mußten sie erst niederringen, um überhaupt so etwas wie Souveränität im Innern ihrer Territorien zu ermöglichen. So untersagte der brandenburgische Kurfürst Friedrich II. Mitte des 15. Jahrhunderts seiner Hauptstadt Berlin jeglichen Kontakt mit dem Hansebund, dem sie seit 1359 angehörte.[169] Wie der Brandenburger verfuhren alle anderen Landesherren Nord- und Nordwestdeutschlands. Erst nachdem sich im 16. und frühen 17. Jahrhundert eindeutige Gebietsgrenzen durchgesetzt hatten und die Fürsten alle selbständigen Verbindungen ihrer Untertanen über diese Grenzen hinweg gekappt hatten, waren die Voraussetzungen dafür geschaffen, daß der Bundesschluß zu einer Handlung wurde, die den Souverän auszeichnete. Auch die Monopolisierung der Außenpolitik durch die Landesherren - zunächst innerhalb des Reiches, dann darüber hinaus - war nicht Voraussetzung, sondern Inhalt und Ergebnis der frühneuzeitlichen Staatsbildung.

Im Westfälischen Frieden wurde ein endgültiger Schlußstrich unter die ältere Geschichte von Bund und Einung gezogen. Das neue Bündnisrecht war fortan eine eindeutig staatliche Angelegenheit, an der die Untertanen nicht mehr partizipierten. »Bund« und »Bündnis« hatten eine ganz neue politische Qualität erhalten. Sie waren Bestandteil und Instrument der modernen, einheitlichen Staatsgewalt. Und auch der Raum, innerhalb dessen dieses Bündnisrecht ausgeübt wurde, war geographisch und inhaltlich neu definiert, nämlich das durch säkuläre Staatsinteressen gesteuerte Mächteeuropa. Die mittelalterliche Einung war zur neuzeitlichen Allianz geworden.

Auch wenn die Fürsten in der Ausübung ihres neuen Rechts an den Lehnseid und damit an die Rücksichtnahme auf Kaiser und Reich gebunden blieben, waren die deutschen Territorialstaaten durch das Allianz- und das dieses ergänzende Armierungsrecht zu selbständigen Völkerrechtssubjekten aufgestiegen. Im Rahmen ihrer Möglichkeiten eröffnete sich ihnen politisch, diplomatisch und militärisch ein globaler Handlungshorizont. Ihnen war der Weg ins Theatrum Europaeum gewiesen und damit zu europäisch neuzeitlicher Staatlichkeit: »Landeshoheit und Bündnisrecht zusammen und erst sie zusammen schaffen für das Territorium die Grundlage der Staatlichkeit, geben ihm den Weg zum Staat frei.«[170] Beides fehlte dem Reich - es hatte keine eigene Landeshoheit, und wenn der Kaiser in seinem Namen ein Bündnis abschließen wollte, so mußte er dazu erst die »freie Zustimmung und Einwilligung aller Reichsstände« auf dem Reichstag einholen.[171]

Wie so vieles in der Welt der Höfe und Allianzen mußte sich auch die staatsrechtliche Qualität der deutschen Einzelstaaten an der Frage der »gebührlichen Ceremonien und höflichkeiten« entscheiden und bewähren. Die Residenten und Gesandten der deutschen Fürsten bewegten sich bald mit routinierter Selbstverständlichkeit auf dem Parkett der europäischen Diplomatie und nahmen für sich und ihre Länder eine gebührende Stellung auf der Rangskala der europäischen Mächte in Anspruch, ohne sich viel um die juristische Frage nach der Qualität der territorialstaatlichen Souveränität zu scheren. Das Problem sah bereits der Jurist und Reichspublizist Veit Ludwig von Seckendorff. In seinem 1656 erschienen, vielgelesenen Handbuch »Teutscher Fürsten-Staat« besteht er zwar darauf, daß ein Reichsstand sich dem Kaiser gegenüber »einen unterthänigsten, oder allerunterthänigsten gehorsamsten fürsten des Reichs heisset und nicht ... sich Von Gottes Gnaden, und Wir, sondern nur Ich schreibet«. Im auswärtigen diplomatischen Verkehr solle es den deutschen Fürsten aber durchaus erlaubt sein, solche Titel, die den Souverän kennzeichnen, zu verwenden.[172]

Auf dem Nimweger Friedenskongreß von 1678/79 kam es zum offenen Streit über den Rang der deutschen Fürsten. Die Frage mußte ein für allemal geklärt werden. Der Welfenherzog Johann

Friedrich von Braunschweig-Lüneburg hatte sich dafür gut gerüstet. Er präsentierte zwei gelehrte Abhandlungen, aus denen hervorging, daß die deutschen Fürsten trotz Lehnsabhängigkeit vom Kaiser völkerrechtlich selbständige Staaten regierten. Autor der in lateinischer und französischer Sprache verfaßten Schriften war Gottfried Wilhelm Leibniz, der soeben als Rat und Bibliothekar nach Hannover gekommen war.

Leibniz, durch seine vorherigen Dienste beim Reichserzkanzler und Mainzer Erzbischof Johann Philipp von Schönborn mit der Argumentation der selbstbewußten Reichsstände bestens vertraut, erledigte die ihm gestellte Aufgabe mit glänzendem universalhistorischem Wissen und juristischem Scharfsinn. Um die Bodinsche Lehre von einer einheitlichen, unteilbaren Souveränität auf die Verhältnisse im Reich ohne Zwang anwenden zu können, spaltete er sie auf: Dem Reich komme die Majestas, den Fürsten aber die Superioritas-Souveränität zu. »Souverän ... ist derjenige, der Herr eines hinreichend großen Gebietes ist, um sich in Europa in Friedens- und Kriegszeiten durch Verträge, militärische Macht und Bündnisse Ansehen zu verschaffen. Es macht dabei nichts aus, wenn er ... die Majestät eines Oberhauptes über sich anerkennt, wenn er nur Herr im eigenen Hause ist und darin nicht anders als durch Waffengewalt beeinträchtigt werden kann. Die Majestät besteht in dem Recht zu befehlen, ohne selbst Befehlen unterworfen zu sein, die Souveränität dagegen ist das anerkannte Recht, über seine Untertanen eine ungehinderte Zwangsgewalt auszuüben, seinerseits aber von niemandem zu etwas gezwungen werden zu können (ganz gleich, welche Verpflichtungen man ihm gegenüber haben oder welche Art von Gehorsam oder Treue man ihm schulden mag), es sei denn durch kriegerische Gewalt. Dank dieser Qualität haben die Souveräne Anteil an den Privilegien, die das Völkerrecht gewährt, d.h. an den Vorrechten hinsichtlich des Zeremoniells, des Ranges, des Gesandtschaftsrechtes, der Kriegserklärung, der den Souveränen gebührenden Ehrerweisung, der Unverletzlichkeit ihrer Person ... Die größeren Fürsten Deutschlands und Italiens, die durch ihre Machtmittel und Allianzen Ansehen genießen, sind Souveräne, mögen sie auch die Majestät von Kaiser und Reich anerkennen.«[173]

Der »Teutsche Fürsten-Staat«

Wo es die gebietsmäßigen Grundlagen und die machtpolitischen Ressourcen zuließen, gingen die Regierungen der deutschen Einzelterritorien im weiteren Verlauf des 17. Jahrhunderts daran, auf der Basis der zur Souveränität hin offenen Landeshoheit sowie des Bündnis- und Armierungsrechts eine einheitliche Staatsgewalt aufzubauen, die in Rechtsqualität und realer Machtstellung den Vergleich mit außerdeutschen Staaten nicht zu scheuen brauchte. Da jedoch nur ganz wenige der historisch gewachsenen Territorien alle real- und machtpolitisch notwendigen Voraussetzungen hierfür besaßen, während sie bei anderen nur zum Teil, bei den meisten aber überhaupt nicht gegeben waren, war das Alte Reich auch hinsichtlich der staatsrechtlichen Qualität seiner Glieder monströs.

Die größeren Einzelstaaten wurden im modernstaatlichen Sinne souverän. Das galt paradoxerweise zuerst für Österreich, den Hausstaat des Kaisers. Es folgte Brandenburg-Preußen, wo Friedrich Wilhelm I., der Soldatenkönig, unumwunden zum Programm erhob: »Ich stabilire die Souveraineté wie einen Rocher von Bronce.«[174] Mancher der mittleren und alle kleineren Staaten mußten sich dagegen mit der halbmodernen Landeshoheit zufriedengeben und zugestehen, daß Reichsgerichte und Reichskreise regulierend in ihre inneren Angelegenheiten eingriffen. Selbst eine regionale Vormacht wie Württemberg zählte zu dieser Kategorie. Auch Bayern, das bereits früh territoriale Geschlossenheit und Selbstbewußtsein erreicht hatte, gelangte trotz exzessiver Ausnutzung des Bündnisrechts, besonders mit Frankreich, letztlich nicht zu einer vom Reich und seinen Institutionen unabhängigen Existenz. Eine weitere Stufe darunter war die Vielzahl von Kleinstterritorien und Herrschaften mit versprengten Ländereien nicht einmal in der Lage, das Maß an moderner Staatlichkeit auszuschöpfen, das ihnen mit der *superioritas territorialis* zugestanden worden war. Im strengen Sinne[175] gab es also, abgesehen von Österreich und Preußen und einigen mittelgroßen Territorien als Art »Schwellenstaaten«, im Alten Reich nur »Minderstaaten«.

Die staats- und verfassungsrechtlichen Bestimmungen des Westfälischen Friedens lassen in Umrissen bereits die Entwicklungen der nächsten eineinhalb Jahrhunderte deutscher Geschichte erkennen und zeichnen die Rollen vor, die die beiden europäischen Großmächte Preußen und Österreich darin einnehmen sollten. Ja, in bestimmter Hinsicht weisen sie sogar über den Zusammenbruch des Alten Reiches hinaus auf die staatlich-politische Realität der Deutschen im 19. Jahrhundert. Im Westfälischen Frieden ist das Verhältnis der Territorien untereinander und zum Reich bereits nach dem Modell eines Bundes geregelt, also »als eigengearteter, die Alternative staatsrechtlich-völkerrechtlich hinter sich lassender Form politischen Zusammenhalts«. So konnten dann 1815 zentrale Bestimmungen dieses alteuropäischen Modells über die innere Rechtssicherheit und die Verteidigung nach außen in die Akte des modernstaatlichen Deutschen Bundes Eingang finden, nämlich im ersten Paragraphen – mit dem gegenseitigen Versprechen der Bundespartner, »sowohl ganz Deutschland als jeden einzelnen Bundesstaat gegen jeden Angriff in Schutz zu nehmen«; mit der gegenseitigen Garantie »sämtlicher unter dem Bund begriffenen Besitzungen«; den Regelungen über den Bundeskrieg, die »einseitigen Unterhandlungen mit dem Feind« sowie einseitigen »Waffenstillstand oder Frieden« ausschließen; mit dem Verbot »Verbindungen einzugehen, welche gegen die Sicherheit des Bundes ... gerichtet wären«; schließlich mit dem Verzicht auf gewaltsamen Austrag von Meinungsverschiedenheiten und der Verpflichtung auf »richterliche Entscheidung ... durch eine wohlgeordnete Austrägal Instanz«.[176]

In der zweiten Hälfte des 17. und auf weite Strecken des 18. Jahrhunderts sah die politische Realität in den Gliedstaaten des Deutschen Reiches, und zwar auch in Preußen und Österreich, noch wesentlich archaischer aus, als es im Lichte solcher systematischen Interpretation der Verfassungsregelungen von 1648 und 1654 erscheinen mag. Man muß sich davor hüten, »Grundgesetz« und »Verfassung« in der politischen Ordnung Alteuropas gleichzusetzen mit den nachrevolutionären Verfassungen der Moderne, die die politisch-staatliche Realität unmittelbar normieren. Im Alten Reich hing alles davon ab, wie die Fürsten und ihre Regierungen den in Osnabrück und Regensburg abgesteckten Rahmen ihrer territorialen Staatlichkeit konkret ausfüllten. Und hierbei waren die realen Macht- und Herrschaftsressourcen ausschlaggebend. Hinzu kommt das Herrschafts- und Regierungsverständnis, das – von der jeweiligen politischen Kultur in den Territorien geprägt – von Land zu Land variieren konnte und darüber hinaus erheblichen zeitlichen Veränderungen unterworfen war.

Erst der Herrschafts- und Regierungsstil des 18. Jahrhunderts wird bestimmt von dem unbeirrbaren Willen zum systematischen Ausbau des Behörden- und Militärstaates sowie zur ständigen Verbesserung seiner macht- und wirtschaftspolitischen Grundlagen im Innern und nach außen. In der zweiten Hälfte des 17. Jahrhunderts stand noch der eher unsystematische, altertümliche Fürstenstaat im Vordergrund. Sein Leitbild war die christlich-biblisch legitimierte, patriarchalisch-persönliche Herrschaft des Fürsten, unterstützt durch seine Familie und eine Beamtenschaft, die häufig noch eng an den fürstlichen Haushalt gebunden war.

Katechismus-Büchlein für den Unterricht auf den sächsischen Dörfern: »Der Einfältige schlecht und rechte Baur-Glaube«, Meißen 1682

Der Fürstenstaat, der sich für die irdische Glückseligkeit seiner Untertanen verantwortlich fühlte, hielt es für eine seiner wichtigsten Aufgaben, Moral und Glauben zu fördern.

Der Einfältige schlecht und rechte Baur-Glaube Aus dem kleinen Catechismo D. Luthers kürtzlich gewiesen und entworffen von August Pfeiffern / der Heil. Schrifft Doctorn und Pfarrern bey der Kirchen zu S. Afra in Meissen. Mit Churfürstl. Sächs. Gnädigsten Privilegio.

Meissen / Verlegts Christoph Günther / Im Jahr 1682.

Praxis und Gestalt dieses älteren Territorialstaates werden in dem 1656 bei »Johann Meyers Seel Wittwe« in Frankfurt und Leipzig erschienenen »Teutschen Fürsten-Staat« greifbar. Der Verfasser, Veit Ludwig von Seckendorff (1626-1692), Geheimer Hof- und Kammerrat in Sachsen-Gotha,[177] hatte die innere Verwaltung eines mittleren Staatswesens in der Praxis kennengelernt, an einem Beispiel, das bald reichsweit als Vorbild diente. Sein Landesherr, Regierungs- und Verwaltungschef war Herzog Ernst der Fromme (1601-1675), der in der Tradition der ernestinischen Wettiner, Luthers einstige Landesherren, als Jüngling eine glänzende Ausbildung erfahren hatte.[178] Nach einer erfolgreichen Laufbahn als Feldherr an der Seite der Schweden hatte er bereits in den letzten Kriegsjahren systematisch den Wiederaufbau seiner Länder in Angriff genommen.

Seckendorff ordnete und verbesserte die Verwaltung, legte zur Sicherung der Brotversorgung in Teuerungszeiten Kornmagazine an und gab Ackerbau, Handel und Gewerbe durch eine fördernde Finanz- und Steuerpolitik wichtige Erneuerungsimpulse. Ein durch Reduktion der Militärausgaben finanziertes Zucht-, Armen- und Waisenhaus sollte den allgemeinen Fleiß der Bevölkerung heben und die soziale Versorgung der Armen sicherstellen; eine Witwenkasse für Pfarrer und Lehrer war ein erster Schritt zur weithin noch ungeregelten Alters- und Hinterbliebenenversorgung der Landesbeamten. Die staatliche Beaufsichtigung der Ärzte diente der Gesundheitsfürsorge; eine revidierte Prozeßordnung sollte die Untertanen besser vor gewissenlosen Winkeladvokaten schützen.

Kernstück der ernestinischen Reformen war die Wiederherstellung einer staatlich-kirchlichen Sittenzucht, die das im Krieg zerrissene Band christlich-brüderlicher Verantwortlichkeit wieder knüpfen sollte, sowie eine allgemeine Reorganisation des Kirchen- und Schulwesens. Vom fünften Lebensjahr an wurden Kinder einer allgemeinen Schulpflicht unterworfen. Der sächsische Fürstenstaat kümmerte sich auch um die kulturellen und geistigen Belange der

Titelkupfer zu Veit Ludwig von Seckendorffs »Teutscher Fürsten-Stat«, Erstauflage Frankfurt am Main und Leipzig, 1656

Eine Frauenfigur – die »Gute Satzung« versinnbildlichend – bestimmt mit einer Meßlatte den genauen Abstand zwischen »Fürstenstaat« und Reichsadler, das heißt den durch Tradition und Reichsrecht festgelegten Spielraum der Reichsstände gegenüber Kaiser und Reich im Innern und nach außen.

Erwachsenen: Der Herzog sorgte selbst für den Druck und den wohlfeilen Verkauf von Unterrichtsschriften, so des »Kurzen Unterrichts für Welt- und Naturkunde« zu einem Pfennig den Bogen sowie bibelkundlicher und katechetischer Schriften. Darüber hinaus nahm er eine neue, die ernestinische Ausgabe der Lutherbibel in Angriff und publizierte ein bald weit verbreitetes Gesangbuch. Alle Erwachsenen hatten sich dem Katechismusexamen zu stellen, dessen Erfolg ein sogenannter Katechismustaler bezeugte. Die Söhne des Herzogs mußten sich sogar allmonatlich öffentlich vor den Räten einer Prüfung unterziehen. Und auch die Leistungen der Beamten in Kirche, Schule und Staat wurden regelmäßig überprüft.

Seckendorff, der an diesem Reformwerk maßgeblich beteiligt war, zunächst als Rat, später dann als Kanzler, beschreibt in seinem Fürstenstaat aufs genaueste die patriarchalisch-christlichen Züge eines solchen Regiments, das in der zweiten Hälfte des 17. Jahrhunderts weit über Sachsen und auch über den Protestantismus hinaus in der deutschen Staatenwelt verbreitet war. Es war der noch keineswegs ungemütliche Verordnungs- und Verwaltungsstaat, der zum Wohle seiner Untertanen das kirchliche, politische, gesellschaftliche, ökonomische und private Leben bis ins kleinste zu regeln und zu beaufsichtigen trachtete. Die Modernisierung erfolgte in Sachsen-Gotha nicht anders als in den übrigen deutschen Territorialstaaten dieser Zeit – in den kleinen wie in den großen – über die Verwaltung und das Verwaltungsrecht, das Policeyrecht, wie es in der Sprache der Zeit hieß. Und da es darum ging, die »Policeygesetzgebung« effektiv und nach rationalen Gesichtspunkten zu gestalten, entwickelte sich – wie nicht zuletzt Seckendorffs Fürstenstaat zeigt – rasch die »Policeywissenschaft« als Staats- und Verwaltungslehre zu einer frühneuzeitlichen Wissenschaft von der Politik.[179]

Die einheitliche Staats- und Regierungsgewalt trat noch kaum sachlich, sondern weiterhin persönlich auf. Die Souveränität des frühmodernen Staates erschien den Untertanen in Gestalt ihres Souveräns und noch nicht als abstrakte Staatsgewalt. Konsequenterweise galt die Maxime, »daß der landes-herr das Haupt-werck seiner Regierung am allermeisten durch seine selbst eigene person zu verwalten habe ... diese persönliche bemühung [erweist sich aber] vornehmlich hierinnen, daß der landes-fürst einmal insgemein zuförderst dahin trachtet, die eigentliche beschaffenheit seines landes umständlich zu wissen, und sich bekant zu machen, das geschehe nun durch eine ausführliche beschreibung alles dessen, was im lande, an grund und boden, städten und dörffern, leuten, unterthanen und dienern, gerichten und gerechtigkeiten, ihme oder seinen landes-ständen, zustehet, oder daß er durch lange erfahrung und augenschein dieser dinge kundig sey, und also wisse, wie weit, und worüber sich seine macht und regierung erstrecke.«[180]

Mit der Pflicht des Fürsten, sich umfassend über die Ressourcen seines Staates zu informieren, ist die in der Frühneuzeit verbreitete »Landesbeschreibung« und damit die neuzeitliche Statistik geboren. Wie so vieles in der modernen Welt nimmt sie ihren Ursprung nicht in den Zwängen einer abstrakten Institution, sondern in den konkreten Bedürfnissen von Personen und Personengruppen, die ein überschaubares Gemeinwesen besser regieren wollen. Die statistisch aufbereiteten Dateien, die uns heute erschrecken, stehen am Ende einer Entwicklung, die eher idyllisch begonnen hat.

Das persönliche Regiment war aber alles andere als despotisch: In deutschen Landen gebe es Gott Lob keine Regierungsgewalt, die von einem einzigen Menschen mit oder ohne Recht »über die andern alle, zu seinem nuz und vortheil, nach seinem willen und belieben allein, ... ausgeübet würde, wie etwa ein herr über seine leibeigene knechte«.[181] Vielmehr haben sich der Landesfürst und seine Regierung zu orientieren an der »erzehlung [Erzielung] und behauptung *gemeines nutzes und wohlstandes in* geist- und weltlichen sachen«.[182] In den Dezennien, die auf den Westfälischen Frieden folgen, ist der »Souverän« des Fürstenstaates noch kein absolutistischer Herrscher; er muß Rücksicht nehmen auf die Freiheit der Untertanen in der dem Lande angestammten Religion, beim ordentlichen Gerichtsgang sowie bei der Sicherung des Eigentums. Und vor allem ist er durch Herrschafts- und Landesverträge in den grundlegenden Angelegenheiten der politisch-gesellschaftlichen Verfassung des Landes an die Zustimmung der *Landstände* gebunden.[183]

Dasselbe gilt für noch manchen anderen Punkt, »darinnen ein landes-herr, wo nicht aus schuldigkeit, doch aus löblicher und guter gewohnheit, seine land-stände ebenmäßig zu rath fraget, und ihre unterthänige treue meynung und erinnerung anhöret, auch wenn er gleich nicht eben daran gebunden, dennoch von denselben nicht leichtlich abweichet, sondern da sie zumahl auf gute vernünfftige ursachen gegründet, solchen gerne folget: Und geschiehet dieses mehrentheils in denen sachen, welche zu erhaltung und rettung des landes-fürstlichen hohen standes, und zugehöriger regalien, wider besorgende schädliche eingriffe, wofern anders solche dinge verzug leiden, und nicht gar heimlich zu handeln seyn, oder zu guter ordnung und verbesserung im lande, der sich männiglich zu gebrauchen habe, oder zu sonderbarer bequemlicher handhabung dessen, was schon löblich geordnet ist, vorgenommen werden.«[184]

Innerhalb dieser vom göttlichen Recht und der Landesverfassung gesetzten Grenzen umfaßt die landesfürstliche Regierung zu dem »zweck des gemeinen nutzes und wohlstandes ... vier haupt-puncte: Als *erstlich,* läßt ein Landes-herr ihme angelegen seyn, ... den stand, den ihme Gott verliehen, die dazu gehörige ehre und macht und alles dasjenige, was ihme darzu dienet und mittel giebet, in seinem gebührlichen wesen, vor unordnung, abgang und verletzung zu erhalten, damit er das ansehen und die kräffte habe, den heilsamen zweck in allen ständen zu erreichen, und seine regierung über land und leute nutzbarlich spühren und würcken zu lassen. Fürs *andere,* hat er macht, gute gesetze und ordnungen im lande auffzurichten, dadurch gerechtigkeit, friede und ruhe, und das vermögen des landes und der leute im schwange gebracht, erhalten, das böse gestrafft, und das gute befördert werde. *Drittens,* gehöret auch dem Landesfürsten die höchste gerichtbarkeit im lande, nehmlich zwischen seinen unterthanen, welche streitig sind, das recht zu verordnen, und sonst einem jeden nach befindung der sache und seines verdienstes die gebühr wiederfahren zu lassen. *Vierdtens,* wird auch erfordert, die verordnung, anstellung und gebrauch derjenigen mittel, wordurch die vorigen stücke wider ungehorsame unterthanen, oder auswärtige feinde und gewaltübende können auf bedürffenden fall ausgerichtet und gehandhabet werden.«[185]

Beim Wiederaufbau des Fürstenstaates nach Abschluß des Dreißigjährigen Krieges lagen die Schwerpunkte der inneren Staatsaktivitäten auf den Feldern Frömmigkeit, Sittlichkeit, Bildung und Erziehung. Einen »Kirchen- und Schulstaat« hat man Sachsen-Gotha unter dem Regiment Herzog Ernsts des Frommen und seines Kanzlers Seckendorff genannt und das von ihnen verfolgte geistig-sittliche Bildungsideal eine »Erziehung zur Brauchbarkeit«.[186] Angetrieben von einem christlich motivierten Willen, das Wohl des Landes und seiner Bewohner zu fördern, wurden sittliche Normen und religiöse Antriebe des Christentums zusammen mit institutionellen und personellen Steuerungskapazitäten der Landeskirche einschließlich des ihr untergeordneten Schulwesens systematisch eingesetzt, um einzelne und soziale Gruppen auf eine rational planmäßige Lebensführung einzuüben. Das sollte gleichermaßen dem Individuum zugute kommen wie den Gemeinschaften, in denen es lebt – Familie, Nachbarschaft, Dorf, Stadt, schließlich dem Staat.

Dies alles gehörte zu einer Welt, in der sich Gesellschaft und Staat noch nicht antagonistisch gegenüberstanden wie später im 19. Jahrhundert, sondern Familie, Haus und Kirche angesichts ihres Öffentlichkeitscharakters der politischen Sphäre unmittelbar angehörten. Selbst- und Fremddisziplinierung der Familie, des »ganzen Hauses« sowie der kirchlichen und bürgerlichen Gemeinde waren daher ganz unmittelbar politische Vorgänge. Protestantische wie katholische Landeskirchen haben in der zweiten Hälfte des 17. Jahrhunderts und im 18. Jahrhundert mit dem moralischen und pädagogischen Ethos sowie mit den Institutionen und dem Personal, die ihnen jeweils eigentümlich waren, den Ausbau der säkularen Fürstenstaaten maßgeblich gefördert. Damit waren sie zugleich Antrieb eines längerfristigen Prozesses, an dessen Ende die Individuen und sozialen Gruppen mündig hervortraten als eigenverantwortliche Glieder von Kirche und Staat.

Während die vielen kleinen und manche der mittleren Länder des deutschen Reiches die von Seckendorff entworfene Stufe eines christlichen Fürstenstaates nie überwunden haben und im Vergleich zu den europäischen Mächten »Minderstaaten« blieben, sind die größeren Einzelstaaten bald weiter vorangeschritten zur absolutistischen Herrschaftsausübung. Dort waren es vor allem das Militär sowie der Beamtenapparat der Justiz-, Finanz- und Wirtschaftsbürokratie, die als Motoren wirkten und staatsbildende Kräfte entfalteten, mit denen die allein von Kirche und Religion freigesetzte Dynamik nicht mehr Schritt zu halten vermochte. Jetzt aber, in der zweiten Hälfte des 17. Jahrhunderts, nahmen auch die Hohenzollern und Habsburger und mit ihnen die übrigen Regierungen von Mittel- und Großterritorien mit Nachdruck die Kirchenhoheit in Anspruch, um mit Hilfe des Kirchen- und Schulstaates ihre Herrschaft zu festigen und den Wohlstand ihrer Territorien auszubauen.

Vom Konfessionsstaat zum säkularen Wohlfahrtsstaat

Die Kirchenhoheit hatte allerdings eine neue Qualität erhalten. Sie war nicht mehr Zwangsgewalt des Konfessionsstaates, sondern Aufsicht des christlichen Gemeinwohl-Staates über das Kirchenwesen des Territoriums, wurzelnd in der Fürsorgepflicht für alle Untertanen, gleich welcher Konfession.[187] Die Förderung säkularer Glückseligkeit, der *sufficientia et beatitudo civilis,* befreit die christliche Regierung von der Pflicht, bei ihren Untertanen eine bestimmte konfessionell-dogmatisch festgelegte Rechtgläubigkeit zu erzwingen. Erhalten blieb aber die Aufgabe, die Religion zu fördern und die Kirche des Landes zu beaufsichtigen. Bis weit ins 18. Jahrhundert hinein herrschte bei Politikern und Staatsdenkern die Überzeugung vor, daß auch zur Förderung der profanen Staatszwecke die christliche Religion notwendig sei. In seinem »Christenstaat«, der rund drei Dezennien nach dem »Fürstenstaat« erschien, konnte Veit Ludwig von Seckendorff zwar christlichen »Rotten und Ketzern« Duldung zuerkennen noch nicht aber außerchristlichen Glaubensgemeinschaften oder gar Atheisten. Es dauerte noch fast hundert Jahre, bis Friedrich II. für Preußen die Maxime formulierte: »Und wen Türken und Heiden kämen und wollten das Land pöpliren, so wollen wir sie [d.h. ihnen, H. Sch.] Mosqueen und Kirchen bauen. – Hier muß ein jeder nach seiner Fasson selich werden.«[188] Und selbst in diesem aufgeklärten Zeitalter des ausgehenden 18. Jahrhunderts war das für einen Monarchen eine reichlich exzentrische Auffassung.

Angesichts der Herkunft des modernen Staates aus dem »Konfessionsstaat« des 16. und frühen 17. Jahrhunderts war die innere Staatsbildung in Deutschland und Europa aufs engste mit dem Toleranzproblem verbunden. Holland hatte es bereits früh im Sinne der großzügigen Duldung eines breiten Spektrums von Konfessionskirchen und anderer christlicher Glaubensgemeinschaften gelöst. Im 16. Jahrhundert hatte auch Polen diesen Weg eingeschlagen und war dann doch in einen katholischen Konfessionalismus eingemündet. Dagegen war England im ausgehenden 17. Jahrhundert an die Seite der toleranten Niederlande getreten.[189] Beide Seemächte führten vor, daß in der frühmodernen Staatenwelt religiöse Toleranz und wirtschaftliche Entfaltung eng miteinander verbunden waren.[190] Obgleich die deutschen Regierungen seit dem ausgehenden 16. Jahrhundert das holländische Toleranzmodell aufmerksam beobachteten, konnte sich in Deutschland die Toleranzpolitik nur langsam Bahn brechen, und im Gegensatz zu Holland und England waren es im Reich nicht die gesellschaftlichen Kräfte – Kaufleute, Intellektuelle, nonkonformistische Theologen –, sondern die Fürsten und Regierungen, der Staat also, die schließlich die Toleranz vorantrieben.

Während in den westeuropäischen Ländern die Städte und das Bürgertum Schrittmacher der Duldungspolitik waren, erwiesen sich in Deutschland gerade die Reichsstädte als am wenigsten dazu geeignet. Dort waren die Magistrate eifersüchtig auf den Religionsbann als Zeichen ihrer obrigkeitlichen Stellung bedacht und sahen sich einem zunehmenden Druck von seiten des schon aus ökonomischen Gründen fremden- und minderheitenfeindlichen Zunftbürgertums ausgesetzt.[191] Das führte namentlich in den katholischen Reichsstädten Köln und Aachen zu schwerwiegenden wirtschaftlichen Einbrüchen. Doch auch in lutherischen Städten waren die

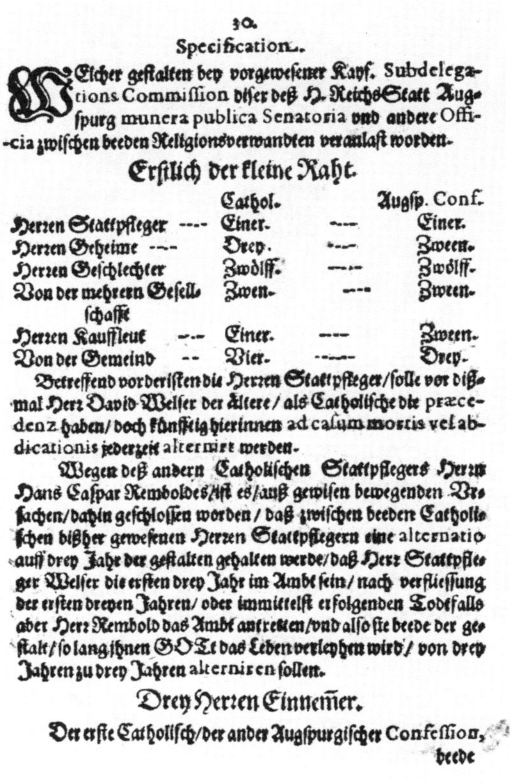
30.

Specification.

Welcher gestalten bey vorgewesener Kays. Subdelegations Commission diser deß H. Reichs Statt Augspurg munera publica Senatoria und andere Officia zwischen beeden Religionsverwandten veranlaßt worden.

Erstlich der kleine Raht.

	Cathol.		Augsp. Conf.
Herren Stattpfleger ----	Einer.	---	Einer.
Herren Geheime ---	Drey.	---	Zween.
Herren Geschlechter	Zwölff.	---	Zwölff.
Von der mehrern Gesellschafft	Zwen.	---	Zween.
Herren Kauffleut ---	Einer.	---	Zween.
Von der Gemeind --	Vier.	----	Drey.

Betreffend vorderisten die Herren Stattpfleger/solle vor dißmal Herr David Welser der Ältere/ als Catholische die praecedenz haben/ doch künfftig hierinnen ad casum mortis vel abdicationis jederzeit alternirt werden.

Wegen deß andern Catholischen Stattpflegers Herrn Hans Caspar Remboldes/ist es/auß gewisen bewegenden Ursachen/dahin geschlossen worden/ daß zwischen beeden Catholischen bißher gewesenen Herren Stattpflegern eine alternatio auff drey Jahr der gestalten gehalten werde/daß Herr Stattpfleger Welser die ersten drey Jahr im Ambt sein/ nach verfliessung der ersten dreyen Jahren/ oder immittelst erfolgenden Todtfalls aber Herr Rembold das Ambt antretten/und also sie beede der gestalt/so lang ihnen GOTT das Leben verleyhen wird/ von drey Jahren zu drey Jahren alterniren sollen.

Drey Herren Einnemer.

Der erste Catholisch/der ander Augspurgischer Confession, beede

Gemäß Artikel V, § 2 des Westfälischen Friedens galt in den oberdeutschen Reichsstädten wieder die Parität: Edikt über die konkrete Gestalt dieser Parität bei der Besetzung der Ämter im kleinen Rat der Stadt Augsburg.

Als der Erzbischof von Salzburg die Protestanten auswies, wurden die Lutheraner des benachbarten Stiftes Berchtesgaden ebenfalls vertrieben. Das Deckengemälde der Wallfahrtskirche Maria Kunterweg im Berchtesgadener Land stellt diesen historischen Augenblick im Zusammenhang mit der Verherrlichung der unbefleckten Empfängnis der Mutter Gottes dar: Ein über dem Berchtesgadener Stift schwebender Engel schleudert Blitze des Verderbens auf die Schar der Protestanten hernieder, die sich ängstlich um die Bibel scharen. Einer der Blitze fährt mitten in die Heilige Schrift hinein.

Behinderungen spürbar, selbst in den relativ offenen Reichsstädten Frankfurt und Hamburg, die im 17. und 18. Jahrhundert einen mühsamen, von heftigen inneren Auseinandersetzungen bestimmten Weg zur Toleranz beschritten hatten, weil davon ihre Existenz als Handelszentrum abhing.

Die Hanseaten machten daraus im 19. Jahrhundert einen Toleranzmythos: Hamburg, die Wiege der Meinungs- und Gewissensfreiheit in Deutschland – sehr zu Unrecht, wie jüngst ein englischer Stadthistoriker nachwies, der die alltäglichen Lebensbedingungen der Hamburger Katholiken, Calvinisten, Täufer und Juden untersucht hat. Im 18. Jahrhundert war Hamburg zwar ein Zentrum des Meinungsstreits für die Toleranz, das Luthertum war aber so stark mit der Staatsräson und dem historischen Freiheitsverständnis der Stadt verbunden, daß sich die Realität diesen Wünschen erst anpassen konnte, als auch in Hamburg das Ancien régime zusammengebrochen und die alte Verbindung von Staat und lutherischer Kirche aufgelöst war.[192]

Weit dorniger noch war der Weg in den sogenannten paritätischen Reichsstädten Süddeutschlands: Um die politischen und sozialen Reibungsflächen zwischen Katholiken und Protestanten zu beseitigen, die in den gemischtkonfessionellen Städten Augsburg, Biberach, Dinkelsbühl und Ravensburg immer wieder zu Tumulten und Streit in der Bürgerschaft geführt hatten, legte der Westfälische Frieden für diese Städtegruppe eine genaue Parität bei der Besetzung aller politischen Ämter fest.[193] Das trug jedoch wenig dazu bei, die Anhänger der beiden Konfessionen an eine wirkliche Toleranz zu gewöhnen. Im Gegenteil, das Quanteln der Zahlenteile erzeugte Engstirnigkeit, Argwohn und gesteigerte Fremdheit und nicht den selbstbewußten Geist von wechselseitigem Respekt und Verstehen: »Es entstehen daraus Toleranzpasteten, Bälle, wo nur Katholiken oder nur Protestanten tanzen, und Verpachtungen von Aeckern, wobey der Pächter erst zeigen muß, ob er glaubt, was die Kirche glaubt«, so spottete gegen Ende des Alten Reiches der angesehene Aufklärer Friedrich Nicolai und deckte damit scharfsichtig die inneren Widersprüche des Paritätsmodells auf.[194]

Landung der Salzburger in Königsberg im Jahre 1732

Wie bereits die Hugenotten, so nahmen die Hohenzollern auch die Salzburger Protestanten mit offenen Armen auf, um mit ihrer Hilfe die vom großen Nordischen Krieg verwüsteten Gebiete vor allem in Ostpreußen wieder aufzubauen. Das Klima und die rauhe Landesart setzten den Exulanten dabei so hart zu, daß innerhalb der ersten zehn Jahre etwa ein Viertel der Einwanderer starb.

In den meisten katholischen Territorien, zumal in den Fürstbistümern und in Österreich, das 1648 ausdrücklich von der Einschränkung des Religionsbannes ausgenommen war, herrschte der konfessionelle Absolutismus nach Art des französischen Sonnenkönigs. In Salzburg wurden noch 1731/32 etwa 21 000 Protestanten zur Auswanderung gezwungen.[195] Demgegenüber wurde Brandenburg-Preußen, wo viele der Vertriebenen Aufnahme fanden, nun Vorreiter der religiösen Duldung, und zwar lange vor Friedrich II. Denn seit dem Übertritt der Hohenzollern zum Calvinismus und dem nahezu gleichzeitig erfolgenden Anfall der rheinisch-westfälischen Gebiete, in denen seit langem Katholiken, Lutheraner und Calvinisten nebeneinander wohnten, war Preußen ein konfessionell stark durchmischter Staat, dem sozusagen die Vernunft Gewährenlassen befahl. Doch die Toleranzpolitik der Hohenzollern war dem Absolutismus nicht weniger verpflichtet als der Konfessionalismus, den die Habsburger

Christian Wolff (1679-1754), Professor in Halle, Marburg und wieder in Halle, war Begründer der wissenschaftlichen Methodenlehre der Aufklärung und zugleich Theoretiker des säkularen Wohlfahrtsstaates; Kupferstich von Martin Bernigeroth

im Südosten des Reiches steuerten. Die preußische Toleranz war eine staatlich verordnete, keine gesellschaftlich gewachsene Toleranz. Mentalitätsgeschichtlich ist das ein entscheidender Unterschied.

Die brandenburgisch-preußische Toleranzpolitik basierte theoretisch und juristisch auf dem neu entwickelten kirchenrechtlichen System des Territorialismus, das in Ablösung des reformatorischen Episkopalsystems die Rechte der Landesherren über Religion und Kirche nicht mehr aus der altkirchlichen Bischofsgewalt ableitete, sondern als Bestandteil der aufs Territorium bezogenen, nicht mehr konfessionell gebundenen Staatsgewalt begriff. Damit war der Konfessionsstaat der älteren Frühneuzeit überwunden, keineswegs aber der Staatseinfluß auf die geistlich-kirchlichen Dinge. Im Gegenteil, die Selbständigkeit der Kirchen wurde weiter beschnitten. Gleichzeitig bahnte sich durch den vor allem in Brandenburg und Württemberg starken Pietismus auch von innen her die Überwindung der orthodox-konfessionellen Fixierung an. Denn die Betonung der inneren Frömmigkeit und der christlichen Erbauung, die sich jetzt auch bei den Katholiken bemerkbar machte, drängte die dogmatischen Fragen in den Hintergrund.[196]

Alle Veränderungen in der Theorie und der Praxis des Staates zusammen liefen auf eine Veränderung in seiner Zielsetzung und seinen Zwecken hinaus. Mit dem von Seckendorff und anderen Staatsdenkern der Rechtgläubigkeit vorangestellten »gemeinen nutzen und wohlstand«, aus der in einem weiteren Schritt die *beatitudo civilis*, die bürgerlich-weltliche Glückseligkeit wurde, war ein neuer höchster Staatszweck formuliert. Die transzendent auf das jenseitige Seelenheil der Untertanen ausgerichtete Aufgabe des Konfessionsstaates war aufgehoben und übergeleitet in eine säkularisierte Zweckbestimmung.[197] Zwar galt auch für den Regenten des nachkonfessionellen Fürstenstaates als höchste Maxime Gottes »ehre in allen dingen« zu suchen. Diese Ehre wurde nun aber in erster Linie als weltliche, immanente Aufgabe begriffen: »Weil aber eben durch treue und fleißige ausrichtung ihres amts und beruffs, wie ... [sie] zu geist- und leiblicher wolfarth zielet, Gott dem Herrn selbst gehorsam, ehre und dienst geleistet wird, so kan auch aus der beschreibung dieser ihrer obliegenden landes-fürstlichen regierung letzte zweck von sich selbst erscheinen.«[198]

Aus dem Konfessionsstaat der älteren Frühneuzeit war der säkulare Wohlfahrtsstaat geworden, der seine Herkunft aus dem christlichen Aufbruch des 16. Jahrhunderts nicht verleugnete, sondern bewußt anerkannte und sie in seinen alltäglichen Regierungsgeschäften beachtete. Das ist die Art der »Säkularisation«, die wir allenthalben in der deutschen Institutionen-, Geistes- und Kulturgeschichte bis auf unsere Tage hin beobachten können: eine Verweltlichung, die wesentliche Elemente biblisch-sakralen Denkens und Wollens überführt in das weltliche Tun in Politik, Literatur und Kunst.[199]

Philosophisch durchdacht und systematisch entwickelt wurde die säkulare Bestimmung der Staatszwecke eine beziehungsweise zwei Generationen später von Christian Thomasius (1655-1728) und vor allem von Christian Wolff (1679-1754), Professor in Halle und Marburg, der zwischen 1720 und 1765 die deutschsprachige Rechtsphilosophie beherrschte. Wolff arbeitete eine ausgefeilte Theorie des säkularen Gemeinwohls aus: »Nur mit Hilfe seines Nächsten kann der Mensch seine Vollkommenheit erreichen. Das ›Glück‹ des einzelnen liegt eingebettet in das ›Gemeinwohl‹ der sozialen und politischen Gruppen. In jeder Aktionssphäre bleibt die ›Glückseligkeit‹ oder das ›Beste‹ des einzelnen der Endzweck.«[200]

Bei Wolff, dem Theoretiker des preußischen Rechtsstaates, waren Staatszweck und individuelles Glück weitgehend identisch. Hier liegt zweifellos ein Unterschied zu den westeuropäischen Nachbarn Holland und England, wo mit der Säkularisation des politischen Denkens das Individuum und die gesellschaftlichen Gruppen zu Trägern des Gemeinwohls aufgestiegen waren.[201] Die freiheitlichen Rechtslehrer und Staatskritiker des ausgehenden 18. Jahrhunderts haben diesen Mangel des »Gemeinwohls« Wolffscher Prägung gebrandmarkt. Doch Wolff hatte durchaus Vorkehrungen gegen eine despotische Inversion des etatistischen Gemeinwohls gegen die Gesellschaft getroffen – durch die Pluralität der zuständigen Gewalten, nämlich Gesetzgebung, Rechtsprechung, Strafgewalt, Kriegführung, Steuergewalt, und durch die Begrenzung auf das Nötigste: »Man muß aber darauf achten, daß man die gemeine Wohlfahrt nicht weiter erstrecket, als es die Absicht der Gesellschaft erfordert«, lautet eine Kernstelle in seiner 1721 erschienenen Schrift »Vernünftige Gedanken von dem gesellschaftlichen Leben der Menschen und insonderheit dem gemeinen Wesen zur Beförderung der Glückseligkeit des menschlichen Geschlechts mitgeteilt«.[202]

Im Zeichen dieses säkularen Naturrechts konnte sich seit Mitte des 18. Jahrhunderts dann auch der Ausgleich zwischen der politischen Theorie und der staatlichen Praxis in den protestantischen und katholischen Territorien vollziehen. Schritt für Schritt öffneten sich auch die katholischen Regierungen und Universitäten den neuen

Christian Thomasius (1655-1728), Rechtsgelehrter, Philosoph und Mathematiker, wurde zum Vorkämpfer eines säkularen Naturrechts, das die Autorität der Theologie in weltlichen Dingen nicht mehr akzeptiert; Kupferstich von Peter Schenk

CHRIST. THOMASII
Kurtze Lehr-Sätze
Von dem Laster
Der
Zauberey,
Mit dessen eigenen Vertheidigung
vermehret.
Worbey
Johann Kleins/ J.U.D.
Pand.P.P. Rostoch. und des Mecklenb.
Consist. Directoris.
Juristische Untersuchung,
Was von der
Hexen Bekäntnüß zu halten, daß solche
aus schändlichem Beyschlaff mit dem Teuffel
Kinder gezeuget.
Beydes aus dem
Lateinischen ins Teutsche übersetzt.
Franckfurth und Leipzig,

Titelblatt der zu den Hauptwerken von Thomasius zählenden Schrift gegen den Hexenglauben, mit der der frühmoderne Hexenwahn in Deutschland endgültig überwunden wurde

Ideen, wobei sie allerdings interessanterweise stärker auf die älteren Naturrechtsvorstellungen bei Samuel Pufendorf zurückgriffen als auf die jüngeren bei Thomasius und Wolff, die als Repräsentanten eines protestantischen Modernismus galten. Immerhin - »auf diesem Fundament vermochten sich die seit der Reformation getrennten Partner im Reich leicht miteinander zu verständigen. Es war nunmehr wieder möglich, auch wissenschaftlich - in Fragen der innerweltlichen Ordnung, des Lebens in Gemeinwesen, der Ökonomie, des Rechts, des Staates eben - miteinander zu reden über ehemalige konfessionelle Grenzen hinweg«.[203]

III.
Die deutsche und europäische Staatenwelt im Zeichen von Allianzen, Allianzkriegen und Friedenskongressen

1. Ein Mächtekonzert in der Mitte Europas – das politische Deutschland nach dem Westfälischen Frieden

Die hohe Zeit der alteuropäischen Diplomatie

Mit dem Bündnisrecht des Westfälischen Friedens war – wie Leibniz scharfsichtig notiert – den deutschen Fürsten Gelegenheit geboten, »die öffentliche Bühne des europäischen Mächtetheaters zu betreten und an dem neuen Zeremoniell der internationalen Diplomatie teilzunehmen«.[1] Das war die historisch konsequente Schlußfolgerung aus einer langen Entwicklung, die tief im Mittelalter verwurzelt war. In ihrem Verlauf hatte der politische Spielraum der partikularen Gewalten stetig zugenommen – zunächst innerhalb des Reiches selbst, schließlich auch im Verhältnis zu den europäischen Mächten.

In den Spannungen der Reformation und des konfessionellen Zeitalters war das im späten Mittelalter auf deutschem Boden entstandene »politische Konzert vieler oder gar aller Großterritorien«[2] zu einem Mächtekonzert neuzeitlicher Staaten geworden. Mitte des 17. Jahrhunderts war eine neue Stufe erreicht. In den letzten eineinhalb Jahrhunderten des Alten Reiches übten diese quasi souveränen, teils armierten Einzelstaaten ihr Bündnisrecht immer selbstbewußter aus. Auf der anderen Seite sahen sich die europäischen Großmächte, denen der Westfälische Frieden direkt oder indirekt ein Mitspracherecht in den deutschen Dingen eingeräumt hatte, zur poli-

Hochzeit Ludwigs XIV. mit Maria Theresia von Spanien in St. Jean-de-Luz, zeitgenössische Darstellung

Es entsprach dem dynastischen Denken des Zeitalters, wenn Staatenbündnisse immer wieder durch Eheverbindungen bluts- und familienmäßig besiegelt wurden. Über Dauer und Festigkeit des politischen Bündnisses sagte das indes wenig aus. Aufgrund der bereits 1660 geschlossenen Ehe mit Maria Theresia, der Tochter des Königs Philipp IV. von Spanien, konnte Ludwig XIV. nach dem Tod des letzten spanischen Habsburgers, Karl II. im Jahre 1700, dynastische Erbansprüche auf das spanische Weltreich geltend machen.

tisch-diplomatischen, wenn nötig auch militärischen Intervention herausgefordert.

In diesem Jahrhundert der Allianzen bietet die politische Geschichte des Reiches daher immer mehr das Bild eines europäischen Mächtekonzerts im kleinen. Innerhalb des Reiches werden Allianzen und Gegenallianzen, Bünde oder Neutralitätsabkommen geschlossen. Nicht wenige deutsche Mächte stehen in formellem Bündnis mit auswärtigen Staaten – vor allem mit Frankreich, aber auch mit England, Holland, einem der skandinavischen Königreiche oder dem Papst. Je nach Interessenlage waren diese Allianzen vorübergehender Natur; ihre konkrete Zusammensetzung war durchaus veränderlich. Aber hier und da waren sie auch zu einem weitgehend konstanten Faktor im europäischen Mächtekalkül geworden.

Das treffendste Beispiel für wechselnde Allianzen gibt Brandenburg-Preußen, dessen Diplomatie des Schaukelstuhls sprichwörtlich wurde. Erfolgreich vorexerziert hatte sie der Große Kurfürst, der Mitte des 17. Jahrhunderts im Polnisch-Schwedischen Krieg wiederholt geschickt die Fronten wechselte, um die preußische Staatsräson zu verwirklichen. Die Wittelsbacher in Bayern und Köln standen demgegenüber für eine im großen und ganzen konstante Allianzpolitik; von Ausnahmen abgesehen, waren sie über ein Jahrhundert lang die wichtigsten Verbündeten der Franzosen im Reich, bis 1756 durch die umstürzende Annäherung Frankreichs an Österreich, das berühmte *renversement des alliances*, für Bayern eine ganz neue Situation entstand.[3] So war das diplomatische und kriegerische Ringen zwischen den deutschen Territorialstaaten immer zugleich auch ein Teil des gesamteuropäischen Mächtespiels; alle großen und europäischen Friedensschlüsse berührten demgemäß direkt oder indi-

Im dynastischen Zeitalter wurden staatliche Allianzen durch Bündnisse der Fürsten geschlossen und in höfischem Zeremoniell vollzogen. Künstlerischer Ausdruck ist das sogenannte Allianzbild, hier von König August II. von Sachsen-Polen und dem brandenburgischen König Friedrich Wilhelm I., die 1728 anläßlich eines Besuches des Soldatenkönigs in Dresden ihre soeben abgeschlossene Allianz feierlich demonstrieren und diesen mächtediplomatisch gewichtigen Augenblick durch den sächsischen Hofmaler Louis de Silvestre festhalten ließen.

Venezianische Gesandtschaft beim Großwesir Mehmed Köprülü, türkische Darstellung um 1660

Besonders früh entwickelte sich der diplomatische Verkehr zwischen den islamischen Osmanen und den christlichen Seefahrernationen, die wichtige Handelsinteressen in der Levante verfolgten.

rekt durch Folgeabschlüsse auch die inneren Verhältnisse des Reiches.

Spiegel oder gar Brennpunkt der europäischen Allianzdiplomatie war das Reich noch in einem anderen Sinn: Mit der Vielzahl von in- und ausländischen Residenten und Gesandten an Fürstenhöfen, in Reichsstädten und am Regensburger Reichstag entstand in Deutschland ein Geflecht von diplomatischen Niederlassungen, dessen Dichte in Europa seinesgleichen nicht kannte. Das europäische Gesandtschaftswesen hatte während der langen Jahre des westfälischen Friedenskongresses mächtige Impulse erhalten.[4] Voraussetzung dieser neuzeitlichen Art der Diplomatie war »die Existenz isolierter, nur den eigenen Interessen verpflichteter Gemeinwesen, deren Beziehungen sich allein nach Nützlichkeitsgesichtspunkten regeln«.[5] Da das zuerst in Italien der Fall war, gab es dort auch zuerst ständige Gesandte. Die Renaissancestaaten Mailand, Venedig, Florenz, Neapel und der Vatikan waren im 15. Jahrhundert dazu übergegangen, statt der traditionell üblichen gelegentlichen Entsendung von Botschaftern mit befristetem Auftrag ständige diplomatische Kontakte zu pflegen. Zuvor hatte es bereits in der arabischen Welt solche ständigen Vertretungen gegeben, und zwar auch solche der italienischen Hafenstädte, voran Venedigs, deren Erfahrung nun der italienischen Renaissancediplomatie zugute kam.

Als sich im 16. Jahrhundert auch nördlich der Alpen eine neuzeitliche Staatenwelt herausbildete, wurden hier ebenfalls ständige Gesandte üblich. Doch fehlten einstweilen noch der säkulare Zuschnitt und die rein interessenbestimmte Steuerung des internationalen Mächtespiels. Erst als im Verlauf des als Glaubenskampf begonnenen Dreißigjährigen Krieges Religion und Bekenntnis als außenpolitische Leitkategorien endgültig in Verruf gerieten, waren die Reste ideell-glaubensmäßiger Orientierung aufgezehrt. Nun herrschte auch bei den internationalen Beziehungen und im diplomatischen Verkehr das säkulare Nützlichkeits- und Interessenprinzip unangefochten.

Auf dem westfälischen Kongreß hatte die säkulare Staatsräson endgültig die Oberhand gewonnen – man denke nur an die hilflosen Protestationen des päpstlichen Nuntius. Wenige Jahre zuvor war er noch mit dem Bewußtsein nach Münster gekommen, er könne eine auf der geistlich-religiösen Autorität (auctoritas spiritualis) des Papstes gründende Mittlerrolle spielen, die Nützlichkeitserwägungen außer Kraft setzen würde. Erst in dieser säkular-rationalen Atmosphäre trat das neuzeitliche Gesandtschaftswesen seinen Siegeszug durch Europa an. Hinzu kam, daß es die westfälische Versammlung selbst war, die den zwischenstaatlichen Beziehungen in Europa eine neue, neuzeitliche Qualität verlieh.

Das neuzeitliche Mächteeuropa unterschied sich von der Völkerrechtsgemeinschaft des Mittelalters hauptsächlich dadurch, daß ihm seit der Zusammenkunft in Münster und Osnabrück mit dem allgemeinen Staatenkongreß ein Organ zur Verfügung stand, das die Beziehungen der Staaten untereinander ständig vertraglich neu regeln konnte, und zwar auf der Basis des bis zum Ende des Ancien régime gültigen *ius intergentes* des *ius publicum Europaeum*.[6] Die lange Kette von Staatenkongressen, die im 17. und 18. Jahrhundert zur friedlichen Neuordnung des Kontinents zusammentraten, legt vom Gewicht dieser Neuschöpfung eindrucksvoll Zeugnis ab – von Oliva über Aachen (1668), Nimwegen, Rijswijk, Utrecht, Rastatt und Baden, Stockholm und Nystad, Wien, Aachen (1748) und Hubertusburg bis hin zum Wiener Kongreß von 1815, der eine neue Ära einleitete.

In den Jahrzehnten nach dem Abschluß der großen Kriege der ersten Hälfte des 19. Jahrhunderts entstand in Deutschland und Europa ein immer dichteres Netz diplomatischer Vertretungen, in das die deutschen Fürstenstaaten und die größeren Reichsstädte fest eingespannt waren. Die Inhaber des diplomatischen Amtes wurden in Deutschland meist »Residenten« genannt. Allerdings unterhielten nur die größeren Staaten hauptamtliche Residenten, und zwar nur an den Brennpunkten des politischen Geschehens. An kleineren Höfen und in Reichsstädten, die nicht gerade wie Hamburg und Frankfurt wirtschaftliche »Großmächte« waren, begnügte man sich mit nebenamtlichen Diensten eingesessener Honoratioren, meist Juristen oder auch Kaufleute, die nicht selten die Interessen mehrerer be-

Empfang einer türkischen Gesandtschaft am sächsisch-polnischen Hof in Warschau zur Zeit König Augusts des Starken, Gemälde eines unbekannten Künstlers

Obgleich die Hohe Pforte sich zu ständigen Botschaften an den christlichen Höfen nicht herabließ, griff sie immer wieder durch Sondergesandtschaften in das diplomatische Spiel Europas ein.

freundeter Mächte wahrnahmen. Diese diplomatischen Ämter waren begehrt – nicht zuletzt bei begüterten Hanseaten, die ihre Bürgerlichkeit mit höfischem Glanz zu umgeben trachteten. Wenn man, wie der Hamburger Jurist Dr. Vinzenz Moller, der Bruder des Regierenden Bürgermeisters, Resident einer Großmacht wie Schweden war, brachte das darüber hinaus handfesten politischen Einfluß.[7]

Meister des neuen Spiels waren alsbald die französischen Diplomaten – so überzeugend, daß man sie schließlich für die »Erfinder« des diplomatischen Umgangs hielt. In Wirklichkeit hatte Frankreich am frühen Aufbau der modernen Diplomatie jedoch kaum Anteil, das war Sache der italienischen Staaten und Spaniens gewesen.[8] Erst als um die Mitte des 17. Jahrhunderts Spanien aus dem Kreis der europäischen Führungsmächte ausschied, brach das Zeitalter der französischen Diplomatie an.

Bereits Richelieu und Mazarin hatten das diplomatische Corps zu einem geschliffenen Instrument französischer Interessenpolitik geformt. Auf dem westfälischen Friedenskongreß kam erstmals das Französische als internationale Diplomatensprache zu Ansehen, wenn die Vertragstexte selbst auch noch in Latein abgefaßt wurden. Im Zeitalter Ludwigs XIV. wurde Französisch dann zur Lingua franca der Diplomaten. Mit dem Rastatter Frieden von 1714 war es endgültig zur alleinigen offiziellen Vertragssprache geworden, und das sollte bis ins 20. Jahrhundert hinein so bleiben.

Gleichzeitig nahmen in Frankreich Außenpolitik und Diplomatie institutionelle Gestalt und Umgangsformen an, wie sie im großen und ganzen bis heute gültig sind. An der Spitze stand der Staatssekretär für die auswärtigen Angelegenheiten. Ludwig XIV., der selbst »Außenpolitik aus Leidenschaft trieb«,[9] berief stets hochqualifizierte Männer seines Vertrauens in dieses Amt – zunächst den Marquis Hugues de Lionne, der von 1663 bis 1671 einer Generation von fähigen und selbstbewußten Diplomaten vorstand, die gleich ihm die Schule der Kardinäle Richelieu und Mazarin durchlaufen hatten, später die beiden Colberts, Vater und Sohn, Bruder beziehungsweise Neffe des berühmten Finanz- und Marineministers Jean Baptiste Colbert, die nacheinander zwischen 1679 und 1715 das Außenministerium innehatten. Unter ihrer Leitung war von Madrid bis Moskau, von Stockholm bis Istanbul ein Corps von »ambassadeurs« bei den Großmächten und »envoyés extraordinaires« an kleineren Höfen oder in Reichsstädten damit beschäftigt, die Staatsinteressen Frankreichs zu fördern. Ergänzt wurde dieses System von Botschaften durch Handelskonsulate, die in den Knotenpunkten des europäischen Warenflusses, vor allem in Hafenstädten, errichtet wurden.

Der Aufgabenbereich dieses diplomatischen Apparats war außerordentlich groß – von der ordentlichen Interessenvertretung bei der jeweiligen Regierung über Propaganda und Einflußnahme durch Subsidien oder Handgelder bis hin zu legaler oder illegaler Beschaffung von Informationen über alle möglichen Vorgänge und Verhältnisse. Nicht von ungefähr gelten die Akten des Quai d'Orsay als beste zentrale Auskunftei über den Zustand der europäischen Staaten im 17. und 18. Jahrhundert. Neben militärischen und politischen Informationen war Paris vor allem an genauesten Wirtschaftsstatistiken interessiert, von den Produktionsraten der staatlichen Manufaktu-

ren bis zu den Tonnagen und Routen der Handelsflotten. Ein Meister der Organisation von Wirtschaftsspionage über die Kanäle der ordentlichen Diplomatie war Colbert de Torcy, Außenminister von 1696 bis 1715, der alle Schiffsbewegungen in den großen europäischen Häfen genau beobachten und registrieren ließ. Hoch im Kurs standen auch Informationen über das Privatleben von Fürsten, Ministern und Kurtisanen, boten sie doch in der Welt der Höfe den besten Ausgangspunkt für Intrige und Einfluß.

Das Versailler Schloß hatte eine von dem Architekten Le Vau (1612-1670) eigens für Botschafter entworfene Treppe, die die ausländischen Gesandtschaften mit einer triumphalen Geste hinaufführte in das Große Prunkgemach des Königs.

Das Netz von Residenten und Sondergesandten, das Ludwig XIV. in den ersten Jahrzehnten nach dem Abschluß des Westfälischen Friedens über das Reich spannen ließ, gibt die Interessen der französischen Diplomatie zu erkennen. Gleichzeitig zeigt es, wo in Deutschland die Zentren der internationalen Politik lagen:[10] Läßt man die Reichsstadt Straßburg beiseite, wo Frankreich besondere Interessen verfolgte, so waren es drei Knotenpunkte, die dem gesamten Netz Halt verliehen – Hamburg, Regensburg und Wien. Dort saßen Residenten, während sich die übrigen politischen Zentren einstweilen noch mit befristeten Gesandtschaften zufriedengeben mußten.

In *Hamburg* war die ständige Gesandtschaft bereits während der letzten Jahre des Dreißigjährigen Krieges errichtet worden, nachdem dort zuvor außerordentliche Gesandte tätig gewesen waren. Von 1637 bis 1642 war der bedeutende Diplomat d'Avaux französischer Resident in der Hafenstadt, bevor er Bevollmächtigter beim westfälischen Friedenskongreß wurde, wobei ihm in Hamburg erst Claude de Meulles du Tartre (1643-1657) folgte, dann Baron Pierre Bidal d'Asfeld (1661-1682) und schließlich dessen Sohn Abbé Jacques Vincent Bidal (1682-1703). Lediglich während der Reichskriege gegen Frankreich war die Stelle vakant, weil die Residenten sich 1675 und 1690 gezwungen sahen, die Stadt für mehrere Jahre zu verlassen.[11]

Die seit zwei Generationen wirtschaftlich mächtig aufstrebende Hansestadt war ein diplomatisches Zentrum ersten Ranges – im Reich zunächst nur von Wien übertroffen, dann von Regensburg, dem Sitz des Reichstags. Berlin zog erst spät im 17. Jahrhundert gleich. Alle europäischen und deutschen Mächte, die im diplomatischen Verkehr eine Rolle spielten, waren in Hamburg vertreten, in der Regel durch einen Residenten – Frankreich, Schweden, England, Dänemark, Holland und Spanien, nicht anders Brandenburg und Sachsen, schließlich auch der Kaiser, der die Hochburg des norddeutschen Protestantismus auffallend lange gemieden hatte, dazu manches deutsche Klein- und Mittelterritorium. Als Zar Peter der Große Anfang des 18. Jahrhunderts daranging, in Westeuropa diplomatische Vertretungen zu errichten, fand sich Hamburg unter den ersten Städten, in die ein russischer Resident einzog.[12]

Vier Dinge waren es vor allem, die Hamburg für die europäische Diplomatie so attraktiv machten: In der Hafenstadt ließ sich der wirtschaftliche Puls des Reiches, Skandinaviens und Nordosteuropas messen. Die Nordeuropäer konnten dort die Vorgänge in Mittel- und

Die frühmoderne Diplomatie war zunächst eine »Reisediplomatie«, Residenten als Botschafter im heutigen Sinne gab es nur an wenigen Orten.
Die Karten dokumentieren die Zahl der Gesandtschaften, die es zwischen 1655 und 1665 mit zeitlich begrenztem Auftrag an auswärtigen Höfen, am Regensburger Reichstag und in Reichsstädten gab.

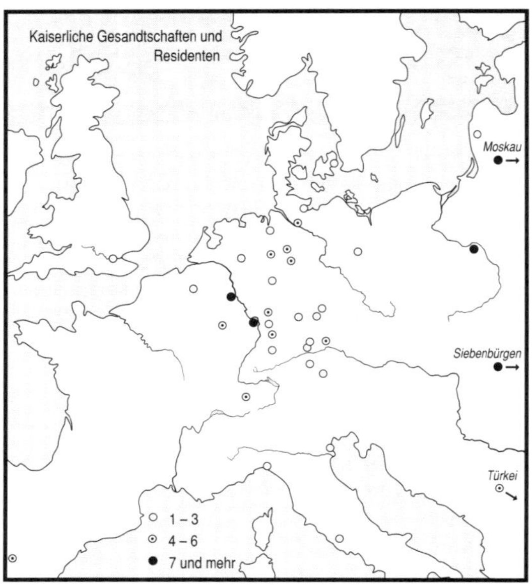

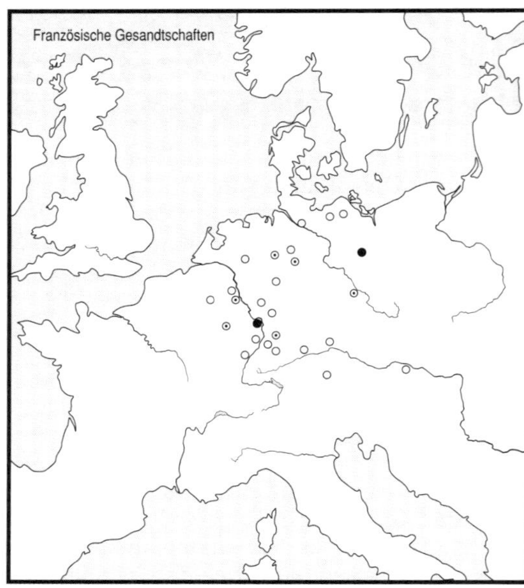

Die Alte Börse in Hamburg, Umschlagplatz von Waren und Informationen, Stich um 1615

Westeuropa beobachten, wie umgekehrt die Mittel- und Westeuropäer das Geschehen in Skandinavien verfolgten. Die Elbestadt war ein Dreh- und Angelpunkt, in dem stets die neuesten politischen Nachrichten zusammenkamen, die sich rasch durch Boten, Briefpost oder Zeitungen weiterleiten ließen. Schließlich konnte man von hier aus bequem die diplomatische Vertretung in einer ganzen Reihe weiterer politischer Zentren Norddeutschlands wahrnehmen – in Lübeck, beim niedersächsischen Kreistag, wo die Hamburger Residenten durchweg zugleich akkreditiert waren, ebenso wie an den vielen kleineren Höfen der Region. Hamburg selbst profitierte natürlich am meisten von diesem diplomatischen Corps – politisch, ökonomisch und vor allem kulturell. Der offene, weltläufige Geist, der sich hier im Laufe des 18. Jahrhunderts entfaltete, beruhte keineswegs allein auf

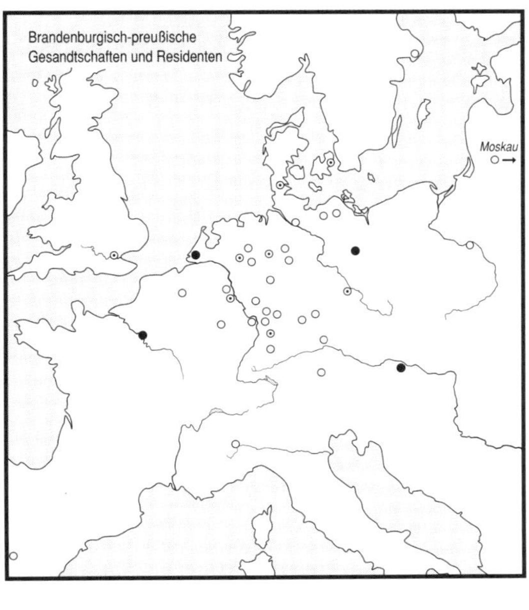

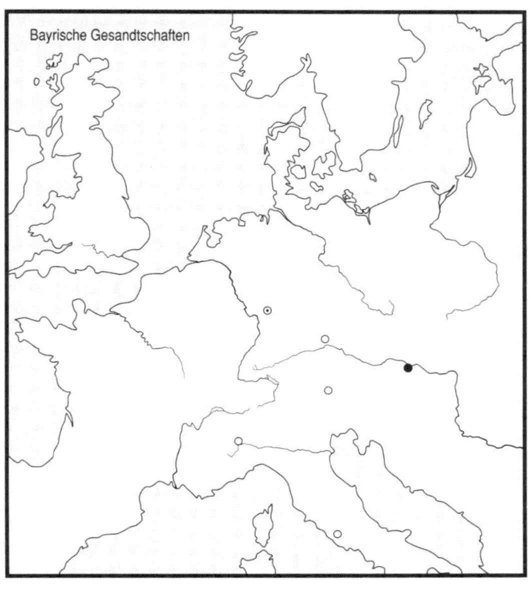

Handel und Wandel, wie das die Hanseaten gern betonen. So haben beispielsweise erst die Residenten katholischer Mächte, vor allem des Kaisers, darauf hingewirkt, daß sich die Hamburger schließlich daran gewöhnten, auch Katholiken Glaubens- und Gewissensfreiheit zuzubilligen und sie als vollwertige Mitbürger zu achten.[13]

So wichtig die norddeutsche Hansestadt auch für die französische Diplomatie blieb, sie wurde schließlich doch von *Regensburg* und *Wien* überflügelt, wo 1663 französische Residenten Sitz nahmen. Der Kaiserhof und der Reichstag machten diese Städte zu Brennpunkten des politischen Geschehens im Reich, so daß keine europäische Macht von Rang und Ansehen auf diplomatische Vertretung ihrer Interessen an diesen Orten verzichten konnte.

Die französische Diplomatie hat lange Zeit dem Reichstag den Vorzug vor dem Kaiserhof gegeben. Sogleich nach seiner Eröffnung schickte Ludwig XIV. den mit den deutschen Dingen wohlvertrauten Robert Vincent de Gravel, Seigneur de Marly, in die süddeutsche Reichsstadt. Gravel begann sogleich einen regen diplomatischen Verkehr mit den Reichstagsgesandten der deutschen Fürsten, um sie und ihre Regierungen im Sinne seines Königs zu beeinflussen. Am Rande des Reichstages ließen sich ja zwanglos Kontakte knüpfen, falls nötig waren auch Geheimverhandlungen möglich. So war ein 1670 offiziell vollzogenes französisch-bayrisches Bündnis schon Jahre zuvor zwischen Gravel und dem bayrischen Reichstagsgesandten Franz von Mayr besprochen worden, zu einem Zeitpunkt, als in München noch der österreichfreundliche Geheimratskanzler Johann Georg Oexle den Ton angab.[14] Von Regensburg aus unternahm Gravel wiederholt Gesandtschaftsreisen an deutsche Fürstenhöfe.

Unter den deutschen Staaten, mit denen Frankreich in den Nachkriegsjahren über befristete Gesandtschaften direkten diplomatischen Verkehr pflegte, ragten Kurköln, Kurmainz, die drei welfischen Höfe in Celle, Hannover und Wolfenbüttel, Kurbrandenburg sowie mit einem gewissen Abstand Kurpfalz und Kurtrier hervor. Die Gesandten erschienen hier in kürzeren Abständen und blieben nicht selten mehrere Wochen. Vereinzelt gingen Gesandtschaften ins Bistum Münster, nach Nassau-Dietz, Hessen-Kassel, in die Reichsstädte Köln und Frankfurt, ins Bistum Speyer, nach Baden-Durlach und Württemberg sowie nach Mecklenburg, Pfalz-Neuburg und Kurbayern.

Die Akzentsetzung ist unübersehbar: Es waren die Kurfürstentümer, zumal die rheinischen, dazu die Reichsstände im Westen und schließlich der traditionell antihabsburgische protestantische Block, denen die französische Diplomatie besondere Aufmerksamkeit schenkte.

Obgleich Bayern und Kurtrier enge politische Beziehungen zu Frankreich unterhielten, bildeten sie zunächst keine Knotenpunkte im Netz der französischen Diplomatie. Das erübrigte sich, weil man in Regensburg Kontakt halten konnte. Kurtrier schickte zudem bereits 1661 einen Residenten nach Paris. Erst in den siebziger Jahren ging ein permanenter französischer Gesandter nach München, zunächst noch im Range eines »envoyé extraordinaire«.

Trotz der diplomatischen Überlegenheit der Franzosen war das deutsche Mächtespiel kein Marionettentheater, dessen Fäden in Versailles zusammenliefen. Die Fürsten und ihre Minister nahmen zwar

Auffahrt der Reichstagsgesandten vor dem Rathaus von Regensburg, Kupferstich von Andreas Geyer, († 1729)

In prunkvollen Kutschen, die Macht und Ansehen ihrer Heimatländer vorführen sollen, fahren die auswärtigen Gesandten zwei-, vier- oder sechsspännig am Regensburger Rathaus vor, in dem die Beratungen der Reichsversammlung stattfinden.

große Summen französischer Handsalben – der Brandenburger zwischen 1668 und 1688 vier Millionen Livres, der Kurfürst von Hannover 1691 sogar drei Millionen in einem einzigen Jahr, die Wittelsbacher in Köln und München kaum weniger. Aber Gegenleistungen erbrachten sie nur, wenn sich das mit ihren eigenen Staatsinteressen vereinbaren ließ. Am Ende zweifelte Ludwig XIV. selbst, ob sich der Einsatz an Geld und diplomatischer Energie gelohnt hatte. Er hatte stets nur Augenblickserfolge erzielt, etwa 1672, als er die Regierung de Witt im Haag isolierte, um Holland ungestört zu überfallen. Schon ein Jahrzehnt später, als die erfolgreiche Türkenabwehr eine mächtige Welle des Reichspatriotismus auslöste, sah sich der große Franzosenkönig seinerseits isoliert.

Die kaiserliche Diplomatie konnte an eine große burgundisch-spanische Tradition anknüpfen und erwies sich der französischen als ebenbürtig. Kaiserliche Handgelder haben an so manchem deutschen und europäischen Fürstenhof die französischen Livres d'or ausgestochen. Man hatte Erfahrung – seit der denkwürdigen Kaiserwahl von 1519, als die Finanziers der Habsburger über die der Valois triumphierten. Wenn der französische Gesandte in Wien 1667 nach Paris meldete, »man brauche diese Leute hier nur zu überrumpeln, sie würden dann mindestens ein Jahr brauchen, um zu überlegen, welche Partei sie zu ergreifen hätten«,[15] so zeigt das nur, daß er die Wiener Verhältnisse nicht durchschaute. Der Kaiserhof hatte sein eigenes, über Jahrhunderte bewährtes Zeitmaß. Die Entscheidungen reiften heran und überraschten dann manchen unvorbereiteten Beobachter.

Die Kaisermacht baute als erste unter den deutschen Einzelstaaten ein System diplomatischer Vertretungen auf. Mitte der sechziger Jahre umfaßte es bereits ein knappes Dutzend Residenten; hinzu kam eine ausgedehnte Gesandtschaftstätigkeit, die zwar auf Deutschland ausgerichtet war, aber auch darüber hinausgriff. Kaiserliche Residenten saßen in Stockholm, Kopenhagen, Lübeck, dem Vorort der Hanse, Hamburg, wo auch der Vertreter beim Niedersächsischen Reichskreis residierte, Bremen, im Haag, in Madrid, in der Schweiz und beim Vatikan, natürlich auch bei der Hohen Pforte.

Die regulären diplomatischen Beziehungen zu den Türken, die Österreich bereits im Friedensvertrag von 1606 angestrebt hatte,[16] waren ein Eckpfeiler der kaiserlichen Außenpolitik, gerade in Zeiten der Konfrontation mit der Weltmacht. Das machte den neuzeitlichen, interessenpolitischen Charakter des Botschafterwesens aus: Ständige Gesandtschaften hatten nichts mit besonderer freundschaftlicher Verbundenheit oder geistig-kultureller Gemeinsamkeit zwischen zwei Staaten zu tun. Als politische Instrumente wurden sie nach Zweckmäßigkeitsgesichtspunkten eingesetzt. In Momenten der Krise hing vieles von dem Geschick der Botschafter ab. Als die Türken um 1680 eine Offensive vorbereiteten, Wien aber ganz unzureichend gerüstet war, mußten die kaiserlichen Diplomaten alles tun, eine Verlängerung des ablaufenden Friedens zu erreichen.

Das war eine gefahrvolle Aufgabe, wie sich bald herausstellen sollte. Weil der Resident Baron von Kuniz buchstäblich bis zur letzten Minute den drohenden Angriff hinauszuschieben bemüht war, konnte er das Land nicht mehr rechtzeitig verlassen. Als der Krieg formell erklärt war, sah er sich gezwungen, im Gefolge des Großwesirs Kara Mustafa die türkischen Heerscharen den Balkan hinauf bis vor Wien zu begleiten, und mußte so die langen quälenden Wochen der Belagerung im feindlichen Lager erleben. Kuniz wurde erst befreit, als die Türken ihn bei ihrer hastigen Flucht vergaßen und die kaiserliche Kavallerie am Tag nach der Entsatzschlacht die zurückgelassenen Zelte systematisch durchsuchte.[17]

Unter den Reichsständen entfaltete vor allem der brandenburgische Kurfürst Friedrich Wilhelm früh rege diplomatische Aktivitäten. 1665 unterhielt er Residenten in Stockholm, London, Den Haag, Brüssel, Warschau und Paris sowie in Wien, Köln und Hamburg. Befristete Gesandtschaften fertigte er nach Dänemark, Spanien, Savoyen, Rußland und an alle wichtigen deutschen Höfe ab, und zwar in kurzen Zeitabständen und häufig für mehrere Monate.

Wie sehr sich hinter dieser weitgespannten Außenpolitik der besondere Zuschnitt der Herrscherpersönlichkeit und die spezifischen Bedürfnisse der Streubesitzungen des Brandenburgers verbargen, lehrt ein Vergleich mit dem bayrischen Kurstaat, der lediglich beim Regensburger Reichstag, in Rom und in Wien ständig vertreten war. In Wien war von 1659 bis 1693 Johann Ferdinand von Stoiber tätig, der 1688 formell den Residentenrang erhielt. Paris, Den Haag und London folgen erst im letzten Viertel des Jahrhunderts. Bis 1665 verzeichnet das Repertorium diplomatischer Vertretungen nur zwei Gesandtschaften – nach Innsbruck, an die Tiroler Linie des Hauses Habsburg, und nach Savoyen.

Die Kleinstaaten konzentrierten ihre diplomatischen Beziehungen in der Regel auf Deutschland, und auch hier mit ausgeprägten regionalen und sachlichen Schwerpunkten.[18] Verbindungen ins Ausland waren meist durch geographische Lage und Tradition bestimmt, zudem noch lange konfessionell geprägt. Die katholischen süddeutschen Kleinstaaten spannten ihr Netz nach Süden und Südwesten, während die protestantischen in Nord- und Ostdeutschland es nach Westen und Norden ausrichteten, nach Holland, Skandinavien und nach England. Lediglich Frankreich fällt aus diesem Muster heraus: Am Glanz des Sonnenkönigs wollte jeder teilhaben. Auf längere Sicht setzten sich dann aber doch die näherliegenden Interessen durch. Im Zeichen der Türkengefahr und des hochfliegenden Reichspatriotismus liefen die Fäden des diplomatischen Verkehrs immer dichter in Wien, am Kaiserhof, zusammen.

Die Reichsstädte, gerade noch Vorreiter im politischen Verkehr über den Kontinent und über die Meere, waren am diplomatischen Leben des neuen Mächtesystems kaum mehr aktiv beteiligt - auch dies ein Beleg für die rasch schwindenden Kräfte des deutschen Stadtbürgertums. Die binnenländischen Reichsstädte Aachen, Köln, Frankfurt und Augsburg schickten ab und an Gesandte mit speziellen Aufträgen nach Brandenburg, Kurmainz oder in die Niederlande. Nur die Seestädte Bremen, Hamburg und Lübeck unterhielten ein diplomatisches Netz, das sich von Spanien und Portugal über Frankreich, England und die Niederlande hin zu den skandinavischen Königreichen erstreckte und gelegentlich auch Rußland berührte. Dagegen waren sie nur an wenigen deutschen Höfen vertreten - eigentlich nur in Brandenburg-Preußen und den braunschweigischen Herzogtümern. Selbst Hamburg, wo sich die Residenten deutscher und ausländischer Staaten drängten, hielt sich bei der Gründung von Residentschaften zurück.

Um so rascher vollzog sich seit der Mitte des 17. Jahrhunderts der Ausbau eines den Kontinent und die Ozeane überspannenden Netzes von Konsulaten, das ganz auf die Handelsinteressen ausgerichtet war, wobei die Initiative von der Kaufmannschaft und der Admiralität ausging. So entstanden zum Beispiel im Gebiet der spanischen Krone in rascher Reihenfolge Hamburger Konsulate in den Hafenstädten Cadiz und San Sebastian (1668), in Malaga (1678), Sevilla (1680), La Coruña (1702), dazu in Alicante (1675), Sanlúcar (1679) und auf den Kanarischen Inseln (1690).[19]

Alte und neue Kräfte in der politischen Geographie des Reiches

Die neuen rechtlichen und diplomatischen Bedingungen, unter denen nach 1648 in Deutschland und Europa Mächtepolitik gemacht wurde, setzten die alten Spielregeln der Reichspolitik nicht von heute auf morgen außer Kraft. Die Differenzierungen und Spannungen innerhalb der politischen Geographie Deutschlands, die das späte Mittelalter hervorgebracht und das konfessionelle Zeitalter umgeformt und verstärkt hatte, wirkten auch nach 1648 fort, wobei sie Verbindungen mit den neu freigesetzten Kräften eingingen, vor allem mit den säkularen Interessen der einzelnen Staaten und Staatengruppen. Es sind daher drei Hauptkräftelinien, nach denen sich die deutsche Staatenwelt in den letzten anderthalb Jahrhunderten des Alten Reiches ordnete - Kaisernähe oder Kaiserferne, was zugleich geographisch und sozialgeschichtlich zu verstehen ist; die Konfessionszugehörigkeit, wobei die innerprotestantischen Gegensätze kaum noch eine Rolle spielten; schließlich die säkulare Staatsräson, deren Gewicht ständig zunahm.

Im Mittelalter, als alles auf die persönliche Nähe zum Herrscher ankam, war die Unterteilung zwischen kaisernahen und kaiserfernen Zonen der Reichspolitik beherrschend gewesen.[20] Im Verlauf des 16. und frühen 17. Jahrhunderts wurden dann die personalen Strukturen des Kräftefeldes immer deutlicher überlagert durch konfessionell-

Demonstration kaiserlicher Macht und kaiserlichen Ansehens in Wien – Roßballett, aufgeführt am 24. Januar 1667 zu Ehren der jungen Kaiserin Margarete Theresia im inneren Burghof vor einem »Tempel der Ewigkeit«, anonymer Stich, 1667

ideologische, zunehmend auch durch säkular-interessenpolitische Kraftlinien. Aufgehoben oder ausgelöscht wurden sie jedoch nicht, zumal sie parallel zu den Linien der beiden anderen Kraftfelder verliefen und dadurch eine Verstärkung erfahren konnten.

Auch das Lehnsrecht, im Westfälischen Frieden ausdrücklich als Rechtsgrundlage des Reiches bestätigt, stellte sicher, daß die personalen, auf den Kaiser ausgerichteten oder von ihm ausgehenden politischen Kräftelinien sich immer wieder erneuerten. Im Jahrhundert der Höfe mit seiner an Titeln, Reputationen und zeremoniellem Glanz orientierten Mächtehierarchie erlebte die personelle Komponente sogar eine Renaissance. Kaisernähe, und zwar nur sie, eröffnete den Fürsten und ihren Staaten die Chance, in der vielfältig gestuften Skala der Reichsstände aufzusteigen und damit ihr Gewicht im deutschen und europäischen Mächtespiel zu erhöhen. Das archaische Moment von Kaisernähe und Kaiserferne gewann so im Barockzeitalter auf dem im Grunde durchaus anders, nämlich durch das Staatsinteresse, strukturierten Kraftfeld des Reiches eine neue Funktion. Besonders stark war der Sog Habsburgs in den süddeutschen geistlichen Gebieten – in den großen wie Salzburg und Passau, die zu Satelliten Österreichs wurden, nicht anders als in den kleinen, etwa den Reichsklöstern und Reichsabteien in Schwaben.[21]

Daß viele kleinere Dynasten und Herren sich seit dem letzten Viertel des 17. Jahrhunderts am Wiener Kaiserhof sammelten und immer wieder Übertritte von kleineren Landesherren oder deren Söhnen zum Katholizismus zu vermelden waren, macht die bleiben-

August der Starke (1694-1733), Gemälde von Louis de Silvestre

Unter Kurfürst Friedrich August I. erreicht das Haus Wettin in Sachsen den Glanzpunkt seiner Geschichte. Wegen außergewöhnlicher Körperkraft und Vitalität August der Starke genannt, machte der Kurfürst Dresden zum Zentrum der norddeutschen Barockkultur. 1697 gelang ihm mit österreichisch-kaiserlicher Unterstützung und mit gewaltigen Handsalben der Griff nach der polnischen Krone. Vorausgegangen war sein Übertritt zum Katholizismus, der vielleicht höchste Preis für die Königswürde, war doch das Haus Wettin seit den Tagen Martin Luthers die verläßlichste Stütze des Protestantismus gewesen.

de Attraktivität der Kaisernähe offenkundig. Nachdem bereits im frühen 17. Jahrhundert ein Erbprinz aus dem streng calvinistischen Nassauer Grafenhaus konvertiert war, traten um die Wende zum 18. Jahrhundert gleich vier hessisch-darmstädtische Prinzen vom Luthertum zum Katholizismus über - und machten daraufhin glänzend Karriere bis hinauf zum Amt eines Vizekönigs von Katalonien, mit dem Landgraf Georg die Enge des heimatlichen Fürstentums weit hinter sich ließ.[22]

Selbst die Großen unter den Reichsfürsten sahen sich genötigt, ihre Reichs- und Außenpolitik auf den Kaiser und damit auf die Staatsinteressen Österreichs auszurichten, wenn sie eine der im Barockzeitalter so begehrten Standeserhöhungen anstrebten. Das zeigt das Verhalten der Welfen, für die 1692 die neunte Kurwürde eingerichtet wurde, ebenso das der sächsischen Wettiner, die mit Unterstützung des Kaisers die polnische Krone errangen. Nicht anders war es bei den Hohenzollern, als es an der Jahrhundertwende um die Anerkennung ihres preußischen Königtums ging.[23]

Standeserhöhungen waren zum einen Ausdruck barocken Strebens nach Glanz und Reputation für den Fürsten und seine Dynastie, zum anderen aber ging es um die konkrete Machtgestaltung der Einzelstaaten - und damit um das politische Gewicht innerhalb des deutschen und europäischen Mächtekonzerts. Auch in kleineren Dingen des barocken Hofalltags war es angenehm, die kaiserliche Gnade zu besitzen. Als August dem Starken von Sachsen 1704 von seiner offiziellen Mätresse Ursula Catharina von Boccum ein Sohn geboren wurde, ließ sich angesichts der guten Beziehungen nach Wien leicht erwirken, daß der Kaiser die junge Mutter als Fürstin von Teschen in den höchsten Adelsstand des Reiches erhob![24]

Kaiserwürde und Kaiserhof verliehen den Habsburgern und damit Österreich innerhalb des Reiches ein politisches Übergewicht, das bis weit ins 18. Jahrhundert hinein unangefochten blieb. Das barg für die habsburgischen Staatsinteressen Vor- und Nachteile, denn in dem Maße, in dem sich im Reich ein Vorhof, eine Klientel oder gar Satelliten der österreichischen Macht herausbildeten, regte sich bei anderen Reichsständen die alte Habsburgerfurcht. Das Schrekkensbild war nicht mehr das absolutistische Kaisertum oder – für die Protestanten unter den Reichsständen – das absolutistisch-gegenreformatorische Kaisertum. Gefürchtet wurde vielmehr die klientel- und machtpolitische, die diplomatische und kulturelle Überlegenheit des Kaiserhofes und das darauf beruhende macht- und interessenpolitische Übergewicht der österreichischen Erblande, das die kleineren deutschen Staaten erdrücken und den politischen Handlungsspielraum der mittleren und größeren einschränken würde.

Dem Reich, also im Grunde dem System der Einzelstaaten, stand das Instrument eines internationalen Allianzrechts zur Verfügung, diese Gefahr zu parieren. Wie die politischen Ereignisse noch zeigen sollten, setzten die Staaten des Reiches diese Waffe selbstbewußt und virtuos ein, aber sie mußten immer wieder erfahren, daß sie stumpf werden konnte – dann nämlich, wenn eine Welle des Reichspatriotismus alle Gegner der Habsburger diskreditierte und mit dem Kaiser auch Österreich emporhob. Und man mußte immer gewärtig sein, daß eine geschickte kaiserliche Diplomatie die eigenen Allianzpläne durchkreuzte oder durch Gegenallianzen ausbalancierte.

Kein anderer deutscher Staat hatte dem Kaisertum der Österreicher etwas Ebenbürtiges entgegenzusetzen. Lediglich Brandenburg-Preußen konnte seit der Mitte des 18. Jahrhunderts versuchen, ein vergleichbares Gravitationszentrum aufzubauen. In richtiger Einschätzung der Möglichkeiten stützte sich dabei Friedrich II. nicht oder doch nicht in erster Linie auf den Hof, obgleich sein Großvater, der erste Preußenkönig, im Überschwang seines barocken Selbstgefühls in Berlin einen großen Hof errichtet hatte. Aber bereits dessen Sohn, Friedrich Wilhelm I., hatte dann nüchtern Bilanz gezogen und erkannt, daß Preußen auf diesem Wege nie mit Habsburg würde konkurrieren können. Er setzte auf militärische Stärke, der die politische Anziehungskraft auf dem Fuß folgen mußte. Hinzu kam als weitere Stütze die Übernahme der Vertretung kleinerer, nicht armierter Territorien, was durch die Reform der Reichskriegsverfassung von 1681 üblich geworden war.

Auf diesem Wege scharte Brandenburg-Preußen im Verlauf des 18. Jahrhunderts im kaiserfernen Norden und Osten einen Kreis von Satellitenstaaten um sich, der sich politisch nach der Vormacht richtete und mit Kaiser und Reich nur noch selten in direkte Verbindung trat. Doch noch am Vorabend des Siebenjährigen Krieges konnte sich das Ansehen Preußens unter den mittleren und kleineren Reichsständen bei weitem nicht mit dem Glanz der Kaisermacht messen. Das war keinem so bewußt wie Friedrich II., der 1752 in seinem »Politischen Testament« nüchtern die Überlegenheit Österreichs eingestand: »Alle geistlichen Reichsfürsten sind dem Haus

Österreich ergeben, dem sie ihre Wahl danken. Die weltlichen Fürsten sind geteilt und stehen entweder auf seiten Österreichs oder Frankreichs.«

Als Zyniker, der er war, führte er diese und andere Allianzen auf die Käuflichkeit der deutschen Regierungen zurück: »Der König von England kommt mit einem Sack Guineen übers Meer, und die mächtigsten Reichsfürsten lassen sich mit bescheidenen Summen bestechen. Sie sind Kaufleute geworden; sie verschächern das Blut ihrer Untertanen; sie verkaufen ihre Stimme im Fürstenrat und im Kurfürstenrat. Ich glaube, sie würden ihre eigene Person verkaufen, wenn sich jemand fände, der sie bezahlen wollte.«[25]

Als machiavellistischer Machtpolitiker schöpfte Friedrich II. aber gerade aus dieser Erkenntnis die Hoffnung, daß es Preußen, das »nie Subsidien von irgend jemand angenommen« habe und daher Unabhängigkeit und volle Handlungsfreiheit besitze, doch gelingen könne, das auf Österreich zentrierte Machtgefüge im Handstreich zu zerstören und den König von Preußen wenn nicht an die Stelle, so doch neben dem Kaiser als Vormacht im Reich zu etablieren. Aus dem Handstreich des Überfalls auf Schlesien sollten lange Jahre des Krieges werden, in denen nicht selten alles Erreichte wieder zu entschwinden drohte, bevor das Reich anerkannte, daß Preußen neben Habsburg stand.

Außer dem Lehnsrecht und der Attraktivität des Wiener Hofes waren Kaisernähe und Kaiserferne noch durch eine weitere historische Konstante in der politischen Geographie des Alten Reiches verankert. Die Staatsbildung in den Territorien und die damit eng verbundene Konfessionalisierung Deutschlands hatten die mittelalterliche, vorwiegend personal begründete Scheidelinie zwischen kaisernahem Süden und Südwesten einerseits und kaiserfernem Norden und Nordosten andererseits sachlich untermauert. Entstanden war ein kulturell und gesellschaftlich, aber auch politisch bedeutsamer Antagonismus zwischen den vorwiegend protestantischen Staaten im Norden und Osten sowie den vorwiegend katholischen im Süden und Westen. In der katholischen Zone besaß Österreich eine natürliche Vormachtstellung – durch seine Größe und seinen staatlichen Modernitätsvorsprung, besonders deutlich in den böhmischen Nebenländern; vor allem aber wegen des Kaisertums, das ungeachtet der politischen Säkularisation sowie der Mehrkonfessionalität des Reiches ein katholisches Kaisertum geblieben war und dem im Corpus Catholicorum unbestritten die Führung zukam.

Die protestantischen Stände Nord-, West- und Mitteldeutschlands

Unter den protestantischen Staaten im Norden und Westen des Reiches gab es zunächst keinen eindeutigen Vorreiter. Statt dessen hatten sich mehrere politische Zentren herausgebildet, die in ihrer Region bestimmend waren und nach Kräften auch im Reich Mitsprache verlangten. Das waren *Kursachsen, Kurbrandenburg* und – mit deutlichem Abstand – die *Kurpfalz.*

Als Ursprungsland der Reformation besaß Sachsen einen gewissen Ehrenvorrang. Das schlug sich vor allem in der Direktion des Corpus Evangelicorum am Reichstag nieder. Indes konnte Sachsen

Sonnenmaske Augusts des Starken, laut Dresdner Inventar getragen »beym Götter Auffzug und darauff gehaltenen Nacht Ringrennen anno 1709«

auch nach Beendigung des Dreißigjährigen Krieges, den es von einer kurzen Unterbrechung abgesehen an der Seite des Kaisers durchfochten hatte, nicht mehr zu einer Machtstellung wie in der Reformationszeit zurückkehren. An fehlender Wirtschaftskraft lag das nicht: Montangewerbe, Landwirtschaft und Textilproduktion, traditionell stark in Sachsen, hatten sich vergleichsweise rasch von den Kriegsschlägen erholt.

Wirtschaftlich war Sachsen dem benachbarten politischen Konkurrenten Kurbrandenburg ohne Zweifel weit überlegen, aber Dresden hatte im Vergleich zu Berlin keine territorialpolitische Fortüne. Das hatte bereits Sachsens Stellung auf dem Friedenskongreß beeinträchtigt, wo es auf den angestrebten Erwerb des Erzbistums Magdeburg zugunsten von Brandenburg hatte verzichten müssen. Statt der Arrondierung nach Nordwesten, die den Kurstaat näher an die handelspolitisch dynamische Zone des Reiches herangeführt hätte, war Sachsen mit der im Prager Frieden vollzogenen und 1648 bestätigten Übernahme der Lausitz weiter in den agrarisch-binnenländischen Osten hineingewachsen.

Gleich dem Großen Kurfürsten von Brandenburg betrieb Johann Georg II. von Sachsen (1656-1680) eine Schaukelpolitik – zunächst stand er auf französischer, seit dem Reichskrieg des Jahres 1674 dann auf kaiserlicher Seite. Im Gegensatz zu seinem brandenburgischen Vetter verschaffte er sich aber dadurch keinen reichs- und mächtepolitischen Handlungsspielraum. Alle Subsidien flossen in das schier bodenlose Faß, aus dem er seine kostspielige Hofhaltung bezahlte. Sein tüchtiger Nachfolger Johann Georg III. (1680-1691) warf das Ruder allerdings herum. Er verzichtete auf übertriebene höfische Repräsentation und schuf statt dessen ein stehendes Heer und eine leistungsfähige, seit 1684 aus der Geheimen Kriegskanzlei dirigierte Kriegsverwaltung – Institutionen, ohne die im Zeitalter der Allianzen und Allianzkriege »jede Macht... sich die Hände bindet und nur eine Nebenrolle spielt«, wie es später Friedrich II. formulierte.[26]

Der Erfolg blieb den Wettinern aber versagt. Das lag nicht daran, daß Johann Georg III. und nach anfänglichem Schwanken auch sein namensgleicher Sohn (1691-1694) nun entschieden auf die Seite des Kaisers traten. Angesichts der Rivalität zu den benachbarten Brandenburgern stand dahinter das richtige politische Kalkül. Es waren vielmehr zwei unglückliche Todesfälle, die die Dynastie und damit den Kurstaat erneut zurückwarfen. Johann Georg III., der »sächsische Mars«, wie er wegen seines in den Reichskriegen gegen die Türken und gegen Frankreich bewährten Feldherrntalents genannt wurde, fiel 1691 als Vierundvierzigjähriger der Pest zum Opfer, und bereits zweieinhalb Jahre später folgte ihm sein Sohn Johann Georg IV. in den Tod, dahingerafft von den Blattern, die er sich am Sterbelager seiner Mätresse zugezogen hatte.

Für einen alteuropäischen Fürstenstaat war das mehr als persönliche Tragik eines Kriegshelden oder galantes Schicksal eines jugendlichen Liebhabers, denn jede Sukzession hemmte den inneren Staatsausbau, wenn sie nicht gar eine Krise heraufbeschwor. Auf jeden Fall kam es bei Todesfällen zu inneren Reibungsverlusten, die im Wettlauf der Staaten um den Vorrang auf dem internationalen Mächteparkett doppelt zählten, wenn dem Rivalen, den Hohenzollern im angrenzenden Kurstaat, solche Brüche erspart blieben.

Immerhin stand in Dresden ein weiterer Sohn des »sächsischen Mars« bereit, August der Starke (1694-1733), dessen Beiname Gesundheit und langes Leben verhieß.[27] Er hatte gerade die sächsische Thronfolge angetreten, als er Anfang Juni 1697 zum Katholizismus übertrat. Damit schuf er die Voraussetzung für die begehrte Standeserhöhung, die ihm mit der kurz darauf, am 15. September, erfolgten Krönung zum polnischen König gelang.

Diese doppelte Kehre des Wettiners hin zum Katholizismus und zur Verlagerung seines Machtzentrums aus dem Reich heraus war zugleich ein Eingeständnis, daß man die Hoffnung aufgegeben hatte, auf den traditionellen Wegen in den Kreis der Großmächte vorzustoßen. Die in der Reformationsepoche so glänzend gespielte Rolle der protestantischen Schutz- und Vormacht hatte sich nicht ausgezahlt, nicht zuletzt, weil man sich immer wieder auf ein Bündnis mit dem katholischen Kaiser verwiesen gesehen hatte. Die sächsischen Kur- und Nebenlande, die Herzog Moritz Mitte des 16. Jahrhunderts mit machiavellistischem Machtinstinkt für seine albertinische Linie versammelt hatte, reichten am Ende des 17. Jahrhunderts als Basis für eine Großmachtpolitik nicht mehr aus.

Die Konversion des sächsischen Kurfürsten war somit eine außenpolitische Flurbereinigung: Nun stand man auch weltanschaulich im kaiserlich-katholischen Lager. Die dadurch möglich gewordene Übernahme der polnischen Königskrone eröffnete den Wettinern wieder jenen europäischen Handlungshorizont, den sie als protestantische Kurfürsten von Sachsen verspielt hatten. Das hatte zur Konsequenz, daß über Erfolg oder Mißerfolg der Wettiner im 18. Jahrhundert nicht mehr das Geschehen auf der Bühne des Reiches entschied, sondern das Ringen um die Vorherrschaft in Ostmitteleuropa und im baltischen Meer.

Medaille von 1726 auf den Neubau der Dresdner Frauenkirche

Elbansicht von Dresden, Gemälde von Bernardo Bellotto, gen. Canaletto

Ehrenschild für König Friedrich IV. von Dänemark anläßlich seiner Teilnahme am höfischen Karussell 1709 in Dresden

Eines stand bald fest: Mit dem Katholizismus war in Dresden die große Welt des Barock eingezogen. Im ersten Drittel des 18. Jahrhunderts machte August der Starke und nach ihm sein Sohn Friedrich August II. (1733-1763) die lutherisch-biedere Residenz ihrer Vorfahren zum bedeutendsten welt- und lebensoffenen Musentempel im ostelbischen Deutschland.[28] Die Rokokoveduten des jüngeren Canaletto (1720-1780) präsentieren die Dresdner Elbfront mit Augustbrücke, Frauen-, Hofkirche und Schloß als eine der edelsten Stadtansichten Alteuropas, der heimatlichen Lagunenstadt des Malers gar nicht so unähnlich. Die Kunst- und Gemäldesammlung der Wettiner war bald weithin gerühmt. Es sollte noch lange dauern, bis das mächtigere Berlin Vergleichbares zu bieten hatte.

In dem Maße, in dem im protestantischen Staatenfirmament der Stern Sachsens und der Wettiner verblaßte, gewann der *Brandenburgs* und der Hohenzollern an Strahlkraft. Das hat man gern auf den Unterschied der Konfessionen zurückgeführt - ein indolentes, auf den Status quo fixiertes Luthertum dort und der dynamisch aggressive, weltweit disponierende Calvinismus hier.[29] Darin liegt mehr als ein Körnchen Wahrheit; doch daß die Rechnung aufging, dazu hat eine Reihe weiterer Faktoren beigetragen. Zunächst die Herrscherpersönlichkeit des Großen Kurfürsten Friedrich Wilhelm, der als erster eine weitreichende Konzeption der Stellung Brandenburgs im Reich und Europa entwickelt hatte, während sich seine Vorgänger Johann Sigismund (1598-1619) und Georg Wilhelm (1619 bis 1640), obgleich bereits calvinistischen Glaubens, in keiner Weise über den Zuschnitt der lutherischen Kurfürsten von Sachsen erhoben hatten. Weiter spielte die geographische Verteilung der hohenzollerischen Länder eine Rolle, die ja von Kleve am Niederrhein und Minden-Ravensberg in Westfalen über Magdeburg und die Kurlande hin nach Ostpreußen das Reich überspannten und bis in das benachbarte Ostmitteleuropa reichten.

Seit den Erwerbungen am Niederrhein und am Haff zu Beginn des 17. Jahrhunderts war der brandenburgische Kurfürst aufgerufen, sich im Reich und darüber hinaus in Europa einzumischen, was eine starke Militär- und eine wache Allianzpolitik voraussetzte. So kommt es nicht von ungefähr, daß der Große Kurfürst als erster unter den deutschen Fürsten ein stehendes Heer aufbaute und das neugewonnene internationale Bündnisrecht sogleich virtuos handhabte. Kursachsen, den alten Rivalen am Mittellauf der Elbe, hatte er machtpolitisch bereits in der letzten Phase des Dreißigjährigen Krieges überrundet, und auch diplomatisch zählte Berlin bald mehr als Dresden, innerhalb des Reiches wie bei den anderen Höfen und Regierungen. Lediglich am Reichstag, bei der Direktion des Corpus Evangelicorum, mußte man sich den älteren Rechten der Wettiner beugen. Aber seit deren Übertritt zum Katholizismus war dieser Vorrang zunehmend formaler Natur, während die reale politische Führung in die Hand des brandenburgischen Vizedirektors überging. Friedrich II., der Urenkel des Großen Kurfürsten, der sich um Religion nicht scherte, schon gar nicht in ihren konfessionellen Hülsen, ließ keinen Zweifel, daß er es war, der die Interessen der Protestanten vertrat - jedenfalls wenn das geeignet schien, in dem Kaiser zugleich den österreichischen Machtkonkurrenten zu reizen oder sonstwie den Vorteil Brandenburg-Preußens zu fördern.

In den ersten Dezennien nach dem Westfälischen Frieden war auch die *Kurpfalz* noch ein Zentrum der protestantischen Staatenwelt, den beiden anderen aber bereits deutlich nachgeordnet.[30] Denn trotz der Restitution in die rheinische Kur konnten die pfälzischen Wittelsbacher nicht mehr die Stellung einnehmen, die sie Ende des 16. Jahrhunderts im Zeichen des calvinistischen Aufbruchs beansprucht und dann in ihrem böhmischen Abenteuer verspielt hatten. Bis 1685, als die katholische Linie Pfalz-Simmern die Regierung übernahm, war Heidelberg für die Protestanten zwar wieder ein kulturelles und geistig-wissenschaftliches Zentrum ersten Ranges, nicht aber auf der politischen und diplomatischen Bühne.

Das hatte nicht nur mit der außenpolitischen Abstinenz zu tun, die sich Kurfürst Karl Ludwig (1648-1680) in bewußtem Gegensatz zu seinem Vorgänger auferlegt hatte. Der Verlust der Oberpfalz an die Bayern hatte dem Pfälzer gerade jenes Territorium genommen, das über eine moderne, weil zusammenhängende und geschlossene Gebietshoheit verfügte. Der zerstückelten Rheinpfalz fehlten schon die territorialen Grundlagen für eine neuzeitliche Großmachtpolitik. Dennoch zeugt die Konzentration auf den inneren Staatsausbau durch eine Kirchen-, Schul-, Finanz- und Steuerreform gemäß den Anweisungen im Seckendorffschen Fürstenstaat von einem Realitätssinn, den man von dem Sohn des eher windigen Winterkönigs nicht unbedingt erwartet hätte. Der calvinistische Aktionismus und Internationalismus, für den die pfälzischen Wittelsbacher so teuer bezahlt hatten, wurde abgelöst von einer vermittelnden Religionspolitik, die erst unter Kurfürst Karl II. (1680-1685) nochmals kurzfristig einem strengen Calvinismus weichen sollte.

Und doch waren politische Kultur und Handlungsradius der Pfalz alles andere als provinziell. Das zeigt bereits der mutige Entschluß, für den Juristen und Staatsdenker Samuel Pufendorf, den nachmals berühmten Reichspublizisten, das erste Ordinariat für Natur- und Völkerrecht in Deutschland einzurichten. Die Anregung kam vom Pfälzer Residenten im Haag, Pieter de Groot, einem Sohn des berühmten Rechtsgelehrten Hugo Grotius. Auch in der praktischen Politik richtete Kurfürst Karl Ludwig seinen Blick nach Westen – nach England und Holland, vor allem aber nach Frankreich. Das lag in der Tradition seines Hauses; aber was ein Jahrhundert zuvor durch die Verbindung mit den Hugenotten im Zeichen des Aufruhrs und der Veränderung gestanden hatte, sollte im nachkonfessionellen Zeitalter dem Frieden und der mächtepolitischen Stabilität dienen. Wie in der dynastischen Welt Alteuropas üblich, sollte ein Heiratsbündnis diese Politik befestigen: Elisabeth Charlotte (1652-1722), die berühmt-berüchtigte Liselotte von der Pfalz, eine Tochter Karl Ludwigs, heiratete 1671 den französischen Prinzen von Geblüt Philipp von Orléans (1640-1701), einen Bruder König Ludwigs XIV., wozu die Braut zum Katholizismus übertrat.

Die französische Heirat Liselottes sollte die Pfalz reichspolitisch stärken und die Voraussetzungen für eine dereinst vielleicht mögliche Restitution der 1648 verlorenen Besitzungen verbessern. Zugleich sollte sie aber auch den nach Osten gerichteten Expansionsgelüsten der Franzosen einen Riegel vorschieben, zumindest aber die Schonung der Pfalz garantieren. Aber auch dieser Vorstoß in die große europäische Politik mißlang den Pfälzern. Als Kurfürst Karl,

Die 1661 vollendete lutherische Providenzkirche in der Heidelberger Vorstadt, deren Grundstein der calvinistische Pfalzgraf gleich nach dem großen Glaubenskrieg höchstpersönlich gelegt hatte – Symbol für den Willen, zum Ausgleich zwischen den beiden protestantischen Konfessionen beizutragen

Elisabeth-Charlotte, gen. Liselotte von der Pfalz (1652-1722), Gemälde von François de Troy, 1680

Ihre 1671 mit Philipp von Orléans, einem Bruder Ludwigs XIV., geschlossene Ehe besiegelte ein politisches Bündnis zwischen Ludwig XIV. und ihrem Vater, dem Pfalzgrafen Karl Ludwig.

der Sohn und Nachfolger Karl Ludwigs, 1685 vierunddreißigjährig starb, erhob der französische König im Namen seiner Schwägerin Liselotte Anspruch auf einen Teil des Erbes und entfesselte den Pfälzischen Erbfolgekrieg (1688-1697). Statt Stabilität und Sicherheit hatte die französische Ehe der Pfalz und damit dem gesamten mittleren Westen des Reiches Unsicherheit, Elend und Zerstörung gebracht.

Neben den drei Hauptzentren verfügte das protestantische Deutschland über mehrere Nebenzentren mit lediglich regionaler Bedeutung. Das waren *Württemberg sowie Lüneburg und Calenberg* - seit Anfang des 18. Jahrhunderts zu *Kurhannover* zusammengeschlossen - und mit gewissem Abstand auch *Hessen-Kassel* und *Hessen-Darmstadt.*

Württemberg war auch in den letzten anderthalb Jahrhunderten im Südwesten des Alten Reiches eine bedeutende politische Kraft.[31] Indem es zusammen mit dem Bischof von Konstanz das Direktorium im Schwäbischen Kreis führte, trug das Herzogtum maßgeblich zum Funktionieren der überstaatlichen Zwischeninstanz in diesem Raum bei. Damit war eine gewisse Selbstbeschränkung verbunden, denn diese Rolle vertrug sich nicht mit einer rücksichtslos egoistischen Staatsinteressenpolitik auf Kosten anderer Territorien und Herrschaften in der Region. Auch realpolitische Hemmnisse standen einer raschen und erfolgreichen Machtentfaltung Württembergs im Weg. Das Land befand sich in einer mächtepolitischen Zange - zwischen Habsburg, das von Osten und Südwesten, nämlich dem Breisgau, her in die Region eingriff, und Frankreich, das im Westen an Einfluß gewann und durch das Bündnis mit Bayern auch im Osten präsent war. So sah sich das Herzogtum immer wieder gezwungen, zwischen den beiden verfeindeten Blöcken zu lavieren.

Anfangs trat Württemberg dem Rheinbund bei und befand sich somit auf freundschaftlichem Fuß mit Frankreich. Dazu paßte die Neutralitätsallianz, die man mit Bayern abschloß. Als aber der Kaiser zur Türkenhilfe aufrief, war man zur Stelle, wie übrigens auch die anderen Rheinbundstaaten. Unter der Vormundschaftsregierung, die Herzog Friedrich Karl 1677 bis 1693 für seinen einjährig zur Regierung gelangten Neffen Eberhard Ludwig (1677-1733) führte, trat Stuttgart schließlich ganz an die Seite Wiens. Die Furcht vor einer Übermacht des Kaisers, die Württemberg wie andere süddeutsche Mittelterritorien zunächst an die Seite der Franzosen gebracht hatte, war verflogen. Nun galt es, den Südwesten des Reiches vor der aggressiven Expansionspolitik Ludwigs XIV. zu schützen.

Zu den äußeren Schwierigkeiten traten innere Barrieren gegen eine aktivistische Machtstaatspolitik. Die traditionell starken Stände setzten alles daran, den Ausbau der herzoglichen Gewalt zu verhindern; über Jahrzehnte blockierten sie die Aufstellung eines stehenden Heeres und konnten dafür gute Argumente anführen. Denn solange der Schwäbische Kreis funktionierte und entsprechend der Reichsarmatur von 1681 auch den Beitrag zum Reichsheer organisierte, bestand kein plausibler Grund, Geld für die separate Armierung eines der Kreisstände zur Verfügung zu stellen. Erst während des Spanischen Erbfolgekrieges, den Württemberg an der Seite des Kaisers zu bestehen hatte, gelang es Herzog Eberhard Ludwig angesichts der vitalen Bedrohung durch die Franzosen, die Armatur durchzusetzen.

Damit war Württemberg in den Kreis der armierten Staaten eingetreten; und doch war sein reichs- und allianzpolitischer Handlungsspielraum auch weiterhin sehr eng. Denn seit den dreißiger Jahren des 18. Jahrhunderts kam es immer wieder zu heftigen Konflikten zwischen den Landständen und der Fürstengewalt. Dadurch wurden gleich mehreren auswärtigen Mächten in Württemberg Ein-

Herzog Karl Eugen von Württemberg (1728-1793), Ölgemälde von Pompeo Batoni, um 1750

Dieser letzte und zugleich großartigste württembergische Fürst ließ zahlreiche Schlösser bauen und gründete die berühmte »Hohe Karlsschule«, eine im Geist des Barockzeitalters ausstrahlende Verbindung von Kunstakademie, Militärschule und Universität.

flußwege eröffnet, dem Kaiser und seinem Wiener Reichshofrat nicht anders als Dänemark, England-Hannover und Preußen als Schutzmächten des Protestantismus. Die Schwierigkeiten erreichten ihren Höhepunkt unter Herzog Karl Eugen (1737-1793), dem »Vater« der ersten Stuttgarter Universität, der berühmten Hohen Karlsschule.[32] Dieser Herzog wurde für das gebildete Deutschland zum Inbegriff des spätabsolutistischen Despoten - weil er den Landschaftssyndikus Johann Jacob Moser ein halbes Jahrzehnt lang widerrechtlich auf der Landesfestung Hohentwiel gefangensetzte und vor allem weil er zwei wortgewaltige Freiheitsdichter gegen sich aufbrachte, nämlich den politischen Publizisten Christian Friedrich Daniel Schubart und Friedrich Schiller, der in den »Räubern« und in »Kabale und Liebe« den Geist des Absolutismus und damit seinen Landesherrn leidenschaftlich anklagte. Da der Herzog auch im Reich ohne Fortüne operierte, war Württemberg schließlich innen- und außenpolitisch gänzlich blockiert - ein »Musterländle« des Alten Reiches, an dem sich demonstrieren läßt, daß die von verkrusteten Strukturen des Ancien régime erzeugte Enge der deutschen Staatenwelt nur gewaltsam aufzubrechen war.

Ähnlich wie Württemberg im Südwesten hatten im Nordwesten die drei *welfischen Herzogtümer* Lüneburg, Wolfenbüttel und Calenberg im 16. und frühen 17. Jahrhundert Reichs- und Außenpolitik unter protestantischem Vorzeichen betrieben. Großmachttendenzen hatten sich jedoch nicht entwickelt; die spätmittelalterlichen Ansätze waren verlorengegangen! Es machte sich bemerkbar, daß im Süden und Südwesten der Herzogtümer ein Riegel von katholischen Hochstiften entstanden war, der die zuvor noch erfolgversprechende Ausdehnung in diese Richtung blockierte. Hinderlich war auch die Zersplitterung der Dynastie.

Seit Mitte des 17. Jahrhunderts verbesserten sich zwar die mächtepolitischen Rahmenbedingungen, ein Durchbruch zur Vormachtstellung gelang aber keinem der welfischen Herzogtümer.[33] Wichtig war vor allem der Gewinn in dem seit Generationen begehrten Hochstift Osnabrück, das im Westfälischen Frieden dem Haus Braunschweig-Lüneburg als eine Art Sekundogenitur zugesprochen

Erhebung der Hohen Karlsschule zur Universität, 1782

Die Hohe Karlsschule verband moderne Unterrichtsinhalte mit einer strengen militärischen Erziehung. Sie sollte Beamte, Mediziner, Rechtsanwälte und Offiziere heranbilden, die von Nutzen waren für den aufgeklärt-absolutistischen Staat und seine Untertanengesellschaft.

Erhebung des Herzogs Ernst August von Braunschweig-Calenberg zum Kurfürsten im Jahre 1692, Ölgemälde von Louis de Silvestre dem Jüngeren

Dem von allegorischen Gestalten umrahmten Herzog hält ein Putto auf einem Kissen den Kurhut entgegen.

wurde, allerdings nur im Wechsel mit einem vom Domkapitel frei zu wählenden katholischen Bischof. Immerhin gehörte Osnabrück unter der Regierung Bischof Ernst Augusts I. (1661-1698) vier Jahrzehnte lang zu dem welfischen Gebietskomplex, der 1698 nochmals eine Erweiterung erfuhr, und zwar nach Norden über die Elbe hin. In den Auseinandersetzungen mit Dänemark und Sachsen um das Erbe des Lauenburger Fürstenhauses hatte Braunschweig-Lüneburg das strittige Herzogtum kurzerhand besetzt. Die Armierung, die man im Anschluß an die Reichsdefensionalordnung von 1681 sogleich durchgeführt hatte, machte sich bezahlt.

Weit wichtiger als dieser bescheidene territoriale Zugewinn waren aber zwei andere Ereignisse, die kurz nacheinander um die Wende zum 18. Jahrhundert eintraten, nämlich die Standeserhöhung und die innere, dynastische Konzentration. 1692 wurden aus den Herzögen von Braunschweig-Calenberg, die bereits seit geraumer Zeit Hannover zur Residenz genommen hatten, Kurfürsten von Hannover; 1705 erbten diese Kurfürsten das Teilherzogtum Lüneburg einschließlich der Grafschaft Hoya. Damit war im Norden Deutschlands ein beachtlicher Staat entstanden, der innerlich neu gefestigt wurde, denn der erste Kurfürst von Hannover, Ernst August, zuvor Bischof von Osnabrück, setzte mit Hilfe des Kaisers ein Hausgesetz durch, das die Primogenitur, das Erstgeburtsrecht also, und die Unteilbarkeit der vereinigten Herzogtümer verfügte. Lediglich das kleine Braunschweig-Wolfenbüttel blieb diesem neuentstandenen welfischen Großterritorium auf Dauer fern. Wie den übrigen Kleinterritorien der Region, etwa Schaumburg-Lippe, blieb ihm aber außenpolitisch nichts anderes übrig, als im Kielwasser des großen Vetters zu segeln.

Aber auch Kurhannover mußte für seine Vormachtstellung im Nordwesten des Reiches zahlen: Standeserhöhung und Hausgesetz waren nur über den Kaiserhof zu erreichen gewesen. Und die Hilfe des Kaisers war auch nötig, damit man 1708 den Sitz im Kurfürstenkollegium tatsächlich einnehmen konnte und 1713/14 auf den Friedenskongressen, die den Spanischen Erbfolgekrieg beendeten, international Anerkennung fand. Daher blieb Kurhannover reichs- und allianzpolitisch an Österreich gebunden, bis sich 1756 das gesamte europäische Bündnissystem umstürzend neu formierte.

In dieser Konstellation konnte der neue Kurstaat seine Vormachtstellung im norddeutschen Raum rasch ausbauen. Im Nordischen Krieg (1700-1721) annektierte er 1712 und 1715 die schwedischen Fürstentümer Verden und Bremen, was durch den Stockholmer Frieden 1719 international anerkannt wurde, nachdem man die Ansprüche Dänemarks und Schwedens mit Millionenbeträgen abgelöst hatte. Die Zahlung solcher Summen war den Hannoveranern möglich, weil inzwischen die Londoner Finanzwelt hinter ihrem Kurfürstentum stand. Die Welfen waren nämlich mittlerweile durch glückliche dynastische Familienverbindungen auf den englischen Thron gelangt. Seit dem 12. August 1714 war Kurfürst Georg Ludwig, der 1698 seinem Vater Ernst August gefolgt war, als Georg I. zugleich König von England und Schottland.

Hannover war fortan mit Großbritannien in Personalunion ver-

Kaiser Leopold umgeben von den nunmehr neun Kurfürsten in der Miniatur eines unbekannten Meisters. Rechts neben dem Kaiser der böhmische König Joseph als Inhaber der böhmischen Kur, neben ihm die drei geistlichen Kurfürsten von Mainz, Köln und Trier. Auf der linken Seite des Kaisers die weltlichen Kurfürsten von Bayern, Sachsen, Brandenburg, Pfalz und als neues, neuntes Mitglied der Kurfürst von Hannover.

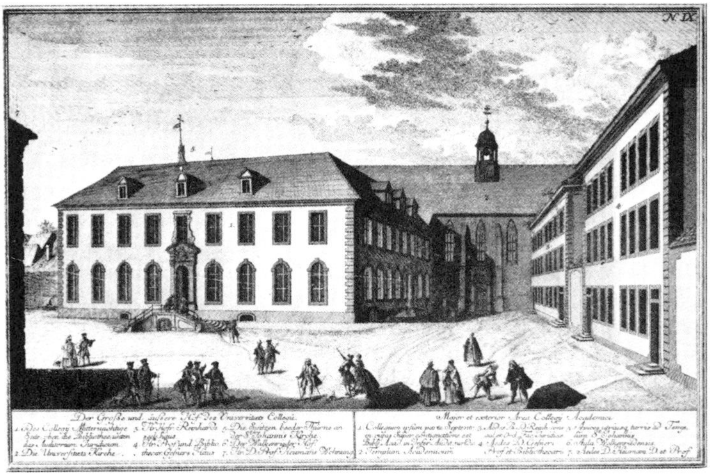

Ältester, heute nicht mehr erhaltener Bau der hannoverschen Landesuniversität Göttingen und ihr Gründungsvater, der leitende Minister Gerlach Adolf Freiherr von Münchhausen

bunden, und zwar bis 1837, also weit über den Zusammenbruch des Alten Reiches hinaus. Reichspolitisch ergab sich daraus zunächst eine weitere Stärkung der nun bereits traditionell kaiserfreundlichen Haltung des Kurstaates. Denn zwischen Wien und London bestand seit den frühen Tagen Wilhelms III. von Oranien ein enges diplomatisches Einvernehmen. Als Frucht dieser »Entente cordiale« übertrug Kaiser Karl VI. 1731 Hannover das Land Hadeln, das seit dem Aussterben der alten Lauenburger Oberherren von Wien aus verwaltet worden war. Mit seinem wirtschaftlich starken und politisch selbstbewußten Bauernstand brachte dieses fruchtbare Marschengebiet westlich der Elbe eine glückliche Arrondierung des Kurstaates, dem nun das gesamte Küstengebiet zwischen Weser und Elbe unterstellt war, abgesehen von dem Hamburger Kooghafen, dem späteren Cuxhaven.

Der den nordwestdeutschen Binnenraum beherrschende und zugleich zur See hin offene Kurstaat schien macht- und wirtschaftspolitisch geeignet, mit Brandenburg-Preußen mitzuhalten, das in eben denselben Jahrzehnten im nordost- und westdeutschen Raum zur Großmacht aufstrebte. Aber nur auf dem Gebiet der Wissenschaften stellte sich der Erfolg ein. Ein älteres Projekt des Hannoveraner Hofbibliothekars Leibniz aufgreifend, gründete der leitende Minister Gerlach Adolf Freiherr von Münchhausen 1737 die Landesuniversität Göttingen, die sofort gleichrangig neben die seit einer Generation in Deutschland und Europa führende brandenburgische Reformuniversität Halle trat und sie seit der Mitte des Jahrhunderts sogar überflügelte.[34]

Auf der politischen Bühne gelang ein solcher Sprung jedoch nicht. Es war paradoxerweise die Personalunion mit England, so vorteilhaft sie in vieler Hinsicht auch war, die eine auf Großmachtbildung ausgerichtete Dynamik nicht aufkommen ließ. In Vertretung des in London weilenden Landesherrn wurde das Kurfürstentum vom Geheimen Rat regiert, gestützt auf ein aus Adel und »hübschen« Familien des Beamtenbürgertums gebildetes »Staatspatriziat«. Das Land wurde gut verwaltet, und es entfaltete sich ein freiheitlicher Geist, wie man ihn in den absolutistischen Machtstaaten Preußen und Österreich noch lange entbehren mußte. Gleichzeitig mit der Thronfolgeregelung in dem Act of Settlement waren aber »eine ganze Reihe weitreichender Bestimmungen [erlassen worden], die verhindern sollten, daß England in die Affären des Kurfürstentums verstrickt und in die unübersichtlichen Verhältnisse der Reichspolitik hineingezogen würde«.[35] Die englischen Könige betrachteten ihr deutsches Kurfürstentum nur noch als Nebenland, so daß Hannover im Reich keine eigenständige, dynamische Politik mehr betrieb.

Wie die Welfenherzöge hatten auch die *hessischen Landgrafen* im späten Mittelalter und in der Reformationszeit die Großmachtbildung angestrebt, waren dann aber rasch zurückgefallen.[36] Von ihrem einst mächtigen Drang nach Nordwesten in den westfälisch-niedersächsischen Raum zeugte nur ein kleiner Gebietsstreifen an der mittleren Weser, ein Teil Schaumburgs mit der Universität Rinteln, den Hessen-Kassel im Dreißigjährigen Krieg besetzt und im Westfälischen Frieden behauptet hatte. Vaterpflicht vor die Staatsräson setzend, hatte Philipp der Großmütige (1518-1567) die Teilung des Landes unter seine Söhne verfügt und damit achtzig Jahre innerdynastischer Querelen heraufbeschworen, in denen das geteilte Hessen den Anschluß an die Spitzengruppe der deutschen Staaten verlor. Von den beiden Teilstaaten, die schließlich übrigblieben, brachte das lutherische Hessen-Darmstadt, territorial zerrissen, vom Krieg verwüstet und mit knapp 100 000 Einwohnern[37] auf weiten Strecken menschenleer, bis zum Ende des Alten Reiches nicht mehr die Kraft auf zu einer großen Reichs- oder gar europäischen Politik. Man zählte zwar zur treuen Klientel des Kaisers, ohne daran aber Hoffnungen auf eine größere Zukunft knüpfen zu können, wie das Anfang des Jahrhunderts noch der Fall gewesen war.

Hessen-Kassel, der nördlich gelegene, territorial kompaktere und menschenreichere Teilstaat, war da von anderem Zuschnitt. Großmachtträumen konnte allerdings auch er sich nicht mehr hingeben. Aber er blieb bis ins ausgehende 18. Jahrhundert präsent in der deutschen und europäischen Politik. Wie bei Preußen ergab sich das teils aus dem Calvinismus, der den Blick der Kasseler Regierung stets über die Reichsgrenze hinaus nach Westeuropa lenkte.

Daneben spielte die geographische Streubreite der hessischen Staatsinteressen eine wichtige Rolle – vom Weserraum im Norden über Mitteldeutschland im Osten hin zum Westen, wo man am Mittelrhein in St. Goar eine wichtige Zollstation und in Rheinfels eine militärische Bastion links des Rheins besaß oder beanspruchte. Auch darin lag eine Parallelität zu Preußen, wenn auch in bescheidenerem Rahmen. Schließlich waren die Herrscherpersönlichkeiten samt ihren Familien für das außenpolitische Engagement bestimmend. Über fünfzehn Jahre lang führte mit der Landgräfin Hedwig Sophie, einer Schwester des Großen Kurfürsten, eine der bedeutendsten Frauen in der politischen Geschichte des Reiches, in Kassel das Regiment, bis sie 1677 mit Gewalt entmachtet wurde. Es folgte ihr Sohn, Landgraf Karl (1677-1730), der mehr als ein Menschenalter lang bei nachgerade allen politischen und militärischen Entscheidungen in

Deutschland oder Europa das Gewicht seines Fürstentums in die Waagschale zu werfen versuchte.[38]

In der ersten Zeit nach dem Dreißigjährigen Krieg war der Kasseler Hof zunächst der ins 16. Jahrhundert zurückreichenden frankreichfreundlichen Linie gefolgt und hatte sich dem antihabsburgischen Rheinbund angeschlossen. Ende der siebziger Jahre aber warf Landgraf Karl das Ruder herum und betrieb eine entschieden antifranzösische Politik. Der Landgraf zählte zu den deutschen Fürsten, die am frühesten erkannt hatten, daß es an der Zeit war, der Expansion Ludwigs XIV. Einhalt zu gebieten. Im Bündnis mit gleichgesonnenen Mächten, voran dem Kaiser, England, Holland und Dänemark, förderte Hessen-Kassel fortan tatkräftig den Sieg des europäischen Gleichgewichts über die Präponderanz der Franzosen.[39] Diese Wiener Bindungen verhinderten nicht, daß man seit 1688 in einem immerwährenden Bündnis mit Brandenburg-Preußen stand. Hier Preußen, dort Habsburger - erst 1740 mußte sich Hessen einer solchen Polarisierung beugen. Den Gipfelpunkt seines europäischen Ansehens erreichte das Kasseler Landgrafenhaus 1720, als der älteste Sohn des regierenden Landgrafen als Friedrich I. den schwedischen Königsthron bestieg und damit gleichrangig neben die Hohenzollern, Wettiner und Welfen trat, die bereits zuvor Königskronen erworben hatten. Aber König Friedrich hat nie tatsächlich in Hessen regiert; beim Tod des Vaters übertrug er alle Kompetenzen seinem Bruder Wilhelm VIII.

Das Engagement im europäischen Mächtespiel war nur möglich, weil Kassel bereits früh ein stehendes Heer unterhielt, das rasch an Schlagkraft zunahm - aus vierzehn Kompanien zu rund 160 Mann im Jahr 1676 waren 1683 bereits 46 Kompanien geworden, davon fünfzehn zu Pferd, ergänzt um zwanzig Kompanien Fußvolk und zwei Kompanien Reiterei des Milizaufgebots, das im Landesinneren und auf Festungen eingesetzt wurde.[40] Eine solche Armierung, die in den deutschen Mittelstaaten noch lange ihresgleichen suchte,[41] war aus der Finanz- und Wirtschaftskraft des Landes allein nicht zu unterhalten. Landgraf Karl fand im »Soldatenhandel« einen Ausweg, der Generationen seiner Untertanen Not und Leid brachte und sein eigenes Bild in der Geschichte verdunkelte, so sehr es auch durch den mutigen Reichspatriotismus, den Kasseler Musenhof und die Gastfreundschaft für die Hugenotten glänzte.

Auch andere Fürsten ließen ihre Armeen für Geld marschieren, aber keiner so skrupellos und mit so abstoßenden Begleitumständen wie die Kasseler Landgrafen. Vom Auftakt zeugen noch heute zwei hessische Standarten in der Stockholmer Riddarholmskirche, dem Pantheon des schwedischen Königshauses und seiner Armee: Zu zwanzig Taler pro Kopf waren die hessischen Regimenter an die verbündeten Dänen vermietet worden; 1678 unterlagen sie auf Rügen den Schweden.[42] Bald fragten die Landgrafen nicht mehr danach, ob die Mächte, die ihre Soldaten anmieten wollten, verbündet waren oder nicht. Hessische Soldaten kämpften für Venedig, die Niederlande und Habsburg, gegen Türken und Franzosen, auf dem Balkan, in Sizilien, auf dem Peloponnes und im Reich.[43] Es kümmerte ihre Landesherren wenig, wenn hessische Landeskinder auf beiden Seiten der Fronten standen und aufeinander schossen, wie in den Kämpfen nach der Wahl des Wittelsbacherkaisers Karl VII. Selbst hohe Verlu-

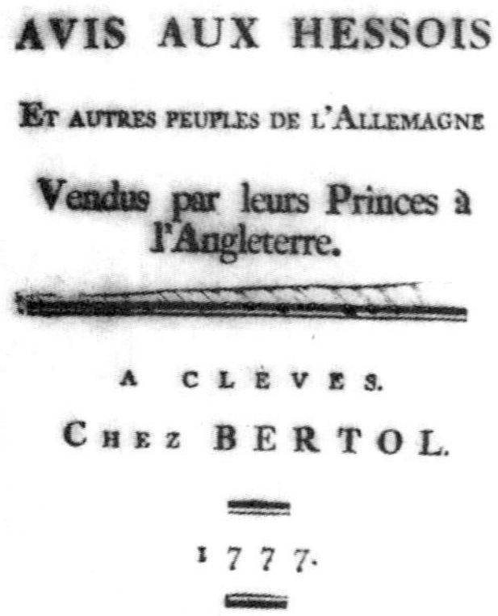
AVIS AUX HESSOIS

ET AUTRES PEUPLES DE L'ALLEMAGNE

Vendus par leurs Princes à l'Angleterre.

A CLÈVES.

CHEZ BERTOL.

1777.

Titelblatt der dem aufgeklärten französischen Grafen Mirabeau zugeschriebenen Flugschrift »Rat an die Hessen und die übrigen von ihren Fürsten an England verkauften Völker Deutschlands«, die erstmals den »Verkauf« von Landeskindern mit moralischen Maßstäben, wenn auch in propagandistischer Absicht anprangert

ste brauchte man in Kassel nicht zu fürchten: Für einen gefallenen Hessen zahlten die »Auftraggeber« 36 Gulden, für ein getötetes Pferd 112 Gulden und 30 Kreuzer; Pferde waren offensichtlich rarer als Menschen.

Den Höhepunkt erreichte dieser Menschenschacher im letzten Drittel des 18. Jahrhunderts, als Tausende von Hessen ins Heer gepreßt und nach Amerika verschifft wurden, wo sie für die Engländer gegen die aufständischen Kolonisten kämpfen mußten – insgesamt sollen es rund 17 000 Mann gewesen sein. Es ging längst nicht mehr um die politische Rolle Hessens und die dafür unerläßliche Armee, wie zu Beginn des Soldatenhandels. Die Gelder flossen in die fürstlichen Schatullen, das heißt konkret, auf die Privatkonten bei den großen Frankfurter Bankhäusern. Auch der Aufschwung des Frankfurter Kapitalmarkts hatte einen seiner Ursprünge auf den amerikanischen Schlachtfeldern. Als Landgraf Wilhelm IX. 1785 in Kassel den Thron bestieg, war das im Soldatenhandel erworbene Vermögen der hessischen Dynastie bereits so gewaltig, daß er als einer der wohlhabendsten Männer seiner Zeit galt.

So hatte das Verlangen, über die begrenzten Finanz- und Wirtschaftsressourcen des Staates hinaus eine Rolle in der deutschen und europäischen Politik zu spielen, den Kasseler Landgrafen Reichtum und höfischen Glanz, aber keinen Respekt gebracht. Die Landgrafschaft fiel bei den politischen Entscheidungen nicht ins Gewicht; statt dessen traf sie die beißende Kritik von Literaten, Intellektuellen und aufgeklärten Staatsmännern. »Gestern sind siebentausend Landskinder nach Amerika fort – sie zahlen alles!« – sagt der alte Kammerdiener in Schillers »Kabale und Liebe« der fürstlichen Mätresse Lady Milford ins Gesicht, als sie die ahnungslose Frage nach dem Preis eines venezianischen Geschmeides stellt.[44] Und der französische Graf Mirabeau, ein hellsichtiger Kritiker des Ancien régime, erließ einen flammenden Aufruf, »Avis aux Hessois«, gegen das hessische Modell. Der Darmstädter Vetter, dessen Vorfahren die politischen Grenzen eines kleineren Mittelstaates akzeptiert hatten, pflichtete dem bei, auch wenn er den Aufklärern und Revolutionären fernstand. Für den Darmstädter Landgrafen Ludwig IX. war das, was die Kasseler Linie praktizierte, »Menschenverkauf vor Blutgeld«. Selbst ausländische Reisende erfaßte mitten in der lieblichsten Lahnlandschaft Unbehagen. So notierte der dänische Intellektuelle Jens Baggesen 1789 in sein Tagebuch, daß ihm in den Dörfern und auf den Feldern zwischen Marburg und Gießen die Vielzahl hübscher Mädchen aufgefallen sei und fährt fort: »Insgesamt scheinen sich die Männer und Knechte jenseits von Göttingen nicht annähernd soviel an der Landarbeit zu beteiligen wie die Frauenzimmer. Vermutlich ist die Zahl der letzteren tatsächlich größer als die der ersteren, denn der Völkerhandel führt nur männliche Sklaven aus.«[45]

Die katholischen Länder im Süden und Westen

Selbst für den protestantischen Teil des deutschen Mächtesystems reichen die Kategorien »Kaiserferne/Kaisernähe« und »Konfession« nicht aus, um Struktur und Bewegungsgesetze der politischen Geographie Deutschlands in den letzten anderthalb Jahrhunderten des Alten Reiches hinreichend zu bestimmen. Die drei protestantischen Staaten Hannover, Hessen-Kassel und Württemberg, die ersten kaiserfern, letzterer kaisernah gelegen, schwenkten nach anfänglicher Franzosenfreundschaft im letzten Viertel des 17. Jahrhunderts alle drei auf die Linie des Kaiserhauses ein. Ausschlaggebend waren hier wie dort die säkularen Staatsinteressen, die das politische Deutschland längst bestimmten, auch wenn daneben noch die alten Kräfte konfessioneller oder kaiserlicher Orientierung eine Rolle spielten. Vor allem die Mittel- und Großstaaten folgten reichs- und außenpolitisch einer Staatsräson, die ihre Bewegungsgesetze letztlich immer nur aus sich selbst heraus definierte.

Das zeigte sich deutlicher noch als bei den protestantischen Staaten Nord- und Ostdeutschlands bei den geographisch kaisernahen, katholischen Ländern im Süden und Westen. Für die kleineren weltlichen Territorien resultierte daraus meist eine an Österreich orientierte Außen- und Reichspolitik. Sie profitierten von der Allianz mit dem Kaiserhaus, da es ihnen an den notwendigen Voraussetzungen für eine unabhängige Politik mangelte. Anders sah es bei den Mittelstaaten aus, die man in einem modernen Vergleich als »Schwellenmächte« bezeichnen könnte, weil sie sich auf dem Sprung zur Großmacht befanden. Im Einflußbereich der Habsburger war das heikel. Die Interessenlage dieser Staaten war ambivalent und im höchsten Maße labil. Denn wie auch immer die konkrete Allianzpolitik aussah, ob pro- oder antiösterreichisch, sie war stets mit einem hohen Risiko verbunden. Bayern, Habsburgs direkter Nachbar, war davon am stärksten betroffen. Spürbar war das aber auch für die geistlichen Territorien in Süd- und Südwestdeutschland.[46]

Seit den Zeiten des ottonischen Reichskirchensystems im hohen Mittelalter hatten die Länder unter dem Krummstab, die von Bischöfen oder Äbten regierten geistlichen Territorien also, stets ein besonderes Verhältnis zu Kaiser und Reich gehabt. Die Glaubensspaltung hatte das zusätzlich verstärkt. Hinzu kam, daß sich die Fürstbischöfe und Fürstäbte aus den Reichsrittergeschlechtern rekrutierten. Diese Adelsgruppe war von der neuzeitlichen Entwicklung zum Fürstenstaat ausgeschlossen, ja in gewissem Sinne überrollt worden, was ihre Bindung an das vorstaatliche Reich und den Kaiser gefestigt hatte. In der konkreten Definition ihrer »Staatsinteressen« sahen sich die Reichsprälaten jedoch in einem Dilemma. Denn im Zuge der frühmodernen Staatsbildung waren Kaisermacht und österreichische Partikularmacht zu einer kaum noch trennbaren Einheit verschmolzen. Und auch die Katholizität des Kaisertums diente wegen der konfessionell gesteuerten Disziplinierung und Straffung von Staat und Gesellschaft in erster Linie dem Ausbau des österreichisch-habsburgischen Einzelstaates.

Die Gefahr einer erdrückenden Übermacht Österreichs, die alle Reichsstände im Einflußbereich der Habsburger schreckte, stellte die Prälaten vor eine besonders schwierige politische Aufgabe. Ihrem weltanschaulichen Selbstverständnis und ihrer sozialen Herkunft nach konnten sie gar nicht anders, als sich mit dem Reich zu solidarisieren. Zugleich hatten sie aber darauf zu achten, daß der höchste Repräsentant dieses Reiches nicht zu mächtig wurde, weil das die Präponderanz Österreichs bedeutete – und damit eine vitale

Einschränkung des reichspolitischen Handlungsspielraumes der eigenen Staaten. Die Interessengleichheit mit Frankreich war offenkundig, aber das erleichterte den Prälaten die politische Ortsbestimmung nur vordergründig. Denn bei einer Einmischung Frankreichs war nur schwer zu garantieren, daß der Schlag gegen Österreich nicht auch das Reich und damit den Wurzelboden der eigenen politischen Kultur treffen konnte. Die meisten der süd- und südwestdeutschen Hochstifte lagen ja im Vorfeld Frankreichs, und so lief man stets Gefahr, sich gegen den habsburgischen Satanas den französischen Beelzebub ins Land zu holen.

Das gilt vor allem für Kurtrier und Kurmainz einschließlich der oft mit Mainz in Personalunion verbundenen fränkischen Bistümer Würzburg und Bamberg, während das niederrheinische Kurköln durch seine dynastischen Verbindungen mit Bayern in einem anderen Umfeld stand. Die Schlüsselrolle kam *Kurmainz* zu - weil es gegenüber Frankreich weniger exponiert war als das westlich gelegene Kurtrier; weil seine Interessen nach Franken und in den mitteldeutschen Raum ausgriffen, wo der Mainzer Erzbischof über Streubesitz in Oberhessen und Thüringen verfügte; weil es wegen der Reichskanzlerwürde auf die Administration des Reiches Einfluß nehmen konnte und nicht zuletzt weil im 17. und 18. Jahrhundert wiederholt bedeutende Persönlichkeiten auf den Mainzer Erzstuhl gelangten, die ein eigenständiges reichspolitisches Konzept entwikkelten. So konnte Leibniz in einem seiner historisch-juristischen Gutachten postulieren, »daß Chur Mainz und das Reich *ein* Interesse haben«.[47]

Seit Johann Philipp, der in dem Vierteljahrhundert nach dem Abschluß des Dreißigjährigen Krieges Fürstbischof von Würzburg und Mainz (1642/1647-1673) war, entfalteten vor allem Prälaten aus dem ursprünglich rheinischen, inzwischen aber ganz auf Franken konzentrierten Reichsrittergeschlecht *Schönborn* über ein Jahrhundert lang von Mainz oder von Würzburg und Bamberg aus eine mächte- und reichspolitisch außerordentlich fruchtbare Tätigkeit.[48]

Auf dem um 1748 entstandenen Altarbild der Kirche von Gaibach, zwischen Schweinfurt und Kitzingen gelegen, sind die vornehmsten Mitglieder der Schönborn-Familie in Anbetung der Heiligen Dreifaltigkeit dargestellt.
Hintere Reihe v.l.n.r.: Johann Philipp Franz (1673-1724), Fürstbischof von Würzburg; Lothar Franz (1655-1729), Kurfürst-Erzbischof von Mainz; Franz Georg (1682-1756), Kurfürst-Erzbischof von Trier; Damian Hugo (1676 bis 1743), Kardinal und Fürstbischof von Speyer und Konstanz; Marquard Wilhelm (1683-1770), Dompropst zu Bamberg und Eichstätt; Rudolf Franz Erwin (1677-1754), Oberhofmarschall; Anselm Franz (1681-1726), kaiserlicher General.
Vordere Reihe v.l.n.r.: Friedrich Karl (1674-1746), Fürstbischof von Bamberg und Würzburg; Johann Philipp (1605-1673), Erzbischof von Mainz; Philipp Erwein (1607 bis 1668), Obermarschall und seit 1663 Reichsfreiherr; Melchior Friedrich (1644-1717), Obermarschall, seit 1701 Reichsgraf.

Friedrich Karl Graf von Schönborn (1674-1746) als Reichsvizekanzler, Stich von Johann Andreas Pfeffel und Christian Engelbrecht nach einem Gemälde von Frans van Stampart

Im Rheingau und in Franken zeugen noch heute Schlösser, Kirchen und Universitäten beredt von ihrer großen Geste barocker Herrschafts- und Staatsauffassung, die über die territorialen Grenzen hinausgreifend stets das Reich als Ganzes meint.

Die Geschichte der Schönborns zeigt in eindrucksvoller Weise, wie im Kreis der Reichsritterschaft Familien-, Territorial- und Reichspolitik eng miteinander verzahnt waren. Um in den Reichsstiften an die Herrschaft zu gelangen, mußte zunächst ein beträchtliches Familienvermögen eingesetzt werden – für eine gute wissenschaftliche und politische Ausbildung, für einen standesgemäßen Lebensstil, für das Mäzenatentum in Kunst und Musik und nicht zuletzt für die ungeheuren Kosten der Wahl selbst. Das Geld stellten jüdische Finanziers bereit, wobei aber das Darlehen durch den Familienbesitz abzusichern war. Als 1693/94 Lothar Franz, der Neffe des zwanzig Jahre zuvor verstorbenen ersten Mainzer Kurfürsten aus dem Haus Schönborn, in Bamberg, Mainz und Würzburg zur Wahl antrat, hatte er nicht weniger als 160 000 Gulden aufzubringen![49] Einmal gewählt, achteten die Schönborn-Fürsten natürlich darauf, daß sich die Schatullen rasch wieder füllten und der Familienbesitz weiterwuchs. Die politischen Beziehungen machten es immer wieder möglich, daß man Höfe, Adelsgüter und Herrschaften wohlfeil erwarb. So stand die Familie bei der nächsten Runde des Wettlaufs um die Reichsstifte erneut finanziell gut gerüstet da.

Auch der Rang und die Reputation der Schönborns stiegen Stufe um Stufe: Johann Philipp, der erste Schönborn auf dem Mainzer Thron, verschaffte seinem weltlichen Bruder, der für den Fortbestand des Geschlechts zu sorgen hatte, 1671 die Herrschaft Reichelsberg, die dem Rittergeschlecht Sitz und Stimme im fränkischen Reichskreis brachte. Eine Generation später, 1701, unter Kurfürst Lothar Franz, stiegen die Schönborns mit der Herrschaft Wiesent-

Lothar Franz Freiherr, seit 1701 Graf Schönborn (1655-1729), 1693 Bischof von Bamberg, 1695 Erzbischof von Mainz und Kurfürst, der 1711 Karl VI. zum Kaiser krönte, mit den Attributen bischöflicher und kurfürstlicher Würde, dargestellt über einer Vedute seiner Residenzstadt Mainz; Stich von Joseph de Montalegre aus dem Wahl- und Krönungsdiarium für Kaiser Karl VI.

heid sogar in den Reichsgrafenstand auf. Sie zählten nun zu den reichsunmittelbaren Herrschern.

Unter dem Mainzer Erzbischof Lothar Franz (1695-1729), der zugleich Bischof von Bamberg war und der wegen seiner zahlreichen Schloßbauten als »Vater des fränkischen Barock« gerühmt wird, nahm der Schönbornsche Nepotismus geradezu papale Dimensionen an. Nicht weniger als sieben Neffen wurden in Spitzenpositionen der süd- und südwestdeutschen Reichskirche lanciert: Friedrich Karl wurde 1705 Reichsvizekanzler und damit einer der einflußreichsten Politiker in Wien, 1729 bis 1746 war er Bischof von Würzburg und Bamberg. Sein Vorgänger in Würzburg von 1719 bis 1724 war sein älterer Bruder Johann Philipp Franz gewesen. Damian Hugo, zunächst Deutschordenkomtur, wurde 1719 Bischof von Speyer, dazu 1740 bis 1743 Bischof von Konstanz und Kardinal. Franz Georg nahm von 1729 bis 1756 den Trierer Erzstuhl ein, dazu das Bistum Worms und die Propstei Ellwangen. Die weiteren Neffen mußten sich mit Dompropsteien und Domherrenpfründen begnügen, die zwar nicht politische Herrschaft, wohl aber ein fürstliches Leben garantierten.[50]

Die Sorge um die rechte mächtepolitische und administrative Ordnung Deutschlands diente somit zugleich dem Wohl des Hauses Schönborn. Das war jedoch kein Gegensatz und bedeutete nicht Korruption; es war Bedingung und logische Konsequenz des reichspolitischen Engagements. Denn erst der Nepotismus konnte einem Reichsrittergeschlecht die territoriale und amtsmäßige Basis geben, die es brauchte, um politisch weitgreifend tätig zu werden.

Die außen- und reichspolitische Maxime der Schönborns und anderer Fürstbischöfe ihres Kreises war nicht zuletzt ein Ergebnis der leidvollen Erfahrungen des Dreißigjährigen Krieges. Spätestens als die Reichsstifte von den Schweden besetzt, säkularisiert und zu Satellitenstaaten herabgedrückt wurden, war es für jeden offensichtlich, daß sie im Konfliktfall immer in der Gefahr standen, von den weltlichen Großmächten geschluckt zu werden. So mußte es das erste Ziel ihrer Außen- und Reichspolitik sein, den Frieden zu sichern. Hinzu kam, daß die einzelnen Fürstbistümer nicht annähernd über die Finanz- und Menschenressourcen verfügten wie die größeren weltlichen Territorien und daß diese Ungleichheit in dem Maße zunahm, in dem diese den neuzeitlichen Macht- und Militärstaat aufbauten. Es gab zwei Auswege: die kollektive Sicherung des Friedens durch Assoziationen und die systematische Stärkung des Reiches, das heißt des Reichstages, der Reichsgerichte und vor allem des Erzkanzleramts, über das man selbst verfügte. Das waren im übrigen vertraute Wege für die Prälaten. Denn als Angehörige der Reichsritterschaft hatten sie von Jugend an die Vorteile kollektiv-genossenschaftlicher Zusammenschlüsse kennengelernt, und auch Respekt vor dem Reich war ihnen selbstverständlich.

Wie man in den mittel- und süddeutschen Reichsstiften das Reich begriff, darüber unterrichtet eine Denkschrift, die der Philosoph und Polyhistor Gottfried Wilhelm Leibniz im August 1670 im Auftrag des kurmainzischen Ministers Baron Johann Christian von Boyneburg verfaßte. Die öffentliche Sekurität Deutschlands nach innen und außen sicherzustellen, gebe es kein anderes »Mittel als eine wohlformierte beständige Allianz«. An der Spitze eines solchen Reichsbundes solle ein in der Mainz benachbarten Reichsstadt Frankfurt tagen-

Der vielleicht prachtvollste Barockbau der Schönborns in Franken ist die Würzburger Residenz – Treppenhaus von Balthasar Neumann (1737-1744) mit den Deckenfresken von Giovanni Battista Tiepolo (1752-1753)

des Direktorium stehen, in dem jedem Stand, der dem Allianzheer »tausend Mann samt gehöriger Verpflegung« zuführe, eine Stimme zukomme. Der Einfluß des Kaisers sei auf zwei Stimmen zu begrenzen, eine für Böhmen, eine andere für die Erblande; dem Kurfürsten von Mainz als Reichskanzler komme eine hervorgehobene Kompetenz zu. Kurz, das Reich sollte eine Art dritte Kraft werden, unabhängig sowohl von Frankreich als auch von Österreich, um das »Gemeinebeste« der Deutschen sicherzustellen.[51]

Da eine solche bündische Reichsreform einstweilen nicht einmal ansatzweise realisierbar war, hatte sich Kurmainz bei der Umsetzung seiner Handlungsmaxime in konkrete Außenpolitik nach der jeweiligen Kräftekonstellation im deutschen und europäischen Mächtespiel zu richten. War Österreich stark und trieb der Kaiser in Deutschland vor allem Hausmachtpolitik, so waren die Allianzen und Assoziationen in erster Linie darauf zu richten, Wiens Vormachtstreben einzudämmen, das Reich gleichsam gegen sein eigenes Oberhaupt zu schützen. Natürlicher Bündnispartner war in diesem Falle Frankreich. Befand sich der Kaiser aber in Bedrängnis, so entsprach es dem Staatsinteresse der Reichsstifte, ihm und dem Reich zur Seite zu springen.

In dem Jahrzehnt nach dem Westfälischen Frieden hatten die Prälaten und mit ihnen mancher der kleineren und mittleren weltlichen Stände den Eindruck, daß ihre Handlungsfreiheit hauptsächlich von Habsburg bedroht war. Man fürchtete sogar, wieder in einen Krieg hineingezogen zu werden, da der Kaiser entgegen den Vertragsbestimmungen in den andauernden Kämpfen zwischen Frankreich und Spanien mehr oder weniger verdeckt den iberischen Vetter unterstützte.

In dieser Situation wurde der Mainzer Kurfürst Johann Philipp von Schönborn zur treibenden Kraft einer auf Zügelung der Habsburger gerichteten Politik. Das trifft sowohl bei der Wahlkapitulation von 1658 zu, die Kaiser Leopold Zurückhaltung im Spanisch-Französischen Krieg auferlegte, als auch bei der kurz darauf erfolgten Gründung des Rheinbundes,[52] einer Vereinigung vorwiegend westdeutscher Mittelstaaten – der sich aber auch Frankreich anschloß –, die den Westfälischen Frieden zu sichern suchte und darauf achten wollte, daß die Habsburger sich an die Abmachungen hielten. Als sich dann aber zeigte, daß der Rheinbund nicht als unabhängige Kraft *für* das Reich wirken konnte, weil Frankreich ihn à tout prix gegen den Kaiser ausrichtete, ja ihn zum Instrument eigener Hegemonialbestrebungen machte, gab Kurmainz im Sommer 1668 die Allianz auf und ließ die Franzosen wissen : »Es cessirten die causae solcher alliance, denn es sey vom Kayser nichts zu befürchten.«[53] Das Reich hatte jetzt Ludwig XIV. mehr als die Habsburger zu fürchten, und so bahnte Kurfürst Johann Philipp von Schönborn den Wechsel der Fronten an. Auf dem Aachener Friedenskongreß, der 1668 den ersten französischen Angriffskrieg beendete, war er neutraler Vermittler; wenige Jahre später, als der französische König Holland überfiel, stand Mainz dann hinter dem Kaiser und beteiligte sich am Reichskrieg gegen den Aggressor.

Mainz und die ihm verbundenen Reichsstifte blieben unter den späteren Schönborns im Prinzip bei dieser kaiser- und reichsfreundlichen Politik. In kluger Einschätzung der eigenen Kräfte und ihrer exponierten Lage war man allerdings bemüht, sich aus direkten kriegerischen Auseinandersetzungen herauszuhalten. Das gilt sowohl für den Spanischen als auch für den Österreichischen Erbfolgekrieg. Wichtiges Instrument dieser Politik blieb die kollektive Sicherung durch Bündnisse. So war der Mainzer Kurfürst Lothar Franz von Schönborn 1697 führend am Frankfurter Assoziationsrezeß beteiligt, in dem sich der schwäbische, der fränkische und die drei rheinischen Reichskreise zusammenschlossen, um durch ein vereinigtes Kreisheer von 40 000 Mann Friedens- und 60 000 Mann Kriegsstärke den Westen des Reiches zu verteidigen.[54] Im Spanischen Erbfolgekrieg bewährte sich diese Organisation, so daß die Rheingrenze gesichert war. In den ersten Jahrzehnten des 18. Jahrhunderts war Friedrich Karl von Schönborn als Reichsvizekanzler in Wien bemüht, die Autorität des Kaisers und des Reiches gegenüber den Einzelstaaten zu festigen und gleichzeitig das Gewicht der kleineren Reichsstände, vor allem der Prälaten, stärker ins Spiel zu bringen, bis ihn Kaiser Karl VI. ausschaltete, um freie Hand für die Pragmatische Sanktion zu erhalten – und damit für den Vorrang der österreichischen Hausmacht vor der Reichspolitik.[55]

Unter Kurfürst Franz Georg von Schönborn (1729-1756) schloß sich dieser Politik auch Trier an, das im 17. Jahrhundert zeitweilig geradezu Einfallstor für die Armeen Ludwigs XIV. gewesen war, besonders unter Philipp Christoph von Sötern (1623-1652). Eine Besserung seiner Lage ergab sich für den Kurstaat aus dem Wechsel der Fronten jedoch nicht; als Grenzterritorium blieb Trier Durchzugsgebiet, das in allen großen Kriegen starken Zerstörungen ausgesetzt war – im Pfälzer und Spanischen Erbfolgekrieg wie im Polnischen Erbfolgekrieg unter der reichspatriotischen Führung des Schönborn. Immerhin setzte Franz Georg ein trutziges Zeichen der Verteidigungsbereitschaft, als er das gegenüber seiner Residenzstadt Koblenz gelegene Ehrenbreitstein durch Balthasar Neumann zu einer mächtigen Festung ausbauen ließ, womit er zugleich fränkische Barockbaukunst an den unteren Mittelrhein brachte.

Unter den weltlichen Staaten Süddeutschlands befand sich insbesondere *Kurbayern* in einer prekären außen- und reichspolitischen Lage.[56] Es war eine jener »Schwellenmächte«, bei denen der Durchbruch zur Großmachtstellung unmittelbar bevorzustehen schien. Die Kurfürsten und ihre leitenden Politiker taten sich jedoch schwer, das bayrische Staatsinteresse in ein verläßliches außenpolitisches Kalkül umzusetzen. Ähnlich wie Sachsen auf protestantischer Seite, ist Bayern an dieser Aufgabe schließlich gescheitert. Anfang des 18. Jahrhunderts führten die Kurfürsten den Staat in einen wahren Höllensturz, aus dem er sich aus eigener Kraft nicht wieder hätte erheben können.

Dabei hatten die bayrischen Wittelsbacher in der ersten Hälfte des 17. Jahrhunderts die Necessitas-Situation, den Notstand des Krieges also, nach innen und nach außen brillant genutzt: Mit der Kurfürstenwürde war Bayern in die Spitzengruppe der Reichsstände vorgestoßen, und mit dem Erwerb der Oberpfalz hatte es sich gebietsmäßig arrondiert. Im Innern wurde der kompakte Flächenstaat absolutistisch effektiv regiert, woran sich auch nichts änderte, als drei Jahre nach Beendigung des Krieges das Regiment aus den Händen des erfahrenen Kurfürsten Maximilian in die seines fünfzehnjährigen Sohnes Ferdinand Maria überging.

Bayern war einer der ersten deutschen Fürstenstaaten, der sich dem Merkantilismus öffnete. Johann Joachim Becher, im Reich der führende Theoretiker dieser neuen Lehre, war von 1664 bis 1666 wirtschaftspolitischer Berater der Münchener Regierung. Die Zölle wurden vereinheitlicht und den Bedürfnissen der Wirtschaft angepaßt. Daneben wurden Manufakturen und agrarische Großbetriebe, etwa Schäfereien, gegründet. Weitgreifende Pläne sahen große Handelsgesellschaften und Überseekompanien vor, sogar bayrische Kolonien in Nord- und Südamerika. In Fortsetzung der vorausschauenden Militärpolitik, die Bayern zu Anfang des Krieges einen so beachtlichen Vorteil gebracht hatte, bereitete man gezielt die Armierung mit einem stehenden Heer vor. Die Verwaltung wurde vereinheitlicht und verbessert. Meilensteine waren vor allem die Gemeindeordnung von 1670 und die Kodifizierung des oberpfälzischen Landrechts im Jahre 1675. Das war in erster Linie das Werk von Caspar von Schmid, 1667 bis 1683 als Geheimer Ratskanzler führender Kopf der bayrischen Politik, der sich durch seine »Commentarii ad ius municipale Bavaricum« auch um die Grundlegung des wissenschaftlichen Staatsrechts in Bayern verdient gemacht hat.[57]

So schienen die besten Voraussetzungen dafür gegeben, den bayrischen Kurstaat im Konzert der deutschen Mächte zur Geltung zu bringen. Doch die außen- und reichspolitische Lage blieb schwierig. Trotz der bedeutenden Gewinne stand Bayern Mitte des 17. Jahrhunderts im Vergleich zu den benachbarten Habsburgern und anderen Reichsständen, vor allem zu Brandenburg, nicht stärker, sondern eher schwächer da als vor dem Krieg. Auf drei Seiten war man von der habsburgischen Ländermasse umklammert – Böhmen im Norden, Österreich im Osten und Tirol im Süden. Das war eine schwer lastende Hypothek, die eine wirkliche Handlungsfreiheit in der Außen- und Reichspolitik geradezu ausschloß. Bayern war die Alternative aufgedrängt, entweder im Windschatten des übermächtigen Nachbarn zu segeln oder sich dem Konvoi von dessen erbittertem Gegner, Frankreich also, anzuschließen. Daß sich München immer wieder auf die Konfrontation mit Wien einließ, hat in der »nationalbayrischen« Landesgeschichte neben bewundernder Zustimmung herbe Kritik gefunden. Die 1670 geschlossene Allianz mit Ludwig XIV. habe – so urteilt Ende des 19. Jahrhunderts Karl Theodor von Heigel – »die unselige Politik Bayerns inauguriert, die ein volles Jahrhundert hindurch dem gefügigen Bundesgenossen Frankreichs so schmerzliche Blutopfer auferlegte«.[58]

Es bleibt allerdings die Frage, ob die Münchener Regierung angesichts der geographischen und außenpolitischen Lage des Landes einen sehr viel anderen Kurs hätte steuern können, ohne gegen das starke, seit Jahrhunderten gewachsene Selbstbewußtsein Bayerns zu verstoßen. Denn Wien und die Habsburger spielten die Rolle des übermächtigen Nachbarn keineswegs auf eine Weise, die die bayrischen Politiker die Gefahr hätte vergessen lassen können, zu einem Satelliten Österreichs herabzusinken. Dabei war Mitte des 17. Jahrhunderts unübersehbar, daß sich in der Münchener Residenz die profranzösischen und die prokaiserlichen Gewichte die Waage hielten. Von Habsburg wurde in dieser Situation diplomatisches Geschick verlangt, wenn man die fällige Neudefinition der bayrischen Außenpolitik zu eigenen Gunsten beeinflussen wollte. Der im jugendlichen Alter zur Regierung gelangte Kurfürst Ferdinand Maria stand einerseits unter dem Einfluß seiner Mutter Maria Anna, der Tochter Kaiser Ferdinands II., die bis 1654 formell die Regentschaft führte, andererseits sah er sich durch seine 1652 vollzogene Heirat mit Adelheid von Savoyen, einer Enkelin Heinrichs IV. von Frankreich, in ein außenpolitisches Konzept eingebunden, das noch von seinem Vater zusammen mit dem Kardinal Mazarin entworfen worden war und Bayern Unabhängigkeit von Österreich bringen sollte. Fürstenmutter und Fürstengattin waren jeweils Haupt einer österreichischen beziehungsweise einer französischen Kamarilla, die über ein Jahrzehnt lang um den entscheidenden Einfluß auf die bayrische Außenpolitik rangen.

Zunächst hatten die »Österreicher« in München die Oberhand. Doch bereits bei der Kaiserwahl von 1658 war die Versuchung groß, aus dem habsburgischen Fahrwasser auszuscheren und Wien herauszufordern. Geführt von der ehrgeizigen Fürstengattin Adelheid von Savoyen, drängte die französische Kamarilla den zweiundzwanzigjährigen Ferdinand Maria zur Gegenkandidatur – war er doch, wie der Habsburger Prätendent Leopold, ein Enkel des verstorbenen Kaisers Ferdinand III. Sein mehrheitlich österreichisch gesinnter Geheimer Rat hielt ihn jedoch von diesem Abenteuer ab, das, nicht anders als die Herausforderung durch den pfälzischen Wittelsbacher vierzig Jahre zuvor, einen Kampf um Sein und Nichtsein ausgelöst hätte, für den Bayern nicht gerüstet war.

Eine Episode am Rand der Frankfurter Wahlverhandlungen zeigt, daß auch zehn Jahre nach dem Westfälischen Frieden, der manchem Reichsstand schmerzlichen Verzicht auferlegt hatte, die innerdeutschen Beziehungen noch schwer belastet waren: Der bayrische Gesandte Johann Georg Oexle, Angehöriger des proösterreichischen Geheimen Rats, vertrat entschieden die Ansicht, daß das süddeutsche Vikariat – das heißt die Vertretung der Reichsgewalt während einer Vakanz im Kaisertum –, das an die rheinische Kur gebunden war, nach den Bestimmungen des Westfälischen Friedens nicht der Kurpfalz, sondern Kurbayern zustehe. Das brachte den Pfälzer Kurfürsten Karl Ludwig, der dieses Amt für sich beanspruchte, auf der Sitzung vom 16. Mai 1658 so in Rage, daß er Oexle mit einem Tintenfaß bewarf und schließlich sogar mit blankem Degen auf ihn losstürmte. Der Bayer las unbeirrt seine Rechtsdeduktion zu Ende und verschaffte dadurch seinem Landesherrn einen von der Reichsöffentlichkeit aufmerksam registrierten Vorteil.[59]

Kaiser Leopold war nicht klug genug, seinem Münchener Vetter den Verzicht auf eine Gegenkandidatur angemessen zu entlohnen. Die vor der Wahl gegebenen Versprechungen wurden nur unvollkommen oder gar nicht eingelöst. Dadurch war es schwierig geworden, der Stimme der Staatsklugheit und des nüchternen Interessenkalküls in der Münchener Residenz Gehör zu verschaffen: Persönliche Enttäuschung und gekränkte Eitelkeit der Fürsten waren in der Welt der Höfe allemal ein guter Wurzelboden für den innen- und außenpolitischen Umschwung. Da aber das proösterreichische Personengeflecht in der Regierung nicht von heute auf morgen zu erset-

Spottmedaille eines unbekannten Künstlers auf die bayrisch-französische »Entente cordiale« nach der Niederlage des Jahres 1704. Die Karikatur eines französischen Soldaten mit der Umschrift »Haanefeinds [soll heißen »Franzosenfeind« in Anspielung auf den gallischen Hahn] franzosische Beuthe zeugt das Kleider machen Leute« – auf der Rückseite ein weiterer Spottvers: »Wer sagen kan, wo blieben sind Franz-bayerische Soldaten, dem geben will Haanfeindius den Beutel voll Ducaten«.

zen war und vom Wiener Kaiserhof aus sorgfältig gepflegt wurde, dauerte es noch ein gutes Jahrzehnt, bis das Bündnis mit Frankreich perfekt war.

Der am 17. Februar 1670 unterzeichnete Vertrag zwischen München und Paris war für Ludwig XIV. ein wichtiger Mosaikstein im Gefüge seiner europaweiten Hegemonialbestrebungen. Aktuell ging es darum, die zur Vorbereitung des Überfalls auf Holland mit Kurköln und Münster getroffenen Abmachungen nach Süden hin auszuweiten und dadurch den Kaiser und das Reich am Eingreifen zu hindern. Für Bayern stand mehr auf dem Spiel: Es ging letztlich um die politische Handlungsfreiheit, ja um die Existenz als bedeutende Macht im Reich. In welchen Dimensionen man dachte, zeigt ein geheimes Zusatzabkommen, in dem man in Erwägung zog, beim Ableben Kaiser Leopolds die Kaiserwürde dem französischen König Ludwig XIV. zufallen zu lassen, die deutsche und böhmische Krone dagegen sollte an den bayrischen Kurfürsten gehen. Das war die Handschrift des neuen Geheimratkanzlers Caspar von Schmid, dem auch die Kaiserkrone selbst für die Wittelsbacher und Bayern nicht unerreichbar scheinen wollte.[60]

Doch diese und andere Rechnungen der bayrisch-französischen »Entente cordiale« sollten nicht aufgehen. Das gewagte Spiel führte die Wittelsbacher Anfang des 18. Jahrhunderts vielmehr an den Rand des Abgrunds, und Bayern stand einen Moment lang in der Gefahr, im Habsburgerstaat aufzugehen: Nach rund anderthalb Jahrzehnten an der Seite des Kaisers ließ sich Kurfürst Maximilian II. Emanuel (1679-1726) erneut dazu hinreißen, im Bündnis mit Frankreich seinem Haus eine Königskrone erwerben zu wollen. Der für beide Mächte unglückliche Verlauf des Spanischen Erbfolgekrieges brachte ihm statt dessen das Exil und die Schmach der Reichsacht ein. In Bayern zog die kaiserliche Armee ein. Es war der Mut der Untertanen, der ein Zeichen setzte. Weihnachten 1705 zog ein gut tausend Mann starkes Heer aus dem Oberland nach München, um die Hauptstadt von den Österreichern zu befreien. Als sie sich am 25. Dezember nach einem fehlgeschlagenen Angriff am Isartor dem kaiserlichen General Kriechbaum ergaben, wurden sie umzingelt und niedergeschossen. Eine Aktennotiz spricht von 1 034 Bauern, die in dieser »Sendlinger Mordweihnacht« ihr Leben verloren – Opfer einer martialischen Brutalität, zu der jedes Militärregiment irgendwann Zuflucht sucht. Schließlich sorgte die Überlegenheit der französischen Diplomatie dafür, daß Max Emanuel 1714 im Frieden von Rastatt Land und Kurfürstenwürde in vollem Umfang zurückerhielt.

Die Notwendigkeit der Selbstbehauptung gegenüber dem übermächtigen österreichischen Nachbarn blieb indes weiter bestehen. So war es keinesweg nur Revanche für die Erniedrigung während des Spanischen Erbfolgekrieges und auch nicht skrupellose Ausnutzung politisch-dynastischer Schwäche des Hauses Habsburg, als 1740 der Sohn des unglücklichen Max Emanuel die Hand nach den Erblanden und der Kaiserkrone ausstreckte. Vielmehr stand politische Sachlogik hinter den dramatischen Ereignissen, die für die kurze Zeitspanne von drei Jahren einen Wittelsbacher auf den deutschen Kaiserthron hoben: Hier wurde der Anspruch einer Dynastie zur Geltung gebracht, die einst – vor der ununterbrochenen Reihe von Kaisern aus dem Hause Habsburg – als gleichrangiges deutsches Kö-

Votivtafel mit der Sendlinger »Mordweihnacht«, Gemälde in der Pfarrkirche von Egern, gestiftet von Egerner und Tegernseer Teilnehmern am Aufstand der Oberländer Bauern

Zwischen einer Darstellung des Dorfes Sendling links und der Stadt München rechts und unter dem Egerner Gnadenbild, einer Schutzmantelmadonna, haben kaiserliche Fuß- und Reitertruppen die Aufständischen umzingelt, um sie niederzumachen. Der Votationstext enthält die Namen der Überlebenden und Toten der beiden Gemeinden.

nigsgeschlecht neben den Österreichern gestanden hatte. Unter dem Prinzip der Staatsinteressen fand der Kampf statt um Abgrenzung und Rangordnung, wurde die Konkurrenz zweier bedeutender Nachbarmächte um die optimale innere und äußere Festigung ihrer Staaten ausgetragen, so lange, bis sich eine Macht mit der Nachordnung beschied oder ein anderer Modus vivendi gefunden war.

Kurfürst Karl Albrecht (1726-1745) war es, der zum letzten Mal einen solchen existentiellen Konkurrenzkampf mit Habsburg aufnahm. Er war als Knabe in die Hände der Österreicher geraten, als diese während des Spanischen Erbfolgekrieges in Bayern eingefallen waren. Bis zur Restitution seines Vaters im Jahre 1715 hatte man ihn als Graf von Wittelsbach in Graz und Klagenfurt festgehalten. Selbst mit einer Habsburgerin verheiratet, nämlich mit Maria Amalie, der Tochter Kaiser Josephs I., stellte er beim Tod Kaiser Karls VI. die von diesem zugunsten seiner Tochter Maria Theresia entworfene Erbregelung in Frage und beanspruchte die österreichischen Besitzungen für sich selbst. Im Windschatten des preußischen Überfalls auf Schlesien eroberte er mit Unterstützung Frankreichs Oberösterreich und Böhmen und gelangte im Januar 1742 als Karl VII. auf den deutschen Kaiserthron.[61] Dieses für ihn selbst überraschend glatten Erfolgs wurde der Wittelsbacher jedoch nicht froh. Als er im Januar 1745 plötzlich starb, war bereits klar, daß die wittelsbachische Herausforderung erneut gescheitert war. Sein Sohn Max III. Joseph erkannte sogleich die Pragmatische Sanktion und den habsburgischen An-

Frankreich hatte nach dem für Bayern katastrophalen Krieg den Wittelsbachern Land und Kurfürstenwürde gerettet, so blieb die bayrische Dynastie auch später immer potentieller Bündnispartner der Bourbonen im Reich gegen den Kaiser - Kupferstich und Radierung für ein Kalenderblatt des Jahres 1715, auf dem Ludwig XIV. als Beschützer Bayerns auftritt. Der französische König und nicht der Kaiser überreicht Max Emanuel den Kurhut.

spruch auf die Kaiserkrone an. Damit war zwischen den beiden konkurrierenden Nachbarstaaten nicht nur der Status quo hergestellt; auch die reichs- und allianzpolitische Distanz, die seit Generationen zwischen Wien und München bestanden hatte, stellte sich sogleich wieder ein.

Wittelsbach war im 17. und bis weit hinein ins 18. Jahrhundert immer mehr als nur das bayrische Herzogs- oder Kurfürstengeschlecht. Über nahezu zwei Jahrhunderte, genau von 1583 bis 1761, herrschten die Wittelsbacher auch im Nordwesten des Reiches, wo sie sich das angesehene Erzstift und Kurfürstentum *Köln* als Sekundogenitur gesichert hatten.[62] Häufig vergrößert um die in Personalunion angeschlossenen Bistümer Münster, Paderborn oder Hildesheim, zeitweilig sogar um Lüttich in der Übergangszone zu den südlichen Niederlanden, haben Köln und über diesen Kurstaat die Wittelsbacher auch und gerade im Nordwesten des Reiches eine bedeutende Rolle gespielt, vor allem unter Kurfürst Clemens August (1723-1761), den man wegen seines Regiments in Köln, Münster, Paderborn, Hildesheim und Osnabrück »Monsieur de Cinq Eglises« nannte.

Aber eine wirklich eigenständige, an den besonderen Interessen des rheinischen Kurstaates ausgerichtete Außenpolitik war damit nicht verbunden; Köln folgte in der Regel den Allianzen des weltlichen Haupthauses im Süden. Mitte des 17. Jahrhunderts, als in München noch die proösterreichische Kamarilla den Ton angab, nahm der rheinische Wittelsbacher Kurfürst Maximilian Heinrich (1650 bis 1688) die französische Wende Bayerns sogar vorweg. Später trat er dem Rheinbund bei; 1671 schloß er mit Frankreich ein bilaterales, gegen die Niederlande gerichtetes Offensivbündnis, womit er zwar die seit 1632 von den Holländern besetzte Festung Rheinberg zurückgewann, aber mitansehen mußte, wie die gegen den französischen Eindringling mobilisierte Reichsarmee im Gegenzug seine Bonner Residenz besetzte. Anfang des 18. Jahrhunderts teilte Erzbischof Joseph Clemens von Köln (1688-1723) bis in Einzelheiten das Schicksal seines Bruders Max II. Emanuel. Obgleich er mit Unterstützung Kaiser Leopolds auf den Kölner Erzstuhl gelangt war, voll-

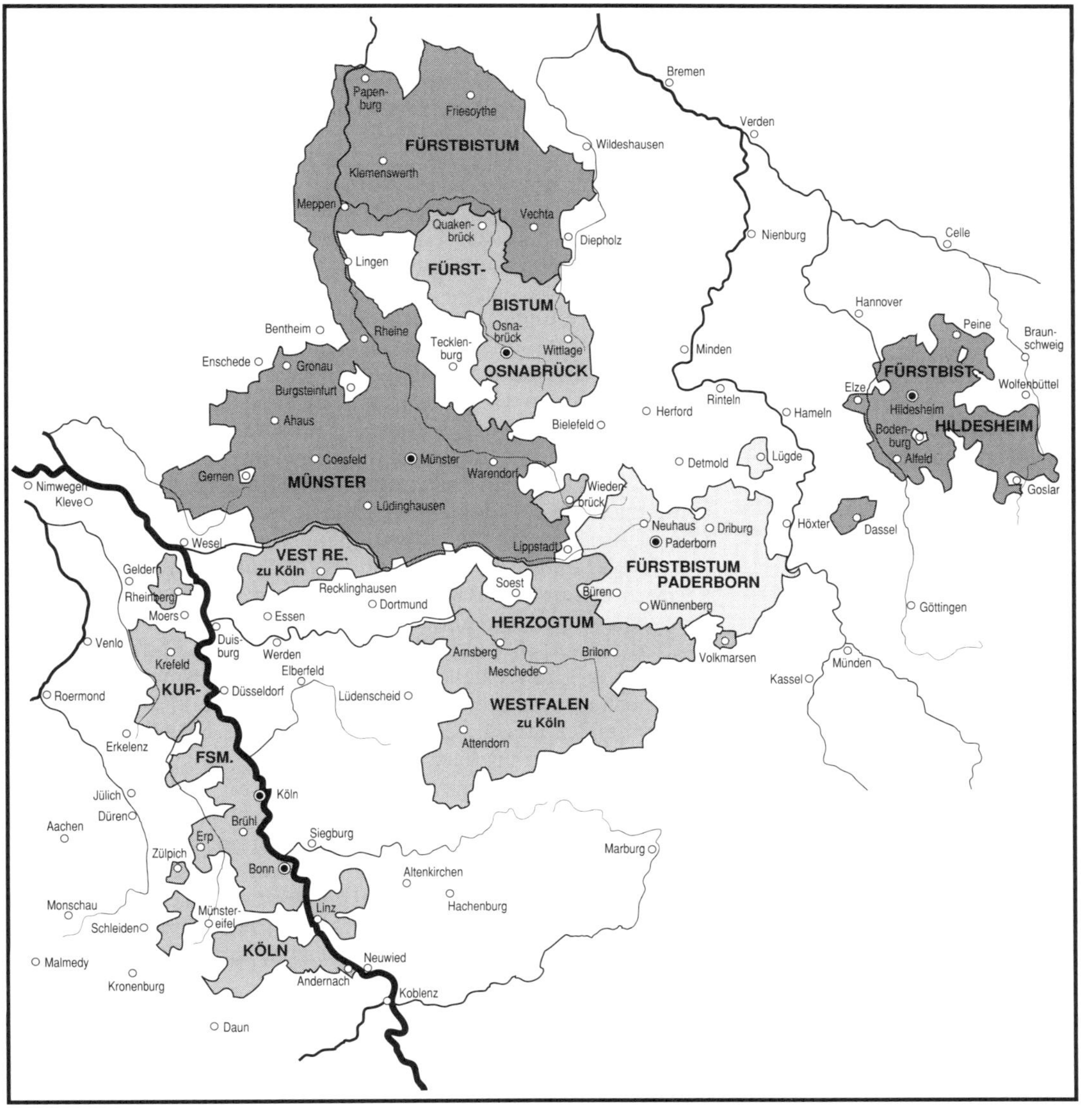

Die Territorien des Kölner Kurfürsten Clemens August von Bayern

Das
durch den Tod geraubte
PALLADIUM.

Als
Der Hochwürdigst-Durchlauchtigster
Fürst und HERR,
HERR
CLEMENS
AUGUSTUS,
Ertz-Bischoff und Churfürst von Cölln, des Heil. Röm. Reichs Ertz-Cantzler durch Italien, Bischoff zu Münster, Paderborn, Oßnabrück und Hildesheim, des Hohen Teutschen Ordens Hoch- und Teutschmeister, rc. rc. Hertzog in Ober- und Nieder-Bayern, auch der Ober-Pfaltz, in Westphalen und Engern Hertzog, Pfaltz-Graf bey Rhein, Landgraf zu Leuchtenberg, Burg-Graf zu Stromberg, Graf zu Pyrmondt, Herr zu Borckenlohe, Werth, Freudenthal und Eulenberg, rc. rc. rc.
Auf dem Churfürstl. Trierischen Schloß Ehrenbreitstein
Mit
einer tödtlicher Kranckheit überfallen
Den 6ten Februarii, 1761, um 5 Uhr, Nachmittags,
Seinen Höchst-Seeligsten Geist
aufgegeben.

Cöln,
bey Frantz Balthasar Neuwirth, unter fetten Hennen.

Mit dem Tod des Kölner Kurfürsten Clemens August, der nochmals die katholischen Bistümer Nordwestdeutschlands, Münster, Paderborn, Osnabrück und Hildesheim, unter seinem Krummstab vereinigt hatte, endete 1761 eine lange Reihe bayrischer Kurfürsten in Köln, die über fast 200 Jahre hin die geistlichen Territorien am Niederrhein und in Westfalen zu einer Sekundogenitur der Wittelsbacher gemacht hatte.

zog er 1701 die Wende zu Frankreich. Vom Kaiser mit der Reichsacht belegt und durch österreichisch-englische Truppen aus seinen Ländern vertrieben, lebte er von 1706 bis 1715 im französischen Exil. 1761 endete in Köln die lange Reihe bayrischer Kurfürsten; statt dessen gelangte zunächst der Angehörige eines schwäbischen Reichsgrafengeschlechts, dann ein österreichischer Erzherzog auf den Erzstuhl. Auch hier im Nordwesten wurde offenkundig, daß der wittelbachische Stern vor dem habsburgischen endgültig verblaßt war.

Die Kölner Verhältnisse sind noch in einer weiteren Hinsicht reichs- und mächtepolitisch aufschlußreich: Sie gaben die Bühne ab für den Eintritt des schwäbisch-oberdeutschen Adelsgeschlechts der *Fürstenbergs* in die große internationale Politik.[63] Die Schönborn-Familie in den fränkischen Bistümern und die Fürstenbergs im Kölner Erzstift – beide Geschlechter zeigen die Spannbreite und die Flexibilität politischer Adelsexistenz in einer vornationalstaatlichen, international-europäischen Staaten- und Gesellschaftsordnung. So wie die Schönborns im traditionell reichsnahen Franken von Generation zu Generation weiter aufstiegen als Vertreter eines in kongenialer Spannung zum Kaisertum stehenden Reiches, so gelangten die Fürstenbergs in den seit je weit nach Westen hin geöffneten nördlichen Rheinlanden als entschiedene Parteigänger Ludwigs XIV. zu politischem Einfluß und Ansehen in der europäischen Adels- und Herrscherwelt.

Diese Wendung war der Entschluß einer ganzen Generation. Als Angehörige eines im Kinzigtal bei Stühlingen und in der Baar ansässigen und zersplitterten Grafengeschlechts hatten die Väter die Enge der eigenen Herrschaft gesprengt, indem sie im Dreißigjährigen Krieg der bayrischen Liga und dem Kaiser dienten und damit den 1664 erreichten Aufstieg in den Reichsfürstenstand vorbereiteten. Die Söhne setzten auf Frankreich: Franz Egon (1626-1682) und Wilhelm Egon (1629-1704) nach theologischen Studien in Rom und Löwen als Kanoniker der großen rheinischen Domstifte – Köln, Lüttich, Speyer und Straßburg – und als führende Minister der wittelsbachischen Kurfürsten von Köln; Hermann Egon (1627-1674), der den weltlichen Weg wählte und nach Studien in Köln und Löwen noch als kaiserlicher Obrist an den letzten Gefechten des Krieges teilnahm, als hoher bayrischer Hof- und Regierungsbeamter und persönlicher Vertrauter des Kurfürsten Ferdinand Maria.

Die drei Brüder Fürstenberg waren in Köln und München neben dem bayrischen Kanzler Caspar von Schmid die tragenden Säulen der französischen Allianzpolitik. Wie andere Adels- und Kleinfürstengeschlechter sich auf den Habsburgerhof in Wien, später auch auf den der Hohenzollern in Berlin orientierten, so die Fürstenbergs über die deutschen »Nebenhöfe« München und Bonn auf Ludwig XIV. und Versailles. Sie sind in dieser Klientel hochgetragen worden in politische Ämter und Herrschaften, deren Einfluß und Glanz alles weit überragte, was ihnen ihre eigene, zersplitterte Grafschaft hätte bieten können. Nach den Kölner Ministerjahren wurde Franz Egon Fürstabt von Stablo, Bischof von Metz, wo er die Nachfolge des berühmten Kardinals Mazarin antrat, schließlich Abt von Murbach und Bischof von Straßburg; in beiden Ämtern endete damit eine Epoche habsburgischer Prälaten.

Der Übergang Straßburgs an Frankreich war eingeleitet. Zugleich setzte mit dem Fürstenberger eine Zeit des inneren, staatlichen Ausbaus ein. 1681 hieß Franz Egon seinen Klientelherrn Ludwig XIV. zusammen mit der französischen Hofgesellschaft in der soeben von französischen Truppen eingenommenen Reichsstadt Straßburg willkommen und feierte im Dom die erste katholische Messe seit anderthalb Jahrhunderten. Als der erste Fürstenberg auf dem Straßburger Bischofsstuhl starb, folgte ihm sein Bruder Wilhelm Egon, wie er ihm zuvor bereits in Metz gefolgt war. 1686 erreichte dieser sogar die höchste Würde seiner Kirche und wurde durch Vermittlung Frankreichs römischer Kardinal, was den Schönborns übrigens erst eine gute Generation später gelang. Der Sprung nach ganz oben, in das vornehme Kurfürstenkollegium, mißglückte dagegen: Wilhelm Egon wurde zuvor mit französischer Hilfe zum Koadjutor in Köln gewählt. Als es um die Besetzung des Erzstuhles selbst ging, unterlag er jedoch dem Wittelsbacher Joseph Clemens. Das war 1688, als Habsburgs Stern hell erstrahlte und selbst die Wittelsbacher sich einen Moment lang nach ihm ausrichteten, während Ludwig XIV. im Reich und auch in Rom an Einfluß verloren hatte.

Wilhelm Egon Fürstenberg hatte bereits während des Holländischen Krieges erfahren müssen, daß auf seinem Weg Aufstieg und jäher Absturz eng beieinander lagen. Als kurfürstlicher Minister war er am hellichten Tag in der Reichsstadt Köln von einer Schwadron kaiserlicher Reiter aus der Kutsche gezerrt und nach Wien verschleppt worden, wo der Geheime Rat ihn wegen Majestätsverbrechen gegen den Kaiser zum Tode verurteilte. Nur der Protest des päpstlichen Nuntius gegen die Verletzung der geistlichen Würde hatte ihm damals das Leben gerettet. Jetzt, als die gescheiterte Wahl ihm vor Augen stellte, daß sein französischer Klientelherr nicht mehr genügend politischen Rückhalt im Reich garantieren konnte, zog er sich nach Paris zurück, wo er die letzten eineinhalb Jahrzehnte seines Lebens die respektable Würde eines Kommendatarabtes der berühmten Benediktinerabtei Saint-Germain-des-Près bekleidete.

Deutsche Historiker haben in den drei Fürstenberg-Brüdern immer wieder »französische Söldlinge« und Vaterlandsverräter gese-

Überfall kaiserlicher Reiter auf den profranzösischen kurkölnischen Minister Wilhelm Egon von Fürstenberg am 14. Februar 1674 in der neutralen Freien Reichsstadt Köln, die den verhaßten Gegner der Habsburger gefangennehmen und nach Wien verschleppen; niederländischer Kupferstich, um 1680

Titelblatt einer antifranzösischen Schmähschrift gegen Wilhelm Egon von Fürstenberg, der, aus Köln vertrieben, Abt von Ludwigs XIV. Gnaden zu St. Germain in Paris wurde.

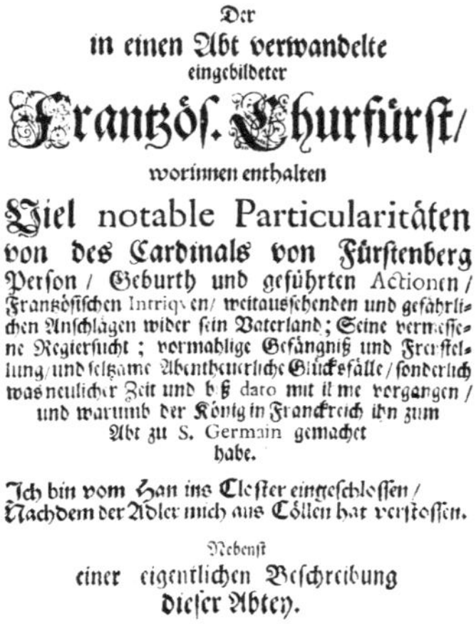

Der
in einen Abt verwandelte
eingebildeter
Frantzös. Churfürst/
worinnen enthalten
Viel notable Particularitäten
von des Cardinals von Fürstenberg
Person / Geburth und geführten Actionen / Frantzösischen Intriqven/ weitaussehenden und gefährlichen Anschlägen wider sein Vaterland; Seine vermessene Regiersucht; vormahlige Gefängniß und Freystellung/ und seltzame Abentheuerliche Glücksfälle/ sonderlich was neulicher Zeit und biß dato mit ihme vergangen / und warumb der König in Franckreich ihn zum Abt zu S. Germain gemachet habe.

Ich bin vom Han ins Closter eingeschlossen /
Nachdem der Adler mich aus Cöllen hat verstossen.

Nebenst
einer eigentlichen Beschreibung
dieser Abtey.

hen.[64] Das sind falsche, aus der Epoche der Nationalstaaten stammende Maßstäbe. Zwar haben Vergleichbares schon die Zeitgenossen verlauten lassen, aber das waren parteiische Äußerungen eines von den Habsburgern interessenpolitisch genutzten Reichspatriotismus. Die Kaisermacht selbst mußte sich in der Reichspublizistik wiederholt sagen lassen, sie übe Verrat an der deutschen Sache. Das Wiener Todesurteil gegen Wilhelm Egon gründete juristisch auf Hochverrat im älteren, personenbezogenen Sinne des Majestätsverbrechens oder *crimen laesae majestatis* gegen den Kaiser, nicht aber auf »Landesverrat« im modernstaatlichen Verständnis!

Im Alten Reich war der Weg der Fürstenbergs lediglich eine ausgeprägte, radikal bis zum Ende getriebene Variante adliger Familien- und Machtpolitik, die nicht in nationalen Grenzen, sondern prinzipiell im europäischen Horizont gedacht und verwirklicht wurde. Das bestätigt aufs beste kein anderer als Erzbischof Johann Philipp von Mainz, der Schönborner Gegenspieler der Fürstenbergs: Als er nach einem Jahrzehnt an der Seite Ludwigs XIV. feststellen mußte, daß sein politisches Programm eines starken, unabhängigen Reiches nicht zum Zuge gekommen war und deshalb auf Distanz zu Frankreich gehen wollte, trug er Sorge, dann könnten zum Nachteil von Mainz und der Schönborns »die Fürstenberger ... die direction der französischen affairen in Teutschland an sich ziehen«.[65] Auch die Tatsache, daß die drei Fürstenbergs, deren frankreichfreundliche Politik durch den Rheinbund bereits allbekannt war, 1664 mit Billigung des Kaisers in den Reichsfürstenstand erhoben wurden, belegt, daß dem Alten Reich nationalstaatliche Wertmaßstäbe fernlagen. Erst die aggressive, rechtsbrechende Expansionspolitik Ludwigs XIV., die gegen die dynastischen und die Gleichgewichtsnormen Alteuropas verstieß, entzog den französischen Parteigängern im Reich moralisch und politisch die Basis.

Dem Hause Fürstenberg hat selbst das nicht geschadet. Als 1716 die Heiligenberger Linie, der die drei bedeutenden Politiker des 17. Jahrhunderts angehörten, ausstarb, ging deren an der Seite Ludwigs XIV. erworbener Fürstenstatus an die fortbestehenden Linien über. Auf dieser Basis errichtete Joseph Wilhelm Ernst von Fürstenberg (1699-1762), der 1744 den Besitz aller Linien wiedervereinigte, zwischen Donau, Bodensee und Oberrhein ein modernes Staatswesen mit der Residenz Donaueschingen, das im Südwesten des Alten Reiches politisch und vor allem kulturell beachtliches Gewicht erlangte. Diese letzte Stufe des Aufstiegs war nun allerdings in engster Anlehnung an den Kaiser erfolgt – die politischen »Konjunkturen« hatten sich geändert. Konstant blieb hingegen die entschieden katholische Einstellung der Fürstenbergs.

Neben Köln und Bayern gelang es einer weiteren geistlichen Mittelmacht einen Moment lang, an der Seite Frankreichs in die europäische Politik einzudringen, um auf diese Weise ihre Staatsinteressen zu fördern. Unter dem bedeutenden Fürstbischof Christoph Bernhard von Galen (1650-1678)[66] schien *Münster* auf dem Sprung zur Vormacht im Nordwestraum, bevor es dort eine Generation später von dem neuformierten Welfenstaat endgültig auf den zweiten Rang verwiesen wurde. Von Galen, ein Jesuitenschüler, der in Löwen und Bourges die Rechte studiert hatte, war durch und durch geprägt

Der streitbare Münsteraner Fürstbischof Christoph Bernhard von Galen zu Pferd über der unterworfenen Stadt Münster, Ölgemälde von Jacob Quinchardt, um 1661

vom Machtstaatskonzept der Neuzeit, das er im Innern und nach außen Schritt für Schritt zu verwirklichen trachtete. »Bombenbernd« heißt er heute noch im Münsterland, weil er seine bislang unabhängige und nach Reichsfreiheit strebende Kathedralstadt 1657 mit schwerer Artillerie beschossen hatte, bevor er sie drei Jahre später zusammen mit französischen und rheinbündischen Truppen endgültig unterwerfen konnte.

Gleichzeitig mit dem Aufbau eines straff absolutistischen Regiments, das sich ähnlich dem protestantischen Fürstenstaat des Veit Ludwig von Seckendorff auch auf Reformen in Kirche und Schule stützte, ging von Galen daran, sich und seinem Fürstentum eine feste Stellung innerhalb des Mächtesystems zu verschaffen. 1660 nutzte er den Beitritt zum Rheinbund, den er nicht als einen antihabsburgischen Schritt ansah, um neben der Unterstützung des Kaisers weitere Hilfe gegen die widerspenstige Stadt Münster zu gewinnen. Danach stärkte er seine Position, indem er das Direktorium im Westfälischen Reichskreis energisch handhabte und den Habsburgern entschieden gegen die Türken zur Seite sprang (1663/64). Die Hauptstoßrichtung seiner Außen- und Militärpolitik richtete sich aber nach Westen und Nordwesten: Die Niederlande waren für ihn eine Art »Erbfeind« – weil sie protestantisch und auch noch republikanisch waren. Beides roch nach Aufruhr und mußte niedergerungen werden, damit dem Ungehorsam der eigenen Kathedralstadt endlich der Rückhalt genommen war. Es waren somit keine antikaiserlichen oder antiösterreichischen Motive, die den »Bombenbernd« Anfang der siebziger Jahre mit Frankreich und Kurköln zusammenführten. Vielmehr hoffte er, in den angrenzenden Provinzen Overijssel und Groningen einen Gebietsschnitt machen zu können. Sein Fernziel war es, Münster wie im Mittelalter wieder an die Nordseeküste heranzuführen.

Als der Vorstoß vor den Wällen der gut befestigten Stadt Groningen ins Stocken geriet, schloß von Galen am 22. April 1674 mit den Generalstaaten Frieden und wechselte die Front. Die Gebietserweiterung, die ihm vor Groningen versagt geblieben war, hoffte er nun im Kampf gegen Frankreich doch noch zu erreichen. Jetzt richtete er den Blick auf die ebenfalls zum Meer hin führenden Herzogtümer Verden und Bremen, deren Landesherr, die Krone Schwedens, soeben wieder an die Seite Frankreichs getreten war. Doch auch diesmal blieb dem streitbaren Bischof der Lohn für seine kriegerischen Taten versagt; nach dem Frieden von Nimwegen zwischen Kaiser und Frankreich mußte Ferdinand von Fürstenberg, der von Galen auf dem Bischofsstuhl gefolgt war, mit Frankreich und Schweden einen Frieden ohne jeglichen Gebietsgewinn schließen. Münster blieb eine nordwestdeutsche Mittelmacht. Gestützt auf das von Fürstbischof von Galen aufgebaute stehende Heer, wußte sie sich zwar in der engeren Region stets Gehör zu verschaffen, darüber hinaus aber oder gar international spielte Münster indes keine bedeutende Rolle mehr wie zur Zeit des »Bombenbernd«.

Das neuzeitliche Gesetz von Fläche und Zahl

Das Beispiel Münster macht darauf aufmerksam, daß nicht anders als im Europa der Mächte seit Mitte des 17. Jahrhunderts auch in der politischen Geographie des Reiches die neue Kategorie der Quantität, der Größe an Einwohnerzahl und Quadratmeilen, von Jahrzehnt zu Jahrzehnt beherrschender wurde und die bislang dominierenden Strukturprinzipien Kaisernähe und Kaiserferne, Konfession und Einzelstaatsinteresse verwischte.

So paradox das heute aussehen mag, dieses Quantitätsprinzip ist eine durch und durch historische, das heißt zeitlich veränderliche Kategorie. Im Mittelalter spielte sie keine oder doch eine ganz andere Rolle als in der Neuzeit. Man kann sogar sagen: Flächengröße und Einwohnerzahl sind ein typisch neuzeitliches Kriterium, das um die Mitte des 17. Jahrhunderts durchbruchartig ausschlaggebend wurde für das ökonomische und mächtepolitische Gewicht eines Landes. Nichts zeigt das deutlicher als die plötzliche Umkehrung der Rangfolge zwischen den Niederlanden und England. In der ersten Hälfte des Jahrhunderts europäischer Vorreiter beim ökonomischen Wachstum und der gesellschaftlichen Entfaltung, auch politische und sogar militärische Großmacht, fiel die gebietsmäßig kleine Republik im letzten Viertel des Jahrhunderts schnell zurück. Das eben noch stolz voransegelnde Leitschiff wurde zum Beiboot im Schlepptau der englischen Seemacht, der man außenpolitisch fortan meist folgte. Man konnte einfach nicht mehr mithalten, als die großen Flächenstaaten Frankreich und England ihre Ressourcen an Menschen, Kapital und Rohstoffen mobilisierten und gezielt einsetzten. Dazu hatte jene erst der frühneuzeitliche Staatsbildungsprozeß in die Lage versetzt, der während des »langen 16. Jahrhunderts« die nötigen administrativen Steuerungskapazitäten sowie eine höchste, einheitliche Staats-

Niederländisches Spottflugblatt auf die Niederlage der Franzosen und des Bischofs von Münster, Kupferstich von Romeyn de Hooghe

Die Niederländer verteidigen sich gegen die Eindringlinge, indem sie das »Münsterische Schwein« abstechen und den »Gallischen Hahn« rupfen.

gewalt ausgebildet hatte, mit der nun operiert wurde. Nachdem die durch den langen Krieg bedingte Stagnation überwunden war, konnten die großen Flächenstaaten seit Mitte des 17. Jahrhunderts darangehen, ihre Kräfte zu mobilisieren. Der Unterschied zwischen großen und kleinen Staaten erhielt nun einen Stellenwert, der bis dahin in der europäischen Geschichte unbekannt gewesen war.

Nach Beseitigung der Kriegsfolgen brach sich das Gesetz der Zahl und der Fläche schließlich auch im Reich Bahn. Es warf eine ganze Gruppe von Staaten zurück, deren Wort im Mittelalter und in der ersten Hälfte der Frühneuzeit in der Reichspolitik stets Gewicht gehabt hatte und die verfassungsrechtlich und statusmäßig zu den ersten Ständen des Reiches zählten. Die ehrwürdigen geistlichen Kurstaaten Köln, Mainz und Trier und auch die Kurpfalz blieben deutlich unter 10 000 Quadratkilometern oder 180 Quadratmeilen, wobei die Gebiete teilweise dazu noch sehr zersplittert waren. Die jeweilige Einwohnerzahl lag zwischen 200 000 und 400 000. Etwas größer oder bevölkerungsreicher waren Mecklenburg und Münster, Hessen-Kassel (gut 6 000 Quadratkilometer und 175 000 Einwohner 1705; rund 275 000 Einwohner 1750, gut 350 000 zu Ende des 18. Jahrhunderts) und Württemberg (etwa 264 000 Einwohner 1679; etwa 428 000 Einwohner 1733; etwa 467 000 Einwohner 1750). Die Masse der deutschen Staaten hatte sogar nur Bruchteile dieser Zahlen aufzuweisen – die westfälische Grafschaft Lippe zum Beispiel rund 1 000 Quadratkilometer und knapp 100 000 Einwohner, Sachsen-Gotha, der »Fürstenstaat« des Seckendorff, rund 1 600 Quadratkilometer oder gar nur 65 Quadratkilometer und knapp über 1 000 Einwohner die westfälische Grafschaft Steinfurt.

Diesen Mittel- bis Kleinstterritorien, die dem neuen Quantitätsprinzip nicht standzuhalten vermochten, stand eine Gruppe von »Schwellenstaaten« gegenüber, deren Ausgangslage günstig war: so das geographisch kompakte Bayern, das zu Anfang des 18. Jahrhunderts zusammen mit der Oberpfalz 640 Quadratmeilen (35 200 Quadratkilometer) umfaßte und dessen Einwohnerzahl im Verlaufe des Jahrhunderts die Millionengrenze überschritt; ähnlich Kursachsen mit über einer Million Einwohnern zu Anfang des Jahrhunderts und 1,6 Millionen Einwohnern im Jahre 1770; Hannover, das nach dem

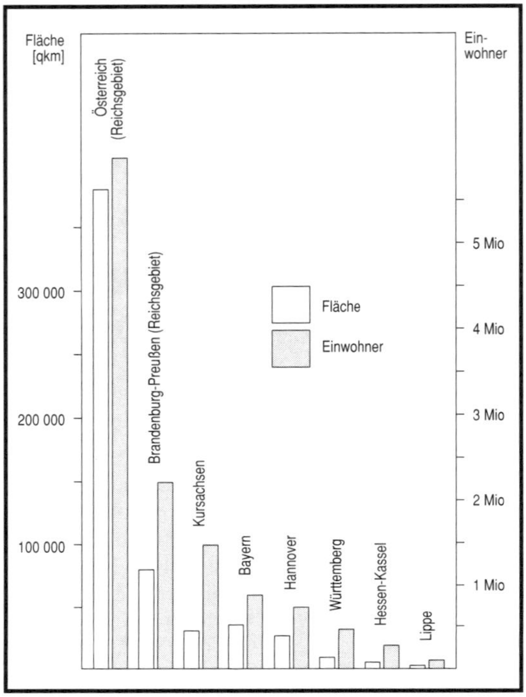

Fläche und Bevölkerung der deutschen Territorien um die Mitte des 18. Jahrhunderts

Erwerb von Bremen und Verden 1720 etwa 28 000 Quadratkilometer und etwa 700 000 Einwohner besaß. Keinem dieser Staaten gelang jedoch der Sprung in die Zahlenzone, in der eine Groß- und Machtstaatspolitik nach europäischem Maßstab möglich wurde.

Nur zwei deutsche Staaten – oder korrekter gesagt: Konglomerationen von Territorien – hielten dem neuzeitlichen Quantitätsgesetz stand. Im Südosten war es die alte habsburgische Kaisermacht mit einem Gesamtgebiet von rund 730 000 Quadratkilometern und über sechs Millionen Einwohnern, in Norddeutschland die Ländermasse der Hohenzollern, die 1740 rund 2,4 Millionen Einwohner und gut 2 000 Quadratmeilen (fast 120 000 Quadratkilometer) umfaßte.[67] Beide Staaten hatten Anfang des 18. Jahrhunderts noch die Aufgabe vor sich, ihre Kräfte zu mobilisieren: Das Kardinalproblem bestand darin, die Addition einzelner Territorien, die staatsrechtlich nur durch Personalunion zusammengehalten wurden, in Einheitsstaaten umzuwandeln, die in gleicher Weise einem einzigen, zielgerichteten Willen folgten, wie das in den Nationalstaaten West- und Nordeuropas der Fall war. Bei Brandenburg-Preußen kam die Notwendigkeit hinzu, die vom Westen bis zum äußersten Osten des Reiches und darüber hinausreichenden Gebiete zusammenzuklammern, womöglich sogar direkte räumliche Verbindungen herzustellen. Habsburg war nach dem Gesetz der Zahlen und des Raumes weit im Vorteil.

Im 18. und 19. Jahrhundert ist die deutsche Staatengeschichte einem Magnetfeld vergleichbar, das sich in langen Auseinandersetzungen auf diese beiden Massenpole hin ausrichtete. Deutschland wäre aber nicht »monstro simile«, das »monströse« Reich gewesen, das es war, wenn es nicht auch Kräfte freigesetzt hätte, die diesen Dualismus wieder aufhoben oder abschwächten, sich ihm jedenfalls zu entziehen trachteten. Für das 19. Jahrhundert spricht man vom »dritten Deutschland«[68] und meint damit die Mittelstaaten im Süden und Westen, die einen eigenständigen Weg zwischen Habsburg und Preußen wählten. Dieses »dritte Deutschland« konnte an die beschriebene Tradition des spezifischen Reichspatriotismus bei den rheinisch-fränkischen Reichsstiften und einigen weltlichen Klein- und Mittelstaaten des süd- und südwestdeutschen Raumes anknüpfen. In dem Moment, in dem das Gesetz der Größe an Bedeutung gewann, hatten sich im Reich bereits Gegenkräfte formiert. Hier entwickelte sich eine politische Kultur jenseits des machtstaatlichen Denkens in Quadratmeilen und Menschenmassen, wie es die aufziehenden Gestirne Preußen und Habsburg vertraten.

2. Das Theatrum Europaeum unter der Regie Ludwigs XIV. – vom Rheinbund bis zur Besetzung Straßburgs

Das europäische Allianz- und Mächtespiel folgte den gleichen rationalen Prinzipien wie die barocken Parkanlagen – Plan des Labyrinths von Versailles als Ausdruck des Willens zur geometrischen Ordnung.

Das scheinbar undurchschaubare Ringen der Mächte und Dynastien, das die deutsche und europäische Ereignisgeschichte zwischen Westfälischem und Hubertusburger Frieden so verwirrend erscheinen läßt, folgt einer geradezu bestechenden Logik; man muß nur den Bauplan und die Bewegungsgesetze des Mächtesystems im Auge behalten.

Dahinter steht dieselbe Rationalität wie in einem barocken Park, die man ebenfalls nur erkennt, wenn man den Plan der Anlage begriffen hat. Und es ist eben diese Rationalität, die das höfische Tanzspiel beherrscht, wo sich, den wechselnden Allianzen und Gegenallianzen der Mächte gleich, die Paare und Gruppen einen oder trennen, und dennoch entfaltet sich das Ganze einer in Farbe und Bewegung abgestimmten Figur. Diese Vergleiche meinen mehr als äußerliche Ähnlichkeiten. Die Rationalität, die Berechenbarkeit, das Wohlabgezirkelte sind Strukturprinzipien des barocken Zeitalters. Es herrscht in der bildenden Kunst und der Musik ebenso wie in der Wissenschaft und der allgemeinen Mentalität – und eben auch im Spiel der Mächte und in der politischen Organisation.

In diesem Sinne war die Welt des Barock ein Gesamtkunstwerk. Die Parks waren als ein solches konzipiert, ebenso die Feste. Der Plan, der dahinter steht, ist nicht immer leicht zu erkennen, weil uns das selbstverständliche Wissen um die antike Helden- und Götterwelt verlorengegangen ist, in der die barocken Fürstenhöfe dachten und lebten. Solche ikonographischen Programme bezogen sich auf die Verhältnisse im Innern der Staaten, meist auf die Konfiguration zwischen Fürst, Hof und Untertanen, und sie bezogen sich auf die zwischenstaatliche, europäische Ordnung.

Im Spiel der Mächte war es die Idee eines berechenbaren Gleichgewichts, die der Rationalität des Zeitalters entsprang. Am Ende wurde das Bild beherrscht von der europäischen Pentarchie, der Fünfmächteherrschaft also, und von der deutschen Dualität zwischen Brandenburg und Österreich. Es war ein langes Jahrhundert, in welchem sich diese Mächtegeometrie entfaltete – in Kanonendonner und Pulverdampf, mit Heldenmut und Gloria für die Feldmarschälle, mit Elend und Entsagung für die Bauern und Bürger, vor allem aber erkauft mit dem Blut der Soldaten. Denn es waren Kabinettskriege, in denen die Fürsten Armeen wie Figuren auf dem Schachbrett einsetzten und verspielten, während einige Meilen entfernt das alltägliche Leben ungestört und ungefährdet seinen Lauf nehmen konnte.

Diese Art des Krieges hatte nichts mehr zu tun mit dem weltanschaulich-konfessionellen Ringen um Sein oder Nichtsein, das im Dreißigjährigen Krieg das menschlich-gesellschaftliche Zusammenleben schlechthin in Frage gestellt hatte. Und sie war noch weit entfernt von den modernen Völkerschlachten, die im Zuge der Französischen Revolution auf den Plan der Geschichte traten. In den Kabinettskriegen setzten die absolutistischen Herrscher ihre Truppen mit rational geleitetem Kalkül ein. Bisweilen – wie etwa Friedrich der Große im Siebenjährigen Krieg – verspielten sie auch ganze Armeen; aber sie verspielten doch nicht zugleich ihre Existenz und diejenige ihrer Staaten.

Sucht man die gut hundert Jahre in der Geschichte des europäischen Staatensystems[69] zwischen 1648 und 1763 in Unterepochen einzuteilen, so läßt sich zunächst ein gut fünfzigjähriger Abschnitt bis zum Ende des Spanischen Erbfolgekrieges ausmachen. Es war die Zeit der wachsenden Herausforderung des Reiches und Europas durch das Frankreich Ludwigs XIV. – also jene Epoche im Mächtesystem, in der die Fäden der internationalen Politik in Versailles zusammenliefen. In Europa richtete sich die französische Politik gegen die Seemächte – zunächst die Niederlande, dann gegen England; im Reich wurde das jahrhundertealte Ringen mit Habsburg fortgesetzt – erstmals mit nachhaltigem Erfolg Frankreichs, das die Kaisermacht für mehrere Generationen aus dem Kreis der europäischen Großmächte vertrieb. Die Offensive Ludwigs XIV. bedrohte aber zugleich auch die kleineren und mittleren Staaten im Westen des Reiches, die bald begreifen mußten, daß eine französische Einmischung in ihre Angelegenheiten nicht weniger bedenklich war als die habsburgische. Sie waren in einem besonderen Maße herausgefordert, denn sie waren Verlockungen ausgesetzt. An ihrer Selbstbehauptung hatten sich Freiheit und Unabhängigkeit des Reiches zu bewähren.

In den ersten beiden Jahrzehnten nach dem Friedensschluß von 1648 dominierten Frankreich und Ludwig XIV. noch nicht in dem Maße wie in den siebziger Jahren, als sowohl im Reich als auch in Europa nicht mehr zu übersehen war, daß die politische und diplomatische Initiative an den französischen König übergegangen war. Bis Ende des Jahrhunderts änderte sich das nicht grundsätzlich. Niederländischer Krieg (1672-1678), Reunionen (1679-1684) und Pfälzer Krieg (1688-1697) waren große Offensiven gegen den Status quo in Europa. Schließlich waren aber auch Frankreichs Kräfte erschöpft; der Spanische Erbfolgekrieg (1701-1714) zeigte klar, daß Ludwig XIV. seine Grenzen erreicht hatte. Wer aber in Europa sein Erbe antreten würde, das war noch nicht zu erkennen.

Seitdem er 1672, im dramatischen Krisenjahr der Niederlande, als bis auf Holland alle Provinzen Beute der Franzosen geworden waren, an die Spitze der niederländischen Republik getreten war, war Wilhelm III. von Oranien der große Gegenspieler des Franzosenkönigs, zunächst als niederländischer Statthalter, ab 1688 dann zusätzlich als König von England. Wilhelm kämpfte für ein europäisches Gleichgewichtssystem, das die Seemächte und Österreich im Spanischen Erbfolgekrieg gegen Frankreich durchsetzten.[70] Die französische Krone wurde gezwungen, ihr Hegemoniestreben aufzugeben; die Zukunft gehörte der »Balance-of-power«-Idee. Als Ludwig XIV. 1715 starb, war im Theatrum Europaeum nicht ein Akt, sondern eine ganze Folge von Haupt- und Staatsaktionen beendet, für die der große König als Prinzipal in der Theaterdirektion und zugleich als Hauptakteur auf der Bühne Szenario und Handlungsrahmen entworfen hatte. Nachdem er die Bühne verlassen hatte, waren die Rollen neu zu verteilen.

Das Reich und viele seiner Einzelstaaten haben unter dem französischen Expansionsverlangen schwer gelitten. Als im Osten 1683 die Türken nach zwanzigjährigem Waffenstillstand wieder zur Offensive übergingen, war die Abwehr an zwei Fronten zu führen. Dieser doppelten Herausforderung hat Deutschland standgehalten; ja man kann sagen, daß es sich in diesen Konflikten konsolidierte und letztlich gefestigt daraus hervorging. Als Antwort auf die Franzosenkriege und die Belagerung Wiens durch die Türken im Jahr 1683 war ja eine mächtige Welle des Reichspatriotismus entstanden, die das Reich, vor allem aber den Kaiser und Österreich emportrug. Nach einer langen Zeit der Schwäche und der Defensive übernahm Mitteleuropa seit Ende des 17. Jahrhunderts im Theatrum Europaeum wieder eine aktive, bald sogar eine offensive Rolle. Genaugenommen waren es die beiden deutschen Einzelstaaten Österreich und Preußen, die den Weg zu europäischer Großmachtstellung neben Frankreich und England antraten. Das war die Konstellation nach dem Spanischen Erbfolgekrieg, der somit in der Geschichte des europäischen Staatensystems im Jahrhundert der Höfe und Allianzen einen Einschnitt brachte.

Der Rheinbund und die französische Wende in der europäischen Mächtekonstellation

Obgleich das Interesse Frankreichs am Reich offenkundig war, standen Mitte des 17. Jahrhunderts im deutschen Mächtespiel zunächst innere Gegensätze im Vordergrund.[71] Es war die tiefsitzende Skepsis gegenüber Habsburg, die unmittelbar nach dem Abschluß des Westfälischen Friedens eine Welle von bi- und multilateralen Absprachen und Allianzbestrebungen unter den Reichsständen auslöste. Man hatte zwar in dreißig langen Kriegsjahren das Gespenst eines habsburgischen Reichsabsolutismus niedergerungen – das Gespenst jenes Reichsabsolutismus nämlich, das Ferdinand II. mit seinem Restitutionsedikt 1629 an die Wand gemalt hatte. Aber Österreich mit den inzwischen fest angebundenen und absolutistisch-zentralistisch regierten böhmisch-mährischen Nebenländern war nicht schwächer, sondern stärker als vor Beginn des Krieges. Zwar war die Gefahr eines einheitlichen, zentral regierten Kaiserstaates endgültig gebannt, aber die Sorge gegenüber einer erdrükkenden Kaisermacht auf der Grundlage eines übermächtigen österreichisch-böhmischen Hausstaates blieb und war eher gewachsen. Vor allem in den böhmischen Nebenländern hatte Wien endgültig und zum ersten Mal innerhalb des Reichsverbandes die Weichen eindeutig zugunsten des territorialen Zentralismus und Absolutismus gestellt.[72]

In dieser Situation sahen sich die Reichsstände wie eh und je seit dem frühen 16. Jahrhundert darauf verwiesen, wirksame Gegengewichte zu bilden, um das Reich gegenüber dem Habsburgerkaiser zur Geltung zu bringen und die Interessen des eigenen Staates zu wahren. Neu war, daß sie sich dabei nun auf ein formelles Reichsrecht stützen konnten. Da jedoch kaum einer unter ihnen die Mittel zu völlig eigenständiger Außenpolitik besaß, griffen sie zu dem altbewährten Mittel des föderativen Zusammenschlusses. Die Assoziation wurde so zum wichtigsten Instrument reichsständischer Politik im Zeichen des neuen Allianzrechts. Nur auf diesem Weg war es vielen deutschen Fürsten möglich, sich und ihren Staaten den notwendigen außenpolitischen Handlungsspielraum zu eröffnen.

Abgesehen von der Furcht vor einem habsburgischen Übergewicht wurden die reichsständischen Föderationsbestrebungen von der Sorge um den Bestand und die Sicherheit des »teuer erkauften Friedens« bestimmt. Den Zeitgenossen konnte der Frieden keineswegs so sicher erscheinen, wie er es dann tatsächlich war. Teile der Truppen waren ja noch nicht einmal aufgelöst, und wo man die Soldaten entlassen hatte, da waren sie oft genug ein Ferment der Unruhe. Hinzu kam der fortdauernde Krieg zwischen Frankreich und Spanien, der die Habsburger immer wieder in Versuchung brachte, zugunsten der spanischen Linie ihres Hauses einzugreifen. Ähnlich sah es im Norden und Nordosten aus, wo die Reichsstände Schweden und Brandenburg-Preußen in den Nordischen Krieg verwickelt waren, so daß die Gefahr eines Übergriffs der Kampfhandlungen auf Deutschland am Horizont aufzog. Bis in die sechziger Jahre hinein sorgten auch noch die schwedischen Machtdemonstrationen gegen Hamburg und Bremen für Unruhe an der Nordseeküste. Zweimal kam es zu militärischen Aktionen gegen die Weserstadt, 1652 bis 1654 und 1666. Schließlich waren es Spannungen zwischen den deutschen Staaten selbst, die erneut militärische Auseinandersetzungen heraufbeschworen. In der schwülen Luft nach Beendigung des Großen Krieges, wo kaum jemand mit dem konkret Erreichten so ganz zufrieden war, konnten diese lokalen Reibereien leicht einen neuen Flächenbrand entfachen.

Besonders alarmierend waren die Spannungen am Niederrhein zwischen Düsseldorf und Kleve.[73] Denn hier war mit Brandenburg derjenige deutsche Fürstenstaat beteiligt, der besonders energisch auf Vergrößerung und Stärkung seines politischen Gewichts aus war. Zudem war dies eine Region in unmittelbarer Nachbarschaft zu der niederländischen Republik, die in eben jenen Jahren von inneren Kämpfen erschüttert wurde. Die Gegensätze hingen noch mit dem Jülicher Erbfolgestreit vom Anfang des Jahrhunderts zusammen. Im Xantener Vertrag von 1614 war man einen Kompromiß eingegangen, der während des Krieges einigermaßen gehalten hatte, jetzt aber gefährdet war.

Von den deutschen Fürstenhäusern, die 1609 bereitgestanden hatten, das ausgestorbene Jülich-Klevische Herzogshaus zu beerben, waren am Ende Pfalz-Neuburg und Brandenburg-Preußen übriggeblieben, die 1614 im Vertrag von Xanten die Ländermasse vorläufig unter sich aufgeteilt hatten. Die Pfälzer regierten Jülich und Berg, die Hohenzollern Kleve, Mark und Ravensberg. Man nannte sie die »Possidierenden«, daß heißt die derzeit Besitzenden, und brachte damit zum Ausdruck, daß die Erbregelung noch nicht endgültig anerkannt war. Die Reibungsflächen, die aus dieser Schwebelage resultierten, hatten sich noch vergrößert, als durch den Konfessionswechsel beide ursprünglich lutherischen Fürstenhäuser noch vor Beginn des Dreißigjährigen Krieges konvertiert waren. Zwischen der calvinistischen Regierung in Kleve und dem katholischen Pfalz-Neuburger Hof in Düsseldorf war es während des Dreißigjährigen Krieges immer wieder zu ernsten Spannungen gekommen.

Gleich nach dem Abschluß des Friedens war dann der offene Konflikt ausgebrochen. Stein des Anstoßes war die unbekümmert intolerante Religionspolitik der katholischen Pfalzgrafen Wolfgang Wilhelm und Philipp Wilhelm in Jülich und Berg, die in der Tat gegen den im Xantener Vertrag festgelegten Minderheitenschutz verstieß. Aber es ging bereits nicht mehr in erster Linie um den alten Religionsstreit. Vielmehr sollte mit der energischen Handhabung der Kirchenhoheit demonstriert werden, daß man auch als »Possidierender« im Innern des Territoriums souverän war. Das verfolgte die brandenburgische Regierung in Kleve-Mark-Ravensberg nicht weniger entschieden, nur traktierte sie die katholische Minderheit nicht ganz so übel, wie es umgekehrt auf der anderen Seite geschah. In dieser Situation fühlte sich der Große Kurfürst herausgefordert, seinen Glaubensverwandten in Jülich-Berg mit einer militärischen Machtdemonstration zur Seite zu springen, was ihm um so gelegener kam, als er damit zugleich den in der eigenen Ländergruppe aufgeflammten Widerstand gegen seine Steuerforderungen einschüchtern konnte. Letztlich zielte Friedrich Wilhelm aber wohl auf Größeres ab, nämlich darauf, nun doch noch das ganze Erbe der 1609 ausgestorbenen Jülicher Herzöge in einem Handstreich für Brandenburg zu gewinnen.

Am 14. Juni 1651 fiel ein 3 800 Mann starkes brandenburgisches Heer in das Herzogtum Berg ein und operierte bald in der Nähe von Düsseldorf. Der damit begonnene Krieg war nicht sonderlich aufregend – die Wiener Reichshofräte nannten ihn spöttisch Düsseldorfer Kuhkrieg! Und doch waren in der politischen Konstellation, die 1651 in der Nordwestecke des Kontinents herrschte, die Düsseldorfer Gegensätze durchaus geeignet, ganz Deutschland wieder in internationale Verwicklungen hineinzuziehen. Die Hilfsgesuche, die der Neuburger an seine Glaubensverwandten in Brüssel richtete, waren zwar kaum besorgniserregend: Spanien war vollauf mit dem Krieg gegen Frankreich beschäftigt und längst zu schwach, um in Deutschland noch als Retter des katholischen Glaubens aufzutreten.

Anders verhielt es sich aber mit der protestantischen Republik im Norden der Niederlande. Nach der Beendigung des Achtzigjährigen Krieges waren hier grundsätzliche Auseinandersetzungen über die zukünftige Innen- und Außenpolitik des Landes aufgebrochen.[74] Die vor allem in den holländischen Städten starken Regentenrepublikaner traten für eine unbedingte Friedens- und Neutralitätspolitik sowie für religiöse Toleranz ein; die Oranier und ihre vor allem in den Binnenprovinzen, also den unmittelbar an Kleve anschließenden Teilen der Republik, starke Anhängerschaft lehnten den Frieden ab, weil sie hofften, dem geschwächten Spanien weitere Zugeständnisse entreißen zu können. Das war auch die Ansicht der strengen Calvinisten, die die Oranierpartei zu einer entschieden protestantischen Religionspolitik trieben, zunächst in der Republik, dann aber auch darüber hinaus gegenüber den südlichen, spanischen Niederlanden, möglicherweise auch gegenüber den deutschen Territorien am Niederrhein.

Als der Große Kurfürst im Sommer 1651 gegen Jülich-Berg losschlug, waren in den Niederlanden bereits die Regentenrepublikaner an die Macht gelangt. Wilhelm II. von Oranien, ein Schwager des

Brandenburgers und Gemahl einer englischen Stuartprinzessin, hatte einen Staatsstreich gegen die Republik versucht, um die monarchische Komponente innerhalb des Staatswesens zu akzentuieren. Vor Amsterdam war er jedoch gescheitert und kurz danach am 6. November 1650 gestorben, eben vierundzwanzigjährig. Damit war das Ringen der beiden Parteiungen um die Richtung der niederländischen Politik aber keineswegs entschieden, denn es existierte ein postum geborener Sohn, der spätere Wilhelm III. von Oranien, dessen Rechte von einer illustren internationalen Adelsgesellschaft verteidigt wurden - durch die englischen Stuarts, die allerdings im eigenen Land, wo die Puritaner herrschten, nichts zu sagen hatten; durch die brandenburgischen Hohenzollern; durch mehrere Reichsgrafen im Westerwald und in der Wetterau, die traditionell mit den Oraniern und den Niederlanden verbundenen waren.

An den niederländischen Dingen waren also weitgespannte internationale Kräfte interessiert. Die Entscheidung fiel in der sogenannten Großen Ständeversammlung, die von Januar bis August 1651 in Den Haag tagte. Die Oranierpartei hatte keine Chance, die Ernennung des Baby-Prinzen zum Statthalter durchzusetzen; statt dessen wurden die verfassungsmäßigen, kirchlichen und außenpolitischen Grundlagen der Republik ganz im Sinne der bürgerlichen Republikaner festgelegt.

»Große Versammlung« der niederländischen Stände im Rittersaal des Binnenhofes im Haag, Gemälde von Dirck van Deelen, Mitte des 17. Jahrhunderts

1651 beschlossen die holländischen Stände das Amt des Statthalters, das nach dem Ableben Wilhelms II. von Oranien vakant geworden war, nicht wieder zu besetzen. Die Niederlande wurden eine Generation lang rein republikanisch durch die Provinzial- und Generalstände regiert.

Die Republik der Vereinigten Niederlande zählte Mitte des 17. Jahrhunderts noch zu den wichtigsten Mächten des europäischen Staatensystems. Jeder Politiker, der in ihrem östlichen Vorfeld operierte, hatte sie in sein Machtkalkül einzubeziehen. So suchte der Hohenzoller im Haag Unterstützung zu finden; sein Düsseldorfer Gegenspieler, Pfalzgraf Wolfgang Wilhelm, richtete seine Hoffnungen auf Brüssel und die Spanier. Wäre es nach den »Possidierenden« gegangen, dann hätte der mühsam errungene Konfessionsfrieden nur wenige Monate gehalten. Säkularisation und Entkonfessionalisierung der Politik waren ja noch keineswegs feste Bestandteile der politischen Kultur in Europa. Wer in einer so gefährlichen Wetterecke aus Eigeninteresse Wind säte, konnte leicht den Sturm eines neuen europäischen Unwetters ernten, dessen Schäden dann alle zu tragen hatten.

Zu alledem kam eine weitere unberechenbare, weil archaische Kraft ins Spiel: Herzog Karl von Lothringen, ein Kondottiere und Raufbold, der als Herrscher in der Zwischenzone zwischen Deutsch-

Friedrich Heinrich
Prinz v. Oranien u. Statthalter v. Holland, † 1647
⚭ 1625 Amalie v. Solms-Braunfels, † 1675

Wilhelm II.
Statthalter v. Holland
† 1650
⚭ 1641 Maria, Tochter
Kg. Karls I. v. England
† 1661

Wilhelm III.
Statthalter v. Holland
Kg. v. England
† 1702
⚭ 1677 Maria II, Tochter
Kg. Jakobs II. v. England
† 1695

Luise Henriette
† 1667
⚭ 1646 Friedrich Wilhelm
Kfst. v. Brandenburg
† 1688

Albertine
† 1696
⚭ 1652 Wilhelm Friedrich
Gf. v. Nassau-Diez
Statthalter v. Friesland
† 1664

Heinrich Kasimir II.
Gf. v. Nassau-Diez
Statthalter v. Friesland, † 1696
⚭ 1683 Henriette Amalie
v. Anhalt-Dessau

Johann Wilhelm Friso
Gf. v. Nassau-Diez
Statthalter v. Friesland
Prinz v. Oranien
† 1711
⚭ 1709 Marie Luise
v. Hessen-Kassel, † 1765

Wilhelm IV.
Erbstatthalter d. Vereinigten Niederlande
† 1751
⚭ 1734 Anna, Tochter
Kg. Georgs II. v. England
† 1759

Wilhelm V.
Erbstatthalter d. Vereinigten Niederlande
† 1806
⚭ 1767 Wilhelmine
v. Brandenburg-Preußen
† 1820

Henriette
† 1708
⚭ 1659 Johann Georg II.
Fst. v. Anhalt-Dessau
† 1693

Henriette Amalie
† 1726
⚭ 1683
Heinrich Kasimir II.

Als sich 1651 der Kampf um das Jülicher Erbe zum Krieg auszuweiten drohte, konnte Friedrich Wilhelm, der Große Kurfürst, seine dynastischen Beziehungen in die Niederlande nicht nutzen. Sein Schwager Wilhelm II. war soeben gestorben, der postum geborene Sohn und dessen Vormundschaft politisch kaltgestellt, weil die monarchischen Ansprüche der Oranier an der republikanischen Ständemehrheit gescheitert waren, die nicht bereit war, wegen dynastischer und konfessioneller Konflikte in einen neuen Krieg zu ziehen. Für die bürgerlichen Regenten, die von 1651 bis 1672 in den Niederlanden das Sagen hatten, zählten letztlich nur handelspolitische Interessen.

land und Frankreich zunehmend in Schwierigkeiten geriet, weil er seinen Platz in der europäischen Staatenwelt nicht zu finden wußte. Auch nach dem Friedensschluß war Karl in Waffen geblieben und hatte die Westgebiete des Reiches mit Krieg überzogen. Als 1651 Jülich und Brandenburg aufeinandertrafen, war er sogleich zur Stelle, um das Feuer anzufachen und seinen Vorteil zu suchen.

Die Gewitterwolken zogen trotz allem vorüber. Der Kurfürst aus Berlin scheiterte im Jülicher Krieg, weil weder die Stände in Jülich-Berg, die er angeblich vom katholischen Despoten befreien wollte, noch die eigenen Stände in Kleve-Mark bereit waren, ihn zu unterstützen. Die Vertreter des Landes waren sich einig: Der Sieg des einen über den anderen Landesherrn würde ihre Stellung verschlechtern und den Weg in den fürstlichen Absolutismus bahnen. Die konfessionelle Solidarität trat gegenüber dem vitalen politischen Interesse in den Hintergrund.

Und auch im Haag standen die Zeichen günstig für den Frieden. Die republikanische Ständemehrheit, die eben im eigenen Land die Herrschaftsgelüste des Oranierstatthalters niedergerungen hatte, dachte gar nicht daran, zugunsten des Hohenzollern in die Auseinandersetzungen einzugreifen. Handels- und nicht Konfessionsinteressen leiteten ihre Politik. Die Rechnung des Großen Kurfürsten war nicht aufgegangen.

Am Ende stellten sich auch die Reichsstände, die die Entwicklung im Nordwesten mit Sorge beobachteten, gegen den Brandenburger, der nun als Aggressor galt. Der Kaiser konnte energisch einschreiten, ohne befürchten zu müssen, der antihabsburgischen Stimmung weitere Argumente zu liefern: Zwei kaiserliche Kommissare eilten an den Niederrhein, um dem Krieg Einhalt zu gebieten. Sie vermittelten im Oktober 1651 den Klever Vergleich, der den Status quo festschrieb. Der Versuch eines der mächtigsten Reichsfürsten, im Windschatten des Friedens in militärischer Selbsthilfe gegen einen anderen Reichsstand eigene Staatsinteressen gewaltsam durchzusetzen, war gescheitert. Am Ende war das Gegenteil herausgekommen; die Autorität des Kaisers war gestärkt, weil es ihm gelungen war, den so teuer erkauften Frieden zu retten.

Porträt des etwa zehnjährigen Prinzen Wilhelm III. von Oranien, Gemälde von Abraham Ragueneau (1623-1683)

Die Oranierdynastie und deren keineswegs geringer Anhang setzten ihre Hoffnung auf den kleinen Prinzen, der kurz nach dem Tod seines Vaters geboren worden war und dessen Anspruch auf die Statthalterschaft von Jahr zu Jahr gewichtiger wurde. 1666 wurde er offiziell als »Kind des Staates« anerkannt und die Verantwortung für seine Erziehung in die Hand der holländischen Stände gelegt. Er sollte bald zum Repräsentanten des niederländischen und europäischen Willens zum Widerstand gegen Ludwig XIV. von Frankreich werden.

Mochte man auch spotten und von einem Kuhkrieg bei Düsseldorf sprechen, die Ereignisse am Niederrhein hatten doch allen klar vor Augen gestellt, wie leicht aus den Schwaden des noch nicht verzogenen Pulverdampfes auf deutschem Boden ein neuer europäischer Konflikt entstehen konnte. Diese Einsicht beschleunigte und intensivierte die Allianzdiplomatie, vor allem im Westen des Reiches. Bereits unmittelbar nach dem Abschluß des Friedens waren innerdeutsche Bündnisverhandlungen aufgenommen worden, an denen die südwestdeutschen Kreise beteiligt waren, dazu die Welfenhöfe in Wolfenbüttel, Lüneburg und Calenberg, die Landgrafen von Hessen-Kassel, mehrere der westfälischen Bistümer und andere Reichsstände mehr. Durch gegenseitige Abkommen suchte man den Frieden zu sichern und mögliche Störenfriede zu isolieren. Erfolgreich war man zwar zunächst nur im rheinisch-niederdeutschen Raum, wo das Bündnissystem zudem nur locker geknüpft und militärisch schwach war. Aber diese rheinische Koalition sollte richtungweisend werden für einen größeren Bund, der sich einige Jahre später an der Seite Frankreichs konstituierte und reichs- wie europapolitisch die Bühne der großen Politik betrat.

Die niederrheinisch-niederdeutsche Föderationsbewegung antwortete auf die akute Bedrohung der westlichen Grenzzone bis hinab ins Westfälische hinein durch die Herzöge von Lothringen, wobei es zwei Kristallisationspunkte gab – einen kurbrandenburgischen und einen Kurkölner. Spiritus rector des brandenburgischen Unionsplans war Graf Georg Friedrich von Waldeck, ein bedeutender Politiker im Dienst des Großen Kurfürsten, dem es darum ging, die nahezu ausschließlich protestantischen Territorien im Nordwesten und im westlichen Mitteldeutschland politisch zusammenzuführen. Als Reaktion sammelte sich im Westen ein Defensivbündnis katholischer Mächte: Im Dezember 1654 vereinigten sich Kurköln, Kurtrier, das Bistum Münster und der Pfalzgraf von Neuburg als Herzog von Jülich und Berg zu einer katholischen Liga, der sogenannten Kölner Allianz, der 1655 auch Mainz beitrat. Im Augenblick richtete sich dieser katholische Bund gegen die offene Aggression des Herzogs von Lothringen, aber innerhalb des sich formierenden reichspolitischen Bündnissystems sollte er die protestantische Union unter Leitung Brandenburgs austarieren.[75]

Damit schien sich erneut eine konfessionelle Spaltung der Föderaldiplomatie anzubahnen, wie ein halbes Jahrhundert zuvor bei der Union und der Liga. Wenn, so argumentierten die katholischen Diplomaten, die Brandenburger eine protestantische Union gründeten, dann müsse man dem eine katholische Liga entgegensetzen. Aber die Staatsinteressen deckten sich längst nicht mehr mit den konfessionellen Fronten, die sie im Gegenteil immer wieder überschritten und sprengten. Ausschlaggebend war schließlich, daß seit längerem eine überkonfessionelle Interessenallianz zwischen dem katholischen Kurköln und dem calvinistischen Kurbrandenburg in den niederrheinisch-westfälischen Dingen bestand. So konnte verhindert werden, daß sich die konfessionellen Kraftlinien erneut in antagonistischen Militärblöcken organisierten. Statt dessen kam es zu einer Verschmelzung der nordwest- und mitteldeutschen Allianzbemühungen mit der Politik der kollektiven Sicherung im mittelrheinisch-fränkischen Raum, die der Mainzer Kurfürst Johann Philipp von Schönborn betrieb.

In diese Richtung drängte auch die französische Diplomatie unter Kardinal Mazarin. Im Krieg gegen Spanien war Frankreich daran interessiert, die Kräfte der österreichischen Habsburger im Reich zu binden. Bereits die ersten Sondierungen trafen bei vielen Reichsständen auf offene Ohren, so daß im Sommer 1658 die Zeit für ein großes Bündnis gegen die befürchtete Vormacht der Habsburger reif war.

Am 18. Juli 1658 war Leopold I. in Frankfurt zum deutschen Kaiser gewählt worden. Die mehrmonatige Schwäche der Kaiserdynastie fand damit ein Ende. Obgleich das lange Interregnum an den großen deutschen und europäischen Höfen hektische diplomatische Aktivitäten ausgelöst hatte und die Gelegenheit für einen Neuansatz im Kaisertum gegeben war – etwa durch den von Frankreich favorisierten bayrischen Wittelsbacher Ferdinand Maria –, hatten die Kurfürsten schließlich doch wieder einen Habsburger gewählt, und zwar einstimmig. Unmittelbar nach der Wahl setzte aber das übliche Spiel ein – die Stände huldigten zwar dem Kaiser, aber erst nachdem gesichert war, daß er nicht zu mächtig würde. Leopold I. mußte zusätzlich zu den üblichen Festlegungen der Wahlkapitulation versprechen, im Spanisch-Französischen Krieg strenge Neutralität zu wahren und der spanischen Linie seines Hauses unter keinen Umständen Hilfe zu leisten.[76]

Das von Frankreich geschürte Mißtrauen vieler Reichsstände war jedoch so groß, daß man sich auch damit noch nicht zufrieden gab. Man traute dem Habsburger zu, Mittel und Wege zu finden, die Wahlkapitulation zu umgehen und den Spaniern trotz allem verdeckt oder offen Hilfe zu leisten. Um sich dagegen zu sichern, traten knapp vier Wochen nach der Kaiserwahl, am 14. August 1658, mehrere Fürsten zu einem *Rheinbund* zusammen, den man, um ihn von dem Napoleonischen Bündnis gleichen Namens zu unterscheiden, den ersten Rheinbund nennt.[77]

Es war ein illustrer Klub, der da zusammengefunden hatte - die drei rheinischen Kurfürsten von Mainz, Köln und Trier, der pfalzneuburgische Herzog von Jülich und Berg, drei braunschweigische Herzöge, der Landgraf von Hessen-Kassel, schließlich der Herzog von Bremen und Verden, also der schwedische König. In einem Zusatzabkommen schloß sich einen Tag später Frankreich dem Bündnis an. Es folgten 1660 das Bistum Münster, 1661 Württemberg und Pfalz-Zweibrücken und sehr viel später, nämlich 1665, auch Kurbrandenburg.

Das war ein Mächteblock, der Eigengewicht genug besaß, eine Reichspolitik unabhängig vom Kaiser zu betreiben - vorausgesetzt, man blieb sich einig und geriet nicht in das Fahrwasser französischer Hegemonialpolitik. Das deklarierte Ziel der Bündnispartner war es, den Frieden zu sichern und sich gegenseitig im Falle eines Angriffs militärisch zu unterstützen. Frankreich wurde ausdrücklich verpflichtet, die Waffen nicht gegen das Reich zu erheben. Dieser Bund war im Moment seiner Entstehung durchaus noch keine Speerspitze Frankreichs im Reich, denn er wurzelte in den autonomen Föderalbestrebungen der Reichsstände und entsprach dem Konzept einer kollektiven Sicherung des Friedens. Für Frankreich war er das geeignete Instrument seiner Interessenpolitik im Reich, solange der Wille und die Macht zum direkten Eingreifen noch fehlten.

Der Rheinbund spannte weitausgreifende, teilweise entgegengesetzte Kräfte zusammen. Da waren zunächst die Staaten in der reichs- und kaisernahen Zone im Westen und Südwesten des Reiches, die, geführt vom Mainzer Kurfürsten und Reichskanzler Johann Philipp von Schönborn, Vorkehrungen gegen eine Vormachtstellung Österreichs treffen wollten, dabei aber nicht die Schwächung, sondern die Stärkung des Reiches im Auge hatten. Für eine solche Reichspolitik war Frankreich ein natürlicher Allianzpartner, wie bereits ein Jahrhundert zuvor, als der Vertrag von Chambord Heinrich II. von Frankreich und die deutsche Fürstenopposition gegen Karl V. zusammengeführt hatte.[78] Dem süddeutschen Block hatten sich kaiserferne, protestantische Staaten im Norden des Reiches angeschlossen, für die das Reich eigentlich kaum noch Orientierungspunkt sein konnte, so daß die Überlegungen der Schönborns für sie ohne Belang waren.

Die inneren Gegensätze haben den Rheinbund von Anfang an belastet; gesprengt hat ihn aber erst der mächtige Bündnispartner Frankreich, der, ebenso wie das spät hinzugestoßene Brandenburg, die Allianz als Trittstein für eigene Großmachtpläne mißbrauchte.

Abgesehen von den reichs- und allianzpolitischen Zielsetzungen war der Rheinbund auch von territorialpolitischer Brisanz. Die Mitgliedsstaaten konnten seine Militärmacht auch im Innern ihrer Länder einsetzen, wenn es darum ging, auf der Basis des Westfälischen Friedens den absolutistischen Fürstenstaat zu etablieren. Neben dem Aufbau der stehenden Heere und der Entmachtung der Stände ließen sich nun vor allem die seit alters unabhängigen Städte in den Territorialverband integrieren.

Das war die Endphase einer jahrhundertelangen Auseinandersetzung zwischen aufsteigendem Territorialstaat und Städten. Die wichtigsten Weichen waren zwischen 1450 und 1650 gestellt worden, und zwar im Zusammenhang mit der Reformation, dem Interim und in den unruhigen Jahrzehnten um die Wende zum 17. Jahrhundert. Die letzte Station wurde nun in der Generation nach dem Dreißigjährigen Krieg erreicht, als sogleich nach dem Abschluß des Friedens Brandenburg der neuerworbenen Stadt Magdeburg die alten Freiheiten nahm. Schweden versuchte ähnliches mit Bremen, mußte aber schließlich die Reichsfreiheit anerkennen. Als letzter und spektakulärster Akt erfolgte 1671 die Eroberung der Stadt Braunschweig durch die Herzöge von Braunschweig-Wolfenbüttel.[79]

In zwei Fällen beteiligte sich der Rheinbund an der militärischen Unterwerfung einer Landstadt, nämlich 1660/61 in Münster[80] und 1664 in Erfurt. Aufsehenerregend war vor allem das Vorgehen des Mainzer Erzbischofs Johann Philipp von Schönborn gegen die Hauptstadt der thüringischen Besitzungen seines rheinischen Erzstiftes. Erfurt war im Mittelalter zum mächtigsten Kultur- und Wirtschaftszentrum des mitteldeutschen Raums aufgestiegen.[81] Seine Wirtschaftskraft beruhte vor allem auf dem Waidhandel und der Färberei; seine 1392 als städtische Institution begründete Universität hatte bald reichsweit in hohem Ansehen gestanden. Nach den Maßstäben dieser Epoche war Erfurt ein Großstadt – mit einem weiten Landgebiet, das 72 untertänige Dörfer umfaßte –, nach Rothenburg und Nürnberg das größte städtische Territorium im Reich. All dies hatte dazu geführt, daß die Stadt ihre politische Autonomie Schritt für Schritt auszubauen vermochte. Die Stadtherrschaft des fernen Mainzer Erzbischofs war im 15. und 16. Jahrhundert nur noch formeller Natur. In der Reformationszeit war Erfurt protestantisch geworden. Lediglich die kirchlichen Institutionen, die direkt mit Mainz verbunden waren, vor allem der Dom, waren dem Katholizismus erhalten geblieben.

Auf der Basis des westfälischen Friedensinstrumentes nahm der Mainzer Erzbischof Johann Philipp von Schönborn auch in Erfurt seine Landeshoheit entschieden wahr. Daraus ergaben sich sogleich vielschichtige Konflikte im Dreieck Rat – Bürgerschaft – Landesherr. Auch der protestantische Kurfürst von Sachsen, der in Erfurt gewisse Hoheitsrechte besaß, mischte sich ein. Die Unterwerfung Erfurts unter die Gebietshoheit des Landesherrn wurde zum Prüfstein für die frühmoderne Staatlichkeit des Mainzer Hochstiftes.

Nach inneren Auseinandersetzungen und Tumulten zwischen dem Rat und der Bürgerschaft kam Erfurt in die Acht. Exekutor wurde der Mainzer Stadtherr – eine Konstellation, die Anfang des Jahrhunderts Donauwörth in das benachbarte bayrische Herzogtum gezwungen hatte. Zunächst sah es so aus, als könnte Erfurt diesem Schicksal noch entgehen. Denn die protestantischen Reichsstände entschieden sich nicht für die Fürsten-, sondern für die Konfessionssolidarität, weil sie fürchteten, der Mainzer Erzbischof würde sich mit der politischen Unterwerfung nicht zufriedengeben und Erfurt rekatholisieren. Ein sensibler Streitpunkt war das sonntägliche Gebet für den Landesherrn in den protestantischen Kirchen. Die Erfurter Protestanten sperrten sich dagegen, weil das Gebet einem katholischen Erzbischof gelte. Johann Philipp von Schönborn bestand jedoch darauf, weil es ihm wie jedem Landesherrn in den Kirchen seines Staates zustehe.

In dieser Situation kamen Mainz die katholischen Rheinbund-

Nachdem Erfurt seine jahrhundertealte Autonomie verloren hatte, mußten die einzelnen städtischen Korporationen dem Landesherrn huldigen. – Huldigung der Universität für den Mainzer Erzbischof Johann Philipp von Schönborn 1664, Ölgemälde auf Pergament in der Matrikel der Universität

partner zu Hilfe, voran Frankreich. Als der Erzbischof im Sommer 1664 mit militärischer Macht vor die Stadt rückte, begleitete ihn ein französisches Armeekontingent von 4 000 Fußsoldaten und 2 000 Reitern, dazu Kölner, Trierer, Münsteraner und Pfalz-Neuburger Truppen. Insgesamt waren es 18 000 Mann. Trotz dieser beachtlichen Truppenmacht kam es zu einer langen Belagerung; erst nach drei Wochen, am 15. Oktober 1664, war Erfurt zur Kapitulation bereit.

Damit endete auch in dieser großen thüringischen Handels- und Universitätsstadt die Zeit städtischer Autonomie. Erfurt war nun eine Landstadt im absolutistischen Fürstenstaat. Mainzer Truppen nahmen in der Stadt Quartier, eine Zitadelle wurde gebaut, Erfurt war fortan Festungsstadt; das Sagen hatte ein Mainzer Statthalter. Was die Protestanten am meisten befürchtet hatten, trat allerdings nicht ein: Der Mainzer Kurfürst ließ das evangelische Kirchenwesen seiner thüringischen Landstadt unberührt, wenn er auch alles tat, die friedliche Ausbreitung des Katholizismus zu fördern.

Die konfessionelle Polarisierung war in diesem Konflikt nicht mehr von grundsätzlicher Bedeutung gewesen, wie sie ja generell nach dem Dreißigjährigen Krieg im Innern wie nach außen für das

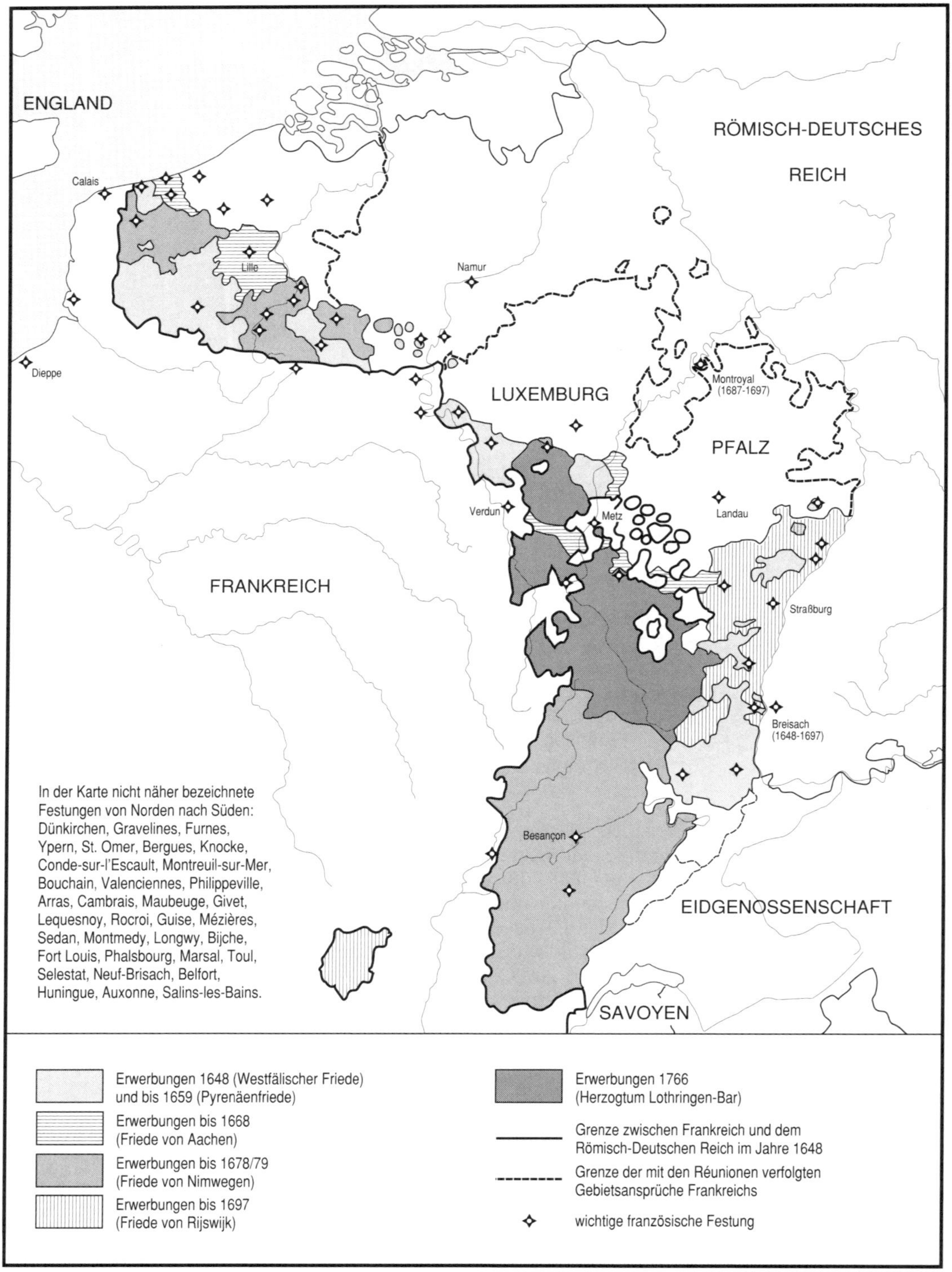
ENGLAND
RÖMISCH-DEUTSCHES
REICH
Calais
Lille
Namur
Dieppe
LUXEMBURG
Montroyal
(1687-1697)
PFALZ
Verdun
Metz
Landau
FRANKREICH
Straßburg
Breisach
(1648-1697)
Besançon
EIDGENOSSENSCHAFT
SAVOYEN
In der Karte nicht näher bezeichnete Festungen von Norden nach Süden: Dünkirchen, Gravelines, Furnes, Ypern, St. Omer, Bergues, Knocke, Conde-sur-l'Escault, Montreuil-sur-Mer, Bouchain, Valenciennes, Philippeville, Arras, Cambrais, Maubeuge, Givet, Lequesnoy, Rocroi, Guise, Mézières, Sedan, Montmedy, Longwy, Bijche, Fort Louis, Phalsbourg, Marsal, Toul, Selestat, Neuf-Brisach, Belfort, Huningue, Auxonne, Salins-les-Bains.
Erwerbungen 1648 (Westfälischer Friede) und bis 1659 (Pyrenäenfriede)
Erwerbungen bis 1668 (Friede von Aachen)
Erwerbungen bis 1678/79 (Friede von Nimwegen)
Erwerbungen bis 1697 (Friede von Rijswijk)
Erwerbungen 1766 (Herzogtum Lothringen-Bar)
Grenze zwischen Frankreich und dem Römisch-Deutschen Reich im Jahre 1648
Grenze der mit den Réunionen verfolgten Gebietsansprüche Frankreichs
wichtige französische Festung

politische Handeln nur noch akzidentell, nicht mehr strukturell war. Im Feuersturm des Großen Krieges war die Politik in ihrem Kern säkularisiert worden; der frühmoderne Staat war so weit gefestigt, daß er auf eine absolute konfessionelle Homogenität seines Untertanenverbandes verzichten konnte: Erfurt war auch ohne Rekatholisierung fortan eine Mainzer Territorialstadt. Das so lange umstrittene Gebet der Protestanten für Kurfürst Johann Philipp galt dem Landesherrn, nicht dem Erzbischof.

Frankreichs Ostgrenze zwischen 1648 und 1766

Die Unterwerfung Erfurts war nicht nur ein Triumph der neuzeitlichen Landesherrschaft über die Stadtautonomie; sie war zugleich ein erstes, ernstes Zeichen dafür, daß am Horizont der Sonnenwagen des Versailler Phöbus Apoll aufgezogen war und die deutschen Dinge immer offenkundiger unter seinen Einfluß gerieten. So war es nur konsequent, daß kurz darauf im Konflikt zwischen Kurpfalz und Kurmainz französische Diplomaten die Vermittlung übernahmen. Im Streit zwischen Reichsständen, zumal zwischen Kurfürsten, zu vermitteln, zählte seit alters zu den vornehmsten Aufgaben des Kaisers. Unter dem Deckmantel des Rheinbunds hatte ihm im Westen des Reiches nun der französische König diesen Rang abgelaufen.

Die Franzosen nutzten den Rheinbund immer skrupelloser als Instrument der eigenen Interessenpolitik, auch wenn das nicht im Sinne der deutschen Allianzpartner war. Schließlich war nicht zu übersehen, daß nicht mehr die alte Kaisermacht im Südosten, sondern die junge absolutistische Monarchie im Westen die Handlungsfreiheit der deutschen Kleinterritorien bedrohte. Dieser Wechsel bedeutete einen großen Umschwung im europäischen Mächtespiel – von habsburgischer zu französischer Dominanz.

Diese Wende hatte mehrere Ursachen: Die 1628 mit dem Fall der Hugenottenbastion La Rochelle eingeleitete innere Konsolidierung Frankreichs hatte inzwischen ihren Abschluß gefunden, so daß Paris wieder volle Bewegungsfreiheit nach außen besaß. Von 1648 bis 1653 war mit der Fronde, in die mehrere Prinzen von Geblüt verwickelt gewesen waren, die letzte Adelserhebung niedergeschlagen worden; von dieser Seite blieb das bourbonische Königtum fortan unangefochten. Seit 1661, dem Todesjahr Kardinal Mazarins, führte Ludwig XIV. die Regierung mit eigener Hand. Mehr als ein halbes Jahrhundert lang blieben Frankreich nun ein Thronwechsel und die damit stets verbundenen Unsicherheiten erspart.

Die autokratische Regierung Ludwigs XIV. war aber auch deshalb so außerordentlich erfolgreich, weil sie sich auf eine ganze Reihe hervorragender Fachminister stützen konnte. An erster Stelle stand Jean Baptist Colbert, der von 1619 bis 1683 lebte und 1661 die Leitung der französischen Wirtschafts- und Finanzverwaltung übernahm; 1665 wurde er auch noch zum Marineminister ernannt. Mit ihm setzte eine planvolle Wirtschaftsförderung im Zeichen des Merkantilismus ein – zu einer Zeit, als erstmals das neuzeitliche Gesetz der Quantität innerhalb der europäischen Staatengeschichte siegte.[82]

Nachdem Frankreich innenpolitisch konsolidiert und als Einheitsstaat etabliert worden war, konnte es unter der geschickten Leitung Colberts, der die Finanzen, die Wirtschaft und den Verkehr entwickelte, in Europa zu einer gezielten Wirtschafts- und Politikoffensive übergehen. Diese Offensive war notwendigerweise aggressiv

Sébastien de Vauban (1633-1707)

An der Ostgrenze Frankreichs, weit vorgeschoben auf ehemaligem Reichsgebiet, entstand unter der Leitung des genialen Baumeisters Sébastien le Prestre de Vauban ein gewaltiger Festungsgürtel. Von Dünkirchen, Lille und Arras im Norden über Longwy und Landau in der Mitte reichte die Kette modernster Festungsanlagen bis hin zu Fort Louis am Rhein gegenüber von Rastatt und von dort über Straßburg, Schlettstadt, Neu-Breisach und Belfort nach Huningue an der Schweizer Grenze.

und gegen andere Staaten, voran die blühende holländische Handelsrepublik, gerichtet, weil die merkantilistischen Wirtschaftstheoretiker sich die Ökonomie, besonders den Handel, wie einen Kuchen vorstellten, der sich nicht vermehren lasse, sondern eine feste Größe habe. Wollte man selbst ein möglichst großes Stück davon ergattern, so mußte man es anderen Staaten abjagen oder verhindern, daß diese überhaupt an den »Handelskuchen« herankamen. Das merkantilistische Wirtschaftsmodell schrieb den Großstaaten somit eine aggressive Wirtschafts- und Großmachtpolitik geradezu vor.

Die Stoßrichtung der Colbertschen Politik richtete sich konsequent gegen den wirtschaftlichen Vorsprung der nördlichen Niederlande, den man durch gewaltige Anstrengungen aufzuholen trachtete – durch Kanal- und Straßenbauten, durch den Ausbau der Seehäfen und die Vergrößerung der Handelsflotte, die zwischen 1670 und 1683 verdoppelt wurde. Zugleich erhöhte man die militärische Schlagkraft: Colbert baute erstmals in der neuzeitlichen Geschichte Frankreichs eine beachtliche Kriegsflotte auf, wenn auch die Franzosen weiterhin in erster Linie eine Festlandsmacht blieben. Nach wie vor suchte man die anstehenden machtpolitischen Entscheidungen auf dem Kontinent herbeizuführen, nicht auf dem Meer.

Nicht nur auf große Minister, unter denen Colbert der führende Kopf war, konnte sich Ludwig XIV. stützen, sondern auch auf große Militärs, die teils ihren Ruhm noch in der letzten Phase des Dreißigjährigen Krieges begründet hatten: Henri de Turenne, der Maréchal de France (1611-1675); Louis II. Condé, ein Prinz von Geblüt (1621 bis 1686); schließlich Sébastien de Vauban (1633-1707), im Jahrhundert der Ingenieure und Festungsbaumeister der Größte seines Fachs. Vauban hat Frankreich nach Osten, zum Reich hin, mit einem gewaltigen Festungsgürtel unangreifbar gemacht – von Dünkirchen an der niederländischen Kanalküste über Lille, Maubeuge, Longwy nach Straßburg, Breisach und Freiburg im Oberrheingraben. Das war eine frühe Maginot-Linie, in deren Schutz Ludwig XIV. seine Truppen zur Offensive gegen die Niederlande und Deutschland formieren konnte.[83]

Das Reich hatte keinen Feldherrn oder Festungsstrategen, der sich mit diesen großen Franzosen messen konnte. Nachdem eben noch niederländische Festungsbaumeister wie Simon Stevin und deutsche Heerführer wie Albrecht von Wallenstein die europäischen Schlachtfelder beherrscht hatten, standen die Kriege der zweiten Hälfte des 17. Jahrhunderts jetzt durchweg im Zeichen französischer Militärs. Erst mit dem Engländer John Churchill, dem Duke of Marlborough, und dem Reichsfeldmarschall Prinz Eugen von Savoyen änderte sich die Lage wieder. Wo immer im ersten Drittel des 18. Jahrhunderts der Savoyardenprinz die deutschen Truppen kommandierte, reichte fast schon sein Name, um die französischen Soldaten zu demoralisieren. Und als das Feldherrngenie des Hohenzollernkönigs Friedrich aufstieg, mußten die Franzosen sogar auf einen deutschen Grafen setzen – auf Moritz Arminius, den Maréchal de Saxe. Erst mit der Französischen Revolution und Napoleon sollte sich das wieder ändern.

Damals, in der zweiten Hälfte des 17. Jahrhunderts, besaß Frankreich auch eine Reihe überragender Außenminister, die zusammen mit ihrem glänzend besetzten diplomatischen Corps die wirtschaftlichen und militärischen Offensiven ihres großen Königs vorbereiteten und begleiteten. Die Franzosen waren an den europäischen Höfen nicht nur Meister der Intrige, der Bestechung und der Spionage; wenn die politischen oder kriegerischen Unternehmungen in eine Krise gerieten, so war es für die französischen Diplomaten auf den Friedenskongressen ein leichtes, das Schlimmste von ihrem Land abzuwenden. Nicht selten wußten sie sogar eine militärische Niederlage in einen politischen Sieg umzumünzen.

Schließlich war ein allgemeiner mächtepolitischer Gezeitenwechsel zwischen den Häusern Habsburg und Bourbon für den Aufstieg Frankreichs verantwortlich: Der Pyrenäenfrieden von 1659 machte Frankreich den Rücken frei für seine Offensive in Europa. Der Alptraum von der habsburgischen Umklammerung, der Frankreich mehr als anderthalb Jahrhunderte gequält hatte, war verflogen. Wie in der dynastischen Welt Alteuropas üblich, wurde der Friedensschluß durch ein Heiratsbündnis besiegelt. Ludwig XIV. heiratete die spanische Habsburgerin Maria Theresia, das einzige Kind König Philipps IV. (1621-1665) aus erster Ehe. Aus dieser Verbindung leitete später Frankreich alle Ansprüche auf das Erbe des spanischen Weltreiches ab, bis hin zum Spanischen Erbfolgekrieg um die Wende zum 18. Jahrhundert.

Während so Frankreich und das bourbonische Haus aufstiegen, verloren die deutschen Habsburger mit dem Pyrenäenfrieden an Einfluß, da das dynastisch verbundene Spanien auf die Position einer zweit-, wenn nicht gar drittklassigen Macht zurückgefallen war. Allerdings suchte auch Österreich durch eine Ehe zukünftige Ansprüche auf das spanische Erbe zu begründen: Nach langen Verhandlungen, die Ludwig XIV. immer wieder zu stören versucht hatte, heiratete Kaiser Leopold I. 1663 seine Cousine Margareta Theresia, die Tochter Philipps IV. aus zweiter Ehe. Damit waren sowohl der König von Frankreich als auch der deutsche Kaiser, die beiden tradi-

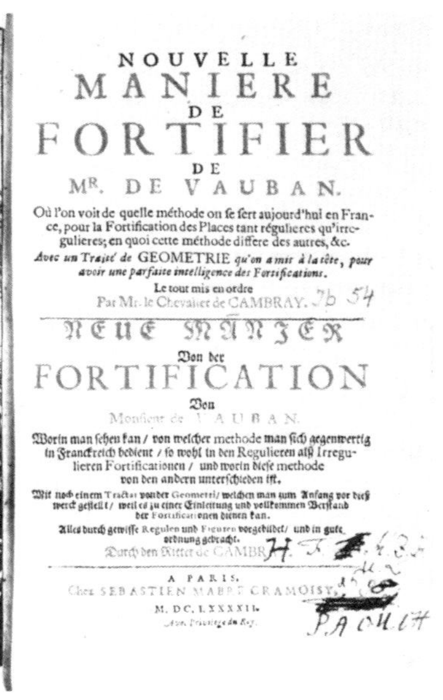
NOUVELLE
MANIERE
DE
FORTIFIER
DE
Mr. DE VAUBAN.
Où l'on voit de quelle méthode on se sert aujourd'hui en France, pour la Fortification des Places tant régulieres qu'irregulieres; en quoi cette méthode differe des autres, &c.
Avec un Traité de GEOMETRIE *qu'on a mis à la tête, pour avoir une parfaite intelligence des Fortifications.*
Le tout mis en ordre
Par Mr. le Chevalier de CAMBRAY.

Neue Manier
Von der
FORTIFICATION
Von
Monsieur de VAUBAN.
Worin man sehen kan / von welcher methode man sich gegenwertig in Franckreich bedient / so wohl in den Regulieren alß Irregulieren Fortificationen / und worin diese methode von den andern unterschieden ist.
Mit noch einem Tractat von der Geometri / welchen man zum Anfang vor dieß werck gestellt / weil es zu einer Einleitung und vollkommen Verstand der Fortificationen dienen kan.
Alles durch gewisse Regulen und Figuren vorgebildet / und in gute ordnung gebracht.
Durch den Ritter de CAMBRAY.

A PARIS,
Chez SEBASTIEN MABRE CRAMOISY,
M. DC. LXXXXII.
Avec Privilege du Roy.

Titelkupfer und Titelseite eines Befestigungshandbuches aus der Feder des Chevalier de Cambray, Ingenieur im Stabe Vaubans, Paris 1692 (Erstauflage 1689)

Der französische Festungsbaumeister Vauban galt schon zu seinen Lebzeiten als Genie der Fortifikation. Während er selbst sich kaum schriftlich zu den Grundsätzen seines Werkes äußerte und sich statt dessen ganz auf die Lösung der nach topographischer Lage und Stadttyp sehr unterschiedlichen Fortifikationsaufgaben konzentrierte, veröffentlichten Kollegen oder Mitarbeiter zahlreiche Schriften über die Vaubansche Befestigungsmanier.

Die Ablösung der Spanier als europäische Vormacht durch die Franzosen beschäftigte selbst die Karikaturisten - Frankreich demütigt den spanischen Stolz, Zeichnung von Louis Testelin, um 1650

tionellen Gegner im europäischen Mächteringen, nahe an den spanischen Thron herangerückt. Fürs erste waren ihre Ansprüche allerdings nicht zu realisieren. Denn vier Jahre vor seinem Tod wurde Philipp IV. noch ein Sohn geboren, der ihm 1665 als Karl II. auf dem spanischen Thron nachfolgte. Dieser Knabe war jedoch krank und schwach, so daß die europäischen Fürstenhöfe davon ausgingen, daß mit ihm das spanische Königshaus aussterben würde, was im Jahre 1700, als der Neununddreißigjährige kinderlos starb, auch tatsächlich eintrat. Somit richtete sich das europäische Mächtesystem vier Jahrzehnte lang auf den spanischen Erbfall ein und damit auf einen unvermeidlichen Krieg um die Aufteilung des Weltreiches. Viele diplomatische Schachzüge galten in der einen oder anderen Weise dem Ziel, für diesen Konflikt die Positionen festzulegen beziehungsweise zu verbessern.

Dieser spanische Hintergrund bestimmte auch die Politik Ludwigs XIV. Denn in gewisser Weise ging es für ihn stets um alles oder nichts. Alles bedeutete die Übernahme des gesamten spanischen Erbes und damit ein französisch-spanisches Riesenreich in Europa und Übersee. Nichts dagegen meinte den Rückfall in die Zeit vor der Sprengung der habsburgischen Umklammerung, für die Frankreich mehr als anderthalb Jahrhunderte lang gekämpft und gelitten hatte. Wenn Spanien und die europäischen Nebenländer an die deutschen Habsburger fallen würden, dann war der territoriale Ring um Frankreich wieder bedrohlich geschlossen, wie zu Beginn des 16. Jahrhunderts. Natürlich war diese Perspektive auch den deutschen Fürsten gegenwärtig.

So deutlich der aggressive Charakter der französischen Großmachtpolitik im letzten Drittel des 17. Jahrhunderts auch in die Augen springt, so unverkennbar ist doch auch das Spaniensyndrom, das der offensiven und aggressiven Expansionspolitik zugleich einen präventiven Charakter verlieh.

Devolutions- und Holländerkrieg

Die spanische Heirat eröffnete Ludwig XIV. dann auch die Gelegenheit, von diplomatischer zu offener militärischer Offensive überzugehen. 1667 und 1668 führte er den sogenannten Devolutionskrieg gegen die spanischen Niederlande. Das war der erste von insgesamt drei Offensivkriegen, die Frankreich zwischen 1667 und 1697 an seiner Ost- und Nordostgrenze führte und die alle der Arrondierung des französischen Territoriums sowie der Verbesserung der Position innerhalb der europäischen Mächtehierarchie galten.

Die Stoßrichtung nach Nordosten, gegen Belgien, lag in doppelter Hinsicht in der Konsequenz des Pyrenäenfriedens - geographisch, weil dieser Frankreich bereits das Artois gebracht hatte, und dynastisch, weil er die Heiratsverbindung geknüpft hatte, die jetzt erbrechtliche Argumente zur Ausweitung dieses niederländischen Besitzes lieferte. Sogleich nach dem Tod seines Schwiegervaters im Jahre 1665 erhob Ludwig XIV. denn auch Anspruch auf die südlichen Niederlande. Die Rechtsgrundlage war die Devolution, ein Instrument des brabantischen Privatrechts, das die Erbansprüche von Kindern erster Ehe vor solche von Kindern aus nachfolgenden Ehen stellte. Die spanischen Niederlande, die nach Auslegung der französischen Legisten dieser Klausel des brabantischen Privatrechts unterlagen, durften demzufolge nicht an den Infanten Karl fallen, den Sohn des verstorbenen spanischen Königs aus zweiter Ehe, erbberechtigt sei vielmehr Maria Theresia, sein einziges Kind aus erster Ehe, und damit Ludwig XIV., deren Gemahl. Hier wurde mittelalterliches Privatrecht dem modernen Machtstaat dienstbar gemacht, der doch sachlich, institutionell und das heißt überpersönlich aufgebaut war.

Die Offensivkriege Ludwigs XIV. trafen alle auch das Reich, direkt oder indirekt. Der Devolutionskrieg war gegen einen Teil des Burgundischen Reichskreises gerichtet, so daß Kaiser und Reich zur Hilfe verpflichtet waren.[84] Die französische Diplomatie hatte dem jedoch bereits seit Jahren entgegengewirkt. Es ging ihr vor allem darum zu verhindern, daß der Kaiser rechtzeitig Truppen nach Flandern schickte, was ihm Artikel 3 des Münsteraner Friedensvertrags ausdrücklich zubilligte. Nun machte sich der Rheinbund bezahlt. Mit Geschick und Hartnäckigkeit gelang es Gravel, dem französischen Gesandten am Reichstag in Regensburg, wo auch der formelle Sitz des Bundes war, die Rheinbundpartner Mainz, Köln, Pfalz-Neuburg und Münster, nach einigen Schwierigkeiten schließlich auch Brandenburg zu bilateralen Verträgen zu bewegen, in denen sie sich verpflichteten, keine Truppen durch ihr Gebiet marschieren zu lassen und am Reichstag für die Neutralität des Reiches zu wirken, was auch tatsächlich gelang.

Das Reich und die deutschen Staaten waren dem Vorstoß Ludwigs nicht gewachsen. Ohne die ganze Tragweite seiner Pläne zu erkennen, fanden sie sich bereit, die französischen Operationen in Belgien abzuschirmen. In einem Meisterstück politischer Verführung sollte es Ludwig XIV. sogar gelingen, den österreichischen Störfaktor selbst auszuschalten und den Wiener Kaiser zum Komplizen des schnöden Raubzugs zu machen. Er schlug dem österreichischen Habsburger, der für das ungeschmälerte Erbe des sechsjährigen spanischen Vetters hätte eintreten sollen, in Geheimverhandlungen die Teilung des spanischen Weltreiches vor: Der Kaiser sollte Spanien, Mailand und die Kolonien erhalten, Frankreich dagegen die spanischen Niederlande, die Franche Comté, Navarra und das Königreich Neapel-Sizilien. Das Kalkül ging auf; die Versuchung, sich sogleich eines Großteils des spanischen Reiches zu bemächtigen, statt auf ein fernes, ungesichertes Erbe zu warten, war für Wien größer als die dynastische Loyalität zu einem kränkelnden Kind, das jeder für den letzten seines Hauses hielt.

Am 19. Januar 1668 wurde das »Geschäft« in einem Geheimvertrag zwischen Habsburg-Österreich und Frankreich besiegelt, und Europa mußte verwundert zusehen, wie der deutsche Kaiser die französischen Übergriffe auf die Reichsgebiete in Flandern, Brabant, die Freigrafschaft Burgund sowie die Reichsstadt Besançon scheinbar desinteressiert geschehen ließ.

Silberpfennig auf den Frieden von Aachen im Jahre 1668, entworfen von Christoffel Adolphi

Wachsam waren dagegen England und vor allem die niederländische Republik, die zwei Dezennien zuvor selbst Frankreichs Komplize bei ähnlichen Teilungsplänen gewesen war. Eben noch in einen ihrer erbitterten Seekriege um die Vorherrschaft in der Nordsee verwickelt, schlossen sich in dieser Situation Holland und England mit Schweden zusammen, eigentlich traditioneller Bündnispartner der Franzosen. Jetzt aber war Stockholm nicht an einer größeren Mächteverschiebung am Atlantiksaum interessiert. Diese Tripelallianz der Seemächte zwang Frankreich, seinen Raubzug vorzeitig abzubrechen. Im April 1668 handelte sie mit Frankreich in Saint-Germain die Bedingungen aus, unter denen Anfang Mai der *Friede von Aachen* zwischen Ludwig XIV. und Karl II. von Spanien geschlossen wurde. Frankreich verzichtete auf die soeben eroberte Freigrafschaft Burgund, die man jetzt noch nicht halten konnte. Dagegen behauptete man den Besitz von zwölf im Handstreich eingenommenen Festungen in Flandern und im Hennegau, darunter so bedeutende Städte wie Charleroi, Lille, Douai, Tournai, Valenciennes, Courtrai und Oudenaarde. Das waren nicht nur Städte mit großer flämisch-niederländischer Vergangenheit, sondern als Glieder des Burgundischen Reichskreises zugleich Teile des Reiches. Doch das Reich und die deutschen Einzelstaaten spielten einstweilen auf der europäischen Bühne nur die Rolle von Statisten, die in die machtpolitischen Entwürfe der Großmächte hineingezogen oder von ihnen beiseitegeschoben wurden, ohne selbst Konzepte für die mächtepolitische Ordnung Deutschlands oder gar Europas vorlegen zu können. Auch der Rheinbund hatte daran nichts zu ändern vermocht; so war es konsequent, daß er sich unter dem Eindruck der französischen Offensive im August 1668 auflöste.

Auch die nächste Runde des Ringens um die Gewichtsverteilung in Europa wurde im Nordwesten des Kontinents ausgetragen, im sogenannten Holländischen Krieg von 1672 bis 1678.[85] Das Reich wurde wiederum von den Ereignissen überrollt. Immerhin war man jetzt in Deutschland so weit wachgerüttelt, daß sich nur noch wenige Reichsstände Frankreich anschlossen; der Reichstag erklärte unter der Führung Kaiser Leopolds I. dem französischen König sogar den Reichskrieg. Eine energische Wiener Außenpolitik begann Konturen anzunehmen.

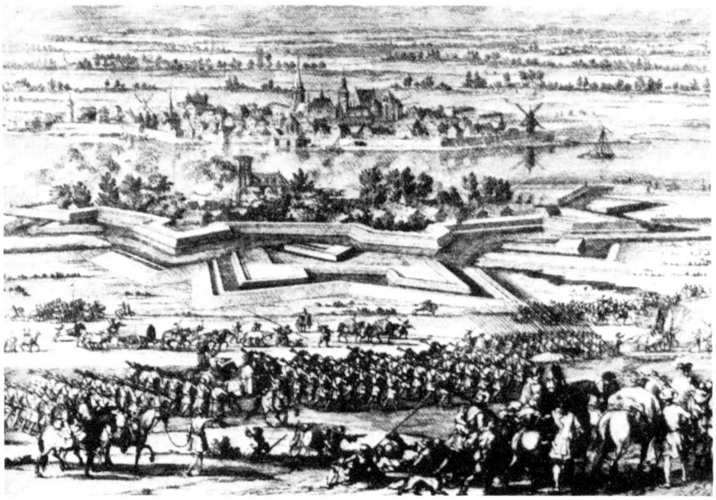

Einschließung der Festung Rees im Klevischen durch den General Turenne, Stich von Sebastian le Clerc

1672 überfällt Ludwig XIV. die Niederlande. Festung um Festung muß sich seinen auch ballistisch und befestigungstechnisch überlegenen Truppen ergeben.

Die internationale Konstellation in Nord- und Nordwesteuropa war in dreierlei Hinsicht Voraussetzung und Grundlage des Holländischen Krieges: Die wirtschaftliche Situation war von einem tiefen Interessengegensatz zwischen England und Holland gekennzeichnet. Die Niederländer wollten die Freiheit der Meere, während die Engländer versuchten, eine maritime Oberherrschaft zu etablieren; sie verlangten, daß alle Schiffe auf hoher See die englische Fahne grüßten, was eine symbolische Geste von außerordentlicher machtpolitischer Konsequenz gewesen wäre. Den Niederländern ging es, von der Nordsee und dem Atlantik abgesehen, um die freie Durchfahrt durch den Sund und die Wahrung ihrer alten Handelsvorteile in der Ostsee, die jetzt zunehmend auch von Engländern befahren wurde. Damit kam die Allianzpolitik ins Spiel; in der Frage der Sunddurchfahrt mußten die beiden verfeindeten skandinavischen Königreiche Dänemark und Schweden Position beziehen. In der Regel standen sie in entgegengesetzten Allianzen der europäischen Mächte. Jüngst war der weltweite Antagonismus zwischen England und Frankreich hinzugekommen, der alle anderen Fronten zu überlagern schien.

Dies war ein kompliziertes, aber doch weitgehend berechenbares Spiel von Kräften und Gegenkräften. Bislang waren meist Dänen und Niederländer verbündet gewesen – die alten Vormachtstaaten in Nord- und Ostsee gegen die beiden machtpolitischen Neulinge England und Schweden. Dieses alte Koalitionsgefüge war aber brüchig geworden, nicht zuletzt durch den Aufstieg einer überlegenen französischen Diplomatie, die überraschende Allianzen selbst über scheinbar festverankerte Interessengegensätze hinweg zuwege brachte. Gerade diese Kunst sollte den Franzosen im Holländischen Krieg den großen Anfangserfolg bringen. Schließlich wurde das neue »Balance-of-power«-Prinzip wirksam, das vor allem von den Engländern vertreten wurde, die dabei in erster Linie den Kontinent im Auge hatten, weniger die Weltmeere, weil sie diese als ihre Domäne ansahen. Auch das war eine jahrhundertealte Tradition: Schon im Mittelalter und im 16. Jahrhundert war England an den

AN ACT
FOR
Increaſe of Shipping,
And Encouragement of the
NAVIGATION
OF THIS
NATION.

Thurſday *the Ninth of* October, 1651.

O*Rdered by the Parliament, That this Act be forthwith printed and publiſhed.*

Hen: Scobell, Cleric. Parliamenti.

London, Printed by *John Field*, Printer to the Parliament of *England*, 1651.

Die Beteiligung Englands am Überfall auf die Niederlande gehört in die lange Reihe der Kämpfe um die Vorherrschaft auf den Meeren. Bereits am 9. Oktober 1651 hatte das englische Parlament die berühmte Navigationsakte erlassen, um damit die bislang auf den Weltmeeren überlegenen Holländer herauszufordern.

politischen Verhältnissen auf seiner europäischen Gegenküste stets lebhaft interessiert gewesen, nicht zuletzt aus wirtschaftlichen Gründen.

Von diesem internationalen Mächtespiel abgesehen waren die innerniederländischen Verhältnisse für den Verlauf des Holländischen Krieges ausschlaggebend. In Holland herrschte ja seit einer knappen Generation das Regentenbürgertum der großen Handelsstädte, das 1650 die semimonarchische Statthalterschaft der Oranier beseitigt hatte, um endlich die reine Republik zu verwirklichen. Im Haag regierte der große Politiker und Staatsmann Johan de Witt,[86] der davon überzeugt war, daß sich Mächtebalance und europäisches Friedenssystem - die für die holländischen Handelsinteressen unerläßlich waren - auch durch Interessenkalkül steuern ließen. Er war Meister einer rational berechneten, an politischen und ökonomischen Interessen der Einzelstaaten orientierten neuzeitlichen Allianzpolitik.

De Witt ist damit gescheitert. Der Einfall französischer Truppen kam für ihn und sein Land wie ein Blitz aus heiterem Himmel. Die Katastrophe Hollands wurde zur persönlichen Katastrophe des großen Staatsmannes: Johan de Witt und sein Bruder Cornelis, eben noch gefeierter Seeheld, wurden von der aufgebrachten Menge in Stücke gerissen, einen Steinwurf weit vom Haager Regierungszentrum entfernt, wo die Oranier sich zur Machtübernahme rüsteten. De Witt hatte auf eine Friedenspolitik gesetzt. In der Annahme, das internationale Mächtespiel sei nach der Neuordnung von 1648 durch die Vorherrschaft von Vernunft und Kalkulierbarkeit gekennzeichnet, hatte er insbesondere die Landstreitkräfte vernachlässigt.

Das grandios einseitige Friedenskalkül de Witts erinnert in seiner Blindheit an klassische Helden antiker Tragödien. Er wollte nicht sehen, daß neben dem vernunftgemäßen Interessenstandpunkt die europäische Staatenwelt auch durch das Irrationale und durch psychologisch bedingte Motive bewegt wurde. Im absolutistischen Frankreich sah man voller Verachtung, gemischt mit Neid, auf die Kaufmannsrepublik herab: Ludwig XIV. ließ im Garten seines Versailler Schlosses einen Latona-Brunnen errichten, um den Krämergeist der Niederländer zu verspotten - zu Fröschen sollten sie werden vor den Blicken des neuen Phöbus Apoll, so wie einst in der Antike die Bauern, die es gewagt hatten, Latona und ihren Sohn Apoll herauszufordern. Aber nicht nur der Pariser Hof sah voller Abneigung auf die Kaufmannsrepublik; auch die Londoner Handelswelt fürchtete die Konkurrenz der Mijnheeren und lauerte auf die Gelegenheit, Hollands Wirtschaftsblüte zu zertreten.

Es war dieses antiholländische Ressentiment, das England und Frankreich zusammenführte und sie bereits 1670 die gegen de Witt und die Republik gerichtete Geheimallianz von Dover abschließen ließ. Das war eine Verbindung, die nach rationalen Erwägungen unvorstellbar war, weil sie die beiden Hauptkonkurrenten der Zukunft zusammenführte, die nach vernünftiger Interessenabwägung nie hätten zusammenkommen können. Im rationalen Denken des Interessenpolitikers befangen, blieb de Witt völlig arglos und nahm die Entwicklung erst wahr, als es zu spät war. Die Unheilsfront wurde durch den Beitritt der Schweden vervollständigt, die sich von einer Schwächung der Niederlande Positionsgewinne gegenüber

Silberne Tabaksdose mit der Darstellung des Mordes an den Brüdern de Witt nach einem Kupferstich von Romeyn de Hooghe, Ende des 17. Jahrhunderts

Auf dem Höhepunkt des Französisch-Holländischen Krieges, als sich nur noch die in eine Seefestung umgewandelte Provinz Holland halten konnte, wurden die Brüder de Witt in Den Haag von einer aufgebrachten Menschenmenge gelyncht. Man warf ihnen vor, die Verteidigung des Vaterlandes vernachlässigt und den Franzosen in die Hand gespielt zu haben.

Dänemark versprachen. Der letzte Stein wurde in das Gebäude der antiniederländischen Koalition eingefügt, als die französische Diplomatie am 1. November 1671 ein Geheimabkommen mit Österreich zustande brachte, das Kaiser Leopold verpflichtete, im Falle kriegerischer Verwicklungen im Nordwesten nur dann einzugreifen, wenn deutsche oder spanische Interessen direkt verletzt würden. Das Szenario für die holländische Katastrophe von 1672 war damit entworfen.

Nachdem der Kaiser ausgeschaltet war, waren aus dem Reichsverband zunächst nur die im Nordwesten speziell interessierten Staaten im Spiel, und zwar auf beiden Seiten. Köln, Bayern und Christoph Bernhard von Galen, der Bischof von Münster, standen auf französischer Seite; Brandenburg sprang den Niederländern bei, aus konfessioneller und dynastischer Solidarität. Der Große Kurfürst stand zwar noch in einem Bündnis mit den Franzosen, kündigte dies aber im Mai 1672 auf, um den bedrängten Generalstaaten zu Hilfe zu eilen.

Der innere Umschwung von der Regentenherrschaft unter Johan de Witt zur Oranierpartei, die mit der Ernennung des Prinzen Wilhelm III. zum Statthalter die Macht übernahm, führte in den Niederlanden selbst schließlich zu einer Festigung des Staates und zur Formierung eines entschiedenen Verteidigungswillens. Das war die Grundlage für eine schrittweise Verbesserung der niederländischen Lage und für den Umschlag der militärischen Balance gegen Frankreich: Die holländische Wasserfestung konnte sich 1672 noch behaupten; die Franzosen drangen zwar tief in das Land ein, konnten aber Holland, das Herz der Republik, nicht besetzen. Man hatte die Deiche durchstochen, so daß die französische Armee nicht weiter voranrücken konnte. Am 26. August 1672 mußte auch Christoph Bernhard von Galen die fünfwöchige Belagerung Groningens ergebnislos abbrechen.

Nachdem der Überraschungscoup der Franzosen am Wasser, dem allzeit zuverlässigen Verbündeten der Niederländer, gescheitert war,

Die Gegenspieler des französisch-niederländischen Ringens: als Angreifer, die das Fell des Bären untereinander zu teilen gedenken, Ludwig XIV., Karl II. von England, der Erzbischof und Kurfürst von Köln, der Bischof von Münster; als Verteidiger die Brüder de Witt und ihr Gegenspieler Wilhelm von Oranien. – Spottbilder des späten 17. Jahrhunderts, die auf den Kopf gestellt die wahre Natur der Porträtierten zeigen sollen.

kühlten sich die antiniederländischen Emotionen in der europäischen Staatenwelt rasch ab. Am Ende setzte sich die Interessenrationalität doch durch. Die Niederlande schlossen mit Kaiser und Reich eine Allianz. Darüber hinaus gingen sie Bündnisse mit Kursachsen und Kurtrier ein, das vor kurzem noch einer der wichtigsten Partner Frankreichs im Rheinbund gewesen war und auch später wieder auf die französische Seite treten sollte.

Im Sommer 1673 begann der Krieg gegen den französischen Aggressor. Auch Dänemark schloß sich an, schon um Schweden zu treffen, das einen Subsidienvertrag mit Frankreich geschlossen hatte, wenn es auch noch nicht direkt in den Krieg eingriff. Damit war in den skandinavischen Raum ebenfalls die Interessenrationalität zurückgekehrt. Schließlich traten auch Lothringen und Spanien auf die Seite der Niederländer – durch die europaweite Expansionspolitik Ludwigs XIV. war selbst die alte Todfeindschaft zwischen Holland und dem iberischen Königreich in eine Interessengemeinschaft umgeschlagen. Im Februar 1674 war man dann auch in London soweit: Im Frieden von Westminster kündigten die Engländer das Bündnis mit Frankreich auf. In dem Moment, in dem die Gefahr eines französischen Übergewichts bestand, traten die emotionalen und geschäftlichen Abneigungen der City gegen die Amsterdamer Mijnheeren in den Hintergrund. Die übergreifenden Politik- und Wirtschaftsinteressen Englands gewannen die Oberhand.

Damit war bereits nach zwei Jahren eine Umkehrung des Kräfteverhältnisses von 1672 vollzogen, die Niederlande waren von einem großen Kreis von Verbündeten umgeben, während Frankreich bald auf sich selbst gestellt war. Denn am Niederrhein verlief der Krieg ungünstig für Ludwig XIV. und seine Verbündeten. Nachdem die antifranzösischen Allianztruppen Bonn eingenommen hatten, wurde im Frühjahr 1674 der Friede von Köln geschlossen, der nun auch Kurköln und Münster aus der französischen Front herausbrach. Münster wechselte schließlich sogar zu den Gegnern Frankreichs: Bernhard von Galen hoffte, die in den Niederlanden nicht zu realisierende Gebietserweiterung jetzt leicht auf Kosten der Schweden erreichen zu können, die inzwischen offen mit dem scheinbar sinkenden französischen Stern verbündet waren. Der streitbare Bischof hatte offensichtlich die säkularisierten Bistümer Bremen und Verden im Auge, die ja im Besitz Stockholms waren.

Unter dem Vorzeichen der Interessenpolitik sind Allianzen eben flüchtig. Und Arrondierung kann in unterschiedlichen Räumen und

an der Seite austauschbarer Partner gesucht werden. So nutzten auch andere Reichsstände den Krieg, um in der einen oder anderen Allianz ihre konkreten Staatsinteressen mit Gewalt durchzusetzen. Ihr Kalkül blieb in gewisser Weise zufällig: Braunschweig-Lüneburg und Braunschweig-Wolfenbüttel zum Beispiel meinten, die schwedischen Herzogtümer Verden und Bremen bekriegen zu sollen, um es dem verbündeten Münsterländer gleichzutun. Demgegenüber verbündete sich ihr Vetter von Braunschweig-Calenberg-Hannover mit Frankreich und Schweden, weil er hoffte, sich an ihrer Seite in den westfälischen und niederrheinischen Besitzungen der Brandenburger arrondieren zu können.[87]

Neben Hannover stand nur noch Kurbayern auf französischer Seite. Der Staat Ludwigs XIV. befand sich in einer Krise. Seine Militärs und seine Diplomaten wußten jedoch auch in dieser Situation die Gegner in Schach zu halten, ja ihnen immer wieder das Gesetz des Handelns vorzuschreiben. Zu dem erwarteten Zusammenbruch der französischen Offensivpolitik kam es nicht; die Franzosen muß-

Das Wasser als Lebenselement und Nothelfer der Niederländer – ein Dammbruch befreit die belagerte niederländische Festung Coevorden und bringt die Truppen des Münsteraner Fürstbischofs Christoph Bernhard von Galen in größte Schwierigkeiten, so daß Münster am 22. April 1674 mit den Niederlanden einen Separatfrieden abschließt.

ten nicht einmal ihre Expansionsziele aufgeben. Nach dem Eintritt des Reiches in den Krieg räumte Ludwig XIV. zwar die Niederlande, aber seine Truppen behaupteten sich in der langen deutsch-französischen Grenzzone und in der spanischen Freigrafschaft.

Die ersten Jahre des Reichskrieges waren so für die Deutschen alles andere als triumphal. Während die französischen Armeen unter der bewährten Führung von Turenne und Condé stets effektiv operierten, stellten sich auf deutscher Seite zwei Kardinalprobleme. Das war zum einen das Problem der Koordination und der Führung. Es gab keine oberste deutsche Reichsgeneralität, sondern nur eine Führung durch eine Verbündetengeneralität, während die französischen Armeen stets von einem einzigen Willen gelenkt wurden. Zudem spielten bei den Deutschen auch Partikularinteressen der einzelnen Fürsten eine Rolle. Vor allem der Große Kurfürst dachte in erster Linie an seine persönliche Reputation und bestand darauf, die brandenburgischen Truppen nach eigenen Plänen selbst zu führen.[88] Er dachte nicht daran, sich einbinden zu lassen in einen übergeordneten Kriegsplan, der unter Umständen den Brandenburgern nur die zweite oder dritte Stelle zugeordnet und ihrem Fürsten den Glanz und Ruhm des Sieges vorenthalten hätte. Reputationen waren im Jahrhundert der Höfe eben nicht einfach persönliche Eitelkeiten, sondern ein durchaus realer Faktor im internationalen Mächteringen.

Nachdem die Franzosen die Freigrafschaft Burgund erobert und die Pfalz verwüstet hatten, konzentrierten sich die Kämpfe seit Ende 1674 auf das Elsaß. Am 5. Januar 1675 kam es bei *Türkheim* zu einer Schlacht, die für Generationen die letzte im Elsaß sein sollte. Sie endete mit einem der letzten großen Siege Turennes. Nachdem die deutschen Truppen über den Rhein in das Elsaß eingedrungen waren, überwand der Maréchal de France in Eilmärschen die verschneiten Vogesen. Ludwig XIV. sah den Hauptgewinn des Westfälischen Friedens in Gefahr, sobald sich Reichstruppen länger im Elsaß festsetzen würden. Die Schlacht bei Türkheim war im Grunde noch nicht entschieden, als die Dunkelheit dem Kampf ein Ende setzte. Die Führung des Reichsheeres wagte indes nicht, am nächsten Tag nochmals gegen den gefürchteten Feldherrn anzutreten: Gegen den Widerspruch des Brandenburgers beschloß man, sich unverzüglich aus dem Elsaß zurückzuziehen. Am 13. Januar waren alle deutschen Truppen wieder rechts des Rheins.

Türkheim war – gerade im Hinblick auf das Ende – keine wirklich große Schlacht, dennoch hatte Ludwig XIV. einen ungeheuren Triumph errungen. Das Barockzeitalter nutzte auch kleine Ereignisse zu großen Gesten: In Paris wurde zu Ehren Turennes eine prächtige Siegesmünze geschlagen, die zwei deutsche Soldaten in panischer Flucht vor den Trophäen der Franzosen zeigt. Auf der Umschrift war zu lesen: »Sexaginta milia Germanorum ultra Rhenum pulsa«; »Sechzigtausend Deutsche wurden über den Rhein zurückgeschlagen«.[89]

Das so unglücklich begonnene Jahr 1675, das vorerst für die Franzosen erfolgreich blieb, sollte schließlich doch eine unerwartete Wendung bringen, die Holland und dem Reich das Schlimmste ersparte. Die Entscheidung fiel in der Mark Brandenburg, fernab von der eigentlichen Konfliktzone am Rhein. Nach langen Bemühungen war es Ende 1674 dem französischen Gesandten in Stockholm gelungen, den alten Verbündeten Schweden, der seit 1672 zwar hohe Subsidien eingestrichen, den Kriegseintritt aber verweigert hatte, zur Offensive im Reich zu bewegen. Angesichts der erfolgreichen Operationen des Großen Kurfürsten im Rahmen des Reichskrieges sah man in Stockholm die Sicherheit der schwedischen Besitzungen in Deutschland bedroht. War es denn gänzlich undenkbar, daß ein entscheidender Sieg über Frankreich im ganzen Reich Wünsche nach einer Revision des Westfälischen Friedens wecken würde? In dieser Konstellation lag die Wiederbelebung der bewährten »Waffenbrüderschaft« zwischen Frankreich und Schweden geradezu in der Luft.

Bereits Ende Dezember 1674, als Kurfürst Friedrich Wilhelm mit seinen brandenburgischen Truppen noch am Oberrhein operierte, waren schwedische Truppen von Pommern her in die Mark Brandenburg eingefallen, bald unterstützt von Kontingenten aus dem Herzogtum Bremen. Die Feldzugspläne des schwedischen Reichsfeldmarschalls Karl Gustav von Wrangel - Träger eines in Deutschland noch wohlbekannten Namens - gingen weit über Pommern hinaus. Nach der Besetzung und Sicherung Brandenburgs wollte Wrangel nach Westen über die Elbe rücken und sich mit der verbündeten Armee des Herzogs von Hannover vereinigen, um dann mit ihm gemeinsam gegen die westfälisch-niederrheinischen Länder des Brandenburgers vorzugehen. Zusammen mit Bayern und anderen Reichsständen, mit deren Hilfe man nach ersten Erfolgen meinte rechnen zu können, hätte dann in der Mitte des Reiches eine große antihabsburgische Bundesarmee bereitgestanden, die mit den von Westen vorstoßenden französischen Truppen die im Rheingebiet operierende Reichsarmee in die Zange hätte nehmen können.

Der brandenburgische Kurfürst, der angesichts eines erst kürzlich abgeschlossenen Defensivbündnisses mit Schweden seine Länder sicher gewähnt hatte, erfuhr Anfang Januar 1675 von dem Überfall, als er seine Truppen gerade aus dem Elsaß über den Rhein zurückführte. Friedrich Wilhelm reagierte prompt und in der ihm eigenen langfristigen Perspektive. Seinen Minister Schwerin ließ er wissen: »Euch kan jch versicheren, das Ich hidurch zu keiner anderen resolution kan gebracht werden, als nur, dahin zu gedencken, mich gegen die Schweden zu rechnen [rächen], undt nuhmer bey der partie so ich genommen bestendig verbleiben, ... biss ich der nachbarschaft loss werde.« Und an Kaiser Leopold schrieb er am 5. Januar 1675 in Rastatt ein selbstbewußtes Hilfsgesuch: Er habe für das Reich sein Land schutzlos gelassen und sich in persönliche Gefahr begeben, nun er überfallen worden sei, werde man ihn nicht ohne militärischen Beistand lassen.[90]

Der Große Kurfürst wartete indes nicht auf die unsichere Reichshilfe; er vergewisserte sich der militärischen und politischen Unterstützung des Prinzen von Oranien, der soeben gegen die Franzosen Mut und Entschlossenheit bewiesen hatte, und kehrte in Eilmärschen über Franken in die Mark zurück, um die schwedischen Eindringlinge zu vertreiben. Tatsächlich gelang ihm ein erster Überraschungssieg über General Wrangel, der, gerade keine Gefahr ahnend, den Übergang über die Elbe vorbereitete. Ende Juni fiel die Entscheidung bei *Fehrbellin*, einem strategisch wichtigen Übergang über das Flüßchen Rhin, über das die Verbindungen zwischen dem

Invasionsheer und dem schwedischen Vorpommern liefen. Es war ein eher bescheidenes Treffen, und der Sieg war militärisch keineswegs entscheidend: den gut 10 000 Schweden, die sich noch dazu auf dem Rückzug befanden, traten ganze 6500 Brandenburger entgegen. Der Sieg war eindeutig, aber nicht vernichtend. Von langen Eilritten ermattet, gelang es der brandenburgischen Reiterei nicht, den Triumph auf dem Schlachtfeld zu nutzen und den Rückzug der schwedischen Hauptarmee über die Rhinbrücke zu verhindern. So konnte Wrangel seine Soldaten in guter Ordnung über die Grenze nach Mecklenburg und von dort nach Vorpommern bringen. Kommandiert hatte die brandenburgische Reiterei ein hessischer Landgraf, der Prinz Friedrich von Homburg.[91]

Trotz des eher bescheidenen Verlaufs zählt Fehrbellin zu den großen Schlachten, nicht nur in der borussischen Geschichtsschreibung. Die eben noch wehrlos dem Feind ausgesetzte Mark Brandenburg war von schwedischen Truppen befreit. Damit war auch die Gefahr gebannt, daß das Reich erneut zum Spielball einer französisch-schwedischen Interessenallianz würde. Kurfürst Friedrich Wilhelm von Brandenburg stand im Zenit seines militärischen Ruhms: Von Wien bis Stockholm, von Straßburg über das eben noch widerspenstige Kleve bis Den Haag und Amsterdam machte die Kunde von dem Sieg gewaltigen Eindruck. In Straßburg, wo man vor wenigen Monaten den Rückzug des Reichsheeres samt der brandenburgischen Truppen erlebt hatte, erschien ein Lied, das Friedrich Wilhelm erstmals als Großen Kurfürsten feierte. Sinnigerweise war es nach der alten Weise »Gustavus Adolphus hochgeboren« zu singen, die den Jubel der Protestanten über den Eingriff Schwedens in den Dreißigjährigen Krieg zum Ausdruck brachte:

Der Große Kurfürst ging mit Macht,
Um Frieden zu erlangen.
Bald kam der Schwed aus Mitternacht,
Durch Frankreichs Geld getrieben,
Mit seiner Lapp- und Finnenmacht,
Ließ sehr viel Bosheit üben
In dem Kur- und Brandenburger Land
Mit Kirchenraub und Plündern.
Es ward verjaget Mann und Weib,
Das Vieh ward durchgeschossen,
Man macht' es, daß nichts überbleib,
Das vielen sehr verdrossen;
Bis daß zuletzt der große Held
Sich plötzlich eingefunden,
Und seinen Namen in der Welt,
Noch höher aufgebunden.[92]

Mit Fehrbellin beginnen jene militärischen Bravourstücke von Hohenzollernfürsten, die unter Friedrich II. zum Preußen-Mythos werden sollten. Der Sieg über den eben noch unbezwingbar erscheinenden Löwen aus Mitternacht hatte einem jeden in Deutschland und Europa unmißverständlich gezeigt, daß Brandenburg nicht mehr die zurückgebliebene Streusandbüchse des Reiches war, die sich im militärpolitischen Planspiel der Großmächte ohne Risiko hin und her schieben ließ. Auch die Musen nahmen sich der militärischen Heldentaten des Großen Kurfürsten an – von den großen

Der Große Kurfürst in der Schlacht von Fehrbellin; Gobelin, Ende des 17. Jahrhunderts

Der glänzende Sieg über die Schweden bei Fehrbellin trug dem Brandenburger Friedrich Wilhelm I. den Beinamen »Großer Kurfürst« ein.

Schlachtengemälden auf den Tapisserien des Schlosses Charlottenburg bis hin zu dem Schauspiel »Der Prinz von Homburg«, in dem der preußische Junker Heinrich von Kleist Anfang des 19. Jahrhunderts Fehrbellin als Augenblick der preußisch-hohenzollerischen Selbstfindung preist. Neben den kriegerischen Triumphen gehörte dazu der unbestechliche Wille des Souveräns, dafür Sorge zu tragen, »daß dem Gesetz gehorsam sei«.[93]

Die Realität war indes bescheiden und nüchtern. Prinz Friedrich von Homburg, Kleists träumend siegender junger Liebes- und Reiterheld, war ein ältlicher hessischer Landgraf ohne Charme und Fortüne, der weder auf dem Schlachtfeld noch am Berliner Hof eine herausragende Rolle spielte. Als er acht Tage nach dem Treffen die brandenburgische Armee verließ, waren Geld und Geschäfte im Spiel. Es war nicht der Entschluß einer gekränkten Seele, die es nicht ertragen konnte, daß ein anderer den ihr zustehenden Lorbeer gepflückt hatte. Immerhin kehrte der Landgraf nach wenigen Monaten zur preußischen Armee zurück – der aufsteigende Stern der Hohenzollern hielt seine Satelliten in Bann.

Der Fehrbellin-Mythos wurde mächte- und allianzpolitisch wirksam durch die großen Hoffnungen, die Brandenburg nun in bezug auf einen möglichen Erwerb ganz Vorpommerns hegte. Nachdem die brandenburgischen Armeen einmal zur militärischen Offensive übergegangen waren und tatsächlich auch bald Teile von Schwedisch-Vorpommern besetzt hatten, war das Ziel, den ungeliebten Nachbarn endlich loszuwerden, greifbar nahe. Aber die hochgespannten Erwartungen wurden enttäuscht, weil sich bei den entscheidenden Friedensverhandlungen niemand im Reich für die brandenburgischen Interessen einsetzte, während Frankreichs Diplomaten erfolgreich ihren schwedischen Bündnispartner schützten. Aus Verärgerung und in einer Neubestimmung seiner Interessenlage vollzog der Große Kurfürst in diesem Moment seine berühmte bündnispolitische Wende hin zu Frankreich.

Nachdem die weitausgreifenden französisch-schwedischen Pläne

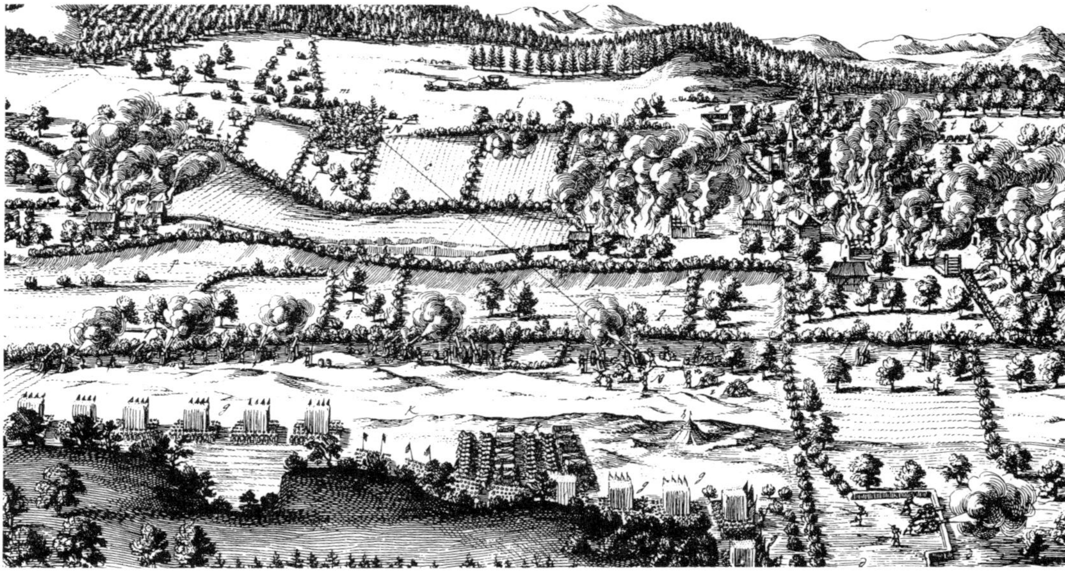

Im Gefecht bei Sasbach in der Ortenau verliert der hochberühmte und gefürchtete französische Marschall Turenne 1675 sein Leben. Dargestellt ist der Moment, in dem die tödliche Kugel quer über das Schlachtfeld ihre Bahn zieht und auf dem Feldherrnhügel einschlägt.

an dem eher belanglosen Treffen von Fehrbellin gescheitert waren, zog sich der Krieg noch Jahre ohne endgültige Entscheidungen und durchschlagende Vorteile für die eine oder andere Seite hin. Für beide Parteien gab es Verluste und Triumphe. Im Juli 1675 verloren die Franzosen bei Sasbach Turenne. Eine Kanonenkugel traf den großen Feldherrn, als er sich gerade von einem Hügel herab einen Überblick über den Stand der Schlacht verschaffen wollte.[94] Kurz darauf mußten sie das zu Beginn des Krieges eroberte Trier räumen. Doch auch auf seiten der Alliierten gab es Verluste und Niederlagen, und zwar sowohl in den Niederlanden als auch am Oberrhein: Im Norden ging die wichtige Festungsstadt Mont-Cassel verloren, im Süden wurde im November 1677 Freiburg von Truppen Ludwigs XIV. besetzt. Die Stadt blieb vorerst in französischer Hand und wurde ein neues Glied im Vaubanschen Festungsgürtel. Noch heute sind auf dem Schloßberg Gemäuer aus Verteidigungswerken des großen Festungsbaumeisters zu sehen.

Inzwischen redete man jedoch bereits in *Nimwegen* über die Bedingungen eines Friedensschlußes, den England und der Papst zu fördern suchten.[95] Der Nimweger Kongreß wurde wieder zu einem glänzenden Erfolg der französischen Diplomatie, die manches zu retten wußte, was in den Wechselfällen des Krieges verloren schien. Vor allem gelang es ihr, die gegnerische Kriegsallianz politisch auseinanderzubrechen; Frankreich verhandelte mit jedem seiner Gegner einzeln und schloß nur separate Friedensverträge ab. So wurde der zweite Offensivkrieg Ludwigs XIV., der als Holländischer Krieg begonnen, schließlich weite Teile Deutschlands erfaßt und auch die skandinavischen Königreiche ergriffen hatte, durch eine Serie von insgesamt neun Friedensschlüssen beendet. Sie wurden in der Zeit vom August 1678 bis zum Oktober 1679 meist im niederländischen Nimwegen, in zwei Fällen in Frankreich, und zwar in Saint-Germain-en-Laye und in Fontainebleau, abgeschlossen.

Als erste schieden im Spätjahr 1678 Holland und Spanien aus dem Krieg gegen Frankreich aus. Für die Niederlande wurde im wesentlichen der Status quo bestätigt und gefestigt. Damit war erstmals die Grenze der französischen Omnipotenz in Europa deutlich geworden. Das war dem Oranier – und dem Wasser – zu verdanken, aber vor allem auch der Tatsache, daß sich die anderen europäischen Mächte schließlich doch noch auf ihre wirklichen Interessen besonnen hatten. Spanien mußte noch einmal kleinere Veränderungen im französisch-belgischen Grenzgebiet hinnehmen; die Korrosion der spanischen Besitzungen im Nordwesten nahm ihren Lauf, bis schließlich der bis heute bestehende Zustand erreicht war, der weite Gebiete der alten Niederlande bei Frankreich zeigt.

Der Hauptbrocken, den sich die französischen Diplomaten in Nimwegen sicherten, lag jedoch im Süden, in der Burgundischen Pforte: Spanien trat die Freigrafschaft endgültig an Frankreich ab; hinzu kam die Reichsstadt Besançon. Beide Gebiete schieden aus dem Reichsverband aus. Was Ludwig XIV. im vorangegangenen Devolutionskrieg zwar bereits erobert hatte, dann aber im Friedensschluß von Aachen nicht hatte behaupten können, konnte er jetzt vereinnahmen. Eine jahrhundertealte Tendenz hatte ihr Ziel erreicht: Die im Mittelalter von dem kleinen Kerngebiet der Ile de France ausgehende und gegen das große, übermächtige Deutsche Reich gerichtete Arrondierungs- und Expansionspolitik der französi-

Spottbild auf den Übergang Gents von den Spaniern an die Franzosen: »L'Espagnol sans Gand« – die Spanier ohne Handschuh (Gand/Gent). Der Franzose zeigt triumphierend den Handschuh des Spaniers auf seinem Degen, während der Spanier über den Verlust des Handschuhs lamentiert und ihn nicht finden kann.

Die trigesima primo Maji Anno 1677 Legatis
Gallicis sub sigillo Cancellariae Moguntinae extradita
decenter requisita fuerit, ut dictorum Electorum,
Principum et Statuum Imperii interesse per suam
Caes.am Legationem in hoc congressu agi curaret, tam
Caesarei quam Regii Legati nominibus supra dictis
praesens pacis instrumentum in omnium et singulorum
eo contentorum fidem majusq; robur subscriptionibus
sigillisq; propriis muniverunt, et competentes Rati=
=ficationes formula conventa termino supra
constituto se se extradituros polliciti sunt, nec ulla
à Directorio Imperii Romani contra subscriptionem
hujus Tractatus recipiatur aut valeat vel protestatio
vel Contradictio. Acta haec sunt Noviomagi Die
Februarii Quinta anno Domini Millesimo Sexcentesimo

Le Mareschal Destra[des]
Colbert
F. A. Henr. Stratman

Der Frieden von Nimwegen, Schlußseite des am 5. Februar 1679 unterzeichneten Vertragswerkes mit den Unterschriften der Bevollmächtigten Kaiser Leopolds I., Karls XI. von Schweden und Ludwigs des XIV. von Frankreich

schen Krone hatte das wichtige Einfallstor zum Süden gewonnen; die bereits im späten Mittelalter einsetzende Zerfaserung des Reiches hatte jetzt ein Kerngebiet der großen europäischen Nord-Süd-Straßen ergriffen. Nachdem im Anschluß an den Zerfall des alten Burgunderstaates bereits Ende des 15. Jahrhunderts das Herzogtum Burgund mit seiner Hauptstadt Dijon an Frankreich gelangt war, folgte nun die Freigrafschaft Burgund um Dôle einschließlich der alten Reichsstadt Besançon, die beide Teil des Deutschen Reiches gewesen waren.

Im Februar 1679 schloß das Deutsche Reich mit Frankreich und Schweden Frieden. Die Verträge bestätigten die Vereinbarungen von Münster und Osnabrück. Damit war allen Revisionswünschen Absage erteilt. Ludwig XIV. nahm das als Ermunterung, nun im Elsaß eine Offensive zur Durchsetzung seiner inneren Souveränität zu eröffnen. Dem seit Jahren von Frankreich immer wieder bedrohten Herzogtum Lothringen war dagegen nochmals Aufschub gewährt worden, wenn auch seine Hauptstadt Nancy herausgebrochen wurde und erst im Rijswijker Frieden von 1697 nochmals für knapp sieben Dezennien an das Herzogtum zurückkam. Zur Versorgung des nun französischen Nancy erhielt Frankreich ein Straßenkreuz von vier Chausseen mit einer Hoheitszone von jeweils einer halben Meile – nach Westen bis Saint-Dizier an der Marne; nach Süden bis Besançon, in der eben erworbenen Freigrafschaft; nach Südosten bis Saint-Dié im Elsaß; nach Norden in das vergleichsweise »altfranzösische« Metz, das ja schon 1552 an Frankreich gelangt war. Solche freien Straßen waren Konstruktionen, auf die Architekten von Friedensschlüssen bis ins 20. Jahrhundert hinein zurückgreifen, wo sich an konkreten Orten die Interessen der beteiligten Mächte nicht klar scheiden lassen. Im atomaren Zeitalter müssen dergleichen Regelungen von Zugangswegen nolens volens funktionieren; in der Epoche erstarkender Nationalstaaten hatten sie längefristig keine Chance.

Schließlich konzedierte das Reich im Nimweger Vertrag den Franzosen in den wichtigsten seiner Grenzstädte unbegrenztes Besatzungsrecht - so in Aachen, Düren, Zons, vorübergehend auch im breisgauischen Freiburg sowie in der Festung Hüningen; damit war der Vaubansche Festungsgürtel, der Ludwig XIV. in der östlich seiner Grenze gelegenen französischen Interessenzone ungestörtes politisches Operieren sichern sollte, über den Rhein nach Freiburg und nach Hüningen vorgeschoben worden.

Von den Verträgen zwischen Frankreich und den deutschen Einzelstaaten Braunschweig, Münster und Brandenburg war der mit dem Großen Kurfürsten am wichtigsten. Er war im Juni 1679 zwischen Franzosen und Schweden einerseits und Brandenburgern andererseits in Saint-Germain-en-Laye ausgehandelt worden und berührte vor allem schwedische Interessen. Die geschickte Diplomatie der Franzosen, verbunden mit dem notwendigen politischen Druck, sorgte dafür, daß der skandinavische Bündnispartner alle vom Großen Kurfürsten eingenommenen Teile Vorpommerns zurückerhielt. Nach den hochfliegenden Erwartungen, die Friedrich Wilhelm an den Sieg von Fehrbellin und die dadurch ermöglichten Eroberungen im schwedischen Vorpommern geknüpft hatte, war das eine herbe Enttäuschung. In Berlin fühlte man sich um die Früchte der militärischen Erfolge betrogen. Daran änderte auch die Tatsache nichts, daß man als Kompensation jenen Gebietsstreifen östlich der Oder übertragen bekommen hatte, den der Westfälische Frieden zusammen mit gewissen Zollrechten vom brandenburgischen Hinterpommern abgetrennt und den Schweden überlassen hatte.

Wie vor Jahren beim bayrischen Kurfürsten Ferdinand Maria, der seine Loyalität während der Kaiserwahl 1658 von Habsburg schlecht gelohnt sah, wurde aus dieser Enttäuschung auch beim brandenburgischen Kurfürsten der Wille zum Wechsel der Allianzen geboren - vom deutschen Kaiser zum König von Frankreich, der soeben bewiesen hatte, daß er seine Bundesgenossen vor Verlusten zu schützen wußte. In einem geheimen Zusatzabkommen zum Vertrag von Saint-Germain verpflichteten sich Brandenburg und Frankreich formell zur Zusammenarbeit.

Seinen Abschluß fand der Nimweger Frieden, wie man die Serie von Einzelverträgen in der Regel nennt, im September und Oktober 1679 mit den Friedensschlüssen zwischen Dänemark und Frankreich beziehungsweise Schweden und Holland. Im Vordergrund standen handels- und verkehrspolitische Fragen, vor allem die Sunddurchfahrt. Auch hier wurde im wesentlichen der Status quo ante zwischen den beiden skandinavischen Konkurrenten bestätigt: Der Sund blieb fürs erste eine dänische Wasserstraße, obgleich Schweden in Schonen seit langem mit Macht nach Süden, an die Küste, drängte, um als nördlicher Anrainer an der Schlagader des nordeuropäischen West-Ost-Verkehrs ein Mitspracherecht zu erlangen.

Obgleich das eigentliche Ziel des Holländischen Krieges, die

Unterwerfung der Niederlande, nicht erreicht worden war, stand Ludwig XIV. nach dem Nimweger Frieden auf dem Höhepunkt seiner Macht: Frankreich hatte zwar keine Hegemonie in Europa erreicht, wie sie die Habsburger in der zweiten Hälfte des 16. Jahrhunderts innegehabt hatten, doch konnte man in Paris zufrieden registrieren, daß man in der Lage war, den anderen europäischen Mächten das Gesetz des Handelns aufzuzwingen und selbst bei militärischen Rückschlägen die eigenen Staatsinteressen Schritt für Schritt durchzusetzen. So sahen es auch die anderen Beteiligten. Einige leiteten daraus die Pflicht ab, sich dieser Entwicklung entgegenzustemmen, so vor allem Wilhelm III. von Oranien, dessen Wille, die Flut der französischen Expansion einzudämmen, von Jahr zu Jahr wuchs. Andere kamen zu entgegengesetzten Schlußfolgerungen. So der Hohenzoller in Berlin, der fortan die borussische Quadriga auf den Glanz des Versailler Phöbus Apoll ausrichtete, um so zu jenem Erfolg zu gelangen, der ihm an der Seite des Kaisers versagt geblieben war. Am 25. Oktober 1679 wurde der erste in einer Reihe von Bündnisverträgen geschlossen, die Brandenburg an Frankreich banden.[96] Auch die Wettiner in Dresden setzten jetzt auf die französische Karte und schlossen im November 1679 mit Paris einen Freundschaftsvertrag. Die französische Geheimdiplomatie hatte damit einen besonderen Erfolg erzielt. Denn Dresden, das nichts von den brandenburgischen Verträgen wußte, wie umgekehrt auch die eigene Annäherung geheim blieb, suchte bei Frankreich vor allem Sicherheit gegenüber dem brandenburgischen Nachbarn, was angesichts der soeben zwischen Berlin und Paris geknüpften Bande natürlich eine Illusion war.

Doch in diesem Versteckspiel sind nicht die realpolitischen Möglichkeiten das eigentlich Aufschlußreiche; bemerkenswert ist es vor allem, weil es die Faszination zeigt, die in jenem Jahrzehnt nicht nur gesellschaftlich und kulturell, sondern auch mächtepolitisch von Versailles ausging. Das europäische Mächtefeld war nicht mehr auf den Kaiserhof und noch nicht nach Whitehall ausgerichtet, auch nicht mehr nach Holland, das eben noch Männern wie dem brandenburgischen Kurfürsten als großes Vorbild galt. Die Kräftelinien ordneten sich nun nach Paris hin.

Die politische Anlehnung der ersten Fürsten des Reiches an Frankreich bekundet das unmißverständlich. Keiner der beiden neuen Paladine Ludwigs XIV. wußte vom anderen. Und auch die anderen Zeitgenossen konnten nur Vermutungen anstellen. Erst als die Geheimverträge aus den Archiven ans Licht gebracht wurden, trat der Umschwung in der Mächtekonstellation deutlich zutage und damit die Wende sowohl der Wünsche als auch der Sorgen an den beiden deutschen Höfen. Ludwig XIV. ließ sich von beiden Kurfürsten die Unterstützung bei einer eventuellen Kaiserwahl zusichern, wodurch er mit der bayrischen bereits drei Kurfürstenstimmen hinter sich wußte. Da Kaiser Leopold soeben erst den Jünglingsjahren entwachsen war, konnten sich die deutschen Fürsten allerdings damit beruhigen, daß die Zusagen »von zweifelhafter Natur, Veränderungen unterworfen und von künftigen Konjunkturen abhängig« waren – wie der brandenburgische Unterhändler Franz Meinders seinen angesichts dieser weitreichenden Zugeständnisse in der Wahlfrage nun doch beunruhigten Kurfürsten beschwichtigte.[97] »Künftige Konjunkturen« – das ist die Sprache des Jahrhunderts der Höfe und Allianzen, als Fürsten und Staatsmänner die Konjunkturen im Europa der Mächte aufmerksam beobachteten wie die Konjunkturen am Sternenhimmel, um in einem für die Fortüne günstigen Augenblick zu handeln.

Wenn auch die zukünftige Kaiserwahl durchaus offenblieb, so hatte sich doch das Kräftegewicht innerhalb der deutschen Staatenwelt deutlich verschoben. Mit dem Großen Kurfürsten war in absehbarer Zeit nicht mehr zu rechnen, wenn es darum ging, dem französischen König Einhalt zu gebieten und dem Reich gegenüber Paris Handlungsfreiheit zu verschaffen. Wie sich bald zeigen sollte, beeinträchtigte die neue Haltung Brandenburgs sogar die Türkenabwehr. Mit jährlich 100 000 Livres stand der brandenburgische Kurfürst fortan im französischen Sold. Dafür hatte er im Kriegsfalle den alliierten Truppen, also den Franzosen, Durchmarschrecht zu gewähren und seine Festungen als Stützpunkte zu öffnen. Von nun an hatte er die Interessen Frankreichs auch nach außen zu vertreten – also in erster Linie gegenüber den Türken, dann aber auch bei der bevorstehenden polnischen Königswahl, wo er den französischen Kandidaten unterstützen sollte. Nachdem der Große Kurfürst jahrelang die borussischen Interessen durch ein Engagement für das Reich verfolgt hatte, konzentrierte er jetzt seine Energie auf den eigenen Staat. Im Schutze der engeren Allianz und finanziell gesichert durch die regelmäßigen Subsidien Frankreichs, festigte er sein stehendes Heer weiter und stärkte das merkantilistische Wirtschaftssystem, indem er neue Verkehrswege erschloß und das Land in jeder erdenklichen Weise konsolidierte. Das Reich überließ der Brandenburger erst einmal sich selbst, bis – wie es der brandenburgische Botschafter in Frankreich vorhergesagt hatte – die politischen Konjunkturen umschlugen und Reichspatriotismus wieder in reale Machtgewinne auch für den eigenen Staat umgemünzt werden konnte.

Die Reichsgrundgesetze von 1648 und 1653 hatten das Reich aber so schwach nicht zurückgelassen, es konnte sich durchaus verteidigen – vorausgesetzt, Reichsinteresse und partikulare Staatsinteressen gingen konform. Wenn es mit dem Reichsinteresse so bestellt war, daß auch die einzelnen deutschen Staaten und Fürsten zu ihrem Recht kamen, dann war die Verteidigungsfähigkeit des Reiches gewährleistet. Standen die Interessen der Einzelstaaten dem Reichsinteresse entgegen, dann mußte man eben seine eigenen Wege gehen. Just dies war die Erfahrung des Brandenburgers gewesen: Nachdem die Reichstreue seine individuellen Staatsinteressen nicht gefördert hatte, versuchte er sein Glück nolens volens und nicht mit Begeisterung im Bündnis mit dem Feind des Reiches, nicht ohne insgeheim zu hoffen, daß bald eine Konstellation eintrete, in der Reichsinteresse und partikulare Staatsinteressen wieder in eine Richtung wiesen.

Das war die allgemeine Haltung nach dem Nimweger Frieden – nicht zuletzt auch am Wiener Hof, wo man sich im Moment außerstande sah, eine aktive Sicherung des Reiches gegen Frankreich mit den österreichischen Staatsinteressen in Einklang zu bringen. Wiens Hauptsorge galt ja der Türkengefahr, die seit Beginn der sechziger Jahre wieder brennend geworden war.

Reunionen und Unterwerfung Straßburgs

Angesichts dieser Konstellation verwundert es nicht, daß Ludwig XIV. sogleich im Anschluß an seine Erfolge am Verhandlungstisch erneut in die Offensive ging, um im Windschatten des allgemeinen Wunsches nach Sicherung des Friedens die soeben bestätigten oder neu erworbenen Positionen so auszubauen, daß sie bei einem künftigen Waffengang nicht mehr zur Disposition stehen konnten.

Wieder ging es in erster Linie um die der eigentlichen Staatsgrenze nach Osten vorgelagerte Interessenzone. Das war ein breiter Streifen diesseits der mittelalterlichen Reichsgrenze, deren Konturen aber von den machtpolitischen und staatsrechtlichen Realitäten der Neuzeit zunehmend verwischt wurden. Doch es war gerade die Koexistenz ungleichzeitiger Rechts- und Staatssysteme, die im Elsaß die Verhältnisse so kompliziert machte: Elemente des mittelalterlichen Lehns- und Personenverbandsstaates und solche des modernen Souveränitätsstaates standen nebeneinander. Die Auflösung der mittelalterlichen Grenze wurde nun von den französischen Politikern und Juristen durch den gezielten Einsatz von zwei Rechtsinstrumenten beschleunigt – durch die Reunion und die neuzeitliche Souveränität. Die neue, neuzeitliche Grenzlinie sollte wesentlich weiter im Osten verlaufen – der Rhein war bereits im Blickfeld, wenn ein konkreter, umfassender Plan dazu auch noch fehlte.[98] Der geographischen Veränderung der Grenze entsprach die Veränderung ihres Charakters: Die mittelalterlich unscharfe, eher als Zone langsam schwindenden Einflusses denn als markante Trennung zu denkende Grenze wurde zur neuzeitlichen, eindeutig festgelegten Linie, die zwei politische Welten scharf trennte.

Auch die Rechtsinstrumente der französischen Legisten zeigen die Gleichzeitigkeit des Ungleichzeitigen: Die Reunion basiert auf dem mittelalterlichen, die Souveränität dagegen auf dem neuzeitlichen Staatsrecht. Beide zielten darauf ab, die staatsrechtlichen Schwächen des Reiches für die neuzeitlichen Staatsinteressen Frankreichs zu nutzen. Die Reunionen stützten sich auf teilweise Jahrhunderte zurückliegende Sachverhalte des mittelalterlichen Personenverbandsstaates, die der neuzeitlich souveräne Herrscher nun im Schutze der diplomatischen und militärischen Überlegenheit einsetzte, um den französischen Machtstaat zu arrondieren.

Wie sah das konkret aus? Die Reunionen[99] bezogen sich auf bestimmte Gebietsteile von den spanischen Niederlanden bis hinab zur Reichsgrafschaft Mömpelgard oder Montbéliard, wie die Franzosen sie jetzt nannten, die dem französischen Flächenstaat zur Arrondierung und Sicherung seiner Grenzen fehlten. Um eine Handhabe zu bekommen, sie in das französische Königreich einzugliedern, förderten seit den ausgehenden siebziger Jahren des 17. Jahrhunderts Historiker und Juristen in den eigens hierzu gegründeten Reunionskammern von Metz, Besançon, Breisach und Tournai aus den Archiven Urkunden zutage, in denen geschrieben stand, daß die verlangten Gebiete und Städte irgendwann einmal zu den neuerworbenen französischen Besitzungen in lehnsrechtlichen Verbindungen gestanden hatten. Wo man nicht fündig wurde, fälschte man Besitzansprüche. In allen Fällen erfolgte ein formeller Urteilsspruch, der sogleich exekutiert wurde, wenn nötig durch die Armee. Nicht von

Wiederherstellung der Disziplin im französischen Heer unter François Michel de Louvois – Bronzerelief vermutlich von Jean Arnould, 1686/87

ungefähr stand als treibende Kraft hinter der historisch-juridischen Maschinerie der Kriegsminister François Michel de Louvois, der große Organisator der französischen Armee, ein Machtpolitiker, der im Innern und nach außen vor Rechtsbruch nicht zurückschreckte.

Daß hier nackte Gewalt am Werk war, liegt offen zutage. Aber ebenso zweifellos lag solche »Flurbereinigung« im Zuge der Zeit; auch anderwärts, nicht zuletzt zwischen den deutschen Staaten, fand derselbe Prozeß statt. Es war gleichsam ein Naturgesetz des frühneuzeitlichen Flächenstaates, daß seine Grenzen nicht nur eindeutig, sondern auch in optimaler Verteidigungslage gezogen und daß vor allem Enklaven beseitigt wurden. Hinzu kam der Hang des Barockzeitalters zur Rationalität, der auch klare Grenzen favorisierte. Nationale Gesichtspunkte im Sinne des 19. Jahrhunderts spielten in dieser Welt noch keine Rolle.

Auf dem Weg der Reunionen eignete sich Frankreich in den nächsten beiden Jahrzehnten im Norden und im Osten beträchtliche Gebiete an – unter anderem mehrere Landstriche der spanischen Niederlande und Luxemburgs, die Reichsabtei Prüm in der Eifel, daneben Teile der Fürstbistümer Trier und Speyer und Ritterschaftsbesitze in der Rheinpfalz sowie Hanau-Lichtenberg und Sponheim; weiter im Süden kamen Zweibrücken und Saarbrücken hinzu und im Elsaß die altehrwürdige Reichsabtei Murbach sowie das Fürstbistum Straßburg, schließlich die württembergische Grafschaft Mömpelgard, nordöstlich von Besançon am Doubs gelegen, zwischen der seit kurzem endgültig französischen Freigrafschaft und dem nun bald ebenfalls ganz französischen Elsaß.

Wie umsichtig diese Aktion von Paris aus gesteuert wurde, zeigt die langfristig konzipierte Politik gegenüber den beiden geistlichen Territorien im Elsaß. In der Reichsabtei Murbach, die fast ein Jahrhundert lang unter habsburgischen Fürstäbten eng an Österreich angelehnt gewesen war, und im Hochstift Straßburg, wo zuletzt ebenfalls ein Habsburger, nämlich Leopold Wilhelm, den Bischofsstuhl innehatte, war schon in den frühen sechziger Jahren unter massiver Einwirkung Ludwigs XIV. Franz Egon von Fürstenberg zum Abt von Murbach und Bischof von Straßburg gewählt worden, nachdem ja das Haus Fürstenberg bereits seit einiger Zeit an der Spitze der französischen Partei im Reich stand. Tatsächlich bewährte sich der neue Bischof als Quartiermeister seines Klientelherrn, nicht anders als sein Bruder Wilhelm Egon, der ihm 1682 in der Straßburger Diözese nachfolgte.[100]

Im Elsaß hatte Ludwig XIV. noch ein weiteres geschliffenes Instrument für die Durchsetzung der französischen Staatsinteressen in der Hand: das Souveränitätsprinzip, das inzwischen das neuzeitliche Staatsrecht ganz beherrschte. Die Bestimmungen des Münsteraner Vertrags, die einerseits dem französischen König im Elsaß wichtige Hoheitsrechte einräumten, andererseits aber die alten Bindungen an das Reich nachdrücklich betonten, mußten vor dem Souveränitätsanspruch des modernen französischen Staates zerbrechen. Die Franzosen, die die komplizierten lehnsrechtlichen Verhältnisse des Reiches nur dort begreifen wollten, wo das ihre Interessen förderte, sahen in dieser Begrenzung eine überlebte Abnormität. Sie handhabten daher ihre Hoheit im Elsaß zunehmend als Souveränität, das heißt als uneingeschränkte Verfügungsgewalt, die andere Rechte ausschloß.

Wie in den deutschen Territorien richtete sich dieser Vorstoß des frühmodernen Staates auch und besonders gegen die Freiheiten der Städte. Das Elsaß war durchsetzt mit einer Vielzahl von altehrwürdigen Reichsstädten – Hagenau, Colmar, Schlettstadt, Weißenburg, Landau, Oberehnheim (Obernai), Rosheim, Münster im St. Gregoriental, Kaisersberg und Türkheim. Ein moderner Flächenstaat konnte die damit verbundene Durchlöcherung seiner Gebietshoheit auf lange Sicht kaum dulden, zumal wenn damit der Rekurs an eine »auswärtige« Gewalt verbunden war, nämlich an das Reich, dem die genannten Städte weiterhin zugehörten. Seit dem Beginn der sechziger Jahre ging die französische Regierung daher daran, die Vogteirechte über diese Reichsstädte, die sie seit 1648 besaß, in modernstaatsrechtliche Bindungen umzuwandeln. So wie die deutschen Landesherren im Reich ihren Städten unbedingte Treue abverlangten, so sollten auch die elsässischen Städte dem französischen König Treue schwören und ihn auf diese Weise als Souverän anerkennen – was der Kaiser nie gewesen war. Ein Protest beim Reichstag bewahrte die Städte zunächst noch einmal vor dem Schlimmsten; sie durften weiterhin ihren Pflichten gegenüber dem Reich nachkommen, vor allem in den Türkenkriegen. Noch 1666 prägte Colmar eine Münze mit dem Bild Kaiser Leopolds I. und der Umschrift »Moneta Liberae civitatis Imperialis Colmariensis«, das heißt »Münze der freien Reichsstadt Colmar«[101] – sichtbarer Ausdruck eines Hoheitsrechts, das nach der neuen Staatstheorie nur dem Souverän zustand.

Nachdem er den Holländischen Krieg gewagt hatte, war Ludwig XIV. nicht mehr bereit, diese Beeinträchtigung seiner Gebietshoheit – wie er sie verstand – zu dulden. 1673 rückten französische Truppen in die Reichsstädte ein, ließen sich die Waffen der Bürgermiliz ausliefern und schleiften die Stadtmauern: Wie im Reich zur gleichen Zeit Münster, Magdeburg, Erfurt und Braunschweig, so waren nun auch die elsässischen Städte in einem neuzeitlichen Flächenstaat aufgegangen.[102] Gewiß, die einen waren »Landstädte«, die einem Land oder Territorium angehörten, die anderen »Reichsstädte«, die nur den Kaiser über sich gehabt hatten.

Wie im 16. Jahrhundert die Einnahme Dürens durch die Herzöge von Jülich oder Donauwörth zu Beginn des 17. Jahrhunderts durch die Herzöge von Bayern gezeigt hatte, war dieser Unterschied zwischen Reichs- und Landstädten selbst inmitten des Reiches nicht geeignet, der Dynamik des neuzeitlichen Souveränitäts- und Flächenstaatsprinzips in jedem Fall Einhalt zu gebieten. So läuft es auf eine Doppelzüngigkeit des historischen Urteils hinaus, wenn im einen Fall das Erstarken der deutschen Territorialstaaten als Fortschritt gepriesen, im anderen aber von französischer Annexion gesprochen wird.[103] Daß in den elsässischen Reichsstädten »die Reichsadler ... herabgeholt und durch die Lilie ersetzt« wurden,[104] war ebensowenig oder ebensosehr eine Niederlage des Reiches oder gar eine nationale Schande, wie der Wechsel vom Reichsadler zur bayrischen Raute in Donauwörth. Wohlgemerkt, das gilt nur für das Elsaß, wo die Franzosen 1648 ja tatsächlich entscheidende Rechte übertragen bekommen hatten. Anders sah es ein Vierteljahrhundert später in den Niederlanden und Ende der achtziger Jahre dann in der Pfalz aus; dort fanden unverhohlene Raubkriege statt, die nicht die Vernunft der frühneuzeitlichen Entwicklung für sich hatten.

Komplizierter als bei den zehn Reichsstädten verhielt es sich mit Straßburg. Dieser spektakulärste Handstreich in den Jahren der Reunionen beschäftigte über Jahre hin die Reichsöffentlichkeit und setzte im nationalstaatlichen 19. Jahrhundert glühende Emotionen frei. Straßburgs Zugehörigkeit zum Reich war bislang staatsrechtlich nie in Frage gestellt worden. Indes war allen klar, vor allem den Straßburgern selbst, daß die Lage der Stadt am Rande des Reiches machtpolitisch heikel war. 1667 stellte Straßburg daher den Antrag, in die Schweizer Eidgenossenschaft aufgenommen zu werden. Als das scheiterte, wollte man ein Schutzbündnis zwischen den Hansestädten und den oberdeutschen Reichsstädten.[105] Das waren verzweifelte Versuche, im letzten Moment das Rad der Geschichte herumzuwerfen, das im äußersten Norden wie im Süden die mittelalterlichen Stadtrepubliken überrollt hatte.

Das Wort »Stadtrepublik« wird von manchen Historikern in diesem Zusammenhang zurückgewiesen, weil es eine tendenziöse Wortwahl der französischen Historiographie sei, die den korrekten Terminus »Reichsstadt« vermeide, um die Gewalttat Ludwigs XIV. zu verschleiern.[106] Aber die strikte Scheidung zwischen Land- und Reichsstadt ist erst ein Ergebnis der staatsrechtlichen Entwicklung der frühen Neuzeit, das heißt des Vordringens des Flächenstaats und des Souveränitätsprinzips; noch Mitte des 17. Jahrhunderts konnten im Denken der Staatspolitiker norddeutsche Land- und süddeutsche Reichsstädte gemeinsam als freie Städte, als Stadtrepubliken also, erscheinen.[107]

Auch der Kaiser und der Reichstag wurden von Straßburg mobilisiert, aber vergeblich: »Straßburg ist in Not. Das sieht jeder. Niemand weiß jedoch die Abhilfe«, lautet am 24. September 1678 die lakonische Feststellung des Fürsten Schwarzenberg vor dem Geheimen Rat in Wien.[108] Am Rande des Nimweger Kongresses kam der Plan auf, Straßburg gegen das von den Franzosen besetzte Freiburg auszutauschen. Mit dem Friedensschluß, der Straßburg in keiner Weise stärkte, war dann endgültig klar, daß weder das Reich noch einer der Reichsstände der bedrohten Stadt zu Hilfe kommen würde. »Die Reunionen seien zu mißbilligen, der Fall von Straßburg tief zu beklagen, aber da man Frankreich im Krieg nicht gewachsen sei, müsse man sich mit ihm in Frieden abfinden und ihm abtreten, was man nicht zu verteidigen imstande sei«,[109] so wurde zum Beispiel in Berlin jeder beschieden, der energische Schritte gegen Frankreich forderte. So sprach der heimliche Bundesgenosse Frankreichs, der die persönliche Enttäuschung über den verlorenen Frieden nicht verwunden hatte; es war aber auch eine realistische Zustandsbeschreibung.

Ende September 1681 war es dann so weit. Straßburg wurde von einer rund 35 000 Mann starken Armee eingeschlossen, 82 Geschütze richteten sich auf seine Stadtmauern.[110] Am 29. September übergab der Kriegsminister Louvois, der persönlich ins Elsaß geeilt war, den Abgesandten des Straßburger Rats ein auf den nächsten Tag befristetes Ultimatum. Das Ganze lief keineswegs besonders elegant ab, die Entwicklung war aber dennoch konsequent. Als die Straßburger Herren zu verhandeln versuchten, gab Louvois ihnen zu verstehen, daß er nicht gekommen sei, lange Unterhaltungen zu führen, sondern des Königs Befehl zu vollziehen. »Wenn man sich nicht den anderen Tag morgens um 7 Uhren ergeben würde, so wäre keine Gnad mehr vorhanden und würde die Stadt mit Feuer und Schwert in Grund verderben«, so lautet Louvois' lapidare Botschaft in der Erinnerung eines Zeitgenossen, des Straßburger Ammeisters Franciscus Reisseisen (1631-1710).[111]

Das war die nüchtern brutale Sprache des neuzeitlichen souveränen Machtstaates. Am nächsten Tag unterzeichnete der Rat mittags die Unterwerfungsurkunde, um vier Uhr zog Louvois mit seinen Soldaten durch das Metzer Tor in die Stadt ein. Bereits einen knappen Monat später, am 23. Oktober, stattete der neue »souverain seigneur et protecteur«, wie sich Ludwig XIV. nun Straßburg gegenüber nannte,[112] seiner neuerworbenen Stadt einen Besuch ab, begleitet von der Königin, dem Dauphin, dem Herzog und der Herzogin von Orléans sowie einem Kreis deutscher Fürsten, angeführt vom Straßburger Bischof Franz Egon von Fürstenberg. Der Bischof hatte, wie erwähnt, die Genugtuung, erstmals seit eineinhalb Jahrhunderten in dem eilends rekatholisierten Münster wieder eine Messe und das feierliche Tedeum zelebrieren zu können. Obgleich die Zeit der Glaubenskriege vorüberwar, blieb an einzelnen Orten die Koalition von Gegenreformation und staatlich-militärischer Offensive weiterhin intakt.

Um den Handstreich diplomatisch abzusichern, hatte Ludwig XIV. am 28. September, einen Tag vor dem Ultimatum Louvois', einen Runderlaß an alle diplomatischen Vertretungen Frankreichs im Ausland geschickt, in dem er verlautbaren ließ: »Die absolute Souveränität«, die ihm in den Verträgen von Münster und Nimwegen über Ober- und Niederelsaß zugesprochen worden sei, »läßt nicht den geringsten Zweifel, daß die Stadt Straßburg als Hauptstadt derselben mir den gleichen Gehorsam schuldet wie alle anderen Städte und Orte, die zusammen diese Provinz ausmachen«.[113]

Mochten die Kategorien »absoluter Souverän«, »Provinz«, »Hauptstadt«, »gleicher Gehorsam« im Rahmen des modernen

Einnahme Straßburgs durch Truppen Ludwigs XIV. - Am 30. September 1681 zieht der französische Kriegsminister Louvois hoch zu Pferde in die Stadt ein; anonymer Kupferstich als Almanachblatt für das Jahr 1682

Staatsrechts auch noch so überzeugend klingen, und mochte sich die französische Diplomatie auch noch so sehr um die Verbreitung dieser Version bemühen, jedem kundigen Zeitgenossen war dennoch bewußt, daß der französische König für die Unterwerfung der elsässischen Reichsstadt in Wahrheit keine Rechtsgrundlage besessen hatte. Auch unter den Historikern westlich und östlich des Rheins ist das kein Streitpunkt mehr; man gibt im Prinzip Leopold von Ranke recht, der 1870 in Wien während einer Abendgesellschaft des französischen Politikers und Historikers Adolphe Thiers auf die Frage, warum die Deutschen noch Krieg gegen Frankreich führten, da Napoleon III. doch gefangen sei, antwortete, man kämpfe weder gegen Napoleon »noch auch gegen Frankreich an und für sich, das wir in einer gewissen Größe zu sehen wünschten, als gegen die Politik Ludwigs XIV., der einst einen Zeitmoment der Schwäche des deutschen Reiches benutzte, um nicht allein *ohne Recht, sondern selbst ohne Anspruch Straßburg* unseren Händen zu entwinden«.[114]

Wie wenig der französische König geneigt war, auf die alten Rechte seiner im Handstreich erworbenen neuen Untertanen Rücksicht zu nehmen, sollten die Straßburger rasch begreifen müssen: Als Ludwig im Innern seines Königreiches gegen die Hugenotten zu Felde zog, wurden die Straßburger als ehemalige freie Bürger einer evangelischen Reichsstadt von der Verfolgung nicht ausgenommen; der moderne Strukturhistoriker würde ergänzen, sie waren selbstverständlich nicht davon ausgenommen. Neuzeitlich einheitliche Staatsgewalt meint zuallererst Einheitlichkeit des Rechts. Anders als im Mittelalter behandelte der neuzeitliche Fürst die einzelne Stadt und den einzelnen Untertan nicht nach den je unterschiedlichen, von ihnen erworbenen Rechten und Privilegien, sondern nach einem einheitlichen, für alle geltenden Recht.

Auch für die Straßburger galt nun: »Eine Untertanenschaft, ein König, ein Glaube«, viele von ihnen teilten mit den Hugenotten das Exil.[115] Auch die jahrhundertelange städtische Selbstverwaltung fegte der König rücksichtslos beiseite. Doch bei alldem verfuhr er nur entschiedener, auch skrupelloser und radikaler als andere Herrscher in Deutschland und Europa, etwa die Habsburger in Böhmen, Bernhard von Galen in Münster oder zwei Generationen später der Bischof von Salzburg gegenüber den Protestanten in seinem Land. Die große Ausnahme war Wilhelm III. von Oranien, der Gegenspieler des Allerchristlichsten Königs, als Statthalter der Niederlande und König von England. Auch er hatte seine Herrschaftsinstrumente, aber er war kein absoluter Herrscher, in England nicht und schon gar nicht als Statthalter in der holländischen Kaufmannsrepublik.[116]

Aber das Geschehen des 17. Jahrhunderts läßt sich mit Kategorien des nationalstaatlichen 19. Jahrhunderts schlecht beurteilen. Der eben zitierte Ausspruch Rankes war keine historische, sondern eine gegenwartspolitische Bestandsaufnahme – deutlich greifbar in der Formulierung »unseren Händen zu entwinden« und der darauffolgenden Einschätzung der 1870 aktuellen Situation, »daß die Abtretung des Elsaß [an Deutschland, H. Sch.] vielleicht möglich wäre, nicht aber die von Metz. Denn für das erste kann die Nationalität ein Motiv abgeben. Metz dagegen war immer französisch von Nationalität und Zunge.«[117]

In der überwiegend dynastisch begründeten Staatenwelt Alteuropas war jedoch die Tatsache, daß im Elsaß ein Franzose über deutsche Menschen herrschte, nichts Besonderes. Daß er es nach französischen Verwaltungs- und Regierungsgrundsätzen tat, verstand sich von selbst, die Österreicher taten in Böhmen und Ungarn das gleiche oder auch – etwas anders gelagert – die Brandenburger in den Rheinprovinzen und im Herzogtum Preußen. Als der Straßburger Stadtbibliothekar Rudolf Reuss, Sohn eines protestantischen Theologieprofessors, in den siebziger Jahren des 19. Jahrhunderts auf dem Höhepunkt national bestimmter Feindschaft zwischen Deutschland und Frankreich die Quellen des 17. Jahrhunderts edierte, warnte er zu Recht: »Liest man dieses merkwürdige Document ohne vorgefasste Meinung durch, so sieht man, wie diejenigen gleich sehr irren, die von einer enthusiastischen Hingabe der damaligen Bewohner an Frankreich sprechen, als diejenigen, die von tiefem Schmerzgefühl derselben über die Trennung von Deutschland zu erzählen wissen. Es muss in nachdringlichster Weise, im Interesse der historischen Wahrheit, gegen dieses bewusste oder unbewusste Uebertragen heutiger Gefühle in die Vergangenheit gewarnt werden, welche von dem in unseren Tagen so schroff entwickelten Nationalitätsgefühl durchaus nichts wusste.«[118]

Die Besetzung Straßburgs und die Integration der Stadt in den französischen Staat lagen politisch in der Konsequenz der vorangegangenen Weichenstellungen in den Friedensverträgen von 1679,

Straßburg und Frankreich in schwesterlicher Umarmung vereint, Miniaturgouache auf Pergament

In der freien Landschaft vor Straßburg umarmt Frankreich, die Königskrone auf dem Haupt, das mit einer Turmzackenkrone geschmückte Straßburg. Im Hintergrund erhebt sich die Sonne hinter den Vogesen – wo sie in der Realität im übrigen untergeht! – und bescheint die an den Himmel gesetzten Wappen Frankreichs und Straßburgs.

auch wenn die Rechtsabmachungen das nicht explizit beinhaltet hatten. Denn das neuzeitliche Staatsprinzip lief auf Etablierung einer einheitlichen Flächenherrschaft durch den Souverän hinaus; eine deutsche Reichsstadt Straßburg inmitten einer französischen Provinz Elsaß war auf lange Sicht unvorstellbar, es sei denn, der neue Herrscher hätte nicht die Machtmittel besessen, die Souveränität und die »Verflächung« seiner Staatsgewalt durchzusetzen. Und es lag auch in der Konsequenz der frühneuzeitlichen Staatsbildung, daß die Stadt Straßburg nach der Eingliederung in den französischen Flächenstaat einen beachtlichen wirtschaftlichen Aufschwung nahm, so daß bald viele deutsche Händler, Unternehmer und Finanziers aufhörten, der alten Stadtfreiheit nachzutrauern.[119] Sie akzeptierten es, Untertanen des Königs von Frankreich zu sein, wie es ihre Berufsgenossen in den Städten im Innern des Reiches auch taten.

Auch diese Wende lag im Zug der Zeit: Als 1671 die freie Stadt Braunschweig unterworfen und in den Braunschweig-Wolfenbüttler Flächenstaat integriert wurde, gingen Handwerker und Kaufleute diesen Weg in die Untertanenschaft ohne Schrecken, weil sie von den Fürsten zu Recht die Wirtschaftsförderung und die Eröffnung weiter Wirtschaftsverbindungen erwarten konnten, die ihnen die stadtbürgerliche Ratselite unter dem Vorzeichen städtischer Autonomie zuletzt nicht mehr hatte garantieren können.[120]

Natürlich nahmen die deutsche und die europäische Staatenwelt das Vorgehen der Franzosen nicht ohne Widerspruch hin oder billig-

Zwey schöne Neue Lied.
Von Vbergaab der Statt
Straßburg:
Im Thon:
Wie man den Coridon singt.
Getruckt im Jahr/ 16 1.

Titel einer patriotischen Flugschrift auf den Übergang Straßburgs an Frankreich

ten es gar: Die Empörung loderte hell auf – Ludwig XIV. war der Raubkrieger, der Rechtsbrecher, der Unterdrücker religiöser Freiheit.[121] Es war aber weniger das Recht der Untertanen oder – im Rankeschen Sinne – das Recht der Völker, das die deutschen und europäischen Höfe verletzt sahen; in erster Linie ging es um den Besitz und die Herrschaftsrechte der Fürsten, die Ludwig XIV. mit Füßen getreten hatte, dann natürlich auch um die Verschiebung der Gewichte im europäischen Mächtesystem. Nicht Solidarität mit den unterworfenen »Völkern« also, sondern Fürstenlegitimität und europäisches Gleichgewichtsdenken stemmten sich Ludwig XIV. entgegen. So wandte sich der schwedische König empört von seinem alten Bundesgenossen ab – Karl XI., ein Wittelsbacher aus der Linie Pfalz-Zweibrücken, war selbst ein Opfer der französischen Reunionen geworden.

Das nächste Jahrzehnt, das im Zeichen der siegreichen Türkenabwehr und damit der Erstarkung Wiens stand, brachte auf dem Theatrum Europaeum die Peripetie: Der Höhenflug des französischen Apoll wurde aufgehalten, die Gegenkräfte formierten sich. Frankreich mußte manche der reunierten Städte und Gebiete wieder herausgeben. Wie nach dem Devolutions- und dem Holländerkrieg blieben ihm aber wesentliche Ecksteine der flächenmäßigen Arrondierung erhalten – in erster Linie die Souveränität im Elsaß, das nun wirklich französische Provinz mit der Hauptstadt Straßburg wurde. Unter dem Eindruck der Türkenkriege erkannte das Reich den Verlust 1684 vorläufig an. Im Rijswijker Frieden von 1697, der den Pfälzer Erbfolgekrieg abschloß, wurde die Abtretung dann endgültig vollzogen.

3. Ein wiedererstarktes Deutschland und das Gleichgewicht der Mächte in Europa – von der Türkenabwehr bis zum Spanischen Erbfolgekrieg

Der Wechsel in den mächtepolitischen Gezeiten

In den letzten zwei Jahrzehnten des 17. Jahrhunderts schlug in Deutschland und Europa die Mächtekonjunktur um: Ludwig XIV. wurde in seine Schranken gewiesen. »Habeat et Germania metas«, ließ der hessische Landgraf Karl 1692 auf den Siegestaler schlagen, als die von seinen Truppen besetzte Festung Rheinfels oberhalb St. Goar als einziges Bollwerk links des Rheins Ludwig XIV. noch Widerstand leistete. »Auch Deutschland hat Grenzen« – eine stolze Antwort auf die französische Triumphmünze, die zwei Jahrzehnte zuvor die Vertreibung der deutschen Armeen vom linken Rheinufer im Elsaß gefeiert hatte.[122]

Selbst die Kasseler Landgrafen, die ja seit Generationen mit den Feinden des Hauses Habsburg gegangen waren, traten hinter Kaiser und Reich. »Einhegung Frankreichs« bedeutete zugleich »Sieg der europäischen Gleichgewichtsidee«, wenn auch nicht mehr zu verhindern war, daß die französischen Grenzen 1715 beim Tod Ludwigs XIV. weit jenseits der Linie verliefen, mit der dieser das Bourbonenreich übernommen hatte. Die Offensive eines halben Jahrhunderts hatte sich gelohnt, den Nachbarn waren weite Gebiete mit blühenden Städten abgejagt worden. Dennoch hatten die europäischen Mächte bewiesen, daß sie sich dem Diktat französischer Hegemonie nicht

Durch die Grafen von Katzenelnbogen im Mittelalter hoch über dem Rhein oberhalb St. Goar erbaut und von Generation zu Generation neu befestigt, widerstand die hessische Festung Rheinfels 1692 dem Ansturm der Franzosen – ein Ereignis, das den Umschwung in den Gezeiten des europäischen Mächtesystems markiert und von den Hessen mit einem stolzen Siegestaler gefeiert wurde. Heute ist Rheinfels eine der imposantesten Burgruinen am mittleren Rhein.

beugen würden. Im freien Spiel von Allianzen und Gegenallianzen wurden Handlungsfreiräume offengehalten, die zunächst auch den kleinen Staaten noch politische Bewegungsmöglichkeiten ließen. Die Weichen wurden in den achtziger Jahren gestellt; doch es war noch der Spanische Erbfolgekrieg zu Beginn des 18. Jahrhunderts nötig, um ein Gleichgewicht herzustellen, in dem das erstarkte und gebietsmäßig vergrößerte Frankreich eine zwar bedeutende, aber keine beherrschende Position besaß. Auch in Deutschland spielte der französische Nachbar das ganze 18. Jahrhundert hindurch eine einflußreiche Rolle; militärisch bedrohlich wie auf dem Höhepunkt des Ludovizianischen Zeitalters wurde er aber erst wieder in den Revolutionskriegen und in der Napoleonischen Epoche.

Zwei Ereignisse kündigten den mächtepolitischen Umschwung an: der 1683 vor Wien erfochtene Sieg über die Türken, der dem Reich erstmals eine erfolgreiche Offensive gegen den »Erbfeind der Christenheit« ermöglichte, und der 1688 in einer »Glorreichen Revolution« erzwungene Thronwechsel in London, wo auf die franzosenfreundlichen Stuarts Wilhelm III. von Oranien folgte.

Der Türkensieg, ganze zwei Jahre nach dem als tiefe Demütigung empfundenen Fall Straßburgs erstritten, wurde zum Fanal des Neubeginns. Das Reich erlebte eine wahrhaft triumphale Wiedergeburt der Zuversicht und des Willens zur Selbstbehauptung. Der Kaiser und die deutsche Staatenwelt ließen sich von einer mächtigen Welle des Reichspatriotismus tragen: Zugleich mit der seit Jahrhunderten den Südosten bedrohenden Weltmacht sollte die jüngst entstandene Gefahr im Westen niedergerungen werden. Die Siege über die Heere des Sultans sorgten in Deutschland für den nötigen Enthusiasmus und die Energie, deren es zum Widerstand auch gegen den Franzosenkönig bedurfte. Eine Flut von Flugschriften stellte Ludwig XIV. an den Pranger – er war »der das Französische und das Heilige Römische Reich verderbende graussame Greuel und Abgott«; das »flagellum Dei«, die »Geißel Gottes«; »Aller Unchristlicher Franzosen König« oder »Allerchristlichster Großtürk«, der sein Land zur »Französischen Türkei« unterjochen und im Bündnis mit der Hohen Pforte ganz Europa beherrschen wolle.[123]

Zweimal wurde Ludwig XIV. der Reichskrieg erklärt – 1688 während des Pfälzer und 1702 während des Spanischen Erbfolgekrieges. Und auch der Kaiser gab seine Reserve auf. Nach Habsburgerart keinen Augenblick an der heiligen Würde seines Amtes und der einzigartigen Sendung seines Hauses zweifelnd, hatte Leopold I., der fast ein halbes Jahrhundert, von 1658 bis 1705, regierte, in Deutschland und in Europa abwartend seine Zeit heranreifen lassen. Was andere Zufall und Glück nannten, war ihm göttliche Bestätigung seines Auftrags: Nachdem Wien 1683 buchstäblich in letzter Minute vor den Türken errettet worden war, zeigte sich Leopold, der zu Beginn seiner Regierung stets auf den Waffenstillstand gesetzt hatte, zum Entscheidungskampf entschlossen. Seit den ausgehenden achtziger Jahren nahm Wien auch im Westen gegen die Franzosen entschieden die Abwehr auf; der Zweifrontenkrieg, den die Hofburg seit Jahrzehnten so ängstlich zu vermeiden getrachtet hatte, konnte die neu erstarkte Kaisermacht nicht mehr schrecken.

Mit einer Unterbrechung von wenigen Jahren nach dem Frieden von Rijswijk, der 1697 den Pfälzer Krieg beendete, dauerte der offene

Sitzung des Ober- und Unterhauses in Anwesenheit König Wilhelms III. von Oranien, Kupferstich von Jan Luyken aus dem Jahre 1689

Als der Oranier 1688 in der glorreichen Revolution den frankreich- und katholikenfreundlichen Stuartkönig Jakob II. auf dem englischen Thron ablöste, war der erbittertste Gegner des Franzosenkönigs in eine machtpolitische Schlüsselstellung eingerückt. Als Wilhelm III. von England und Generalstatthalter der Niederlande vereinigte er die protestantischen Seemächte unter seinem Zepter und schritt darüber hinaus zur Sammlung aller antifranzösischen Kräfte in Europa.

Konflikt bis zu den Friedensschlüssen von Rastatt und Baden im Jahre 1714; es war fast ein zweiter Dreißigjähriger Krieg. Die öffentliche Meinung nahezu ganz Deutschlands antwortete auf diese energische Offensive Habsburgs mit außerordentlicher Reichs- und Kaisersympathie. Man sah den alten Glanz des Kaisertums zurückkehren, glaubte das Reich auf dem Weg zur Erneuerung und feierte den Habsburger als Leopold den Großen.[124]

Dem europaweit beachteten Auftakt im Südosten folgte fünf Jahre später die Neuformierung der antifranzösischen Kräfte im Nordwesten: Am 15. November 1688 landete Wilhelm von Oranien bei Brixham an der englischen Kanalküste, von den Führern der Whig-Partei aufgefordert, anstelle der Stuarts die Regierung auf der Insel zu übernehmen und durch ein entschieden protestantisches Königtum den Spuk einer Rekatholisierung Britanniens zu beenden. Damit gelangte einer der erbittertsten Gegner Ludwigs XIV. auf den englischen Thron, der bereits 1672, als ihn die Holländer im Moment tiefster Erniedrigung durch die Franzosen in die Statthalterschaft berufen hatten, nicht nur politische Entschlossenheit, sondern auch militärisches Geschick gegenüber Ludwig XIV. bewiesen hatte.

Bis zu seinem Tod im März 1702 war König Wilhelm III., der die beiden eng kooperierenden Seemächte in Personalunion regierte, Herz und Kopf der gegen die französischen Hegemonialbestrebungen gerichteten Kräfte in Europa.[125] Der bei dem Oranier und vielen Holländern tief wurzelnde Wille, Revanche für das Krisenjahr 1672 zu nehmen, verschmolz mit dem nicht weniger unbeugsamen Willen der Engländer, auf dem Kontinent keine Hegemonialmacht zu dulden und auf See die Vorherrschaft zu behaupten. So nahm wie zu Beginn des 17. Jahrhunderts der Gegensatz zwischen Oranien und Ludwig XIV., zwischen den Seemächten und Frankreich Züge eines weltanschaulichen Systemgegensatzes an. Auf der einen Seite die republikanisch beziehungsweise konstitutionell verfaßten, konfessionell libertär eingestellten protestantischen Seemächte, auf der anderen der konfessionalistische Absolutismus des katholischen

Die Häuser Stuart-Hannover und Oranien

Elisabeth
† 1662
1613 Friedrich V.
Kfst. v. d. Pfalz, Kg. v. Böhmen, † 1632

Karl Ludwig
Kfst. v. d. Pfalz, † 1680

Sophie
† 1714
∞ 1658 Ernst August I.
(Welfen-Hannover)
Hzg. v. Braunschweig-Lüneburg
Kfst. v. Hannover, † 1698

Ruprecht
Admiral, † 1682

Georg I.
Kg. v. Großbritanien, † 1727
∞ 1682 Sophie Dorothea
v. Braunschweig-Celle, † 1726

Sophie Charlotte
† 1705
∞ 1684 Friedrich I.
v. Brandenburg-Preußen, † 1713

Georg II.
Kg. v. Großbritanien, † 1760
∞ 1705 Karoline
v. Brandenburg-Ansbach, † 1737

Sophie Dorothea
† 1757
∞ 1706 Friedrich Wilhelm I.
Kg. v. Brandenburg-Preußen, † 1740

Friedrich Ludwig
† 1751
∞ 1736 Auguste
v. Sachsen-Gotha, † 1772

Anna
† 1759
∞ 1734 Wilhelm IV.
Prinz v. Oranien
(Nassau-Diez), † 1740

Georg III.
Kg. v. Großbritannien, † 1820
∞ 1761 Charlotte
v. Mecklenburg-Strelitz, † 1818

»Allerchristlichsten Königs«, der in seinem eigenen Land soeben in eine gegen die Hugenotten gerichtete gegenreformatorische Offensive eingetreten war. Der Oranier ließ nicht locker, die Staatenöffentlichkeit auf die ungebrochene Gefahr hinzuweisen, die von den französischen Expansionstendenzen für den Frieden und das Recht in Europa ausgingen. Im Reich war seine Propaganda besonders wirksam und bestärkte den Willen zur Verteidigung im Osten wie im Westen.

Der Türkenkrieg – von der Verteidigung zur Offensive

Verglichen mit den Schwierigkeiten, die die Deutschen bei der Selbstbehauptung gegenüber den Verlockungen und Gewalttaten des westlichen Nachbarn hatten, zeigte sich das Reich bei der Verteidigung gegen den Ansturm der osmanischen Weltmacht von Südosten her erstaunlich erfolgreich: Die bereits zwei Jahrhunderte dauernde Auseinandersetzung mit den Türken[126] mündete immer wieder in offenen Krieg ein, so zwischen 1663 und 1664, 1683 bis 1699,

Karl I.
Kg. v. England, † 1649
⚭ 1625 Henriette v. Frankreich, † 1669

Karl II.	Maria	**Jakob II.**	Henriette
Kg. v. England, † 1685	† 1660	Kg. v. England, † 1701	† 1670
⚭ 1662 Katharina v. Portugal, † 1705	⚭ 1641 Wilhelm II. Prinz v. Oranien, † 1650	⚭ 1660 Anna Hyde, † 1671 ⚭ 1673 Maria Beatrice d'Este, † 1718	⚭ 1661 Philipp I. Hzg v. Orléans, † 1701

Wilhelm III.	Maria II. (1.)	**Anna** (1.)	Jakob (III.) Eduard (2.)
Prinz v. Oranien	Kgn. v. England	Kgn. v. (England) Großbritannien	† 1766
Kg. v. England, † 1702	† 1695	† 1714	
⚭ 1677 Maria II.	⚭ 1677 Wilhelm III.	⚭ 1683 Georg v. Dänemark † 1708	

1716 bis 1718 und 1735 bis 1739, nun in der neuen Konstellation als Allianzkrieg von Rußland und Österreich gegen die Hohe Pforte. Der Umschwung vollzog sich 1683, in einer Situation, wie sie dramatischer gar nicht hätte sein können. Das Reich und besonders die Österreicher gingen aus einer verzweifelten Lage gleichsam mit dem Rücken zur Wand in die Offensive.

Beide Seiten belauerten sich seit Beginn der achtziger Jahre, weil zu entscheiden war, ob der 1664 auf zwanzig Jahre geschlossene Waffenstillstand[127] verlängert werden sollte. In beiden Lagern gab es Befürworter. Aber es gab auch Pläne, die zum Krieg führen mußten. So das Konzept von Papst Innozenz XI., eine große christliche Koalition gegen die Türken zusammenzubringen – von Spanien, das in Nordafrika eingreifen sollte, über Venedig und Wien bis hin nach Warschau. Es herrschte so etwas wie Kreuzzugstimmung. Nur Frankreich war nicht zu trauen, da es soeben den Druck auf Straßburg verschärfte, und einen Zweifrontenkrieg wollte der Kaiser zu diesem Zeitpunkt auf keinen Fall riskieren. Obgleich die antitürkischen Bündnisverhandlungen vielversprechend verliefen, fiel im August 1681 im Wiener Kriegsrat die Entscheidung, einen Sonderbotschafter zur Hohen Pforte zu senden, um die Möglichkeit einer Verlängerung des Waffenstillstands sondieren zu lassen. Die Pläne einer Offensivallianz waren damit nicht aufgegeben.

Die Hohe Pforte stand anfangs noch im Krieg mit dem Zarenreich und hatte sich offensichtlich über die Situation an der Nordwestgrenze ihres Reiches noch wenig Gedanken gemacht. Erst im Februar 1681 schloß man mit Rußland Frieden und ging daran, den Kreuzzugsplänen der christlichen Staaten, die der osmanischen Diplomatie natürlich nicht verborgen geblieben waren, entgegenzuwirken. Neben Frankreich, dem bereits bewährten Partner im Rükken der Kaisermacht, stützten die Türken sich dabei vor allem auf den ungarischen Magnaten Graf Imre Tököly, der an der Spitze des erbitterten protestantischen Widerstands gegen die von Wien mit Macht betriebene Rekatholisierung des habsburgischen Teils der Stephanskrone stand. Die führenden Männer in Istanbul setzten offensichtlich auf ein selbständiges, protestantisches Ungarn als Puf-

Antitürkisches Propagandablatt: Huldigung der Ungarn vor Kara Mustafa und türkische Schrekkensherrschaft; Kupferstich aus einer Serie von zehn Radierungen zur Belagerung Wiens von dem Holländer Romeyn de Hooghe

ferstaat zwischen ihren eigenen Besitzungen auf dem Balkan und den habsburgischen Territorien. Das war ein eher defensives Konzept, eine Reaktion auf die sich abzeichnende Formierung einer christlich-katholischen Offensivfront bei gleichzeitig größer werdenden strukturellen Problemen im eigenen Weltreich. Durchführbar war dieser Plan aber nur mit einem Krieg, den der türkische Kriegsrat dann auch im Spätsommer 1682 formell beschloß.

Die Kriegserklärung erfolgte unmittelbar vor Aufbruch des osmanischen Heeres am 31. März 1683 von Konstantinopel den Balkan nordwärts in Richtung Belgrad. In orientalisch ausschweifenden, kalkuliert anmaßenden Redewendungen, die Angst und Schrecken verbreiten sollten, kündigt Sultan Mehmed IV. (1648-1687) dem »Cäsar Roms« und dem König von Polen den Krieg an: »Wir, Mehmed, glorreicher und ganz allgewaltiger Kaiser von Babylonien und Judäa, vom Orient und Okzident ... sind im Begriff, Dein Ländchen mit Krieg zu überziehen ... Wir führen mit Uns 13 Könige mit 1 300 000 Kriegern, Fußvolk und Reiterei und werden Dein Ländchen ... ohne Gnade und Barmherzigkeit mit Hufeisen zertreten ... Vor allem befehlen Wir Dir, Uns in Deiner Residenzstadt Wien zu erwarten, damit Wir Dich köpfen können; ... Wir werden ... das allerletzte Geschöpf Gottes, wie es nur ein Giaur [ein Ungläubiger, H. Sch.] ist, von der Erde verschwinden lassen; Wir werden groß und klein zuerst den grausamsten Qualen aussetzen und dann dem schändlichsten Tod übergeben.«[128]

In Wahrheit war das Kriegsziel bescheidener, das Heer weit kleiner als vollmundig angekündigt. Es bestand aus höchstens 140 000 Mann, davon nur 50 000 bis 70 000 reguläre Truppen, der Rest Kutscher, Troß, Tragtiertreiber, Händler und Handwerker. Geplant war, das kaiserliche Heer in offener Feldschlacht zu besiegen und so von der Hofburg die Anerkennung eines unabhängigen protestantischen ungarischen Königtums zu erzwingen. Schwere Kanonen, ohne die sich eine Festungsstadt wie Wien nicht belagern ließ, hatte man gar nicht erst mitgenommen. Allein die ausweichende Taktik des Herzogs von Lothringen, des kaiserlichen Oberbefehlshabers in Ungarn, der seine Truppen unter allen Umständen schonen wollte, bis Hilfskontingente aus dem Reich eintrafen, ließ bei den Osmanen den Plan reifen, tatsächlich auf Wien zu marschieren. Da man die Festung Raab gleichsam im Spaziergang hatte nehmen können, beschloß man, aufs Ganze zu gehen. Wien, die Kaiserstadt, die man bereits einmal, 1529, vergeblich belagert hatte, sollte fallen und eine Stadt der ungarischen Stephanskrone werden, unter einer einheimischen, von den Türken abhängigen Madjarendynastie.

Die Menschen in den vom Krieg bedrohten Gebieten, in Krain, der Steiermark, Kärnten, Niederösterreich und vor allem natürlich in Wien, sahen die Situation natürlich ganz anders als der zurückblikkende Historiker. Aus Erzählungen und Berichten hatten sie das osmanische Heer fürchten gelernt – die Kerntruppe der Janitscharen, weil darunter viele in früher Jugend umerzogene Christenkinder waren, von denen man wußte, daß sie mit besonderem Eifer für das Gesetz des Propheten kämpften; aber mehr noch die vielen Hilfstruppen aus allen Ecken des Weltreiches, aus Afrika, dem Vorderen Orient und den weiten Steppen Asiens, darunter die leicht bewaffneten und schnellen Reiterkrieger der Tataren, von den Türken selbst »Delis«, die »Verrückten«, genannt. In den Habsburgerlanden und auch anderwärts in Europa nahm man den Sultan beim Wort und glaubte ihm, daß er die Christenwelt auslöschen werde.

Seit Anfang Juli liefen Tag für Tag neue Tatarenmeldungen ein und versetzten die Kaiserstadt in Angst und Schrecken. Von dort wurden sie rasch weitergegeben ins Innere des Reiches. So berichtete der hessen-darmstädtische Gesandte Justus Eberhard Passer seiner Regierung genauestens, wie der Hof, die Beamtenschaft, Kaufleute und jeder, der es sich erlauben konnte, aus der Stadt zu fliehen versuchten: »In dieser Nacht ist wohl kein Haus gewesen, wo nicht Lichter gebrannt und wo man nicht geklopft, abgemacht, eingepackt, zugeschlagen, in Gewölbe geschleppt und elendige Tragödie gesehen; man hat auch vor großem Schrecken nicht schlafen können. Insbesondere, daß die Tataren gar zu abscheulich mit den Leuten umgegangen sind, den kleinen Kindern die Augen ausgestochen und sie im Blut liegenlassen, den Weibsleuten durch die Brüste Löcher und den Mannspersonen in die Ohren Löcher gestochen, sie aneinandergekoppelt und in die ewige Dienstbarkeit, wenn sie es ja bis dahin haben ausstehen können, geführt haben.«[129]

Die Jahre und Jahrzehnte, in denen man sich an die Türken als Nachbarn gewöhnt hatte, waren vergessen. Auch zählte nicht mehr, daß es sich bei dem Gegner um ein hochzivilisiertes Weltreich handelte, wo Wissenschaft und Kunst in Blüte standen und das in Zeiten des Friedens den unterworfenen Völkern mehr Glaubens- und Kulturfreiheit ließ, als das damals unter Christen üblich war. Über Generationen aufgestaute Ängste vor der Überflutung durch islamische und heidnische Kriegerscharen waren entfesselt, und die osmanische Taktik des Schreckens tat alles, um diese Panik zu schüren.

Orientalische Pracht und Grausamkeit waren ihre Mittel. Als der Roßschweif des Großwesirs, das Feldzeichen des osmanischen Heerführers Kara Mustafa, das den Truppen seit dem Aufbruch aus

Türkischer Roßschweif, sogenannter Tug, das Feldzeichen des türkischen Heerführers

Der in fünf aus rotem Roßhaar, rund 70 Zentimeter langen Zöpfen geflochtene Roßschweif stammt aus dem Besitz des Jesuitenpaters Orban (1655-1732), der ihn der Tradition nach von Herzog Karl von Lothringen geschenkt bekommen haben soll, und zwar als Beutestück aus dem Zelt Kara Mustafas.

Konstantinopel stets vorangetragen worden war, am 14. Juli vor Wien auftauchte, war vor den Wällen der Stadt ein großartiges Schauspiel zu sehen. »In wohlgeordnetem Zuge«, die Befehlshaber seiner Truppen und Paschas seines Hofes zur Seite, ritt der Großwesir nach dem offiziellen Bericht des Zeremonienmeisters »langsamen Schrittes vor die Festung Wien. Auf freiem Felde gegenüber der Festung wurde ein Schattendach aufgeschlagen, wo er zwei Stunden der Ruhe pflog, bis ein geeigneter Platz für seine hohe Zeltburg ausfindig gemacht war. Inzwischen wurden aus der Vorstadt vier Gefangene eingebracht; einen von ihnen köpfte ein Deli und die drei übrigen der Hauptmann der Pfortenwache. Die Leute, die die Gefangenen eingebracht hatten, wurden beschenkt.«[130]

Als sich der Belagerungsring um Wien schloß, waren der Kaiser und seine Regierung bereits nach Passau ausgewichen. Leopold hatte schweren Herzens die Stadt zurückgelassen – »ziemlich versorgt«, wie er schätzte – mit ungefähr 20 000 Streitern und »Kriegs- und Mundvorrat«.[131] Es kam nun alles darauf an, rasch ein hinreichend starkes Entsatzheer zusammenzubringen. Und in der Tat, die Christenheit im Reich und darüber hinaus war aufgeschreckt und zur Hilfe bereit. Die Reichskreise, Bayern, Sachsen und vor allem Polen, das die Bündnisabsprachen befolgte, sagten Truppen zu, die zusammen mit dem kaiserlichen Kontingent den Belagerungsring sprengen sollten. Allein, es dauerte noch Wochen, bevor die Truppen tatsächlich bereitgestellt werden konnten und sich nach langen Anmarschwegen vor Wien vereinigten, um den Sturm auf die längst wohlausgebauten und befestigten Türkenbastionen zu wagen.

Die in der Kaiserstadt eingeschlossenen Bürger und Soldaten, deren Schicksal in der Hand des Festungskommandanten Graf Rüdiger von Starhemberg und des ihm zur Seite stehenden Bürgermeisters Andreas Liebenberg lag, hatten neun qualvolle Wochen durchzustehen, voller Angst, Hunger, Krankheit und Seuchengefahr. Täglich forderten Bombardements und Scharmützel ihre Opfer. Entnervend war vor allem der Minenkrieg. Die türkischen Ingenieure erwiesen sich als Meister im Graben von Stollen bis unter die Bastionen und Mauern der Festung. Immer wieder hörten die Bürger gewaltige Sprengungen, und plötzlich tauchten osmanische Krieger auf den Wällen auf und mußten im Nahkampf zurückgeschlagen werden. Heißumkämpft war vor allem die Loebelbastei.

Die Entscheidung über Rettung oder Untergang fiel am 12. September, als das lang erwartete und immer wieder angekündigte Entsatzheer vom Kahlenberg herunter die Belagerer angriff. Die Türken, denen die Strapazen und Gefahren der langen Belagerungsarbeit hart zugesetzt hatten, sahen das Unheil auf sich zukommen. Der Zeremonienmeister hielt das in seinem Tagebuch genauestens fest: »Die Giauren hatten die Palanke auf dem Berg erreicht und tauchten nun mit ihren Abteilungen auf den Hängen auf wie die Gewitterwolken, starrend vor (dunkelblauem) Erz. (Mit dem einen Flügel gegenüber den Walachen und Moldauern an das Donauufer angelehnt und mit dem anderen Flügel bis zu den äußersten Abteilungen der Tataren hinüberreichend, bedeckten sie Berg und Feld und formierten sich in sichelförmiger Schlachtordnung. Es war, als wälze sich eine Flut von schwarzem Pech bergab, die alles, was sich ihr entgegenstellt, erdrückt und verbrennt. So griffen sie an mit der eitlen Absicht, die Streiter des Islam von beiden Seiten zu umfassen).«

Entdeckung einer türkischen Mine unter der kaiserlichen Burg in Wien am 2. September 1683, Radierung aus einer Serie von zehn Kupferstichen zur Belagerung Wiens des Holländers Romeyn de Hooghe

Um Breschen in die starke Befestigung der Kaiserstadt zu schlagen, trieben die türkischen Mineure mannshohe unterirdische Stollen unter die Mauern und Bastionen der Stadt, an deren Ende sie eine regelrechte Kammer ausbauten, mit Schießpulver füllten, abmauerten und dann als »Minenöfen« zur Explosion brachten. Diese mit größtem Können und Geschick angewandte Kampftechnik erwies sich für die Belagerten als schwere psychologische Belastung, da immer wieder unvermutet Minen hochgingen und türkische Angreifer durch eine Mauerbresche einzudringen versuchten. Horchtrupps bemühten sich zwar, die Minen zu orten, das gelang jedoch nur selten.

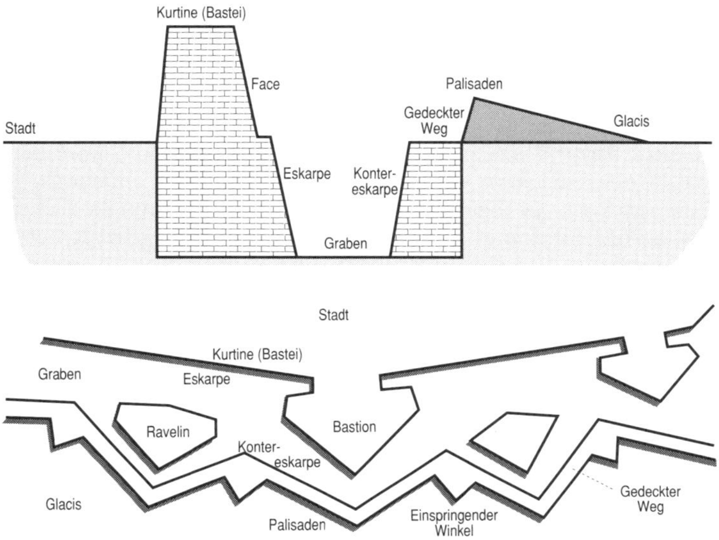

Schematische Darstellung der Wiener Befestigungsanlagen im Auf- und Grundriß

Die »militärische Revolution« der frühen Neuzeit war im wesentlichen das Ergebnis fortschreitender Kriegs- und Kanonentechnik. Nachdem der einfache mittelalterliche Mauerring den Kanonaden nicht mehr standhalten konnte, wurden mit hohem finanziellen und technischen Aufwand moderne Befestigungsanlagen errichtet, die vor allem aufs genaueste die naturwissenschaftliche Regel von Einfall- und Ausfallwinkel sowie die Ballistik beachteten.

Fünf oder sechs Stunden hatte die Schlacht getobt, als auch die Kerntruppe in der Umgebung des Großwesirs und der heiligen Fahne hart bedrängt zurückwich. Ein eilig zusammengetretener Kriegsrat beschloß den Rückzug auf Raab zu. Kara Mustafa »verließ anderthalb Stunden vor Sonnenuntergang seine Zeltburg durch das hintere Tor und machte sich auf den Weg. Jedermann im Heere packte nur sein leichteres Gepäck zusammen und ließ seine sonstige Habe im Stich. So zogen sie ab (traurig und verstört, nur ihr nacktes Leben rettend und blutige Tränen vergießend). Die Giauren aber bemächtigten sich der Zelte, des Schatzes, der Munition und des Kriegsgerätes und sämtlicher (dreihundert kleinen und großen) Geschütze. Auch der Privatschatz des Großwesirs und sein ganzes sonstiges Eigentum blieb in seinen Zelten zurück; nur solche Kleinigkeiten, die man in den Brustbausch stecken und unter den Arm nehmen konnte, wurden gerettet.«[132]

Das vereinigte Christenheer hatte der Polenkönig Johann III. Sobieski (1674-1696) befehligt. Dieser politisch begabte und hochgebildete Sproß einer polnischen Magnatenfamilie stand in der Tradition der großen Jagiellonenkönige des 15. und 16. Jahrhunderts und war bestrebt, die alte Vormachtstellung Polens im Osten in einer gewandelten Welt zu behaupten.[133] Dazu hatte sich 1679 angesichts des Friedensschlusses von Nimwegen und der Annäherung Brandenburgs an Frankreich die überkommene französische Bündnispolitik Polens als ungeeignet erwiesen. So war Sobieski an die Spitze derjenigen Mächte getreten, die an einer Eindämmung des osmanischen Reiches im Südosten, von der Moldau bis in die Ukraine, inter-

Die Abwehr der Türken und die Feldzüge des Prinzen Eugen

Johann III. Sobieski an der Spitze seiner Reiterei, Ausschnitt aus einem Stich von Romeyn de Hooghe

Wie immer man die Leistung der einzelnen Kontingente und Feldherren bei der Entsatzschlacht vor Wien einschätzen mag, ohne den mutigen Einsatz der polnischen Panzerreiterei unter ihrem König Johann III. Sobieski wären die Türken so leicht nicht in die Flucht zu schlagen gewesen.

essiert waren. Das 24 000 Mann starke polnische Kontingent, vorwiegend gepanzerte, schwere Reiterei – die »vor (dunkelblauem) Erz starrenden Gewitterwolken« im Bericht des türkischen Zeremonienmeisters –, hatte wesentlichen Anteil am Sieg der alliierten Armee, die insgesamt knapp 75 000 Mann stark war. Dem Polenkönig wurde das wenig gedankt. Bereits am Tag nach der Schlacht brach ein heftiger Streit darüber aus, wer der Vater des Sieges war, Sobieski oder der ihm zur Seite stehende kaiserliche Feldmarschall Karl von Lothringen (1643-1690). Hieraus erwuchsen dem polnischen König schmerzende persönliche Kränkungen, selbst durch den im Sieg hochfahrenden Kaiser Leopold. Trotz allem behielt Sobieski seine antitürkische Politik bei, weil er sie für die einzig realistische polnische Interessenpolitik hielt. In der Stunde des Sieges verwirklichten sich nun auch die alten antitürkischen Bündnispläne wie von selbst. Im März 1684 traten der Kaiser, der Papst, Venedig und Polen zur Heiligen Liga zusammen, die es Leopold I. erlaubte, auf dem Balkan eine dauerhafte Offensive einzuleiten.[134]

Bereits 1687 gelangte Wien in den Besitz ganz Ungarns und Siebenbürgens; die Feldherren des Kaisers und des Reiches eilten von

Ratifikationsurkunde des 1699 geschlossenen Friedens von Karlowitz mit dem Siegel Sultan Mustafas II., das der Prinz Eugen in der Schlacht bei Zenta zwei Jahre zuvor erbeutet hatte

Sieg zu Sieg – Herzog Karl von Lothringen, Kurfürst Max Emanuel von Bayern, Markgraf Ludwig Wilhelm von Baden, den man den Türkenlouis nannte, und vor allem der aufsteigende Stern des Prinzen Eugen von Savoyen wurden im Reich und Europa als Helden gefeiert. Im Frieden von *Karlowitz* erhielt Österreich schließlich 1699 ganz Ungarn mit Siebenbürgen, dazu Gebiete Sloweniens und Kroatiens zugesprochen. Bezahlt wurde der christliche Erfolg gegen die Türken in erster Linie vom polnisch-litauischen Reich. Denn nachdem das orthodoxe Rußland in einer sensationellen diplomatischen Wende der Heiligen Allianz beigetreten war, dem Bündnis *katholischer* Mächte, erhob sich das Zarentum unaufhaltsam über die einstige Großmacht Polen und nahm mit der Zeit deren Position im europäischen Mächtespiel ein.

Das neue Gewicht des russischen Reiches sollte bald auch Österreich zu spüren bekommen. Zwar gelang ihm in der nächsten Etappe des Türkenkrieges 1717 die Einnahme Belgrads – von den Soldaten gefeiert mit dem Lied vom Prinzen Eugen, dem edlen Ritter. Nach dem Frieden von *Passarowitz* (1718) begann dann auch die deutsche Besiedlung des Banats, Nordserbiens und der kleinen Walachei. Aber das waren Gebiete, die Österreich schon zwanzig Jahre später, 1739, im Frieden von *Belgrad* wieder verlor, nachdem es sich durch das verbündete Rußland in einen neuen Krieg gegen das osmanische Reich hatte ziehen lassen. Ohne den inzwischen verstorbenen Prinzen Eugen wurde dieser Waffengang aber zu einer militärischen Katastrophe, und das unglückliche Österreich handelte sich obendrein mit dem wesentlich glücklicher operierenden Zarenreich auf dem Balkan einen gefährlichen Rivalen ein.

Der Pfälzer Krieg – Aggression aus Angst vor der Defensive

Als die militärischen und allianzpolitischen Erfolge der Jahre 1683 und 1684 die ganze Kraft des Reiches nach Südosten gegen die Türken lenkten, sah sich die kaiserliche Diplomatie vor der Aufgabe, für Stabilität im Westen zu sorgen. Denn die Vorstellung eines großen Zweifrontenkrieges schreckte Leopold I. und seine militärischen Berater einstweilen noch ab, zumal auch im Norden, wo der militärisch wichtigste Reichsfürst weiterhin in Distanz zum Kaiser verharrte, die machtpolitische Lage schwierig schien. Der Brandenburger weigerte sich ganz offen, mit seiner seit Fehrbellin bewunderten Armee Österreich im Türkenkrieg zu unterstützen, solange das Reich nicht das französische Fait accompli seines französischen Allianzpartners im Elsaß anerkannte. In dieser Konstellation kam es 1684 zum Regensburger Stillstand, in dem das Reich die französische Besetzung Straßburgs auf zwanzig Jahre anerkannte. Der Frieden sollte sich damit freilich nicht sichern lassen – 1688 ging Ludwig XIV. erneut zur Offensive über und führte im Westen des Reiches bis 1697 den Pfälzer Erbfolgekrieg, wobei er sich, wie schon erwähnt, auf Rechtsansprüche seiner Schwägerin Liselotte von der Pfalz berief.[135]

Der Name »Pfälzer Krieg« und der dynastische Hintergrund lassen leicht vergessen, daß es sich auch hierbei um einen europäischen Krieg handelte, der letztlich aus den »Konjunkturen« im internationalen System entstanden war. Der Machtzuwachs, den Österreich durch die Siege über die Türken zu verzeichnen hatte, hatte die Gewichte in Europa zum Nachteil Frankreichs verschoben. Ludwig XIV. sah die Gefahr, auf die Position seiner frühen Regierungsjahre zurückgeworfen zu werden. Das Haus Habsburg war wieder zur Bedrohung geworden. Das erregte in Paris um so mehr Besorgnis, als es genau der Zeitpunkt war, zu dem sich die Personalunion zwischen Holland und England unter Wilhelm von Oranien anbahnte.

Der Franzosenkönig reagierte, wie es seine Art war – offensiv, auch in ungünstiger Lage. Auf den britischen Inseln unterstützte seine Diplomatie die Sache König Jakobs II., der nach seiner Vertreibung durch das englische Parlament im französischen Exil lebte. Dabei ging Paris davon aus, daß die bevorstehende, schließlich am 15. November durchgeführte Landung des Oraniers in England einen längeren Bürgerkrieg heraufbeschwören würde, der die Seemächte in Europa handlungsunfähig machen mußte. Ludwig XIV. eröffnete daher Ende September 1688 den Pfälzer Krieg in der Absicht, angesichts einer scheinbar günstigen internationalen Konstellation den Kaiser und das Reich rasch und hart zu treffen, um die in Mitteleuropa zu erkennende Machtverschiebung im Keim zu ersticken. Der Auftakt des Krieges schien das Kalkül zu bestätigen: Vom französischen Einfall überrascht und mit allen Kräften im Türkenkrieg gebunden, konnten Kaiser und Reich den bedrohten Fürsten im Westen nicht zu Hilfe kommen. Die französische Armee besetzte im Handstreich weite Gebiete der Erzbistümer Köln und Trier sowie der Kurpfalz und drang bis nach Schwaben und Franken vor. Dem Kaiser schien nichts anderes übrig zu bleiben, als klein beizugeben und die Forderungen Ludwigs XIV. zu erfüllen, die auf eine breite Absicherung der französischen Interessen hinausliefen. Unter anderem sollte Straßburg endgültig abgetreten und der französische Paladin Wilhelm Egon von Fürstenberg zum Erzbischof von Köln eingesetzt werden.

Allein, der Schlag kam bereits zu spät. Die psychologische Gesamtlage war umgeschlagen in Europa. Was die offensive Prävention hatte verhindern sollen, beschleunigte sie vielmehr: Die Augsburger Liga, eine bereits im Juli 1686 abgeschlossene Defensivallianz zwischen dem Kaiser, Spanien, Bayern, Sachsen, mehreren Reichskreisen und Schweden für Bremen und Verden, die mehr oder weniger Papier geblieben war, fand im Mai 1689 in der Großen Allianz einen für Frankreich nun wirklich gefährlichen Nachfolger. Angesichts der Siege auf dem Balkan und eines türkischen Waffenstillstandsangebots hatte in der Wiener Hofburg ein möglicher Zweifrontenkrieg an Schrecken verloren; in England verlief der Wechsel so reibungslos, daß man ihn bald eine »Glorious Revolution« nannte, eine glorreiche Veränderung der Regierung. König Wilhelm III. und Kaiser Leopold I. fiel es somit leicht, in gemeinsamer Anstrengung die europäischen Gegenkräfte gegen Ludwig XIV. zu sammeln, der sich erneut selbst als Aggressor bloßgestellt hatte.

Neben Holland, England, dem Kaiser und dem Reich traten der Großen Allianz Spanien, Savoyen und selbst Brandenburg bei, wo der Große Kurfürst den erhofften Wechsel der Konjunkturen gekommen sah, in der borussische Staatsräson und Reichspatriotismus wieder in Einklang waren. So wurde der Pfälzer Krieg zu einer

Patriotisches Flugblatt gegen den französischen General Melac, der für die Politik der verbrannten Erde in der Pfalz verantwortlich gemacht wird

großen Auseinandersetzung um die Neuverteilung der Gewichte in Europa: Die Holländer nennen ihn »Negenjarige Oorlog«, den Neunjährigen Krieg. Auf den britischen Inseln floß er mit dem Ringen zwischen dem neuen, konstitutionellen Königtum und dem von Frankreich unterstützten abgesetzten Jakob II., dem Stuart-Prätendenten, zusammen. Die Entscheidung fiel am 11. Juli 1690 am irischen Boynefluß in jenem denkwürdigen Sieg des Oranierheeres, der Nordirland bis heute in zwei feindliche Lager spaltet.

In der Pfalz waren die Spuren der französischen Invasion auf Schritt und Tritt zu sehen. Eine kühl berechnete Strategie der verbrannten Erde sollte die Bewohner in Angst und Schrecken versetzen und zugleich ein breites Glacis erzeugen, ein wüstes Vorfeld, das die französische Grenze sichern sollte, indem man es deutschen Heeren auf weite Sicht unmöglich machte, dort zu existieren, das heißt Nahrung, Quartier oder Furage zu finden. Lange Zeit galt das als Entscheidung des Kriegsministers Louvois; die erschöpfende Auswertung der auswärtigen Korrespondenz hat jedoch jüngst gezeigt, »daß alle wichtigen Beschlüsse vom König selbst gefaßt wurden, ... Ludwig XIV. also die ganze Verantwortung auf sich genommen hatte«.[136]

Auf sein Geheiß wurden im Rhein-Mosel-Gebiet ganze Landstriche verwüstet; häufig blieben nur die schwer zu zerstörenden Grundmauern von Kirchen und Klöstern übrig. Zahllose Dörfer und Flecken wurden dem Erdboden gleichgemacht, ebenso die Städte Oppenheim, Mannheim, Speyer, Worms und vor allem Heidelberg – das »Schloß in Flammen«, Touristenattraktion drei Jahrhunderte danach, war 1689 grausame Realität. Ludwigs eigene Offiziere waren entsetzt. Der Generalquartiermeister Chamlay (1650-1719), ein harter Soldat, der jede Festung schleifen ließ, wenn sie ihm militärisch im Wege stand, soll auf die Anweisung, Trier in Schutt und Asche zu legen, mutig geantwortet haben: »Es ist schon zu wünschen, daß diese Stadt nicht gerade da wäre, wo sie ist. Doch es wäre ein entsetzlicher Skandal, eine so alte und ansehnliche Stadt zu zerstören.«[137] Auch andere Offiziere sollen für Milde und Menschlichkeit eingetreten sein. Viel bewirkt hat das nicht: Ins Bewußtsein der im Westen des Reiches lebenden Bevölkerung gingen die Franzosenzüge als »Raubkrieg« ein und belasteten für Generationen das Verhältnis zwischen Deutschen und Franzosen. Für die Völkerrechtler, die im Anschluß an Hugo Grotius eine Humanisierung und Bändigung des Krieges forderten, waren sie ein Schlag ins Gesicht.

Münze Ludwigs XIV. auf die Zerstörung Heidelbergs 1693

Es lag in der Logik der psychologischen Kriegführung der verbrannten Erde, daß man sich mit der barbarischen Tat auch noch brüstete.

Ludwig XIV. hatte den Bogen überspannt. Die Weitsichtigen unter den französischen Politikern waren sich dessen bewußt. Der Philosoph und Pädagoge François de Fénelon (1651-1715), der seit 1689 Erzieher der Enkel Ludwigs XIV. war und eine offene Sprache mit dem Sonnenkönig wagte, sagte es unverblümt: »En pleine paix, vous avez fait la guerre et des conquêtes prodigieuses. Vous avez établi une chambre des réunions, pour être tout ensemble juge et partie: c'était ajouter l'insulte et la dérision à l'usurpation et à la violence. Vous avez cherché dans le traité de Westphalie des termes équivoques pour surprende Strasbourg. Jamais aucun de vos ministres n'avait osé, dequis tant d'années, alléguer ces termes dans aucune négociation, pour montrer que vous eussiez la moindre prétention sur cette ville. Une telle conduite a réuni et animé toute l'Europe contre vous. Ceux mêmes qui n'ont pas osé se déclarer ouvertement souhaitent du moins avec impatience votre affaiblissement et votre humiliation, comme la seule ressource pour la liberté et pour le repos de toutes les nations chrétiennes.«[138]

Als im Mai 1697 in dem kleinen holländischen Ort *Rijswijk*, zwischen Den Haag und Delft gelegen, wieder einmal ein europäischer Friedenskongreß zusammentrat, war klar, daß Frankreich aus dem Pfälzer Krieg nicht ungeschoren herauskommen würde. Die französischen Diplomaten mußten hinnehmen, daß Europa ihrem König in den im September und Oktober unterzeichneten Friedensverträgen territorial und mächtepolitisch die Grenzen wies. Man einigte sich allerdings mit England und Holland gebietsmäßig auf den Status quo, sowohl in Europa als auch in den überseeischen Gebieten. Indem Ludwig XIV. aber ausdrücklich das englische Königtum des Oraniers anerkannte, ihm darüber hinaus seine alten Herrschaftsrechte über das Fürstentum Orange in der Provence zusicherte und ein Handelsabkommen mit Holland abschloß, war deutlich, daß Frankreich in seine Grenzen verwiesen worden war: Wo es sich einen macht- und handelspolitischen Vorsprung hatte erobern wollen, hatte es klein beigeben müssen. Im Reich sah es nicht anders aus. Über das Pfälzer Erbe sollte ein Schiedsspruch des Papstes entscheiden, der 1702 zugunsten des Düsseldorfer Pfalzgrafen Johann Wilhelm, oder volkstümlich Jan Wellem, aus der Pfalz-Neuburger Linie ausfiel, einem entschiedenen Katholiken und Parteigänger des Kaisers. Vor allem mußten zahlreiche »Reunionen« rückgängig gemacht werden. Sogar das Herzogtum Lothringen wurde voll restituiert: In den Palast von Nancy zog wieder die angestammte Dynastie ein.

Immerhin gelang es den französischen Diplomaten, die Integration des Elsaß und Straßburgs in den französischen Staat völker- und vertragsrechtlich endgültig absichern zu lassen, wobei den Bürgern

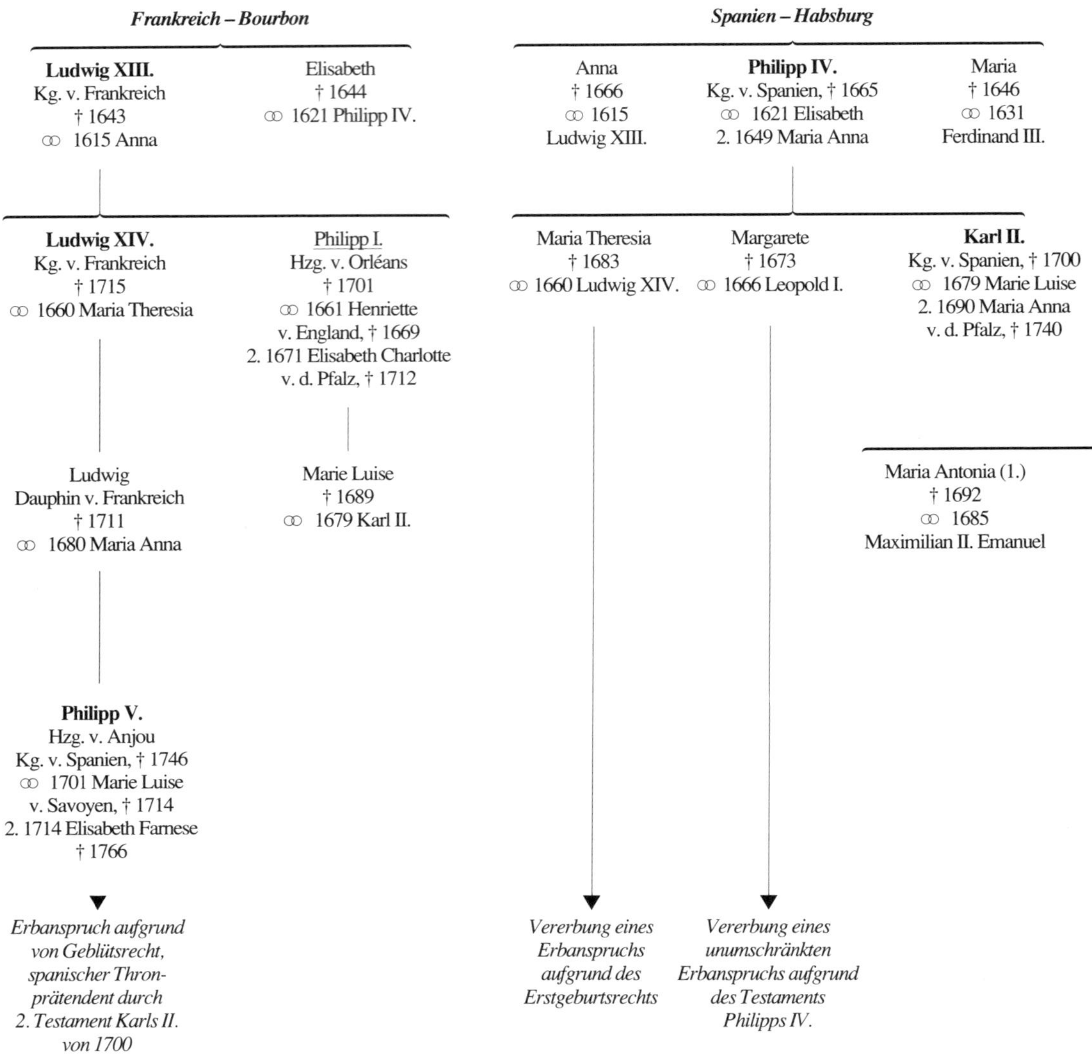

Dynastische Ansprüche im Spanischen Erbfolgekrieg

der ehemaligen Reichsstadt ein Jahr lang das Recht gewährt wurde zu emigrieren. Selbst das müde Spanien kam ohne eigenes Verdienst wieder zu dem Seinigen – einige der Reunionen im Grenzgebiet der südlichen Niederlande, Mons, Charleroi und Luxemburg etwa, wurden rückgängig gemacht, vor allem fiel Barcelona an Spanien zurück, das seit Generationen zwischen Frankreich und Spanien umstritten war.

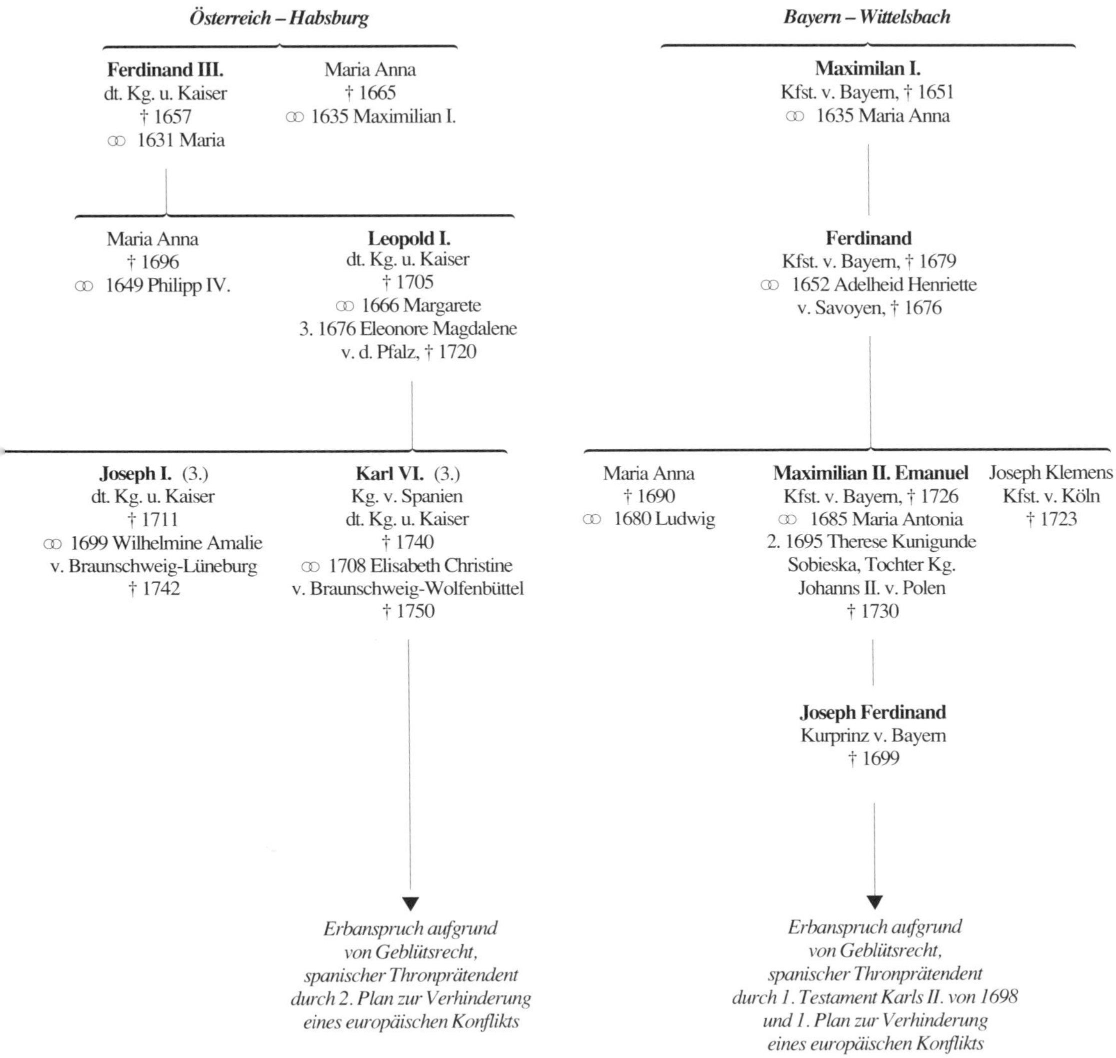

Der Spanische Erbfolgekrieg und der Triumph der Gleichgewichtsidee

Spanien, die Großmacht des »langen 16. Jahrhunderts«, die sich selbst überlebt hatte, aber noch in ihrem Niedergang Europa in Bann zu halten wußte, machte es zur Gewißheit, daß die Neuregelung von Rijswijk nur ein Zwischenspiel war, der gewonnene Friede nur eine Verschnaufpause ausmachte vor dem großen Entscheidungskampf um Einfluß und Präponderanz in Europa und Übersee. Bereits drei Jahre nach Rijswijk war es soweit: Am 1. November des Jahres 1700 schloß der letzte Rey Católico aus dem Hause Habsburg für immer die Augen.

In Spanien verbreitete sich die »tiefe Unruhe einer Nation, der es nahezu unmöglich erschien zu begreifen, daß die Dynastie, die sie zu triumphalen Höhen und in tiefe Abgründe geführt hatte, plötzlich nicht mehr existierte«.[139] Europa rüstete sich zum Spanischen Erbfolgekrieg, der den Kontinent nochmals mit Elend und Schrekken überziehen sollte – vom Sommer 1701 bis ins Frühjahr 1714. Die Schlachtfelder lagen in Spanien, den niederländischen und oberitalienischen Nebenländern und vor allem in Süddeutschland. Und wiederum waren es französische Truppen, die zusammen mit ihren bayrischen Verbündeten dem Kaiser und dem Reichsheer entgegentraten.

Anders als bei den vorhergehenden Kriegen, dem Devolutions-, Holländer und Pfälzer Krieg, lag die Verantwortung für den Spanischen Erbfolgekrieg nicht bei Ludwig XIV. und seinen Ministern. Dieser Krieg war ein Systemkonflikt im neuzeitlichen Mächte-Europa, der bereits Jahrzehnte vor seinem Ausbruch die Höfe und Kabinette beschäftigt hatte. Keiner der direkt oder indirekt berührten Staaten war dem Konflikt aus dem Weg gegangen. Dieses Ringen um die Verteilung des iberischen Weltreiches war wohl auch gar nicht vermeidbar; es war gleichsam das »größte Naturereignis« der frühneuzeitlichen Staatengesellschaft.[140]

Frankreichs Rechte waren nicht schlechter und nicht besser abgesichert als die Österreichs; Ludwig XIV. und Kaiser Leopold I. hatten ja beide vor Jahren Stiefschwester und Schwester des verstorbenen Habsburgers geheiratet. Für Frankreich sprach darüber hinaus der letzte Wille des verstorbenen Königs: Um die drohende Zersplitterung des Weltreiches zu verhindern, hatte Karl II. im Angesicht des Todes mit einer im Leben selten gezeigten Entschiedenheit verfügt, Philipp von Anjou, ein Enkel Ludwigs XIV., solle sein ungeschmälertes Erbe antreten.[141] Mit diesem Testament war zumindest wettgemacht, daß die Großmutter dieses Bourbonenprinzen einst, als sie in Erfüllung des Pyrenäenfriedens Ludwig XIV. von Frankreich geheiratet hatte, formell allen Ansprüchen auf den spanischen Thron entsagt hatte. Zudem war die Gültigkeit dieses Verzichts an die Zahlung einer Mitgift von 500 000 Louisdors geknüpft gewesen, die nie erfolgt war. Frankreich war somit weder rechtlich noch moralisch etwas vorzuwerfen, als es sogleich nach dem Ableben Karls II. den Bourbonenprinzen als Philipp V. zum spanischen König ausrufen ließ und in sein neues Reich einführte.

Anders verhielt es sich auf der diplomatischen und politischen Bühne; denn noch im Oktober 1698 hatte Paris mit den anderen Großmächten eine Geheimabsprache über die Teilung des spanischen Erbes getroffen, ohne auf die anders lautenden Wünsche Karls II. Rücksicht zu nehmen. Die Seemächte England und Holland hatten auf dieser Lösung bestanden, weil der ungeteilte Übergang des spanischen Weltreichs jeder der konkurrierenden Mächte zu einer Präponderanz verhelfen würde, die sich nicht mehr austarieren ließ. Das Übereinkommen mit den Seemächten hatte sich im Interessenkalkül Ludwigs XIV. gegen den österreichischen Mitbewerber gerichtet; denn Geographie und Geschichte hatten es zum unverrückbaren Bestandteil der französischen Staatsräson gemacht, den Übergang Spaniens in die Hände der deutschen Habsburger unter allen Umständen zu verhindern.

Die Absprache über die Teilung entsprach somit einer längerfristigen Interessenkonstellation des französischen Staates – war, wie

Das Ringen um das weitere Schicksal des spanischen Weltreiches fand in der europäischen Publizistik höchste Beachtung: »Teilung der Welt und des spanischen Erbes«, Kupferstich aus dem Jahre 1712, entnommen aus: J. J. Graf Wildenstein, »Quinquennium primum imperii Romano-Germani Caroli VI.«, Graz 1717

französische Historiker so etwas nennen, eine Struktur der »longue durée«, der langen Dauer. Als der Erbfall dann aber tatsächlich eintrat, war die politische Konjunktur des Augenblicks angesichts der letztwilligen Verfügung Karls II. so günstig, daß der französische Hof sich stark genug fühlte, die Sicherung seines höchsten Staatsgutes auf eigene Faust zu erreichen. Es war zu verlockend, den Alptraum einer österreichischen Umklammerung kurzerhand durch die hochfliegende, aber keineswegs unrealistische Vision eines französisch-spanischen Weltreiches zu vertreiben.

Daß man auf diese Weise das restliche Europa herausforderte, mußte hingenommen werden; der hohe Preis war es wert. Zudem war Paris daran gewöhnt, Europa militärisch in Schach zu halten, um es dann auf den Friedenskongressen matt zu setzen. So nahm man im Winter 1700 in Kauf, die Seemächte an die Seite Österreichs zu treiben. Man ging gleich aufs Ganze: Im spanischen Westindien schlossen die Repräsentanten des bourbonischen Philipp den europäischen Seemächten die Häfen. Auch in Europa brüskierte man die Seemächte: Als das Londoner Parlament im Frühjahr 1701 den »Act of Settlement« erließ, um beim bevorstehenden Tod des kinderlosen Wilhelm III. über Prinzessin Anna, die Tochter des vertriebenen Jakob II., und über das Haus Hannover die protestantische Thronfolge zu sichern, proklamierte Paris Annas Bruder, den in Frankreich lebenden Stuart-Prätendenten, als Jakob III. zum englischen König.

Gleichzeitig verjagten französische Truppen die holländische Besatzung aus den südniederländischen Barrierefestungen, die den Holländern zur Sicherung des Friedens gegen Frankreich eingeräumt worden waren.

Damit war der Rijswijker Frieden aufgekündigt, das Tischtuch zerschnitten. Die bereits seit Monaten geführten Koalitionsverhandlungen führten am 7. September 1701 zum Abschluß der Großen Haager Allianz zwischen Österreich, Holland und England, der später noch eine Reihe von Reichsständen beitrat, darunter Brandenburg, Hannover, Hessen-Kassel und die im Westen gelegenen Reichskreise. Ziel des Bündnisses war es, dem Vordringen der Franzosen in die spanischen Besitzungen in Oberitalien und in die südlichen Niederlande einen Riegel vorzuschieben, indem man einen gemeinsamen, koordinierten Krieg gegen Ludwig XIV. aufnahm. Darin sollte sich die Haager Allianz gegen alle Erfahrung glänzend bewähren. Die politische Koalition gab den Rahmen ab für das erfolgreiche militärische Zusammenspiel der kaiserlich-österreichischen Truppen unter dem Prinzen Eugen von Savoyen mit den Armeen der Seemächte unter John Churchill, Duke of Marlborough (1650-1722), den noch Wilhelm III. zum Oberkommandierenden ernannt hatte und den wenig später Königin Anna auch noch als leitenden Minister ins Kabinett berief.

Beim Abschluß des Haager Bündnisses hatten die Kampfhandlungen des Spanischen Erbfolgekrieges bereits begonnen.[142] Kaum hatte ihn die Nachricht vom Tod des spanischen Vetters und dem für die Habsburger ungünstigen Testament erreicht, schickte Kaiser Leopold österreichische Truppen unter Prinz Eugen nach Oberitalien mit dem Auftrag, das Reichslehen Mailand einzuziehen. Im Juli 1701 war es bei Carpi im Herzogtum Modena und Anfang September bei Chiari westlich Brescia auf der venezianischen Terraferma zu ersten Schlachten zwischen den Österreichern und dem französisch-spanischen Heer gekommen, die beide Male unter schweren Verlusten der Gegner zugunsten des Prinzen ausgegangen waren.

Mit der Kriegserklärung der Haager Allianz an Frankreich vom Mai 1702, der im Herbst die des Reiches folgte, weitete sich der Konflikt auf ganz Mittel- und Westeuropa aus. Im Reich traten nur die wittelsbachischen Kurfürsten von Köln und Bayern an die Seite Frankreichs, nicht zuletzt infolge einer herben Enttäuschung. Denn Kurfürst Max Emanuel (1679-1726) hatte einen Moment lang die Hoffnung gehabt, Königskrone und Weltreich der spanischen Habsburger für sein eigenes Haus zu gewinnen. Er war nämlich mit der Kaisertochter Maria Antonia verheiratet, die mütterlicherseits eine direkte Nichte Karls II. von Spanien war. Der 1692 geborene bayrische Kurprinz Joseph Ferdinand war also ein Blutsverwandter des letzten spanischen Königs. Dieser hatte das Wittelsbacherkind im November 1698 denn auch zu seinem Alleinerben eingesetzt, aus Verärgerung über Frankreich und in der Hoffnung, seinen Untertanen Krieg und Teilung zu ersparen. Doch bereits im darauffolgenden Februar wurde der kleine Kurprinz zu Grabe getragen und mit ihm das bayrisch-österreichische Einvernehmen, das von München aus gesehen dem Ziel gedient hatte, dem Wittelsbacher endlich die ersehnte Standeserhöhung zu bringen. München und Köln lenkten entschlossen zurück in die älteren Bahnen der wittelsbachischen

Alpenübergang des Prinzen Eugen, Stich von Pieter Schenk, veröffentlicht 1702 in Amsterdam

Wie rund 2 000 Jahre zuvor die Überquerung der Alpen durch den karthagischen Feldherrn Hannibal, so erregte im Mai 1701 der überraschende Vorstoß des Prinzen Eugen ins Gebiet von Verona überall in Europa bewunderndes Aufsehen. Um das Eingreifen österreichischer Truppen in Oberitalien zu verhindern, hatten nämlich die Franzosen die normalen Zugänge aus dem Trentino in die Ebene gesperrt, so daß der kaiserliche Feldherr auf unwegsame Nebenpässe angewiesen war, die sich für den Übergang eines großen Heeres mit schwerer Ausrüstung eigentlich nicht eigneten.

Außenpolitik, um an der Seite Frankreichs doch noch das zu erringen, was die Hohenzollern, die Wettiner, schließlich auch die Welfen und selbst ein Landgraf von Hessen-Kassel erreicht hatten oder im Begriffe standen zu erreichen – die Königswürde.

Die ersten beiden Kriegsjahre verliefen für die Haager Allianz enttäuschend. Zwar konnte den Franzosen Kurköln entrissen werden, und Markgraf Ludwig Wilhelm von Baden, der das in Deutschland operierende Reichsheer befehligte, nahm die Festung Landau ein und drängte im Oktober 1702 in Weil am Rhein die Franzosen fürs erste aus Süddeutschland ab. Doch bereits im folgenden Jahr gelang der Vorstoß über den Schwarzwald, so daß sich die französischen Truppen in Bayern mit ihren deutschen Verbündeten vereinigen konnten.

So geriet Österreich plötzlich in ernste Bedrängnis. Kurfürst Max Emanuel stieß mit einem bayrisch-französischen Heer nach Tirol vor, am 18. Juni fiel die Feste Kufstein, am 2. Juli hielten die Bayern einen triumphalen Einzug in Innsbruck. Von Süden, aus Oberitalien, näherte sich die spanisch-französische Armee unter Marschall Vendôme; gemeinsam wollte man nach Wien vorrücken, um Habsburg im Herzen zu treffen. Erst die Erhebung der Tiroler Landschaft für das angestammte Erzhaus machte diesen Plan zur Chimäre. Der Münchener Kurfürst stürzte tief: 1704 verließ er Bayern und suchte

Patriotisch-habsburgisches Flugblatt gegen die beiden wittelsbachischen Kurfürsten Max Emanuel von Bayern und Joseph Clemens von Köln; Kupferstich

Dargestellt ist die Zusammenkunft der beiden ins Unglück geratenen Brüder - Joseph Clemens in der sechsspännigen Kutsche; Max Emanuel im Vordergrund zu Pferd. Nach dem in Gedichtform gehaltenen Zwiegespräch der Brüder, das dem Kupferstich beigefügt ist, ist die militärisch-politische Katastrophe der Wittelsbacher auf das schmachvolle Bündnis mit Frankreich zurückzuführen. Nur reuevolle Umkehr und Unterwerfung unter den Kaiser können noch eine wirkliche Wende zugunsten der Wittelsbacher herbeiführen.

Zuflucht in den spanischen Niederlanden; 1706 wurde über ihn die Reichsacht verhängt, sein Kurfürstentum Österreich zugesprochen. Als 1709 die Alliierten Belgien eroberten, blieb nur noch das französische Exil.

Nun verschlechterte sich auch die Lage Frankreichs rasch. Herzog Viktor Amadeus II. von Savoyen und vor allem Portugal schlossen sich den Alliierten an, die damit auf der iberischen Halbinsel Fuß faßten und hoffen konnten, den Bourbonenkönig Philipp V. vom spanischen Thron zu vertreiben. Erzherzog Karl, der zweite Sohn Kaiser Leopolds, rückte als König Karl III. von Spanien in Katalonien ein und errichtete in Barcelona eine Gegenregierung zum kastilischen Madrid. »Der Spanische Erbfolgekrieg war zum Spanischen Bürgerkrieg geworden, ausgetragen zwischen den zwei historischen Landesgruppen der Halbinsel, vor Jahrhunderten nominell vereinigt durch Ferdinand und Isabella«, *los Reyes Católicos* des Spätmittelalters.[143]

Es sollte noch schlimmer kommen. Im August 1704 schlugen Prinz Eugen und Marlborough bei Höchstädt im Donauried oberhalb Donauwörth die bayrisch-französische Armee vernichtend. Der Kaiser erhob den englischen Herzog zum Dank in den Reichsfürstenstand und übertrug ihm die Herrschaft Mindelheim, die dereinst den Frundsbergs gehört hatte, den berühmten Söldnerführern der Habsburger des 16. Jahrhunderts. Da die englischen Kontingente vor allem bei dem Dorf Blindheim gekämpft hatten, heißt die Schlacht in England »Battle of Blenheim«. Das Parlament schenkte Marlborough die Domäne Woodstock bei Oxford, und die Königin ließ ihn dort Blenheim Palace bauen – wo in unserem Jahrhundert Winston Churchill als Nachfahre des Feldherrn lebte.

Nur kurzfristig hellte sich für Frankreich die Lage nochmals auf, als nach dem Tod Kaiser Leopolds I. im Mai 1705 der seit Beginn des Spanischen Erbfolgekriegs schwelende Aufstand Franz II. Rákóczi (1676-1735) in Siebenbürgen und Ungarn in eine für die Habsburger bedrohliche Phase eintrat und sich gleichzeitig im eben eroberten Bayern die Bauern erhoben. Zudem kam zwischen den Alliierten eine Mißstimmung auf, weil die kaiserlichen Armeen in Oberitalien und am Rhein ohne Fortüne kämpften und jede Seite der anderen die Schuld daran gab. Die Krise wurde jedoch überwunden, nicht zuletzt durch entschiedenes Handeln des neuen Kaisers, Josephs I., der bereits als Thronfolger Talent und Geschick bewiesen hatte, unter anderem, indem er den Prinzen Eugen gegen Widerstände zum Präsidenten des Hofkriegsrats lancierte.

Die nächsten Jahre brachten große Siege der Alliierten. Im September 1706 schlugen die vereinigten Armeen der savoyardischen Vettern Eugen und Victor Amadeus vor Turin das zahlenmäßig weit überlegene französische Heer – 30 000 gegenüber 45 000 Mann – so vernichtend, daß Ludwig XIV. binnen Jahresfrist die Rechte Österreichs auf die Lombardei vertraglich anerkannte und dem Herzog von Savoyen Piemont zurückgab. Erbitterter war das Ringen in den südlichen Niederlanden. Hier hatte zwar das englisch-holländische Heer unter Marlborough bereits im Mai 1706 bei Ramillies die unter dem Kommando des bayrischen Kurfürsten Max Emanuel kämpfenden Franzosen geschlagen und weite Teile Flanderns und Brabants eingenommen. Die Franzosen hatten jedoch bei den Einheimischen Unterstützung gefunden, so daß sie sich in Gent und Brügge festsetzen konnten. So waren noch die beiden Schlachten von Oudenaarde an der Schelde im Juli 1708 und Malplaquet bei der Festung Mons im September 1709 nötig, bevor Ludwig XIV. zu ernsten Friedensverhandlungen bereit war.

Bei Höchstädt/Blindheim erbeutete Kesselpauke eines französischen Kavallerieregiments, aufbewahrt im Waffenarsenal der englischen Krone im Londoner Tower

In seiner wuchtigen Architektur sollte Blenheim Palace in Oxfordshire zugleich ein Denkmal für den großen englischen Feldherrn Marlborough sein. Als Dank für seine Verdienste im Krieg gegen Frankreich hatte das Parlament ihm die Domäne geschenkt, und Königin Anna hatte den Großteil der Baukosten für das Schloß übernommen.

In beiden Treffen standen Prinz Eugen und Marlborough Seite an Seite. Ihre überlegene militärische Führung kostete die Franzosen, die unter Villars und dem bayrischen Kurfürsten Max Emanuel glücklos kämpften, Tausende von Soldaten – 3 000 Tote, 4 000 Verwundete und 12 000 Gefangene vor der Scheldefestung, 12 000 bis 14 000 bei Malplaquet. Aber die Siege der bewunderten Feldherren hatten auch in den eigenen Reihen schwere Blutopfer gefordert – 3 000 Tote und Verwundete im ersten und nicht weniger als 20 500 Mann – 6 300 Tote und 14 200 Verletzte im zweiten Treffen. Vor allem in Malplaquet, wo 90 000 Alliierte einen Tag lang Stunde für Stunde auf 81 000 tief in den Wäldern verschanzte Franzosen einstürmten, zeigte sich, welches Inferno bereits die frühneuzeitlichen Allianzkriege entzündeten, selbst wenn die Schlachten räumlich und zeitlich begrenzt blieben. Als die Truppen des Prinzen Eugen am Nachmittag endlich die Schanzen erstürmten und das französische Heer zum Rückzug zwangen, lag fast jeder vierte der alliierten und jeder sechste der französischen Soldaten tot oder verletzt auf dem Schlachtfeld.

Prinz Eugen und der Herzog von Marlborough vereint auf einer Gedenkmünze anläßlich der siegreichen Schlacht von Oudenaarde

Den glücklich abgestimmten Operationen der beiden großen Feldherren ist es zu verdanken, daß Habsburg und die Seemächte im Spanischen Erbfolgekrieg den Franzosen endgültig die Grenzen innerhalb eines europäischen Gleichgewichtssystems wiesen.

Die Friedensverhandlungen, die in Vorgesprächen bereits seit 1709 mit Unterbrechungen zunächst im Haag, ab Frühjahr 1710 im holländischen Geertruidenberg geführt wurden, scheiterten an den überzogenen Forderungen der Alliierten. Die Rückgabe Straßburgs und die Errichtung einer Reichsbarriere gegen Frankreich am Oberrhein hätte Ludwig XIV. nach anfänglicher Weigerung 1710 sogar noch akzeptiert. Unannehmbar war aber das Ansinnen, auf Spanien zu verzichten und dann auch noch selbst seinen Enkel Philipp IV. von der iberischen Halbinsel zu vertreiben, obgleich ihn die große Mehrheit der Spanier als ihren König anerkannte. Am 25. Juli 1710 verließen die französischen Gesandten unter Protest den Geertruidenberger Kongreß.

Es sollte sich rasch zeigen, daß die Alliierten zu hoch gepokert hatten. Ihre militärisch nicht zu erschütternde Überlegenheit auf dem Schlachtfeld, die die beiden Feldherren durch die Einnahme aller Schlüsselfestungen Zug um Zug ausbauten, wurde binnen eines Jahres mächtepolitisch bedeutungslos: Im Sommer 1710 brachten die Parlamentswahlen im kriegsmüden, mit dem Whig-Regiment unzufriedenen England den Tories den größten Sieg, den sie je in der englischen Geschichte verzeichneten. Die bereits wegen einer Querelle des femmes zwischen seiner Gemahlin und der Königin Anna angeschlagene Stellung Marlboroughs geriet endgültig ins Wanken; sein Oberbefehl in den Niederlanden wurde erheblichen Restriktionen unterworfen. Als Marlborough den entschiedenen Friedenswillen der Hochtory-Regierung in Westminster mißachtete und weiterhin eine Politik des Siegfriedens gegen Frankreich steuerte, wurde er Ende 1711 der Befehlsgewalt und aller Ämter enthoben. Ja schlimmer noch, ihm drohte der Prozeß wegen Unterschlagung öffentlicher Gelder; nur die energische Fürsprache, die der Prinz Eugen bei der englischen Königin vortragen ließ, ersparte ihm diese Schmach.

Silberne Gedenkmedaille: Germania überreicht dem aus Spanien kommenden Karl VI. die Römische Kaiserkrone

Durch den überraschenden Tod Kaiser Josephs I. fielen 1711 die habsburgischen Länder und die Kaiserkrone an den jüngeren Bruder Karl, der in Barcelona um das Erbe der spanischen Habsburgerlinie kämpfte und daraufhin sogleich nach Deutschland zurückkehrte.

Inzwischen war auch in Wien ein Wechsel eingetreten, der die politische und diplomatische Szene in Europa grundlegend veränderte: Am 17. April 1711 war Kaiser Joseph I. (1705-1711) an den Blattern gestorben - zweiunddreißigjährig und ohne männliche Erben. Damit fiel die habsburgische Krone an seinen jüngeren Bruder Karl, der sogleich von Barcelona nach Wien eilte, um als Kaiser Karl VI. die Regierung in den Erblanden und im Reich anzutreten. Der spanische König als Erzherzog von Österreich und Kaiser von Deutschland – diese Vorstellung war aber für die Seemächte England und Holland ebenso untragbar wie für Frankreich. Sie stellten die Kampfeshandlungen ein, und jetzt wurden die Gegner sich am Verhandlungstisch rasch einig: bereits im April 1713 konnte in *Utrecht* der Friedensvertrag zwischen England, Holland, Savoyen, Portugal und Preußen auf der einen und Frankreich auf der anderen Seite unterzeichnet werden. Kaiser Karl VI. und sein Feldherr Prinz Eugen setzten den Krieg noch eine Zeitlang im Rheintal fort, aber mit wenig Erfolg. Daher wurde im März 1714 in *Rastatt* auch zwischen dem Kaiser und Frankreich Frieden geschlossen; im September folgte im schweizerischen *Baden* der Friedensschluß mit dem Reich.[144]

Das Utrechter Friedenswerk sanktionierte die Teilung des spanischen Erbes, wie sie sich während des Krieges ergeben hatte. Madrid und Spanien blieben der Bourbonendynastie, die im Volk Ansehen gewonnen hatte, nicht zuletzt, weil die habsburgische Gegenregierung Karls III. in Barcelona »hoffnungslos uneffektiv« geblieben war und ständig vor dem »Kollaps gestanden hatte«. Alle europäischen

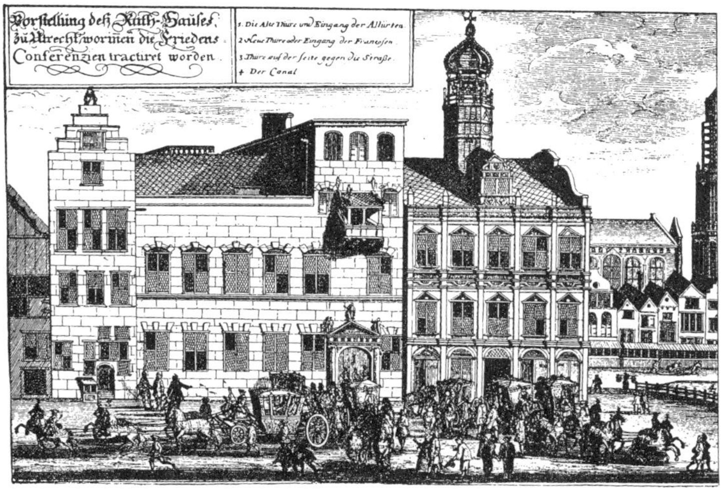

Der Friede zwischen Frankreich auf der einen und Preußen, England und den Niederlanden auf der anderen Seite wurde im April 1713 im Rathaus der niederländischen Stadt Utrecht geschlossen; anonymer zeitgenössischer Kupferstich

Nebenländer wurden abgetrennt und gingen fortan eigene Wege. Damit war der Bourbonenstaat, der erst im Zeitalter Napoleons zusammenbrechen sollte, »auf ein wirklich spanisches Reich zusammengeschrumpft, bestehend aus den Kronen Kastiliens und Aragons sowie aus den kastilischen Kolonien in Amerika«.[145] Die Vereinigung Spaniens mit Frankreich, auch als Personalunion, wurde ausdrücklich untersagt.

Die südlichen Niederlande und die italienischen Besitzungen Mailand, Mantua, Neapel – zunächst aber ohne Sizilien – und Sardinien gelangten an *Österreich*. 1720 tauschte Kaiser Karl VI. Sardinien gegen Sizilien, so daß nun das gesamte Königreich Neapel unter habsburgischer Verwaltung stand – jedoch nur bis 1735/1738, als im Zuge des großen Ländertauschs, der den Polnischen Thronfolge-

Wieder einmal wird ein langer, verlustreicher Allianzkrieg durch einen glanzvollen europäischen Friedenskongreß beendet – symbolische Darstellung des Badener Friedens von 1714 zwischen den regierenden Fürsten Europas, von denen allerdings keiner persönlich an den Friedensverhandlungen teilgenommen hat. Die wichtigsten Unterhändler waren der Comte du Luc, der als Vertreter Frankreichs in Baden durch Glanz und Prunk viel Aufsehen erregte, sowie der »edle Ritter« Prinz Eugen von Savoyen als Vertreter Kaiser Karls VI.

Der Spanische Erbfolgekrieg von 1701 bis 1713/14 und seine Ergebnisse

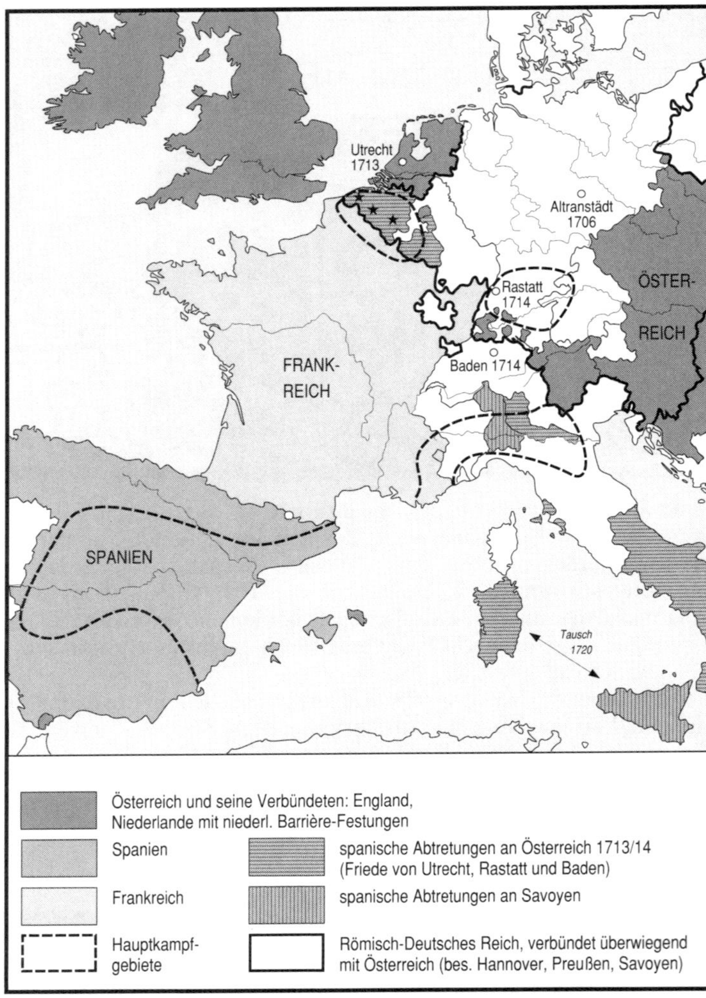

krieg (1733-1738) abschloß, in Neapel-Sizilien eine Sekundogenitur der spanischen Bourbonen errichtet wurde, für die ebenfalls das Verbot einer Vereinigung mit Spanien festgelegt wurde.

Mit Österreich gewann eine zweite Macht in Italien und im Mittelmeer an Boden: Savoyen. Der Savoyardenherzog Viktor Amadeus II. (1675-1730) war im rechten Augenblick von den Franzosen zur Allianz übergewechselt, so daß er im Moment des Friedensschlusses auf der Seite der Sieger stand. Frankreich trat ihm alle Festungen und Täler auf der Ostseite der Cottischen Alpen ab, so daß sich Savoyen und Piemont besser gegen die seit Generationen endemischen Einfälle des mächtigen Nachbarn schützen konnten. Dazu erhielt Savoyen vom Kaiser aus dem spanischen Erbe die Markgrafschaft Montferrat und einen beträchtlichen Streifen des westlichen Herzogtums Mailand, außerdem Sizilien mit dem Königstitel. Als Kaiser Karl VI. 1720 Sizilien gegen das bis dahin österreichische Sardinien eintauschte, war das *Königreich Sardinien* geboren, das gut hundert Jahre später eine große Rolle in der italienischen Geschichte übernehmen sollte.

Die Seemächte, die das europäische Gleichgewicht erzwungen hatten, errangen konkret wenig. *England* hatte jedoch enorm an politischem Prestige gewonnen, der Vorsprung vor Holland war weiter gewachsen. Frankreich und Spanien erkannten die Hannoveraner Thronfolge an, so daß sie kurz darauf, im August 1714, reibungslos vollzogen werden konnte; die Stuarts hatten von nun an in Europa keine Stütze mehr. Von Spanien erhielt England Gibraltar und die Insel Menorca. Wichtiger noch war der Gewinn auf den Weltmeeren und in Übersee: Der »asiento«, das von Madrid vertraglich vergebene Monopol, Spanisch-Amerika mit Sklaven zu versorgen, das zunächst Portugal, dann die Niederlande innegehabt hatten, fiel im Utrechter Frieden an die Briten. Die Londoner City nutzte diese Position sogleich als Hebel, um über den Sklavenhandel auch in das nicht weniger einträgliche Geschäft mit europäischen Fertigwaren einzudringen. Die bereits 1711 vorsorglich gegründete »South Sea Company« blühte auf, mit ihren Aktien wurde fieberhaft spekuliert. Auch in Nordamerika konnte England seine Stellung verbessern, indem es sich die französischen Besitzungen um die Hudson Bay, Neuschottland, Neufundland und die Insel St. Christoph abtreten ließ. Jetzt beherrschte Britannien die Meere in Europa und Übersee; handels- und mächtepolitisch ließ sich in Europa und im Nordatlantik kaum etwas gegen seinen Willen regeln – was das bourbonische Spanien dazu bewegte, sich von London seine territoriale Unversehrtheit garantieren zu lassen. Nach Utrecht war die Situation in Westindien und Nordamerika allerdings nicht einfacher geworden. Die Rivalität zwischen den erstarkten Briten und den geschwächten Spaniern beziehungsweise Franzosen wurde nur noch verstärkt, so daß die Konflikte im europäischen Mächtesystem fortan noch leichter mit denen in Übersee zusammenflossen.[146]

Holland verzichtete auf Gebietsgewinne, bestand aber auf einem Sicherungssystem, womit es sich ein für allemal gegen Einfälle der Franzosen schützen wollte: In einem zwischen Kaiser Karl VI., der in den Besitz der südlichen Niederlande gelangte, und Holland separat ausgehandelten »Barriere-Vertrag«, abgeschlossen am 15. November 1715 in Amsterdam, erhielten die Generalstaaten das Garnisonsrecht in den in Südbelgien nach Frankreich hin gelegenen Sperrfestungen Namur, Tournai, Menin, Ypern, Fort Knocke, Furnes, Warneton, dazu zusammen mit Österreich in Dendermonde. Der Kaiser zahlte den Generalstaaten jährlich 500 000 Taler Subsidien; beide Vertragspartner unterhielten ein gemeinsames Heer von 30 000 bis 35 000 Mann, das im Kriegsfall vermehrt werden sollte: Kein Teil der nun österreichischen Niederlande sollte jemals an Frankreich gelangen. Das war die Konsequenz aus den schlimmen Erfahrungen, die Holland unter Ludwig XIV. hatte machen müssen. Ein sicherer Schutz war indes nicht gewonnen, die französische Armee überrannte den Festungsgürtel bereits im Österreichischen Erbfolgekrieg von 1745 bis 1748.[147]

Ungeachtet der zahlreichen Zugeständnisse, zu denen es sich bereitfinden mußte, ging auch *Frankreich* nicht als Verlierer aus dem Krieg hervor. Zwar waren gegen Ende der langen Regierungszeit Ludwigs XIV. manche der Expansionspläne, die man auf dem Höhe-

»Sol Austriacus« von Theodor Amade de Amaden, Venedig 1698

Die Zeit des Versailler Sonnengottes Phöbus Apoll neigt sich ihrem Ende zu, und die österreichische Sonne steigt auf, die den Erdkreis erhellt und aufblühen läßt.

punkt des Ludovizianischen Zeitalters verfolgt hatte, in sich zusammengesunken. Entscheidendes war aber gesichert – so das Elsaß, und damit ein gutes Stück weit die »natürliche« Rheingrenze, dazu das bourbonische Königtum in Spanien, das trotz des Vereinigungsverbots Frankreichs Gewicht in Europa stärkte. Auch im Reich blieben die Franzosen weiterhin einflußreich. Es war der französischen Diplomatie erneut gelungen, ihre deutsche Klientel vor dem Sturz zu schützen. Im Rastatter Frieden mußte der Kaiser der vollen Restitution der beiden wittelsbachischen Kurfürsten Max Emanuel von Bayern und Erzbischof Joseph Clemens von Köln zustimmen. Damit bestand in Süd- und Westdeutschland nach wie vor ein Gegengewicht zu den Habsburgern, das sich nach der Annäherung zwischen Pfalz und Bayern in der wittelsbachischen Hausunion von 1724 zu einem gewichtigen Block von drei Kurfürsten formierte.[148]

Daß nicht alle Blütenträume ihres großen Königs gereift waren, gilt auch der jüngeren französischen Historiographie als Erfolg der europäischen Vernunft: »Vielleicht war es die Chance der Franzosen gewesen, daß Ludwig XIV. Gegner seines Formats hatte – der englische König Wilhelm III., Prinz von Oranien, und Kaiser Leopold. Das französisch-deutsche Ringen in den Kriegen zu Ende seiner Regierungszeit hatte als Ergebnis eine für Frankreich akzeptable Festlegung der Grenzen, die zudem von den Nachbarn anerkannt war. Das Sechseck war geschaffen.«[149]

Den Wechsel der »Konjunkturen« im europäischen Mächtesystem zeigt nichts deutlicher als das neue Selbstbewußtsein im habsburgischen Herrschaftsanspruch: Hatte Kaiser Leopold I. der aggressiven Sonnensymbolik des Roi Soleil anfangs nichts Gleichwertiges entgegenzusetzen gewußt, so änderte sich das bereits im Vorfeld der triumphalen Siege über die Türken. Als ihm 1682 ein Sohn geboren wurde, der den Namen des Vaters erhielt, ließ der französische Gesandte in Wien am Tag der offiziellen Jubelfeiern »seines Königs Wappen mit einer Sonne darüber unnd dieser Umbschrift: ›Fulget ubique‹ (Sie glänzt überall) vor das mittelste Fenster seines Hauses hinaußstellen, und etliche Fackeln dabey anstecken.« Das war ein länderüberspannender Herrschaftsgestus der Franzosen, der wenige Jahre zuvor kaum Aufsehen erregt hätte. Nun rief er aber sogleich die Wiener auf den Plan, die heftig »zumurmeln und sich zusamblen anfienge«. Ein Hofbediensteter schritt sogar zur Gegendemonstration. Er stellte in sein Fenster eine »Welt-Kugel, darauff die Sonne unnd über der das Ertz-Herzogl. Österreichische Wappen mit der Umbschrift: ›Fulget ubique magis‹« – die Sonne des Hauses Österreich glänzt überall heller als die des Versailler Phöbus Apoll.[150]

Nach dem Sieg über den türkischen Halbmond und die mit ihm verbündete Versailler Sonne nahm auch die offizielle Wiener Hofpropaganda die Sonnensymbolik auf, um den Machtanspruch Ludwigs XIV. zurückzuweisen. Vor allem der Thronfolger Joseph I. (1690 deutscher König; 1705-1711 Kaiser) eignete sich das Sonnensymbol an, während Kaiser Leopold, der Vater, und Kaiser Karl VI. (1711 bis 1740), der Bruder Josephs I., sich am liebsten als Jupiter darstellen ließen. Jupiter, der Göttervater, war Apoll übergeordnet, und so konnte Wien über die Sonnensymbolik von Versailles triumphieren, ohne sie zu kopieren.

Der Utrechter Kongreß hatte Europa neu geordnet, und zwar

ILLVMINAT.
GENERAT.
generantur ubique
Cœlitus emissum splendorem concipit Orbis.
CONCIPIT
Hinc fovet, vt generet Reges EVROPA, Calorem.
FOVET.
E
V
R
O
P
A
MOSCO

nochmals auf der Basis des Westfälischen Friedens, der eine Vielzahl von Machtzentren zuließ. Aber eine Veränderung des europäischen Mächtesystems kündigte sich bereits an – England und Frankreich standen als Großmächte da, deren Stimme mehr galt als die der anderen Staaten, und auch Österreich ragte, nach Gebietsgröße und Einwohnerzahl gerechnet, weit hervor. Der eigentliche Zusammenbruch des westfälischen Ordnungssystems erfolgte jedoch zuerst im Nordosten, wo Schweden, die zweite Garantiemacht der Friedensschlüsse von 1648, seit Anfang des 18. Jahrhunderts wieder in schwere Kämpfe um das Dominium Maris Baltici verwickelt war.

IV.
Europäische Pentarchie und deutscher Dualismus

1. Die Gewichte werden neu geordnet – in Europa und im Reich

Als das zweite Jahrzehnt des 18. Jahrhunderts zur Neige ging, konnten sich die deutschen Staaten endlich auf den inneren Um- und Ausbau konzentrieren, der zwar bereits im letzten Drittel des 17. Jahrhunderts in Gang gekommen war, aber gelitten hatte unter dem Zwang der militärischen Selbstbehauptung. Die Serie kriegerischer Auseinandersetzungen im Westen, Osten und Norden des Reiches kam zu einem Ende; im Reich und in Europa ergaben sich neue Konstellationen, nicht zuletzt dadurch, daß neue Akteure die Bühne betraten.[1]

In Brandenburg-Preußen und Österreich, den beiden größten deutschen Teilstaaten, traten Männer an die Spitze, die deutlich andere Interessen verfolgten als ihre Vorgänger. In Preußen warf Friedrich Wilhelm I., der Soldatenkönig, das Ruder radikal herum – der barocke Glanz des väterlichen Königshofes wich der militärisch-bürokratischen Nüchternheit des Beamten- und Soldatenstaates. In Österreich war bereits 1711 Karl VI. seinem jung verstorbenen Bruder Joseph I. gefolgt und hatte die Verantwortung für die letzten Jahre des Spanischen Erbfolgekrieges sowie den Utrechter und Rastatter Friedensschluß übernommen. Karl VI. wurde zum Kaiser der Pragmatischen Sanktion, die die Thronfolge seiner Töchter vor den Kindern des Bruders sichern sollte. 1713, im Jahr des Utrechter Friedens erlassen, sollte dieses habsburgische Hausgesetz die österreichische Politik auch nach dem Tod seines Urhebers im Jahre 1740 noch lange Zeit in Anspruch nehmen.

Im Nordwesten des Reiches ergab sich 1715 eine grundlegende Veränderung, die sogar über das Ende des Alten Reiches hinaus politisch wirksam bleiben sollte: Nach dem Tod der englischen Königin Anna (1714) bestieg der Hannoveraner Kurfürst Georg Ludwig (1698 bis 1727) als Georg I. den englischen Thron; gleichzeitig begann in London ein halbes Jahrhundert Whig-Herrschaft. Für Deutschland war das hochbedeutsam: Da England mit dem norddeutschen Mittelstaat Hannover eine Personalunion eingegangen war und der englische König als deutscher Kurfürst seine Stimme bei der Kaiserwahl abgab, war Großbritannien fortan nicht nur als Wahrer des europäischen Gleichgewichts, sondern als direkter Interessent in die deutschen Dinge eingebunden.[2]

Auch in Frankreich kam es zu einer einschneidenden Veränderung, in deren Konsequenz der französische Druck auf das Reich nachließ. Die Krone ging 1715 über zwei Generationen hinweg von Ludwig XIV. auf seinen fünfjährigen Urenkel Ludwig XV. über. Die Regierung lag zunächst in der Hand des Herzogs Philipp II. von Orléans, einem Sohn Liselottes von der Pfalz, ab 1726 bei Kardinal Fleury. Das Erbe des Großen Ludwig lastete schwer auf dem Land – mit hohen Staatsschulden, einer angeschlagenen Wirtschaft, Elend bei den Bauern und den städtischen Unterschichten, einem gesunkenen Ansehen in Europa. Der Mann der Stunde war der schottische Finanztheoretiker John Law, der durch geschickte Kreditschöpfung und künstlich angefachtes Spekulationsfieber zwar die Staatsschulden verringerte und die Wirtschaft ankurbelte, schließlich aber den Staatsbankrott herbeiführte. Breite Schichten der Bevölkerung hatten darunter zu leiden, weil Inflation und Preissteigerungen ihnen das Nötigste zum Leben nahmen. Eine Konsolidierung sowohl des Staatshaushaltes als auch der Wirtschaft bahnte sich erst unter Kardinal Fleury gegen Ende der zwanziger Jahre an. Das war dann auch die Voraussetzung für die Rückkehr Frankreichs in die europäische Außenpolitik.[3]

Besonders folgenschwer war die Verschiebung der politischen Gewichte im Osten und Norden, wo sich die deutschen Staaten nun einer grundlegend neuen Mächtekonstellation gegenübersahen. Bislang hatte dort das im Dreißigjährigen Krieg nicht nur zur Vorherrschaft im Baltischen Meer, sondern zu europäischer Großmachtstellung aufgestiegene schwedische Königreich den Ton angegeben. Die älteren, vom Mittelalter bis zum 16. Jahrhundert dominierenden Großreiche Dänemark und Polen waren in die zweite Linie zurückgefallen, ohne sich jedoch mit dem Machtverlust abgefunden zu haben.

In der westlichen Ostsee ging es wie seit alters um die Beherrschung des Sunds, der Meerenge, die von der Nordsee her den Zugang zur Ostsee eröffnete. Gegenüber dem 16. Jahrhundert hatte der Sund zwar an Bedeutung verloren, weil der Westen Europas nach dem Bevölkerungseinbruch in der Krise des frühen 17. Jahrhunderts und aufgrund von Steigerung der eigenen Getreideproduktion, insbesondere in England, das baltische Korn weniger dringend benötigte als vordem. Weil aber weiterhin ein hoher Bedarf an Schiffsbaumaterial bestand und der Rußlandhandel vor allem der Holländer und Engländer expandierte, blieb das Interesse an der Sunddurchfahrt und am Dominium Maris Baltici auch im 18. Jahrhundert erhalten. Auf der Gegenseite, in der nordöstlichen Randzone Mitteleuropas und im Baltikum, war die mächte- und ordnungspolitische Neugestaltung nun bereits über Generationen hinweg ein Dauerproblem. Je stärker es der polnischen Adelsrepublik an innerer

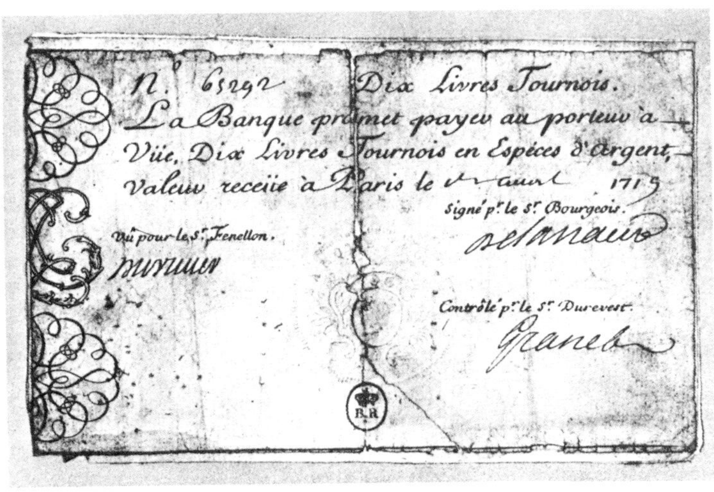

Note der von John Law gegründeten Banque Royale in Paris aus dem Jahre 1719

Nach dem Spanischen Erbfolgekrieg war Frankreich erschöpft, eine Zeit der inneren Konsolidierung war nötig. Der Schotte John Law versuchte die Finanzen in Ordnung zu bringen.

Zar Peter der Große auf seinem Siegeszug im Nordischen Krieg von 1700 bis 1721, zeitgenössischer russischer Kupferstich

Der Zar nutzte den Krieg, um Rußland als nordische Großmacht an die Stelle Schwedens zu bringen, was zugleich bedeutete, daß fortan auch Rußland in der Mitte Europas ein Wort mitzusprechen hatte.

Stabilität und außenpolitischer Dynamik mangelte, um so größer wurde die Gefahr, daß sich der Expansionsdrang neu aufsteigender Mächte auch gegen Gebiete dieser ehemaligen Vormacht richtete.[4]

Neben Polen und Schweden nahmen Rußland und Brandenburg-Preußen direkt an diesem Ringen teil. Das Moskauer Zarentum war seit dem ausgehenden 16. Jahrhundert nach Westen vorgestoßen und brachte hier seine Interessen zur Geltung. Diese Wendung entsprang zunächst mehr den Launen und Möglichkeiten einzelner Moskowiter Herrscher, seit der Wende zum 18. Jahrhundert war sie dann aber zur vitalen Staatsräson des Zarenreiches geworden – als nämlich Zar Peter der Große (1682-1725) das Land zum Westen öffnete und in eine gewaltige Modernisierung trieb. Damit war die östliche Ostseeküste strategisch und handelspolitisch ins Zentrum der Moskauer Außenpolitik gerückt, die über Jahrzehnte hin von dem Willen bestimmt wurde, einen sicheren Zugang zum offenen Meer zu gewinnen.

Etwa zur gleichen Zeit vollzogen die Hohenzollern, die seit der Übernahme des Herzogtums Preußen, des späteren Ostpreußen, zu Anfang des 17. Jahrhunderts im östlichen Mitteleuropa präsent waren, so etwas wie eine Ostwendung. Indem der entstehende hohenzollerische Gesamtstaat mit der Königsberger Krönung von 1701 sein Königtum auf das fern im Osten gelegene Preußen gründete, hatte er sein Schicksal unlösbar an dieses außerhalb des Reiches gelegene Territorium geknüpft. Hinzu kam der seit dem Westfälischen Frieden nicht aufgegebene Wille, zu dem damals erworbenen Hinterpommern auch das wegen seiner Hafenstadt Stettin ungleich wertvollere, damals aber an Schweden gelangte Vorpommern hinzuzugewinnen. Das mächtepolitische Ringen um die Herrschaftsverhältnisse an der deutschen und baltischen Ostseeküste samt den angrenzenden Gebieten Ostmitteleuropas war seitdem auch für den Hohenzollernstaat eine Existenzfrage.

2. Der Nordische Krieg und die Begründung eines neuen Mächtesystems

Während im Westen Europas der Entscheidungskampf um das spanische Erbe ausgefochten wurde, führten auch im Nordosten des Kontinents kriegerische Auseinandersetzungen eine neue Mächtekonstellation herauf, die in ihrer »Endphase nach 1716 [sogar] als eine Epochenwende der europäischen Geschichte« insgesamt erscheint.[5] Der *Große Nordische Krieg* sollte über zwei Jahrzehnte dauern, bis in den Verhandlungen von Nystad im Sommer 1721 der Friede wiederhergestellt wurde; dann aber waren die Machtverhältnisse gründlich neu geordnet. Im Mittelpunkt dieser Konflikte standen Dänemark, Polen und Rußland, die sich mit unterschiedlichen Interessen zusammengetan hatten, um die angreifbar gewordene schwedische Vormachtstellung in der Ostsee zu beseitigen.[6] Brandenburg-Preußen blieb zunächst, und zwar bis 1715, neutral, denn König Friedrich I. war aufgrund seiner Standeserhöhung dem Kaiser verpflichtet und mußte sich als Gegenleistung im Westen, im Spanischen Erbfolgekrieg, an der Seite Österreichs engagieren. Zu einem Zweifrontenkrieg war Brandenburg aber noch zu schwach – zum Glück, denn sonst hätten sich die Kriege im Nordosten und im Westen zu einem Feuersturm vereint, der die Schrecken des Dreißigjährigen Krieges womöglich übertroffen hätte.

Was die Schwäche Stockholms anbelangte, hatten sich die Gegner Schwedens jedoch verrechnet. Für Polen und Dänemark sollte das ein endgültiges Ende ihrer hochfliegenden Pläne bedeuten. Denn Rußland konnte seine Position militärisch und politisch auf Kosten seiner Verbündeten ausbauen. In dem jungen Schwedenkönig Karl XII. regte sich nochmals der kriegerische Geist, der das skandinavische Reich drei Generationen zuvor in die erste Reihe der europäischen Großmächte geführt hatte. Im Frühjahr 1700 landete Karl auf Seeland, bedrohte Kopenhagen und zwang dadurch die Dänen zur raschen Kapitulation; dann richtete er seine ganze Kraft auf den Schlag gegen Polen, wobei unverkennbar persönlicher Haß und offenkundige Verachtung gegenüber dem polnischen König und Kurfürsten von Sachsen, August dem Starken, mitspielten. Das sollte den Schweden schließlich zum Verhängnis werden, weil so dem viel gefährlicheren Gegner Rußland Zeit zur Formierung seiner Streitkräfte blieb.

Zunächst allerdings fiel Warschau ohne Gegenwehr in die Hand Karls XII.; August der Starke wurde als König von Polen abgesetzt und sah sich auch in seinen sächsischen Stammlanden bedroht. Im September 1706 mußte er im Frieden von Altranstädt unter schmählichen Bedingungen aus dem Krieg ausscheiden, und seine Krone geriet in Gefahr. Ein Jahr später, wiederum in Altranstädt, war dem Schwedenkönig Gelegenheit gegeben, nochmals als Beschützer der deutschen Protestanten aufzutreten. Um Karl XII. von einem Engagement im Spanischen Erbfolgekrieg an der Seite Frankreichs abzuhalten und die Verschmelzung der nord- und westeuropäischen

Dreikönigstreffen der antischwedischen Partei: König Friedrich I. von Preußen, König August der Starke von Polen und König Friedrich IV. von Dänemark während ihrer Berliner Verhandlungen über ein Neutralitätsbündnis gegen Schweden im Juli 1709

Konflikte zu einem neuen großen Ringen nach Art des Dreißigjährigen Krieges zu verhindern, schloß Österreich am 1. September 1707 im Feldlager zu Altranstädt mit den Schweden ein Abkommen. Für den Abzug der schwedischen Truppen aus Schlesien erhielten dort die evangelischen Untertanen der Habsburger, die seit dem Westfälischen Frieden harten Bedrückungen ausgesetzt waren, weitreichende Religionsrechte. Die Altranstädter Konvention sicherte in Schlesien den Protestantismus, bis das Herzogtum eine Generation später zur Provinz des evangelischen Hohenzollernstaates wurde.[7]

Peter der Große hatte unterdessen die Zeit genutzt. Er hatte sein Heer reformiert und sich im ungeschützten Livland und Ingermanland festgesetzt, wo er 1703 an der Newamündung einen Flottenstützpunkt, St. Petersburg, gründete. Nach der endgültigen Sicherung dieses neueroberten Küstenstreifens wurde die zehn Jahre alte Küstenstadt zum Regierungssitz des Zarenreiches erhoben. Als Karl XII. im Sommer 1707 von Polen aus gegen die Russen zu Felde zog, ließ Zar Peter ihn in die Weite des Raumes und des Winters vorstoßen, ehe er das dezimierte, erschöpfte und unter Munitionsmangel leidende schwedische Heer im Juli 1709 vor Poltawa vernichtete. König Karl entkam mit ganzen 500 Mann über den südlichen Bug auf türkisches Hoheitsgebiet.[8]

Dänemark und Sachsen-Polen ergriffen die unerwartete Chance zur Revanche. In der von ihnen eröffneten zweiten Phase des Nordischen Krieges (1709-1716) übernahm Rußland immer eindeutiger die Führung in der antischwedischen Allianz und schob sich unaufhaltsam nach Westen vor. Die labile Stellung Polens in diesem Raum wurde noch zusätzlich geschwächt, als die alten inneren Gegensätze zwischen Krone und Adelsmagnaten erneut aufbrachen und dem Zaren Gelegenheit gaben, sich zum Protektor der Adelsrepublik aufzuschwingen. Gleichzeitig gelang es der russischen Diplomatie, Preußen und England, die nach Beendigung des Spanischen Erbfolgekrieges zum Engagement im Nordosten bereit waren, für den Kampf gegen Schweden zu gewinnen.

Noch einmal versuchte Karl XII. mit einer gewaltigen Kraftanstrengung, das Ruder herumzureißen. Nachdem er die Hoffnung hatte aufgeben müssen, die Türkei zu einem Entlastungskrieg gegen Rußland bewegen zu können, machte er sich, verkleidet und nur vom Obersten Düring begleitet, in einem unbegreiflichen Gewaltritt

König Friedrich IV. von Dänemark tritt als Sieger auf: Der schwedische General Magnus Stenbock küßt nach seiner bedingungslosen Kapitulation 1713 bei Tönning die Hand des dänischen Königs.

in das heimatliche Schweden auf. In genau sechzehn Tagen durcheilte er halb Europa und erreichte über Ungarn, Österreich, Bayern, die Pfalz, Westfalen und Mecklenburg am 27. November 1712 die Ostseeküste in Stralsund. Aber den Gang der Dinge vermochte er nicht mehr zu beeinflussen. Als im Dezember 1718 in den Laufgräben vor der norwegischen Festung Frederikshald eine Kugel seinem unzeitgemäßen Heldenleben ein Ende setzte, hatten längst andere Kräfte dem Nordischen Krieg eine neue Wende gegeben: Im Zeitalter der Höfe und Allianzen war es auch in Nordosteuropa nicht mehr der heroische Wille eines einzelnen Herrschers, der die mächtepolitische Ordnung entwarf; bestimmend waren die Gewichte und das Kalkül im internationalen Kräftespiel.

Das galt auch für Peter, den großen russischen Zaren, wenn er auch weit erfolgreicher - weil nüchterner und rationaler - operierte als sein schwedischer Gegenspieler. So gelang es ihm zwar, seit 1715 in einer gezielten dynastischen Heiratspolitik mit mehreren deutschen Fürstenfamilien in Verbindung zu treten. Als er aber im April 1716 einen Ehevertrag mit dem mecklenburgischen Herzoghaus zustande brachte und auf diesem Weg seine eben erst in Ostmitteleuropa gewonnene Einflußzone weit in die westliche Ostsee voranzuschieben drohte, traf er auf den entschiedenen Widerstand England-Hannovers und des Kaisers. Die etablierten Mächte sahen durch den rasanten Aufstieg Rußlands das politische und kommerzielle Gleichgewicht in Deutschland und Europa gefährdet und zeigten sich daher zum Äußersten entschlossen.

Die Endphase des Nordischen Krieges stand so im Zeichen »zunehmender Internationalisierung der Baltischen Frage«.[9] Und die Friedensschlüsse, die zwischen 1719 und 1721 das Ringen Zug um Zug beendeten, waren Teil der ganz Europa überspannenden Neuordnung des internationalen Systems. Die Friedensverträge, die Schweden mit seinen Gegnern abschloß – in *Stockholm* mit England-Hannover und Preußen, in *Frederiksborg* mit Dänemark, im finnischen *Nystad* mit Rußland –, waren das nord- und nordosteuropäische Pendant zum Utrechter Friedenswerk, das nach dem Spanischen Erbfolgekrieg die Gewichte in Westeuropa neu verteilt hatte: Schweden mußte bis auf einen kleinen Rest Vorpommerns um Stralsund, Greifswald und Rügen alle im Westfälischen Frieden erworbenen Besitzungen auf deutschem Boden abtreten – Bremen und Verden an Hannover, den wichtigsten Teil Vorpommerns mit der Odermündung und dem Hafen Stettin an Preußen; darüber hinaus mußte es zulassen, daß das bislang dem schwedischen Einfluß offene Herzogtum Schleswig endgültig an Dänemark gelangte. Im Nordosten gingen Estland, Livland, Ingermanland und Teile Kareliens an Rußland über. Die von Peter dem Großen besetzten südfinnischen Gebiete konnten nur durch die Zahlung von zwei Millionen Reichstaler für Schweden gerettet werden.

Damit hatte Schweden seine Hegemonie in der Ostsee und im Baltikum, die es ein knappes Dreivierteljahrhundert behauptet hatte, endgültig eingebüßt. Dänemark, der alte Rivale am Sund, hatte wieder gleichgezogen; für Deutschland war der dänische König fortan wieder wichtiger als der schwedische. Unter den deutschen Staaten hatte vor allem Preußen von der Neuregelung profitiert: Wegen der Personalunion mit England entfaltete Kurhannover kaum noch politische Dynamik im Reich. Für Sachsen und die Wettiner hatte sich die polnische Krone, die Glanz und Reputation gebracht hatte, mächtepolitisch als ein Danaergeschenk erwiesen.[10] Diese Umstände ebneten dem Hohenzollernstaat im Norden Deutschlands den Weg zur Vorherrschaft. Weit größer noch war der Sprung, den Rußland nach vorne getan hatte, nämlich nach Norden und Westen. In der östlichen Ostsee und in Ostmitteleuropa hatte es Schweden und Polen als Vormacht abgelöst, und das Reich der Zaren ließ keinen Zweifel an seinem Willen, die Rolle einer europäischen Großmacht zu spielen.

Der Spanische Erbfolgekrieg und der Nordische Krieg hatten eine neue Epoche in der Geschichte des deutschen und europäischen Staatensystems heraufgeführt. Das im Westfälischen Frieden etablierte Friedens- und Mächtesystem, das auf der regionalen Vorrangstellung der beiden Garantiemächte Schweden und Frankreich beruht hatte und die politische Dynamik im Reich, vor allem diejenige der Habsburger, unter Kontrolle halten wollte, hatte sich endgültig aufgelöst. Im Westen standen sich Frankreich und England als Partner und Konkurrenten gegenüber, was sich weit über die enger werdenden Grenzen des alten Kontinents hinaus auswirkte – im Karnatik auf dem indischen Subkontinent ebenso wie im westafrikanischen Dakar oder im nordamerikanischen Ohiotal und am St.-Lorenz-Strom. Gleichzeitig aber hatte sich das europäische Mächtesystem selbst ausgeweitet, und zwar nach Osten. Dort hatte von nun an Rußland »in der Gegenüberstellung zur Seemacht England [eine] Flügelmachtposition« inne.[11]

Auch in Mitteleuropa waren die mächtepolitischen Verhältnisse gründlich verändert. Im Westen des Reiches war die Zeit einer habsburgischen Umklammerung Frankreichs zu Ende gegangen, so daß

Mit dem am 30. August 1721 in Nystad unterzeichneten Frieden zwischen Schweden und Rußland, in dem Schweden mit Estland, Ingermanland, Teilen Kareliens und Viborgs sowie den Inseln Ösel und Dagö entscheidende Positionen auf der südöstlichen Gegenküste an das Zarenreich abtrat, war Rußland im Nordosten und Osten des Kontinents an die Stelle der skandinavischen Vormacht getreten. Zusammen mit den Friedensschlüssen von Utrecht (1713) und Passarowitz (1718) war damit das Ende der westfälischen Friedensordnung eingeläutet. Im internationalen Mächtesystem zog eine neue Zeit herauf - die der europäischen Pentarchie, der Vorherrschaft der fünf großen Mächte England, Frankreich, Österreich, Preußen und Rußland. Es sollte jedoch noch Jahrzehnte und heftige Kämpfe kosten, bis dieses System mit dem Hubertusburger Frieden von 1763 endgültig etabliert und allseitig anerkannt war.

sich der Bourbonenstaat seinen inneren Problemen zuwenden konnte. Einfälle der Franzosen ins Reich waren einstweilen nicht mehr zu befürchten. Im Südosten war die türkisch-österreichische Militärgrenze weit den Balkan hinab verschoben worden, denn mit dem Passarowitzer Frieden von 1718 sicherte Österreich die großen Eroberungen des Prinzen Eugen bis hinab nach Belgrad. Die Kaisermacht hatte neues Selbstbewußtsein gewonnen, und sie stand bereit, ihre Interessen im Reich und in Europa zukünftig energisch zur Geltung zu bringen.

Auch Brandenburg-Preußen, das soeben in den Kreis der europäischen Monarchien eingetreten war, hatte ein neues Selbstgefühl. Friedrich Wilhelm I. (1713-1740) ging daran, das Prestige der Königswürde um die Reputation solider Finanzen und militärischer Schlagkraft zu ergänzen. Wenn der Staat des Soldatenkönigs auch weder den Glanz noch die Tradition des Habsburgerreiches besaß und angesichts der Verstreutheit seiner Gebiete anfälliger schien als die kompakten Erblande, so gab es doch im Reich und in Europa kaum eine Macht, die ihn fortan nicht in ihr Kalkül einbezog. Innerhalb der deutschen Staatenwelt war Preußens Stellung an zweiter Position unbestritten: Sachsen, der alte Rivale, mochte den Nachbarn vorläufig noch mit höfischer Kultur und hochfliegenden Projekten überstrahlen, aber mächtepolitisch war der Staat der Wettiner weit zurückgefallen, und die anhaltenden inneren Probleme Polens sorgten dafür, daß er sobald nicht wieder aufholen würde.

Zwischen den beiden Führungsmächten Österreich und Preußen gab es so etwas wie eine natürliche Aufteilung: Wien engagierte sich vorwiegend im Süden, Berlin vorwiegend im Norden des Reiches, wobei sich in der Berührungszone beider Interessen durchaus überschnitten. Gemeinsam war ihnen aber, daß sie ihren Blick vornehmlich nach Osten richteten. Gegenüber der zweiten Hälfte des 17. Jahrhunderts, als unter der Franzosengefahr die Westgrenze des Reiches im Zentrum des Interesses gestanden hatte, war das eine deutliche Verschiebung in den geographischen Brennpunkten der deutschen Geschichte.

Noch etwas war Österreich und Preußen gemeinsam: Anders als England und Frankreich, den beiden Großmächten im Westen, standen ihnen - darin Rußland, dem dritten Aufsteiger im Osten, vergleichbar - die größten Kraftanstrengungen noch bevor, und zwar außenpolitisch ihren Rang als europäische Großmächte zu behaupten und innenpolitisch den Aufbau des modernen Zentral- und Einheitsstaates zu bewältigen. In Österreich und Preußen gingen also innere Umbildungen zum absolutistischen Einheitsstaat und Aufstieg zu deutschen und europäischen Großmächten Hand in Hand. Nur mit Hilfe komplizierter Übereinkünfte und Allianzen konnten sie sich im Reich und in Europa behaupten, und nur in gegenseitiger Konkurrenz und Konfrontation konnten sie sich als Großmächte etablieren.

Das bedeutete aber zugleich, daß spätestens seit dem zweiten Viertel des 18. Jahrhunderts innerhalb des Reiches eine neue Polarität aufgezogen war, die den alten verfassungspolitischen Dualismus zwischen Kaiser und Reich rasch überdecken sollte: der machtpolitische Dualismus zweier europäischer Großmächte, der sich schließlich zu einem auch kulturell und mentalitätsmäßig wirksamen Dualismus im Reich insgesamt ausweiten sollte - zwischen einem norddeutsch-protestantisch geprägten, von Preußen geführten und einem südlich-katholischen, vom Kaiser bestimmten Reich.

3. Der Polnische Thronfolgekrieg und die Frage nach den Kosten eines Systems von Leitmächten

In den Friedensschlüssen der Jahre 1715 bis 1721 hatte sich somit als mächtepolitisches Ordnungssystem der Zukunft die europäische *Pentarchie* abgezeichnet – Frankreich, England, Österreich, Preußen und Rußland waren als Führungsmächte in einem Staatensystem zu erkennen, das von Moskau bis Madrid Europa überspannte und auch die europäischen Interessenzonen in der Neuen Welt einschloß. Wie bereits die Schlußphase im Ringen um die Neuordnung des Ostseeraumes gezeigt hatte, konnte keine dieser »neuen Führungsmächte ... mehr Außenpolitik betreiben ..., ohne die Interessen der anderen auf den Plan zu rufen«.[12] Und da jede dieser Mächte eifrig bemüht war, ihre Stellung auszubauen und dabei vor dem Einsatz kriegerischer Mittel nicht zurückschreckte, ließ die nächste militärische Auseinandersetzung nicht lange auf sich warten.

Frankreich und England waren zwar als Großmächte bereits etabliert und besaßen in Europa selbst wenig direkte Konfrontationszonen. Um so erbitterter war aber ihre Konkurrenz in Übersee und das Bestreben, auf dem alten Kontinent ihren Einfluß auszudehnen, was nur auf Kosten der anderen möglich war. Österreich, Brandenburg-Preußen und Rußland waren einflußpolitisch und territorial noch unsaturiert. Sie hatten ihren Führungsanspruch angemeldet. Ohne weiteres einlösen konnten sie ihn indes noch nicht – weder militärisch noch vom inneren, staatsrechtlich-gesellschaftlichen Verdichtungsgrad her. Sie befanden sich auf dem Sprung, was für den Frieden in Europa um so gefährlicher war, als sich ihr mächtepolitisches Interesse auf die ostmitteleuropäische Übergangszone richtete, wo sich im Norden wie im Süden aus je unterschiedlichen Gründen ein Machtvakuum herausgebildet hatte, das zur Expansion verlockte.

Diese Entwicklung war für die polnische Adelsrepublik geradezu verhängnisvoll: Deutlich geschwächt aus dem Nordischen Krieg hervorgegangen, konnte sie sich kaum dagegen wehren, wenn die erstarkten Nachbarn sich immer unverblümter in ihre inneren Angelegenheiten einmischten. Nun wirkte sich aus, daß Rußland 1717 durch seine Intervention im polnischen Verfassungskonflikt den Status einer Garantiemacht errungen hatte und daß es sich bereits in den zwanziger Jahren mit Preußen geeinigt hatte, alles daranzusetzen, die innere Schwächung Polens Dauerzustand werden zu lassen. Die »Anarchie« der Adelsrepublik, die im weiteren Verlauf des Jahrhunderts den in diesem Raum machtpolitisch interessierten Großmächten noch häufig als Feigenblatt für eine brutale Interventionspolitik dienen sollte, war von außen gesteuert. Es ging darum, sich durch die innere Schwächung Polens gebiets- und einflußpolitisch interessante Perspektiven zu eröffnen.

Rasch kam als dritter Spießgeselle Österreich hinzu – die Allianz der drei schwarzen Adler war geboren, die in der letzten Phase Alteuropas das ostmitteleuropäische Feld beherrschen sollte. Wie immer die konkreten Konstellationen zwischen Rußland, Preußen und Österreich wechselten – und sie wechselten häufig –, einig war man sich stets in dem Ziel, die außenpolitische Handlungsunfähigkeit und die innere Schwächung der Adelsrepublik aufrechtzuerhalten. Als schließlich auch Frankreich, an seine bis ins 16. Jahrhundert zurückreichenden Interessen anknüpfend, eine planmäßige, kaum weniger eigennützige Polenpolitik aufnahm und dem »Bündnis der drei schwarzen Adler« das Modell einer von Frankreich kontrollierten »Barrière de l'Est« entgegenstellte, wurde Polen, die alte, einst mächtige und selbstbewußte Vormacht Ostmitteleuropas, vollends zum Spielball der Großmächte – und so sollte es lange bleiben.[13]

Die fatale Lage Polens gibt eine Grundregel zu erkennen, unter der das eben etablierte internationale Mächtesystem fortan stand: Mächtepolitische Selbstbehauptung setzte im 18. Jahrhundert mehr denn je innere Stabilität und Stärke voraus. Daher fielen die im 16. Jahrhundert so einflußreichen Republiken, wo gesellschaftliche Freiheiten vor staatlicher Kraftentfaltung rangierten, rasch zurück: Holland segelte im Kielwasser Englands, und über Polen hing das Machtdiktat Österreichs, Preußens und Rußlands. Frühere Generationen von Historikern glaubten hier das quasibiologische »Gesetz des Stärkeren« wirksam zu sehen – das grausame, nicht enden wollende Spiel von Blut und Tränen, das Ringen der großen Mächte als Ausdruck der »Dialektik eines sinngeformten Prozesses der europäischen Geschichte«.[14] Heute dagegen wird nach den Strukturbedingungen dieser Kabinetts- und Interessenpolitik gefragt – nach den innerstaatlich-dynastischen ebenso wie nach denjenigen, die sich aus den Bauprinzipien des internationalen Systems ergaben[15] –, um das frühneuzeitliche Spiel der Mächte aus seinem inneren Kern heraus zu verstehen und vielleicht auch, um am Ende doch klüger zu sein für die Zukunft.

Wo eben noch Außen- mit Machtpolitik gleichgesetzt und gerade darin ein Fortschritt gesehen wurde, richtete sich nun der Blick auf die Kosten des aus den großen Kriegen des frühen 18. Jahrhunderts hervortretenden Systems der Großmächte und des ihm verbundenen neuen Politikverständnisses.[16] Bedeutete – so fragen wir – das seit Anfang des 18. Jahrhunderts herrschende Machtkalkül der Groß- und Militärstaaten nicht eher einen Verlust an politischer Kultur, als daß man darin eine bewundernswerte Leistung der Staatskunst zu sehen hat? Der Vergleich zwischen dem europäischen Mächtesystem vor und nach der Etablierung der absolutistischen Großstaaten könnte die Phantasie des Urteils fördern. Vor allem die Lage der beiden libertären und daher zu rücksichtsloser Machtkonzentration nicht willigen und wohl auch nicht fähigen Republiken Polen und Holland in dem früheren und in dem nun etablierten System internationaler Beziehungen macht die Kosten unübersehbar deutlich: »Denn in dem Wandel des vielgliedrigen und mehrpoligen alteuropäischen Staatensystems des 17. Jahrhunderts zu dem neuen ›System Europa‹ unter der Herrschaft von Leitmächten mußte sich schnell der ganze Kontinent deren Steuerung fügen. Während es vorher noch gleichsam isolierte Schauplätze gegeben hatte, ließ sich nunmehr – in bezug auf die Interessen der Leitmächte – kein interventionsfreier Raum mehr bewahren.«[17]

In Polen wurde das neue Spiel sogleich ernst, als sich nämlich An-

Meißner Schale aus dem polnischen Krönungsservice, um 1733/34

Durch das aufziehende System der »Leitmächte« gerät das einst in Ostmitteleuropa dominierende polnische Königreich oder die »Adelsrepublik Polen«, wie man sie angesichts der ausgeprägten inneren Adelslibertät nennt, rasch in Bedrängnis. Die Nachbarstaaten hoffen, von Polens Schwäche zu profitieren, was sogleich auch die beiden westlichen Großmächte auf den Plan ruft. So ist jede innere Veränderung in Polen auch ein Problem der europäischen Politik. Als es 1733 um die Nachfolge König Augusts des Starken geht, setzt auf dem polnischen Exerzierfeld europäischer Interessenpolitik ein Tauziehen ein, das sich zum Polnischen Thronfolgekrieg ausweitet. Sieger bleibt schließlich der Sohn des verstorbenen Wettiners, der als August III. den polnischen Thron besteigt – die vereinten Wappen Sachsens und Polens konnten noch einmal das polnische Krönungsservice schmücken.

fang der dreißiger Jahre immer dringlicher die Frage nach dem Erbe des nun über sechzigjährigen August des Starken stellte und die polnische Sukzession immer unverhüllter zum Gegenstand der europäischen Diplomatie wurde. Um die drohende Einflußnahme Frankreichs abzuwehren und die Entscheidung unter sich auszumachen, schlossen Rußland, Preußen und Österreich auf Betreiben des russischen Botschafters in Warschau, Graf Löwenwolde, bereits im Dezember 1732 den berüchtigten »Traktat der drei schwarzen Adler«. Er sah vor, daß die polnische Krone an einen portugiesischen Prinzen gelangen sollte, was natürlich darauf abzielte, den Einfluß der drei Partner weiter zu verstärken, ohne einem von ihnen von vornherein den Vorteil zu lassen.

Als August der Starke, polnischer König und Kurfürst von Sachsen, dann am 1. Februar 1733 starb, hatte das portugiesische Thronfolgeprojekt allerdings keine Realisierungschancen. So schwach waren die polnischen Magnaten noch nicht, daß sie ihr Wahlrecht ganz preisgegeben hätten. Und auch Dresden wußte unter Leitung des eben zum Kammerpräsidenten aufgestiegenen Grafen von Brühl, den Anspruch des Hauses Wettin erneut in die Waagschale zu werfen. Dennoch war nicht zu verhindern, daß der Kampf um die Krone Polens wieder einmal zu einem Exerzierfeld europäischer Interessenpolitik wurde.[18] Vor allem Frankreich, das bei solchen Anlässen seit dem 16. Jahrhundert in Polen engagiert war, nahm den Polnischen Thronfolgekrieg (1733-1738) zum Anlaß, nach rund zwei Dezennien innenpolitisch bedingter Lähmung auf die Bühne des europäischen Mächteringens zurückzukehren. Wieder einmal ging es um die Gewichtsverteilung zwischen Habsburg und Bourbon, diesmal vor allem in Italien und Lothringen.

Frankreich und das mit ihm verbündete Schweden favorisierten Stanislaus Leszczynski (1677-1766), den Schwiegervater Ludwigs XV.; Rußland und Österreich stellten sich hinter die Ansprüche des sächsischen Kurfürsten Friedrich August III. (1696 bis 1763), Sohn Augusts des Starken. Als der Krieg offen ausbrach, besetzte Frankreich Lothringen, um die Gefahr zu bannen, die es aufziehen sah: den Ausbau dieses an seiner Ostgrenze gelegenen Herzogtums zur Offensivbastion der Habsburger, wenn - wovon schon damals jeder ausging - der lothringische Herzog Franz Stephan (1708-1765) die Kaisertochter Maria Theresia heiraten und - was man für möglich halten mußte - dereinst auch zum Kaiser gewählt würde. Beides trat dann ja auch tatsächlich ein - die Hochzeit im Februar 1736, die Kaiserwahl im Herbst 1745. Doch da waren die Würfel bereits gefallen; eine habsburgisch-lothringische Bedrohung Frankreichs konnte sich nun nicht mehr entwickeln.

Die gleich nach der Besetzung Lothringens ausgebrochenen Kämpfe zwischen Deutschen und Franzosen hatten sich zwei Jahre mit wechselndem Erfolg an Mosel und Rhein hingezogen. In Italien, wo der König von Sardinien-Savoyen und der spanische Bourboneninfant Don Carlos, ein Sohn König Philipps V., ihre Chancen gekommen sahen, sich auf Kosten der Habsburger schadlos zu halten, und an die Seite Frankreichs getreten waren, hatte die schwache österreichische Armee unter dem glücklosen älteren Grafen Daun (1669 bis 1741) die lombardischen Besitzungen der Habsburger räumen und dann noch zusehen müssen, wie die Spanier Neapel und Sizilien im Handstreich nahmen. Kaiser Karl VI. hatte sich daraufhin bereits im Oktober 1735 in den Wiener Präliminarfrieden mit Frankreich gerettet, der nach Beitritt Sardiniens und Spaniens im November 1738 zum definitiven Frieden von Wien und zum Schlußstrich unter dem polnischen Thronfolgestreit wurde.

Die Lösung des verwickelten Konflikts zeigt das Europa der Dynastien und der Allianzdiplomatie, in dem Länder und Herrschaften über die Köpfe der Untertanen hinweg verschachert werden, in seinem Zenit. Ein großangelegter Tausch von Titeln und Gebieten befriedigt die tatsächlichen oder vermeintlichen Ansprüche einzelner Fürsten, ihrer Häuser und Verbündeten, und er bringt das gestörte europäische Gleichgewicht wieder zur Ruhe: König von Polen wird der Sachse, der als August III. den wettinischen Glanz des Vaters erneuern kann, auch wenn sein Gegenspieler Leszczynski sich weiterhin ehrenhalber »König von Polen und Herzog von Litauen« nennen darf. Zur Entschädigung für den Verzicht erhält Leszczynski die Herzogtümer Lothringen und Bar, die aber nach seinem Tod an Frankreich fallen; deren angestammter Landesherr, inzwischen offiziell Gemahl der Habsburgerin, erhält zum Ausgleich das Großherzogtum Toskana, wo das Erlöschen der Medicidynastie bevorsteht. Frankreich erkennt die Pragmatische Sanktion an und damit den Fortbestand Österreichs unter dem neuen lothringischen Zweig der Habsburgerdynastie. In Sizilien und Neapel, wo Don Carlos, der jüngere Sohn König Philipps V. von Spanien, die europäischen Verwicklungen genutzt hatte, um sich 1734 mit dem Schwert in der Hand ein Königreich zu erwerben, wird eine bourbonische Sekundogenitur

Die Wahl König Stanislaus II. August Poniatowskis, Gemälde von Canaletto

Im Jahre 1764 wird die polnische Königswahl durch eine Abmachung zwischen dem Preußenkönig Friedrich II. und der Zarin Katharina II. entschieden. Man einigt sich auf den russischen Kandidaten Stanislaus II. August Poniatowski, der einst Gesandter in St. Petersburg war. Die polnischen Stände wählten ihn dann auch am 7. September 1764 in Wola bei Warschau zu ihrem König. Da jedoch weder die Polen noch Preußen oder Österreich bereit waren, die hegemoniale Kontrolle des ostmitteleuropäischen Raumes durch Rußland anzuerkennen, folgten aus dieser Wahl eine Serie innerer und äußerer Krisen, die schließlich zu den berühmt-berüchtigten polnischen Teilungen führte.

errichtet; Österreich bekommt dafür im Norden Parma und Piacenza, so daß zusammen mit den älteren, im Frieden von Wien zurückerstatteten Besitzungen im Nordwesten Italiens ein geschlossen habsburgisches Gebiet entsteht. Das Königreich Sardinien erhält Teile des Herzogtums Mailand und verbessert in anderen Besitzungen seine Herrschaftsrechte. Das Heilige Römische Reich Deutscher Nation wird zu alldem kaum noch gefragt: Als der Regensburger Reichstag im Mai 1736 auf Lothringen verzichtet, ist das nur noch eine Formsache. Er war längst nicht mehr in der Lage, altes Reichsgebiet zu schützen, wenn dem das Staatsinteresse der neuzeitlichen Machtstaaten entgegenstand.

Wichtiger und langfristig folgenschwerer als diese Veränderungen in West- und Südeuropa war das, was sich im Osten angebahnt hatte. Daß am Ende der Sohn des verstorbenen Königs auf den Thron gelangte, war ja kein Zeichen innerer Stärke Polens, sondern im Gegenteil machtpolitischen, ja staatlichen Verfalls. Das System der Steuerung durch die Nachbarmächte, das sich bereits im Nordischen Krieg durch die Interventionen Rußlands in die inneren Angelegenheiten der Adelsrepublik angebahnt hatte, war nun endgültig etabliert; der Weg in die spätere Aufteilung Polens war geebnet.[19]

Zusammengebrochen war dagegen der Einfluß Frankreichs in dieser Zone. Im Westen hatte sich Paris letzten Endes den größten Vorteil sichern können, da der Gewinn des seit Generationen begehrten Lothringen nur noch eine Frage der Zeit war; im Osten aber hatte die Interessenallianz zwischen Rußland, Österreich und Preußen die französische Politik der »Barrière de l'Est« durchkreuzt. Von Richelieu, dem Lehrmeister der neueren französischen Diplomatie, im ersten Drittel des 17. Jahrhunderts als Einkreisung der Habsburger konzipiert, zielte diese Politik nun, ein Jahrhundert später, vor allem darauf ab, das Vordringen Rußlands nach Mitteleuropa zu stoppen. Das sollte den beiden Vormächten in Deutschland – vor allem Habsburg, aber auch Preußen – den Allianzpartner nehmen, an dessen Seite sie für Frankreich eine Gefahr hätten werden können.

Die »Entente cordiale der drei schwarzen Adler« hielt jedoch nur dort, wo es um die gemeinsamen Interessen in Polen ging. Als sich noch zu Lebzeiten des Soldatenkönigs zwischen Berlin und Wien Spannungen über Erbfragen in den niederrheinischen Territorien ergaben, wechselte Friedrich Wilhelm I. von den Österreichern zu den Franzosen über. Das war die Ausgangslage im kurz darauf ausbrechenden Österreichischen Erbfolgekrieg. Und auch mit Rußland geriet Wien in Rivalität: Habsburg ließ sich 1737 von den verbündeten Russen in einen neuen Krieg gegen die Osmanen ziehen (bis 1739), der für das Zarenreich außerordentlich erfolgreich war, Österreich aber nichts als Niederlagen brachte und schließlich im *Frieden von Belgrad* 1739 den Verlust von Belgrad, Serbien sowie der Kleinen Walachei - gerade jener Gebiete, die an die großen Triumphe des inzwischen verstorbenen Prinzen Eugen vor dem Frieden von Passarowitz (1718) erinnerten.[20] Das war für Österreich ein schwerwiegender Prestigeverlust, während das wie im Nordischen Krieg militärisch glücklich operierende Zarenreich noch einmal an Ansehen gewonnen hatte und endgültig als Konkurrent auf dem Balkan stand. Die Schwäche der habsburgischen Armee, deren Modernisierung Prinz Eugen zuletzt sträflich vernachlässigt hatte, war nicht mehr zu verheimlichen - ein schlechtes Vorzeichen für den täglich zu erwartenden Kampf um die Sicherung der weiblichen Thronfolge, die einige der europäischen und deutschen Mächte nur halbherzig, andere gar nicht anerkannt hatten.

4. Um Schlesien, das Kaisertum und das habsburgische Erbe in Europa

Als am 20. Oktober 1740 Kaiser Karl VI. starb und mit ihm der letzte männliche Habsburger zu Grabe getragen wurde, wußte man in Wien ebenso wie in den anderen europäischen Hauptstädten, daß es diesmal um Sein oder Nichtsein des Hauses Österreich ging und um die Ländermasse, die es in einem halben Jahrtausend versammelt und staatlich geformt hatte. Im Innern der habsburgischen Länder lief zwar alles reibungslos ab: Wie in der Pragmatischen Sanktion von 1713 vorgesehen, die längst zum allseits anerkannten Staatsgrundgesetz geworden war, gingen die Kronen ohne Schwierigkeiten an Maria Theresia über, die älteste Tochter des verstorbenen Kaisers. Anders sah es aber jenseits der Grenzen aus. Dort lauerten alte und neue Rivalen seit langem auf die Chance, auf Kosten Habsburgs neue Gebiete und machtpolitischen Einfluß zu gewinnen. Würde sich nun bewahrheiten, was eine französische Satire prophezeit hatte, daß nämlich die Pragmatische Sanktion das Medea-Gesetz des Hauses Habsburg war, das den tragischen Untergang heraufbeschwören würde?[21]

In den habsburgischen Ländern selbst wurde die Pragmatische Sanktion, das Hausgesetz, das die Thronfolge Maria Theresias regelte, problemlos befolgt. In Ungarn fand die Krönung am 25. Juni auf einem Landtag in Preßburg statt – die Magnaten jubelten ihrem »König« zu, als Maria Theresia unter der Krone des heiligen Stephan den traditionellen Ritualritt zum Krönungshügel vollzog.

Der erste, der Ernst machte, war Friedrich II. von Preußen, der selbst eben erst – am 31. Mai 1740 – den Thron bestiegen hatte. Während Kurfürst Karl Albrecht von Bayern, der als Ehemann einer Tochter Kaiser Josephs I. von dem Erbfall direkt betroffen war, sich noch mit Einsprüchen gegen die Wiener Ereignisse aufhielt, weil er ohne die verbündeten Franzosen und Spanier nicht handlungsfähig war, war der achtundzwanzigjährige Hohenzoller bereits am 16. Dezember 1740 in Schlesien eingefallen: Mit der Energie und Bedenkenlosigkeit eines Emporkömmlings nutzte er die aktuelle Schwäche des Hauses Habsburg, um sich in den Besitz einer bevölkerungsreichen und wirtschaftlich starken Provinz zu bringen, für die er nur sehr fragwürdige Rechtsansprüche anmelden konnte.

Es ging Friedrich um dreierlei: Die *erste* und in jugendlicher Ungeduld mächtig gespannte Triebfeder war der Wille zum Ruhm, zur »Gloire«, die den Fürsten als höchste der höfisch-aristokratischen Tugenden lockte und die zugleich den Aufklärer herausforderte, weil sie ihm in einem entgötterten Himmel säkularisierte Unsterblichkeit verhieß. Bei aller bis zuletzt nie aufgehobenen Spannung zum Vater wird es für den jungen Monarchen nicht ohne Bedeutung gewesen sein, daß er sich auf dem Weg zum Ruhm in Einklang mit den Wünschen und Vorstellungen seines Vorgängers wissen konnte. Denn der pietistisch fromme Soldatenkönig hatte die Erziehung seines Erben unter die Maxime gestellt, daß nächst der Gottesfurcht nichts den guten Herrscher mehr auszeichnen könne »als die wahre Glorie und Begierde zum Ruhm, Ehre und zu der Bravour«. Und wie der Monarch, so waren auch die borussischen Edelmänner, die nun bereits eine Generation lang im soldatischen Dienst für ihren Staat eingeübt worden waren, begierig nach Ruhm und Ehre. »Brechen Sie auf zum Rendezvous des Ruhmes«, so beendete Friedrich seine Rede vor den ausrückenden Berliner Regimentern.[22]

Es ging dem jungen König *zweitens* um die Vergrößerung eines zu klein gewordenen Landes: Nachdem Preußen mit den Reformen Friedrich Wilhelms I. zu einem Militär- und Verwaltungskoloß auf tönernen territorialen Füßen geworden war, galt es, die neue Kriegs- und Administrationsmaschinerie so einzusetzen, daß die gebietsmäßige Basis in einem vernünftigeren Verhältnis zu den politischen Potenzen und Ansprüchen stand. In nüchternem territorialpolitischen Kalkül setzte Friedrich das von seinem Vater geschliffene Instrument ein, um dem Gesetz der Arrondierung Genüge zu tun, das den frühmodernen Staaten innewohnte. Daß er auf wackeligem Boden stand und Gefahr lief, statt der Gebietserweiterung die angestammte territoriale Basis zu verspielen, daran wollte der junge Herrscher nicht denken. In den verzweiflungsvollen Zeiten des Siebenjährigen Krieges sollte das dem Alten Fritz um so erbarmungsloser bewußt werden.

Drittens stand dem Preußenkönig eine Neuverteilung der politischen Gewichte in Deutschland und Europa vor Augen. Preußen sollte aus dem Schatten Habsburgs herausgeführt werden, damit sein Stern am Firmament der europäischen Mächte erstrahlen konnte. »Dies ist der Augenblick der völligen Umwandlung des alten politischen Systems, der Stein hat sich gelöst, den Nebukadnezar auf das Bild aus vier Metallen fallen sah und der sie alle zerstörte«, so kommentierte der königliche Feldherr seinen Einmarsch in die schlesischen Provinzen Österreichs. Nach Berlin meldete er: »Ich habe den Rubikon überschritten, mit fliegenden Fahnen und Trommelschlag.«[23]

Das Reich und die europäischen Mächte waren überrascht und fassungslos angesichts der Keckheit eines Jünglings, von dem man zu wissen meinte, daß er Flötenmenuette, philosophische Diskurse und höfische Tändeleien mehr liebte als die Unterwerfung unter die eiserne Staatsräson eines um Macht und Einfluß ringenden Mittelstaates. Wenige Jahre zuvor hatte er an den europäischen Höfen von sich reden gemacht, als er versucht hatte, sich in einer ebenso romantisch wie naiv ausgesponnenen Flucht dem offensichtlich wenig verlockenden preußischen Königtum zu entziehen, was einen kläglichen Ausgang genommen hatte, weil sein Vater alles hatte kommen sehen und ihn über Wochen hinweg genauestens hatte beobachten lassen. Als er sich in Württemberg aus einer Scheune hinwegstehlen wollte, war er erstaunt, daß die ersten Offiziere seines Vaters rundum Wache hielten, um ihn in den goldenen Käfig zurückzuführen, der in preußischer Manier aus Eisen war und in dem ihm Unterwerfung, Selbstverleugnung und ein grausamer Abschied von den Freuden einer naiven Jugendzeit aufgezwungen wurden.[24]

Und dieser Prinz, der am kalten Willen des Vaters und der eisernen Räson seines Militärstaates zerbrochen schien, hatte nun den erst wenige Monate alten Glanz der Krone eingetauscht mit dem Waffenrock der väterlichen Armee, um in einem militärischen Bravourstück der alten, wohletablierten Kaisermacht reiche Provinzen zu entreißen. Die Verblüffung galt aber nur dem Urheber des Konflikts und dem Zeitpunkt, nicht aber dem Konflikt selbst. Es lag ja vor aller Augen, daß der brandenburgisch-preußische Gesamtstaat nach der Erneuerung in den Reformen des Soldatenkönigs die zweite Kraft im Reich war. Auf Dauer konnte er sich aber nur behaupten, wenn

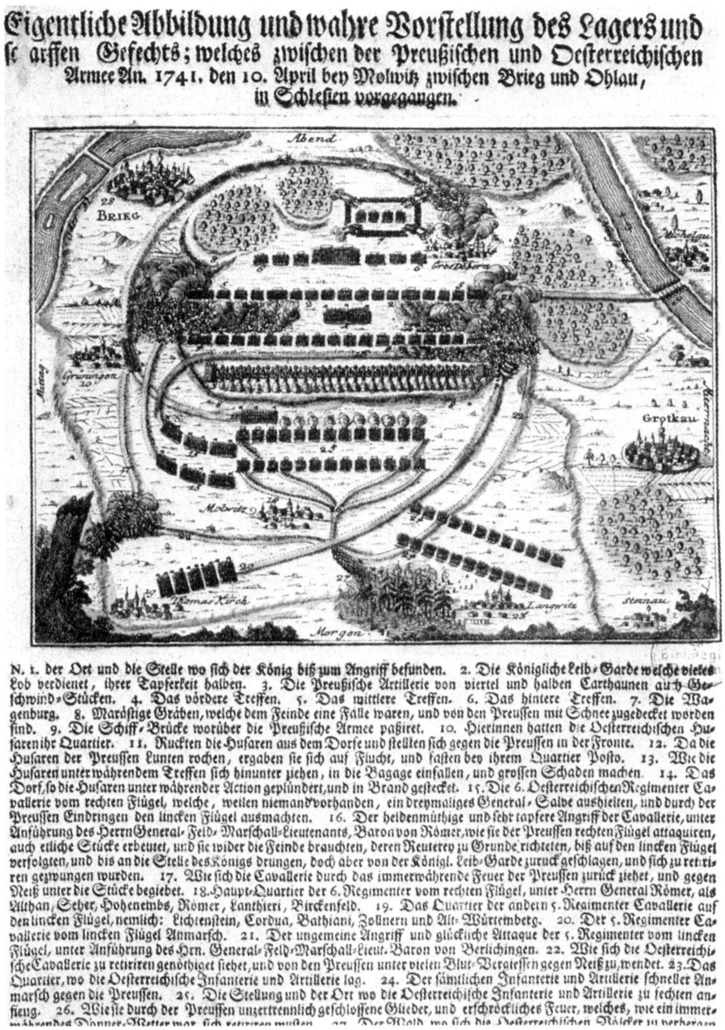

»Eigentliche Abbildung und wahre Vorstellung des Lagers und scharffen Gefechts; welches zwischen der Preußischen und Oesterreichischen Armee An. 1741 den 10. April bey Molwitz zwischen Brieg und Ohlau, in Schlesien vorgegangen«, zeitgenössischer Stich

Mollwitz war die erste Schlacht um Schlesien, nachdem Friedrich II. im Spätjahr 1740 in die wehrlose Provinz einmarschiert war und dort Winterquartier bezogen hatte. 22 000 Preußen standen 19 000 Österreichern gegenüber. Nachdem die zahlenmäßig überlegene österreichische Kavallerie die preußische Reiterei zunächst zurückgeschlagen hatte und die Schlacht bereits verloren schien, wendete ein energischer Angriff der preußischen Infanterie unter dem Feldmarschall Kurt Christoph von Schwerin noch einmal das Blatt, so daß der Usurpator das Schlachtfeld behauptete. Militärisch kaum von Bedeutung, legte der Sieg von Mollwitz das Fundament für den rasch wachsenden militärischen Ruhm des jungen Hohenzollern, der in Wahrheit im Moment der militärischen Wende das Schlachtfeld bereits verlassen hatte.

ihm der letzte Sprung zur europäischen Großmacht gelingen würde. Abgesehen von den zweifelhaften Gebietsansprüchen in Schlesien mußte das angesichts des macht- und einflußpolitischen Vorsprungs Österreichs, der die brandenburgisch-preußischen Interessen im Reich immer wieder einengte, früher oder später auf eine Konfrontation mit Wien hinauslaufen. Wie die Dinge standen, mußte dieses Preußen eines Tages die Partie wagen und die Würfel im deutschen Mächtespiel werfen.

Und auch der subjektive Faktor war unverkennbar – der Charakter und die Handlungsdisposition des Monarchen, die ihn bereit machten, das Wagnis einer solchen Herausforderung zu tragen: Der preußische Thronfolger war ohne Zweifel seit jeher ein talentierter Mann gewesen, durchdrungen von dem Willen, Bedeutendes in der Weltgeschichte zu leisten.[25] Der hochfahrende Vergleich mit dem römischen Cäsar, den der junge Monarch am Tage des Einfalls in

Ausschnitte aus einem zeitgenössischen Schmuckblatt mit Kupferstichen vom Krönungszeremoniell am 12. Februar 1742 in der Vierung des Frankfurter Bartholomäusstiftes

Nachdem die Habsburger mit Karl VI. im Mannesstamm ausgestorben waren und Maria Theresia, die Tochter des letzten Kaisers, in einen unerbittlichen Kampf um den Fortbestand der habsburgischen Hausmacht hatte eintreten müssen, gelangte erstmals seit drei Jahrhunderten ein Nichthabsburger auf den deutschen Kaiserthron: Karl VII. aus der Wittelsbacherdynastie, die damit endlich aus dem Schatten der benachbarten Habsburger herauszutreten schien.

I. Der Kaiser leistet den Eid

II. Salbung des Kaisers

III. Der Konsekrator betet für den mit dem Krönungsornat gekleideten Kaiser

IV. Dem Kaiser werden Reichsschwert, Reichsapfel und Zepter überreicht und der Ring angesteckt

VI. Nach Abendmahl und Segen wird der Kaiser inthronisiert

VII. Während des Te-Deum-Laudamus werden einige Kavaliere zu Rittern geschlagen;

VIII. Prozession zum Römer

Schlesien bemühte, war keineswegs aus dem Augenblick geborene Großsprecherei. Nachdem der Thronfolger von seinem Vater in das Unvermeidliche hineingezwungen worden war, hatte er Stück für Stück seine Rokokolaunen abgelegt, um sich den Pflichten der Krone zu unterwerfen. Rokokolaunen – das war Rheinsberg. Die Alternative dazu aber war für Friedrich nicht der trockene Alltag eines königlichen Bürokraten, sondern der glanzvolle Weg eines königlichen Heroen hin zu Ruhm und zur Unsterblichkeit.

Europa sollte den jungen preußischen Mars und seinen schlesischen Überraschungscoup rasch respektieren lernen, als es nämlich Friedrich am 10. April 1741 bei Mollwitz gelang, mit seinem noch gänzlich unbekannten Hohenzollernheer die in Türken- und Franzosenkriegen ruhmreiche kaiserliche Armee zu schlagen und das Haus Habsburg-Lothringen über Nacht an die Wand zu spielen. Erst nach diesem Durchbruch sah sich Friedrich nach Verbündeten um: Er nahm Kontakt zu Bayern, Spanien und Frankreich auf, um am 4. Juni 1741 im Breslauer Vertrag formell der antiösterreichischen Allianz beizutreten. Damit war der in einsamem Entschluß ausgelöste Schlesische Krieg zum Auftakt jenes Kampfes um das Gesamterbe Habsburgs geworden, den die europäischen Fürstenhöfe seit langem erwartet hatten und der im Hochsommer 1741 dann tatsächlich ausbrach, als bayrisch-französische Truppen über Passau nach Oberösterreich einmarschierten. Der damit eröffnete Österreichische Erbfolgekrieg (1741-1748) war der große internationale Rahmen,[26] in den sich das eher regionale Ringen um die schlesische Provinz einfügte.

Für Maria Theresia, die gerade vierundzwanzigjährige Erzherzogin-Königin, die sich Kaiserin erst ab 1745 nennen durfte, als ihr Gemahl Franz von Lothringen in einer glücklicheren Stunde die deutsche Kaiserwürde erwarb, war das Jahr 1741 eines der bittersten in einer langen Regierungszeit. Der bayrische Wittelsbacher, der alte Rivale im katholischen Lager, war zum Äußersten entschlossen, selbst zum Griff nach der Kaiserkrone. An seiner Seite standen neben Preußen und Frankreich auch Schweden, Kurköln, die Pfalz sowie Spanien und Neapel, die die italienischen Besitzungen Wiens bedrohten. Selbst die traditionell habsburgerfreundlichen sächsischen Wettiner, denen die Hofburg soeben noch den polnischen Thron gesichert hatte, schlossen sich an, denn August III. meinte plötzlich, als Schwiegersohn Josephs I., des früh verstorbenen Onkels Maria Theresias, Ansprüche auf das Habsburgererbe erheben zu sollen. Im Herbst 1741 standen die bayrisch-französischen Truppen in St. Pölten; Wien

schien bedroht und die Regierung wich donauabwärts nach Preßburg aus.

Der bayrische Kurfürst zog jedoch nach Böhmen, wo er Ende November mit Hilfe der Sachsen Prag eroberte. Kurz vor Weihnachten, am 19. Dezember, setzte er sich die Wenzelskrone auf: Das Rad der Geschichte schien zurückgedreht. Was am Anfang des 17. Jahrhunderts Friedrich von der Pfalz vom protestantischen Zweig der Wittelsbacher mißglückt war, sollte der katholischen Linie nun offensichtlich gelingen, denn in Wien regierte kein Ferdinand II., sondern eine junge, unerfahrene Frau, und im Reich gab es kein bayrisch-ligistisches Heer, das der bedrängten Habsburgerin zu Hilfe hätte eilen können.[27] Zwar hatte auch Wien Verbündete – England und Holland, die Allianzpartner aus dem Spanischen Erbfolgekrieg –, deren Engagement war aber schwach und zögerlich. Nur die eigenen Armeen konnten Rettung bringen, doch deren Ruhm war brüchig geworden, nachdem in Schlesien das bis dahin gar nicht ernstgenommene Preußenheer das Feld behauptet hatte und der Prinz-Eugen-Mythos zerstört war.

So war für Wien auch die Kaiserwürde nicht mehr zu retten: Am 24. Januar 1742 fand in der Bartholomäus-Stiftskirche, dem sogenannten Frankfurter Dom, der feierliche Wahlakt statt:[28] Nach der heiligen Messe de spiritu sanctu, wie sie die Goldene Bulle vorschrieb, zog sich das neunköpfige Wahlkollegium aus Kurfürsten beziehungsweise deren Wahlgesandten zum Konklave in die Wahlkapelle südlich des Chorraums zurück, die der Reichserbmarschall verschloß. Der Wahlakt war jedoch reine Formsache, denn die vor allem von Frankreich und Preußen betriebenen diplomatischen Vorberei-

tungen hatten bereits vor Jahresfrist begonnen, und seit November 1741 hatte es in der Wahlstube des Römers nicht weniger als dreißig formelle Wahlkonferenzen gegeben, auf denen Bedingungen und Konsequenzen der Stimmabgabe genauestens festgelegt worden waren. So konnte es niemanden überraschen, daß der Wittelsbacher Kurfürst und böhmische Usurpator Karl Albrecht einstimmig zum Römischen König und künftigen Kaiser gewählt wurde. Und auch die Wahlkapitulation, die der bayrische Wahlgesandte Graf von Königsfeld im Namen seines Herrn verlas, war bis auf den I-Punkt zuvor ausgehandelt worden.

Auf die Wahl folgte am 12. Februar die feierliche Krönung zum deutschen König und Kaiser. Seit der Wahl Albrechts II. im Jahr 1438 war Kaiser Karl VII. der erste Nichthabsburger auf dem deutschen Thron. Und bis zum Ende des Alten Reiches sollte er auch der einzige bleiben. Denn das wittelsbachische Kaisertum hatte keine Basis; ohne eigene Stärke war es ganz von den Truppen Frankreichs und Preußens abhängig, während Habsburg Kraft genug hatte, sich einem Phönix aus der Asche gleich zu neuem Glanz emporzuschwingen. Zwei Tage nach der Frankfurter Krönung marschierten österreichische Truppen in München ein – der neue Kaiser war seiner eigenen Residenzstadt beraubt und mußte mit der bürgerlich-frugalen Reichsstadt am Main vorliebnehmen.

Karl VII. bezog Quartier im Palais Barckhaus auf der Zeil, wo auch die kaiserliche Hofhaltung untergebracht wurde. Für einen Kaiser und seinen hochadligen Hof waren die Räumlichkeiten des Patrizierpalais, so prachtvoll es sich unter den Frankfurter Bürgerhäusern auch ausnehmen mochte, bescheiden, ja beengend. Die Frankfurter aber jubelten und identifizierten sich mit »ihrem« Kaiser. Sie erfreuten sich an den höfischen Aufzügen und Festen, und sie verdienten an den Reichsfürsten und Diplomaten, die in ihrer Stadt zusammenströmten. Die Messe- und Reichsstadt war zur Hauptstadt des Reiches geworden; erstmals und einmalig in der neueren Geschichte Deutschlands bahnte sich – für einen Moment wenigstens – eine Symbiose zwischen freiheitlich-reichsstädtischem Bürgersinn und Königtum an. Allein – das kam Jahrhunderte zu spät, und die politischen Rahmenbedingungen waren alles andere als günstig.

Habsburg reagierte rasch auf die Frankfurter Ereignisse und tat alles, seine Lage militärisch und diplomatisch zu verbessern. Die Hofburg bemühte sich nun energisch, mit Friedrich II. und Sachsen zu einer Einigung zu kommen. Entsprechende Verhandlungen hatten bereits im Oktober 1741 stattgefunden, aber nur einen kurzlebigen Waffenstillstand gebracht. Jetzt gelang der Friedensschluß – im Juni 1742 einigte man sich in Breslau auf einen Präliminarvertrag, dem bereits im Juli der formelle Frieden von Berlin folgte. Das war ein großer Triumph für Friedrich II., dessen Ansprüche faktisch alle befriedigt wurden. Doch Wien gestand ihm letztlich nur das zu, was er sowieso fest in Händen hatte und ihm einstweilen nicht abzujagen war. Für den Moment war entscheidend, daß Preußen aus dem Österreichischen Erbfolgekrieg ausschied; demgegenüber wog der Akt formaler Anerkennung des Raubes gering. Fast noch wichtiger war, daß auch Sachsen dem Breslauer Vertrag beitrat. Denn damit bahnte sich über die augenblickliche Entlastung hinaus jener Wechsel der Fronten an, der den Wettiner Anfang 1745 auf seine Erban-

Fassade des Palais Barckhaus auf der Frankfurter Zeil, lavierte Tusche auf Papier

Da München, die Residenzstadt des neuen Kaisers, in der Hand des Feindes war, mußte Karl VII. im Frankfurter Exil sein kaiserliches Hoflager aufschlagen. Der Kaiser selbst quartierte sich im Palais Barckhaus ein. Das war ein prächtiger Sitz für einen bürgerlichen Patrizier, für einen Kaiser mit seinem Hofstaat und einem großen Regierungsstab war das Haus aber beengend, ja bescheiden.

sprüche gegen Habsburg verzichten ließ und Sachsen-Polen für lange Zeit zu einem verläßlichen Bündnispartner Österreichs machte.

Demgegenüber wußten die beiden Partner des Berliner Friedens sehr genau, daß ihr Übereinkommen nicht von Dauer sein würde – Maria Theresia, weil sie entschlossen war, jede Gelegenheit zur Revision sofort zu nutzen; Friedrich II., weil er dieses Ziel der Wiener Politik illusionslos zu kalkulieren wußte. So kehrte Preußen bereits zwei Jahre nach dem Berliner Frieden auf das Schlachtfeld zurück. Denn inzwischen hatte sich das Kriegsglück deutlich den Österreichern zugeneigt. England und Holland waren tatkräftig an seine Seite getreten; die »Pragmatische Armee« aus österreichischen, niederländischen und britischen Truppenteilen hatte die Oberhand gewonnen - sowohl im Osten, wo der Wittelsbacherkaiser Karl VII. am 27. Dezember 1742 Prag wieder an die Österreicher verloren hatte, als auch im Westen, wo sich die Alliierten zum Entscheidungsschlag gegen Frankreich rüsteten. In dieser Situation ging der Preußenkönig am 22. Mai 1744 in Frankfurt mit Kaiser Karl VII. und wenige Tage danach, nämlich am 5. Juni, in Versailles mit Frankreich eine neue Offensivallianz ein. Damit war entschieden, daß dem Ersten Schlesischen Krieg (1740-1742) ein zweiter (1744/45) folgen würde.

Als im Sommer 1744 die habsburgische Armee unter Feldmarschall Graf Traun (1677-1748), dessen Feldherrngeschick Friedrich gerne rühmte, und Herzog Karl Alexander von Lothringen (1712 bis 1780), dem jüngeren Bruder Franz Stephans, der Vorstoß ins Elsaß glückte, fiel der preußische Adler nach Böhmen ein, nahm Prag und stieß in Richtung auf Budweis und Tabor vor. Diesmal hatte Friedrich aber einen unglücklichen Zeitpunkt gewählt. Die französische Armee war wegen einer schweren Erkrankung Ludwigs XV. gelähmt, so daß Traun in raschem Gegenstoß in Böhmen erschien, die Versorgung der preußischen Armee gefährdete und Friedrich zum Rückzug zwang. Zur gleichen Zeit sorgte die überlegene Diplomatie der Seemächte und der Habsburger, die bereits im September 1743 Sardinien in das eigene Lager hinübergezogen und damit ihre Stellung in Italien entscheidend verbessert hatte, für die schrittweise Isolierung Preußens. Im Januar 1745 wurde die Warschauer Quadrupelallianz zwischen Österreich und Sachsen sowie den Seemächten England und Holland geschlossen; im April 1745 gelang es sogar, Bayern zum Ausscheiden aus dem Erbfolgekrieg zu bewegen.

Der Traum des Wittelsbachers vom Kaisertum war nämlich jäh zu

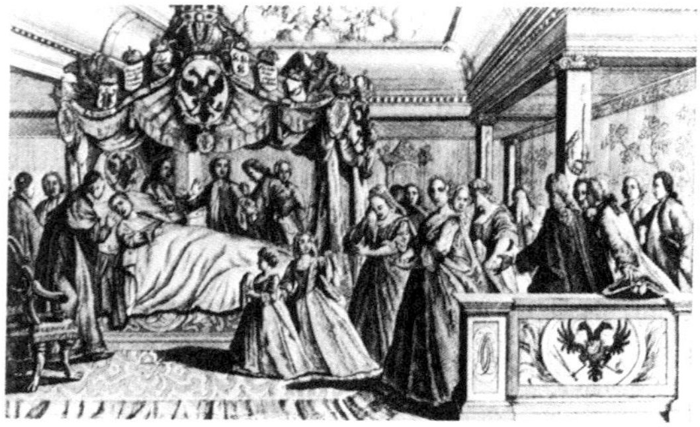

»Glücklicher Kurfürst, unglücklicher Kaiser« – kaum war es Kaiser Karl VII. gelungen, seine Münchner Residenzstadt zu befreien, da wurde er, eben siebenundvierzigjährig, vom Tod dahingerafft. Nicht kaiserlichen Glanz brachten die Reichsadler München, sondern pompes funèbres.

Ende gegangen. Zwar war es Karl VII. im Herbst 1744, als Österreich seine Truppen gegen Friedrich nach Böhmen warf, endlich geglückt, seine Stammlande zurückzuerobern und von seinen bayrischen Untertanen begeistert umjubelt in München einzuziehen. Doch der Kaiser war politisch und nervlich längst überfordert und – gerade siebenundvierzigjährig – bereits vom Tod gezeichnet. Er starb am 20. Januar 1745, als sich seine Feinde eben anschickten, erneut nach München vorzurücken. »Glücklicher Kurfürst, unglücklicher Kaiser«[29] – war der Wittelsbacher Karl Albrecht durch den Tod von der Last einer Krone befreit worden, die sich sein Haus seit Jahrhunderten erträumt hatte, die zu tragen es dann im entscheidenden Augenblick aber zu schwach war.

Unter dem Eindruck des Scheiterns des preußisch-deutschen Weges der Reichsgründung von 1871 hat man gefragt, ob ein Erfolg jenes wittelsbachischen Kaisertums einen alternativen kleindeutsch-bayrischen Weg hätte eröffnen können. Aber das ist blau-weiße Romantik des 20. Jahrhunderts, die in den Ereignissen und Mächtekonstellationen um die Mitte des 18. Jahrhunderts keine historische Rechtfertigung finden kann: Während der schlichte Sarg Karls VII. mit kaiserlichem Pomp in die Gruft der Theatinerkirche gesenkt wurde, war der letzte Akt des bayrischen Traumspiels vom Kaisertum bereits eingeleitet. Als Österreich siegreich in das Kurfürstentum eindrang und die französische Schutzmacht Mitte April bei Pfaffenhofen an der Ilm vernichtend schlug, vermochten weder Preußen noch Frankreich Maximilian III. Joseph, den Sohn Kaiser Karls VII., davon abzuhalten, die gescheiterte Politik seines Vaters zu liquidieren. Am 22. April 1745 schloß er mit Habsburg den Füssener Friedensvertrag, der ihm den sicheren und ungeschmälerten Besitz seiner bayrischen Stammlande und Wien die bayrische Anerkennung der Pragmatischen Sanktion brachte. Zudem verpflichtete sich der Wittelsbacher, bei der bevorstehenden Kaiserwahl für den Gemahl Maria Theresias zu stimmen.

Damit war im deutschen und europäischen Mächtespiel ein allgemeiner Umschwung zugunsten der Habsburgerin eingetreten. Neben England und Holland standen nun auch Sardinien und Sachsen-Polen auf ihrer Seite. Es folgte Rußland, und selbst Kurfürst Klemens August von Köln, der Bruder des glücklos gestorbenen Wittelsbacherkaisers, wechselte schließlich die Fronten. Glänzend bestätigt wurde diese neue Machtkonstellation, als Franz Stephan von Lothringen als Gemahl der Habsburgerin am 13. September ohne größere Schwierigkeiten zum Römischen König gewählt wurde. Lediglich Brandenburg und die Pfalz stimmten gegen ihn. Die Kaiserkrönung vom 4. Oktober 1745 wurde zum großen Triumph und Jubelfest des Hauses Habsburg und seiner wieder zuversichtlich gestimmten Anhängerschaft im Reich. Davon wußte noch der knapp anderthalb Jahrzehnte später geborene Frankfurter Bürgersohn Johann Wolfgang Goethe. Als er in seinen Jugenderinnerungen »Dichtung und Wahrheit« auf den Krönungszug des Jahres 1764 für Joseph II., den Sohn Maria Theresias und Franz' I., zu sprechen kam, erinnerte er sich an die Erzählung älterer Frankfurter, die der Krönung des Jahres 1745 beigewohnt hatten:

Maria Theresia, über die Maßen schön, habe jener Feierlichkeit an einem Balconfenster des Hauses Frauenstein, gleich neben dem Römer, zugesehen. Als nun ihr Gemahl in der seltsamen Verkleidung aus dem Dome zurückgekommen, und sich ihr so zu sagen als ein Gespenst Karls des Großen dargestellt, habe er wie zum Scherz beide Hände erhoben und ihr den Reichsapfel, den Scepter und die wundersamen Handschuh hingewiesen, worüber sie in ein unendliches Lachen ausgebrochen, welches dem ganzen zuschauenden Volke zur größten Freude und Erbauung gedient, indem es darin das gute und natürliche Ehegattenverhältnis des allerhöchsten Paares der Christenheit mit Augen zu sehen gewürdiget worden. Als aber die Kaiserin, ihren Gemahl zu begrüßen, das Schnupftuch geschwungen und ihm selbst ein lautes Vivat zugerufen, sei der Enthusiasmus und der Jubel des Volks auf's höchste gestiegen, so daß das Freudengeschrei gar kein Ende finden können.[30]

Das Kaisertum war zur jüngeren Habsburgerlinie zurückgekehrt und sollte dort bis zum Ende des Alten Reiches zu Anfang des 19. Jahrhunderts bleiben, in gewandelter Form sogar noch ein weiteres Jahrhundert lang. Zunächst sollten den Frankfurter Fest- und Jubeltagen allerdings noch drei schwere Kriegsjahre folgen, die auch für Österreich manche Niederlage und den Zwang zum Verzicht brachten: Frankreich hatte sich zwar aus dem Reich weitgehend zurückgezogen, griff aber nach den österreichischen Niederlanden, die es nach einem Sieg über die englische Armee im Mai 1745 einge-

Kaiser Franz I. nimmt im Rahmen der Thronfolgezeremonien am 11. Oktober 1745 vom hölzernen Balkon des Frankfurter Römers aus die Huldigung der nach ihren vierzehn Wohnquartieren aufgezogenen Frankfurter Bürgerschaft entgegen, Stich aus dem Wahl- und Krönungsdiarium

Nach dem Intermezzo eines wittelsbachischen Kaisertums wurde mit der Wahl Franz I. Stephans, des Gatten Maria Theresias, die jüngere Reihe der habsburgischen Kaiser eröffnet, die im Reich bis 1806, in Österreich sogar bis 1918 regierte.

nommen hatte. Unter den jetzt wieder glücklich operierenden französischen Heerführern hatte erstmals Moritz von Sachsen, der später berühmte Maréchal de France, von sich reden gemacht, einer der vielen Bastardsöhne Augusts des Starken aus der romantischen Verbindung mit Aurora von Königsmarck.

Im Osten – in Böhmen, Schlesien und Sachsen – bewies Friedrich von Preußen aufs neue, daß er auch auf sich allein gestellt die Oberhand gewinnen konnte.[31] Noch vor dem Frankfurter Krönungstag hatte er mit zwei glänzenden Siegen das Gesetz des Handelns wieder an sich gerissen – am 4. Juni bei Hohenfriedberg, wo er das unter Karl von Lothringen in Schlesien operierende österreichisch-sächsische Heer schlug und nach Böhmen zurücktrieb, und am 30. September bei Soor, als die Preußen das Feld behaupteten, obgleich sie dem 40 000 Mann starken Gegner eine nur etwa halb so starke Armee entgegenstellen konnten. Als der österreichische Feldmarschall versuchte, Preußen in einem überraschenden Winterfeldzug in die Knie zu zwingen, kam der brandenburgische Reitergeneral Hans Joachim von Zieten (1699-1786) – bald als Zieten aus dem Busch sprichwörtlich – dem geplanten Überfall auf das preußische Winterquartier zuvor und schlug am 23. November 1745 den Gegner bei Hennersdorf zurück.

Die endgültige Entscheidung im Zweiten Schlesischen Krieg fiel drei Wochen später bei Kesselsdorf. Karl von Lothringen war auf Dresden marschiert, um seine Streitmacht durch sächsische Truppen zu verstärken und dann den Feind im eigenen Land zu bedrohen. Um dies zu verhindern, warf Friedrich ein etwa 30 000 Mann starkes Heer unter Fürst Leopold I. von Anhalt-Dessau nach Sachsen. Bei Kesselsdorf, gut zehn Kilometer westlich von Dresden gelegen, traf es auf ein etwa gleich starkes sächsisches Heer, das der Alte Dessauer – der Lehrmeister der preußischen Infanterie – am 15. Dezember unter schweren eigenen Verlusten schlug. Bereits drei Tage später zog Friedrich in Dresden ein; und am 25. Dezember war mit dem *Dresdener Frieden* der zweite Krieg um Schlesien beendet – für Sachsen und Österreich war das eine preußische Weihnacht. Sachsen hatte eine Million Reichstaler zu zahlen, womit seine gefangengesetzten Truppen als ausgelöst gelten sollten, dazu trat es kleinere Gebiete (Fürstenberg und Schildow) samt den Oderzöllen ab, was der Arrondierung Brandenburgs diente. Österreich mußte erneut den Verlust Schlesiens anerkennen, erhielt dadurch jedoch nachträglich die Zustimmung zur Kaiserwahl Franz Stephans. England und Holland garantierten den Frieden – die Neugestaltung der deutschen Machtverhältnisse war ein europäisches Ereignis.

Medaille auf den Dresdener Frieden mit Allegorien auf die Flüsse Elbe, Donau und Oder, über denen das jeweils zugehörige Wappentier der friedenschließenden Mächte schwebt, nämlich der preußische, kaiserliche und polnisch-sächsische Adler

Nach mehreren Niederlagen, zuletzt bei Kesselsdorf, schlossen die Alliierten Österreich und Sachsen am 25. Dezember 1745 einen Frieden mit Preußen, der den Zweiten Schlesischen Krieg beendete.

Auch außerhalb des Reiches gewann die Friedensdiplomatie, die die alteuropäischen Allianzkriege stets begleitete, jetzt rasch an Boden. Denn es war deutlich geworden, daß am Ende keine Seite über die andere triumphieren konnte – im Nordwesten, in den österreichischen Niederlanden, hatten sich die Franzosen festgesetzt, während südlich der Alpen das Kriegsglück gegen sie war, so daß die Österreicher zusammen mit ihrem sardischen Verbündeten sie Schritt für Schritt aus Oberitalien verdrängen konnten. Am 18. Oktober 1748 wurde mit dem *Aachener Frieden* einer der letzten großen Erbfolgekriege Alteuropas beendet.[32]

Im Prinzip blieb alles bei dem Stand, der sich aus der politischen und militärischen Mächtekonstellation ergeben hatte: Die europäischen Großmächte einigten sich, daß die – von Frankreich bislang ignorierte – Hannoveraner Thronfolge in England und die Erbfolge Maria Theresias gemäß der Pragmatischen Sanktion als völkerrechtliche Fakten zu gelten hätten, ebenso die von Österreich im Dresdener Vertrag anerkannte Zugehörigkeit Schlesiens zu Preußen. Die von Frankreich besetzten österreichischen Niederlande kehrten zum Erzhaus zurück. Lediglich in Italien gab es Verschiebungen: Die Verbündeten Österreich und Sardinien mußten zugunsten eines spanischen Infanten aus dem Haus Bourbon auf die Herzogtümer Parma, Piacenza und Guastalla verzichten.

Mit dem Dresdener und Aachener Frieden war die Umstrukturierung des Mächteeuropa, die sich im Nordischen Krieg angebahnt hatte, endgültig vollzogen. Allerdings sollten der damit etablierte deutsche Dualismus und die europäische Pentarchie wenige Jahre später nochmals einer letzten Bestandsprobe unterzogen werden, die aber nur für Preußen zu einem Kampf um Leben und Tod wurde. Der Aachener Friede dauerte nur wenige Jahre, weil Maria Theresia und ihr Premierminister Kaunitz die Abtretung Schlesiens nicht verwinden konnten und weil die Rivalität zwischen Frankreich und England um die Verteilung des Kolonialbesitzes anhielt. Nur Italien konnte sich einer längeren Phase der Ruhe erfreuen.

5. Fritzisch oder theresianisch

Im Reich hatten sich am Ende sowohl der Hohenzoller als auch die Habsburgerin behauptet - der Herausforderer ebenso wie die Herausgeforderte. Friedrich hatte sich selbst und seinen Gegnern eine gewaltige Kraftanstrengung abverlangt. Auf beiden Seiten waren viele Menschen ums Leben gekommen - allein in dem knappen halben Jahr von Sommer bis Winter 1745, das die großen Schlachten des Zweiten Schlesischen Krieges brachte, waren nicht weniger als 14 000 preußische und 25 000 österreichisch-sächsische Soldaten gefallen.[33]

Friedberg, Soor, Hennersdorf und Kesselsdorf wirkten aber über den Augenblickserfolg hinaus, weil sie den Respekt vertieften, den der junge König und sein Staat an den europäischen Höfen im Ersten Schlesischen Krieg gewonnen hatten. Am Ende hatte Preußen im Reich mit Österreich gleichgezogen, war ihm zumindest nahegekommen. Im europäischen Staatensystem gab es jetzt zwei deutsche Großmächte. Als Friedrich Anfang 1746 nach siegreicher Beendigung des Zweiten Schlesischen Krieges in Berlin einzieht, feiern ihn die Berliner erstmals als Friedrich den Großen; in Potsdam beginnt der Bau des Schlosses Sanssouci, das dem Roi philosophe zugleich als Musentempel und Ruhmespantheon dient.

Aber auch Österreich hatte bewiesen, daß es weder im Reich noch in Europa hinter einer anderen Macht zurückstehen mußte. Der Verlust der schlesischen Provinz wog nicht allzu schwer gegenüber der Sicherung sowohl der Stammlande als auch der Besitzungen in den Niederlanden und Italien - Gebiete, die eben noch dem räuberischen Zugriff der Rivalen ausgesetzt waren. Und auch das Kaisertum war nach Wien und zu den Habsburgern zurückgekehrt. Denn Franz I. überließ die Leitung der Reichsgeschäfte gern seiner Gemahlin, um sich der Förderung von Künsten und Wissenschaften, von Handel und Gewerbe vor allem in seinem Fürstentum Toskana zu widmen. Damit war in Deutschland der alte Zustand wiederhergestellt: Der Herrscher über Österreich regierte zugleich das Reich. Maria Theresia galt bald ohne Umschweife als die Kaiserin, wenngleich sie formell diesen Titel nur als Gemahlin des gewählten und gekrönten Kaisers tragen konnte.

Habsburg war aus der dynastischen Krise, die unter den Schlägen der auswärtigen Feinde zu einer Staatskrise geworden war, zu neuem Leben erstanden: Schon bei den Frankfurter Krönungsfeierlichkeiten hatte sich die neue alte Kaiserdynastie der Reichsöffentlichkeit in ihrer jahrhundertealten Pracht präsentieren können, die kein anderes Fürstenhaus in Europa je zu erreichen vermochte. Diese in den dunklen Monaten des Jahres 1741 schier unmöglich scheinende Wiedergeburt war die ganz persönliche Leistung jener Frau, die vom Balkonfenster am Frankfurter Römerberg ihrem im Krönungsornat daherschreitenden Gemahl ein jubelndes Vivat zugerufen hatte. Maria Theresia,[34] im Winter 1740 dreiundzwanzigjährig auf den Habsburgerthron gelangt, war eine in jeder Hinsicht kongeniale Gegenspielerin für Friedrich den Großen ebenso wie für die alten Kontrahenten ihres Hauses in Paris und München.

In der Abendsonne des Alten Reiches erstrahlte das Majestätsbewußtsein des Hauses Habsburg nochmals in einem Glanz, der an die großen Zeiten dieser Dynastie zu Beginn der Neuzeit erinnert. Maria Theresia stand zeitlebens in derselben Gewißheit, von Gott zur Herrschaft berufen zu sein, die auch Karl V. in den dunkelsten Tagen seiner Niederlagen nicht verlassen hatte und auf die sich sogar der kauzige Rudolph II. stützte, als er von seinen Brüdern bedrängt und von allen verlassen auf dem Hradschin eingeschlossen saß. Tief überzeugt von der sakralen Sendung ihres Hauses, besaß die Kaiserin eine ungekünstelte Religiosität und ein fast kindliches Gottvertrauen, aber auch einen militanten Neokonfessionalismus, durch den sie sich aufgerufen fühlte, als Haupt des katholischen Deutschland dem Protestantimus zu wehren. Persönliche Religiosität und unerschütterlicher Glaube an Kraft und Verpflichtung der Tradition flossen zusammen zu einem tiefverwurzelten Sinn für Recht und Gerechtigkeit, der es der Kaiserin unmöglich machte, blanker Gewalt oder sophistisch begründeten Rechtsansprüchen zu weichen. Freiwillig gab sie keinen Fußbreit habsburgischen Landes preis.

Die Kraft und das Selbstvertrauen, mit denen diese große Kaiserin für das Recht und die Macht Österreichs kämpfte, wurzelten noch in einer ganz anderen Sphäre, nämlich dem privaten, fast bürgerlichen Lebensglück, das sie in der Ehe mit einem bewunderten und geliebten Gemahl sowie in einer Familie fand, der sie nicht weniger als sechzehn Kinder gebar. In Alteuropa besaßen seit jeher die Königsfamilie und das Herrscherhaus staatliche Aura. Mit der habsburgisch-lothringischen Familie Maria Theresias und Franz Stephans erfuhr die Casa de Austria, die soeben im Mannesstamm ausgestorben war, eine – wie es die Königin und ihre Untertanen sahen – gottgesegnete Erneuerung. Der jungen Herrscherin erwuchsen daraus Verpflichtungen und Kraft zugleich, als sie sich im Winter 1740/41 von feindseligen Nachbarn umstellt sah, die – wie ein zeitgenössischer Kupferstich aus den Niederlanden das Geschehen karikierte – darauf aus waren, ihr die Gewänder vom Leibe zu reißen. Am 13. März 1741, als die preußischen Truppen tief in Schlesien standen,

Karikatur auf den Österreichischen Erbfolgekrieg: Maria Theresia wird ihrer Staatsgewänder beraubt. Links macht man sich mit den Strümpfen davon, die für Mailand und Parma stehen, rechts mit Kaiserkrone, Korsett, Hemd und Oberkleid, die Mähren, Schlesien und Böhmen versinnbildlichen.

schenkte Maria Theresia einem Thronfolger das Leben, dem späteren Kaiser Joseph II. So hatte sie die blühende Zukunft ihres Hauses und ihrer eigenen Familie vor Augen, wenn sie ihren Feinden entschlossen entgegentrat und den Kampf um Schlesien auch nach zwei Niederlagen nicht verloren gab.

Stellt man den Lebensumständen Maria Theresias das Schicksal ihres Rivalen gegenüber, so wird deutlich, daß das Ringen zwischen Preußen und Habsburg je länger je mehr auch ein Ringen zwischen zwei sehr unterschiedlichen Temperamenten und Herrscherschicksalen war: Nach der mißglückten Flucht vom Vater dazu verurteilt, in Küstrin vom Fenster seines Gefängnisses der Enthauptung des vertrauten und in seine Pläne eingeweihten Leutnants Hans Hermann von Katte (1704-1730) zuzuschauen, und kurz darauf an die Seite einer ungeliebten Frau, der Prinzessin Elisabeth Christine von Braunschweig (1715-1797), gezwungen, war Friedrich von Preußen als Freund wie als Ehemann kein Glück beschieden. Die kurzen Augenblicke rokokohafter Unbeschwertheit am Thronfolgerhof in Neuruppin und im traumhaft unwirklichen Rheinsberg waren rasch verflogen.

Friedrich wurde – so das parteiisch treffsichere Urteil Maria Theresias – der »böse Mann von Sanssouci«,[35] der den Soldatenrock nicht mehr ablegen sollte, seine Brüder und deren Familien kujoniert und nur seinen Windspielen Zärtlichkeit entgegenbringt; sein Lieblingshund erhält eine prachtvolle Grablege im Park von Sanssouci. Argwöhnisch achtete dieser einsame, misogyne Mann darauf, daß sein Neffe und Nachfolger unter das eiserne Gesetz des borussischen Staates gezwungen wurde: Als er hört, daß dessen Erzieher Graf Borck bei einem Souper äußert, der »Friede sei immer besser als der Krieg«, entläßt er ihn auf der Stelle und jagt ihn mit Schimpf und Schande vom Hof.[36]

Der Gegensatz der beiden Monarchen und ihrer Staaten hatte beim Abschluß des Erbfolgekrieges längst das ganze Reich in Bann geschlagen. Unter den Fürsten standen sich die Anhänger Österreichs und die Preußens gegenüber; eine dritte Partei hatte nach dem glücklosen Ende des wittelsbachischen Kaisertums fürs erste keine Chancen mehr. Der machtpolitische Dualismus wirkte bis in die Bürgerhäuser hinein, etwa am Frankfurter Hirschgraben:

Mein Großvater, der als Schöffe von Frankfurt über Franz dem Ersten den Krönungshimmel getragen und von der Kaiserin eine gewichtige goldene Kette mit ihrem Bildnis erhalten hatte, war mit einigen Schwiegersöhnen und Töchtern auf österreichischer Seite. Mein Vater, von Karl dem Siebten zum kaiserlichen Rat ernannt und an dem Schicksale dieses unglücklichen Monarchen gemütlich teilnehmend, neigte sich mit der kleinern Familienhälfte gegen Preußen. Gar bald wurden unsere Zusammenkünfte, die man seit mehreren Jahren Sonntags ununterbrochen fortgesetzt hatte, gestört. Die unter Verschwägerten gewöhnlichen Mißhelligkeiten fanden nun erst eine Form, in der sie sich aussprechen konnten. Man stritt, man überwarf sich, man schwieg, man brach los. Der Großvater, sonst ein heitrer, ruhiger und bequemer Mann, ward ungeduldig. Die Frauen suchten vergebens das Feuer zu tüschen, und nach einigen unangenehmen Szenen blieb mein Vater zuerst aus der Gesellschaft. Nun freuten wir uns ungestört zu Hause der preußischen Siege, welche ge-

Als Kaiser Franz I. am 4. Oktober 1745 vom habsburgischen Quartier am Roßmarkt in Frankfurt zur Krönungskirche geleitet wurde, trugen ihm, flankiert von der Schweizer Garde, die Ratsherren den Baldachin, darunter Goethes Großvater Textor, der zeit seines Lebens Anhänger der Habsburger blieb, auch als im Siebenjährigen Krieg in seiner Familie »fritzische«, das heißt preußische Gesinnung aufkam.

wöhnlich durch jene leidenschaftliche Tante mit großem Jubel verkündigt wurden. Alles andere Interesse mußte diesem weichen, und wir brachten den Überrest des Jahres in beständiger Agitation zu ... Alles, was zum Vorteil der Gegner angeführt werden konnte, wurde geleugnet oder verkleinert; und da die entgegengesetzten Familienglieder das gleiche taten, so konnten sie einander nicht auf der Straße begegnen, ohne daß es Händel setzte, wie in »Romeo und Julie«. Und so war ich denn auch preußisch oder, um richtiger zu reden, fritzisch gesinnt: denn was ging uns Preußen an. Es war die Persönlichkeit des großen Königs, die auf alle Gemüter wirkte. Ich freute mich mit dem Vater unserer Siege, schrieb sehr gern die Siegeslieder ab und fast noch lieber die Spottlieder der Gegenpartei, so platt die Reime auch sein mochten.[37]

Welche Seite in diesem Gegenüber von »fritzisch« und »theresianisch« sich würde behaupten können, war aber nicht nur eine Frage militärischer Siege oder Niederlagen. Ganz entscheidend war das Problem der Staatsmodernisierung. Und hier kam es nicht von ungefähr, daß die jüngere Generation im Hause Goethe, der Sohn und der Enkel, sich mit dem Hohenzoller identifizierten, während der Großvater auf der Seite der Habsburgerin stand. Friedrich war der »Roi philosophe«, auf den sich die Hoffnung aller richtete, die sich Stärke und Glückseligkeit von einer aufgeklärt-absolutistischen Staatslenkung versprachen. Und der Staat, an dessen Spitze er getreten war, galt seit den großen Reformen seines Vorgängers als der modernste im Reich. Anhänger eines traditionellen Regiments, wie der alte Frankfurter Schöffe Johann Wolfgang Textor, der Großvater des Dichters, hielten es dagegen mit Wien, weil dort mächtige Barrieren den Umsturz der Institutionen und den Triumph der neuen Staatskunst zu verhindern schienen. Doch es war längst entschieden, daß auch der Habsburgerstaat die Modernisierung von Administration und Regierung mitvollziehen mußte, um den Anschluß an die Rivalen zu halten. Denn sonst waren Machtverluste und Abstieg sein Schicksal, vor dem ihn auch Majestätsbewußtsein und Charisma einer alten Kaiserdynastie nicht würden bewahren können.

So fand im tieferen Sinne die eigentliche Rivalität zwischen Preußen und Österreich auf dem Gebiet der staatlichen und gesellschaftlichen Modernisierung statt. Und auch hier führten Berlin und Wien die Entwicklung im Reich an, wurden Vorbild für die vielen mittleren und kleineren Territorien, die – wenn sie schon mit den großen nicht mitzuhalten vermochten – untereinander wetteifernd ihren Blick auf den Staat der Hohenzollern oder der Habsburger richteten. In der Herausbildung des Gesamtstaates, der Umwandlung des älteren Konfessionalismus in das neue, territorial begründete Staatskirchentum des Absolutismus und im Aufstieg von Bürokratie, Militärwesen und staatlicher Wirtschaftslenkung in Österreich und Preußen lassen sich neben der Rivalität der beiden Großmächte zugleich Tendenzen erkennen und exemplarisch beschreiben, die im Zuge der Zeit lagen und daher auch anderwärts in Deutschland zur Wirkung kamen.

V.
Die Geburt des Habsburgerstaates

1. Das Problem der »doppelten Staatsbildung«

Das Haus Habsburg hatte über eine lange Zeitspanne hinweg auf eine doppelte Staatsbildung gesetzt – auf den Kaiserstaat im Reich und auf den Fürstenstaat in den Hausmachtterritorien.[1] Daraus resultierten Unentschiedenheiten, ja Widersprüche in Stoßrichtung und Akzentsetzung der konkreten Politik. Sie sind die Kosten, die das Haus Österreich für drei Jahrhunderte ununterbrochener Kaiserwürde – von 1438 bis 1740 – zu zahlen hatte.

Auf dem langen Weg von der mittelalterlichen Landesherrschaft zum neuzeitlichen Macht- und Einheitsstaat war Österreich daher zunächst keineswegs Vorreiter. Dennoch fielen zu Ende des Mittelalters wichtige Entscheidungen, die der späteren Staatwerdung vorarbeiteten: Das Privilegium maius von 1358/59, jene im Auftrag Herzog Rudolphs IV. genial gefälschte Urkundengruppe, die ein Jahrhundert später vom Habsburgerkaiser Friedrich III. formell bestätigt wurde, hob Österreich als Erzherzogtum reichsrechtlich aus dem Kreis der einfachen Fürstentümer hervor. Die Habsburgerlande waren fortan wie die soeben etablierten Kurfürstentümer unteilbar, und es galt die Primogenitur.

Im Gegensatz zu so machtvollen und ruhmreichen Häusern wie den Wettinern in Sachsen, den Wittelsbachern in Bayern und der Pfalz oder den Landgrafen von Hessen, die ihre Stellung im Reich durch Spaltung und Besitzaufteilungen empfindlich geschwächt hatten, stellten die Habsburger die Primogenitur, dieses Gebot politischer Vernunft, nicht mehr in Frage. Bis ins 17. Jahrhundert hinein kam es zwar immer wieder zur Einsetzung von Nebenlinien – vor allem in Innerösterreich mit Graz als Residenz und zuletzt bis 1665 in Tirol mit der Hauptstadt Innsbruck. Aber diese Nebenlinien waren der Hauptlinie in Wien stets streng nachgeordnet, und die Zugehörigkeit zu den als Gesamtheit gewahrten Habsburgerbesitzungen geriet nie in Zweifel.

Auf lange Sicht profitierten die habsburgischen Territorien von den Erfahrungen und den Chancen, die sich aus der weit ausgreifenden Kaiser- und Europapolitik ihrer Landesherren ergaben. So nahm Maximilian I. zu Beginn der Neuzeit parallel zur Reform des Reiches in seinen Erblanden eine Verwaltungsreform vor, die erstmals zentrale, für die verschiedenen Herrschaften gemeinsame Behörden ins Leben rief. Solche Formen frühmoderner Verwaltung hatte der Kaiser in Burgund kennengelernt, damals der am besten regierte und verwaltete Staat in Europa. In die Erblande übertragen und mit vorgefundenen bodenständigen Traditionen verschmolzen, entwickelte sich aus diesen burgundischen Anregungen ein leistungsfähiges habsburgisches Verwaltungssystem eigener Prägung, das für die deutschen Territorien des 16. Jahrhunderts vorbildhaft war. Als 1555 im Reich die Fürsten triumphierten und damit das kaiserliche Reformkonzept der Habsburger endgültig scheiterte, war die Reform der Erbländer längst zu einem Erfolg geworden, und das um so mehr, als es den Habsburgerkaisern gelungen war, 1512 und 1521 bei der Einteilung des Reiches in Kreise für die Erblande einen eigenen, Österreichischen Kreis sicherzustellen und dadurch deren innere Geschlossenheit und äußere Autonomie weiter zu festigen.

Auch im 17. und 18. Jahrhundert gingen vom Kaisertum der Habsburger entscheidende Impulse zur Sicherung ihrer Hausmacht und zur Festigung der Territorialherrschaft aus, besonders deutlich zu Beginn des Dreißigjährigen Krieges, als es darum ging, Böhmen dem pfälzischen Usurpator wieder zu entreißen. In dieser Staatskrise war es vor allem das Kaisertum, das Ferdinand II. rasch Hilfe zuführte und ihm freie Hand ließ zu einer Revolution von oben, die das Land im Sinne der Habsburger befriedete, das heißt ihrem Willen unterwarf und unlösbar in die Hausmachtterritorien eingliederte. Und als im späten 17. Jahrhundert Türken- und Franzosenkämpfe eine Welle des Kaiser- und Reichspatriotismus auslösten, wurde damit zugleich auch der österreichische Gesamt- und Einheitsstaat in die Höhe getragen.[2]

Kaiser- und territorialstaatliche Fürstenpolitik standen stets in einer kreativen Spannung zueinander, die in den einzelnen Epochen habsburgisch-österreichischer Geschichte aber unterschiedlich zur Wirkung kam. Am Anfang stand der Versuch Kaiser Maximilians I., Staatsbildung im Reich und Staatsbildung in den Hausmachtterritorien miteinander zu verbinden und mit der Reform des Reiches im kaiserlichen Sinne und der Neuordnung der österreichischen Verwaltung eine parallel laufende Modernisierung zu erzwingen. In dem Maße, in dem die Fürsten die Reichsreform auf ihre Interessen zuschnitten, konzentrierte auch der Kaiser seine Modernisierungsbemühungen auf die territoriale Ebene, also auf die österreichischen Erblande. Als dann zur Jahrhundertmitte auch das universelle Kaiserkonzept Karls V. scheiterte, traten im konkreten politischen Handlungshorizont der Habsburger die großen überterritorialen Konzepte der beginnenden Neuzeit in den Hintergrund zugunsten einer Konzentration auf die Staatsbildung in Österreich und den dazugehörenden Nebenlanden.

Den Nachfolgern Karls V. war klar, daß die habsburgische Kaiser- und Reichspolitik ebenso wie die Stellung im europäischen Mächtesystem nur abzusichern war, wenn die frühmoderne Staatsbildung in den Hausmachtterritorien erfolgreich voranschritt. Besonders Ferdinand I., Bruder und Nachfolger Karls V. in Deutschland, bemühte sich intensiv um die Begründung seiner von den Ständen unabhängigen Fürstensouveränität sowie um den Ausbau der Verwaltung nach bürokratischen Grundsätzen, wobei die böhmischen Nebenländer bereits eine gewisse Modellfunktion erhielten.[3]

Was das Kaiserhaus an realer politischer Macht im Reich verloren hatte, das gewann es im Zuge der nicht mehr aufzuhaltenden Territorialisierung Deutschlands als Herrscher in Österreich dazu. So konnte der nächste Versuch einer doppelten Staatsbildung schon von der Basis einer vorausgegangenen inneren, territorialen Staatsbildung aus erfolgen: Kaiser Ferdinand II., der in den zwanziger Jahren des 17. Jahrhunderts nochmals den kaiserlichen Reichsstaat zu erzwingen suchte, war zuvor als Landesherr von Innerösterreich der erste absolutistisch denkende und handelnde Erzherzog gewesen. Insbesondere den konfessionellen Absolutismus, den er im Reich als Kaiser durchzusetzen suchte, hatte er bereits als Landesherr in der Steiermark erprobt. Und er setzte ihn auch bei der Unterwerfung Böhmens unter seinen Fürstenwillen erfolgreich ein.[4]

Als dann auch Ferdinand II. im Reich scheiterte und der Westfälische Friede den Fürstenstaat zur einzig legitimen Form frühmoderner Staatlichkeit erklärte, verabschiedeten sich die Habsburger endgültig von der doppelten Staatsbildung. Den Anspruch auf das Kaisertum hüteten sie aber weiterhin mit Argwohn, wie vor allem die Reaktion auf das wittelsbachische Kaisertum Karls VII. zeigt, als die Hofburg alles daransetzte, das Zwischenspiel zu beenden und die Kaiserwürde nach Wien zurückzuholen.

Dieser habsburgische Wille zum Kaisertum war Ausdruck eines Jahrhunderte überspannenden Traditionsbewußtseins und insofern auch Dienst am Reich. Dahinter stand aber zugleich das Kalkül, durch die Kaiserwürde das internationale Ansehen und die innerstaatliche Ordnung Österreichs zu festigen. Noch in der Endkrise des Alten Reiches sollte sich diese Politik bewähren. Denn im Umsturz der Französischen Revolution und der Napoleonischen Gewaltherrschaft, die Europa politisch und gesellschaftlich umpflügten, trug in Österreich die Kaiserwürde entschieden zu einem stabilen und zwanglosen Übergang von alter zu neuer Ordnung bei. Als 1804 Napoleon die alten Mächte Europas herausforderte und sich zum Kaiser der Franzosen machte, nahm der deutsche Kaiser Franz II. ohne viel Aufhebens den auf die Erblande begrenzten Titel eines Kaisers von Österreich an.[5] Zwei Jahre vereinigte er in seiner Person alte und neue Kaiserwürde, bis er im Sommer 1806 die deutsche Kaiserkrone ablegte und das Alte Reich für erloschen erklärte. Durch die Kaiserwürde vermittelt, war die lange Staatsbildung in den alteuropäischen Hausmachtterritorien eingemündet in den habsburgischen Kaiserstaat des 19. Jahrhunderts.

Erstmals in seiner langen Geschichte trug der Habsburgerstaat seit 1804 formell einen einheitlichen Namen - Österreich. Bislang stand als übergreifende Benennung nur der Name des Herrscherhauses zur Verfügung - das Haus Österreich oder Casa de Austria. Ein Name für den Gesamtstaat selbst hatte gefehlt. In der Verwaltungssprache der frühen Neuzeit waren erst einzelne Teile zu größeren Länderkomplexen zusammengefaßt - Steiermark, Kärnten und Krain zu »Innerösterreich«, Tirol und die Vorlande im Breisgau zu »Oberösterreich«, der Streubesitz in Schwaben, im Elsaß und im heutigen Vorarlberg zu »Vorderösterreich«, die namengebenden Erzherzogtümer ob und unter der Enns zu »Niederösterreich«.

Außerhalb des Reichsverbandes, im heutigen Jugoslawien oder Italien, lagen die Herrschaften Inneristrien, Triest und Görz, die bereits früh in die Hand der Habsburger gelangt waren und daher zu den »altösterreichischen« Ländern gezählt wurden. Hinzu kamen die Länder der böhmischen Wenzelskrone - das waren Böhmen, die Lausitz (bis 1620), Mähren und Schlesien - sowie die ungarische Stephanskrone samt Siebenbürgen, zu der auch das Gebiet der heutigen Slowakei gehörte. Nicht zuletzt wegen der gemeinsamen Zugehörigkeit zum Reich waren »die Länder der böhmischen Krone verwaltungsgeschichtlich eng mit dem deutsch-österreichischen Raum verbunden, während Ungarn und Siebenbürgen mit kurzen Unterbrechungen landesverfassungsrechtlich ein Eigenleben führten«.[6] Zudem war die Herrschaft in Ungarn über fast zwei Jahrhunderte hinweg mehr Anspruch als Realität - bis Habsburg seit der Wende zum 18. Jahrhundert die Türken immer weiter den Balkan hinunterdrängte.

Der »große Titel«, den Maria Theresia als Herrscherin über die habsburgischen Länder offiziell führte, nahm eine ganze Seite ein. Auf dem vom Reichsadler getragenen Wappenschild des Siegels ließen sich die nach Dutzenden zählenden Wappen der einzelnen Länder und Herrschaften kaum unterbringen, unübersehbar dagegen die drei großen Kronen – die Wenzel- und die Stephanskrone, überwölbt von der erzherzoglichen Krone Österreichs, während die Reichskrone zunächst ihrem Gatten Franz Stephan, dann ihrem Sohn Joseph II. als dem jeweiligen Kaiser vorbehalten war.

Die späten Zugewinne im Spanischen Erbfolgekrieg – die südlichen Niederlande, die Herzogtümer Mailand, Mantua und Parma, zeitweilig sogar das süditalienische Königreich – sind mit dem österreichischen Staatsganzen aber nicht mehr fest verwachsen. In der Staatwerdung Österreichs spielten sie daher keine Rolle. Die gesamte Ländermasse umfaßte nach dem Spanischen Erbfolgekrieg 730 000 Quadratkilometer; fast die Hälfte, nämlich 350 000 Quadratkilometer oder 48 Prozent, lag außerhalb des Deutschen Reiches. In Österreich und Böhmen, den zum Deutschen Reich gehörenden Gebieten also, lebten Mitte des 18. Jahrhunderts gut sechs Millionen Menschen.[7]

In Alteuropa war eine solche Vielfalt von Kronen und Herrschaften innerhalb eines Staatsverbandes nichts Außergewöhnliches. Den Bestrebungen nach Vereinheitlichung und Zentralität waren in Österreich mehr noch als in Preußen natürliche Grenzen gesetzt – in der gewaltigen Ausdehnung des Raums, für dessen Beherrschung die uns heute vertrauten Mittel der Kommunikation und Durchdringung noch ganz und gar fehlten, aber auch im Bewußtsein der Menschen. Die Untertanen widersetzten sich noch allemal der Vereinheitlichung und pochten auf die Sonderrechte ihrer Adelsherrschaft, ihres Dorfes, ihrer Stadt oder ihres Landes. Und selbst die Herr-

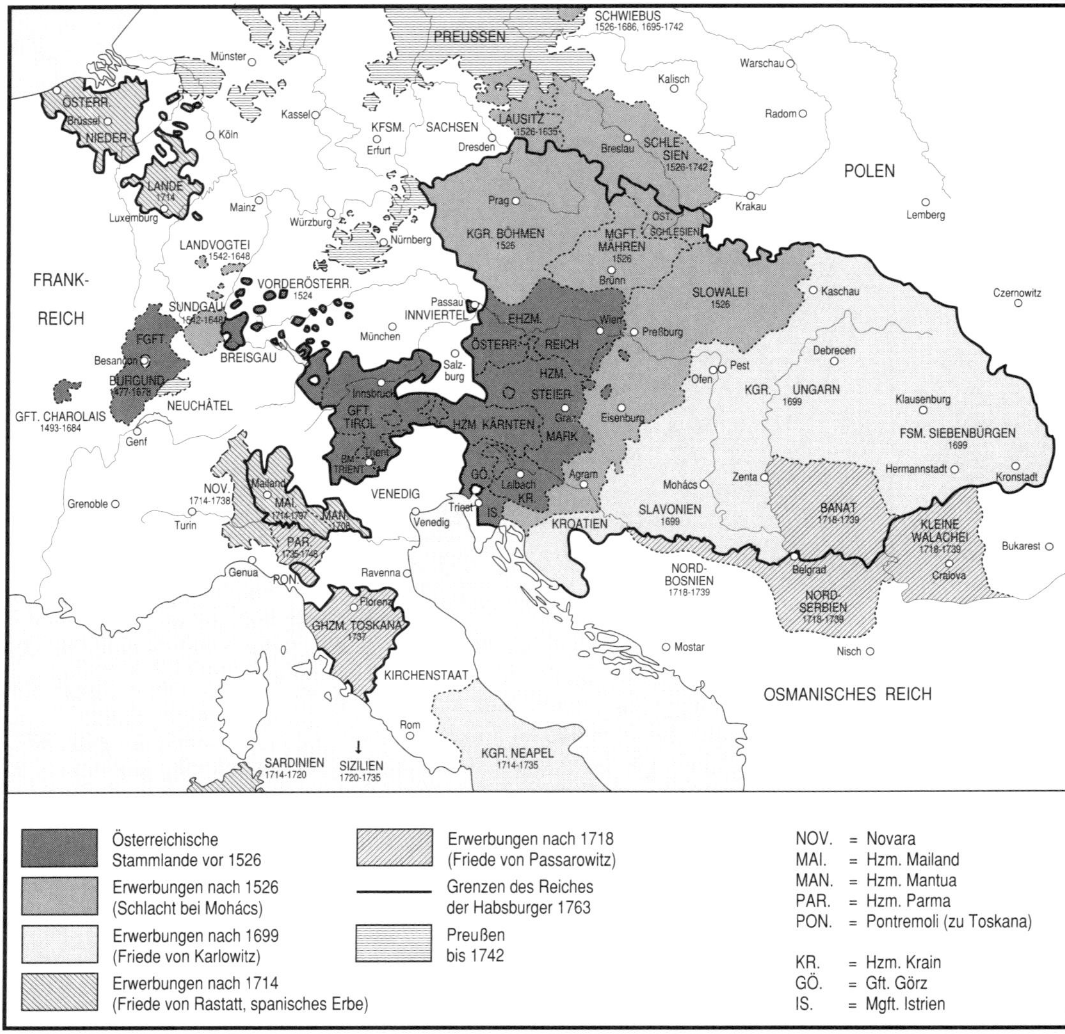

Die Habsburgerterritorien

schenden, die Vereinheitlichung und Zentralität wollten, um wirkungsvoll und rational regieren und verwalten zu können, behielten dabei doch stets das historisch Gewachsene im Auge. Die Verwaltungsreform Alteuropas war weit von der sozialtechnokratischen Gleichmacherei des 20. Jahrhunderts entfernt. Erst im letzten Drittel des 18. Jahrhunderts ergaben sich im Zeichen der Aufklärung radikale einheitsstaatliche Tendenzen. In Österreich machte sich Kaiser Joseph II. zu ihrem Vorreiter, steuerte damit aber in eine schwere Krise – vor allem in der niederländischen Provinz.

2. Katholischer Absolutismus und Habsburgerstaat

Die barocke Staatsidee Österreichs erkannte den Unterschied der Länder an, hob ihn aber zugleich auf, indem sie ihn in die sakrale Deutung der Habsburgerherrschaft einband: Kaiser Leopold I. ließ 1679 nach glücklicher Errettung Wiens von der Pest auf dem Graben inmitten der Kaiserstadt eine Pestsäule errichten, die er der Dreifaltigkeit widmete. An ihren drei, die Dreifaltigkeit Gottes repräsentierenden Seiten sind die Wappen und Kronen Österreichs, Böhmens und Ungarns zu sehen, wobei Österreich bezeichnenderweise nicht den Herzogshut, sondern die Kaiserkrone trägt. Gewaltige, von Engeln gehaltene steinerne Schriftrollen erläutern dem Betrachter das habsburgische Staatsprogramm: Österreich mit der Kaiserkrone ist dem Deo Patri Creatori, Böhmen mit der Wenzelskrone dem Deo Filio Redemptori und Ungarn mit der Stephanskrone dem Deo Spiritui Sanctificatori zugeordnet. Der himmlischen Dreieinigkeit entsprechen auf Erden die drei Hauptländer der Habsburger – jedes für sich selbständig, aber zu einer unlösbaren Einheit zusammengeschlossen, zum Heil des Erdkreises.[8]

Die Pestsäule auf dem Graben in Wien, die zu errichten Kaiser Leopold 1679 anläßlich einer Pestepideme feierlich gelobt hatte, wurde 1682 begonnen und 1693 unter maßgeblichem Einfluß des Baumeisters Johann Bernhard Fischer von Erlach vollendet. Sie veranschaulicht auf ihren drei Seiten die sakrale Staatsidee Habsburgs im Barockzeitalter: Österreich mit der Kaiserkrone, Böhmen mit der Wenzelskrone und Ungarn mit der Stephanskrone. Dies sind die drei Grundpfeiler des Habsburgerstaates, die symbolisch mit der göttlichen Dreieinigkeit in Verbindung gebracht werden, was gleichermaßen die Einigkeit wie die Heiligkeit der drei Kronen betont.

Dieses barocke Staatspathos trug entscheidend dazu bei, daß seit dem ausgehenden 17. Jahrhundert die Ländermassen des Hauses Österreich zu einem in sich differenzierten, aber einem einheitlichen Willen gehorchenden Gesamtstaat zusammengeschmiedet werden konnten. Diese Leistung von Religion und Glauben wird leicht übersehen, wenn man den Blick nur auf die Kräfte richtet, die im Augenblick der absolutistischen Reformen in den Vordergrund traten: Armee, Bürokratie, Finanzwirtschaft und Merkantilismus.[9] Daß sie so rasch und reibungslos als Motoren des Absolutismus wirken konnten, hatte aber eine entscheidende Voraussetzung – die religiöse Formierung und Disziplinierung, der Staat und Gesellschaft in der gewaltigen Anstrengung der frühneuzeitlichen Konfessionalisierung unterworfen worden waren.[10]

Gegen Ende des Reformationsjahrhunderts einsetzend, hatte der Prozeß der Konfessionalisierung über ein halbes Jahrhundert hin Unsicherheit, Angst, Elend und Zerstörung gebracht, vor allem in der Zeit des Dreißigjährigen Krieges. Nach dem Friedensschluß von 1648 stellte sich jedoch im Innern der Einzelstaaten rasch eine selbstverständliche Anerkennung der jeweils herrschenden Kirche ein, beruhend auf deren starker Präsenz in der Armen- und Krankenfürsorge, der Erziehung und Ausbildung, bei den großen Feiern im individuell-privaten wie im öffentlich-staatlichen Leben und nicht zuletzt bei den großen und kleinen Festlichkeiten des Barock, vom Staatszeremoniell bis hin zu den religiösen Volksfesten. Auf diese Weise ergab sich zwei, drei Generationen lang bei Regierten wie Regierenden eine ruhige religiöse Selbstgewißheit, die als Fundament jener Stabilität dienen konnte, die der Absolutismus in Staat und Gesellschaft zu errichten trachtete.

Das religiöse Fundament des Habsburgerstaates war die Katholizität von Dynastie und Untertanenverband – ein Ergebnis schwerer innerer Auseinandersetzungen und daher argwöhnisch gehütet. Die katholische Option des Fürstenhauses stand seit den Tagen Karls V. fest;[11] dagegen hatten sich die Untertanen um die Wende des 16. Jahrhunderts in einer stürmischen Spätreformation dem Luthertum oder gar dem radikaleren Calvinismus zugewandt, was eine schwere Krise des gesamten Staatsgefüges zur Folge gehabt hatte.[12] Denn in Böhmen, Ungarn und Siebenbürgen war es zu einer Allianz zwischen Protestantismus und Ständeopposition gekommen. Adel und Bürgertum, zu großen Teilen auch die Bauernschaft fanden im evangelischen Glauben nicht nur ihre religiöse, sondern auch ihre politische Identität. Eine Generation lang war nicht abzusehen gewesen, ob protestantische Ständelibertät oder katholische Fürstensouveränität den Sieg davontragen würde. Das Waffenglück am Weißen Berg stieß dann die Waagschale mit eiserner Hand zugunsten der Fürstenmacht nieder, so daß Kaiser Ferdinand II. mit dem unbedingten und heiligen Herrscherwillen, den ihn die spanischen Jesuiten gelehrt hatten, darangehen konnte, Protestantismus und Ständeopposition zu vernichten. Außer auf die Jesuiten stützten sich die Habsburgerherrscher vor allem auf die Kapuziner, auch sie ein neuer, ein gegenreformatorischer Orden, der am Kaiserhof großen Einfluß besaß: Nicht von ungefähr wurde die Wiener Kapuzinergruft die großartige barocke Grablege der Habsburger. Und auch zu den einfachen Leuten in Stadt und Land fanden die Kapuziner rasch Zugang durch Predigt, Seelsorge und Krankenpflege.

Erst mit der Gegenreformation und den durch Reformen erneuerten Katholizismus des Barockzeitalters wurde in den habsburgischen Ländern der Weg frei, auf dem Fundament katholischer Glaubenseinheit eine gleichmäßige, von den Ständen und regionalen Sonderrechten unabhängige, somit absolutistische Herrschaft zu etablieren.

Das betraf in diesem und in den folgenden Jahrzehnten vor allem Böhmen und das Herzogtum Österreich ob der Enns, wo Ständeaufstand und Bauernkrieg Handhabe für Todesstrafe, Konfiskation und Vertreibung boten. Die radikale, unter Kriegsrecht vorgenommene Rekatholisierung Böhmens wurde zum ersten Meilenstein auf dem Weg zum konfessionellen Absolutismus in den Habsburgerländern.

Die Verehrung der heiligen Eucharistie durch das Haus Österreich, Altarbild von M. Gasser in der Klosterkirche der Abtei Stams in Tirol, um 1680

Die »Pietas Austriaca«, die katholische Barockfrömmigkeit Österreichs, schloß Dynastie und Untertanenverband zu einer neuen geistlich-kulturellen Einheit zusammen, nachdem die politische und religiöse Spaltung des Reformationszeitalters in der Formierungs- und Aufbauphase nach Abschluß des Dreißigjährigen Krieges beseitigt worden waren.
Die Abtei Stams beherbergt eine Fürstengruft für die Habsburger der tirolischen Nebenlinie.

Die militärischen Erfolge verliehen auch der bereits zuvor in Gang gebrachten »friedlichen« Katholisierung Innerösterreichs, wo Ferdinand seit dem Ende des 16. Jahrhunderts als Erzherzog regiert hatte, neuen Elan. Lediglich in Ungarn und Siebenbürgen konnten sich als Folge der Türkenherrschaft Protestantismus und Ständetum über weitere Generationen behaupten.[13]

Die Wechselfälle des Kriegsglücks verzögerten nochmals die Rekatholisierung, auch in Böhmen; erst der Westfälische Friede machte die Vollendung möglich. Auf dem Friedenskongreß hatte sich Kaiser Ferdinand III. zu Konzessionen in Reichsangelegenheiten und Gebietsfragen bereitgefunden; »in der religiös-kirchlichen Verfassung seiner Erbländer ließ er sich nichts vorschreiben«.[14] Die Habsburger Kronländer blieben von den konfessionellen Kompromissen des Westfälischen Friedens ausdrücklich ausgeschlossen. Geführt von Landeshauptmann und Vizedom als Vertretern der Fürstengewalt,

Unbilliges Verfahren
des
Erz-Hauses Oesterreich
gegen die Evangelische.

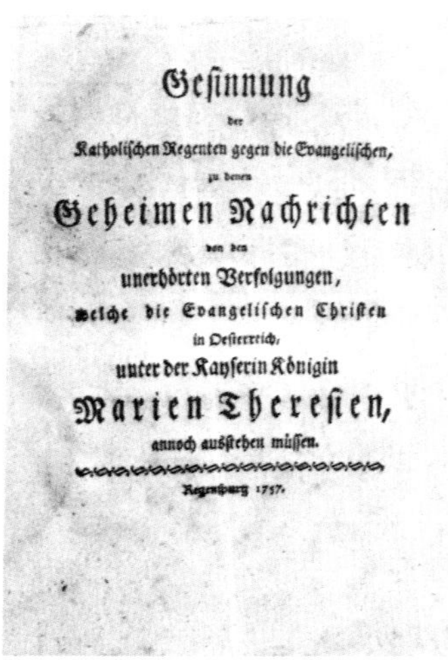
Gesinnung
der
Katholischen Regenten gegen die Evangelischen,
zu denen
Geheimen Nachrichten
von den
unerhörten Verfolgungen,
welche die Evangelischen Christen
in Oesterreich,
unter der Kayserin Königin
Marien Theresien,
annoch ausstehen müssen.
Regensburg 1757.

Titelblätter protestantischer Traktare gegen die Verfolgungen unter Maria Theresia

Das rücksichtslose Vorgehen gegen den österreichischen Geheimprotestantismus zog den Habsburgern heftige Kritik der Protestanten im Reich zu.

nahmen in allen Landschaften »Reformkommissionen« wieder die Arbeit auf, und zwar mit einem fast bedrückenden Erfolg. Denn abgesehen von dem unzerstörbaren Kern des »Geheimprotestantismus«, der sich vor allem in der inneren Alpenbastion hielt,[15] verschwand der Protestantismus nicht nur aus dem Leben, sondern auch aus dem Bewußtsein des Habsburgerstaates: Österreich und Katholizismus wurden zu einer Identität, die bis heute Bewunderer und Kritiker des Donaulandes fasziniert.

Schließlich gaben die Feldzüge gegen die Türken Gelegenheit, auch Ungarn und die auf dem Balkan »befreiten« Gebiete Schritt für Schritt zu rekatholisieren, wobei neben den Protestanten bald auch orthodoxe Christen betroffen waren.[16] In immer neuen Aufständen konnten die Madjaren zwar ihre rechtlich-politische Sonderstellung und die ständische Verfassung behaupten; den einst starken Protestantismus wußten die Österreicher jedoch auf administrativem Wege zu bekämpfen, und zwar so gründlich, daß den rasch zusammenbrechenden evangelischen Gemeinden die glaubensliberale Türkenherrschaft rasch als »gute alte Zeit« erschien. Nur im entfernten Siebenbürgen hielt sich in größeren Landstrichen eine protestantische Mehrheit.

Die einzige Ausnahme in den weiten Habsburgerlanden machten die schlesischen Herzogtümer. Dort besaßen die Protestanten ein Garantierecht, im Westfälischen Frieden begründet und 1707 im Nordischen Krieg durch die Altranstädter Konvention bestätigt. Daher gab es in der habsburgischen Kirchenverwaltung Schlesiens ein evangelisches Konsistorium, das allerdings von einem katholischen Präsidenten geleitet wurde. In Teschen, der 1742 und 1745 österreichisch gebliebenen Restprovinz, war unter den fünf Konsistorialräten des lutherischen Konsistoriums ein Protestant. Es gehört zu den Paradoxien dieser Einrichtung, daß die vier katholischen Räte dieses lutherischen Konsistoriums nebenbei auch als Ketzerpolizei fungierten, also für Lehr- und Glaubensreinheit unter den schlesischen Katholiken sorgten.[17]

Allein aus Österreich sollen gut 100 000 Protestanten geflohen sein – einst mächtige Adelsfamilien ebenso wie städtische Großkaufleute und Unternehmer oder Bauern. Allein in Innerösterreich waren 754 Adelsfamilien betroffen, darunter so berühmte Geschlechter wie die Khevenhüller, Trautmannsdorff und Windischgrätz.[18] Nimmt man den Exodus böhmischer Untertanen zu Beginn des 17. Jahrhunderts hinzu, so kann man den »ungeheuren Kräfteverlust von ... Menschen«[19] ermessen, der die Wirtschaftskraft der habsburgischen Länder empfindlich schwächte. Diese Umwälzung war aber zugleich ein entscheidender Schritt zur Formierung der absolutistischen Untertanengesellschaft sowie zur Konzentration der Staatsgewalt in der Hand des Fürsten und seiner Wiener Regierung. In Österreich wie in Böhmen waren altständischer Adel, das Stadtbürgertum und die Bauern, die traditionell in je eigener Weise Mitspracherecht gefordert hatten, entscheidend geschwächt.

Im Zuge der Gegenreformation entstand in Stadt und Land eine neuartige politisch-administrative Elite, die auf eigenständige Herrschaftsrechte verzichtete und damit zufrieden war, als Funktionsträger des absolutistischen Staates politisch tätig zu werden und gesellschaftliches Ansehen zu gewinnen. Der Fluchtpunkt dieses neuen

Zeugen des Kärntener Geheimprotestantismus: gläserner Abendmahlskelch und zinnerne Hostiendose auf einer Lutherbibel aus Bleiberg bei Villach

Adels und Bürgertums - die Bauern waren ganz ausgeschieden - war nicht das Land und die eigenen Rechte, sondern der Herrscher und sein Hof in Wien. Konsequenterweise verlegten viele Adelsfamilien ihren Wohnsitz nach Wien, zumindest für einen Teil des Jahres. Die einzelnen Länder und ihre alten Residenzstädte fielen dadurch gegenüber der neuen Hauptstadt immer rascher ab - politisch ebenso wie gesellschaftlich und kulturell.

Das Bürgertum sah sich bald durch die wirtschaftlichen Möglichkeiten, die ihm der Staatsmerkantilismus eröffnete, für den Verlust der religiösen und politischen Freiheiten der Stadtkommunen entschädigt. Immerhin blieb in den Erbländern ein wesentlicher Unterschied zum böhmischen Königreich bestehen: Während dort fremde Adlige und Bürger eingedrungen waren, so daß die religiöse Überfremdung zugleich eine »nationale« war, waren es in den österreichischen Ländern die zum Katholizismus konvertierten Linien der alten Adels- und Bürgerfamilien, die fortan in der absolutistischen Gesellschaft in den Provinzen und am Kaiserhof den Ton angaben - ein Heinrich Wilhelm von Starhemberg etwa oder ein Franz Christoph von Khevenhüller sowie der katholische Zweig der Trautmannsdorff und Windischgrätz.[20]

Der fast organische Übergang von *libertär-protestantischer Stände- zur katholisch-absolutistischen Untertanengesellschaft* war schon im ausgehenden 16. Jahrhundert vorbereitet worden, als der Ständeprotestantismus noch ungebrochen schien. Die Fürstenmacht hatte damals in zähem Ringen ein katholisches Bildungsmonopol errichtet. Den Universitätsunterricht übernahmen Ordensgeistliche, vor allem Jesuiten und Benediktiner. Selbst die Prager Universität, einst wissenschaftliches Zentrum der Hussiten und Böhmischen Brüder, war bald wieder fest in katholischer Hand. Stadt- und Landschaftsschulen, die sich ganz und gar der protestantischen Pädagogik geöffnet hatten und in denen die Führer der ständischen Opposition ihre Grundausbildung erfahren hatten, wurden geschlossen, so zum Beispiel die oberösterreichische Landschaftsschule in Linz. Zugleich stellte ein Mandat den Besuch auswärtiger Schulen unter schwere

Das neue Bildungsideal der Ritterakademien strebte danach, höfisch-ritterliche mit akademischer Ausbildung zu verbinden, um den adligen Nachwuchs in den Stand zu setzen, höchste zivile und militärische Ämter im Staat zu bekleiden: eine vielstufige Treppe führt den jungen Adligen hinauf zu seiner Stellung direkt neben dem Thron, als Berater auf der rechten oder Kriegsmann auf der linken Seite. Jede Stufe bedeutet ein auf diesem Weg notwendiges Fach – Theologie, allgemeine Geschichte, Mathematik, Geographie, Genealogie, Natur- und Völkerrecht, dazu Reiten, Fechten und die Grundlagen der Agronomie. In der Tat ein universelles Programm, das mehr als oberflächlich zu bewältigen niemand in der Lage gewesen sein dürfte.

Strafe. Habsburgische Fürstenmacht und katholische Kirche legten fest, welche religiösen und weltlichen Lehrinhalte der nachfolgenden Generation dienlich wären, vor allem für die Söhne des Adels, die es für den Dienst in Staat und Kirche zu gewinnen galt.[21]

Für den Adel bedeutete dieser Eingriff nicht nur Unterdrückung und Beschneidung seiner Bildungsfreiheit, sondern auch und vor allem Modernisierung seiner Ausbildung und funktionale Ausrichtung auf die Führungsaufgaben im absolutistischen Staat. Das brach schließlich die Vorherrschaft des gelehrten Bürgertums in Regierung und Verwaltung, die zu Beginn der Neuzeit so unangreifbar schien. Seit Anfang des 17. Jahrhunderts machte sich der österreichische Adel zunehmend Bildung als instrumentelles Wissen zu eigen, um die neuzeitlichen Aufgaben in Staat und Gesellschaft meistern zu können. Das führte zugleich zu einer neuen und effektiven Begründung des adligen Herrschaftsanspruchs und zur Verdrängung des gelehrten Bürgertums.

In der neuen katholischen Adelserziehung trat an die Stelle der alten, das Bürgertum mit einschließenden konfessionellen Solidarität der protestantischen Landschaftsschulen ein neues adliges Standesbewußtsein. Neben die wissenschaftliche Ausbildung, zum Teil sogar vor sie, trat die Standeserziehung – nämlich Fechten, Tanzen, höfische Etikette und dergleichen mehr. Das Studium und die Bildungsreisen, die fast ausschließlich in die katholischen romanischen Länder führten, liefen bei Bürgerlichen und Adligen fortan mehr und mehr auseinander. Je höher der Stand, um so jünger der Student und um so größer der Vorrang gesellschaftlich-höfischer gegenüber wissenschaftlichen Bildungselementen. Wichtig war für diese Adelsstudenten die Einführung in das personale Beziehungsgeflecht, das für die spätere Karriere am Hof und in den Amtsstuben entscheidend werden sollte. Das war eine Entwicklung, die sich auch in anderen Staaten zeigte, die also nicht einer spezifischen Konfession zuzuschreiben ist.[22] In den habsburgischen Territorien aber ging sie eine enge Allianz mit dem katholischen Konfessionalismus ein. Es war somit eine »Mischung des fürstlichen Absolutismus mit den feudalen Elementen und mit der siegreichen katholischen Kirche«, die im 17. und 18. Jahrhundert den Habsburgerstaat modernisierte.[23]

Abgerundet wurde das katholische Bildungsmonopol durch den staatlich-kirchlichen Zugriff auf das Buch. Die Reformkommissionen zogen alle protestantischen Bücher ein – wer die Auslieferung verweigerte, wurde mit schweren Strafen belegt. So wurden nicht nur unkatholische Theologie und Erbauungsliteratur aus dem Verkehr gezogen. Auch die oppositionell-ständische Politiktheorie verschwand aus der historisch-politischen Kultur Österreichs, ebenso die frührationalistische Philosophie, die vor allem bei den Calvinisten stark vertreten war und nach ihrem Begründer, dem Franzosen Petrus Ramus (1515-1572), Ramismus hieß. Bald war in allen Ländern der Monarchie »die Kontrolle über den Buchdruck, Buchhandel und über den Bücherbesitz des einzelnen ... zu einem unerläßlichen, selbstverständlichen Gegenstand der von gleichen Zielvorstellungen ausgehenden weltlichen und geistlichen Herrschaft geworden«.[24]

Auf diese Fundamente bauten die Theresianischen Staatsreformen in der Mitte des 18. Jahrhunderts auf, als nach der mit Mühe bestandenen Herausforderung durch den preußischen Militär- und Verwaltungsstaat in den beiden Schlesischen Kriegen ein neuer, durch Zentralisierung und Säkularisierung gekennzeichneter Modernisierungsschub die Habsburgermonarchie erfaßte. Das war auch die Geburtsstunde der modernen Zensur. Die bis dahin als »unsystematisches System« gekennzeichnete Bücherkontrolle, die von Land zu Land unterschiedlich funktionierte, hier vorwiegend von staatlichen, dort mehr von kirchlichen Instanzen – voran dem Jesuitenorden – wahrgenommen worden war, wurde nun, in der Mitte des 18. Jahrhunderts, »in den zentralen Staatsapparat eingegliedert, bürokratisiert, durch Arbeitsteilung rationalisiert und zu einem wirksamen Instrument weltlicher Herrschaft geformt«.[25]

All das geschah zu einer Zeit, als der Büchermarkt expandierte, die Buchproduktion von ausgeprägter Rationalität und Weltlichkeit gekennzeichnet war und neue Leserschichten Staat, Gesellschaft und Kirche skeptische Fragen stellten. Da es offenkundig war, daß die neue Flut von politischen, historischen und juridischen Büchern, von Zeitungen, Zeitschriften und Kalendern rein weltlicher Natur war, fiel es dem Staat leicht, die Zensur den Geistlichen aus der Hand zu nehmen und sie selbst auszuüben. Wenngleich nur wenige Jahre später Kaiser Joseph II. mit aufgeklärtem Pathos die Meinungs- und Pressefreiheit verkündete, wurde dieses Kontrollsystem nicht wirklich zerstört. Im Vormärz konnte der Staatskanzler Metternich institutionell und geistig an die im absolutistischen Konfessionalismus etablierte Zensur des österreichischen Ancien régime anknüpfen, wenn er verkündete: »Die Zensur ist das Recht, die Manifestation von Ideen zu hindern, die den Frieden des Staates, seine Interessen und seine gute Ordnung verwirren.«[26]

Im Barockzeitalter erlebte auch das im mittelalterlichen Sakralkönigtum wurzelnde, inzwischen auf die Landesfürsten übertragene Gottesgnadentum eine entschiedene Renaissance.[27] An die strenge Herrscherpose eines Ferdinand II. anknüpfend, die den späteren Kaiser bereits als jungen Erzherzog von Innerösterreich im Kampf gegen die Häretiker als »defensor fidei« zeigt, entfaltete sich in den Habsburgerterritorien seit Leopold I. ein barock-katholischer Herrschermythos. Der im konfessionellen Zeitalter neu begründete sa-

Triumph der Gegenreformation, Altarbild von 1603 in der Kapuzinerkirche in Graz

Die innerösterreichischen Erzherzöge machten Graz zur Bastion des frühabsolutistischen Konfessionalismus; von hier aus konnten erstarkte Fürstenmacht und Katholizismus in die anderen habsburgischen Länder ausgreifen. Am rechten unteren Rand des Gemäldes kniet Erzherzog Ferdinand, der spätere Kaiser Ferdinand II., in schwarzer Rüstung – ein entschlossener Krieger für den katholischen Glauben und die absolute Fürstenmacht des Hauses Habsburg.

Apotheose Kaiser Karls VI., Deckenfresko in der Kaiserstiege des Stifts Göttweig – imperial-sakraler Gestus des barocken Kaiserstils

krale Gehalt des Fürstenamtes diente hier der staatspolitisch notwendigen Verklammerung der verschiedenen Landesteile. Die habsburgische Länder- und Völkergemeinschaft wird religiös überhöht zur katholischen Glaubensgemeinschaft unter der gottverordneten Herrscherdynastie, die wegen ihrer unerschütterlichen Katholizität eine hervorgehobene Stellung in der Kirche einnimmt – in der Kirche als weltlicher Institution ebenso wie in der überirdischen Kirche als Gemeinschaft der rechtgläubigen, also der katholischen Christenheit. Es ist die Zeit der Wiener Pestsäule mit ihrem steingewordenen Programm österreichisch-böhmisch-ungarischer Einheit als irdischer Widerspiegelung der himmlischen Dreifaltigkeit.

Diese Sakralisierung des Herrschers trug in katholischen Staaten nicht anders als im protestantischen Landeskirchentum wesentlich dazu bei, daß die Untertanen den Absolutismus als die von Gott gewollte Regierungsform akzeptieren lernten. Konfessionsneutral drückte das der große Staatstheoretiker Jean Bodin aus, dessen Lehre von der Staatssouveränität dem absolutistischen Fürstenstaat die Bahn geebnet hatte. Obwohl säkular und als Überwindung der Konfessionalisierung angelegt, greift auch dieses Werk auf die Fürstensakralität zurück, wenn es darum geht, altes und neues Widerstandsrecht auszutilgen und die Gehorsamspflicht der Untertanen zu begründen. So, wie das göttliche Gebot von den Kindern unbedingte Elternliebe fordere und jeden Verstoß mit ewigem Tod bedrohe, so sei selbst ein tyrannischer Herrscher sakrosankt und für seine Untertanen unantastbar: »Wenn der Vater ein Mörder, Dieb oder Landesverräter ist, wenn er Blutschande und Verwandtenmord begeht, wenn er Gotteslästerer und Atheist ist, ... so ist es gleichwohl nicht die Sache des Sohnes, gegen den Vater die Hand zu erheben ... Noch heiliger und unverletzlicher als der Vater ist der Fürst, da er von Gott eingesetzt und gesandt ist.«[28]

Allein – die politische, soziale und geistig-intellektuelle Vereinheitlichung des Untertanenverbandes und seine Unterordnung unter die Souveränität der Krongewalt war nur die eine Anstrengung der Kirchen- und Religionspolitik; die andere hatte die administrative Einordnung der Kirche in den Staat vor Augen oder zumindest deren Angliederung an seinen administrativen Apparat. Was zur Zeit des spätmittelalterlichen Landeskirchentums begonnen hatte und über die Glaubenskämpfe hinweg verfolgt worden war, das wurde im Staatskirchentum des konfessionellen Absolutismus vollendet.

Auch dies war eine Entwicklung, die sich sowohl in protestantischen als auch in katholischen Staaten vollzog, und zwar in ganz Europa. Im 17. Jahrhundert entstanden allenthalben Staatskirchensysteme, die mit dem fürstlichen Absolutismus eine enge Allianz eingingen. Theoretisch wurde das in der Lehre vom Gottesgnadentum abgesichert – der »Loi divine des rois« oder dem »Divine right of kings«, das kein geringerer als König Jakob I. von England in seiner Schrift »Trew Law of Free Monarchies« propagiert hatte.[29] In Spanien nannte man diese Symbiose *Regalismus*, in Frankreich *Gallikanismus*, in England *Anglikanismus*.[30] Im Reich war ein solches System nur im Rahmen der Fürstenstaaten denkbar. Die Staatskirchenrechtler entwickelten daher die Theorie des *Territorialismus*. Während der bislang vorherrschende *Episkopalismus* die Gewalt der Fürsten – und damit des Staates – in der Kirche vom mittelalterlichen Bischofsrecht herleitete und ihr kirchliches Regiment somit nur als Notrecht verstand, begründete der *Territorialismus* die weltlich-obrigkeitliche Kompetenz in kirchlichen und religiösen Fragen direkt aus der Gebietsgewalt des modernen Staates.

In einem katholischen Staat wie der Habsburgermonarchie war die Umsetzung dieser Theorie in politische Praxis allerdings schwieriger als in protestantischen Staaten. Man hatte es ja nicht mit einer Landeskirche zu tun, die bereits in territoriale Grenzen gegossen war, sondern mit einer von Rom aus regierten Universalkirche. Es war nie völlig zu verhindern, daß Personen und Instanzen von außerhalb auf das religiöse und kirchliche Leben eines katholischen Staates Einfluß nahmen. Juristisches und diplomatisches Geschick waren nötig, um vertragsmäßige Vorkehrungen dagegen zu treffen und institutionell-administrative Barrieren zu errichten.

Immerhin ließ sich an das landesherrliche Kirchenregiment des späten Mittelalters anknüpfen, das den Habsburgern so wichtige Einwirkungsmöglichkeiten wie das Besetzungsrecht über die Schlüsselbistümer Trient, Brixen, Gurk und Chur, später auch Laibach, Wien und Wiener Neustadt eröffnet hatte.[31] Diese Stellung war in den Jahrzehnten der protestantischen Bedrohung, als der Wille des Fürsten über das Schicksal des Katholizismus entschied, weiter ausgebaut worden. Im ausgehenden 17. und im 18. Jahrhundert, als der Katholizismus in den habsburgischen Territorien endgültig gesichert war, konnte sich dann auch dort der Wille des neuzeitlichen Staates durchsetzen, sich die Kirche und den Klerus in derselben Weise unterzuordnen, wie das mit dem Adel und den Städten, den beiden anderen auf Selbständigkeit bedachten Kräften des traditionellen Ständestaates, bereits früher geschehen war.

Der absolutistische Zugriff auf die Kirche war somit der Endpunkt eines langen Prozesses. Die Umstände und die eingesetzten Mittel variierten, die Zielrichtung blieb aber dieselbe – von Kaiser Friedrich III., der gleichzeitig mit dem Reichskonkordat von 1448

Die barock-katholische Staatsidee der Habsburger wurde jeden Sonntag liturgisch vergegenwärtigt in den Fürbitten der Untertanen um das Wohlergehen des Herrscherhauses und seiner Dynastie, von Freiburg im Breisgau oder Innsbruck im Westen bis zum siebenbürgischen Hermannstadt im Osten, von Triest im Süden bis ins böhmische Reichenberg im Norden. In Altar-, Wand- oder Deckengemälden trat diese Idee dem verzückten Betrachter ikonographisch vor Augen – in der Apotheose Kaiser Karls VI. auf dem Göttweiger Deckenfresko ebenso wie in dem sogenannten Prager Jesulein, das die dreijährige Maria Theresia als Heilsbringer der Menschheit darstellt.

Cornelius Jansenius (1585-1638), von 1635 bis zu seinem Tod Bischof in Ypern, der mit seiner 1640 postum erschienenen Interpretation der Augustinischen Gnadenlehre den nach ihm benannten Jansenismus begründete – eine unorthodoxe Strömung innerhalb des Katholizismus, die ein Jahrhundert später eine Allianz mit der Aufklärung eingehen sollte.

ein vorreformatorisches Kirchenregiment begründete, über den konfessionalistisch-glaubenstreuen Kaiser Ferdinand II. zu Anfang des 17. Jahrhunderts und die barock-katholische Selbstgewißheit eines Leopold I. zu dessen Ende bis hinein ins 18. Jahrhundert zu der naiv frommen Kaiserin Maria Theresia und ihrem im geistigen Habitus so ganz anderen Sohn Joseph II. Sie alle wiesen kirchliche Eingriffe in die fürstlich-staatlichen Rechte entschieden zurück und suchten auf immer neue Weise, den Einfluß des Staates auf die Kirche Schritt für Schritt auszudehnen.

In der letzten Phase des Dreißigjährigen Krieges tat Kaiser Ferdinand III. wichtige Schritte staatlich-behördlicher Kontrolle und Lenkung der katholischen Kirche: Päpstliche Bullen durften jetzt nur noch nach Zustimmung staatlicher Stellen verkündet werden; die Wahl höherer Geistlicher hatte in Anwesenheit von Staatskommissaren zu erfolgen, die den neuen Prälaten sogleich auf die landesherrlichen Rechte in allen weltlichen Angelegenheiten (Temporalia) seines Kirchenamtes verpflichteten; den ausländischen Oberen der zahlreichen Orden wurde die Visitation ihrer in Österreich gelegenen Klöster verboten. Auch die mit den staatlichen Gerichten konkurrierende Rechtssprechung der kirchlichen Gerichte wurde Schritt für Schritt zurückgedrängt – Ferdinand III. nahm ihnen die Zuständigkeit in Finanz- und Besitzstreitigkeiten (Zehnt, Pfründenbesetzung); seit Leopold I. mußte jedes Urteil eines geistlichen Gerichts vor der Exekution durch eine staatliche Instanz überprüft werden; Karl VI. schnitt jeden Rekurs nach Rom ab und ließ bei allen Urteilen geistlicher Gerichte, die weltliche Dinge berührten, nur noch die Appellation bei landesherrlichen Gerichten zu.

Hinter diesem Etatismus standen geistige Strömungen, die zum Teil in der Kirche selbst hervorbrachen und dort innere Reformen in Gang setzten. Wie in den protestantischen Ländern, voran in Preußen, der Pietismus das Verhältnis von Kirche und Staat tief umgestaltete,[32] so in Österreich der Spätjansenismus, der hier bereits eine Allianz mit der noch jungen Aufklärung einging. Gestützt auf das Werk des Kirchenvaters Augustin, bemühten sich die jansenistischen Reformer nicht nur um die Erneuerung eines sittenstrengen Christentums, sondern auch um die Vermittlung zwischen Vernunft und Glauben. Sie widerlegen somit die platte Entgegensetzung von Christentum und Aufklärung. Vor allem Böhmen geriet seit dem ausgehenden 17. Jahrhundert unter den Einfluß der Philosophie von Gottfried Wilhelm Leibniz und Christian Wolff, wobei die nahen deutschen Aufklärungszentren Leipzig und Halle vermittelnd wirkten. Sogar Benediktiner und Jesuiten, etwa der Prager Mathematiker Stepling,[33] eigneten sich die Leibnizsche Philosophie an, um die katholische Kirche gegen Deismus und Atheismus abzuschirmen, die von England und Frankreich her auch in Ost- und Südosteuropa eindrangen.

Eigentlich war der Jansenismus älter als die Aufklärung, und er hat über Generationen hinweg als Widersacher, nicht als Allianzpartner des katholischen Absolutismus von sich reden gemacht. Er ging zurück auf den bereits 1638 verstorbenen Bischof von Ypern, Cornelius Jansen, der eine gelehrte Studie über Augustinus vorgelegt und darin ein umfassendes theologisches Reformprogramm entwickelt

Gerard van Swieten (1700-1772) in seinem Arbeitszimmer mit botanischen Studien beschäftigt

Der Leibarzt Maria Theresias war Direktor der Hofbibliothek und als Präsident der Zensur- und Studienhofkommission Leiter der obersten Unterrichtsbehörde, die für die Reform der Wiener Universität im Sinne des aufgeklärten Absolutismus zuständig war. Neben seiner ärztlichen und administrativen Tätigkeit betrieb van Swieten naturwissenschaftliche Forschungen und lehrte an der medizinischen Fakultät.

hatte. Mit diesem Rüstzeug traten die Jansenisten seit den vierziger Jahren des 17. Jahrhunderts vor allem im Frankreich Ludwigs XIV. an, »um die individuelle religiöse Selbstverwirklichung gegen absolutistische Machtansprüche zu schützen: Gegen den römischen Zentralismus und das französische Staatskirchentum hatten sie die theologische und kirchenpolitische Selbstverantwortung der Geistlichen gesetzt, gegen das Gottesgnadentum der Herrscher eine rigorose Lehre vom Gebrauch der Sakramente und von der göttlichen Gnade.«[34]

Eine gänzlich andere Stoßrichtung kam im Habsburgerstaat des 18. Jahrhunderts zur Geltung: Der Spätjansenismus führte hier zum endgültigen Triumph des säkularen Staates über die bislang noch mehr oder weniger unabhängige Kirche. Darin zumindest war er durchaus dem Pietismus in Brandenburg-Preußen vergleichbar, der im 17. Jahrhundert ebenfalls gegen die dogmatische und verfassungsmäßige Verkrustung des Landeskirchentums angetreten war, auch wenn er später den Aufbau des borussischen Machtstaates fördern sollte.

Nachdem der Jansenismus zu Anfang des 18. Jahrhunderts auch in den Niederlanden, in Italien sowie in Rom eine breite Anhängerschaft gefunden hatte, drang er von dort her in den Donauraum ein. Der in Leiden geborene Mediziner Gerard van Swieten, der hochgeschätzte und einflußreiche Leibarzt Maria Theresias, sammelte in Wien einen jansenistischen Kreis um sich, dem unter anderem der Beichtvater der Kaiserin, der Augustiner-Chorherrenprobst Ignaz Müller, angehörte, ebenso die Beichtväter und politischen Berater der Erzherzoginnen Marie Antoinette und Marie Karoline, die wenig später den König von Frankreich beziehungsweise den Vizekö-

Historische Nachricht
von der
Entstehungsart und der Verbreitung
des
Normalschulinstituts
in
Böhmen,

von
Ignatz Böhm,
k. k. Hofkaplane und Schuldirektor auf der k. k. Kammeralherrschaft Zbirow. ꝛc.

— — Si plura nitent, cur ego paucis
Offendar maculis?
Horat.

Prag, 1784.

Im Zeichen seines aufgeklärten Reformprogramms nahm sich der habsburgische Staat unter Kaiser Joseph II. auch des Elementarschulwesens an.

nig von Neapel heiraten sollten.[35] Als die Kaiserin van Swieten zum Direktor des Unterrichtswesens und der geistlichen Angelegenheiten ernannte, gelangte die neue Richtung in der gesamten Monarchie zur Herrschaft, ohne daß ihr jedoch je die Mehrheit der Geistlichen angehört hätte. Aber die Universitäten und Schulen und sogar die Buchzensur wurden der Oberaufsicht der Jesuiten entzogen und einer staatlichen Studienkommission unterstellt.

Lange bevor ihn der Papst 1773 auflöste, war in den habsburgischen Gebieten die Position des Jesuitenordens allenthalben ins Wanken geraten. Das war der Triumph des säkularen Absolutismus über eine auf Selbständigkeit bedachte Kirche. Denn anders als im 17. Jahrhundert, als – in Österreich wie in Frankreich – Jesuiten und Krongewalt in einer gemeinsamen Frontstellung gegen die Feinde des Katholizismus kämpften, war die Societas Jesu im unbestritten katholischen Habsburgerreich des 18. Jahrhunderts energisch für die Unabhängigkeit der Kirche vom Staat eingetreten.

Von den kirchlich-weltlichen Reformgedanken des Jansenismus und der Aufklärer getragen, dehnte der Staat der Habsburger so Zug um Zug seine Kontrolle über die katholische Kirche aus – selbst über den Besitz der Kirche und eines jeden ihrer Geistlichen, die fortan kein Geld ins Ausland schicken durften. Auch das Studium der Theologie und sogar die Orden wurden in gewissem Sinne botmäßig gemacht; zum Wohle staatlicher Peuplierungspolitik durften sie nur noch ein bestimmtes Kontingent von Novizen aufnehmen und hatten Neugründungen völlig zu unterlassen. Gleichzeitig wurden öffentliche Aufgaben, die bislang die Kirche wahrgenommen hatte, direkt in staatliche Regie übernommen – so vor allem die Ehegerichtsbarkeit, das Unterrichts- und Bildungswesen, bald auch die Armen-, Kranken- und Sozialfürsorge.

1780 bestieg Joseph II. den Thron, und damit folgte einer in ganz selbstverständlicher, naiver Art frommen Mutter ein im Handeln und Glauben vom Pathos der Vernunft durchdrungener Sohn. Obgleich sich mit dem Habitus des Herrschers auch das geistige Klima änderte, war in der Kirchenpolitik eine Kehrtwende nicht nötig. Der Josephinismus, wie man die Kirchen- und Kulturpolitik unter Kaiser Joseph II. nennt, systematisierte und radikalisierte nur die unter Maria Theresia eingeleiteten Reformen. Alle Rücksichten auf überkommene Traditionen wurden aufgegeben, für die Gestaltung des Verhältnisses von Kirche und Staat galt nur noch der nackte Staatszweck. Die religiösen und kirchlichen Verhältnisse wurden nach den

Toleranzbethaus und Schule im Kärntener Bergdorf Fresach, errichtet im Schutz des Josephinischen Toleranzedikts vom 13. Oktober 1781

Wie in dem Duldungspatent festgelegt, besitzt das neue protestantische Gotteshaus keinen Eingang von einem öffentlichen Weg aus, keinen Glockenturm und keine sakral gestalteten Fenster. Es sollte wie ein einfaches Haus aussehen. Heute beherbergt das Gebäude ein evangelisches Diözesanmuseum.

rational-zweckmäßigen Normen der Vernunft neu geordnet; geschichtlich Gewachsenes verlor seine Berechtigung.

In ihren letzten Regierungsjahren hatte Maria Theresia die jahrhundertealte Ketzerverfolgung aufgegeben und für Mähren am 14. November 1777 sogar ein »Vertrauenspatent« erlassen, das dort ihren nichtkatholischen Untertanen eine bescheidene Toleranz gewährte. Joseph II. erließ am 13. Oktober 1781 ein Toleranzpatent, das Lutheranern, Reformierten und Orthodoxen das Recht zugestand, sich zu formalrechtlich anerkannten religiösen Körperschaften zusammenzuschließen.[36] Gleichzeitig erhielten sie die wichtigsten bürgerlichen Rechte – die Möglichkeit, Eigentum zu erwerben, Bürger einer Stadt, Meister einer Zunft zu werden, akademische, politische und militärische Ämter zu bekleiden. Ergänzend wurden auch Toleranzpatente für die Juden erlassen.

Für die katholische Kirche, deren Vormacht der Kaiser keineswegs beseitigen wollte, bedeutete der Josephinismus ihre Umwandlung in eine Staatsinstitution für Wohlfahrt, Bildung und Kultus. Betroffen waren vor allem die Orden. Während der Weltklerus seine Tätigkeit unter den neuen Bedingungen im großen und ganzen fortsetzen konnte, wurden wenige Wochen nach Erlaß des Toleranzpatents alle

Allegorie auf die Aufhebung der Klöster durch Joseph II.

Die radikalen Reformen in Kirche und Staat waren bei den Untertanen nicht beliebt. Ihren eigenen Idealen entsprechend versuchte die aufgeklärte Verwaltung das Volk zu belehren und zu überzeugen: Überstrahlt vom klaren Licht der Vernunft, das aus dem gleichschenkligen Dreieck als Symbol vernünftig-perfekter Ordnung hervorbricht, erklärt der Kaiser selbst den Sinn der Aufhebung der Klöster. An die Stelle des weltabgewandten Klosterlebens soll die Tätigkeit als Säkulargeistliche für das religiöse und soziale Wohl der Gesellschaft treten.

Klöster aufgelöst, die nicht durch Kranken- und Sozialfürsorge oder Unterricht und Wissenschaft unmittelbar staatlich-öffentliche Aufgaben erfüllten. Allein während der ersten großen Welle vom Mai 1782 bis zum Oktober 1784 wurden in Böhmen und Mähren 39 Männer- und sechzehn Frauenklöster, in Oberösterreich 20 Mönchs- und drei Nonnenklöster aufgehoben. 7354 Männer und Frauen mußten allein in Österreich ihre Klöster verlassen. Der Staat setzte für sie eine Pension aus. Der Verkauf der Klöster und ihres Inventars brachte bereits 1783 rund fünfzehn Millionen Goldgulden ein.[37] Das beste Geschäft machten jedoch wiederum nicht die staatlichen Behörden, sondern die privaten Ankäufer. Wie eineinhalb Jahrhunderte zuvor im Anschluß an den Aufstand in Böhmen die enteigneten böhmisch-mährischen Adelsgüter zu einem Bruchteil ihres Wertes vergeben wurden,[38] so wurden jetzt im gesamten Habsburgerstaat Kirchengüter verschleudert. Die Jesuitengüter, die eben, im Jahre 1774, noch auf rund 6 410 000 Gulden geschätzt worden waren, erbrachten 1777 nur ganze 129 000 Gulden.[39]

Der Erlös floß den staatlichen Kammergütern zu, wurde aber als Religions- und Studienfonds separat verwaltet. Denn Joseph wollte sich auf keinen Fall am kirchlichen Eigentum vergreifen. »Er zwang nur die Kirche in seiner tyrannischen Liebe, ihre Mittel so anzuwenden, wie er es für heilsam hielt.«[40] Aus dem Säkularisationsgewinn wurde der Aufbau der neuen Josephinischen Staatskirche finanziert. Der Weltklerus wurde fortan in staatlichen Generalseminaren statt in kirchlichen Diözesanseminaren ausgebildet. Ein stark ausgeweitetes Netz von staatlich kontrollierten Pfarreien und Diözesen sollte die pastorale Seelsorge und Volksfürsorge verbessern. Schließlich wurde auch die Besoldung der Pfarrer-Beamten auf eine neue Basis gestellt. Anders als die vorjosephinischen Pfarrer lebten sie nicht mehr von Pfründen und Stolgebühren, sondern erhielten ein festes Gehalt aus der Staatskasse.

Der Idealtypus des josephinischen Pfarrers war im neuen habsburgischen Episkopat der »Bürgerpriester, der standhafter Patriot ist, keine theologischen Dispute über Undurchsichtiges führt, dafür als Musterlandwirt und gründlicher Kenner der Regierungsverfügungen den Untertanen mit bestem Beispiel vorangeht«.[41] Derselbe Geist der Nützlichkeit dominierte, als Joseph II. die im Barock nochmals ausgeuferten kirchlichen Festtage auf siebenundzwanzig pro Jahr reduzierte, die Prozessionen nahezu abschaffte und die Kirchweihfeste quer durch die Monarchie auf ein und denselben Tag zusammenlegte, die »Kaiserkirmes«, wie der Volksmund das Fest spöttisch nannte. Weihnachts- und Osterliedersingen wurden verboten, ebenso das Bruderschaftswesen, das im barocken Totenbegängnis einen so wichtigen Platz eingenommen hatte.

An die Stelle zeitlicher, örtlicher und sozialer Vielfalt und historisch gewachsenen religiösen Brauchtums, das den einzelnen wie die gesellschaftlichen Gruppen von der Wiege bis zur Bahre geleitet und gestützt hatte, trat die etatistisch verfügte Norm des aufgeklärten Kirchen- und Gesellschaftssystems. Es nimmt nicht wunder, daß bald überall in der Monarchie ein Sturm der Empörung gegen diese Gleichmacherei ausbrach, am heftigsten in den südlichen Niederlanden, wo sinnenfrohe Volkskultur und barocke Kirchlichkeit eine enge Verbindung eingegangen waren.

Der Josephinismus der Habsburgerländer war Höhe- und Gipfelpunkt der Inpflichtnahme der Kirche durch den absolutistischen Staat. In keinem anderen Land wurde die seit dem späten Mittelalter einsetzende, in Reformation und Konfessionalisierung weiter vorangetriebene Verschränkung kirchlicher und weltlicher Dinge im Dienste frühmoderner Staatlichkeit so konsequent und systematisch ausgebaut wie in diesem System. Der gewaltige Widerstand der Untertanenschaft, an dem der Kaiser schließlich scheiterte, belegt, daß die alteuropäische Welt diese rigide, kalkulierte Ausnutzung von Kirche und Religion durch die absolutistische Fürstengewalt nicht hinnehmen konnte. Erst als die noch zu Lebzeiten Josephs II. ausgebrochene Französische Revolution die alteuropäische Verzahnung von Religion und Gesellschaft theoretisch und praktisch aufbrach, war der Weg frei für neue Entwicklungen – in der Kirche ebenso wie im Staat.

3. Das Militär als Agent des absolutistischen Einheitsstaates

Nicht anders als in dem gemeinhin für martialisch geltenden Preußen oder im Frankreich Ludwigs XIV. waren auch im Habsburgerstaat Krieg und Militärwesen ein mächtiger und häufig brutaler Antrieb des absolutistischen Einheitsstaates. Das »Bella gerant alii, tu felix Austria nube« hat diese Tatsache zu Unrecht verdrängt, wenn auch durchaus im Sinne der austrohabsburgischen Selbstdarstellung. Das »glückliche Österreich« ist nicht nur durch friedliches Heiraten groß geworden; es war ebenso eine Militärmacht, die im Guten wie im Bösen neben den anderen Militärmächten im frühneuzeitlichen Europa stand. Mag sein, daß der Verteidigungsaspekt stärker war als in Preußen, wo aus geographischen Gründen der Groß- und Einheitsstaat ja nur in der Offensive zu gewinnen war, oder als beim französischen Absolutismus, der sich wegen der im 16. Jahrhundert entstandenen Einkreisung durch die Habsburger aufgerufen fühlte, mit einer gezielten Expansion den Ring zu sprengen und eine europäische Hegemonie anzustreben.[42]

In Österreich stand am Anfang die jahrhundertelange Türkengefahr – bedrohlich vor allem für Krain, die Steiermark, Kärnten und Görz, der Habsburger und des Reiches »Hofzaun«, den der »allgemeinen Christenheit Erbfeind, der Turck« seit dem 15. Jahrhundert periodisch überrannte. Um dem Plündern, Morden und Brandstiften zu wehren, entstand seit 1575 das Landesdefensionswerk. Es beruhte auf der schmerzlichen Erfahrung, daß »außländische Nationen und Kriegsleut... mit dem Eifer nit dienen, als eben die, welchen es um sich selbst, ihre Weiber und Kinder, Hab und Gütter und um das geliebte Vaterland zu tun ist«. Statt auf unsichere und wenig effektive Hilfe von außen zu setzen, wurde die innerterritoriale Verteidigungsgemeinschaft von Landesherrschaft, Ständen sowie städtischer und ländlicher Untertanenschaft organisiert, wobei gleichzeitig die notwendige überterritoriale Zusammenarbeit der drei habsburgischen Länder sichergestellt wurde – »wie ein Land dem andern im Fall der Erbfeind mit großem Schwall einem oder dem andern Land zueilet, zu Hülffe kommen und retten sollen helfen«.[43] So unzureichend die damit eingeleiteten militärischen, administrativen und allgemein organisatorischen Maßnahmen für die akute Türkenabwehr auch waren, so trieben sie doch die staatliche Verdichtung mächtig voran und ließen die betroffenen Länder als Verteidigungsgemeinschaft eng zusammenrücken.[44]

In Graz entstand Ende des 16. Jahrhunderts ein Hofkriegsrat, der über Jahrzehnte hin die stärkste und bestfunktionierende Behörde überhaupt war und daher Motor für die administrative Durchdringung der innerösterreichischen Länder, und zwar bis an die fließenden Grenz- und Übergangszonen zum türkischen Herrschaftsbereich, die von der Zivilverwaltung kaum erreicht wurden. Die Untertanen, Bürger wie Bauern, wurden durch Kriegsübungen in die Verteidigungsgemeinschaft eingefügt,[45] was ihre bis dahin eher schwach entwickelte Identifizierung mit dem Gemeinwesen entscheidend stärkte. So entwickelte sich ein alle Stände und Bevölkerungsschichten umschließender innerösterreichischer Patriotismus, das heißt eine Verantwortlichkeit für das »geliebte Vaterland« im Gegensatz zu der Gleichgültigkeit der »ausländischen fremden Nationen«,[46] was die Länder im Innern des Reiches meinte. Gleichzeitig wuchsen die verschiedenen Herrschaftssphären, also Fürst, Stände und Untertanenschaft, einen entscheidenden Moment lang enger zusammen - bis nämlich der gegenreformatorische Absolutismus die Zusammenarbeit aufkündigte, um den fürstlichen Gesamtstaat »Innerösterreich« zu etablieren. Und natürlich wurden im Zuge der Verteidigungsanstrengungen auch das Steuer- und Finanzwesen sowie die Wirtschaft intensiviert und neuer staatlicher Reglementierung zugeführt.

Hatten in dieser ersten Phase die Stände, ja die gesamte Untertanenschaft das dem überlandschaftlichen Zusammenschluß dienende Militärwesen ganz entschieden mitgetragen, wenn nicht gar begründet, so wurde im Verlauf des 17. Jahrhunderts die Armee in Österreich ebenso wie in anderen deutschen Territorien zum Instrument des absolutistischen Fürstenstaates. Das hing auch mit dem Wechsel von der Defensive zur Offensive zusammen. Die Landesverteidigung war den Ständen und den Untertanen leicht plausibel zu machen gewesen; jetzt aber ging es um einen überterritorialen, nötigenfalls europäischen Rahmen. Auch dies war eine allgemeine Entwicklung, die noch im Verlauf des Dreißigjährigen Krieges allenthalben in Deutschland die Bedeutung des von den Ständen mitgetragenen Landesdefensionswerkes sowie der Landesmiliz überhaupt rasch sinken ließ.[47]

Nun rückten in Deutschland und Europa Heere ins Zentrum des Militärwesens, und sie waren Instrumente in der Hand der Fürsten und ihrer Regierungen, eingesetzt nach außen zur Verteidigung oder Vergrößerung des Staatsgebietes und nach innen zur Vereinheitlichung des Staates und zur Erfassung all seiner Ressourcen. Die einzelnen Länder hatten durch finanzielle und personelle Kontributionen dazu beizutragen, daß diese Heere aufgestellt und unterhalten werden konnten. Wo und zu welchem Zweck sie eingesetzt wurden - darüber entschieden aber nicht landschaftlich-regionale, sondern zentrale, gesamtstaatliche Kräfte in der Hauptstadt.

Oberst Lorenz von Rameé mit seinen Offizieren, eines der ältesten erhaltenen Offiziersgruppenbilder

Neben den aus der ländlichen Untertanenschaft ausgehobenen Truppen und dem stehenden Heer war der Aufbau eines professionalisierten Offizierskorps militärischer Ausdruck des frühmodernen Staates.

Heinrich Franz Graf von Mansfeld (1640-1785) mit der Ordenskette vom Goldenen Vlies, zeitgenössische Graphik

Aus dem weitverzweigten Grafengeschlecht Mansfeld, dem der berühmte Feldherr Ernst von Mansfeld, Gegner der Habsburger im Dreißigjährigen Krieg, angehörte, stammte auch Heinrich Franz Graf von Mansfeld, seit 1697 Fürst von Fondi. Er führte 1686 dem spanischen König Karl II. die Braut zu, wurde Gesandter in Madrid und danach bis 1703 trotz militärischer Unfähigkeit Präsident des Hofkriegsrates: Eine typische Karriere für einen Reichsfürsten im Dienste des Kaisers.

Im Habsburgerreich setzte die militärische Modernisierung Mitte des 17. Jahrhunderts zunächst eher zaghaft ein. Keine Schwierigkeiten ergaben sich bei der Einbindung Böhmens, Nieder- und Innerösterreichs in das gesamtstaatliche Wehrwesen. Anders verhielt es sich in Ungarn, das wegen der ständigen direkten Konfrontation mit den Türken und wegen seiner besonderen Freiheitsrechte ein relativ selbständiges Militärwesen behielt. Anders lief es auch in Tirol, wo als bemerkenswerte Ausnahme von der Regel die vorabsolutistische Landesverteidigungsordnung von 1605 in Geltung blieb; die Tiroler Stände behaupteten Wien gegenüber das Recht, nicht für jeden beliebigen Zweck des Habsburgerstaates Militärleistungen einbringen zu müssen, sondern nur zur eigenen Territorialdefension.

Die Habsburger brauchten diese Inkonsequenz nicht zu bedauern. Als während des Spanischen Erbfolgekrieges 1703 bayrische und französische Truppen in Tirol einfielen, um – wie der französische Gesandte in München triumphierend ankündigte – von dort aus »den Todesstreich gegen das Haus Österreich zu führen«, bewährte sich die Tiroler Landmiliz auf das glänzendste: »Wenn Sie wüßten, was das heißt, ein bewaffnetes Volk in den Bergen!«, so klagte Kurfürst Max Emanuel am 28. Juli 1703 in einem Brief an seine Gemahlin und entschloß sich kurz darauf, das eben erst besetzte Land Hals über Kopf zu räumen.[48] Und noch als die Alte Welt zusammenbrach

»Bewaffnetes Volk in den Bergen« – Kampf der Tiroler Landesmiliz gegen den bayrischen Eindringling während des Spanischen Erbfolgekrieges, Flugblatt des Wiener Universitätsbuchdruckers Johann Paul Sedlmayr

und die Truppen Napoleons das Land bedrängten, sollte sich Tirol unter dem Landeskommandanten Andreas Hofer (1767-1810) als Vorposten der Habsburgermonarchie gegenüber den Heeren eines revolutionären Zeitalters behaupten - im Kampf des alteuropäischen gegen den modernen Typus von Volksstreitmacht.

Den endgültigen Durchbruch Habsburgs zu einer neuzeitlichen Militärmacht brachten aber nicht theoretische Reformwerke, vielmehr war er Ergebnis der Praxis des Krieges selbst - zum einen des großen Türkenkrieges, in den die Kaisermacht 1683 sogleich nach dem Entsatz Wiens eintrat und der am Ende den »Erbfeind allgemeiner Christenheit« weit nach Süden zurückdrängte; zum anderen der teilweise damit verflochtenen Allianzkriege gegen Frankreich.

Alles das, was die habsburgischen Territorien daran gehindert hatte, moderne, staatlich-öffentliche Institutionen zu entwickeln, sollte binnen weniger Jahre einem mächtigen Konzentrations- und Modernisierungsschub weichen. Eine Welle des Reichspatriotismus und der neu erstrahlende Glanz des Kaiserhofes ließen die Söhne des süd- und westdeutschen Adels zu den kaiserlichen Waffen eilen, während sie sich zu den Truppen der übrigen Landesherren eher auf Distanz hielten; selbst Fürsten des Reiches und Angehörige der europäischen Hocharistokratie scheuten sich nicht, ihre Feldherren- und Verwaltungstalente in den Dienst des Kaisers zu stellen. In erster Linie kam das Österreichs Weg zum Einheitsstaat zugute: dem Prinzen Eugen von Savoyen, dem berühmtesten und vornehmsten unter den kaiserlichen Heerführern, galten Kaiser und Reich wenig, alles aber Habsburg und Österreich, das er auf jede mögliche Weise gebietsmäßig zu arrondieren und militärisch wie außenpolitisch zu stärken bemüht war.[49]

Im 18. Jahrhundert wuchsen habsburgisches und »reichisches« Kriegswesen immer enger zusammen: Schon in den letzten Jahrzehnten des 17. Jahrhunderts war es nicht mehr zur Aufstellung eines eigenen Reichsheeres gekommen. Dann wurde aber im Spanischen Erbfolgekrieg (1701-1714) wieder eine Reichsgeneralität berufen, die bis zum Ende des Alten Reiches Bestand hatte. Ein unabhängiges Reichsheer gab es aber nicht. Im Gegenteil, es war das habsburgische Offizierskorps, das an militärischer Kompetenz und Reputation gewann. Denn die neue Reichsgeneralität, die übrigens aus Proporzgründen in allen Chargen doppelt, mit einem Katholiken und einem Protestanten, besetzt wurde, rekrutierte sich nahezu ausschließlich aus der österreichischen Generalität.

So war der Prinz von Savoyen von 1707 bis zu seinem Tod 1736 katholischer Reichsgeneralfeldmarschall und übte in den Reichskriegen die wichtigste Kommandogewalt aus. Seine protestantischen Feldmarschallkollegen erhielten in der Regel nachgeordnete Kommandos - Christian Ernst, Markgraf von Brandenburg-Bayreuth (1704-1712), ebenso wie Eberhard IV. Ludwig, Herzog von Württemberg (1713-1733), oder Ferdinand Albrecht II., Herzog von Braunschweig-Wolfenbüttel, und Leopold I. von Anhalt-Dessau. Diese Konstruktion förderte zwar die Schlagkraft des Reiches, aber davon profitierten doch hauptsächlich der Kaiser und Österreich.

Das ständestaatliche Reich konnte die Verteidigung Deutschlands nur dadurch sicherstellen, daß es sich organisatorisch und personell an das Kriegswesen eines dynastischen Fürstenstaates anlehnte, und

Johann David Palm (1657-1721)

Der Kaiserdienst bot aber nicht nur adligen, sondern auch bürgerlichen Beamten und Räten die Möglichkeit zu einer steilen Karriere. Der aus einer protestantischen, in Eßlingen am Neckar beheimateten Bürgerfamilie stammende von Palm trat als gewöhnlicher Kanzlist am Generalkriegskommissariat in kaiserliche Dienste, konvertierte zum katholischen Bekenntnis und öffnete sich so die Möglichkeit zu einer erfolgreichen Laufbahn im Kreis um den Hofkammerpräsidenten Gundacker von Starhemberg und den Prinzen Eugen.

Nachjagender Courier

Nro. 138.

Magdeburg: privilegirte Zeitung

Anno 1757. vom 17. November. Donnerstag.

Authentique

Relation

von dem Siege,

welchen

Se. Königl. Maj. von Preussen

den 5. Nov. 1757. bey Rosbach in Sachsen,

über die vereinigte

Französische, Oesterreichische und sogenante

Reichs-Trouppen,

unter Commando der Prinzen von Hildburghausen und Soubise,

erhalten.

Die Abhängigkeit der Reichsarmee vom Kaiser als »krypto-habsburgisches Kriegsinstrument« bestand auch noch im Siebenjährigen Krieg. Nicht ohne Ironie meldet die »Magdeburgische Privilegirte Zeitung« am 17. November 1757 den Sieg Friedrichs II. über die Franzosen, Österreicher und »sogenante Reichs-Trouppen« vom 5. November 1757 bei Roßbach.

zwar an den Fürstenstaat der Habsburger. Das bedeutete aber zugleich, daß der Einfluß wuchs, den der Kaiser auf einen Reichskrieg nehmen konnte, und daß das Reichsheer zu einem »krypto-habsburgischen Kriegsinstrument« wurde.[50] Davon profitierte in erster Linie der Habsburgerstaat – nach außen durch neues militärisches und politisches Prestige, im Innern durch die weitere Festigung der absolutistischen Fürstengewalt und deren Bürokratie.

Die Abhängigkeit der Reichsarmee von der habsburgischen Generalität führte dazu, daß sich die Kriegführung in der Regel zuerst an den Interessen des Hauses Österreich und erst in zweiter Linie an denen des Reiches orientierte: Als zum Beispiel im Sommer 1707 der Prinz von Savoyen zum Reichsgeneralfeldmarschall ernannt wurde, kam sein Feldherrntalent dem so heftig bedrohten Reich nicht sofort zugute. Kaiser Joseph I. hatte nämlich angeordnet, er solle fürs erste weiter in Oberitalien operieren, wo die Interessen Österreichs im Moment viel unmittelbarer berührt waren. Erst drei Jahre später übernahm der neue Reichsgeneralfeldmarschall dann tatsächlich den Oberbefehl über die Reichsarmee.

Parallel zum Ausbau der Truppenstärke und des Offizierskorps wurde die zentrale, gesamtstaatliche Militärverwaltung vergrößert und verbessert: Eine oberste Militärbehörde gab es bereits seit 1556, als in Wien der *Hofkriegsrat* eingerichtet wurde. Er war als Militärkabinett konzipiert, das heißt er sollte die Aufstellung, Ausrüstung und Versorgung der Truppen ebenso zentral leiten wie den Bau und den Unterhalt der Befestigungen, und im Kriegsfall sollte er die oberste Heeresführung übernehmen.

Diese Zentralisierung war aber mehr als ein Jahrhundert lang Theorie geblieben, weil sich immer wieder einzelne Landesteile der Kompetenz der Wiener Behörde entzogen hatten, wie etwa Innerösterreich mit dem erwähnten Hofkriegsrat in Graz, dem bald ähnliche Behörden in anderen Ländern gefolgt waren.[51]

Die fiskalisch-finanzwirtschaftliche Seite der Militäradministration nahm das Mitte des 17. Jahrhunderts gegründete Generalkriegskommissariat wahr: Es stellte die Feldzugs- und Militärbudgets auf und überprüfte das Finanzgebaren der einzelnen Truppenkontingente, hatte also eine Brückenstellung inne zwischen der Hofkammer als allgemeiner Finanzbehörde, der es konsequenterweise »ratione oeconomiae« nachgeordnet war, und dem Hofkriegsrat, dem es »ratione militaris« zu folgen hatte. Dies war eine Konstruktion, die ärgerliche Reibungsverluste mit sich brachte, über die noch der Prinz von Savoyen ganze Klagelieder anstimmte.[52]

Prinz Eugen war 1703, mitten im Spanischen Erbfolgekrieg, zum Hofkriegsratspräsidenten berufen worden und blieb es bis zum Ende seines Lebens. Kraft seiner Energie und seiner Feldherrnaura gelang es ihm, Schritt für Schritt die klare, einlinige Kompetenz der Wiener Kriegsbehörden durchzusetzen und ihnen die noch vorhandenen Provinzialbehörden nachzuordnen. Er konnte auch ihre Stellung gegenüber der Hofkanzlei verbessern, und ein Fortschritt war schließlich auch die neue Instruktion für das Generalkriegskommissariat, die der Prinz 1713 durchsetzte. Durchschlagend waren die Erfolge aber nicht: »Die Notwendigkeit einer Reform der Militärverwaltung blieb auch unter dem Hofkriegsratspräsidium des Prinzen Eugen bestehen.«[53]

In den zwanziger und dreißiger Jahren, als die militärische Schlagkraft nachließ, weil der »edle Ritter« und mit ihm sein Offizierscorps alt geworden waren, und als Kaiser Karl VI. alle Kraft darauf konzentrieren mußte, für die Pragmatische Sanktion die Zustimmung Europas zu gewinnen, da schlich sich sogar wieder der alte Schlendrian ein, in der Militäradministration ebenso wie in der Verwaltung generell. So sollten denn auch die Grundprobleme der militärischen Organisation erst in der großen, 1745 eingeleiteten Theresianischen Staatsreform gelöst werden, die das Behörden- und Verwaltungssystem des Habsburgerstaates endgültig auf die neue, absolutistisch-rationale Basis stellte.

Sitzung des Hofkriegsrates unter dem Vorsitz des Prinzen Eugen im Belvedere, Stich nach Salomon Kleiner

Nicht nur mit dem Feldherrnstab diente der Prinz von Savoyen den Habsburgern; als Präsident des Hofkriegsrates sorgte er für einschneidende Verbesserungen ihrer Administration.

4. Von einer monarchischen Union von Ständestaaten zum föderativen Gesamtstaat

Neben Kirche und Militär waren das dynastische Prinzip und die frühmoderne Bürokratie die Hauptmotoren des europäischen Absolutismus. Auch in Österreich trugen sie entscheidend zur Formierung des habsburgisch-österreichischen Gesamtstaates bei. Der Weg verlief von der »monarchischen Union von Ständestaaten« im ersten Drittel des 18. Jahrhunderts hin zum föderativen Gesamtstaat, der zur Jahrhundertmitte Gestalt annahm. In der ersten Phase bestimmte das dynastische Erbrecht den Wandel; in der zweiten war es die frühmoderne Bürokratisierung.

Auslöser der Modernisierung waren meist politische Brüche und Krisen – beginnend mit dem böhmischen Aufstand Anfang des 17. Jahrhunderts, der den Habsburgern in dem wichtigen Teilkönigreich die Chance zum erbrechtlichen Neubeginn eröffnete, über die dynastische Krise im frühen 18. Jahrhundert im Zusammenhang mit der Pragmatischen Sanktion Kaiser Karls VI. bis hin zum Österreichischen Erbfolgekrieg (1740-1748), als klar wurde, daß die Existenz des Habsburgerstaates von seiner Reformfähigkeit abhing. In der letzten dieser Krisen wurde die große Theresianische Staats- und Verwaltungsreform geboren, die endlich den alten Regierungs- und Verwaltungsapparat modernisierte, der den Bedürfnissen einer europäischen Großmacht längst nicht mehr gewachsen war. Es war eine Verwaltungs- und zugleich eine Staatsreform, die die bislang existierende »monarchische Union von Ständestaaten« zu einem föderativen Gesamtstaat umformte. Am Ende stand eine absolutistisch-einheitsstaatliche Verfassung, die in Regierung und Verwaltung so weit wie nur möglich das Bodinsche Souveränitätsprinzip zur Geltung brachte, indem sie »die Relikte der alten Lehnspyramide beseitigte und es dem Landesherrn ermöglichte, unter Zurückdrängung ständischer Zwischengewalten eine unmittelbare Verbindung von Untertan und Staatsgewalt herzustellen«.[54]

Die Rolle, die Dynastie und dynastisches Erbrecht in der alteuropäischen Staatsbildung generell spielten,[55] war im Reich besonders ausgeprägt. Hier konnte eine Großstaatsbildung ja nur erfolgen, indem eine Dynastie möglichst viele Territorien und Herrschaften mit durchaus unterschiedlichen Rechts- und Verfassungstraditionen erwarb. Das aber geschah zumeist über Familienverbindungen und Erbabsprachen zwischen einzelnen Herrscherhäusern. Diese Regelungen und mehr noch die Zufälligkeiten der tatsächlich eintretenden Erbfälle führten dazu, daß ein und dieselbe Dynastie nicht selten räumlich weit auseinanderliegende Länder beherrschte. Die großen Territorialstaaten waren lange Zeit nichts anderes als eine Ansammlung von Herrschaftsrechten über Gebiete, die unverbunden nebeneinanderstanden und nur durch die dynastische Personalunion geeint wurden. Und da jedes dieser Länder seine historisch gewachsene Eigenständigkeit argwöhnisch hütete, waren Regionalismus und Partikularismus, gegen den selbst die großen westeuropäi-

Huldigung der Stände Kärntens, Deckengemälde im Landhaus in Klagenfurt von Franz Ferdinand von Fromiller

Im Ständestaat, der älteren Form des frühmodernen Staates, hatte der Fürst das Recht der Stände auf Beteiligung an Regierung und Verwaltung zu achten, wollte er die gegenseitige Verpflichtung nicht verletzen, die er bei der Huldigung der Stände zu Beginn seiner Regierung eingegangen war. Ein »Großstaat« wie die habsburgische Ländermasse war zunächst nichts anderes als die Ansammlung einzelner ständestaatlich organisierter Landschaften. Erst der Fürstenabsolutismus des 18. Jahrhunderts ging daran, diese monarchische Union von Ständestaaten umzuformen zu einem einseitig durch die Krongewalt dirigierten, von der Hauptstadt Wien aus verwalteten föderativen Gesamtstaat.

schen Nationalstaaten Frankreich, England und Spanien lange zu kämpfen hatten, in Deutschland besonders ausgeprägt; entsprechend zäh war der Widerstand gegen jeden Versuch, Regiment und Verwaltung zu vereinheitlichen oder gar zu zentralisieren.

Wenn die Habsburger im 16. und 17. Jahrhundert Verordnungen erließen oder auf andere Weise in ihrem gesamten Herrschaftsbereich politisch handelten, so mußten sie vorweg jedes einzelne ihrer versammelten Herrscherrechte aufzählen, auf die sie ihre Regierungs- und Verwaltungsbefugnisse stützten – etwa Kaiser Rudolph II. als »König zu Hungern, Beheim, Dalmatien, Croatien und Sclavonien etc., Erzherzog zu Österreich, Herzog zu Burgundi, zu Brabant, zu Steir, zu Kernten, zu Krain, zu Lützenburg, zu Wirtemberg, Ober- und Niederschlesien, Fürst zu Schwaben, Marggraf des Heiligen Römischen Reichs zu Burgau, zu Mähren, Ober- und Niederlausnitz, gefürsteter Graf zu Habspurg, zu Tirol, zu Pfirt, zu Kiburg und zu Görz etc., Landgraf in Elsaß, Herr auf der Windischen Mark, zu Portenau und zu Salins etc.«[56]

In den Ländern, die benachbart waren und bereits seit Jahrhunderten gemeinsam regiert wurden, entwickelte sich allmählich auch unabhängig von den Fürsten ein Zusammengehörigkeitsgefühl, das sich zu einem gemeinsamen politischen Willen verdichten konnte. Ein berühmtes Beispiel, das sogar über die Grenzen des Deutschen Reiches hinausreichte, ist die auf »ewig« geschlossene Vereinigung der deutschen Grafschaft Holstein und des dänischen Herzogtums Schleswig. Begründet im Willen der holsteinischen und schleswigschen Stände, wurde dieser Zusammenschluß 1460 im Ripener Freiheitsbrief auch von den Landesherren bestätigt. Seitdem mußte jeder Herrscher vor Regierungsantritt den Ständen der beiden Länder zusichern, »dat se bliven ewich tosamende ungedelt«.[57]

Auch in den Habsburgerterritorien war seit dem ausgehenden Mittelalter länderübergreifende Ständepolitik üblich – in den österreichischen Herzogtümern ebenso wie in Böhmen, Mähren und Schlesien, den alten Ländern der böhmischen Krone. In den Jahren der großen Staatskrise zu Beginn des Dreißigjährigen Krieges hatten sich die Stände Böhmens, Schlesiens und Mährens sogar mit denen Ober- und Niederösterreichs konföderiert. Dieser ständische Zusammenschluß über die Grenze der beiden Länderblöcke hinweg belegt, daß keineswegs nur die Fürsten zu einer die Grenzen der historischen Länder übergreifenden gemeinsamen Politik fähig waren. Auch die Stände haben immer wieder die Enge territorialer Eigenbrötlerei überwunden und neben ihren Partikularinteressen auch solche des Gesamtstaates ins Auge gefaßt.

Unübersehbar sind aber auch die Grenzen solcher ständischen Gesamtstaatskonzepte: Am Kernbestand der verschiedenen landschaftlichen Sonderrechte rüttelten die Stände ebensowenig wie an den jeweils besonderen Regierungs- und Verwaltungstraditionen. Zu einer gezielten, effektiven Machtentfaltung waren sie nur unter ganz bestimmten Umständen in der Lage. In den Niederlanden, wo die ständischen Armeen und Flotten die Militärmacht der spanischen Krone besiegten, gelang das, wenn auch unter der quasimonarchischen Führung der Oranier; in Böhmen und Österreich dagegen löschten die Fürstenheere die Ständekonföderation in einer einzigen Schlacht aus.

Der einheitliche Verwaltungs-, Groß- und Machtstaat war in der Regel nur als Fürstenstaat denkbar, der vom ständischen Mitspracherecht weitgehend oder ganz unabhängig war. Die gewaltigen Anstrengungen, die notwendig waren, um zur deutschen Vor- und europäischen Großmacht aufzusteigen, setzten voraus, daß alle Kräfte auf dieses eine Ziel ausgerichtet, ihm nötigenfalls auch untergeordnet wurden. Das aber widersprach zwangsläufig den Interessen der einzelnen Länder, die politisch, gesellschaftlich und wirtschaftlich sehr wohl ein Eigenleben fernab von der großen europäischen Politik führen konnten. Nur der Wille der auf europäische Reputation und Großmachtstellung hinarbeitenden Dynastie konnte sie zwingen, ihre eigenen Belange hintanzustellen und ihre Ressourcen an Geld und Menschen dem Gesamtstaat zur Verfügung zu stellen, dessen Interessen sich häufig auf geographisch weit entfernte Gebiete bezogen und nicht selten dem Lebenshorizont ihrer Einwohner gänzlich fern lagen. Ähnlich verhielt es sich mit der Vereinheitlichung des Rechtes und der Zentralisierung der Verwaltung in Wien. Für den durchschnittlichen böhmischen, steirischen oder Kärntener Landadligen war die Hauptstadt auch Mitte des 17. Jahrhunderts noch weit entfernt und eine fremde, ja feindliche Welt.

Allein, die habsburgische Ländermasse besaß gegenüber allen vergleichbaren Territorialstaaten des deutschen Reiches den unschätzbaren Vorteil geographischer Kompaktheit. Und auch verfassungspolitisch und verwaltungstechnisch waren bereits wichtige Schritte zur Überwindung des territorialen Partikularismus getan, wenn es auch richtig ist, daß man »von einem österreichischen Gesamtstaate oder auch nur von einer eigentlichen, konsequenten Gesamtstaatsidee . . . um die Mitte des 17. Jahrhunderts noch nicht sprechen« sollte.[58]

Ein Markstein auf dem Weg der Vereinheitlichung war insbesondere die Thronfolgeregelung: Bereits im Mittelalter galten für die österreichischen Erblande Primogenitur und Unteilbarkeit. Und dieser Grundsatz war im Prinzip auch nicht aufgegeben worden, als sich nach dem Tod Kaiser Ferdinands I. das Haus Österreich für mehrere Generationen in verschiedene Linien verzweigte.[59] Auf dem Höhepunkt des Dreißigjährigen Krieges hatte dieses dynastische Einheitsprinzip entscheidend an Durchschlagskraft gewonnen, als nämlich das Königreich Böhmen 1627 in der »Verneuerten Landesordnung« von einer Wahl- zur habsburgischen Erbmonarchie umgewandelt worden war.[60] Dieses frühmoderne Grundgesetz für die Länder der Wenzelskrone hatte zugleich die sachlichen Klammern zwischen Böhmen und Österreich weiter gefestigt.

Sobald die ersten militärischen Erfolge gegenüber den Türken dazu Gelegenheit gaben, nahmen die Habsburger Anlauf, in Ungarn analoge Verhältnisse zu schaffen: Bereits 1687, also vier Jahre nach dem Sieg vor Wien, nötigte Kaiser Leopold I. die ungarischen Stände auf dem Preßburger Reichstag, ihr Wahlrecht aufzugeben und den Habsburgern das Erbrecht zuzugestehen. Zu einer Entmachtung nach Art der böhmischen Verfassungsregelung kam es allerdings nicht. Der gefährliche Aufstand, der 1703 bis 1711 unter Führung des Fürsten Franz II. Rákóczi (1676-1735) das Land erfaßte und auf dem Höhepunkt des Spanischen Erbfolgekrieges die Habsburgerherrschaft in Ungarn erneut erschütterte, mahnte zur Vorsicht.[61]

Das Wahlrecht war dasjenige Instrument ständischer Politik, das die Fürsten am meisten fürchteten. Sein Verlust bedeutete daher in der Regel eine empfindliche Niederlage des Ständetums allgemein. In den Ländern böhmischer Krone markierte die »Verneuerte Landesordnung« von 1627 geradezu das Ende der alten Ständefreiheit. Denn gleichzeitig mit dem Wahlrecht wurde den Ständen die politische und gesellschaftliche Unabhängigkeit genommen. Der habsburgische Erbmonarch konnte sich seine Stände selbst aussuchen: Sein Wort war es, das fortan bei der Besetzung der höchsten Landesämter den Ausschlag gab. Und die Inhaber dieser Ämter waren nicht mehr auf das Land, sondern auf den Herrscher vereidigt; zudem wurden sie nicht mehr auf Lebenszeit, sondern nur noch auf fünf Jahre ernannt.

Aus den ständischen Selbstverwaltungskollegien war eine königliche Regierung geworden, die Wien unterstand. »Die ständischen Landtage verloren völlig ihre gesetzgebende Gewalt, die sich nun der König zusprach.« Statt des Rechtes zur Steuerbewilligung, Dreh- und Angelpunkt jeder Ständefreiheit, erhielten sie den Auftrag, die Landessteuern einzutreiben. Das Landgericht war nicht mehr die oberste Gerichtsinstanz; die Appellation an den Monarchen war nun jederzeit möglich. Damit lag auch in Angelegenheiten, für die das böhmische Landgericht zuständig war, die höchste und letzte Entscheidung in Wien.[62]

Auch der Sprachabsolutismus nahm 1627 seinen Anfang. Die in der frühnationalen Hussitenbewegung des 15. Jahrhunderts erkämpfte Alleinherrschaft der tschechischen Sprache vor Gericht, auf Landtagen und in der Verwaltung fiel zukünftig fort. Deutsch und Tschechisch waren formal gleichberechtigt, wobei die Verfahren in derjenigen Sprache durchzuführen waren, in der sie eingeleitet wurden. Das war ein »Staatsstreich von oben«, der durch das Inkolatsrecht des Monarchen vollendet wurde: Wer in den böhmischen Ländern ein Adelsgut erwerben und dadurch in den Kreis der Stände eintreten durfte, darüber entschieden jetzt nicht mehr die Landtage, sondern die Habsburger.

Natürlich stand dem Monarchen auch die Entfernung politisch mißliebiger Ständevertreter zu. Von der Krone nicht gebilligte politische Betätigung der Untertanen galt als Hochverrat. Die Regierung konnte in einem solchen Fall das Adelsgut oder den Bürgerbesitz ohne Mitspracherecht des Landtages konfiszieren und dadurch den Betroffenen politisch und gesellschaftlich ächten. Dergleichen Maßnahmen waren aber nur noch ausnahmsweise nötig, denn die politische Zähmung der Stände hatte bereits lange vorher eingesetzt, nämlich bei der Rekrutierung des Ständekorpus, die der Kontrolle der Habsburger unterstand. So nennt man die »Verneuerte Landesordnung« mit Recht den »ersten Markstein absolutistischer Staatsgestaltung«.[63] Böhmen war Modellfall und Vorreiter für die im Entstehen begriffene Gesamtmonarchie.

Aber die Beseitigung der Stände als unabhängige politische Gewalt eigenen Rechts bedeutete noch lange nicht, daß die landschaftlichen Kräfte ihren Einfluß auf Regierung und Verwaltung vollständig verloren hatten. Auch im ausgehenden 17. und frühen 18. Jahrhundert brachten die führenden Köpfe des böhmisch-mährischen Adels den politischen Willen der böhmischen Länder zur Geltung – nicht in Opposition zu den Habsburgern, sondern als kaisertreue Berater und Höflinge. Männer wie Wenzel Eusebius Lobkowitz oder Franz Ulrich Kinsky bildeten in den langen Regierungsjahren Kaiser Leopolds I. »durch ihren Einfluß beim Herrscher wie bei ihren Standesgenossen in den Ländern gewissermaßen eine Brücke zwischen der Wiener Zentrale und der böhmischen wie mährischen Landschaft«. Und der großartige Aufstieg der mährisch-österreichischen Landherrenfamilie Liechtenstein, zuerst in den Fürstenstand, dann zu einer souverän regierenden europäischen Dynastie, erfolgte nicht im Gegensatz zum Kaiser, sondern in seinen Diensten.[64]

Die Stellung des »gezähmten« böhmisch-mährischen Adels am Wiener Hof wurde erst geschwächt, als sich im Anschluß an die Türkensiege und den Spanischen Erbfolgekrieg das politische Schwergewicht der Monarchie nach Südosten und Süden, nach Ungarn und Italien, verlagerte. Am Hofe Kaiser Karls VI. (1711-1740) gaben nun ungarische und italienische Magnaten den Ton an, während die böhmischen für ihre besonderen Interessen nur noch selten Gehör fanden. Die enge Einbindung der böhmischen Länder in das Gesamtreich war Alltag geworden. Auf dieser Basis blieb die Symbiose zwischen einem Ständetum, dem die innenpolitische Sprengkraft der älteren Zeit genommen war, und der absolutistischen Fürstengewalt erhalten. Dem höfischen Absolutismus genügte dieser Kompromiß, weil er ihm dienlich war. Erst Kaiser Joseph II. gab sich damit nicht mehr zufrieden. In einer radikalen und konsequenten Neuordnung ließ er die alte ständische Landesverwaltung in der modernstaatlichen Fürstenadministration aufgehen, um den Ständen jegliche Basis öffentlicher Mitwirkung zu nehmen. Dieser Anschlag auf die letzten Reste ständischer Beteiligung am Staat trug wesentlich dazu bei, daß das aufgeklärt-rationale Programm des Josephinismus schließlich scheiterte.

Titelseite vom zweiten Ergänzungsband des »Codex Austriacus«, der Sammlung der unter Karl VI. erlassenen Gesetze

Die Pragmatische Sanktion, für deren Anerkennung und Befestigung Kaiser Karl VI. viel Kraft und Zeit aufwenden mußte, wirkte sich im Innern rasch als einheitstiftende Kraft aus. Denn alle unter dem Regiment der Habsburger vereinigten Territorien besaßen nun ein und dieselbe »Konstitution«, die die alte Privilegienvielfalt überwölbte und bald aushöhlte, ein entscheidender Schritt also zum einheitlichen Reich der Monarchia Austriaca.

Sammlung
Oesterreichischer Gesetze
und
Ordnungen,
wie solche von Zeit zu Zeit ergangen und publiciret worden,
so viel deren
vom Jahr 1721.
Bis auf Höchst-traurigen Tod-Fall
Der
Römisch-Kayserlichen Majestät
CAROLI VI.
aufzubringen waren.
Gesammlet, und in diese Ordnung gebracht,
von
Sebastian Gottlieb Herrenleben.

Wien in Oesterreich,
Gedruckt bey Johann Thomas Trattner, Kayserl. Königl. Hof-Buchhandlern, und Universitäts-Buchdruckern.

Zu finden bey dem Verfasser in Wien bey der golden Sonnen

Im Gegensatz zu den Kronländern der Wenzelskrone, die durch die gewaltsame Unterwerfung im Anschluß an die Niederlage der Stände am Weißen Berg im Jahre 1621 rechtlich und administrativ eng an Wien gebunden wurden, behielt Ungarn, das Königreich der Stephanskrone, auch im Zeitalter des habsburgischen Absolutismus seine Sonderstellung. Das änderte nichts an der glühenden Verehrung der madjarischen Magnaten für Maria Theresia, die sie in der Stunde der höchsten Not mit dem berühmten Ruf trösteten: »Wir weihen unser Leben und unser Blut!« Selbstbewußt und jederzeit bereit, für die innere und äußere Freiheit zu kämpfen, kniet Hungaria devotissima vor der verehrten Königin.

Vollendet wurde die erb- und staatsrechtliche Union aller habsburgischen Länder 1713 in der Pragmatischen Sanktion, die gleichzeitig mit der Primogenitur im männlichen wie weiblichen Stamm festlegte, daß »dieses Erbrecht aller Erbkönigreiche und Lande ohnzerteilt« weitergegeben werde.[65] Die zunächst als Hausgesetz erlassene Thronfolgeregelung wurde zwischen 1720 und 1723 von den Landtagen der betroffenen Länder formell angenommen und danach durch Publikation vom 6. Dezember 1724 zum Grundgesetz erklärt.

Von diesem Zeitpunkt an waren alle Länder des Hauses Österreich verfassungsrechtlich zu einer unteilbaren Union zusammengeschlossen, eine Leistung vor allem der Dynastie, die sich das »allerhöchste Erzhaus« nannte und den Vorrang vor allen anderen hochadligen Häusern in Europa beanspruchen konnte. Soeben sakral neubegründet in der barocken Pietas Austriaca, waren die uralte Kraft und der blendende Zauber der Habsburger, der die Untertanen vom Adel bis zur Bauernschaft in den Bann schlug, ein zuverlässiges Fundament, auf dem sich in den nächsten Generationen der habsburgische Gesamtstaat errichten ließ.

Als 1740 beim Tod Kaiser Karls VI. auswärtige Mächte die Thronfolge Maria Theresias in Frage stellten, wurde der Kampf um den Bestand des habsburgischen Erbes bereits von einem einheitlichen Reich, der Monarchia Austriaca, geführt. Die Sache der Dynastie war zur Sache ihrer Länder geworden. Vor allem die Madjaren, deren Sonderrechte die junge Habsburgerin sogleich nach Regierungsantritt erneut bekräftigt hatte, erhoben sich begeistert für ihren »König« Maria Theresia und trugen dadurch maßgeblich zu ihrer glücklichen Selbstbehauptung bei.

5. Der moderne Behörden- und Machtstaat: die Theresianische Staatsreform und die Ära Kaunitz

Natürlich war der Habsburgerstaat mehr als royale Begeisterung und dynastische Faszination. Ein wichtiges Instrument absolutistischer Staatsmodernisierung war auch hier die fürstliche Bürokratie. Es wurde allerdings erst vergleichsweise spät geschliffen. Frühe, noch ins Spätmittelalter zurückreichende und im 16. Jahrhundert vor allem von Kaiser Ferdinand I. fortgeführte Ansätze zum Ausbau einer einheitlichen, zentral gelenkten Verwaltung waren im 17. Jahrhundert nicht energisch genug fortgesetzt worden. Auch im 18. Jahrhundert kamen die notwendigen Reformen nur schwer in Gang und mußten schließlich zu Beginn der Regierungszeit Maria Theresias unter dem Druck der äußeren Krise forciert nachgeholt werden.

Die Bürokratisierung des frühmodernen Fürstenstaates hatte zwei Seiten – eine personale, sozialgeschichtliche, die auf Herausbildung einer auf die Krongewalt eingeschworenen Beamtenschaft hinauslief, und eine sachliche, institutionengeschichtliche, die zu differenziertem Aufbau und zu rationalem Funktionieren der Behördenorganisation führte. Sozialgeschichtlich gesehen, hatten sich in den habsburgischen Ländern entscheidende Modernisierungsimpulse im Zusammenhang mit der Gegenreformation ergeben. Denn im Zuge der Rekatholisierung war unter Ferdinand II., Ferdinand III. und Leopold I. der Ausbau des ständischen Zweiges der landschaftlichen Selbst- und Mitverwaltung endgültig beendet worden, nachdem er bereits einmal Mitte des 16. Jahrhunderts unter Ferdinand I. gestoppt worden war, sich unter dessen Nachfolgern aber wieder durchgesetzt hatte. Hier und dort – vor allem beim Steuerwesen und bei der Justiz sowie bei der landschaftlichen Selbstverteidigung – gab es zwar auch im 18. Jahrhundert noch ständische Institutionen, mittels deren die landschaftlichen Kräfte, und zwar in erster Linie der Adel, in einzelnen, eng umgrenzten Bereichen an der Verwaltung teilnahmen. Deren zähes Beharren auf ihren jeweiligen Sonderinteressen konnte die inneren Staatsgeschäfte verzögern, so daß Sand ins Getriebe des fürstlich-etatistischen Behördenapparates geriet. Die wesentliche Regierungs- und Verwaltungstätigkeit trug jedoch spätestens seit dem letzten Drittel des 17. Jahrhunderts der fürstlich-landesherrliche Zweig des habsburgischen Behördensystems, der auf die Wiener Zentrale ausgerichtet war und nach bürokratischen Grundsätzen arbeitete, das heißt nach sachlich-gesamtstaatlichen, statt nach personal oder partikular bestimmten Kriterien.

Die Voraussetzung für diesen Erfolg der Krongewalt war das seit den Tagen Ferdinands II. in zähem Ringen mit den landschaftlichen, altständischen Kräften durchgesetzte Recht des Landesherrn, bei der Rekrutierung der Amtsträger die wichtigste Entscheidung selber treffen zu können – sei es bei der Kandidatenauswahl, sei es bei der schließlichen Ernennung. Schrittmacher war auch hier die »Verneuerte Landesordnung« der böhmischen Länder, die dieses Recht für einen Teil der habsburgischen Besitzungen zum ersten Mal sichergestellt hatte. Es war diese Kontrolle über die personelle Zusammensetzung der Verwaltung, die den Habsburgern wie ihren Standesgenossen in den übrigen deutschen und europäischen Staaten die Möglichkeit gab, den traditionellen Typus des alteuropäischen Amtsträgers zurückzudrängen, der sich hauptsächlich der Landschaft und den dort herrschenden Familien verpflichtet fühlte. An seine Stelle setzten sie den neuzeitlich-modernen Typus von »Beamten«, der der obersten, zentralen Staatsgewalt diente und sich an dem Ideal eines einheitlichen, sachlich-rational begründeten Verwaltungsrechts orientierte.[66]

Mit dieser Entwicklung traten neue Qualifikationskriterien in den Vordergrund. Gefragt war jetzt juristisches Fachwissen, das durch Universitätsstudien erworben wurde. Anfangs waren es vor allem die italienischen und französischen Hochschulen, die die dringend benötigten Hof-, Kanzlei- und Geheimen Räte für die deutschen Territorien ausbildeten. Später dann sollte es möglichst eine der Landesuniversitäten sein, zumindest aber eine Universität der jeweiligen Staatskonfession, im Falle Österreichs also des Katholizismus.

Im 16. Jahrhundert war es in erster Linie das Stadtbürgertum gewesen, das sich auf diesen Zwang zur »Professionalisierung« und zu absoluter Fürstenloyalität einließ. Es war ein Territorial- und »Staatsbürgertum« entstanden, das die traditionellen Autonomieforderungen des alten Stadtbürgertums aufgegeben hatte und seine Chancen im Dienst des Fürsten und dessen moderner Bürokratie wahrnahm. Aber auch der Adel hatte schließlich die Wende hin zum neuen Staatsdienst vollzogen. Da in der barocken Fest- und Standeswelt neben dem juristischen Sachwissen der gesellschaftliche Rang und das damit verbundene Auftreten eine große Rolle spielten, waren seine Fähigkeiten wieder gefragt, die er im chevaleresken Curriculum der Ritterakademien in Tanz, Reiten und den diplomatischen Finessen sowie durch eine anschließende Kavalierstour ausbildete, die ein kurzes, aber nicht zu tief dringendes Fachstudium einschloß, und zwar meist ohne Abschlußexamen. Seit Anfang des 17. Jahrhunderts zog der Adel mit dem auf Lateinschulen und Universitäten nur akademisch gebildeten Juristenbürgertum gleich; am Ende überflügelte er es wieder. Im Wien des Hochbarock und der Aufklärung waren die Schaltstellen der politischen und bürokratischen Macht durchgehend mit Adligen besetzt.

Es entsprach dem übernationalen europäischen Zuschnitt des Habsburgerstaates, daß die Beamtenschaft stets »international« zusammengesetzt war. Im Zuge der Umbildung der Amtsträgerschaft zu einem nur noch dem Souverän verpflichteten Beamtentum war es zudem ein Gebot der Staatsräson, Landfremden den Vorrang zu geben gegenüber Einheimischen, die über eigene, ältere Bindungen verfügten. Die Beamtenschaft des Habsburgerstaates rekrutierte sich daher sehr bald zu einem bemerkenswerten Teil aus dem Patriziat der oberdeutschen Reichsstädte, aus den Reichsrittergeschlechtern und dem unteren Reichsfürstenstand ebenfalls vornehmlich Süddeutschlands. Hinzu kamen Spanier, im 18. Jahrhundert dann auch Italiener und Südniederländer, etwa Gerard van Swieten, der bekannte Leibarzt Maria Theresias. Ihr Vater hat sich vor allem mit italienischen Ratgebern und Administratoren umgeben.

Natürlich waren solche »hohen« Herren nicht nur gefügige Werkzeuge in der Hand ihres Souveräns, die Entscheidungen fielen in der höfisch-bürokratischen Kernsphäre der Wiener »Staatsgesellschaft«, und sie waren stets das Ergebnis eines komplizierten Kräftespiels, innerhalb dessen der Souverän in der Regel das vollzog, was sich in einem längeren Bearbeitungs- und Diskussionsprozeß herausgebildet hatte. Das war keineswegs immer die sachgerechte Lösung: An die Stelle des partikular-landschaftlichen Einflusses des Mittelalters und der ersten Phase der Frühneuzeit trat nun das Kräftespiel der höfischen und bürokratischen Eliten, wenn nicht gar – in seiner Pervertierung – der Kamarillen. In den einzelnen Territorien und Landschaften gingen Kronbeamte immer wieder Allianzen mit den alten, regionalen Kräften ein, so daß die Grenzen zwischen Amtsträgern der Zentrale und Amtsträgern der Landschaft sich häufig verwischten. Das war nicht selten eine Folge von Heiratsverbindungen zwischen den »neuen Männern« der Zentrale und den alteingesessenen Familien; und es entsprach auch der noch ganz unzulänglichen finanziellen Sicherung der Beamtenschaft, die nur ausnahmsweise regelmäßig und hinreichend besoldet wurde und dadurch auf Einkünfte aus dem Amt oder der Landschaft angewiesen war, nicht zuletzt zur Sicherung im Alter. Familienverbindungen mit den eingesessenen Geschlechtern und materielle Interessen in der Landschaft – vor allem durch die Erwerbung eines eigenen adligen »Hauses« – bedeuteten in Alteuropa aber stets Entstehung einer besonderen Interessensphäre, die zumindest in Konkurrenz zu den bürokratisch-etatistischen Aufträgen der Zentrale trat, wenn nicht gar in Opposition.

Was die institutionelle Differenzierung anbelangt, also die zweite Seite der frühmodernen Bürokratisierung, so entsprachen Aufbau und bürokratische Organisation der Wiener Zentrale im großen und ganzen der allgemeinen Behördenmorphologie des frühmodernen Staates in Europa. Der entscheidende Motor bei der Herausbildung leistungsfähiger Zentralbehörden waren überall die wachsenden Staatsaktivitäten, die eine fortschreitende Differenzierung der Verwaltung erzwangen. Das geschah in der Regel dadurch, daß bestimmte Sachbereiche aus einer Gesamtbehörde ausgegliedert und an neugegründete Fachbehörden übertragen wurden. Die Mutterbehörden – vor allem der bereits im Mittelalter entstandene Hofrat mit der ihm angegliederten Hofkanzlei – wurden im Verlaufe dieser Entwicklung gleichsam ausgehöhlt, bis sie nur noch wenige Kompetenzen besaßen, meist die Rechtssprechung und gewisse Koordinierungsbefugnisse. Auch gab es ja das Bedürfnis des Souveräns nach unabhängiger, sachkompetenter Beratung durch einen nicht zu großen Kreis zuverlässiger Staatsdiener oder »Minister«, dieses Verlangen führte über verschiedene Stufen zu den »Kabinetten« des 18. Jahrhunderts, die Orte des persönlichen Regiments des Souveräns waren, der ganz wenige enge Vertraute hinzuzog. An die Stelle von Rat und Hilfe, zu denen die mittelalterlichen Adligen selbstbewußt und unabhängig am Hof ihres Landesherrn zusammengekommen waren, trat das Regierungszentrum des neuzeitlichen Staates, wo sich der Souverän von den Spitzen seiner Behörden beraten ließ und schließlich auf der Basis bürokratisch aufbereiteter Informationen politische Entscheidungen fällte, die sich an der Staatsräson orientierten.

Diese in ganz Europa zu beobachtenden generellen Tendenzen in der Entfaltung der frühmodernen Bürokratie hatten auch die Entwicklung in Österreich bestimmt, waren dort aber nur langsam und unter ständigen Rückschlägen vorgedrungen. Unter den Vorgängern Maria Theresias hatte es zwar immer wieder einzelne Reformversuche gegeben, diesen waren aber nur Teilerfolge beschieden gewesen, oder sie waren sogar ganz im Sande verlaufen. Es war vor allem darum gegangen, eine effektive Zentralverwaltung unter einem höchsten Regierungsgremium zu errichten, nachdem der Geheime Rat, das wichtigste Regierungsorgan der älteren Frühneuzeit,[67] zu groß und zu unbeweglich geworden war. Bereits Kaiser Leopold I. hatte aus diesem Geheimen Rat die *Geheime Konferenz* ausgegliedert als ein »Kabinett«, in dem der Monarch mit wenigen eingeweihten Beratern die Grundlinien der habsburgischen Politik im Innern und nach außen festlegte.[68]

Der Geheimen Konferenz hatten noch unter Kaiser Karl VI. Träger glanzvoller Namen angehört – der Hofkanzler Graf Sinzendorf, der Reichsvizekanzler Friedrich Karl von Schönborn, der Hofkriegsratspräsident und Kriegsheld Prinz Eugen von Savoyen, der zuletzt den Vorsitz innehatte. Jeder dieser Männer verkörperte eigene Traditionen des Habsburgerstaates. Der Reichsvizekanzler, Sproß der berühmten fränkischen Bischofsdynastie und Neffe des Mainzer Erzbischofs Lothar Franz von Schönborn (1655-1729), knüpfte an die großen Reichspläne seines Hauses[69] an und versuchte, den Habsburger zu einer dynamischen Verbindung von deutscher Reichs- und Kaiserpolitik mit einer europäischen Großmachtpolitik zu bewegen.[70] Das war eine Vision, die Vergangenes und Zukünftiges zusammenzwingen wollte; allenfalls in mutigem, hochfliegendem Zupacken hätte sie eine Aussicht auf Erfolg gehabt.

Aber Kaiser Karl VI. war nicht der Mann dazu, vor allem hatte er sich selbst die Flügel gestutzt mit der Pragmatischen Sanktion, die die Interessen seiner engeren Familie vor die des Reiches stellte und deren Anerkennung in mühsamer Kleinarbeit an den einzelnen Höfen im Reich und in Europa gewonnen werden mußte. Die österreichische Hofkanzlei und deren Leiter Graf Sinzendorf konnten den Schönbornschen Reichspatriotismus schließlich matt setzen; Friedrich Karl von Schönborn verließ enttäuscht den Wiener Hof, um sich dem inneren Ausbau von Bamberg und Würzburg zu widmen, der Hausbistümer seines Geschlechts, an dessen Spitze er 1729 gewählt worden war.

Der eigentlich »starke Mann« in der Geheimen Konferenz war Prinz Eugen. Als Savoyarde stand er dem Reich fern, so daß für ihn ganz selbstverständlich die österreichisch-habsburgische Staatsräson Vorrang vor der Kaiser- und Reichspolitik hatte. Als Kriegsmann und Machtpolitiker hatte er in erster Linie die Schlagkraft der österreichischen Armee und das europäische Ansehen des Hauses Habsburg im Sinn. Seine Interessen galten dem Militär und der Außenpolitik, für die er eine persönliche Geheimdiplomatie aufbaute, das »Secret du Prince«.[71]

Fixiert auf die große europäische Diplomatie und das Kriegswesen, wie es seiner Tradition entsprach, blockierte der Prinz im Alter die längst überfällige Reform der inneren Staatsverfassung. Als er 1736 starb, waren die politischen, administrativen und nicht zuletzt auch die militärischen Strukturen verkrustet. Denn auch innerhalb der diversen Fachbehörden, die unter der Generaldirektion des Geheimen Rates, aber in eigener, dem Monarchen direkt verantwortlicher Kompetenz arbeiteten, herrschte ein unkoordiniertes Neben-, häufig sogar ein Gegeneinander einzelner Abteilungen oder Beamtenfraktionen. Und auch die Verbindung hin zu den einzelnen Ländern und Ländergruppen der dynastischen Union war zu schwerfällig für die Bedürfnisse einer modernen Großmacht, deren Selbstbehauptung von schneller Kommunikation und von effektiver Erledigung zentraler Erlasse auch im letzten Winkel des Staatsgebietes abhing.

Ähnlich sah es mit der Kanzlei, der obersten Verwaltungsbehörde aus, die unter personeller Zersplitterung und geographisch wie sachlich zu weitgespannter Kompetenz litt. Nachdem im frühen 17. Jahrhundert immerhin die Reichsangelegenheiten ausgegliedert worden waren, gab es einzelne Abteilungen oder gar selbständige Kanzleien für die inner-, nieder- und oberösterreichischen, für die böhmischen und ungarischen, schließlich – nach dem Spanischen Erbfolgekrieg – auch noch für die italienischen und niederländischen Angelegenheiten.[72] Die habsburgischen Herrscher hatten immer wieder versucht, die Geschäfte der diversen Kanzleien zu koordinieren und zu straffen, zuletzt noch Kaiser Karl VI., der 1720 eine neue Kanzleiordnung erließ, die zwei Kanzler vorsah, einen für die Außenpolitik, den anderen für die inneren Geschäfte. Und da die Kanzleien eine Vielzahl unterschiedlichster Aufgaben zu erledigen hatten – von Justiz- über Militär- bis hin zu Finanzangelegenheiten –, hatte sich in der alltäglichen Arbeit zwangsläufig eine sachliche Aufteilung der Geschäfte ergeben und damit ein erster Schritt hin zum modernen Ressortsystem. Aufs Ganze gesehen waren die Lösungsversuche aber Stückwerk geblieben.[73]

Gefährlicher noch für die Funktionsfähigkeit des Staates war die Tatsache, daß auch die Finanzwirtschaft nicht entscheidend über den Stand hinauskam, der in den deutschen Territorien allgemein bereits um die Wende des 16. Jahrhunderts erreicht war, als allenthalben Hofkammern als Spezialbehörden für die landesherrliche Finanzverwaltung entstanden waren.[74] Im Gegenteil – die Kammerverwaltung der habsburgischen Länder war im 17. Jahrhundert dezentralisiert worden. Es bestanden Länderkammern in Wien, Graz, Innsbruck, Prag und Preßburg, die von der Reichshofkammer überwacht werden sollten, was aber nie zu einer effektiven Koordination ihrer Tätigkeiten führte. Alle Kaiser bemühten sich um eine Verbesserung der Finanzwirtschaft, meist ohne durchschlagenden Erfolg.

All das hatte zu einer hohen Staatsverschuldung geführt, so daß der Zusammenbruch des Bankhauses Oppenheim im Jahre 1703 eine schwere Finanz- und Kreditkrise auslöste. Da eine grundlegende Umgestaltung der Kammerbehörden kaum zu bewerkstelligen war, griff man zu einer bankwirtschaftlichen Lösung, um dem Staat die benötigten Kredite zuzuführen. Unter der Federführung des Hofkammerpräsidenten Graf Starhemberg, eines Nachfahren des berühmten Verteidigers Wiens gegen die Türken, wurde 1705 die Wiener Stadtbank gegründet mit Zweigstellen in den Residenzstädten der einzelnen Länder. Zusammen mit der wenig später entstandenen Staatsbank, der »Bancalität«, sollte sie dem Staat private Gelder erschließen, was jedoch kaum gelang.

Statt dessen wurde durch die staatlich dirigierten Banken der Kammer die Verwaltung eines Teils der Staatsgelder entzogen. Hinzu kam, daß durch die neugeschaffene »Geheime Finanzkonferenz«, die die Banken überwachte, der Kompetenzenwirrwarr noch weiter verstärkt wurde, was auf ein »Versagen der ausgeklügelten neuen Finanzorganisation« hinauslief.[75] Dennoch überlebte die Wiener Stadtbank als einzige der zahlreichen Finanzbehörden des frühen 18. Jahrhunderts die Theresianische Reform, weil sie ein unentbehrlicher Garant für den Staatskredit war, den Nervus rerum des habsburgischen Macht- und Militärstaates.

Schließlich waren im Zuge des merkantilistischen Wiederaufbaus nach dem Dreißigjährigen Krieg in Wien und den Landeshauptstädten neue Behörden der Wirtschaftsverwaltung entstanden, so vor allem das zentrale Kommerzkollegium, das der bedeutende Wirtschaftstheoretiker Johann Joachim Becher (1635-1682) zur Förderung von Manufakturen angeregt hatte. Seit 1705 arbeiteten in den einzelnen Ländern *Kommerzdeputationen* mit dem Ziel, die jeweils spezifischen geographischen, sozialen und verkehrstechnischen Rahmenbedingungen zu erfassen und dadurch die Grundlagen für eine optimale Förderung der Lokal- und Regionalwirtschaft zu schaffen. Schließlich war seit 1714 in Wien die *Merkantilkommission* damit beschäftigt, den gesamten Außenhandel der Habsburgerterritorien zu koordinieren. Sie befaßte sich auch mit den Übersee- und Kolonialplänen, die geradezu aus dem Boden schossen, als Habsburg 1714 die südlichen Niederlande zugesprochen bekam und damit direkten Zugang zu den Weltmeeren erhielt. Ihren Höhepunkt erreichten sie 1722 mit der Gründung der von den etablierten Seemächten heftig befehdeten Ostender Handelskompanie.

Abgerundet durch die von Hofkriegsrat und Generalkommissariat gelenkte Militär- und eine staatlich kontrollierte Kirchenverwaltung,[76] war das Wiener Behörden- und Verwaltungssystem mit seinen Ablegern in den verschiedenen Landesteilen gegen Ende der Regierungszeit Kaiser Karls VI. weitverzweigt und differenziert bis zur Kompliziertheit. Der Souverän verfügte über eine beachtliche Zahl von Staatsdienern. Die notwendige Modernisierung verlangte nicht einen weiteren Ausbau der Behörden, sondern umgekehrt die Beschneidung eines gewissen Wildwuchses der Institutionen sowie die Abstimmung und Konzentration ihrer Aufgaben. Vor allem war es nötig, das Prinzip von Ober- und Unterbehörden strenger zur Geltung zu bringen.

Allein an der Finanz- und Steuerverwaltung, dem Eckstein jeder modernen Großmachtpolitik, werden Kompetenzenwirrwarr, Ineffektivität und Reibungsverluste dieser voreinheitsstaatlichen Maschinerie unverkennbar: Nahezu jede Behörde – und dort wieder unzählige lokal und sachlich ausgerichtete Unterabteilungen – besaß irgendwelche Finanzkompetenzen, die sie argwöhnisch hütete und auf eigene Faust zu erledigen bemüht war – die Hofkanzlei ebenso wie die Hof- und die Länderkammern, ergänzt um die *Geheime Finanzkonferenz*, und natürlich auch der Hofkriegsrat mit seinem Generalkommissariat oder die Kommerzbehörden. All diese Instanzen waren nicht nur nebeneinander, sondern gar zu oft auch gegeneinander tätig.

Dieser Behördendschungel war nicht Ausdruck einer spezifisch austro-habsburgischen Schwäche, sondern Ergebnis einer typischen alteuropäischen Reformstrategie. Auf- und Ausbau des frühmodernen Regierungs- und Verwaltungsstaates bedeuteten bis über das erste Drittel des Aufklärungsjahrhunderts hinaus nicht die Durchführung großer, systematisch durchdachter und entworfener Reformkonzepte, sondern Ad-hoc-Veränderungen und Verbesserungen der ersten Stufe des frühmodernen Behördensystems, die im Reformationszeitalter erreicht worden war. Erst Mitte des 18. Jahrhunderts war man so weit, den ganzen Staats- und Behördenapparat nach einem einheitlichen Gesamtkonzept zu reorganisieren. Aber auch auf diesem Felde war Österreich nicht Vorreiter, sondern Nachfolger der Entwicklung. Und es war nicht eben ruhmvoll, daß man gerade denjenigen Staat kopieren mußte, der die alte Kaisermacht soeben herausgefordert hatte, um machtpolitisch mit ihr gleichzuziehen – Brandenburg-Preußen nämlich, wo bereits eine Generation zuvor der nüchtern-frugale Soldatenkönig in einem großen Wurf ein Reformkonzept aus einem Guß erdacht und realisiert hatte. Damals war für Preußen die Zeit einer einheitsstaatlich-absolutistischen Regierung und Verwaltung angebrochen, deren Rationalität und Effizienz bald reichsweit Respekt gezollt wurde.[77]

Kein Wunder, daß Habsburg, das in den zwei Waffengängen um Schlesien die Überlegenheit des Hohenzollernstaates bitter erfahren mußte, zuallererst daranging, den Vorsprung Preußens bei der inneren Staatsorganisation aufzuholen. Wie nahezu alles in den kritischen vierziger Jahren, als die noch junge habsburgische Großmacht nach ihrem glorreichen Aufbruch ermattet schien und in einer schweren Staatskrise steckte, war auch der entschlossen vorangetriebene Reformkurs im wesentlichen das persönliche Verdienst Maria Theresias.

Die junge Herrscherin war sich der Unzulänglichkeiten der ererbten Staatsmaschinerie klarsichtig bewußt: »Ohne Geld, ohne Credit, ohne Armee, ohne eigene Experienz und Wissenschaft und endlich auch ohne allen Rath«,[78] so stand die Tochter Kaiser Karls VI. nach eigenen Worten da, als sie ihr Erbe in einem zähen Ringen von acht langen Jahren gegen den Fuchs in Berlin, den Wolf in München

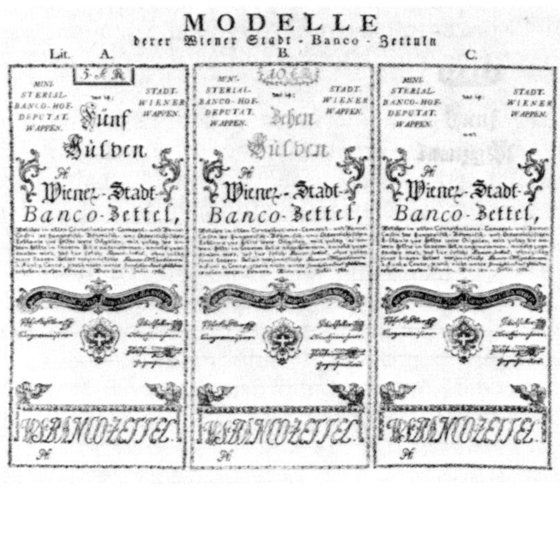

Musterentwürfe für die ersten, 1762 aufgelegten Bancozettel der 1705 gegründeten Wiener Stadtbank.

Diese erste Form des Papiergeldes in Österreich wurde für die Deckung der immensen Budgetdefizite im Siebenjährigen Krieg wichtig.

und gegen den Raubtierblick noch so manch anderer europäischer Macht zu verteidigen hatte. Aber wie sie keine Quadratmeile ihres Landes auf Dauer preiszugeben gewillt war, so stand es für sie unverrückbar fest, daß die längst fälligen inneren Reformen unverzüglich in die Wege geleitet werden mußten, weil die äußere Selbstbehauptung davon abhing.

Zunächst blieb ihr jedoch nichts anderes übrig, als sich auf die Ratgeber ihres Vaters zu stützen, die - bereits vor Jahren berufen - durchweg in biblischem Alter standen.[79] Am wenigsten geeignet waren die beiden Präsidenten der Hofkanzlei, der siebzigjährige Graf Sinzendorf und der trockene, geist- und ideenlose Graf Seilern - Männer des alten Systems, ganz unfähig, die Grundlagen der eigenen Existenz in Frage zu stellen. So waren es zwei Männer der Finanz- und Militärverwaltung, mit denen die Herrscherin 1745 die ersten Reformschritte einleitete: Graf Gundacker Thomas Starhemberg, der zweiundachtzigjährige Präsident der Ministerial-Banco-Deputation, der sich bereits in der Finanzkrise unter Joseph I. bewährt hatte, und der von ihm empfohlene Johann Christoph Freiherr von Bartenstein (1689-1767), erst Anfang Fünfzig und damit Mitglied der jüngeren Generation.[80]

Gundacker Thomas Graf Starhemberg, Präsident der Ministerial-Banco-Deputation, der - obgleich bereits zweiundachtzigjährig - zu den wenigen Mitgliedern der alten Elite zählte, die 1740 bereit und in der Lage waren, an der Seite der neuen Herrscherin einen Reformkurs zu steuern.

Vor allem Bartenstein, ein aus Straßburg stammender Konvertit, der als Leiter der österreichischen Außenpolitik die Anerkennung der Pragmatischen Sanktion erstritten hatte und seit 1741 der Kommission für Beratung militärisch-finanzieller Fragen angehörte, setzte alles daran, die unaufschiebbaren Reformen in Gang zu bringen. Wenn der preußische Gesandte Graf Podewils ihn als »kleinen, pedantischen Schulmeister« mit den »Manieren ... eines Emporkömmlings« abtat und ihm jede Fähigkeit absprach, die Staatsgeschäfte zu leiten,[81] so entsprang das wohl eher dem Ärger über einen entschiedenen Gegner des Preußenkönigs; eine wirkliche Auskunft über die Talente Bartensteins war es jedenfalls nicht. Wenn das österreichische Kriegswesen den Feinden schließlich doch standhielt, so war das nicht zuletzt das Ergebnis erster, von Bartenstein verwirklichter Reformen.

Und auch bei der Behördenorganisation selbst wurden in dieser ersten Reformphase unmittelbar nach dem Raub Schlesiens durch Friedrich den Großen bereits wichtige Weichen gestellt. 1742 ließ Maria Theresia aus der österreichischen Hofkanzlei als neue oberste Behörde die *Staatskanzlei* ausgliedern.[82] Sie war für die Außenpolitik und die Hausangelegenheiten der Dynastie zuständig, während die alte österreichische Hofkanzlei jetzt zu einer Mittelbehörde für provinzösterreichische Geschäfte herabsank. Untergebracht war die neue Spitzenbehörde im barocken Palais am Ballhausplatz, das Kaiser Karl VI. 1719 für die Hofkanzlei hatte errichten lassen und das auch heute das österreichische Kanzleramt beherbergt. In der Staatskanzlei am Ballhausplatz liefen bald alle Fäden des habsburgischen Regierungs- und Verwaltungsapparates zusammen, obgleich der Staatskanzler, der Chef der neuen Behörde, hauptsächlich für die Außenpolitik zuständig war.

Mit der Gründung der Staatskanzlei, deren politisches Gewicht erst zehn Jahre später in der Ära Kaunitz voll zur Geltung kam, war die große Generalreform jedoch nur präludiert. Zum Durchbruch kam sie erst sechs Jahre später, als die Spitzenbeamten des Staates

Die Geheime Hof- und Staatskanzlei am Ballhausplatz, 1717 bis 1719 nach Plänen von Johann Lukas von Hildebrandt errichtet, Stich von Johann August Corvinus aus dem Jahre 1733

1766 auf Anweisung des damaligen Hausherrn, Staatskanzler Wenzel Fürst Kaunitz, von Nikolaus Pacassi erweitert, ist das Gebäude, das seit 1918 das Bundeskanzleramt beherbergt, seit nunmehr einem Vierteljahrtausend Regierungszentrum Österreichs.

in einer entscheidenden Kronratssitzung einem Mann unterlagen, der bis dahin nur in den Provinzen tätig gewesen war:[83] Die Kaiserin erteilte dem Grafen Friedrich Wilhelm Haugwitz (1702-1765) den Auftrag, sein an preußischen Verhältnissen orientiertes, bislang aber nur in Schlesien und Innerösterreich erprobtes Verwaltungssystem auf den Gesamtstaat zu übertragen.

Der einem mährischen Geschlecht entstammende und wie der Straßburger Bartenstein wegen des kaiserlichen Dienstes zum Katholizismus konvertierte Haugwitz erwies sich als kongenialer Nachschöpfer des borussischen Regierungs- und Verwaltungsapparates, den er aus eigener Anschauung kannte: 1742 an die Spitze des Amtes Troppau berufen, das als einziges in Schlesien österreichisch geblieben war, war er von den raschen Erfolgen der preußischen Reformen in den verlorenen Nachbargebieten dermaßen beeindruckt, daß er im habsburgischen Restschlesien eine Generalreform nach demselben Modell einleitete. Sie war die Keimzelle der großen Theresianischen Gesamtreform.

Beeindruckt von seinen ersten Erfolgen, schickte Maria Theresia Haugwitz 1747 als Staatskommissar nach Kärnten und Krain, damit er dort dieselben Verbesserungen durchführe; schon im nächsten Jahr betraute sie ihn mit der Reorganisation des Gesamtstaates. Die Königin hatte in Haugwitz einen Mann gefunden, »der staatsmännischen Weitblick, Organisationskraft und Zivilcourage mit einem hohen Maß an Geschicklichkeit... verband« und daher als der »führende Kopf der Reform und der eigentliche Schöpfer der modernen Österreichischen Verwaltung« gelten muß. So sah es auch Maria Theresia selbst – er sei ihr, so ließ sie verlauten, »wahrhaftig durch die Providenz zugeschickt worden«. Und noch 1765, als Haugwitz längst von Kaunitz verdrängt worden war, bescheinigte ihm die Kaiserin, er allein habe »den staatt 1747 aus der confusion in eine ordnung gebracht«.[84]

Im Kern beruhte das Haugwitzsche System auf einem absolutistischen Kameralismus, wie ihn der Wirtschaftstheoretiker Wilhelm von Schröder (1640-1699) in seinem bereits 1686 erschienenen Werk »Fürstliche Schatz- und Rentenkammer« entwickelt hatte, das von der hohen Beamtenschaft eifrig studiert wurde.[85] Die Souveränität, darauf lief es hinaus, sei mit keinerlei Zugeständnissen an die Stände vereinbar; allein die Krongewalt dürfe über die finanziellen und personellen Mittel des Landes verfügen. Regierung und Verwaltung seien organisatorisch und personell entsprechend einzurichten. Kurz, es galt - wie der Graf Haugwitz formulierte - die Herrscherin »in effectu in die souverainеté und beherrschung ihrer Länder zu setzen«.[86]

Dieses Programm in die Praxis umsetzend, strebte Haugwitz als erstes eine Veränderung im Finanzwesen und in der Steuerverwaltung an. Das Steuerbewilligungsrecht der Stände blieb zwar einstweilen noch unangetastet, doch sollten sie keinerlei Einfluß mehr auf Ausgabe und Verwaltung der Steuergelder nehmen dürfen. Wie in Preußen sollten Camerale und Contributionale, also der landesfürstliche und der ständische Zweig der österreichischen Finanzwirtschaft, zusammengefaßt und einer ausschließlich monarchischen Behörde unterstellt werden. Sie sollte organisiert sein in einem formell verwaltungsrechtlich festgelegten Instanzenzug von Unterbehörden in den Ländern zur Zentralbehörde in Wien.

Friedrich Wilhelm Graf Haugwitz, der »Vater« der am preußischen Vorbild orientierten großen Theresianischen Staatsreform in Österreich, Gemälde von J. M. Millitz aus dem Jahre 1763

Die zweite, ebenfalls dem preußischen Modell abgeschaute Neuerung suchte eine innere, institutionell abgesicherte Verklammerung der »politica und cameralia« zu bewerkstelligen, der Innenpolitik und der Finanzwirtschaft also. Bislang lagen sie sowohl in den einzelnen Ländern als auch in Wien bei verschiedenen Behörden, die aufgrund unterschiedlicher personeller Zusammensetzung und daraus erwachsendem gegensätzlichen Selbstverständnis unkoordiniert nebeneinander, meist sogar gegeneinander arbeiteten - in der Wiener Zentrale waren das die Hofkanzlei, wo der Einfluß der Stände stark war, und die Hofkammer, die sachlich und personell ganz und gar auf den Monarchen ausgerichtet war.

Das war ein Programm für einen Herkules, zumal sich sogleich der Widerstand regte. Staatsmänner und Bürokraten der Zentralbehörden, die in dem alten Gehäuse eingerichtet waren und seine Schwächen meisterhaft zu nutzen wußten, stemmten sich den Veränderungen ebenso entgegen wie die Stände der einzelnen Kronländer, die weder die landschaftlichen Sonderrechte noch ihren Anteil an der Verwaltung preisgeben wollten. Im Spätsommer und Winter des Jahres 1747, als man das »Haugwitzsche System« in den Ländern und in Wien erregt diskutierte, wurde rasch deutlich, daß sich der Habsburgerstaat nicht so leicht umorganisieren ließ wie das kleinere und trotz geographischer Zersplitterung mit weniger Gegensätzen belastete Brandenburg-Preußen, wo eine energische Demarche des Soldatenkönigs genügt hatte, die alten Kräfte außer Gefecht zu setzen.

In allen Kronländern gab es eine standesbewußte politische Elite, die nach der konfessionellen und sozialen Umstellung des 17. Jahrhunderts rasch an Selbstbewußtsein gewonnen hatte und bereitstand, das alte System und die damit verbundenen Sonderrechte zu verteidigen, wenn sie auch die Loyalität zum Herrscherhaus nie verletzte. Nicht von ungefähr trat an ihre Spitze der böhmische Oberst Kanzler Graf Friedrich Harrach.[87] Gerade der im frühen 17. Jahrhundert ausgetauschte und auf die Habsburger eingeschworene katholische Adel der Wenzelskrone hatte sich von Generation zu Generation im Dienst der Krongewalt bewährt, so daß er beanspruchen konnte, in einer so hochwichtigen Angelegenheit Gehör zu finden.

Die Entscheidung fiel dann am 29. Januar 1748 in jener hochdramatischen Sitzung der Staatskonferenz, in der unter den Augen Maria Theresias und ihres kaiserlichen Gemahls die Kräfte des Beharrens und des Wandels hart aufeinanderprallten. Die Mehrheit war eindeutig: Angeführt von Harrach, kämpften Salburg, Kinsky, Colloredo - die Vertreter des ständischen und bürokratischen Establishments - leidenschaftlich für die Beibehaltung der alten Organisation, die keiner so kannte wie sie und keiner so meisterhaft wie sie zu nutzen wußte, nicht zuletzt für eigene Interessen. Haugwitz, der Reformer und Homo novus, stand auf einsamem Posten. Allein - die Würfel waren bereits gefallen. Die Kaiserin stand auf seiner Seite; sie hatte erkannt, daß nur eine radikale Reform, wie sie der Außenseiter Haugwitz vorschlug, Habsburg in den Stand setzen konnte, mit Preußen und den europäischen Großmächten Schritt zu halten. Unter das Sitzungsprotokoll, das die Ausflüchte und kleinmütigen Bedenken der alten Garde genauestens festhielt, schrieb die gerade dreißigjährige Kaiserin: »Placet. Und ist diese Sache nur allzu wahr also abgelofen. In fünfzig Jahren wird man nicht glauben, daß dieses meine Ministre waren, die von mir allein creirt worden.«[88]

Mit der Herrscherin auf seiner Seite hatte Haugwitz leichtes Spiel, denn die Zeiten einer Grundsatzopposition von Landständen und hohen Amtsträgern waren längst vorbei. In Wien ebenso wie in den Erbländern und in Böhmen triumphierte die absolutistische Staatsräson über ständisches und behördliches Sonderbewußtsein: Der quasistaatliche Charakter der einzelnen Länder verschwand, sie wurden zu Provinzen eines Einheitsstaates. An die Stelle der Union von Erb- und Kronländern trat die föderal aufgebaute Habsburgermonarchie als Gesamtstaat, zusammengesetzt aus Provinzen, die nach einheitlichen Prinzipien von der Hauptstadt Wien her regiert wurden. Eine gewisse Ausnahme machte wiederum Ungarn mit Siebenbürgen, die nur in einigen Kernbereichen, und zwar vor allem der Außenpolitik und der Militärverwaltung, in das neue Organisationsgeflecht eingefügt wurden.

In Wien entstanden neue Zentralbehörden, eingerichtet nach sachlich-rationalen anstatt - wie bisher üblich - nach territorial-historischen Kriterien: Der Geheime Rat und die Geheime Konferenz verschwanden ebenso wie die in sich mehrfach regional unterteilte Hofkanzlei und die komplizierten Kameralbehörden. An deren Stelle traten jetzt zentrale Fachbehörden mit engerer Sachkompetenz, aber weiterem territorialen Wirkungskreis: neben der bereits im ersten Reformschritt entstandenen *Haus-, Hof- und Staatskanzlei* für die Außenpolitik die *Oberste Justizstelle* für alle Rechtsangelegenheiten. Nur der *Hofkriegsrat* konnte aus der alten Behördenorganisation übernommen werden, weil er dem gewünschten Typus einer gesamtstaatlichen Fachbehörde bereits entsprach.

Das Herz des Haugwitzschen Systems war das *Directorium in publicis et cameralibus*, in dessen Namen bereits das preußische »Generaldirectorium« anklingt. Sachlich eigentlich nur für die vereinigte Finanz- und Steuerverwaltung zuständig, zog diese Behörde sogleich alle Kernfragen der Innenpolitik an sich. Maria Theresia ließ sich wöchentlich die Directoriumsprotokolle vorlegen, um auf dieser Basis die wichtigsten Regierungsentscheidungen formell zu vollziehen. Der starke Mann war zunächst Graf Haugwitz selber, der als Präsident des Directoriums die entscheidenden Fäden in der Hand hielt,

Der Amtssitz der böhmischen Hofkanzlei

Die bislang in mehr oder weniger selbständige regionale Abteilungen untergliederte Hofkanzlei wurde im Zuge der Haugwitzschen Behördenorganisation in das neue System zentraler Fachbehörden integriert, bei denen das Prinzip der Sachkompetenz im Vordergrund stand.

bis ihm in dem klugen und machtbewußten Wenzel Anton Graf von Kaunitz-Rietberg ein überlegener Konkurrent erwuchs.

Der zentrale Behördenapparat wurde in den Ländern und Ländergruppen um entsprechende Fachbehörden ergänzt, die nicht mehr wie im alten System als Widerpart auftreten konnten, sondern umgekehrt als verwaltungstechnisch streng untergeordnete Mittel- und Unterbehörden, die den Arm der monarchischen Zentrale in die Provinzen und weiter hinab bis auf die Ebene der Kreise und Städte verlängerten: Hier wurden als weitere Stufe staatlicher Verwaltung die *Kreisämter* eingerichtet, in Schlesien *Landratsämter* genannt. Geleitet wurden sie vom Kreishauptmann, der zwar adlig sein sollte, aber ebenso wie die Kreis- und Provinzialbeamten nicht mehr Amtsträger des Landes, sondern der Krone war. Indem die *Kreisämter* eine Art Verwaltungsgerichtsbarkeit über Grundherrschaften und kleinere Städte ausübten, waren auch diese untersten Einheiten politisch-gesellschaftlicher Organisation in den Staatsapparat eingebunden.

Auf der Ebene der alten Länder, die nun den Charakter von Provinzen annahmen, folgten die *Repräsentationen und Kammern*, ab 1763 *Gubernien* genannt, was ihre umfassende Regierungs- und Verwaltungsfunktion unter Oberleitung des Wiener Directoriums beziehungsweise seiner Nachfolgeinstitutionen besser zum Ausdruck brachte. Die alten Landesregierungen, innerhalb deren bislang die Stände ihren Einfluß gegenüber der Zentrale zur Geltung gebracht hatten, wurden nicht abgeschafft. Sie wurden vielmehr zu Landesjustizstellen umgebildet und damit zu Teilen eines einheitlichen, in der Wiener Obersten Justizstelle gipfelnden Instanzenzuges. Man sieht, auch die große Theresianische Staatsreform war noch der alteuropäischen Reformstrategie verpflichtet, die umbaute, nicht aber umstürzte.

Mit der Theresianischen Reform war auch in den habsburgischen Ländern die Zeit angebrochen, in der – erstmals in der europäischen Geschichte – sich der Staat um nahezu alle Bereiche des öffentlichen Lebens kümmerte, um sie nach den neuen Idealen vernünftigen Regierens und Zusammenlebens umzuformen.[89] Dahinter stand das optimistische Welt- und Menschenbild des 18. Jahrhunderts, das

»Schand oder Ehre stammt / aus dem geführten Amt« – im Zuge der frühneuzeitlichen Behördenreformen setzt sich der moderne Typus des Staatsbeamten durch, der nicht bestimmten sozialen oder regionalen Kräften verpflichtet ist, sondern seinem Amt, und das heißt immer mehr einem über den sozialen Gruppen und den einzelnen Ländern stehenden Staatsprinzip.

PROBLEMATA POLITICA
DE MELIORANDO STATU
AN
QUOMODO
STATUS INTERNI
I. AN PRINCEPS MAIOREM POTENTIAM ET VIM NUMARIAM ETIAM BENEFACIENDO SUBDITIS ASSEQUI POSSIT ?
II. QUOMODO FORTISSIMUM SOCIETATIS VINCULUM INTER SINGULA MEMBRA STATUS STABILIENDUM ?
III. QUIBUS MEDIIS VIGOR LEGUM CIRCA PIETATEM, IUSTITIAM ET HONESTATEM FIRMANDUS ?
STATUS EXTERNI
I. CUM QUIBUS POTENTIIS FOEDERA INEUNDA, UT PROSINT, ET CUM QUIBUS AMICITIA COLENDA, NE OBSINT ?
II. QUOMODO AUTHORITAS PRINCIPIS ET ÆSTIMATIO NATIONIS INTER EXTEROS MAGIS AMPLIFICANDA ?
III. IN QUIBUS MINISTRIS MAIOR HABILITAS AD NEGOTIA PUBLICA ET COMMODA STATUS RESIDEAT ?
POLITIÆ
I. QUOMODO INCOLARUM NUMERUS ET INDUSTRIA AUGMENTARI POSSIT ?
II. AN MAIOR PERFECTIO AD SECURITATEM PUBLICAM ANNONÆ ABUNDANTIAM ET COMODITATEM INCOLARUM ASSEQUI POSSIT ?
III. AN AD AMOENITATEM ET ORNATUM URBANUM ET CAMPESTREM SINE SUMTIBUS INUTILIBUS ADDENDUM ?
OECONOMIÆ
I. QUI FONTES DIVITIARUM IN STATU, ET QUALIS CIRCULATIO PECUNIARUM ?
II. QUIBUS MODIS ÆRARIUM PRINCIPIS SINE GRAVAMINE SUBDITORUM LOCUPLETANDUM ?
III. QUALIS PROPORTIO TRIBUTORUM SERVANDA, NE UNQUAM DEFICIANT ?
CAMMERALIA
I. AN IN DISTRIBUENDO EXACTA PROPORTIO GEOMETRICA OBSERVANDA SIT ?
II. UTRUM EXPENSÆ NECESSARIO EXCEDANT SUMAM REDITUUM ?
III. AN DEBITA STATUS SINE GRAVAMINE SUBDITORUM DELERI POSSINT ?
COMMERCIALIA
I. AN PRINCEPS OMNIMODE MERCIMONIIS RENUNTIARE, AC LUCRUM PRIVATIS RELINQUERE TENEATUR ?
II. QUÆNAM MERCIMONIA CUM EXTERIS CONSERVANDA, QUÆ NOVA INSTITUENDA ?
III. QUOMODO PRODUCTA ET MANUFACTA IN LUCRUM SUBDITORUM MULTIPLICANDA ?
MILITARIA
I. AN PRÆSENS APPARATUS BELLICUS AD SECURITATEM STATUS SUFFICIAT ?
II. AN NUMERUS MILITIS PERPETUI SINE EXACTA PROPORTIONE CUM NUMERO INCOLARUM DIU SUBSISTERE NEQUEAT ?
III. AN MILITI LABOR IN OPERE PUBLICO NUNQUAM CONVENIAT ?
ECCLESIASTICA
I. AN EXACTA HIERARCHIÆ ECCLESIASTICÆ CONSTITUTIO IN STATU VIGEAT ?
II. QUÆ IUSTA PROPORTIO INTER NUMERUM ECCLESIASTICORUM ET INCOLARUM ?
III. AN DIVITIÆ ECCLESIASTICORUM RES EXTRA USUM HOMINUM ET IN DETRIMENTUM REIPUBLICÆ CENSENDÆ SINT ?

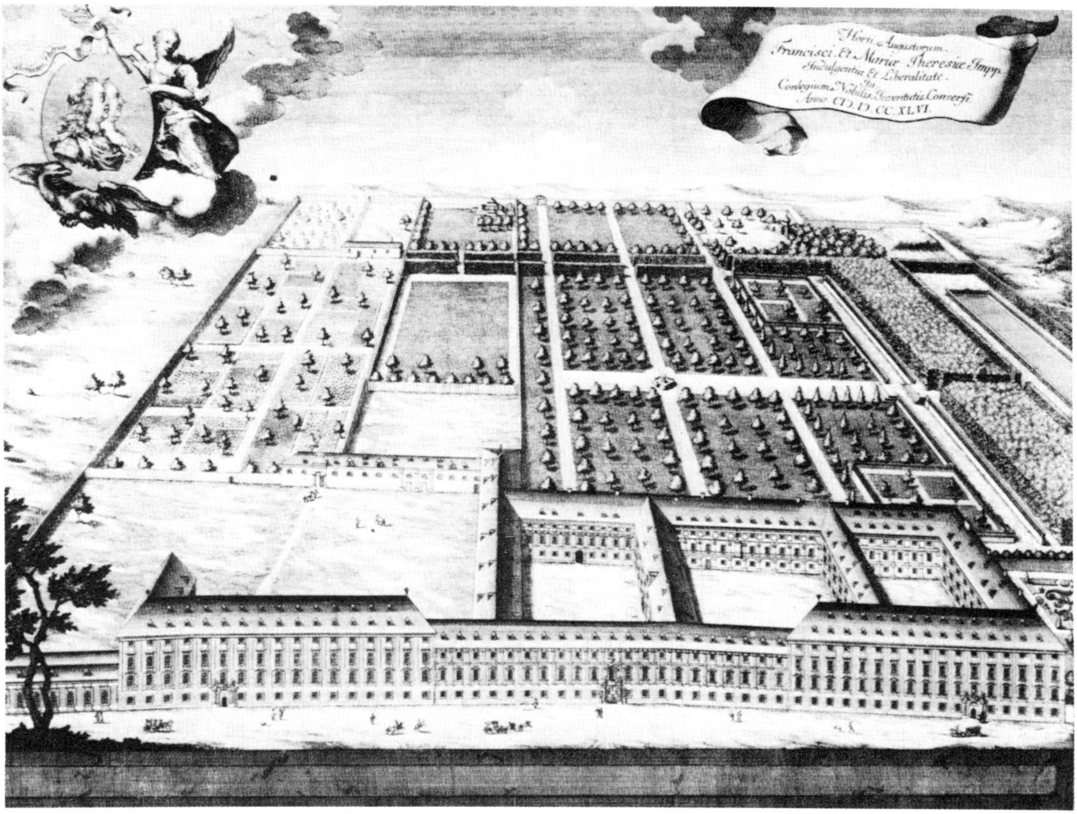

Das Theresianum, Kupferstich von J. E. Mansfeld, zwischen 1755 und 1773

1746 überließ Maria Theresia das ehemalige kaiserliche Sommerschloß Favorite den Jesuiten, die hier ein Seminarium Nobilium, also eine Ritterakademie, einrichteten.

die menschliche Glückseligkeit meinte planvoll entwerfen und administrativ realisieren zu können. Nach dem absolutistischen Entwicklungsmodell, dem die deutschen Mittel- und Großterritorien folgten, war das ausschließlich Sache des Staates und seiner Bürokratie. Das freie Spiel gesellschaftlicher Kräfte oder gar das »bürgerliche« Individuum waren im Reich noch nicht entdeckt.

So mußte der modernisierende Wandel wiederum zur obrigkeitlich-etatistischen Reglementierung werden, in Österreich nicht anders als in Preußen und den deutschen Mittelstaaten: Die Wiener Regierung griff fortan über die Gubernien und Kreisämter direkt in die Provinzial- und Lokalverwaltung ein, um auf administrativem Wege nahezu alle Bereiche des öffentlichen und privaten Lebens planvoll neuzuordnen – Religion, Bildung, Kunst, Kultur und Vergnügungen ebenso wie Hygiene, Kranken-, Armen- und Sozialfürsorge; Zunftwesen, Manufaktur, Landwirtschaft und Handel nicht anders als Post, Schiffahrt, Kanal- und Straßenbau oder das Arbeitsrecht und Standesfragen, bis hin zu den Dienstboten, natürlich auch das Buch- und Zeitungswesen, vor allem wegen der Zensur, sowie eine umfassende polizeiliche Überwachung der Untertanen, um staatsgefährdende Umtriebe im Keim zu ersticken.

Da all diese Reformen unter dem Druck äußerer militärischer Bedrohung erfolgten, hatten sie sich in erster Linie an der wachsenden Schlagkraft der österreichischen Armee zu bewähren. Und in der Tat,

Problemata politica de meliorando statu, Aquarell von J. C. Roëttiers, um 1770

Aufriß über die Verbesserung des Staates durch systematische Förderung seiner inneren und äußeren Angelegenheiten, durch die Vernunftverwaltung in Politik, Finanzen, Militär, Landwirtschaft, Handel und Gewerbe, Kirchen- und Kulturangelegenheiten

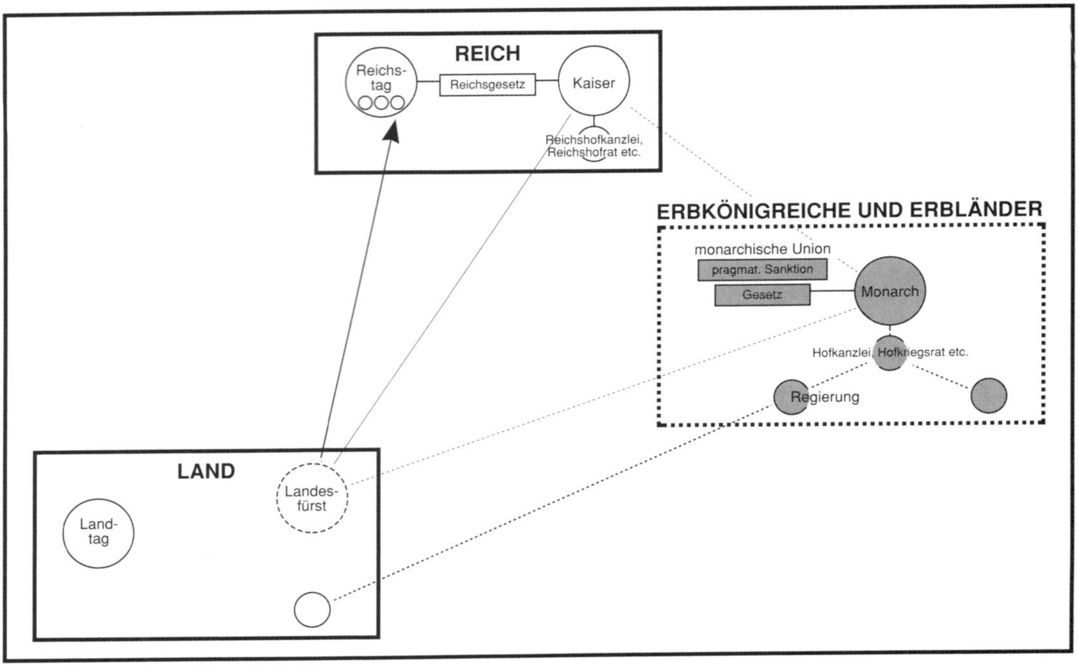

Kaiser Karl VI. machte aus der Vielzahl von habsburgischen Territorien und Herrschaften die monarchische Union der habsburgischen Erbkönigreiche und Erbländer.

Organisationsschema einschließlich der Verklammerung mit dem Heiligen Römischen Reich

das »Haugwitzsche System« zeigte sich schließlich im Stande, die jährlich anfallenden Kosten von vierzehn Millionen Gulden für ein stehendes Heer von 108 000 Mann bereitzustellen.[90] Das war nur auf der Grundlage einer rational-technokratischen Durchforstung und Modernisierung der gesamten Staatseinnahmen möglich, die das neugegründete Directorium in die Wege leitete – von der Aufnahme des ganzen Landes in einen modernen Kataster über die Umwandlung der traditionellen Personen- und Kopfsteuern in Vermögens- und Einkommenssteuern hin zur Reorganisation von Zoll- und Mautsystem sowie des Tabakmonopols oder bis zur Gründung einer staatlich beaufsichtigten Lotterie.

Parallel zu dem allen wurde die Ausbildung der Soldaten und des Offizierskorps verbessert – insbesondere durch die 1751 in Wiener Neustadt gegründete habsburgische Militärakademie und die drei Jahre später in Wien eröffnete Ingenieurakademie:[91] Als Friedrich II. von Preußen 1756 in der Schlacht von Lobositz, einer der ersten des Siebenjährigen Krieges, auf die habsburgische Armee stieß, ließ er anerkennend verlauten, dies seien nicht mehr die alten Österreicher, die er eineinhalb Dezennien zuvor aus Schlesien verjagt habe.[92]

Der Wille, dem verhaßten Gegner in Berlin an politischer und administrativer Modernität nicht nachzustehen, löste im Siebenjährigen Krieg eine zweite Welle institutioneller Reformen aus, die das Haugwitzsche System teils modifizierte, teils ausbaute. Treibende Kraft war der österreichische Staatskanzler Wenzel Anton Graf von Kaunitz-Rietberg, aus einem Zweig des böhmischen Uradelsgeschlechts, der im 17. Jahrhundert die katholisch-habsburgische Wende mitvoll-

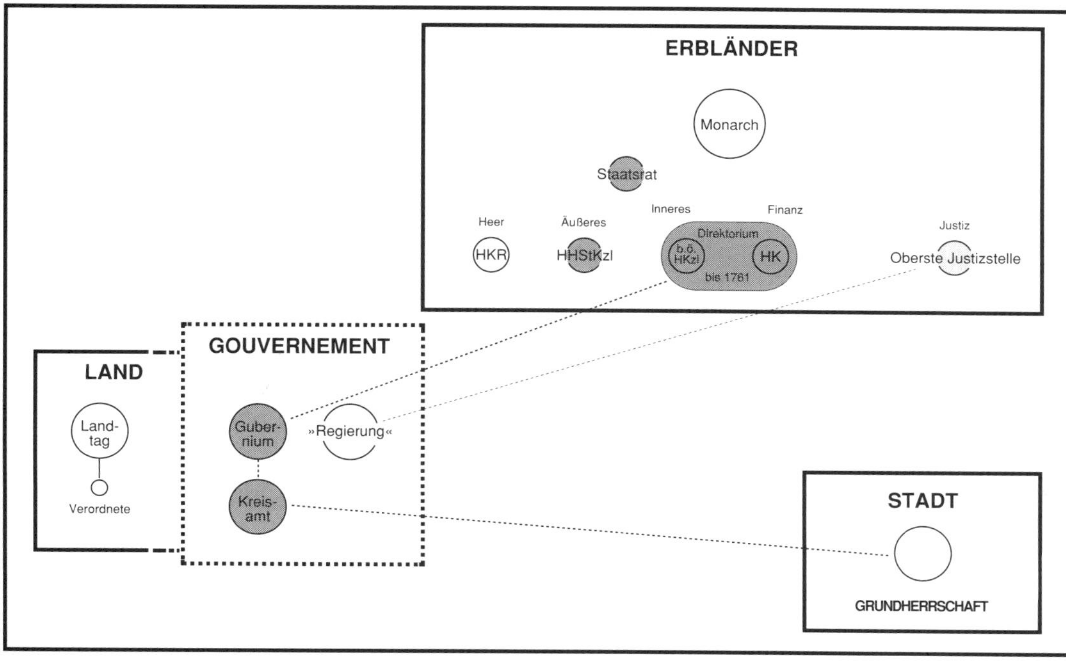

Organisationsschema von Regierung und Verwaltung im Habsburgerstaat nach den Haugwitzschen Reformen

zogen hatte und seitdem zum Wiener Hofadel gehörte.[93] Im Jahre 1711 geboren, schien der junge Graf wegen zerrütteter Familienfinanzen in den ersten Regierungsjahren Maria Theresias mit wenig Perspektive an den Reichshofrat gebunden. Seine außergewöhnlichen Fähigkeiten und ein überragendes Wissen, das er sich in einem für seine Kreise nicht alltäglichen Ausbildungsgang angeeignet hatte, öffneten ihm aber schließlich doch den Zugang zu den höchsten politischen Ämtern.

Seit 1742 war Kaunitz Gelegenheit gegeben, außerhalb Österreichs politische Erfahrungen und staatsmännisches Ansehen zu sammeln – zuerst als Gesandter in Turin, der Hauptstadt des befreundeten Königreiches Sardinien; dann als leitender Minister in der Brüsseler Regierung der österreichischen Niederlande; schließlich als Unterhändler auf dem Aachener Friedenskongreß von 1748 und als Botschafter in Paris im Rang eines bevollmächtigten Ministers. Zum Chef der 1742 gegründeten, unter ihrem bisherigen Leiter, einem politisch blassen Grafen Ulfeldt, aber noch wenig bedeutenden Staatskanzlei war Kaunitz im Mai 1753 ernannt worden, und zwar auf ausdrücklichen Wunsch der Kaiserin, die damit Warnungen ihres Gemahls und anderer Berater vor dem als kauzig und selbstherrlich bekannten Grafen in den Wind geschlagen hatte.

Kaunitz hatte das Amt erst angenommen, nachdem ihm in zähen Verhandlungen eine Machtfülle zugesichert worden war, wie sie kein österreichischer Minister vorher je besessen hatte. Das war ein spektakulärer Sieg über den knapp zehn Jahre älteren Präsidenten des Directoriums, den Altreformer Haugwitz. Und auch die Reformen, die der neue Staatskanzler in den nächsten Jahren in die Wege leitete, waren zugleich Schachzüge im Ringen dieser beiden Männer um die höchste Macht im Staat.

Staatskanzler Wenzel Anton Fürst Kaunitz-Rietberg, Kupferstich von Jakob Matthias Schmutzer aus dem Jahre 1765 nach einem Gemälde von Johann Nepomuk Steiner

Der Fürst ist in der alltäglichen Kleidung seines Standes abgebildet, aber geschmückt mit den Insignien des Ordens vom Goldenen Vlies und des Sankt-Stephanus-Ordens als Hinweis auf seine hohe Stellung im Staat.
Der Herrschergestus des durch die Kroninsignien ausgewiesenen und sich auf das Zepter als Inbegriff seiner Macht stützenden Monarchen wird durch den höchsten Staatsdiener aufgenommen – an die Stelle des Zepters ist aber das Buch getreten, Sinnbild der auf Bildung und Wissen beruhenden Staatskunst des aufgeklärten Absolutismus.

Kaunitz, der in Paris den aufgeklärt-rationalen Geist Frankreichs aufgenommen hatte, stellte sich den wohlregierten Staat wie eine kunstvolle, präzise arbeitende Maschine vor, wie ein Uhrwerk, das es aufzuziehen und zu überwachen gilt, das dann aber selbsttätig und genauestens funktioniert.[94] Und wie die Uhr Kraft und Präzision aus der Unruh gewinne, so sei der Staat von einem wohlorganisierten innersten Machtzentrum aus zu regieren.

Nach Auflösung der älteren Zentralinstitutionen, dem Geheimen Rat und der Geheimen Konferenz, fehlte in Wien aber ein solches Machtzentrum. Denn das Herzstück des Haugwitzschen Systems, das »Directorium in publicis et cameralibus«, also eine für Finanz- und Wirtschaftsangelegenheiten zuständige Spezialbehörde, konnte andere, nicht minder wichtige Bereiche, vor allem die Außenpolitik, nicht direkt kontrollieren. Hier schuf Kaunitz Abhilfe, als er 1760 den *Staatsrat* ins Leben rief. Nun besaß der habsburgische Gesamtstaat ein politisches Machtzentrum, das fortan unter wechselnden Benennungen die notwendige zentrale Steuerungsfunktion des modernen Machtstaates wahrnahm, nämlich die Koordination der anderen obersten Behörden der Hauptstadt und die Beratung des Herrschers in allen wichtigen Entscheidungen der Innen- und Außenpolitik.

Eine weitere einschneidende Neuerung der Kaunitzschen Reform betraf die Zusammensetzung des Staatsrates. Hier galt das sogenannte Inkompatibilitätsprinzip, das heißt, von sechs Staatsräten – drei aus dem Herrenstand mit dem Titel Minister, drei aus dem nied-

rigen Adel oder der Juristenschaft - durfte keiner einem anderen Regierungs- oder Verwaltungsorgan angehören. Anders als bei der gewollten personellen Verzahnung zwischen Geheimem Rat und übrigen Zentralbehörden der vortheresianischen Bürokratie sollte der neue Staatsrat von der Administration personell abgekoppelt bleiben. Das förderte seine politische Unabhängigkeit, vor allem aber diente es der Machtkonzentration in der Hand des Staatskanzlers. Als einziger der zentralen Behördenchefs wurde er von der Inkompatibilität befreit und konnte damit zugleich in der Staatskanzlei, wo die Außenpolitik gemacht wurde, und im Staatsrat den Ton angeben.

Der Staatskanzler Kaunitz dirigierte fortan aus dem Staatsrat heraus als allmächtiger Politiker und vertrauter Berater der Herrscherin die Donaumonarchie; damit war er praktisch ein Regierungschef im neuzeitlichen Sinn. Seinen Rivalen Haugwitz ließ er als Minister in den Staatsrat berufen. Dazu mußte dieser das Präsidium im bislang allmächtigen Directorium aufgeben und war damit seiner Machtbasis beraubt und der Kontrolle von Kaunitz unterstellt. Immerhin - dem einstigen Retter in ernster Stunde war eine goldene Brücke in den politisch einflußlosen Ruhestand gebaut.[95]

Auch das Haugwitzsche System blieb nicht unangetastet: Ohne dessen Grundprinzip aufzuheben, modifizierte es der neue mächtige Mann so, wie es seinen eigenen Machtbedürfnissen und seinen Vorstellungen von Regierung und Verwaltung entsprach. Als erstes mußte das Directorium weichen - den gesamtpolitisch interessierten

Staatsporträt Kaiserin Maria Theresias, Gemälde von Martin van Meytens, um 1750

Ludwig XIV. im Krönungsornat, Kupferstich nach dem Gemälde von Hyacinthe Rigaud, 1701 - das majestätische Staatsporträt des Sonnenkönigs, das ein Jahrhundert lang das Vorbild abgab für die Selbstdarstellung von Monarchen und höchsten Staatsdienern

Regierungschef störte eine solche Finanzverwaltung und Innenpolitik vereinende Superbehörde, und vor allem duldete er keine anderen bürokratischen Götter neben sich. Erst 1782, als auch der Stern des inzwischen greisen Kaunitz sank und der neue Kaiser Joseph II. seiner Preußenverehrung freien Lauf ließ, wurden Innenpolitik und Finanzverwaltung wieder in einer obersten Behörde, der »Vereinigten Hofstelle«, zusammengeführt. Damit hatte am Ende doch die Behördenräson des Grafen Haugwitz gesiegt, die ja an dem preußischen Modell orientiert gewesen war.

Bis dahin aber war der Staatskanzler Kaunitz, der 1764 in den Fürstenstand erhoben wurde, die bestimmende Figur im Habsburgerstaat. Ein rundes Vierteljahrhundert lang währte in Österreich die Ära Kaunitz – von den späten fünfziger bis in die frühen achtziger Jahre. Nachdem er den inneren Staatsmechanismus zum reibungslosen Funktionieren gebracht hatte, setzte Kaunitz sich vor allem dafür ein, die außenpolitische Stellung Habsburgs im Reich und in Europa zu festigen und auszubauen. Bereits 1749 hatte er die Losung ausgegeben, daß hierfür die Rückgewinnung Schlesiens unerläßlich sei; als er dann Staatskanzler wurde, war das die Maxime seiner Außenpolitik. Auch wenn er dieses Ziel schließlich nicht erreicht hat, so ist es ihm doch gelungen, nach den schweren Rückschlägen in den ersten beiden Schlesischen Kriegen auch das äußere Ansehen Habsburgs wieder zu festigen. Er erwies sich als überlegener Praktiker des seit Machiavelli und Hobbes in Europa unaufhaltsam aufgestiegenen Machtgedankens – mächtig ist jener Staat, so definierte es der Staatskanzler, der »seinen Nachbarn nicht zu beförchten hat«.[96]

Auf der Basis des von Haugwitz begründeten modernen Behördenstaates, den er vor allem für die Außenpolitik nutzbar machte und weiter verbesserte,[97] betrieb der Staatskanzler Fürst Kaunitz eine kraftvolle und erfolgreiche Innen- und Außenpolitik. Trotz erneuter Rückschläge unter Kaiser Joseph II., an denen er nicht ganz schuldlos war, gehört Kaunitz zu den Schöpfern der Großmacht Österreich – in einer Reihe mit dem Prinzen Eugen und dem Fürsten Metternich.

So waren es eine knappe Generation lang Maria Theresia, die Kaiserin, und Fürst Wenzel Anton von Kaunitz-Rietberg, der allmächtige Staatskanzler, die zusammen die neue habsburgische Gesamtmonarchie im Übergang vom höfischen zum bürokratischen Absolutismus verkörperten. Und da es dem Zeitalter entsprach, dies mit barockem Gestus der höfischen und politischen Öffentlichkeit kundzutun, den Staat und seine Herrschafts- und Regierungsprinzipien zu inszenieren, ließen sich beide, Souverän und höchster Staatsdiener, mit den Insignien ihrer Machtsphäre porträtieren.

Die Staatsporträts Maria Theresias, an denen sich verschiedene Meister versuchten, zeigen die Kaiserin mit den Insignien ihrer Reiche in großer Herrscherpose. In höfischem Glanz wird hier Reputation und Macht der Dynastie sowie die Souveränität des Staates zur Schau gestellt. Das ist die Tradition des großen Staatsbildes, mit dem sich der französische König Ludwig XIV. so meisterhaft in Szene gesetzt hatte. Allbekannt war die 1701 entstandene Prunkausfertigung des Malers Hyacinthe Rigaud, heute im Musée du Louvre in Paris, die das Vorbild für alle Herrscher des höfischen Absolutismus wurde.

In dem halben Säkulum zwischen Ludwig XIV. und Maria Theresia hatte sich aber etwas verändert: Allenthalben in Europa waren den Fürsten und Monarchen Staatsdiener zur Seite getreten, die mit ihrem politischen und juristischen Wissen die souveräne Herrschaftsmacht durch die Macht der Administration ergänzten und festigten. Der österreichische Staatskanzler Fürst Kaunitz war einer der größten unter ihnen. So konnte er es wagen, diese Machtstellung in einem Porträt zu »veröffentlichen«, das unverkennbare Anklänge an die von Ludwig XIV. begründete Tradition absolutistischer Herrscherporträts aufweist. Mit den Orden vom Goldenen Vlies und der ungarischen Sankt-Stephanus-Ritterschaft als Insignien seines hohen Staatsamtes geschmückt, stützt sich der Staatskanzler aber nicht auf ein Zepter, sondern auf ein Buch, und an die Stelle der Kronen auf den Porträts der Monarchen sind Schriftstücke und Gänsekiel getreten.[98]

Nicht gleichen Rang mit der Herrscherin beansprucht der Staatskanzler, sondern Glanz und Ansehen des höchsten Dieners im Fürstenstaat. Das durch sorgfältige Ausbildung und unermüdliche praktische Arbeit erworbene Wissen ist sich seiner selbst bewußt geworden und verlangt Anerkennung als Machtfaktor im Staat. Seine modern-autonome Funktion hat es aber noch nicht erreicht. In seiner höchsten Machtentfaltung bleibt es an den Adelsstand gebunden und ist der alteuropäischen Maxime untergeordnet, nach der es der Königsdienst ist, der die Staatsdiener emporhebt – den Ritteradel des Mittelalters ebenso wie den Wissensadel der frühen Neuzeit: Staatsporträt der Monarchin und Staatsporträt des Staatskanzlers zusammengenommen repräsentieren den höfisch-bürokratischen Absolutismus.

6. »Ihr weichet auch Paris und London, wenn sie will« – Wien, die erste europäische Metropole im Reich

Beherrscht von einem gewaltigen Festungsgürtel, wie ihn auch Frankfurt am Main und Hamburg und alle anderen großen Städte im 17. Jahrhundert ausgebaut hatten, war die Kaiserstadt bis ins ausgehende 17. Jahrhundert hinein in keiner Weise architektonisch hervorgehoben. Erst der gewaltige Bauboom, der den politischen und militärischen Aufbruch im Anschluß an das Türkenjahr 1683 begleitete, ließ die barocke Metropole entstehen. Allein bis zum Tod Kaiser Karls VI. 1740 entstanden in der Umgebung von Wien an die 400 Sommerpalais, Belvederes und Lusthäuser.

Der inneren Festigung folgte der äußere Glanz auf dem Fuß. Nirgendwo war das so augenfällig wie in Wien, dem Sitz des kaiserlichen Hofes und der frühmodernen Behörden. Aus der altertümlichen Residenz, wie es im Reich viele, wenn auch weniger angesehene gab, wurde innerhalb einer Generation die Metropole einer europäischen Großmacht, die in einem Atemzug mit Paris und London genannt werden konnte. Selbst ein trockener, durch und durch norddeutscher Kunstrichter wie der Leipziger Professor Johann Christoph Gottsched (1700-1766) gibt Mitte des 18. Jahrhunderts der neuen Wienbegeisterung Ausdruck. In seiner Deutschlandode schweift der dichterische Blick bereits voll Unrast der fernen Kaiserstadt entgegen, als erst der Donaustrom bei Regensburg erreicht ist:

Der deutschen Flüsse Haupt, und wahre Königin
Eilt hier geteilt vorbei, und fleußt ganz stolz dahin,
Wo Kaiser Franz regiert, und wo die Lust der Zeiten,
Theresia sich wird ein ewig Lob bereiten.

O nimm mich, werter Fluß! und führe mich mit dir!
Und zeige mir die Stadt, der deutschen Städte Zier.
Den großen Kaisersitz, wo seit dreihundert Jahren
Die Häupter Österreichs in vollem Glanze waren.
Ihr weichet auch Paris, und London, wenn sie will.[99]

Die alte Kaiserstadt hatte die neue Kraft aus dem Aufbruch nach den militärischen Erfolgen gegen Türken und Franzosen gewonnen. Gleich nach der so glücklich überstandenen Türkenbelagerung des Jahres 1683, als der Hof und Tausende geflohener Einwohner in die Stadt zurückkehrten, bekam das Leben in der Donaumetropole einen Zug ins Große.

Durch Steuerfreiheitsjahre für Zuwanderer angeregt, schnellte die Einwohnerzahl von bescheidenen 50 000 vor der Türkenbelagerung auf 80 000, überschritt zu Beginn des neuen Jahrhunderts sogar die 100 000-Marke und betrug bei der ersten Volkszählung im Jahre 1754 gut 175 000. Damit war Wien in einem knappen dreiviertel Jahrhundert in der Hierarchie der größeren Städte in Europa von einem Platz an dreißigster oder vierzigster Stelle zur Spitzengruppe vorgestoßen, wenngleich der Abstand zu Konstantinopel, Paris und London mit jeweils einer guten halben Million Einwohnern weiterhin beträchtlich war und auch Neapel, Venedig und Amsterdam menschenreicher waren. Was indes die Wachstumsrate anbelangt, übertraf sie Wien allesamt – mit einer Steigerung von 490 Prozent über das 18. Jahrhundert hin, während die älteren Metropolen Paris und London nur auf etwa 340 Prozent kamen. Nur Berlin wuchs schneller, nämlich um 872 Prozent.[100]

Zunächst zog es vor allem Bewohner der Erblande nach Wien;

bald setzte aber auch der Zustrom aus Böhmen, Ungarn und vom Balkan mit Macht ein. Die aufblühende Donauschiffahrt brachte zahlreiche Familien aus Oberdeutschland und dem Elsaß, später auch aus Lothringen, dem ehemaligen Stammland Kaiser Franz Stephans. Der Habsburgerhof und die zahlreichen adligen Hofhaltungen zogen vor allem Italiener und Spanier an. Die Bevölkerung der Donaumetropole nahm jene bunte Gestalt an, die sie über die Jahrhunderte hin prägen sollte.

Innerhalb einer guten Generation entstand das hoch- und spätbarocke Wien, das noch in unseren Tagen die Weltläufigkeit der Stadt ausmacht.[101] Die Habsburgerherrscher wurden vom Baufieber erfaßt, vor allem Kaiser Karl VI., unter dem sich ein eigener Karolinischer »Kaiserstil« entfaltete - in den monumentalen Schaufassaden der Hofburg ebenso wie in der imperialen Programmatik von Deckenfresken und Plastiken.

Aus ganz Europa kamen die ersten Baumeister, Bildhauer, Maler, Stukkateure und Gartenarchitekten an den Hof der Habsburger. Auf dem Höhepunkt des Wiener Barockschaffens waren es aber erstmals drei deutsche Architekten, die den Ton angaben - der aus Graz stammende Johann Bernhard Fischer (1656-1723), der sich bald »von Erlach« nennen durfte, dessen Sohn Josef Emanuel Fischer von Erlach (1693-1742) und deren größter Konkurrent Johann Lukas von Hildebrandt (1668-1745). Ihre Namen verknüpfen sich untrennbar mit den barocken Habsburgergebäuden und der Neuanlage Wiens nach den Siegen über Türken und Franzosen.

Die Hofburg, die noch ganz den Stadtburgentypus des frühen 13. Jahrhunderts erkennen ließ, wurde bis zum Regierungsantritt

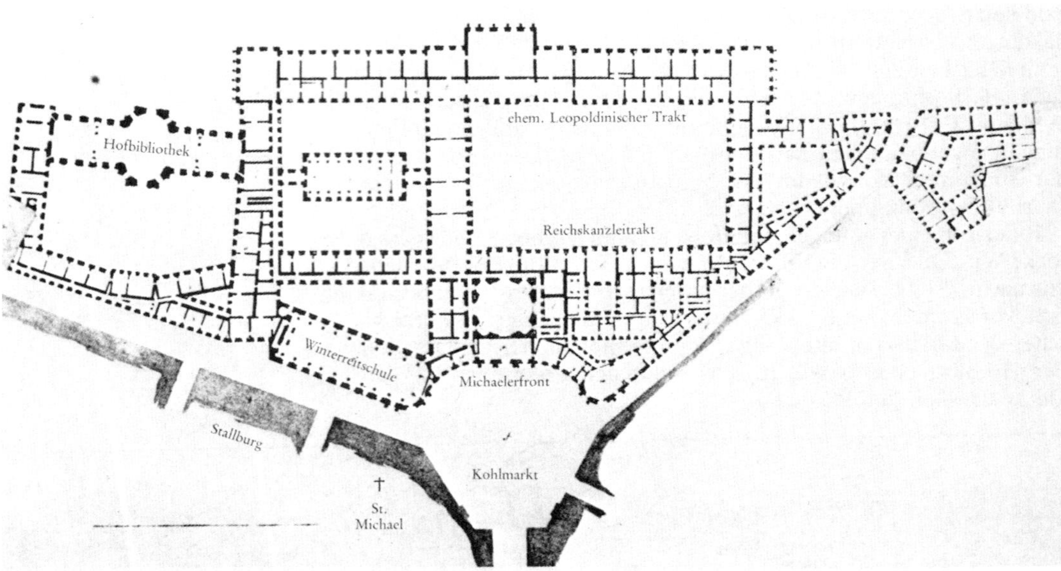

Plan für den 1723 beschlossenen Umbau der Wiener Hofburg nach dem dritten Entwurf von Josef Emanuel Fischer von Erlach

Maria Theresias so aus- und umgebaut, daß sich dort das höfische Leben und die bürokratisch-administrative Tätigkeit der absolutistischen Großmacht frei entfalten konnten. Die Ausdehnung erfolgte zunächst nach Nordwesten hin, wo vor den Toren der mittelalterlichen Herrscherburg der ritterliche Turnierplatz gelegen hatte. Auf der südlichen, an der Stadtmauer gelegenen Seite dieses Gevierts war bereits kurz vor der Türkenbelagerung der Leopoldinische Trakt entstanden, noch ganz das Werk italienischer Baumeister – Philibert Lucchese sowie Dominico und Carlo Martino Carlone und Ludovico Burnacini. Kaiser Karl VI. fügte in knapp zwei Jahrzehnten drei weitere große Behörden- und Repräsentativbauten hinzu: Dem Leopoldinischen Flügel gegenüber, auf der zur Stadt gekehrten Seite des ehemaligen Turniergeländes, bauten zwischen 1723 und 1730 der jüngere Fischer und Hildebrandt gemeinsam für die Verwaltung des Reiches den Reichskanzleitrakt. Damit war die Umbauung des nordwestlich des engen mittelalterlichen Burghofes gelegenen Geländes abgeschlossen, eine neue repräsentative Hofanlage war entstanden, bald »In der Burg« genannt, die der höfisch-absolutistischen Öffentlichkeit als Kulisse dienen konnte. Das ikonographische Programm beherrschte der griechische Halbgott Herkules als mythologische Verkörperung des habsburgisch-kaiserlichen Anspruchs auf Vorherrschaft in der höfischen Welt Europas.

Ein weiterer Behördenbau war bereits zwischen 1717 und 1719 weiter westlich, außerhalb der Hofburg entstanden: Vis-à-vis zur Stirnseite des Leopoldinischen Traktes hatte Lukas von Hildebrandt an der Stelle einer älteren Halle für das fürstliche Ballspiel die österreichische Kanzlei am »Ballhausplatz« errichtet, von wo aus eine Generation später der Staatskanzler Fürst Kaunitz die Außen- und Innenpolitik Habsburgs lenkte.

Auf der anderen, der östlichen Seite der mittelalterlichen Burg baute zur gleichen Zeit Josef Emanuel Fischer nach Plänen seines

Entwürfe für die Herkulesgruppen an den Toren der Reichskanzlei

Wie Apoll das Staatsprogramm des französischen Sonnenkönigs in Versailles, so beherrschte Herkules die habsburgische Selbstdarstellung am barocken Bau der Hofburg.

Die nach Entwürfen des Baumeisters Johann Bernhard Fischer von Erlach erbaute Karl-Borromäus-Kirche, triumphaler Höhepunkt des imperial-sakralen Kaiserstils unter Karl VI., ist der Hagia Sophia in Konstantinopel nachempfunden, womit sich Wien als drittes Zentrum der Christenheit neben Byzanz und Rom stellt.

Die von Fischer von Erlach errichtete Winterreithalle war elegant-majestätische Schaubühne für adlig-chevalereske Aufzüge und Ritterspiele, und zwar auch der Damen - feierlicher Aufzug zu Beginn eines Damenkarussells, angeführt von Maria Theresia, vorne in der Mitte des Bildes mit gezogenem Degen, der eine reitende Quadrille hochrangiger Hofdamen folgt, während die Schwester der Kaiserin, Maria Anna, und der Prinz Joseph von Sachsen-Hildburghausen im Wagen links von der Kaiserin die fahrenden Quadrillen anführen.

Vaters die Hofbibliothek, einen monumentalen, kuppelgekrönten Prunkbau höfisch-barocker Leidenschaft für das in Büchern angesammelte Wissen - außen an der Schaufront von Lorenzo Mattielli (1688-1748) geschmückt mit einer großen Quadriga, auf der Minerva zwischen Atlas und Gäa, Himmel und Erde symbolisierend, zum Triumph über Not und Unwissenheit emporsteigt; im Innern ein Schatzhaus barocker Gelehrsamkeit, das sich über zwei Geschosse hin zu einem von Marmor und Goldtönen beherrschten Prunksaal von nahezu 80 Meter Länge und 15 Meter Höhe öffnet. Dem Behördenbau und dem Schatzhaus des Wissens korrespondierte die 1729 bis 1735 im Norden der Burg errichtete Winterreitschule, auch sie ein Fischer-von-Erlach-Bau, deren Reithalle in eleganter Raumentfaltung der adlig-chevaleresken Seite des höfischen Lebens als Bühne diente.

Als Maria Theresia den Thron bestieg, war der mittelalterliche Kern der Wiener Residenz auf drei Seiten von einem Kranz barocker Palastbauten umgeben, die Burg der mittelalterlichen Landesherren war endgültig zum höfischen Schloß der frühmodernen Monarchen geworden. Die Herrscherin, die wegen der angespannten Zeitläufte und auch, weil der Stil des Regierens und der Repräsentation rationaler geworden war, weniger Bauleidenschaft zeigte als der Vater, konnte sich damit zufrieden geben, ihren Baumeister Nicolo Pacassi (1716-1790) mit der Vereinheitlichung der Platzwände zwischen Hofbibliothek und Hofburg zu beauftragen.

Kaiser Karl VI. hatte auch bereits der sakralen Komponente des höfischen Barock monumental Ausdruck verliehen: Zwischen 1716 und 1737 war südlich, über dem Wienfluß vor der Stadtbefestigung gelegen, die Karlskirche entstanden, dem heiligen Karl Borromäus geweiht, einem führenden Kirchenmann der Gegenreformation. Der Kaiser hatte den Kirchenbau 1713 gelobt, als in Wien die Pest herrschte: Der barocke Glanz hatte die schlimmen hygienischen Zustände nur überdeckt, so daß auch die neuerstandene Metropole weiterhin von Pest- und Choleraepidemien heimgesucht wurde. Die Karlskirche mit ihrem triumphalen Säulenportikus und der hochaufsteigenden Zentralkuppel war steingewordenes Sinnbild barocker Herrschersakralität, und sie war Tempel des Triumphes über Pest und Häresie: Wo in den Kuppelfresken von Johann Michael Rottmayr (1654-1730), die der Glorie des heiligen Karl gewidmet sind, die Allegorie des Glaubens erscheint, ist der Reformator Luther zu sehen, umgeben von zwei zürnenden Engeln, deren einer ihm die Feder aus der Hand nimmt, während der andere die zu Boden fallende Bibelübersetzung mit einer Fackel anzündet, so daß das »häretische« Buch verbrennt.

Nach dem Einzug und einer Ehrenrunde durch den Saal begann das Turnier, das je zwei Quadrillen zu Pferd und zwei im Wagen, also sechzehn Damen, im »Reiten, Stechen, Schießen, Werffen und Aufheben« (das heißt mit Lanze, Pistole, Wurfpfeil oder Degen) ausführten. Dargestellt ist eine Szene des Kampfes: Während die gegeneinander antretenden reitenden Quadrillen ihre Plätze einnehmen, tritt Maria Theresia gegen die Gräfin Mostitz im »Kopfnehmen« an, ein Reiterspiel, bei dem in vollem Ritt mit der Lanze die Nachbildung eines Kopfes aufgespießt werden muß. Das Kampfspiel wurde von Trompeten- und Paukenmusik untermalt.

Als wichtigster sakraler Programmbau, der durch Anklänge an die Hagia Sophia in Konstantinopel Wien als neue Roma auszeichnet, ist die Karlskirche schließlich auch ein Eckpunkt jenes großen städtebaulichen Plans, der die neuzeitlich-rationale Entwicklung Wiens einleitet. Mit der Hofburg, dem Machtzentrum Wiens und des Habsburgerreiches, als Fluchtpunkt sollen die vom Bastionengürtel umwehrte Altstadt und die neuentstehenden Stadterweiterungen in Beziehung zueinander treten. Denn nachdem in der Türkenbelagerung die älteren Vorstädte niedergelegt worden waren, um ein freies Schußfeld zu erhalten, war die Möglichkeit gegeben, sich beim Wiederaufbau am Konzept einer Idealstadt zu orientieren, mit dem das Barockzeitalter so gerne experimentierte. Anstelle der unregelmäßigen, engbebauten Siedlung der älteren Vorstädte entstand jetzt im Vorfeld der Bastionen ein weiter Kranz adliger Gartenpaläste, der als

»Vienna Gloriosa« – die von einem weiten Kranz adliger Palais und Gartenanlagen umgebene barocke Kaiserstadt des 18. Jahrhunderts; Blick von Schloß Belvedere über die Gartenanlagen hinweg in Richtung Hofburg und Stephansdom; links deutlich sichtbar die soeben vor den Toren der Stadt errichtete Karlskirche. Gemälde von Canaletto, 1759/60

»Vienna Gloriosa« die Stadt umzog. Der Brennpunkt dieses Ringes war die Hofburg, auf die die Achsen der großen Gartenanlagen der Liechtensteins, Trautsons, Weltz'/Auerspergs, Schwarzenbergs und Augartens zentripetal ausgerichtet waren. In einem weitgespannten geistigen und städtebaulichen Spannungsbogen hierzu war der Sakralbau der Karlskirche angeordnet, der auf einer zentrifugal von der Hofburg wegstrahlenden Achse lag.[102]

Diese im ersten Drittel des 18. Jahrhunderts rund um Wien heranwachsende Barocklandschaft adliger Gärten und Landhäuser war auch Ausdruck einer neuen Sicherheit, der Sicherheit nämlich, daß Wien im Schutze der jungen europäischen Großmacht die Wiederholung der Ereignisse von 1683 nicht mehr zu fürchten hatte. Auch die Habsburger zog es, wie ihren Rivalen in Versailles, vor die Tore der Hauptstadt: Für den Schönbrunner Tiergarten, eine knappe Fahrtstunde südöstlich vor Wien gelegen, wo die Türken 1683 ein kaiserliches Jagdschloß aus den Tagen Maximilians I. zerstört hatten, plante bereits 1692/93 Johann Bernhard Fischer im Auftrage Kaiser Leopolds I. eine imposante Schloß- und Parkanlage, deren Prospekt uns überliefert ist: Zwischen zwei gewaltigen »Säulen des Herkules«, die bereits Karl V. als Emblem des habsburgischen Anspruchs auf Weltherrschaft gedient hatten, eröffnet sich eine weite barocke Gartenlandschaft hinauf zu einem imperialen Schloßberg, der Versailles und alles, was zuvor an Herrschersitzen gebaut worden war, in den Schatten stellen sollte – steingewordene Geste des kaiserlichen Triumphs über den französischen Phöbus Apoll.

Allein, der Plan ließ sich nicht realisieren. Die Kriege waren ja noch in vollem Gang und die merkantilistischen Wirtschaftsreformen bei weitem noch nicht so erfolgreich, daß sich der Habsburger gleich-

zeitig ein schlagkräftiges Heer und einen so großen und kostspieligen Schloßbau hätte erlauben können. So ließ sich nur eine weit bescheidenere Sommerresidenz verwirklichen, die Kaiser Joseph I. 1700 bezog und durch Jean Trehet mit den geometrischen Rabatten und gestutzten Taxushecken eines französischen Gartens umgeben ließ.

Die großen Jahre Schönbrunns kamen unter Maria Theresia, die 1744, noch mitten im Österreichischen Erbfolgekrieg, Nicolo Pacassi mit dem Ausbau des Schlosses zur kaiserlichen Hauptresidenz beauftragte. Mit ihm und seinen Nachfolgern besprach die Kaiserin bis ins Detail Architektur und ikonographisches Programm sowie die Inneneinrichtung Schönbrunns, gerade so, wie es ein knappes Jahrhundert zuvor Ludwig XIV. in Versailles getan hatte. So entstand ein Schloßbau, der den Vergleich mit den großen europäischen Herrschersitzen nicht zu scheuen brauchte. Mit seinem hufeisenförmigen Ehrenhof und der Betonung des Mitteltraktes wurde er für den Donauraum stilbildend und zog eine ganze Reihe von sogenannten Maria-Theresien-Schlösseln nach sich.

Seit Mitte des 18. Jahrhunderts war das kaiserliche Lustschloß, dessen Gartenanlage Zug um Zug erweitert wurde, neben der Wiener Hofburg die bevorzugte Residenz der Habsburgerherrscher. Hier entfaltete sich das höfische und diplomatische Leben der neuen europäischen Großmacht - die Geheimdiplomatie ebenso wie der große, öffentliche Haupt- und Staatsakt, das höfische Fest als barockes Gesamtkunstwerk nicht anders als die ländliche, fast private Sommeridylle. Entstanden aus dem Aufbruch zur alteuropäischen Großmacht, sollte die Schönbrunner Kaiserresidenz im Glanz wie im Schatten die großen Stunden Habsburgs und Österreichs sehen,

Der erste Entwurf für das kaiserliche Lustschloß Schönbrunn von Johann Bernhard Fischer von Erlach

Zwischen zwei gewaltigen »Säulen des Herkules«, die seit Karl V. den Herrschaftsanspruch des Hauses Habsburg von einem Ende der Welt bis zum anderen symbolisieren, öffnet sich der Blick auf eine gewaltige Garten- und Schloßanlage, die das Versailles des Sonnenkönigs in den Schatten gestellt hätte, wäre dieser Plan ausgeführt worden. Doch auch in den bescheideneren Ausmaßen, in denen Schönbrunn dann Wirklichkeit wurde, gehört die barocke Kaiserresidenz zu den großen europäischen Schloßanlagen, die den Vergleich mit Versailles nicht zu scheuen brauchen.

und zwar über die Zeit des höfischen Absolutismus hinaus – die Hochzeitsfeierlichkeiten Josephs II. mit Isabella von Parma 1760 und 1765 in zweiter Ehe mit der Wittelsbacherin Maria Josepha; die Fremdherrschaft Napoleons, der 1805/06 und 1809 hier sein Hauptquartier aufschlug; 1814/15 die Feste des Wiener Kongresses, in denen die alteuropäische Adelswelt ihren Sieg über den Usurpator feierte; schließlich 1918 die Abdankung des letzten Habsburgerkaisers Karls I. und damit das Ende der Donaumonarchie.

Wien, das bereits im 16. und 17. Jahrhundert den Adel der Erbländer angezogen hatte, wurde im 18. Jahrhundert zur Metropole der europäischen Aristokratie. Freiherren, Grafen und Fürsten aus den habsburgischen Territorien Österreich, Böhmen, Ungarn, Italien und den Niederlanden strömten dort zusammen; selbst Angehörige der ausländischen Hocharistokratie fühlten sich angezogen, wie Prinz Eugen von Savoyen, dessen Ruhm und Glanz diese Adelsgesellschaft eine ganze Generation lang überstrahlte.

Neben den Habsburgern waren es diese Adligen, die durch ihre Stadtpalais, Lustschlösser, Kunstsammlungen und Hofkapellen das barocke Wien zur Metropole des Geschmacks und des Kunstsinns machten. Für sie baute Johann Lukas Hildebrandt, der schließlich ein Adelsprädikat errang, die Stadtpalais der Liechtensteins, Kinskys und Schwarzenbergs sowie das Lustschloß Belvedere für den Prinzen Eugen von Savoyen: ein Schloß, ausgestattet mit Fresken von Martino Altomonte (1657-1745) und imperialen Plastiken von Balthasar Permoser (1651-1732) – darunter die Apotheose des Türkenbezwingers – und umgeben von einem königlichen Barockpark mit großangelegten Wasserspielen von Dominique Girard († 1738) und Anton Zinner († 1763). Zur gleichen Zeit bauten die Fischers für die Schwarzenbergs, Trautsons, Auerspergs und Lobkowitz' sowie, ebenfalls für den Savoyardenprinzen, das Stadtpalais. Außer den bildenden Künsten pflegte diese Adelsgesellschaft vor allem die Musik. Unter den zahlreichen Hofkapellen war die des ungarischen Magnaten Nikolaus von Eszterházy bald die berühmteste. Sie wurde

In den Garten- und Stadtpalais des Wiener Hofadels entfaltete sich das prachtvolle höfische Leben des Vielvölkerstaates – in das Stadtpalais des Prinzen Eugen hält am 9. Juli 1711 eine türkische Delegation festlichen Einzug.

Das zwischen 1764 und 1766 vollendete Schloß der Magnatenfamilie der Fürsten Eszterházy gilt als das größte und prächtigste Schloß in Ungarn und wird oft als »ungarisches Versailles« bezeichnet. In die Blütezeit des höfischen Lebens fällt die annähernd dreißigjährige Tätigkeit Joseph Haydns als »Vice Capel Meister«.

zwischen 1761 und 1790 von Joseph Haydn geleitet, der für sie die meisten seiner Quartette, Sonaten und Symphonien komponierte, dazu achtzehn Opern für das Marionettentheater des Fürsten.

Im Hoch- und Spätbarock wurde das vollendet, was sich bereits im konfessionellen Zeitalter durch die weite Öffnung für spanische und italienische Religiosität und Kultur angebahnt hatte: Die Entwicklung einer eigenen, eigenartigen österreichischen Kultur, die sich nach Norden abschirmte, vor allem gegenüber den protestantischen Kulturkreisen. Kritiker, die die Vertreibung protestantischer Intellektueller und den damit verbundenen Verlust ihrer sprachlichen Gestaltungskraft vor Augen haben, sehen in diesem Zusammenhang eine »Verschiebung des Schwergewichtes der deutschen Kulturentwicklung von Süd nach Nord«. Denn zur deutschen Klassik habe das habsburgische Österreich nichts beigetragen und erst spät, nämlich im 19. Jahrhundert, habe es »das übrige Deutschland auf dem Gebiet der Dichtkunst eingeholt«.[103]

Allein, das ist ein einseitiges auf das Wort und die Sprachkunst fixiertes Urteil. Was Österreich an dichterischen Talenten eingebüßt haben mag, das wurde ihm auf anderen Gebieten der Kunst reich zurückgegeben. Im 17. und 18. Jahrhundert strömten immer neue »romanische Kulturwellen« in den Donauraum – zunächst aus Spanien, dann vor allem aus Italien, das »seine Prinzessinnen, seine Edelleute und Kriegsmänner, seine Dichter, Künstler und Musiker«[104] an den Hof der Habsburger und die zahlreichen Adelshöfe ihrer Paladine schickte. Aus der Verbindung dieser südeuropäischen, romanisch-katholischen Kultur mit eigenen, bodenständigen Traditionen der Donauländer wurde die österreichisch-habsburgische Barockkultur geboren, die weit über das Zeitalter des höfischen Absolutismus hinaus das geistige und künstlerische Leben im Südosten des Reiches bestimmte. Und als später dann das Reich und auch der Deutsche Bund untergingen, war es nicht zuletzt diese eigenständige Kultur, die den Weg zu einer neuen politischen Existenz wies.

VI.
»Das Mirakel«
Brandenburg – von des Reiches Streusandbüchse zum preußischen Militär- und Verwaltungsstaat

1. Preußen – das Ergebnis von Geographie und Herrscherwillen

In einem Brief an seinen Bruder Prinz Heinrich von Preußen prägte Friedrich der Große das bis heute vielzitierte Wort vom »Mirakel des Hauses Brandenburg«. Er meinte damit die Errettung seiner Dynastie und seines Staates aus einer verzweifelten Lage, in die sie – nicht ohne eigene Schuld – während des Siebenjährigen Krieges geraten waren. Der Historiker, der heute dem »Mirakel des Hauses Brandenburg« nachspürt, um die Rolle Preußens in der deutschen Geschichte zu beschreiben, wird sich nicht mit den Haupt- und Staatsaktionen des Siebenjährigen oder der vielen anderen Kriege zufriedengeben, die Preußen geführt hat. Auch die Mächtekonstellationen in Deutschland und Europa, so wichtig sie waren, werden dieses Mirakel nicht hinreichend erklären. Zu fragen ist nach den längerfristigen Voraussetzungen und den bewegenden Kräften, die den Aufstieg Preußens ermöglichten. Die dynastischen und ereignisgeschichtlichen Vorgänge behalten bleibendes Interesse, indem sie in die übergreifenden staats- und gesellschaftsgeschichtlichen Zusammenhänge eingefügt werden. Aus dem Mirakel des Hauses Brandenburg wird so das Mirakel des Staates und der gesellschaftlichen Konfiguration Brandenburg, die wir Preußen nennen.[1]

Der Große Kurfürst mit seiner ersten Frau Luise Henriette von Nassau-Oranien und seiner Mutter Elisabeth Charlotte von der Pfalz, Gemälde von Matthias Czwiczek – der Hof trug sich »holländisch«, sichtbarer Ausdruck der Niederlandbegeisterung des Großen Kurfürsten

Am Anfang des brandenburgischen Aufstiegs stand der Große Kurfürst; durch eine mit Augenmaß betriebene Militär- und Außenpolitik und insbesondere durch seine Versuche, das »Entwicklungsland« Brandenburg durch eine an der niederländischen Vorreitergesellschaft orientierte Modernisierung der Verkehrswege, der Wirtschaft und zum Teil auch der Gesellschaft voranzubringen, schuf er grundlegende Voraussetzungen für seine Nachfolger, und – was noch wichtiger ist – er setzte Maßstäbe, nach denen diese sich zu richten hatten.

Dieses Preußen war – wenn man zunächst die allgemeinen Voraussetzungen nimmt – das Ergebnis von Geographie und Willen seiner Herrscher. Die Geburt des Habsburgerstaates war in der Spannung zwischen Reichs- und Erblandpolitik erfolgt, zwischen Habsburgs Traum vom Reichsstaat und der Realität des Partikularstaates. In Preußen waren es die Zwänge der geographischen Lage, die eine Reihe hervorragender Hohenzollernfürsten den modernen Einheits- und Machtstaat aufbauen ließen. Denn aus der teils ererbten, teils erfochtenen Ansammlung von Ländern und Herrschaftstiteln quer über den Norden Mitteleuropas ließ sich nur auf diesem Weg eine politische Kraft formen, die im deutschen und europäischen Mächtekonzert mehr Gehör finden würde als etwa Braunschweig oder Mecklenburg.

Die Mark Brandenburg, seit dem Mittelalter Stammland und stets die eigentliche Rechtsbasis für Hohenzollerns Stellung im Reich, war ein Kurfürstentum unter acht, Anfang des 18. Jahrhunderts neun anderen, noch dazu fernab von den politischen und ökonomischen Kernlanden gelegen; bis in die Frühneuzeit hinein wurde die Mark abschätzig Reichsstreusandbüchse genannt. Die entscheidenden Impulse für das Großmachtstreben ergaben sich aus den territorialen Gewinnen der Hohenzollern im Osten und Westen: Kleve, Mark und Ravensberg wurden aus dem Jülicher Erbe erworben – 1614 im Vertrag von Xanten vorläufig, 1666 dann endgültig. Kurz darauf, nämlich 1618, kam aus einem anderen Erbfall das Herzogtum Preußen hinzu, das der polnischen Krone lehnspflichtig war und außerhalb des Reiches lag.

Das war vor Beginn des Dreißigjährigen Krieges; als er zu Ende ging, erhielt Brandenburg im Westfälischen Frieden Hinterpommern und die säkularisierten Fürstbistümer Kammin, Halberstadt,

Minden und Magdeburg, letzteres als Anwartschaft, die sich 1680 realisierte. Auch dieser Zugewinn beruhte zum großen Teil auf dem dynastischen Erbrecht: Im Grimnitzer Vertrag von 1529 hatte ein früherer Hohenzoller, Kurfürst Joachim I., auf die alte, inzwischen überlebte Lehnshoheit über Pommern verzichtet, dafür aber das Recht eingehandelt, das pommersche Herzoghaus zu beerben, wenn dieses einmal im Mannesstamm aussterben sollte. Als dieser Fall dann 1637 mitten im Dreißigjährigen Krieg eintrat, waren die Schweden Herren im Land, und der Grimnitzer Vertrag ließ sich nicht durchsetzen. Nach zähen Verhandlungen erhielt Brandenburg dann 1648 den ökonomisch und verkehrstechnisch weit weniger bedeutenden hinterpommerschen Teil und als Kompensation für den Verzicht auf Vorpommern die Gebiete an der Elbe und im Westen des Reiches.

Durch diese geographische Besitzverteilung war Brandenburg mit und ohne Willen auf tausenderlei Art in das innerdeutsche wie europäische Mächtespiel involviert. Dennoch war es nicht vorgezeichnet, daß Friedrich Wilhelm, der Große Kurfürst (1640-1688), das neue Armierungs- und Bündnisrecht der Reichsstände sogleich effektiv und virtuos einzusetzen wußte, um im Innern seine Souveränität wie ein »Rocher von Bronce«, eine Redewendung seines Enkels, »zu stabiliren«, sich gebietsmäßig zu arrondieren und sogar bereits eine respektable Rolle im europäischen Mächtespiel zu erringen. Er war ein Meister der Allianzdiplomatie, der durch geschickt kalkulierten Bündniswechsel – von den Polen zu den Schweden oder Rußland;

von den Franzosen zu Habsburg oder umgekehrt – die Interessen seines für eine Großmachtpolitik noch zu schwachen Staates förderte. So nutzte er bereits im Nordischen Krieg von 1655 bis 1660 das Ringen zwischen Schweden und Polen, um sich nacheinander von beiden Seiten die Souveränität im Herzogtum Preußen zusichern zu lassen und damit die politisch einengende Lehnshoheit der polnischen Krone zu beenden. Als erster der deutschen Fürsten konnte er sich auf ein schlagkräftiges stehendes Heer stützen, und als er 1675 bei Fehrbellin die schwedische Großmacht schlug, war der borussische Waffenruhm geboren.[2]

Nicht weniger prägend für das neuzeitliche Preußentum waren die friedlichen Taten, die Anstrengungen zum inneren Ausbau und zur Verbesserung der Wirtschaftskraft, die Friedrich Wilhelm I. auch im heutigen Sinne groß erscheinen lassen. Sein rastloser Wille, seinen abgelegenen und verödeten Landstrichen den Anschluß an die im Westen, in den Niederlanden, aufgebrochene ökonomische und soziale Entwicklung zu eröffnen, verschaffte Preußen eine Zukunft, auch wenn die konkreten Projekte nur bescheiden oder gar nicht reüssierten. Denn damit war eine geistige und politische Disposition, eine Mentalität entstanden, die für die folgenden Hohenzollernherrscher und das frühneuzeitliche Preußen bestimmend blieb: ein stets geschärftes Interesse an ökonomischen und technischen Innovationen und der Wille, sie durch Ansiedlung ausländischer Fachkräfte und eine großzügige Fremdenpolitik zu fördern. Auf die Holländer folgten Hugenotten und Salzburger, später – unter anderen Bedingungen – Polen; neben calvinistische und täuferische Minderheiten traten landesherrlich geschützte Judengemeinden. Innovation und Migration, das war der übliche frühneuzeitliche Entwicklungsmechanismus. Für Brandenburg-Preußen war er besonders wichtig, weil diese rückständigen Territorien fernab von der Dynamik des Atlantiksaumes mehr als andere aufzuholen hatten. Eine liberale Fremdenpolitik, die die Hohenzollern nur zu oft gegen die Widerstände ihrer Untertanen zu erzwingen hatten, gehörte daher zum Kern der borussischen Staatsräson.

Der Große Kurfürst war der erste in einer Reihe bedeutender Hohenzollernfürsten, von denen jeder auf seine Art die Staatsbildung förderte – ein Glück personeller Kontinuität vom Vater auf den Sohn, die dem aufstrebenden Staat die stets gefährlichen Vormundschaf-

König Friedrich I. in Preußen und sein Gefolge in Königsberg, 1701

Kurfürst Friedrich III. gelingt die im Jahrhundert der Höfe und Allianzen so wichtige Rangerhöhung: Die Hohenzollern werden Könige in Preußen. Unter seiner Regierung entfaltet sich erstmals in Brandenburg der Glanz eines großen Hofes. Bereits die Krönungsfeierlichkeiten am 18. Januar 1701 in Königsberg geraten zum großen höfischen Fest mit einer Prunk- und Prachtentfaltung von französischem Ausmaß.

ten ersparte oder gar den dynastischen Bruch, der alles wieder in Frage stellen konnte. Auf Friedrich Wilhelm folgte Kurfürst Friedrich III. (1688-1713), der sich im Jahre 1701 in Königsberg als Friedrich I. zum König krönte und damit im rechten Moment seiner Dynastie und seinem Staat die Standeserhöhung verschaffte, die Voraussetzung war für eine ins Gewicht fallende Rolle auf der europäischen Staatenbühne

Gegründet war dieses Königtum auf die neue Souveränität der Hohenzollern im Herzogtum Preußen, bald Ostpreußen genannt. Da dies ein jenseits des Reiches liegender Rechtstitel war, konnte die heikle Frage, ob sich innerhalb Deutschlands ein zweites souveränes Königtum neben dem deutschen König und Kaiser begründen ließ, elegant umgangen werden. Im Einverständnis mit Kaiser Leopold nannte sich der Hohenzoller Friedrich I., König *in* Preußen, was streng genommen bedeutete, daß er im Reich nur Kurfürst, nicht aber König war. Erst sein Enkel Friedrich II. ließ alle Rücksicht fallen: Im Anschluß an die Erste Polnische Teilung von 1772, die dem ehemaligen Vasallen weite Gebiete seines vormaligen Lehnsherrn einbrachte und damit die längst vollzogene Umkehr der Machtverhältnisse ins grelle Licht rückte, änderte Friedrich seinen Titel - nicht mehr König *in*, sondern König *von* Preußen wollte er sein.

Zwischen dem ersten und zweiten Friedrich hatte Friedrich Wilhelm I. (1713-1740) regiert, der fromme, bürgerlich sparsam wirtschaftende Soldatenkönig, der die preußische Armee zu einem Instrument der Machtpolitik gemacht hatte, mit dem ein entschlossener Herrscher Europa herausfordern konnte. Seinen Staatshaushalt hatte Friedrich Wilhelm aus Prinzip ohne Schulden geführt, während England, die Niederlande, Frankreich und Österreich in steigendem Maße Staatskredite in Anspruch nahmen. 1722/23 hatte Friedrich Wilhelm I. dann jene berühmte Verwaltungsreform durchgeführt, die Österreich zwei Jahrzehnte später als Vorbild diente, weil sie aus einer in Personalunion vereinten Zahl von Ländern einen Gesamtstaat gemacht hatte.

Als der Sohn des Soldatenkönigs den Thron bestieg, schien es zunächst, als sollte eine ganz neue Ära anbrechen.[3] Die ersten Entscheidungen, die Friedrich II. (1740-1786) sogleich nach seinem Regierungsantritt am 31. Mai 1740 traf, stießen das Tor weit auf zu einem anderen Preußen. An die Stelle des Macht- und Militärstaates schien der Vernunftstaat des aufgeklärten Absolutismus zu treten: Der junge Monarch schaffte die Folter ab, setzte humanere Formen von Strafen ein, lockerte die Zensur und warf im Kirchenregiment das Ruder herum zu einer noch toleranteren Haltung den Dissidenten und Minderheiten gegenüber. Auch die Wirtschaftspolitik stellte er sogleich auf eine neue, rationale Basis; um die Teuerung zu bekämpfen und das tägliche Brot der breiten Untertanenschichten sicherzustellen, öffnete er die staatlichen Getreidemagazine. Aus dem In- und Ausland rief er die führenden Philosophen und Naturwissenschaftler der neuen Zeit nach Berlin, um ihre Einsichten seinem Staat nützlich zu machen.

Allein, es sollte sich rasch zeigen, daß der Roi philosophe, wie man den Hohenzoller vor allem in Frankreich bewundernd nannte, auch in der Lage war, mit den machtpolitischen Pfunden seiner Vorfahren zu wuchern - in atemberaubender Weise. Er trug die Krone gerade

Friedrich Wilhelm I., Selbstbildnis aus dem Jahre 1737

Der sparsame Sohn des ersten und einzigen barock-verschwenderischen Preußenkönigs verzichtete auf den Glanz des Hofes. Als guter Wirtschafter sorgte er für einen ausgeglichenen Staatshaushalt, ja es gelang ihm sogar, einen ansehnlichen Staatsschatz anzusammeln. Und vor allem war er ein fleißiger Bürokrat - bei der alltäglichen Aktenarbeit schützte er den Königsrock mit Ärmelschonern.

»Friedrich der Große und die denkwürdigsten Augenblicke seines Lebens«, Bilderbogen aus dem 19. Jahrhundert, Stahlstich wahrscheinlich nach der Lithographie von Zinck, um 1840

So sehr er Freund der Philosophen und der schönen Künste war, ins Gedächtnis seiner Untertanen und in das preußisch-deutsche Geschichtsbewußtsein ging Friedrich der Große ein als der König der Entsagung, der Pflichterfüllung und der großen militärischen Taten.

ein halbes Jahr, da setzte er alles aufs Spiel, wagte den Waffengang mit der alten Kaisermacht und kehrte als Sieger heim nach Berlin – ein junger Heros des Ruhms und des Erfolgs. In tollkühnem Entschluß, fast als Vabanquespiel war ein Gutteil des macht- und einflußpolitischen Vorrangs Österreichs wettgemacht, der die brandenburgisch-preußischen Interessen im Reich immer wieder eingeengt hatte. Der Sprung in den Kreis der europäischen Großmächte war gewagt – die Mühe, sich dort zu behaupten, ließ aus dem jugendhaften Sieger der Schlesischen Kriege innerhalb eines einzigen Dezenniums jenen Alten Fritz werden, wie er die borussischen Bilder- und Historienbögen bis ins 20. Jahrhundert hinein beherrschen sollte.

Aber auch den Beinamen »der Große« hatte er erworben, und der blieb über die Konjunkturen von Preußenverehrung und Preußenverdammung hinweg in der Geschichtswissenschaft erhalten, wenn auch nie unwidersprochen. Innerhalb eines Jahrhunderts war er bereits der zweite Hohenzoller, dem eine solche Auszeichnung widerfuhr. Sicher, die borussischen Hofhistoriographen haben daran kräftig mitgewirkt. Doch auch die anderen frühneuzeitlichen Dynastien hatten ihre Hofhistoriographen, die die Geschichte propagandistisch zu nutzen wußten. Zudem kann interessengeleitete Sprachregelung allein das Urteil der Historie nie auf Dauer festlegen. Das sollte anderthalb Jahrhunderte später Kaiser Wilhelm II. (1888-1918) erfahren, als er seinen Großvater Wilhelm I. (1871-1888) zum Ruhme des Hauses Hohenzollern und zur Legitimation seiner eigenen imperialistischen Ziele partout auf den Sockel historischer Größe heben wollte.

So ist an dem Unterschied letztlich nichts zu deuteln – während zwei Hohenzollernherrscher wegen ihrer persönlichen Leistung beim Aufbau der neuzeitlichen Welt den Ehrentitel »der Große« tragen, hat Habsburg, die altehrwürdige Kaiserdynastie, in den Augen der Welt Gleiches nicht zu erringen vermocht. Das lag nicht an einem Mangel an Herrscherpersönlichkeiten; ein Leopold I. hält dem Vergleich mit dem Großen Kurfürsten durchaus stand, und auch die Gegenüberstellung von Friedrich dem Großen und Maria Theresia will so eindeutig zugunsten des Hohenzollern nicht ausfallen. Aber die alte Kaiserdynastie überstrahlte noch stets alle übrigen Fürstenhäuser an Glanz und Reputation – da fiel zwangsläufig auf den einzelnen Habsburger weniger Licht als dort, wo Dynastie und Staat aus dem Nichts aufstiegen. Und auch die Aufgabe, an der die Habsburger gemessen wurden, war komplizierter als die der Hohenzollern: Nicht nur als Landesfürsten in ihrem Partikularstaat hatten sie sich zu bewähren, sondern zugleich in einem Reich, das seinen Kaisern zu großen politischen Taten keinen Raum mehr ließ.

Nach Quadratkilometern und Menschen gerechnet, blieben die Hohenzollern bis ins 18. Jahrhundert hinein die armen Vettern der Habsburger. Nach den glücklichen Erbanfällen des frühen 17. Jahrhunderts waren ihre Territorien insgesamt rund 80 000 Quadratkilometer groß; weitere Zugewinne, die vor allem der Große Kurfürst auf dem westfälischen Friedenskongreß erreichte, ließen sie bis zum Regierungsantritt König Friedrich Wilhelms I. im Jahre 1713 auf gut 112 000 Quadratkilometer anwachsen. Unter dem Soldatenkönig, der jene schlagkräftige Armee aufbaute, diesen teuren Staatsschatz jedoch keinem Eroberungskrieg aussetzen wollte, kamen nur 6 000

KATT'S HINRICHTUNG.
SCHLACHT BEI MOLLWITZ.
SCHLACHT BEI SOOR.
UEBERGABE DES LAGERS BEI PIRNA.
SCHWERIN'S TOD.
SCHLACHT BEI KOLLIN.
SCHLACHT BEI ROSSBACH.
SCHLACHT BEI LEUTHEN.
SCHLACHT BEI KUNERSDORF.
SCHLACHT BEI TORGAU.
ZIETEN SITZEND VOR SEINEM KOENIGE.
FRIEDRICH'S II TOD.
Zeichnung v. L. Eltzholz.
In Stahl gestochen von Rosmäsler und retouchirt von Lehmann.
Friedrich der Grosse
und die denkwürdigsten Augenblicke seines Lebens.
VERLAG DER OTTO'SCHEN BUCH- UND KUNSTHANDLUNG IN BURG.

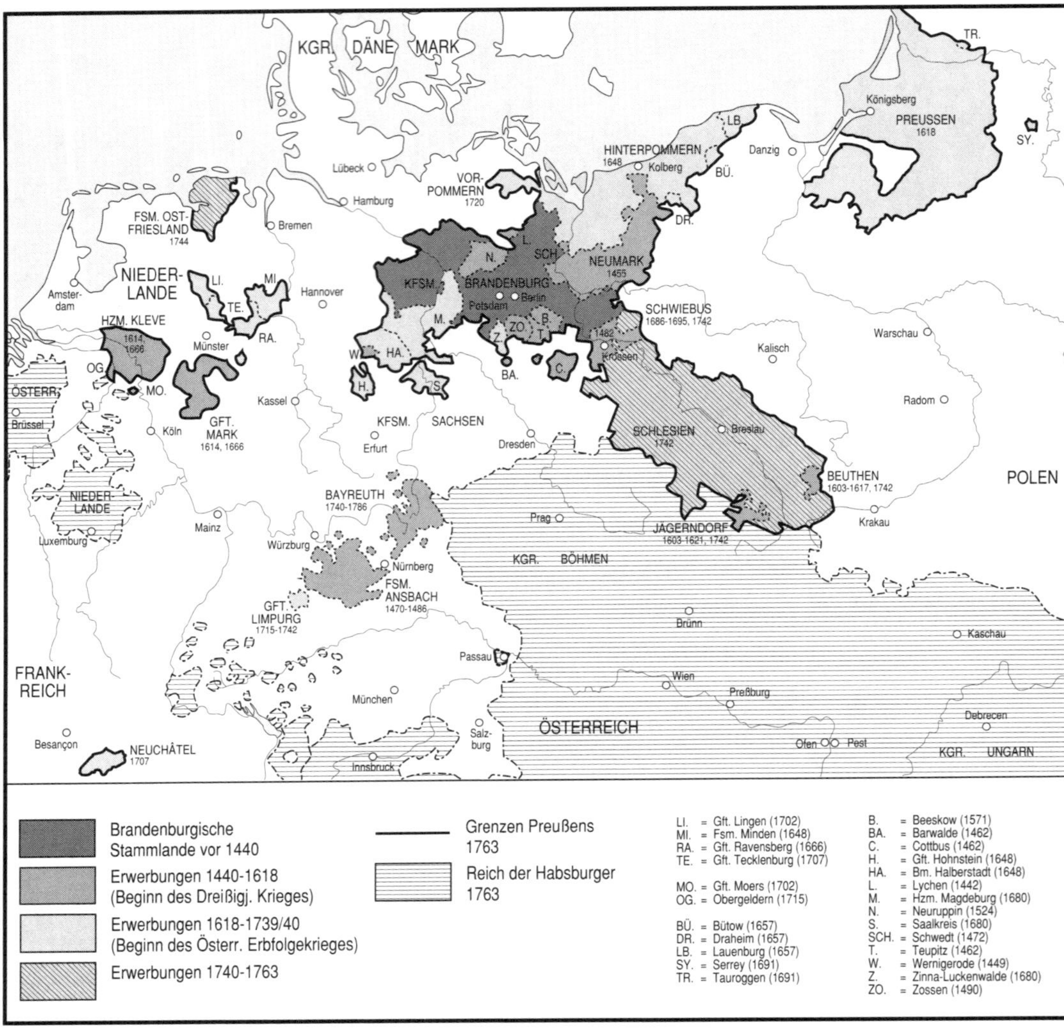

Die brandenburgisch-preußischen Territorien – die Verteilung ihrer über die Jahrhunderte versammelten Territorien vom Niederrhein im Westen bis zur Memel im Osten zwang die Hohenzollern zum politischen und militärischen Engagement in den deutschen und europäischen Auseinandersetzungen.

Quadratkilometer hinzu, die allerdings ältere Besitzungen glücklich arrondierten: so im Westen das 1713 im Frieden von Utrecht erworbene Oberquartier Geldern mit rund 1 000 Quadratkilometern und das 1720 durch den Nordischen Krieg von Schweden gewonnene, gut 5 000 Quadratkilometer große Vorpommern, das die große, mittlere Ländergruppe nach Norden um die Gebiete westlich der Odermündung abrundete.

Unter Friedrich II. erfolgte dann ein großer Sprung, von knapp 120 000 Quadratkilometern im Jahre 1740 auf 195 000 Quadratkilometer ein knappes halbes Jahrhundert später. Bei Licht besehen war das meiste durch Eroberungskriege oder Raub hinzugewonnen: Gleich zu Beginn brachte der Schlesische Krieg Nieder- und Oberschlesien bis an die Oppa, knapp nördlich von Troppau, heute Opava, mit gut 37 000 Quadratkilometern. Am Ende stand der skrupellose Raub polnischen Bodens an der Seite Österreichs und Rußlands, den man beschönigend Erste Polnische Teilung nennt. Er brachte dem Hohenzollernstaat insgesamt mehr als 35 000 Quadratkilometer, und zwar Westpreußen (noch ohne Danzig und Thorn), das Ermland sowie den sogenannten Netzedistrikt, also die nördlichen Landstriche der Woiwodschaften Posen, Gnesen und Inowrazlaw. Durch friedlichen Erbfall kam weniger hinzu: 1744 die Grafschaft Ostfriesland mit knapp 3 000 Quadratkilometern.[4]

Die Bevölkerung der hohenzollerischen Territorien stieg von 900 000 Menschen am Vorabend des Dreißigjährigen Krieges über rund 1,5 Millionen im Jahr 1688 auf 2,4 Millionen beim Regierungsantritt König Friedrichs II. im Jahr 1740. Was die Zahlen vor und nach dem Großen Krieg anbelangt, so war die Steigerung von 900 000 auf 1,5 Millionen natürlich eine Folge der Gebietsgewinne von 1648. Das Wachstum nach 1688 spiegelt aber bereits den Erfolg der vom Großen Kurfürsten systematisch betriebenen *Peuplierungspolitik* - durch Aufnahme von Glaubensflüchtlingen und planvolle innere Kolonisierung.[5]

Friedrich der Große im Oderbruch, zeitgenössisches Gemälde von Johann Chr. Frisch

So unterschiedlich die Hohenzollernherrscher im 17. und 18. Jahrhundert auch waren, eins war allen gemeinsam: Sie betätigten sich als Kolonisatoren, die Ausländer in ihr Land riefen und wüste oder feuchte Landstriche urbar machten.

Diese Erfolge können jedoch nicht darüber hinwegtäuschen, daß Brandenburg-Preußen 1740 von seinen Bevölkerungsressourcen her gesehen ganz und gar nicht wie ein Staat erscheinen mag, dem der Eintritt in den Kreis der europäischen Großmächte gelingen könnte. Das änderte sich erst im weiteren Verlauf des 18. Jahrhunderts.

Präludiert durch den Gewinn des bevölkerungsreichen Schlesien, der die Einwohnerzahl mit einem Schlag von 2,4 auf mindestens 3,2, nach anderen Berechnungen sogar auf fast 3,5 Millionen anhob,[6] erlebte Preußen seit Mitte des 18. Jahrhunderts eine demographische Expansion, die es auch der Einwohnerzahl nach zu einer Großmacht werden ließ: Von 1748 bis zum Ende der Regierungszeit Friedrichs II. stieg die Zahl von 3,5 auf 5,7 Millionen und bis zum Beginn des neuen Jahrhunderts auf 6,2 Millionen.[7]

Das war bei weitem nicht nur eine Folge der beschriebenen Gebietsgewinne; vielmehr schlug hier die »demographische Revolution« im Übergang zur Moderne zu Buche, die im Hohenzollernstaat besonders nachhaltig wirkte: Zwischen 1740 und 1805 schnellte die Bevölkerungszahl Brandenburg-Preußens im Besitzstand von 1740 um mehr als das Doppelte, im Besitzstand von 1748 immerhin noch um 80 Prozent empor. Das war ein Wachstum rasanter noch als in Frankreich und England, den Führungsmächten auf dem Weg in die Moderne, wo die Einwohnerzahl im gleichen Zeitraum um 50 Prozent beziehungsweise 65 Prozent anwuchs, nämlich von 20 auf fast 30 Millionen und von sechs auf knapp zehn Millionen.[8]

Ein überdurchschnittliches Bevölkerungswachstum verzeichneten Schlesien mit 1,4 Prozent, die Neumark mit 1,5 Prozent und insbesondere Westpreußen mit dem Netzebezirk mit 2,1 Prozent pro Jahr. Neben einem Teil der alten Stammlande waren es somit vor allem die von Friedrich II. Österreich und Polen entrissenen Provinzen im östlichen Mitteleuropa, die der Großmacht Preußen die notwendigen Bevölkerungsressourcen zur Verfügung stellten. Demgegenüber war das Wachstum in der Kurmark, der Urzelle des preußischen Staates, mit einem Prozent bescheiden. In den westlichen Provinzen blieb es sogar weit hinter dem Durchschnitt des Gesamtstaates zurück: in Ostfriesland lag es bei 0,8 Prozent, in Kleve-Mark-Moers und Geldern gar bei nur 0,4 Prozent.[9] – Die Demographie rückt es ins grelle Licht: Preußen, wie es im 19. Jahrhundert die deutsche und europäische Geschichte prägte und beunruhigte, wurde geboren durch das Ausgreifen Friedrichs II. nach Südosten und Osten, nach Schlesien und Polen.

Im Vergleich zu Österreich, um nur den zu ziehen, weil eine Gegenüberstellung zu England, Frankreich oder Rußland fast absurd erschiene, war Preußen, allein nach der Größe geurteilt, auch im 18. Jahrhundert noch fast ein Zwerg. 1740 besaß es an Fläche gerade ein Sechstel des Habsburgerstaates, nämlich 120 000 Quadratkilometer gegenüber 730 000 Quadratkilometern, und an Menschen etwa ein Drittel, nämlich 2,4 Millionen gegenüber weit mehr als sechs Millionen.[10] Das Mirakel Brandenburg, nämlich der Aufstieg dieses vergleichsweise kleinen und geographisch zerrissenen Staatsgebildes zu einem starken Einheitsstaat, der als deutsche Vor- und europäische Großmacht geachtet und gefürchtet wurde, dieser Aufstieg scheint das neuzeitliche Gesetz der Quantität, wonach das Gewicht eines Staates allein von der Zahl seiner Menschen und der Ausdehnung seiner Fläche abhängt, aufzuheben.[11]

Was hat dieses Mirakel ermöglicht, das Europa staunen machte? Natürlich waren da die unbestreitbar bedeutenden Herrscher aus dem Hause Hohenzollern. Aber so hoch man ihre Leistung auch veranschlagen mag, sie allein konnten den europäischen Dingen keine Wendung geben. Für Preußen nicht anders als für Österreich war am Ende entscheidend, daß unter den deutschen Staaten sie allein in der Lage waren, die Kardinaltendenzen der absolutistisch-zentralistischen Einheits- und Großmachtbildung ganz zu nutzen. Die konkrete Durchsetzung hing von den unterschiedlichen historischen Traditionen und den aktuellen Machtkonstellationen im Innern der beiden Staaten ab. Die bewegenden Kräfte der brandenburgisch-preußischen Entwicklung waren:

1. der spezifische Verlauf der protestantischen Konfessionalisierung, wobei die ganz unterschiedliche Leistung von Luthertum und Calvinismus ins Spiel kommt;

2. die geistige Erneuerung und die Bildungsoffensive im Zeichen des quer zu den alten Konfessionsfronten aufbrechenden Pietismus, aber auch durch überkonfessionelle Impulse von seiten des sich säkularisierenden Staates;

3. das besondere Verhältnis zwischen Krongewalt und Adel, was spiegelbildlich die Frage nach den Landständen sowie nach den Untertanen in Stadt und Land einschließt;

4. die Bürokratisierung und die eng damit verbundene Wirtschaftsoffensive des preußischen Staates;

5. natürlich das Militärwesen, denn Preußen wäre nicht Preußen geworden, wenn nicht die Armee als mächtiges Schwungrad die Staatsbildung vorangetrieben und ihr den Stempel aufgedrückt hätte.

2. Calvinismus und Staatstoleranz – Preußens religionssoziologisches Profil

Wenn die Monopolisierung von Kirche und Religion eine entscheidende erste Stufe zur Herausbildung einer absolutistischen Staatsmacht war, so müssen auch in Brandenburg-Preußen die kirchengeschichtlichen und religionssoziologischen Zusammenhänge eine wichtige Rolle gespielt haben. Otto Hintze (1861-1940), der zu den Gründungsvätern der modernen Verfassungs- und Sozialgeschichte zählt, stellte 1931 in einem programmatischen Aufsatz geradezu eine direkte Verbindung zwischen Calvinismus und brandenburg-preußischer Machtstaatspolitik her. Durch den Weihnachten 1613 vollzogenen Übertritt vom Luthertum zum Calvinismus hätten die Hohenzollern – so Hintze wörtlich – den geistigen Anschluß an eine Religionspartei gewonnen, »die in der freien Luft einer großen Politik atmete; in diesem Lager leuchteten Namen wie der Colignys und Wilhelms von Oranien; hier war ein freierer Weltblick; hier gab es große politische Entwürfe, die in der dumpfen Enge des kleinstaatlichen Luthertums nimmermehr gediehen wären«.[12]

War das in der Tat der Schlüssel zum Verständnis der preußischen Mentalität? War der Calvinismus, dem man in Westeuropa – zumal in Holland und England sowie in Nordamerika – nachrühmt, er habe dort entscheidend den Weg in die Demokratie und die liberale Wirtschaftsgesellschaft geebnet,[13] in Brandenburg ein Motor des autokratisch-bürokratischen Absolutismus oder gar des von Macht und Größe berauschten Militarismus? Handelte es sich somit bei dem, was am 25. Dezember 1613 im Berliner Dom geschah, um eine »im wahrsten Sinne des Wortes preußische Weihnachtsgeschichte«?[14]

Das Jahrhundert der Reformation war in Brandenburg wenig aufregend verlaufen, schon weil die Hohenzollern traditionell kaiserfreundlich waren und daher ihr Land nur zögernd und bedächtig der neuen Lehre öffneten. Kurfürst Joachim I. (1499-1535), ein humanistisch gebildeter Herr, der zeitlebens der alten Kirche treu blieb, verschaffte 1521 in Worms dem kaiserlichen Edikt, das außerhalb des bereits in Auflösung begriffenen Reichstages Luther zum Ketzer und Aufrührer erklärte, die nötige reichsständische Rezeption, indem er es einfach im Namen aller annahm. Erst sein Nachfolger Joachim II. öffnete sich 1539/40 vorsichtig der neuen Lehre, indem er Luthers Katechismus einführte und das Kirchengut säkularisierte, wobei er sich beeilte, in Verhandlungen mit Kaiser Karl V. die Neuerung reichspolitisch abzusichern.

Wie in anderen protestantischen Territorien kam auch in Brandenburg das – hier allerdings vergleichsweise schwach ausgebildete[15] – evangelische Kirchenregiment der Krongewalt durchaus zustatten. Ein aus Theologen und Juristen zusammengesetztes Konsistorium verbesserte die administrativ-bürokratische Durchdringung des Landes. Es begann die intensive sittlich-moralische Erziehung der Untertanenschaft im Sinne der neuen religiösen und politischen Werte. Das Kirchengut, das in den agrarischen Zonen Ostelbiens naturgemäß vorwiegend Landbesitz war, wurde meist direkt vom Staat übernommen, so daß sich die fürstlichen Domänen erheblich vermehrten – und damit die regulären Einkünfte, die in Zeiten unkalkulierbarer Steuerbewilligungen durch die Stände doppelt zählten. Auf den Landtagen wurde das Regieren für den Fürsten und seine Beamtenschaft leichter, weil mit der Reformation die Prälatenkurie fortgefallen war, und damit der bislang einflußreichste Landstand.

Aber mit diesen Entwicklungen bahnte sich auch ein neuer Konflikt an. Der Adel, der nun der erste Stand war und auch ökonomisch profitiert hatte, während die kurmärkischen Städte in eine Krise gerieten, gewann neues Selbstbewußtsein. Neben der evangelischen Pastorenschaft war der märkische Adel, der auf seinen Gütern das Patronat über die Ortskirche ausübte, bald diejenige Bevölkerungsgruppe, die sich am stärksten mit dem Luthertum identifizierte. Doch auch die Untertanen in Stadt und Land nahmen die neue Lehre rasch als die ihre an: Die lutherische Reformation hatte die kurbrandenburgische Identität gefestigt. Auch das war nichts besonderes in Deutschland. Was Brandenburg von anderen protestantischen Territorien, etwa Sachsen, unterschied, war die Tatsache, daß der Fürst im Vergleich zum Adel von der ersten, der lutherischen Reformation relativ wenig profitiert hatte.[16]

Genau an diesem Punkt setzte im 17. Jahrhundert die Entwicklung an, die den Hohenzollernstaat auf konfessions- und kirchengeschichtliche Wege leiten sollte, die im Reich einmalig waren. Auf ihnen erschloß er sich in ganz spezifischer, und zwar moderner Weise die religiöse Dynamik, die auch in den anderen deutschen Territorien die frühmoderne Staatsbildung vorantrieb.

Es waren drei Kardinalereignisse, die diese im besonderen Sinne preußische Kopplung von Religion und Politik herbeiführten: der Konfessionswechsel des Herrscherhauses vom Luthertum zum Calvinismus; die gut fünfzig Jahre später erfolgte Aufnahme der aus Frankreich vertriebenen *Hugenotten*, denen weitere Glaubensflüchtlinge folgten, etwa die Salzburger Protestanten; schließlich die Öffnung des Hofes und der Staatsgesellschaft gegenüber dem *Pietismus*, wofür nicht zuletzt die Gründung der Universität Halle im Jahre 1694 die Weichen stellte.

In all diesen Fällen waren es nicht so sehr die an sich bereits bedeutenden unmittelbaren Folgen, die die besondere Entwicklung auslösten. Entscheidend waren vielmehr die Rückwirkungen auf die preußische Staatsräson oder – weitergefaßt – die prägenden Einflüsse auf die geistige Existenz, die man später »Preußentum« nannte, oder – noch konkreter gesagt – auf die Mentalität, mit der die Herrscher- und Staatselite seit dem 17. Jahrhundert die hohenzollerischen Territorien regierte und zu einem einheitlichen Militär- und Verwaltungsstaat zusammenschweißte.

Am Anfang stand der Konfessionswechsel: Weihnachten 1613 entfaltete sich im Berliner Dom ein frühbarockes protestantisches Staatszeremoniell. Zusammen mit der kurfürstlichen Familie, dem Hofstaat und geladenen Mitgliedern der brandenburgisch-preußischen Staatselite zog Kurfürst Johann Sigismund (1608-1619) in feierlicher Prozession in die Kirche ein, um dort – wie es das Einladungsschreiben versprochen hatte – »ohne päpstliche Zusätze, nach Form und Weise, wie es bei der Apostel Zeit und in den reformiert evangelischen Kirchen bräuchlich ist«,[17] das Abendmahl zu feiern.

Der brandenburgische Kurfürst Johann Sigismund (1608-1619), der Weihnachten 1613 zum Calvinismus übertrat

Johannes Bergius (1587-1658), Stich von Otto

Nachdem die Hohenzollern Anfang des 17. Jahrhunderts mit dem Versuch gescheitert waren, ihr Land geschlossen dem Calvinismus zuzuführen, regierten sie als calvinistische Dynastie eine ganz überwiegend lutherische Untertanenschaft. Es gehörte somit zu ihrer Staatsräson, das theologische Verständnis zwischen den beiden protestantischen Konfessionen wo immer möglich zu fördern. Ihr führender theologischer Kopf war der reformierte Hofprediger Johann Bergius, der eine irenistische, das heißt auf friedliches Zusammenleben ausgerichtete Theologie vertrat und die ersten drei calvinistischen Kurfürsten entsprechend beriet.

Statt – wie bei Lutheranern nicht anders als bei Katholiken üblich – stehend die Oblate zu empfangen, nahm die an einem Tisch sitzende illustre Abendmahlsgemeinde ordinäres Brot zu sich, das die beiden calvinistischen Hofprediger Finck und Füssel zuvor feierlich gebrochen hatten, darin dem Buchstaben der Einsetzungsworte folgend: »Nahm das Brot, dankte, brach es und gab es den Jüngern.«

Der Kurfürst hatte einen Schritt gewagt, »der ihn konfessionell von dem größten Teil seiner Untertanen trennte; und zwar hatte er ihn getan aus innerster Überzeugung, ohne auf die Warnungen seiner Geheimen Räte zu hören.[18] Und dieser Schritt war eine öffentliche, allen verständliche Demonstration, gedacht als Signal für eine neue Kirchenpolitik am Hof und im Zentrum des Regierungsapparates. Denn seitdem Luther und Zwingli 1529 in Marburg ohne Einigung auseinandergegangen waren, weil der eine auf der realen Gegenwart Christi bestand, während der andere nur eine symbolische Gemeinschaft anerkannte,[19] wußten Gebildete und Politiker, daß die protestantische Welt über dem Abendmahl tief gespalten war. Und da seit Mitte des 16. Jahrhunderts der Abendmahlsstreit auf allen Kanzeln und Märkten ausgetragen wurde, wußte das inzwischen auch das einfache Kirchenvolk. In Norddeutschland war der polemische Wind soeben wieder aufgefrischt zu einem heftigen Streit- und Flugschriftenaustausch zwischen den Vätern der calvinistischen Abendmahlstradition in Bremen und Emden und den lutherischen Theologen Mitteldeutschlands.

So spektakulär die Berliner Vorgänge auch waren, singulär waren sie nicht. Im Gegenteil: Sie bildeten den Schlußpunkt einer konfessionellen Bewegung, die man »Zweite Reformation« nennt. Begonnen hatte sie 1561 in der Kurpfalz, und zwar gleichfalls mit dem Brotbrechen bei einem fürstlichen Abendmahl. Es folgten in rascher Reihenfolge weitere Territorien und Städte in Nord-, West- und Mitteldeutschland.[20]

Einen Aufbruch in die »große Politik«, wie ihn Otto Hintze im historischen Rückblick sieht, brachte dieser Konfessionswechsel für Brandenburg zunächst ebensowenig wie für das Gros der anderen calvinistischen Territorien im Reich. Nur die Kurpfalz betrieb im Zeichen des Calvinismus eine das Reich und Europa überspannende Außenpolitik, scheiterte damit aber 1620 in der Schlacht am Weißen Berg kläglich.[21] Die Pfälzer Katastrophe lastete jahrzehntelang bleischwer auf den calvinistischen Ländern, auch auf Brandenburg, das eine Generation lang zu ausgreifenden diplomatischen und machtpolitischen Aktivitäten nicht mehr in der Lage war. Der brandenburgische Kurfürst war an die Seite des Kaisers zurückgezwungen und damit reichspolitisch ebenso handlungsunfähig wie das lutherische Kursachsen. Ja, die brandenburgischen Kernlande wurden geradezu zum Spielball fremder Mächte, während der Kurfürst Georg Wilhelm (1619-1640) fernab in Königsberg den Windschatten der »großen Politik« suchte. Tilly und Wallenstein, die Dänen und Schweden, sie alle konnten die Mark ungehindert als Aufmarschzone nutzen. Anstelle des reformierten Kurfürsten, der sich nach den Regeln der religionssoziologischen Lehrbücher in calvinistischer Pflicht und Energie hätte bewähren müssen, regierte in Berlin der katholische, habsburgisch gesinnte Graf Adam zu Schwarzenberg.

Nicht weniger entmutigend waren die unmittelbaren Folgen der

»preußischen Weihnachtsgeschichte« im Innern: Die Berliner waren über den veränderten Ritus und die »Reinigung« ihres Domes von Bildern empört. Sie wollten nicht einsehen, daß Luther sie gelehrt habe, Götzen zu verehren. »Bilder seint der leien ihre bibel«, hielten sie dem Domprediger entgegen.[22] Es kam zu Aufruhr und Gewalt. Als ein Mitglied des Hofes beschwichtigen wollte, begannen nach Darstellung der landesherrlichen Partei »die burger und lumpengesindlein zu schreien: Du schwerzer Calvinischer..., du hast uns die bilder sturmen und die crucifix zerhawen lassen; wir wollen dich und deine calvinische pfaffen widerumb sturmen«.[23] Die lutherischen Untertanen erzählten sich, dem Kurfürsten sei der Gürtel geplatzt, als er am Weihnachtstag statt der Oblate das gebrochene Brot habe schlucken wollen; schließlich habe ein großer Hund sich den Brokken geschnappt.[24]

Georg Calixt (1586-1656), Stich von Christian Romstedt

Auf lutherischer Seite vertrat der Helmstedter Theologieprofessor Georg Calixt eine ähnliche Verständigungstheologie, auf die sich die brandenburgischen Kirchenpolitiker daher gerne beriefen. Um den Widerstand der orthodoxen Theologen des Herzogtums Preußen zu brechen, bat der Große Kurfürst Calixt 1645 zu einem Religionsgespräch.

Johann Sigismunds politische Berater hatten recht behalten – der öffentliche Konfessionswechsel war innen- wie außenpolitisch zu einer Belastung geworden. Eine wahre Flut lutherischer Polemik ergoß sich über die Mark Brandenburg und ihren Landesherrn. Es war nicht daran zu denken, auch das Territorium und die Untertanen dem Calvinismus zuzuführen, wie das in den anderen Fällen konfessioneller Neuorientierung ganz selbstverständlich geschehen oder doch versucht worden war. In diesem Sinne fand in Brandenburg-Preußen keine Zweite Reformation statt. Um das Schlimmste zu verhindern, sah sich der Kurfürst sogar gezwungen, der lutherischen Kirche den ungeschmälerten Bestand zu garantieren. Damit war erstmals in einem größeren deutschen Territorium das Cuius-regio-eius-religio-Prinzip außer Kraft gesetzt, das die Fürsten dereinst als größtes Unterpfand ihrer Macht in den Augsburger Religionsfrieden hineingeschrieben hatten. Vergleichbares war zuvor nur dem armen Grafen von Ostfriesland abgetrotzt worden, dessen Landesherrschaft notorisch schwach war, weil ein Spielball in der Hand der Stände und der niederländischen Generalstaaten.[25]

Und doch ist es nicht falsch, den Calvinismus der Hohenzollern und der ihnen ergebenen Hof- und Regierungsbeamtenschaft in eine direkte Verbindung zum Aufstieg Preußens erst zur deutschen und dann zur europäischen Vormacht zu bringen. Denn was damals im zweiten und dritten Jahrzehnt des 17. Jahrhunderts Niederlage und Schwächung der Fürstengewalt bedeutete, war am Ende der Herausbildung absolutistischer Herrschaftsformen förderlich. Vor allem sollte es sich bald als günstige Voraussetzung für eine kirchenrechtliche und kulturelle Modernisierung herausstellen, die Preußen im Reich letzten Endes zum Vorreiter der aufgeklärt-säkularen Gesellschaft machte.

Der konfessionelle Gegensatz zwischen dem calvinistischen Herrscherhaus und dem lutherischen Adel, der ja die eindeutig führende Kraft unter den brandenburgisch-preußischen Landständen war, bot der Krongewalt die Chance, vergleichsweise früh eine von den Landständen unabhängige Kultur- und Politikelite aufzubauen, die ganz und gar auf den Herrscher und den Fürstenstaat eingeschworen war: Da war zunächst die Hofpredigerschaft. »Mit der Institution des Hofpredigeramtes«, so Rudolf von Thadden, der Historiograph dieser sozialen Gruppe, »war nämlich ein Instrument gegeben, das von der ständisch-lutherischen Opposition nicht ausgeschaltet werden konnte, war es doch unanfechtbar, daß ein Herrscherhaus über Hofprediger der eigenen Konfession verfügte. Auch das calvinismusfeindlichste lutherische Konsistorium konnte dem Kurfürsten schlechterdings nicht das Recht absprechen, Gottesdienste nach seinem eigenen reformierten Glaubensbekenntnis zu haben.« Indem die Nachfolger Johann Sigismunds, insbesondere der Große Kurfürst, »überall dort neue Hofpredigerstellen einrichteten, wo Mitglieder der kurfürstlichen Familien einen Sitz hatten, erreichten sie es schließlich, daß an allen wichtigen Orten des größer gewordenen Hohenzollernstaates Hofprediger amtierten und Kristallisationspunkt reformierter Gemeindebildungen wurden«.[26]

Dieses von Kleve im Westen über den Berliner Hof als Schaltstelle und die mittleren Stammlande bis nach Königsberg im Osten gespannte Netz, das von den lutherischen, ständisch-partikular geprägten Landeskirchen der einzelnen Territorien unabhängig war, bot den Hohenzollern eine kaum zu überschätzende personelle und »ideologisch«-kulturelle Stütze für die Bildung des Einheitsstaates. Damit war der Nachteil gegenüber anderen protestantischen Territorien wettgemacht, der darin bestand, daß in Brandenburg das fürstliche Kirchenregiment am schwächsten von allen landesherrlichen Hoheitsrechten ausgebildet war.[27] Die Hohenzollern haben dieses Defizit unterlaufen, indem sie den lutherischen Landeskirchen eine calvinistische Sonderkirche entgegensetzten, die zur Kirche des Hohenzollernstaates wurde. Von der Dynastie und den Berliner Regierungsinstitutionen protegiert, war sie in gewisser Weise der erste Agent des Einheitsstaates.

In den calvinistischen Gemeinden am Niederrhein nicht anders als in Berlin und Ostpreußen gaben Kaufleute, Unternehmer, Financiers und das gebildete Bürgertum den Ton an. Über Nacht gab es eine städtisch-bürgerliche Gegenkirche zur ländlich-agrarischen »Junker- und Pastorenkirche«.[28] Die Calvinisten blieben zwar stets eine kleine Minderheit; aber sie haben wie keine andere Gruppe das Profil Preußens bestimmt, vor allem, was die mentalitätsgeschichtlichen Folgen anbelangt.

Auch im Adel, in der hohen Beamtenschaft und im Offizierskorps gab es seit Anfang des 17. Jahrhunderts einen kleinen, aber aktiven Kreis von Calvinisten. Diese Einzelgänger hatten die traditionellen Bande zum altständischen Partikularismus gekappt und arbeiteten an der Seite der Hohenzollern energisch an den administrativen und machtpolitischen Voraussetzungen für Preußens Aufstieg zu europäischer Großmachtstellung. Otto Heinrich von Bylandt, Herr von Rheydt und Prembt († 1608), knüpfte sehr früh schon von den niederrheinischen Territorien her die Verbindungen zur calvinistischen Handelsrepublik in den Niederlanden. In Ostpreußen waren es die Dohnas, die bereits im späten 16. Jahrhundert im Zusammenhang mit politischen und militärischen Diensten im Westen, in Holland und in der Pfalz zum Calvinismus übertraten und danach über Jahrhunderte hin den Hohenzollern und ihrem Staat als Ratgeber und hohe Staatsdiener verbunden blieben. Wichtig war auch Otto von Schwerin (1616-1679), der aus einer pommerschen Adelsfamilie kam und von 1658 bis 1669 als Oberpräsident des Geheimen Rates an der Spitze der brandenburgischen Regierung stand und ab 1662 für die Erziehung des Thronfolgers verantwortlich war. Obgleich er insgesamt für eine maßvolle Innen- und Außenpolitik eintrat, baute er die kirchlichen und personellen Bastionen des Calvinismus zielstrebig aus, vor allem in Ostpreußen.[29]

Demgegenüber gingen die lutherischen Stände immer mehr auf Distanz zu einer Dynastie, die die geistige und politische Erneuerung des Staates unter das Vorzeichen eines calvinistischen »Reformwerks« gestellt hatte. So beschritten die Hohenzollern den Weg zur Ausbildung der modernen Staatlichkeit bewußt mit reformierten Räten. Der Große Kurfürst empfahl seinem Nachfolger: »Solche Subiecta von der Revormirten Religion, ... So da qualificirt undt geschickt, ... zu denen bedinungen [d. h. Bedienungen im Sinne von Diensten, H. Sch.] undt officien, zu hoffe undt im Lande ... undt den Lutterischen furziehet.« Sollten solche in Brandenburg selbst nicht zu finden sein, sollte er sie »auß der frembde« annehmen.[30] Seine eigene Regierung hatte diese Maxime bereits konsequent in die Tat umgesetzt, indem für die Reformierten mehr Beamtenstellen offengehalten wurden als Bewerber vorhanden waren, was bei jungen calvinistischen Adligen die Bereitschaft, sich für den Staatsdienst zu qualifizieren, förderte und manchen Lutheraner zur Konversion stimulierte.[31]

Diese Entwicklung mußte auf die Dauer dazu führen, daß in Regierung und Verwaltung des Hohenzollernstaates »Züge calvinistischer Rationalität Prägekraft gewannen«. Je mehr die Reformierten sich von der lutherischen Kirchen- und Ständewelt zurückgewiesen sahen, »um so mehr wurden sie in den Aktionsbereich des Staates hineingezogen und schließlich von ihm absorbiert. Dort fanden sie den Ansatz zur rationalen Gestaltung der Welt, wie sie ihrem Verständnis von der Ordnung der Dinge entsprach«.[32]

Wie die calvinistische Staatselite, so richtete auch die Dynastie ihren Blick nach Westen, nach Holland. Nicht nur die Eheverbindung mit den calvinistischen Oraniern gab Impulse für das politische, kulturelle und ökonomische Leben Brandenburg-Preußens; auch von den Überseeinteressen gingen ja kräftige kommerzielle, aber auch wissenschaftliche Einflüsse aus.[33] All dies waren indirekte Folgen der »preußischen Weihnachtsgeschichte« von 1613.

Vielleicht noch wichtiger für die Modernisierung Preußens waren die Entwicklungen im Verhältnis von Staat und Kirche, Religion und Gesellschaft, und damit im innersten Kern der alteuropäischen Gesellschaft. Je länger er bestand, desto deutlicher ergab sich aus dem Unterschied zwischen der Konfession der Untertanen und der des Herrscherhauses ein *Zwang zur Toleranz* und zur rational-säkularen Gestaltung des Staates als einer überkonfessionellen Institution, die sich gleichwohl oder gerade deshalb sittliche und moralische Kräfte der Religion anzueignen vermochte.

Das war in der Tat »Zwang« zur Toleranz und nicht »Einsicht«. Die vielgerühmte Toleranz des preußischen Staates, die in Deutschland lange Zeit ihresgleichen suchte, war ja nicht aus einem Willen geboren, verschiedenen Kirchen gleiche Rechte zu gewähren oder gar moderne Gewissensfreiheit für die Untertanen einzuführen; sie war politische Notwendigkeit, in die sich die ersten calvinistischen Hohenzollern schicken mußten. Noch der Große Kurfürst suchte, wo er nur konnte, seinem Glauben Vorteile zu verschaffen, und legte sei-

Otto Freiherr von Schwerin, ein führender Vertreter der calvinistischen Staatselite Brandenburg-Preußens, die aufgrund ihrer calvinistischen Minderheitenkonfession auf die calvinistische Dynastie eingeschworen war und mit ihr engagiert den Aufbau des preußischen Staates vorantrieb.

Votivtafel in der katholischen Kirche von Kevelaer im Rheinland, die daran erinnert, daß König Friedrich Wilhelm I. »in einzigartiger Verehrung der gesegneten Jungfrau Maria« am 14. Juli 1714 dem Gnadenbild eine Kerze geweiht hat.

Die Hohenzollernherrscher dehnten ihre duldsame Religionspolitik schließlich auch auf die Katholiken aus, die insbesondere in den westlichen Territorien stark vertreten waren.

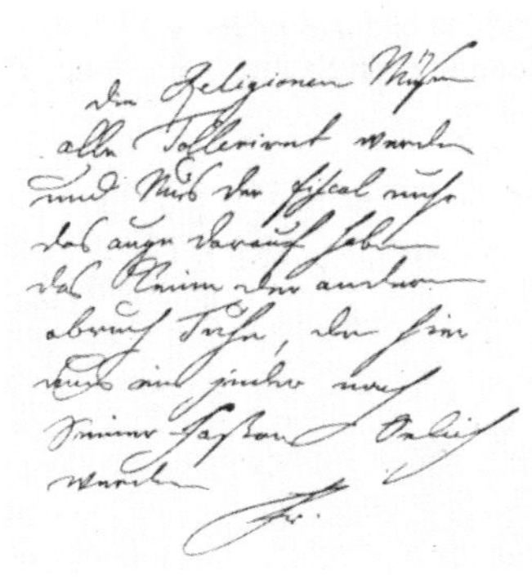

Faksimile der eigenhändigen Marginalie Friedrichs II., in der er am 22. Juni 1740 den Generalfiskal Uhden zu strengem Vorgehen gegen konfessionalistischen Zwang anweist, denn, so der König, »hier mus ein jeder nach seiner faßon selich werden, Fr.«.

Für Friedrich den Großen war die Toleranz nicht nur eine Frage der Staatsräson; sie entsprach der inneren Überzeugung des religiös wenig interessierten Philosophenkönigs.

nem Nachfolger ans Herz, dasselbe zu tun, damit »das wahre wortt Gottes . . . moge vortgepflantzet werden, doch . . . nicht mitt zwangsmittelen, oder entziehung der Lutterischen Kirchen, undt abgang deren Rentten oder inkunften . . . sonderen auß Eweren eigenen mittelen«.[34]

Friedrich Wilhelm schlug jedoch bereits den Weg ein, der aus der Not, den ungebrochenen Widerstand der Stände akzeptieren zu müssen, eine Tugend machte: Toleranz und Koexistenz der christlichen Kirchen wurden zum Vorzeichen, unter dem sich die politische, gesellschaftliche und geistige Erneuerung Brandenburg-Preußens vollzog. Nicht konfessioneller Absolutismus wie in Wien war in Berlin das Ergebnis, sondern eine multikonfessionelle Untertanengesellschaft, kontrolliert und gesteuert von einer Staatsgewalt, die nicht weniger als die habsburgische in Österreich absolute Kirchen- und Kulturhoheit beanspruchte, dies aber nicht mehr mit der Stellung eines »tutor religionis« einer *bestimmten* Konfession begründete, sondern im modernen Sinne aus der Gebietshoheit ableitete.

Dieser »Territorialismus«, wie die Juristen das staatskirchenrechtliche System des Absolutismus nennen,[35] führte dazu, daß die nicht mehr konfessionell gebundene Staatsgewalt sich fortan nicht nur für die Belange der einen, »ihrer« Landeskirche zuständig fühlte, sondern für alle Kirchen, die es auf ihrem Staatsgebiet gab. Mit fortschreitender Entkonfessionalisierung wurden im weiteren Verlauf des 18. Jahrhunderts auch die außerhalb der Großkonfessionen stehenden christlichen sowie die nichtchristlichen, vor allem jüdischen Religionsgemeinschaften zunehmend in die Kulturhoheit des Staates einbezogen. Der entkonfessionalisierte, absolutistische Staat behandelte sie alle als formal gleiche »Vereine« zur Förderung des religiösen Lebens seiner Untertanen.

Bereits zum Ende des 17. Jahrhunderts war der Konfessionsstaat der älteren Frühneuzeit in Brandenburg-Preußen überwunden; aber in gleichem Maß hatte der Staatseinfluß auf die Kirchen zugenommen. Nicht anders als der katholische Absolutismus in Österreich förderte auch der hohenzollerische Territorialismus in Preußen den entschiedenen Zugriff des Staates auf die »res mixtae« – auf die weltlich-religiösen »Mischdinge«, die traditionell von den Kirchen verwaltet worden waren –, auf Ehe und Familie, Armen-, Alten- und Krankenfürsorge, Schule, Universität und Kultus im weitesten Sinne. Die preußische Toleranzpolitik war dem Absolutismus nicht weniger verpflichtet als der österreichische Konfessionalismus. Aber sie war moderner. Anders als in Holland und England waren Toleranz und Glaubensfreiheit in Brandenburg-Preußen staatlich verordnet, nicht gesellschaftlich gewachsen. Mentalitätsgeschichtlich ist das ein entscheidender Unterschied. Die großartige Maxime des Aufklärer-Königs von Sanssouci, in meinem Staat kann »ein jeder nach seiner Fasson selig werden«,[36] war ein Prinzip der Staatsräson, nicht Grundstein für eine offene, liberale Gesellschaft.

3. »Ein Licht für die Welt« – Berlin und Halle als Zentren geistiger Erneuerung

»Berolinum lumen orbi« – »Berlin, ein Licht für die Welt«[37] –, dieses Anagramm aus dem Jahre 1698 beleuchtet eine erstaunliche Entwicklung: Innerhalb einer knappen Generation wurde in den Jahrzehnten um die Wende des 17. Jahrhunderts aus der märkischen Residenzstadt, wo Künstler und Literaten eher Fremdlinge waren, ein Zentrum des europäischen Geistes, auf das sich so manche Hoffnung des gebildeten Deutschland richtete. Und damit nicht genug – zur gleichen Zeit ging im eben erst, nämlich 1680 beim Anfall des Erzbistums Magdeburg, brandenburgisch gewordenen Halle eine Reformuniversität daran, die Wissenschaften auf einen neuen Stand zu bringen, dessen Vorbildlichkeit bald reichsweit anerkannt wurde.

Auch dieses Aufblühen der Künste, von Literatur und Wissenschaft gehört zu den Nachwirkungen jener »preußischen Weihnachtsgeschichte« des Jahres 1613 und der von ihr geformten preußi-

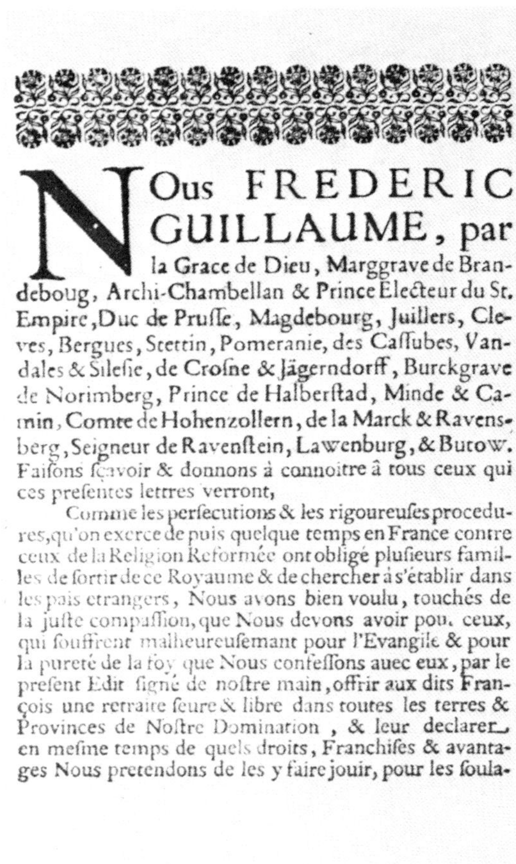
NOus FREDERIC GUILLAUME, par la Grace de Dieu, Marggrave de Brandebourg, Archi-Chambellan & Prince Electeur du St. Empire, Duc de Prusse, Magdebourg, Juillers, Cleves, Bergues, Stettin, Pomeranie, des Cassubes, Vandales & Silesie, de Crosne & Jägerndorff, Burckgrave de Norimberg, Prince de Halberstad, Minde & Camin, Comte de Hohenzollern, de la Marck & Ravensberg, Seigneur de Ravenstein, Lawenburg, & Butow. Faisons sçavoir & donnons à connoitre à tous ceux qui ces presentes lettres verront,

Comme les persecutions & les rigoureuses procedures, qu'on exerce depuis quelque temps en France contre ceux de la Religion Reformée ont obligé plusieurs familles de sortir de ce Royaume & de chercher à s'établir dans les pais etrangers, Nous avons bien voulu, touchés de la juste compassion, que Nous devons avoir pour ceux, qui souffrent malheureusemant pour l'Evangile & pour la pureté de la foy que Nous confessons auec eux, par le present Edit signé de nostre main, offrir aux dits François une retraite seure & libre dans toutes les terres & Provinces de Nostre Domination, & leur declarer en mesme temps de quels droits, Franchises & avantages Nous pretendons de les y faire jouir, pour les soula-

Edikt von Potsdam, erste Seite des Drucks von 1685

Nachdem Ludwig XIV. mit dem Edikt von Fontainebleau am 18. Oktober 1685 das Edikt von Nantes aufgehoben hatte, erließ der Große Kurfürst bereits am 8. November desselben Jahres das Edikt von Potsdam, mit dem er die in Frankreich bedrängten Glaubensgenossen nach Brandenburg-Preußen einlud – ein Akt der Konfessionssolidarität und der Staatsklugheit zugleich.

schen Mentalität. Denn das neue Berlin und der akademische Aufbruch in Halle waren nicht denkbar ohne die Hugenotten und ohne den Pietismus; und die besondere Art, wie diese beiden Kräfte in Brandenburg-Preußen zur Wirkung kamen, war wiederum nur möglich, weil die vorangegangenen Dezennien calvinistischer Geschichte hierzu den Weg bereitet hatten.

Jene *15 000 Hugenotten*, die der Einladung des Potsdamer Edikts Folge leisteten, mit der 1685 der Große Kurfürst binnen kurzem auf den Widerruf des Edikts von Nantes durch Ludwig XIV. reagiert hatte, kamen, was ihren Glauben betraf, nicht ganz und gar in die Fremde. Der einheimische Minderheitencalvinismus bot ihnen bei der Einbürgerung wichtige Hilfe, vor allem in Berlin, wohin gut 5 000 Flüchtlinge zogen. In der Anfang des 18. Jahrhunderts errichteten »Französischen Kirche auf der Friedrichstadt« entstand ein bald weit über die Hauptstadt hinaus bekanntes Hugenottenzentrum – von den Berlinern wegen der schlichten Form »Scheune« genannt, bis sie Friedrich II. in den achtziger Jahren zum kuppelüberwölbten Französischen Dom ausbauen ließ, der zusammen mit dem gegenüberliegenden Deutschen Dom den neugestalteten Gendarmenmarkt beherrschte.

... Kein Neid ward wach,
Nicht Eifersucht; man öffnete das Tor uns
Und hieß als Glaubensbrüder uns willkommen,

schrieb Theodor Fontane, selbst Nachfahre von Hugenotten, im »Prolog zur Feier anläßlich des zweihundertjährigen Bestehens der französischen Kolonie«.[38] Wenn das wenigstens einen Teil der wirklichen Erfahrungen seiner hugenottischen Stammeltern trifft, so sind die innerbrandenburgischen Traditionen eindeutig benannt, die es den französischen Handwerkern und Manufakturisten, Kaufleuten, Finanziers, Beamten, Künstlern und Gelehrten erleichterten, in den ihnen so fremden Landstrichen zwischen Elbe und Memel Fuß zu fassen und für die Aufnahme reichen Dank abzustatten. Durch ihre das Land modernisierenden Leistungen waren sie entscheidend am Aufstieg Preußens beteiligt.[39]

Die Französische Kirche auf der Friedrichstadt – ein nüchtern rationales Bet- und Predigthaus für die calvinistischen Hugenotten

Der Dynamisierungsschub, den die Flüchtlinge aus Frankreich auslösten, betraf Peuplierung, Wirtschaft und Politik des Hohenzollernstaates; aber auch sein geistiges Profil nahm andere Züge an. Schon 1689 wurde in Berlin das Französische Gymnasium gegründet – ein direkter Ableger der protestantischen »Académie« von Sedan, die Ludwig XIV. geschlossen hatte. Generationen von Schülern, Franzosen wie Deutsche, erhielten in dem 1701 unweit der Französischen Kirche auf dem Friedrichswerder errichteten Schulgebäude eine exzellente Ausbildung in Rhetorik und Dialektik, Philosophie und Mathematik, in alten und neuen Sprachen, kurz in allem, was sie als Grundlage für ihren späteren Berufsweg als Mediziner und Juristen, Unternehmer und Offiziere, Beamte und Gelehrte benötigten. Und da die Lehrer des Gymnasiums gehalten waren, sich durch Bücher und Vorträge auch direkt an das gebildete Publikum der Hauptstadt zu wenden, wurde das »Collège Royal«, wie man das Gymnasium gerne nannte, für Preußen zur Pflanzstätte französischer Gelehrsamkeit und französischer Kultur.

Der Philosoph Etienne Chauvin, einer der bekanntesten Professoren in der Frühzeit des Collèges, gab das »Nouveau Journal des Sça-

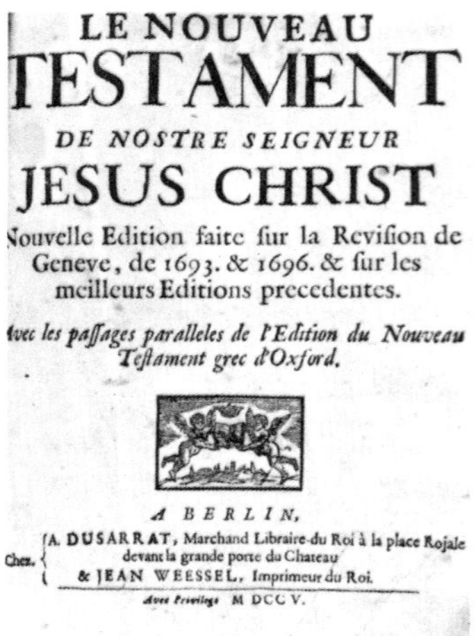
LE NOUVEAU
TESTAMENT
DE NOSTRE SEIGNEUR
JESUS CHRIST
Nouvelle Edition faite sur la Revision de Geneve, de 1693. & 1696. & sur les meilleurs Editions precedentes.
Avec les passages paralleles de l'Edition du Nouveau Testament grec d'Oxford.

A BERLIN,
Chez A. DUSARRAT, Marchand Libraire du Roi à la place Rojale devant la grande porte du Chateau & JEAN WEESSEL, Imprimeur du Roi.
Avec Privilege M DCC V.

Im geistigen Profil der märkischen Residenzstadt prägen sich markant französische Züge ein – Titelblatt einer französischsprachigen Bibel, gedruckt bei A. Dusarrat und Jean Weessel, Königliche Drucker und Buchhändler am Berliner Königsplatz vor dem großen Tor des Stadtschlosses

vants« heraus, um die geistige Welt Berlins rasch mit den literarischen und wissenschaftlichen Neuerscheinungen in Paris vertraut zu machen. In der »Bibliothèque Germanique« publizierten die führenden Köpfe der Berliner Refugiantengemeinde bedeutende Abhandlungen über naturwissenschaftliche, juristische, theologische oder philosophische Fragen. Die Hugenotten sorgten umgekehrt aber auch dafür, daß deutsche Autoren außerhalb des Reiches bekannt wurden: So fand das neue Naturrecht des seit 1688 in Berlin wirkenden Staatsrechtlers und brandenburgischen Hofhistoriographen Samuel Pufendorf in Europa über die kleinen gelehrten Zirkel hinaus erst Verbreitung, als der Berliner Hugenottenprediger Jean Barbeyrac 1706 eine französische Übersetzung des lateinischen Originals vorlegte.[40]

In Preußen hatte die Epoche geistig-kultureller Hinwendung nach Frankreich begonnen, die erst ihren Abschluß fand, als die Heere der Revolution in Deutschland einfielen. Das 17. Jahrhundert unter holländischem, das 18. unter französischem Einfluß – das frühe Preußen war alles andere als eine von der Entwicklung in Westeuropa abgeschlossene Macht in ostelbischer Isolation.

Kaum denkbar ohne die französische Kolonie und das von ihr bestimmte neue geistige Klima in Berlin sind auch jene beiden mutigen Gründungen, durch die Brandenburg mit einem Schlag im Reich an die Spitze barock-aufgeklärter Förderung von Kultur und Wissenschaften zu treten gedachte: die von Andreas Schlüter, dem ersten

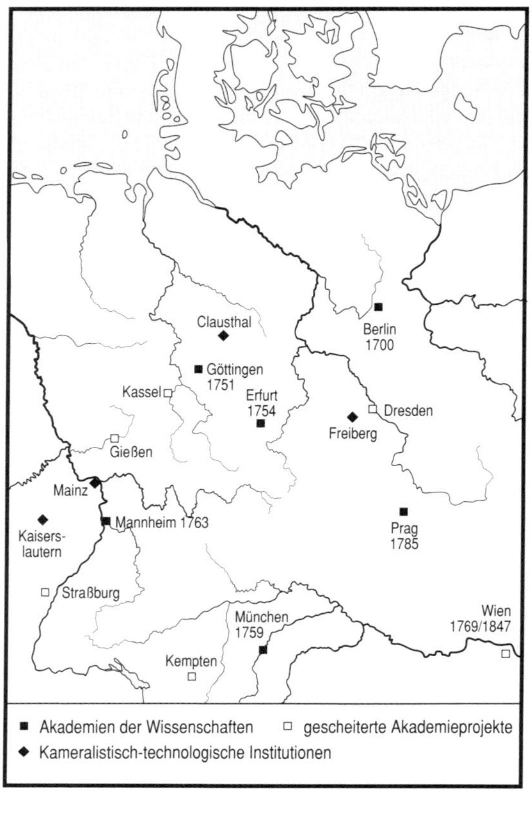

Akademien der Wissenschaften und vergleichbare kameralistisch-technologische Institutionen in Mitteleuropa vor 1789

Die wiedergegründete Akademie der Wissenschaften, deren erste Sitzung am 23. Januar 1744 stattfand, tagte zunächst im Berliner Stadtschloß, später ließ Friedrich durch den Architekten Boumann Unter den Linden/Letzte Straße (die spätere Dorotheenstraße) ein großzügiges Akademiegebäude errichten, das neben der Akademie auch eine Sternwarte, eine Manufaktur, einen medizinischen Hörsaal und die Stallungen des Regiments Gens d'Armes beherbergte.

brandenburgischen Hofbildhauer und -architekten von europäischem Zuschnitt, angeregte Gründung einer Akademie der Künste 1696 und die 1700 nach Plänen von Gottfried Wilhelm Leibniz (1646 bis 1716) und der Kurfürstin Sophie Charlotte gestiftete »Societät der Wissenschaften«, die allerdings erst 1711 als Akademie der Wissenschaften tatsächlich ins Leben trat. Dennoch war sie die erste der modernen Gelehrtengesellschaften auf dem Boden des Reiches, sieht man von der 1652 auf anderer Rechtsgrundlage entstandenen privaten Academia Naturae Curiosorum in der Reichsstadt Schweinfurt einmal ab. Nördlich der Alpen war Paris vorangeschritten, wo bereits 1635 die Académie Française gegründet worden war. In Deutschland folgten nach Berlin 1751 Göttingen und 1759 München, während im Habsburgerstaat erst 1769 eine private Wissenschaftsgesellschaft ihre Arbeit aufnahm, in Wien sogar erst 1847.

Daß der große Philosoph und Polyhistor Leibniz, der zuvor bereits an anderen Höfen, unter anderem in Wien, für seinen Akademieplan geworben hatte, in Berlin Erfolg hatte, war abgesehen von der aufgeschlossenen Fürstin und ihrem reputationsbegierigen Gemahl in erster Linie das Verdienst der Hugenotten. Die Franzosen stellten nicht weniger als ein Drittel der Gründungsmitglieder, und selbstverständlich verhandelte und korrespondierte die Akademie in französischer Sprache. Leibniz selbst ist ein beeindruckendes Beispiel für die Durchdringung deutschen und französischen Geistes:[41] Er hatte ein halbes Dezennium in Paris (1672-1676) gelebt, schrieb seine Werke entweder in Latein oder Französisch, und seine Lehre von der prästabilierten Harmonie zwischen dem Ganzen und seinen Einzelelementen sowie von der Vernunftgemäßheit der Schöpfungswelt brachte jenes neuzeitliche Weltbild zur Vollendung, das der Franzose René Descartes (1596-1650) in der sogenannten Cartesianischen Wende von mittelalterlich-gebundener zu modern-autonomer Wissenschaft begründet hatte. Diese optimistische Weltsicht stieß in Deutschland wie in Frankreich das Tor auf für den Fortschrittsglauben der Aufklärung.

In Brandenburg sollte es aber noch eine ganze Generation dauern, bis dieser neue Geist seinen Siegeszug antreten konnte. Denn das von dem höfisch-verschwenderischen Friedrich I. entzün-

Gottfried Wilhelm Leibniz, Gemälde von Andreas Scheits

An dem jungen Berliner Königshof fand der Universalgelehrte rasch Gehör – weil die Kurfürstin/Königin Sophie Charlotte eine geistreiche Herrscherin war und weil sein Akademieprojekt Prestige und Ansehen brachte.

dete Licht der Berolina geriet unter dem nüchtern rechnenden Soldatenkönig ins Flackern. Aus der glanzvoll projektierten Akademie der Künste wurde eine mittelmäßige Zeichenschule, und die Societät der Wissenschaften blieb nur bestehen, weil der neue Herrscher Respekt vor den sichtbaren und verwertbaren Erfolgen von Medizin und Chemie hatte. Die Geisteswissenschaftler der Akademie achtete er kaum. Ihnen befahl er, jährlich mindestens eine wissenschaftliche Arbeit vorzulegen. Damit die staatlichen Zahlungen für die Akademie sich lohnten, zwang er sie, einen Teil des Geldes an das medizinisch-chirurgische Kollegium abzuführen. Auch wenn Friedrich Wilhelm also durchaus kein Feind der Wissenschaften war, so entbehrte doch die Akademie unter einer solchen Regie jeglicher Großzügigkeit. Kein Wunder, daß seinem Sohn Friedrich II. der Gründungsakt des Großvaters verfrüht erschien: »Man hatte Friedrich I. eingeredet«, so spottete Friedrich der Große, »es zieme sich für sein Königtum, eine Akademie zu besitzen, genau wie man einem frischgebakkenem Adligen weis macht, es sei schicklich, sich eine Meute zu halten.«[42]

Das war geistreich, aber ungerecht. Denn Friedrich II. selbst konnte durchaus an Vorhandenes anknüpfen, als er die kurze Friedenszeit nach dem Ersten Schlesischen Krieg sogleich nutzte, das geistige Le-

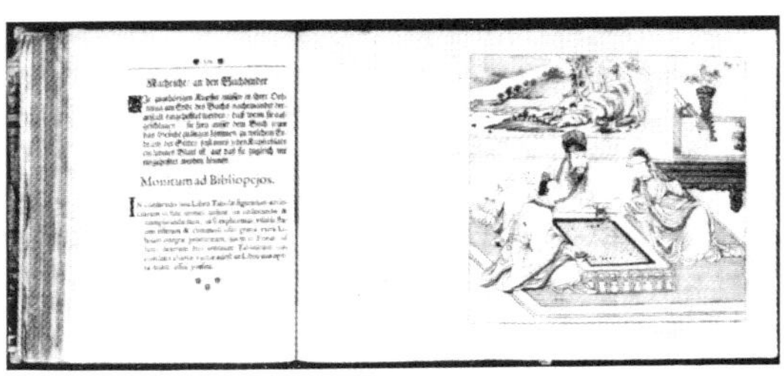

Als die Akademie 1710 ihre Tätigkeit aufnahm, gründete sie sogleich ein Publikationsorgan, um die Forschungen ihrer Mitglieder dem gelehrten Deutschland vorzustellen – Titelblatt der ersten Ausgabe dieser »Miscellanea Berolinensia«, deren Inhalt von einem Aufsatz aus der Feder Gottfried Wilhelm Leibniz' über chinesische Spiele (abgebildet die dazugehörige Figur 1) bis hin zur Beschreibung einer Dreschmühle reichte, die im braunschweigischen Ort Erz errichtet worden war (abgebildet ist die darauf bezügliche Figur 80)

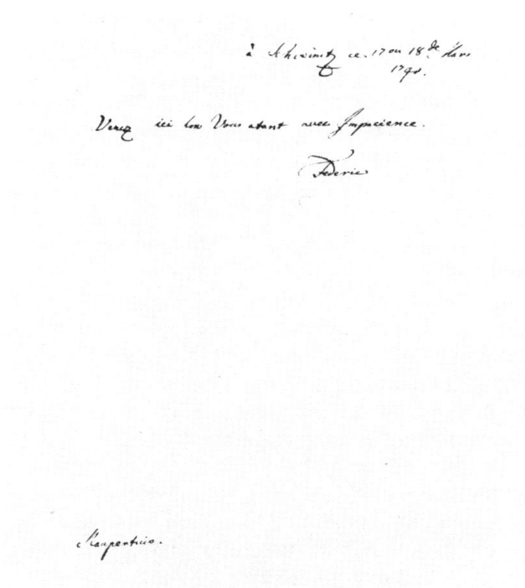

Im schlesischen Feldlager bei Schweidnitz kümmert sich Friedrich um die Reorganisation der Berliner Akademie der Wissenschaften *Schweidnitz, Le 17 ou 18 de Mars 1741: Venez ici on vous atant avec Impacience. Fredéric.* (»Schweidnitz, den 17. oder 18. März 1741« – dem Feldherrn-König ist das genaue Datum nicht präsent – »Kommen Sie hierher, man erwartet Sie mit Ungeduld. Friedrich.«) – Es dürfte wenige Akademiepräsidenten geben, die wie der Pariser Mathematiker und Newton-Anhänger Maupertuis einen im Feld ausgefertigten Ruf erhalten haben.

ben Berlins neu zu begründen. 1744 nahm die reorganisierte Académie Royal des Sciences et des Belles Lettres de Prusse ihre Arbeit auf. Bereits der Name zeigt – und wie wäre es bei diesem König anders zu erwarten –, daß der französische Einfluß fortbesteht, nun aber in säkularisierter Form und mit naturwissenschaftlicher Akzentsetzung. Zum Präsidenten berief Friedrich den berühmten Pariser Mathematiker und Newton-Anhänger Maupertuis (1698-1759).

Die geistige Ausrichtung des Friderizianischen Berlin gerät immer entschiedener unter den Einfluß der französischen Aufklärung, d'Alembert, Condorcet und Diderot sind auswärtige Mitglieder der Akademie und stehen ständig in brieflichem Kontakt mit dem König; zweimal weilt Voltaire am preußischen Hof, 1743 und 1750 bis 1753; an der Encyclopédie, dem monumentalen Schatzhaus von Wissen und pädagogischem Elan der französischen Aufklärer, arbeiten führende Berliner Hugenotten mit, etwa der ständige Akademiesekretär Samuel Formey. Der König selbst nimmt am Fortgang des Werkes regen Anteil. Die Enzyklopädisten feiern in ihrem Artikel »Preußen« Friedrich als das »seltene Beispiel eines Kriegers, Philosophen und Gesetzgebers auf dem Thron,. . .[dessen] Hang zur Literatur ihn keineswegs vergessen läßt, was er seinen Untertanen und seinem Ruhm schuldig ist«. Und an seinen in französischer Sprache erschienenen Werken loben sie die »Eleganz, Kraft und Klarheit« sowie die »gedankenreich und feurig« vorgetragenen »erhabenen Wahrheiten«.[43]

Damit war das Wirklichkeit geworden, was der Klever Calvinistenprädikant Johannes Kayser 1698 mehr ahnen als tatsächlich sehen konnte – »Berolinum lumen orbi«.[44] Doch es war weniger das geistige Leben der Hauptstadt selbst, das weithin leuchtete und den aufgeklärten Erdkreis erhellte. Hoffnung und Bewunderung richteten sich auf den Roi philosophe, der in mancher Beziehung ein Fremder im eigenen Haus war.

Sire! dieses sind die Überbleibsel eines unseligen Buchs! – Mit diesen Worten verbrannte Voltaire in Gegenwart Friedrichs seine gegen Maupertuis gerichtete Schmähschrift »Akakia«, die ihm die Ungnade des Königs eingebracht hatte; zeitgenössischer Stich

So stand denn auch von Anfang an neben dem französischen Geist Preußens ein deutscher Geist – im »französischen« Berlin, aber mehr noch im »deutschen« Halle, wo gleichzeitig mit der Berliner Akademiebewegung die brandenburgisch-preußische Reformuniversität ins Leben trat. Auch dieser Teil der preußischen Kultur- und Wissenschaftsgeschichte war tief in der Religionsgeschichte verwurzelt – nicht im Calvinismus, wenn dieser auch mit hineinspielte, sondern im *Pietismus*, und damit in jener un- und überkonfessionellen Frömmigkeitsbewegung, die den erstarrten Konfessionalismus von innen aufbrach.

Der Pietismus war bereits in den schweren Jahren des Dreißigjährigen Krieges hervorgetreten, als deutlich wurde, daß die konfessionellen Orthodoxien als unerbittliche Hüter der reinen Lehre nur Blut, Elend und Leid über die Christenheit gebracht hatten.[45] An die Stelle äußerlicher Dogmengläubigkeit setzen die Pietisten die innere Frömmigkeit des Herzens, die Pietas. Aus dieser Wurzel erwuchs dann um 1670 im deutschen Protestantismus eine mächtige Bewegung für eine radikale Erneuerung der Kirche und des religiösen Lebens. Sie erreichte ihren Höhepunkt in dem halben Jahrhundert zwischen 1690 und 1740; Ausläufer wirkten aber bis in die Aufklärungszeit fort, ja sogar ins 19. und 20. Jahrhundert hinein.

Pietisten gab es fast überall im protestantischen Deutschland, wenn auch in recht unterschiedlicher Ausformung – in Ostfriesland und Schleswig-Holstein ebenso wie in Westfalen, am Niederrhein, in Hessen und Mitteldeutschland, in der Oberlausitz, wo der Graf Zinzendorf die pietistische Brüderunität um sich versammelte, und vor allem in Württemberg, wo sie dem lutherischen Kirchentum bis in unsere Tage hinein ihren Stempel aufprägten. Auch außerhalb des Reiches entstanden pietistische Bewegungen – besonders früh in Holland, etwas später und auf dem besonderen Boden des angelsächsischen Freikirchentums auch in England, innerhalb des Puritanismus und Methodismus vor allem.

In der Regel waren die Pietisten die »Stillen im Lande«, die zurückgezogen in der Familie und in kleinen Kreisen gleichgesinnter Christen lebten. Von den Landeskirchen hatten sie sich getrennt; statt im öffentlichen Gottesdienst trafen sie sich in halbprivaten Zirkeln, manchenorts sogar geheim, in den sogenannten Konventikeln, um sich ungestört von offiziellen Dogmen und Riten im Gebet und durch besondere Frömmigkeitsübungen christlich zu vervollkommnen. Und auch die Werke christlicher Nächstenliebe, zu denen ihre frommen Herzen sie drängten, waren eher auf das Kleine, auf alltägliche Not gerichtet als auf große Entwürfe sozialer Reformprogramme.

In Brandenburg-Preußen schlug diese Frömmigkeitsbewegung aber besondere Wege ein. Dort waren die Pietisten nicht nur fromme Christen, sie waren zugleich fleißig-energische Mitbegründer des neuen Staates und einer neuen Gesellschaft. Und wiederum war es der Calvinismus, der dieser besonderen Entwicklung Vorschub geleistet hatte, und zwar in dreifacher Hinsicht: Der Gegner des Pietismus, die lutherische Orthodoxie, war in Brandenburg-Preußen bereits durch die Auseinandersetzung mit dem Calvinismus entscheidend geschwächt. Die Allianz zwischen Herrscherhaus und calvinistischem Minderheitenprotestantismus bot ein bewährtes

Modell für die Zusammenarbeit zwischen Hohenzollernstaat und kleinen Kreisen entschiedener Christen. Schließlich konnten die Pietisten auch inhaltlich an den Calvinismus anknüpfen, nämlich an seinen dynamischen Reformationsbegriff, der den einzelnen Christen wie die Kirche insgesamt zur ständigen Erneuerung und Vervollkommnung im alltäglichen Leben aufrief.[46] Wie Pietismus und Preußentum miteinander verschmolzen,[47] läßt sich an drei Männern und einer Stadt aufzeigen - an den Theologen Philipp Jakob Spener und August Hermann Francke; an dem Soldatenkönig Friedrich Wilhelm I., an der ehemals magdeburgischen Residenz- und Universitätsstadt Halle an der Saale.

Der lutherische Theologe Philipp Jakob Spener (1635-1705), Vater des lutherischen Pietismus, der über seinen Schüler August Hermann Francke die soziale und geistig-kulturelle Entwicklung Preußens tief prägte.

Philipp Jakob Spener (1635-1705)[48] war einer der größten Theologen und Erbauungsschriftsteller, die der Pietismus überhaupt hervorgebracht hat. Er hatte 1675 ein großes Werk vorgelegt, das rasch zur Programmschrift des deutschen Pietismus wurde, die »Pia Desideria oder herzliches Verlangen nach gottgefälliger Verbesserung der wahren evangelischen Kirche«. Das war ein Reformprogramm zur Heilung der inneren Zerrüttung der evangelischen Kirche, zuerst der eigenen lutherischen, brauchbar aber auch für die Calvinisten, entsprechend der unkonfessionellen Spiritualität der Pietisten. Da Spener die Ursache des Verderbens im Mangel an wahrem, lebendigem Glauben sah, wollte er vor allem mit dem urprotestantischen Prinzip des Priestertums aller Gläubigen wieder ernst machen, gefördert in erster Linie durch intensive Bibellektüre bei allen Ständen sowie durch eine neue Praxis des Glaubens und der Frömmigkeit anstelle der dogmatischen Theorie, die in konfessioneller Polemik erstarrt war.

Spener selbst hatte neue Wege praktischer Frömmigkeit erprobt und war dabei zum Begründer der Konventikelbewegung geworden: In den zwanzig Jahren seiner Tätigkeit als Senior der lutherischen Pfarrerschaft in der Reichsstadt Frankfurt hatte er neben dem offiziellen, volkskirchlichen Gottesdienst sogenannte »Collegia pietatis« eingerichtet. Das waren private Versammlungen im Spenerschen Pfarrhaus, die der besonderen Förderung jenes kleinen Kreises innerhalb der Frankfurter Kirchgänger dienten, die zur neuen, pietistischen Frömmigkeit und zur wirklich christlichen Lebensführung erweckt worden waren. Es entstand, wie Spener das nannte, eine »ecclesiola in ecclesia«, ein Kirchlein in der Kirche. Und auch die Hinwendung zum tätigen Christentum, die später in Halle weltumspannende Unternehmungen hervorbrachte, wurde bereits in der Reichsstadt am Main vollzogen, wo die Pietisten um Spener das Frankfurter Armen- und Waisenhaus gründeten, das zum Modell für viele ähnliche Anstalten wurde.

Seit 1686 Oberhofprediger in Dresden, war Spener dennoch der Einfluß versagt geblieben, den er sich von dieser höchsten geistlichen Stelle des deutschen Protestantismus erhofft hatte. Statt dessen war er in einen heftigen Streit mit der lutherischen Orthodoxie geraten. Die Rettung bot Berlin, das sich gerne den neuen Einflüssen öffnete - weil sie der auf Toleranz und praktisches Christentum angelegten hohenzollerischen Religionspolitik entsprachen und auch weil es dadurch möglich war, Sachsen, dem alten Widersacher im protestantischen Lager, einmal mehr den Rang abzulaufen. Spener wechselte 1691 nach Brandenburg, wo er als Propst von St. Nikolai

Die beiden Männer, die den Ruf Halles als Sitz moderner Bildungseinrichtungen begründeten: Der Theologe und praktische Pädagoge August Hermann Francke (1663-1727) und der Jurist und Philosoph Christian Thomasius (1655-1728). Im Hintergrund links das von Francke begründete Waisenhaus, rechts die Universität, an der Thomasius seine vielbeachteten Vorlesungen in deutscher Sprache hielt.

und Konsistorialrat eine reiche Tätigkeit entfalten konnte – als praktischer Reformer, etwa bei der Neuorganisation der Berliner Armenfürsorge, vor allem aber durch den großen Einfluß, den er am Hof König Friedrichs I. gewann.

Als »wahrer Patriarch des Pietismus« (Johannes Wallmann) nahm Spener ein gutes Dezennium lang, bis zu seinem Tod im Jahr 1705, innerhalb des deutschen Protestantismus einen Rang ein, wie ihn kein anderer Theologe seit den Tagen Luthers je besessen hatte. Nun war es eindeutig – auch die religiöse Kraft evangelischer Erneuerung kam nicht aus dem sächsischen Dresden, sondern aus dem hohenzollerischen Berlin. Und wieder setzte sich diese geistige Kraft um in den sehr realen Gewinn tüchtiger, dem Aufbau eines modernen Staatswesens nützlicher Menschen. Denn Spener und sein König luden all jene frommen und auf tätige Nächstenliebe bedachten Christen nach Brandenburg ein, die in anderen Territorien von der Orthodoxie bedrängt wurden.

Von ihnen war August Hermann Francke (1663-1727) vielleicht der frommste, mit Sicherheit aber der tatkräftigste. Seine rastlose Tätigkeit als Seelsorger, praktischer Reformer, Pädagoge und Wissenschaftler sollte ein Zentrum weltoffenen Christentums begründen, das in Deutschland seinesgleichen nicht besaß und bald auch weit in der Welt bekannt wurde. Sitz der »Franckeschen Anstalten«, wie die von ihm ins Leben gerufenen Institutionen schließlich genannt wurden, war nicht Berlin, sondern Halle an der Saale, wohin sich die pietistische Erneuerungsbewegung mehr und mehr verlagerte, vor allem nachdem Spener 1705 gestorben war. Eine Generation lang besaß der preußische Staat zwei geistige Zentren – das »französische« Berlin und das pietistische, »deutsche« Halle.

Francke hatte 1687 in Lüneburg, wohin er gezogen war, um sich im täglichen Umgang mit dem Superintendenten Sandhagen zu vervollkommnen, nach langen quälenden Zweifeln eine plötzliche Bekehrung erfahren. Er nannte das »Wiedergeburt«, die, auf Tag und Stunde genau datierbar und in systematischen Übungen – dem später so genannten »hallischen Bußkampf« – fast erzwingbar, zum Kennzeichen des von Francke geprägten Pietismustyp werden sollte.

Als Dozent an der lutherisch-theologischen Fakultät Leipzig, wo er sich kurz zuvor habilitiert hatte, rief Francke Kommilitonen und Bürgersleute zu »Collegia philobiblica« zusammen, zu Kollegien für Bibelfreunde, um sie mit dem einfachen Wort Gottes aufzurütteln und in ihren Herzen das fromme Licht innerer Erleuchtung zu entzünden. Über so viel Ungestüm beim christlichen Erneuerungswillen erschrocken, eröffneten die orthodoxen Professoren ein Untersuchungsverfahren gegen ihren jungen Kollegen, das mit dem Verweis von der Universität und aus der Stadt endete. Ebenso erging es ihm in Erfurt, wo er sich nur kurze Zeit als Diakon an Luthers Augustinerkirche halten konnte.

Natürlich hatte Spener in Berlin diese Vorgänge verfolgt. Auf seine Anregung hin erhielt Francke die Einladung nach Halle, wo der preußische Staat soeben begonnen hatte, eine neue Universität aufzubauen. Das sollte eine Reformuniversität werden, von vornherein konzipiert als moderne, den neuen Entwicklungen offene Gegengründung zu den in religiöser und wissenschaftlicher Verkrustung erstarrten älteren akademischen Zentren des Luthertums in Wittenberg und Leipzig.

Francke wurde in die Pfarrei von Glaucha nahe bei Halle eingewiesen; zugleich lehrte er als Professor für Griechisch und Orientalische Sprachen an der Universität, 1698 wechselte er an die theologische Fakultät über. Pfarramt und Professur ließen ihm Zeit zu einer weitgespannten Aktivität als Lehrer und Praktiker des frommen, karitativen, sozial verantwortungsvollen Lebens, das bald den gesamten Hohenzollernstaat durchdringen und umformen sollte. Dieser lebensnahe Hallesche Pietismus und nicht die mystisch-innerliche Weltfluchtstimmung, der sich Spener bei aller Förderung der

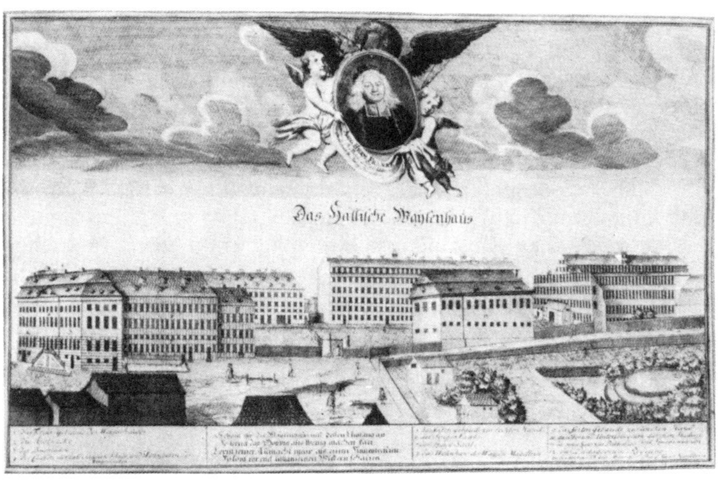

Die Franckeschen Stiftungen in Halle zu Beginn des 18. Jahrhunderts, Stich von Johann Christoph Sysang

Aus dem Waisenhaus in Halle wurden innerhalb weniger Jahre die berühmten Franckeschen Stiftungen, ein Großunternehmen, das neben Schule und Internat eine moderne Großapotheke, eine Druckanstalt und andere Manufakturen sowie naturwissenschaftliche Laboratorien umfaßte.

August Hermann Franckens,
Weiland S. S. Theol. Prof. Ord. Pastoris
Ulric. & Scholarchæ,
Kurtzer und einfältiger
Unterricht
Wie die
Kinder
Zur
Wahren Gottseligkeit
und
Christlichen Klugheit
anzuführen sind,
Zum Behuf Christlicher Informatorum
entworffen.
HALLE
In Verlegung des Waysenhauses, 1748.

Titelblatt einer Neuausgabe einer erstmals 1702 erschienenen Programmschrift der neuen pietistischen Pädagogik in Halle aus der Feder August Hermann Franckes

Die auf eine christliche Lebenspraxis ausgerichtete pietistische Pädagogik setzte auf die drei Kardinaltugenden Wahrheitsliebe, Gehorsam und Fleiß: *Durch den hertzlichen Gehorsam wird die Herrschaft des eigenen Willens ... niedergeleget und das Hertz ... zu einer ungeheuchelten Freundlichkeit angewiesen. Durch den Fleiß wird eine Beständigkeit in allen Dingen und eine Dauerhaftigkeit erlanget und das Gemüth frühzeitig aus der groben Unwissenheit und Unerfahrenheit herausgerissen.*

Franckeschen Erneuerung hingab, sollte Preußens Weg bestimmen. Nicht die sich sektiererisch aufspaltende, in Visionen und Ekstasen der Konventikel verlierende Kirche, sondern eine auf praktische Durchdringung der Welt gerichtete Glaubensgemeinschaft aller frommen Christen wurde zum Partner des Soldatenkönigs, als er daranging, Staat und Gesellschaft zu reformieren.

Mit der rastlosen Energie eines Menschen, der sich seiner Lebensaufgabe gewiß ist, machte sich August Hermann Francke sogleich an die Arbeit: Noch in Glaucha gründete er eine Armenschule, die sich bald zu einer großen Anstalt entwickelte und nach ihrer Verlegung ins nahe Halle Kindern aller Schichten offenstand, Knaben wie Mädchen. Zwar blieben Armen-, Elementar- und Gelehrtenschulen in dieser »Schulstadt« noch getrennt, und eine direkte Durchmischung der sozialen Schichten fand nicht statt. Doch war es selbstverständlich, daß jeder, der fromm und tüchtig war, bis in die obersten Stufen vordringen konnte, um danach ein Studium aufzunehmen. Allein zwischen 1694 und 1705 erhielten 440 Studenten in den Franckeschen Anstalten einen Freitisch.[49]

Der soziale Aufstieg war ein Teil des Franckeschen Systems. In dem »Seminarium Praeceptorum«, das Francke bald seinen Schulen angliederte, entstand das erste Lehrerseminar auf deutschem Boden, das sich der systematischen Ausbildung der »Schulmeister« widmete. Als Francke 1727 starb, besuchten insgesamt 2 200 Schüler und Studenten seine Anstalten. Unterrichtet wurden sie nach den Prinzipien moderner Pädagogik, wie sie der mährische Pädagoge und Prediger der Brüderunität Johann Amos Comenius (1592-1670) entwickelt hatte: In täglicher religiös-sittlicher Unterweisung, durch die Pflege der Muttersprache und durch intensive Beschäftigung mit den Realien, die den Schülern durch umfangreiche Lehrmittelsammlungen nahegebracht wurden, sollten fromme, arbeitsame und kompetente Menschen herangebildet werden, die, jeder an seinem Platz, die Welt im christlichen Sinne durchdringen und, wo nötig, umgestalten sollten.

Die Franckeschen Stiftungen, wie das Großunternehmen nach seinem Begründer hieß, umfaßten neben den Schulen zahlreiche Werkstätten und Manufakturen, die der Ausbildung in praktischen Berufen dienten und vor allem die Anstalten finanziell unabhängig machen sollten. Christian Friedrich Richter, ein Freund und Mitarbeiter Franckes, baute eine bedeutende Apotheke auf, die in Verbindung mit dem ersten Zentrum für Heilmittelkunde der Universität einen weitgespannten Handel mit Arzneimitteln unterhielt. Weltberühmt waren bald Druckerei und Verlag, die wesentlich dazu beitrugen, in Europa und darüber hinaus das pietistisch-ökumenische Christentum zu verbreiten. Francke selbst knüpfte Kontakte nach Nordamerika, Rußland und Indien an, wodurch er praktisches Christentum und wissenschaftliches Interesse an den orientalischen Sprachen aufs glücklichste vereinigte.

Verbunden mit den Franckeschen Stiftungen war die Cansteinsche Bibelanstalt, die der märkische Freiherr Karl Hildebrand von Canstein 1710 mit dem Ziel gegründet hatte, Bibeln billig herzustellen und weit zu verbreiten. Das 1712 erstmals erschienene Neue Testament kostete zwei, die ein Jahr später vorliegende ganze Bibel neun Groschen. In einer Zeit, in der Bücher für Mittel- und Unterschichten noch zu den kaum erschwinglichen Kostbarkeiten zählten, war das erstaunlich wenig: Für zwei Groschen erhielt die Hausfrau auf dem Markt drei Pfund Rindfleisch; die Gesamtbibel konnte sich ein Maurergeselle für eineinhalb Tageslöhne kaufen.[50]

In den Jahren des Aufbaus hatten Francke und der Hallesche Pietismus manch heftigen Strauß mit den Kräften der Orthodoxie und des Beharrens auszufechten, die auch in Brandenburg noch keineswegs besiegt waren, nach dem Tod Speners am Hof sogar wieder an Einfluß gewonnen hatten. In Halle klagten die Apotheker, Buchdrucker und Buchhändler über die Konkurrenz der Anstalten und versuchten alles, sie loszuwerden; von der Orthodoxie verleumdet, hatten es die Absolventen der theologischen Fakultät schwer, Pfarrstellen zu finden; die Magdeburger Stände sahen sich durch das Waisenhaus in ihren Rechten beeinträchtigt und versuchten, dort die Oberhand zu gewinnen. Am Berliner Hof kam es zu Intrigen gegen Francke und die Pietisten, wozu die übertrieben schwärmerische und überzogen lutherische Religiosität der dreiundzwanzigjährigen Königin Sophie Luise von Mecklenburg (1685-1735), seit 1708 dritte Frau Friedrichs I., manchen Ansatzpunkt bot.

Segens-volle
Fußstapfen
des noch
lebenden und waltenden liebreichen und getreuen GOttes
Zur Beschämung des Unglaubens und Stärckung des Glaubens
entdecket
durch eine
wahrhaffte und umständliche
Nachricht
von dem
Wäysen-Hause
und übrigen Anstalten
zu Glaucha vor Halle:
Welche
im Jahr 1701. zum Druck befördert,
itzo aber zum drittenmal ediret,
und bis auf gegenwärtiges Jahr fortgesetzet
von
August Herman Francken
S. Theol. Prof. und Past.
Halle, in Verlegung des Wäysen-Hauses,
M DCC IX.

Rechenschaftsbericht August Hermann Franckes über die Entwicklung seiner Anstalten, Titelseite des 1709 erschienenen dritten Berichts, in dem Francke darlegt, daß das Gedeihen der Anstalten allein von der Bewahrung des rechten Glaubens abhänge.

Der Durchbruch gelang erst unter Friedrich Wilhelm I. (1713 bis 1740), dem Soldatenkönig, der mit gutem Recht auch »Pietistenkönig« heißen könnte. Von tiefer, aber schlichter Religiosität, die dogmatischen Spitzfindigkeiten mißtraute, und besessen von praktisch-nüchterner Pflichterfüllung, war der Kronprinz ein Fremdling im Hause seines Vaters, dessen pracht- und vergnügungssüchtigen Hof er verachtete, weil er voller Sünde und zu teuer sei.[51] Kein Wunder, daß er Halle und die Franckeschen Anstalten, und dort vor allem das Waisenhaus, schätzte – war das dort anzutreffende praktische, lebensnahe Christentum doch Geist von seinem Geist. Ihn störten aber Gerüchte, die Gegner der Pietisten an ihn heranbrachten – von Überschwang und Habsucht war die Rede, die Sterbende bedränge, den Anstalten ihr Hab und Gut zu vermachen. Als aber der General Dubislav von Natzmer, den Francke geschickt zu seinem Fürsprecher ausgewählt hatte, im Oktober 1711 in einem langen Gespräch diese Bedenken ausräumen und den Kronprinzen mit seinem soldatischen Prestige überzeugen konnte, daß es den Pietisten allein um Gottes Ehre gehe, da war Friedrich Wilhelm gewonnen: »Ja, weil sie Gottes Ehre allein suchen, so sollen sie auch geschützt werden«, dieses Natzmer gegebene Versprechen hat Friedrich Wilhelm gehalten, als er ein gutes Jahr später seinem Vater auf dem Thron nachfolgte.[51] Jetzt war der Weg endgültig frei für den Aufstieg des Pietismus zur »preußischen Staatsreligion« (Carl Hinrichs), die das geistige Fundament der politischen Erneuerung unter Friedrich Wilhelm I. ausmachte und selbst von seinem an religiösen Dingen wenig interessierten Sohn Friedrich II. nicht ganz ausgeschaltet wurde.

Noch im Jahr seiner Thronbesteigung besuchte Friedrich Wilhelm I. Halle und die Franckeschen Anstalten. Die Privilegien des Vaters wurden allesamt bestätigt; bald bekleideten Hallenser Pietisten in Staat und Kirche einflußreiche Ämter – in Regierung und Verwaltung ebenso wie im Militär, wo sie als Feldprediger und Erzieher an der Berliner Kadettenanstalt tätig waren, in der Sozialfürsorge oder in staatlich gelenkten Wirtschaftsbetrieben, allen voran im Berliner Lagerhaus, der größten Textilmanufaktur Deutschlands. Und vor allem wurden Halle und die Pietisten zum Vorbild für all jene Tugenden, die der Soldatenkönig erstmals und in strenger Abkehr vom höfischen Leben seiner Zeit für Preußen verbindlich machte – Sparsamkeit, Gehorsam, Pflichterfüllung, Genügsamkeit, Sittlichkeit im großen wie im kleinen. Halle erzog dem Hohenzollern und seinem Staat »gehorsame, berufstüchtige und sozial verantwortungsbewußte Untertanen«.[52]

Friedrich Wilhelm I. mißtraute zwar den pietistischen Konventikeln zeitlebens, weil sie für ihn im Geruch geheimer Verschwörerschaft standen. Er machte aber mit den pietistischen Lebensprinzipien ernst – für sich selbst wie für seinen Staat: Bereits wenige Tage nach dem Gespräch mit Natzmer hatte er noch als Kronprinz eine Razzia gegen Berlins Prostituierte angeordnet, sich aber zugleich auch um soziale Hilfen für Soldatenfamilien gekümmert, aus denen die meisten dieser Frauen stammten.[53] Sein eigenes Leben unterstellte er denselben Grundsätzen. In der im Januar 1722 in Potsdam aufgesetzten ersten Instruktion an seinen Nachfolger beginnt er – echt pietistisch – mit einer Art Lebensbekenntnis:

»Mit Gott dem aller höchsten stehe ich wohll, und habe vom 20ten Jahres meines alters mein gantzen vertrauen auf Gott feste gesetzet, den ich steh[t]s umb genedige erhörung angeruhfen habe und hat auch mein Gehbet bestendigst erhöhret und bin versicherdt durch die genade Jesus Kristij umb sein bitteres leiden und sterben sehlig zu werden. Alle grohbe und innerliche sünden, die Ich begangen habe, sindt mir von Hertzen leidt und bitte Gott, das er sie mir vergehben wolle umb Jesu Kristij. Ich habe steh[t]s gearbeittet, mir zu beßern und ein Gottseh[liches] lehben und wandell zu führen.« Sei-

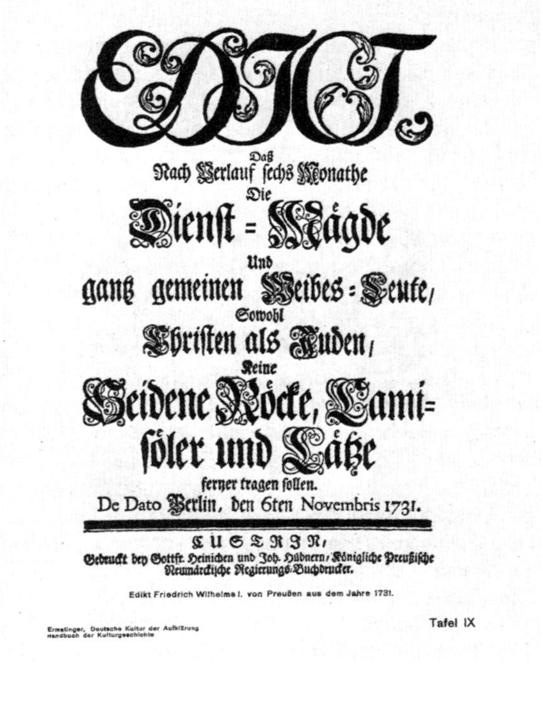

EDICT,
Daß
Nach Verlauf sechs Monathe
Die
Dienst = Mägde
Und
gantz gemeinen Weibes = Leute,
Sowohl
Christen als Juden,
Keine
Seidene Röcke, Camisöler und Lätze
ferner tragen sollen.
De Dato Berlin, den 6ten Novembris 1731.

CUSTRIN,
Gedruckt bey Gottfr. Heinichen und Joh. Hübnern/ Königliche Preußische Neumärckische Regierungs-Buchdrucker.

Edikt Friedrich Wilhelms I. von Preußen aus dem Jahre 1731.

Tafel IX

Ermatinger, Deutsche Kultur der Aufklärung
Handbuch der Kulturgeschichte

Wo die Dynastie sich »hochhungert«, haben auch die Untertanen auf jeden überflüssigen Luxus zu verzichten – Edikt König Friedrich Wilhelms I. von Preußen, das den »gemeinen Weibes=Leuten«, das heißt den Frauen der unteren Bevölkerungsschichten, das Tragen kostbarer Kleidungsstücke verbietet.

nen »lieben Suxessor« ermahnt er, »keine Metressen, es beßer zu Nennen Huhren, [zu] haben und ein Gottsehliches lehben [zu] führen; diße Regenten wierdt Gott mit allen weldt[lichen] und geist[lichen] sehgen beschütten. Als bitte ich Meinen lieben Successor ein Gottsehliges Reines lehben und wandellen zu führen und seinen Lande und Armeé mit guhten excempell vorgehhen, nicht Sauffen und freßen davon ein unzügtiges lehben herr kommet, ... auch nicht zugehben das in seine Lender und Prowincen keine Komedien, Operas, Ballettes, Masckerahden, Redutten gehalten werden und ein greu[el] davor haben, weill es Gottlohse und Teuffelichts ist.«[54]

Die Pietisten profitierten von diesem frommen König; aber mehr noch profitierte der preußische Staat von den frommen Pietisten. Denn die Krone war es nun, die letztlich bestimmte, wie und wo die Pietisten ihr tätiges Christentum entfalteten. Sie wurden eingespannt in das Geschirr des preußischen Absolutismus, indem sie die absolute Macht des Königs legitimierten und ihm zur Sozialdisziplinierung der Untertanen die Hand reichten. Aus Agenten des pietistischen Vernunftstaates wurden Wegbereiter eines religiös nicht mehr zu bändigenden, rein säkularen Machtstaates. Der Pietismus, so glänzend und einflußreich er scheinbar dastand, verlor den besten Teil seiner theologischen Kraft: »Auch Halle wurde, ohne daß sich das Francke eingestand, den Zielen des preußischen Absolutismus untergeordnet.«[55]

Zu den zentralen sozialen und wissenschaftlichen Anstalten, die der Soldatenkönig im Geiste pietistischer Frömmigkeit förderte, gehörte die berühmte Berliner Charité, die neben dem Lazarett auch eine ausgedehnte Landwirtschaft besaß; Stich um 1730

So waren die Folgen der Verbindung von Pietismus und Preußentum zwiespältig: Einerseits konnte im preußischen Pietismus das deutsche Luthertum seit Generationen erstmals wieder jene Kraft kultureller und gesellschaftlicher Erneuerung und Veränderung entfalten, die im 16. Jahrhundert das Reich tiefgreifend verändert hatte, seitdem aber erstarrt war. Das war der Umschwung, der ein Jahrhundert später auch das Luthertum in den Stand setzen sollte, »ein spezifisches starkes ›Potential‹ für die Modernisierung« zu schaffen, und damit für den Weg Preußens und Deutschlands in die industrielle Welt des 19. Jahrhunderts.[56] Andererseits wurde nun auch das Luthertum, das bislang in Preußen auf Distanz zum Herrscherhaus gestanden hatte und somit eher eine oppositionelle Kraft gewesen war, staatsfromm. Und als dann die Säkularisation weiter voranschritt, waren keine wirksamen Barrieren gegen die Glorifizierung des Staates mehr vorhanden, so daß in Preußen schließlich »Staatsfrömmigkeit mehr wog als Kirchenfrömmigkeit«.[57]

Halle war aber nicht nur Sitz der Franckeschen Anstalten; Halle besaß zugleich einen Namen als Sitz einer Reformuniversität, die rasch zur führenden Hochschule der Frühaufklärung im Reich wurde. Das Verhältnis zwischen Pietismus und Universität war von vornherein spannungsreich. Zunächst war es aber eine für beide Seiten durchaus fruchtbare Spannung. Feindschaft kam erst später auf, als die mit Hilfe der Pietisten von den traditionellen Bindungen befreiten Wissenschaftler eigene Wege gingen und sich dabei nicht nur von der orthodoxen Theologie, sondern von Religion und Kirche ganz allgemein entfernten. Die Frage bleibt jedoch berechtigt, ob nicht ein Gutteil jener geistigen Kräfte des Pietismus, die in der von Francke eingegangenen Allianz mit dem preußischen Absolutismus verkümmerten, über die Hallenser Universität weiterwirkten, und zwar weit über Brandenburg-Preußen hinaus. Denn auch der hallische Pietismus war ja ursprünglich nicht als »preußische Staatsreligion« angetreten, sondern als universale Reformbewegung, die über die Grenzen des Reiches hinausstrahlte, um in der weiten Welt für die Erneuerung des Menschen und der Gesellschaft zu wirken,[58] und zwar mit einem Lebensideal, das sich nach der Loslösung von orthodoxer Dogmatik unschwer mit dem Humanismus und einem allgemeinen Vernunftprinzip vereinen konnte. Die Verbindung von weltoffenem Pietismus und aufs Praktische ausgerichteter Aufklärung machte die Universität Halle neben der Armee zur prägenden Institution des Preußentums.

Die 1693 vom Kaiser privilegierte brandenburgisch-preußische Landesuniversität Halle war aus einer hugenottischen, also calvinistischen Ritterakademie hervorgegangen. Der offizielle Bekenntnisstand, auf den die Gründungsväter noch nicht verzichten wollten, war lutherisch. Gemeint war damit aber die neue, welt- und wissenschaftsoffene Prägung, wie sie die Pietisten vertraten. Halle sollte Vorreiter des wissenschaftlichen Fortschritts sein und damit lutherische Gegenuniversität zu Wittenberg, das theologisch und allgemein-wissenschaftlich in Orthodoxie erstarrt war. Schon der Name des 1692 berufenen Gründungskanzlers war ein Programm: Es war der ganz und gar auf lebensnahe Wissenschaft und politisch-gesellschaftliche Praxis eingeschworene Jurist und Staatsmann Veit Ludwig von Seckendorff, der hochangesehene Verfasser des »Teutschen Fürstenstaates« und Vertreter einer am tätigen Christentum ausgerichteten Regierungslehre.[59]

Die materielle Ausstattung war noch nicht gesichert, und sie sollte noch lange mehr als bescheiden bleiben, als die Universität am 12. Juli 1694 feierlich eröffnet wurde: »Unter dem Rektorat des Kronprinzen (das war der spätere Soldatenkönig Friedrich Wilhelm I.), dem Prorektorat des Jenenser Theologen Bayer und unter Steuerung durch hohe Beamte aus Berlin als Oberkuratoren trat eine Hochschule ins Leben, deren ärmliches Erscheinungsbild spannungsreich mit ihrer geistigen Ausstrahlungskraft kontrastierte«[60] – eine akademische Verkörperung des Preußentums. In produktiver Verbindung von Aufklärung und Pietismus und getragen von der »libertas philosophandi«, der wissenschaftlichen Variante des borussischen Toleranzprinzips, schlugen die Professoren der weiterhin für die Grundausbildung zuständigen Artistenfakultät, die Juristen, die Mediziner und allen voran die Theologen neue Wege ein, die Halle binnen kurzem zur modernsten und leistungsfähigsten Hochschule auf deutschem Boden machten. »Wahrheit zu suchen und für diese Suche vorzubereiten«, mit dieser Devise wurde die einengende Begrenzung konfessioneller und wissenschaftlicher Orthodoxie gesprengt.

Vor allem die Juristen machten den Theologen den Rang streitig, die wichtigste und angesehenste Wissenschaft zu vertreten. Ihr weithin berühmter Wortführer war Christian Thomasius (1655-1728), der wie Francke der Leipziger Orthodoxie hatte weichen müssen und bereits 1690 vom brandenburgischen Kurfürsten mit offenen Armen in Halle aufgenommen worden war. Thomasius, von so bedeutenden Gelehrten wie Hugo Grotius und Samuel Pufendorf geprägt, führte eine revolutionäre Neuerung in den Lehrbetrieb ein: Er trug in deutscher Sprache vor. Der marxistische Philosoph Ernst Bloch

Das erste Gebäude der von Friedrich III. (I.) 1692 gegründeten und 1694 eröffneten Universität Halle, zeitgenössischer Stich

(1885-1977) feierte ihn deshalb als Überwinder faulgewordener Bildungsprivilegien, der dem aufgeklärten Bürgertum den Weg zu seinen patriotischen Aufgaben gebahnt habe, womit indirekt auch dem Staat ein Lob gezollt ist, der Thomasius die akademische Freiheit zu diesem umwälzenden Tun gab: »Das lateinisch geschärfte Bildungsmonopol schnitt auch innerhalb des Bürgertums den Gelehrten völlig vom Ungelehrten ab; wie sehr entfernte es die Wissenschaft gar vom Volk insgesamt. Thomasius also leitete mit seiner Tat überhaupt erst die mögliche Wirksamkeit einer ins Bürgertum gehenden Aufklärung ein. Indem er die Wissenschaft betont deutsch reden lehrte, lange vor dem Aufklärungsphilosophen oder ›praeceptor Germaniae‹ Christian Wolff, entwickelte er auch in Deutschland nationale Sprachform mit bürgerlich-europäischem Inhalt. Und mitten in dem von hundert Territorialfürstentümern zerrissenen Reich gab er in seinem Feld, dem höchsten, dem des Wissens und der Wissenschaft, die Einheit eines wenigstens gesprochenen Vaterlands.«[61]

Nicht weniger folgenreich war die Tatsache, daß Thomasius und die von diesem zweiten »praeceptor Germaniae« geprägte Universität Halle entschlossen den Ring religiös-konfessioneller Eingrenzung der Wissenschaft sprengten, der noch allenthalben in Deutschland den Universitätsbetrieb hemmte.[62] Die Haller Statuten verzichteten erstmals auf den Konfessionseid, den die kurz zuvor gegründete Universität Duisburg noch bis 1723 ihren Professoren ausdrücklich abverlangte. Ebenso fiel in Halle in allen nichttheoretischen Fakultäten die Zensur, die andernorts noch kräftig blühte. Das waren wichtige Schritte auf dem Weg zu moderner, staatlich garantierter Freiheit von Forschung und Lehre. Halle war ganz an den Bedürfnissen sich weltlich verstehender Wissenschaften ausgerichtet, zum Wohle weltlicher Berufsausbildung als praxisbezogene Vorbereitung für den Dienst als Arzt, Jurist oder Ökonom in Staat und Gesellschaft.

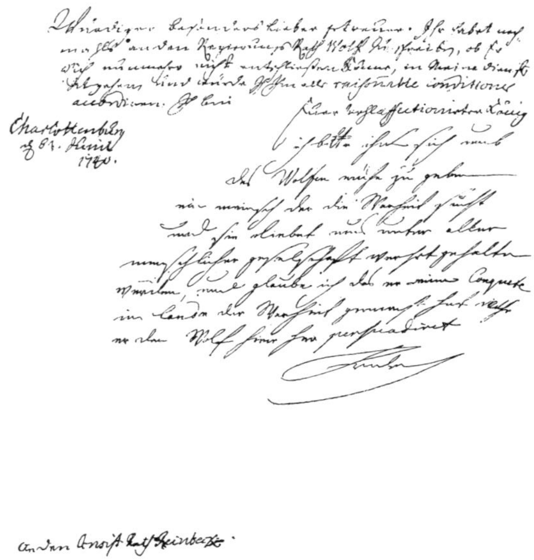

Anweisung der königlichen Regierung an den Berliner Konsistorialrat Reinbeck, sich um die Rückberufung des Philosophen Christian Wolff nach Halle zu bemühen. Unter dem 6. Juni 1740 fügt Friedrich der Große dem Schreiben seiner Administration eigenhändig folgendes hinzu: *Ich bitte ihn sich um des Wolfen mühe zu geben ein mensch der die Warheit sucht und sie liebet mus unter aller menschlicher geselschaft weehrt gehalten werden, und glaube ich das er eine Conquete im lande der Warheit gemacht hat wolhe [?] er den Wolf hier her persuardiret. Fridrich.*

Die Wirkungen dieser revolutionären Universitätsreform reichten weit über Preußen und auch über den Kreis protestantischer Universitäten hinaus. Im Verlauf des 18. Jahrhunderts nahmen auch die katholischen Universitäten des Reiches die von Pufendorf und Halle gesetzten Impulse auf, so daß es nunmehr wieder möglich war, »wissenschaftlich - in Fragen der innerweltlichen Ordnung, des Lebens in Gemeinwesen, der Ökonomie, des Rechts, des Staates eben - miteinander zu reden über ehemalige konfessionelle Grenzen hinweg«.[63]

Halle selbst, wo neben den theologischen und juristischen Lehrstühlen auch die der medizinischen und philosophischen Fakultät mit hervorragenden Wissenschaftlern besetzt worden waren - voran der Chirurg und Arzneimittelforscher Friedrich Hoffmann, der Internist Georg Ernst Stahl, der Historiker Christoph Cellarius -, konnte den eigenen Ansprüchen nur eine Generation lang voll gerecht werden. Zwar wurde die Reihe glänzender Lehrer nochmals verlängert, als es 1707 gelang, den einflußreichen Aufklärungsphilosophen Christian Wolff (1679-1754) an die Saale zu berufen. Er vollendete das von Thomasius begonnene Werk säkular aufgeklärter Wissenschaftlichkeit, indem er ein System entwarf, das alle Wissenschaften von der Mathematik bis zur Theologie in vernünftiger Anordnung enthielt und das den Menschen in den Stand setzen sollte, alle Gegenstände seiner Reflexion und seiner Aktion als logisch aufgebaut, begreifbar und damit beherrschbar zu verstehen.[64] In dieser ausgefeilten Form rief die neue Aufklärungswissenschaft aber den massiven Widerspruch der Theologen hervor, und zwar keineswegs nur der Pietisten unter ihnen. Für sie mußte weiterhin gelten, daß nicht die menschliche Vernunft, sondern die in der Bibel enthaltene göttliche Offenbarung der wichtigste Leitfaden für die Deutung und Gestaltung der Welt war. Und da die Pietisten beim König hoch angesehen waren, mußte Wolff 1723 unter Todesandrohung Universität und Land verlassen, weil - so lautete die offizielle, in den Augen des Soldatenkönigs vernichtende Begründung - seine Lehre die Disziplin der Armee untergrabe.

Friedrich II. holte den Philosophen zwar noch im Jahre seines Regierungsantritts aus dem hessischen Marburg zurück, wo er mit offenen Armen aufgenommen worden war. Der glanzvolle Einzug in Halle und die geistreiche Sentenz Voltaires »Frederico regnante, Wolfio docente« - in Preußen regiere Friedrich und lehre Wolff - konnten aber nicht darüber hinwegtäuschen, daß die hohe Zeit seines Wirkens und damit auch die der Fridericiana vorüber war. Am Berliner Hof war der Stern der französischen Philosophen aufgegangen, und in seinem Glanz wirkte die ältere deutsche Aufklärungsphilosophie leicht verstaubt und antiquiert. Mit der höchsten Protektion ging auch die Kraft zu höchster Leistung verloren. Die erste Stelle unter den deutschen Universitäten nahm jetzt das 1737 nach dem Halleschen Modell gegründete Göttingen ein, das die Gunst des englischen Hofes besaß und daher personell und finanziell besser ausgestattet war. An Studentenzahlen gemessen blieb Halle jedoch noch lange die größte deutsche Universität, deren Absolventen in Staat, Kirche und Gesellschaft führende Positionen einnahmen.

Medaille auf die triumphale Rückkehr Christian Wolffs nach Halle 1740

4. Krongewalt und Junkertum

Mit dem Sieg des Pietismus war zu Beginn des 18. Jahrhunderts endlich die 1613 aufgerissene »ideologische«, mentalitätsgeschichtlich äußerst brisante Entfremdung zwischen lutherischem Adel und calvinistischer Dynastie aufgehoben: Zwischen pietistisch-lutherischen Junkern und ihrem pietistisch-calvinistischen König war die Religions- und Kirchenpolitik kein Zankapfel mehr. Im Tabakskollegium des Soldatenkönigs saßen sie friedlich beieinander in derber, aber ideologisch gefahrloser Unterhaltung, geführt in »einfältiger« Herzensfrömmigkeit, ohne Verständnis für das theologische und intellektuelle Raffinement dogmatischer Systeme und deren hauchdünne Distinktionen voller giftiger Widerhaken und Fußangeln. Es sollte nicht mehr lange dauern, bis Adel und Krongewalt auch in den weltlichen Dingen zu einem Kompromiß fanden, der über Generationen hinweg das Fundament von Preußens Größe ausmachte, aber auch mit dazu beitrug, daß in unserem Jahrhundert der Höllensturz Preußens und Deutschlands nicht rechtzeitig verhindert wurde.[65]

Zuerst einmal bleibt aber das Staunen, daß gerade in Brandenburg-Preußen diese Interessenallianz geschlossen werden konnte, obgleich doch dort, nicht anders als in den meisten übrigen deutschen Territorien, das Verhältnis zwischen Adel und Krongewalt über Generationen hinweg überschattet gewesen war von politischen, gesellschaftlichen und ökonomischen Interessengegensätzen.

Die Geschichte der Beziehungen zwischen den Hohenzollern und ihrem Adel war spannungsreich und wechselvoll, und sie verlief in den einzelnen Territorien sehr unterschiedlich. Denn der Adel der Westprovinzen, zumal am Niederrhein, dessen Grundherrschaft früh entfeudalisiert worden war und der sich an der frühkapitalistischen Landwirtschaft Hollands orientierte, war ein ganz anderer als der ostelbische Junkeradel, der schollengebundene Leibeigene besaß und als Gerichtsherr, Kirchenpatron und lokale Polizeibehörde öffentlich-rechtliche Gewalt auch über solche Personen ausübte, die nicht direkt seiner Gutsherrschaft unterstanden. Auch gab es gewichtige Unterschiede zwischen dem Adel in den brandenburgischen Mittelterritorien und dem im ehemaligen Ordensland Preußen, wo ein selbstbewußtes Bürgertum und starke Freibauern, die sogenannten Cölmer, das Gewicht des Adels ausbalancierten und es der Landesherrschaft daher bereits früh gelungen war, auch den ersten Stand zu Steuerzahlungen zu verpflichten. Das Schicksal des Hohenzollernstaates sollte sich jedoch – im Negativen und im Positiven – daran entscheiden, wie in den mittleren Stammlanden Krongewalt und märkische Junkerkaste miteinander zurechtkamen.

Die starke Stellung, die der brandenburgische Adel in der Neuzeit einnahm, war ein Ergebnis zweier unverbundener Vorgänge – der spätmittelalterlichen Bevölkerungs- und Agrarkrise sowie der Reformation. In der für ihn ökonomisch schwierigen Situation rückläufiger Bevölkerungszahlen und sinkender Agrarpreise gelang es dem märkischen Adel, das bislang relativ starke Bauerntum entscheidend zu schwächen und die Rechtsverhältnisse in den Dörfern zu seinen eigenen Gunsten zu verändern. Es begann die Zeit der sogenannten ostdeutschen Gutsherrschaft.

Im Gegensatz zum Westen, wo die Grundherren selbst allenfalls kleine Höfe bewirtschafteten und daher auf die Rentabgaben de facto freier Zinsbauern oder Pächter angewiesen blieben, war es im Osten möglich gewesen, riesige Eigenbetriebe aufzubauen. Die Junker sicherten sich damit hohe Gewinne, als im 16. Jahrhundert die Bevölkerung wieder wuchs und die Agrarpreise rasch anstiegen. Das waren agrarkapitalistische Verhältnisse, allerdings auf alteuropäischer, nicht modernkapitalistischer Basis, denn die Produktion basierte nicht auf freier Arbeit. Vielmehr waren die Gutsbauern, deren Höfe bereits durch die Ausweitung der adligen Eigenwirtschaft in Bedrängnis geraten waren, ohne regulären Lohn zu Zwangsdiensten im Haus und auf den Äckern der Gutsherren verpflichtet. Damit war der mittelalterliche Adel Brandenburgs und weiterer ostelbischer Territorien, mit der wichtigen Ausnahme Kursachsens, zur ostelbischen Junker- und Agrarierkaste der Neuzeit aufgestiegen, während die Bauern in die Erbuntertänigkeit abgesunken waren, die sie an die Scholle band und ihnen die Möglichkeit, bald auch die Fähigkeit zu eigenem Handeln nahm. Während im Westen die Landesherren die öffentlich-politischen Funktionen der Grundherren beschnitten, kam es im Osten zu einer bis dahin unbekannten Konzentration öffentlicher Hoheitsrechte - der Patrimonialgerichtsbarkeit, des Kirchenpatronats und der lokalen Polizeigewalt in der Hand der Gutsherren.[66]

Dem Aufstieg der Junker entsprach der Niedergang der Bürger.[67] Prenzlau, Stendal, Neubrandenburg, Berlin-Cölln, Pritzwalk und Havelberg waren im Mittelalter politisch unabhängige Kommunen mit beachtlicher Wirtschaftskraft, Stettin und Frankfurt an der Oder sogar wichtige Zentren des transkontinentalen Hansehandels. Seit dem ausgehenden 15. Jahrhundert traten jedoch einschneidende Veränderungen ein. Wichtige politische Freiheitsrechte gingen an

Seit Friedrich Wilhelm I. waren die persönlichen Verbindungen zwischen Krongewalt und adligem Offizierskorps besonders herzlich - Sterbepferd des Soldatenkönigs für den General von Hacke, Ölgemälde von Johann Christoph Merck mit der Inschrift: *Dieses Pferd haben Sr: Höchserl. Königl. Majest. Friderich Wilhelm mir d: 28. May 1740 zwei Tage vor Dero Ende aller gnädigst mit diesen Worten geschenket: Diesz ist dasz letzte, so Ich euch geben werde, so behaltet es zu Meinem andencken:* Unterschrift: *Graf von Hacke, General-Lieutenant, Commandant von Berlin.*

die Landesherrschaft verloren; der soziale Abstand zum Adel wuchs rasch. Die Wirtschaft blühte noch einige Generationen lang, jedenfalls in Stettin und Frankfurt. Um die Mitte des 16. Jahrhunderts war die Stettiner Firma Loitz die einzige im norddeutschen Hanseraum überhaupt, die sich mit den bedeutenden Handelshäusern Süddeutschlands und der Niederlande messen konnte. Sie beherrschte den Heringshandel, nahm in großem Stil am Kupfer- und Getreidegeschäft teil, verfügte über das Monopol für isländischen Schwefel und litauische Waldprodukte; im nordosteuropäischen Salzhandel hatte sie ebenfalls eine monopolartige Stellung inne. Der Kaiser, der französische und der polnische König und natürlich die Kurfürsten von Brandenburg waren Vertragspartner der Loitz. Die Geschäfte wurden aber immer spekulativer, insbesondere als man eine Familien- und Geschäftsverbindung mit dem adligen Glücksritter Reinhold von Krockow einging. Und vor allem hatte man den gekrönten Häuptern zu bedenkenlos Kredite eingeräumt, insgesamt über eine Million Gulden. 1572 mußte das Handels- und Bankhaus Loitz die Zahlungen einstellen. Der Zusammenbruch zog weite Kreise, auch in den anderen Städten der Mark; nun war das brandenburgische Bürgertum endgültig geschwächt.

Was die sozialen und ökonomischen Wandlungen des 15. und 16. Jahrhunderts auslöste, wurde durch die Reformation vollendet. Denn mit dem Übergang Brandenburgs zum Protestantismus wurde der Prälatenstand aufgehoben, der bislang eine führende politische Rolle gespielt hatte, und der kirchliche Grundbesitz wurde säkularisiert. Damit hatte es sich Mitte des 16. Jahrhunderts eindeutig entschieden: Die Junkerkaste war in Brandenburg unangefochten die führende soziale Kraft, die sowohl ökonomisch und gesellschaftlich als auch politisch den Ton angab. Ein Gegengewicht bildete lediglich die Krongewalt, aber der Kurfürst war innenpolitisch noch auf lange Sicht nicht viel mehr als ein »Superjunker«. Allerdings war sein Grundbesitz, die Domänen, durch Übernahme der Kirchengüter enorm gewachsen und damit zugleich der Abstand zu den gewöhnlichen Junkern, deren Besitz vergleichsweise bescheiden blieb.

Rein wirtschaftlich gesehen verlief auch das 17. Jahrhundert für den brandenburgischen Adel nicht schlecht – jedenfalls die zweite Hälfte nicht, als die Größe des durchschnittlichen Adelsgutes um nicht weniger als die Hälfte anwuchs, meist durch Einbeziehung der im Dreißigjährigen Krieg aufgegebenen Bauernhöfe. Damit hatte sich die typisch ostelbische Struktur der Landverteilung durchgesetzt: Am Ende des Ancien régime waren in ganz Preußen 40 Prozent des Bodens in der Hand der Junker; in typischen Junkerprovinzen wie Pommern lag der Anteil sogar bei über 60 Prozent. Nur der englische Adel übertraf mit knapp 70 Prozent den preußischen, während der französische lediglich über rund 20 Prozent, der russische sogar nur über 14 Prozent des Landes verfügte.[68]

Dem Ausbau der wirtschaftlichen Position stand jedoch ein erster großer Verlust an politischen Rechten gegenüber: Durch die fortgesetzten militärischen Verwicklungen nach dem Dreißigjährigen Krieg – im Westen mit Pfalz-Neuburg und im Osten mit Schweden und Polen – finanziell und politisch in die Enge getrieben, ging der Große Kurfürst in den Jahrzehnten nach dem Westfälischen Frieden zu einem Generalangriff gegen die landständische Verfassung über. Betroffen war davon in erster Linie der Adel.

Zuerst und ohne viel Aufhebens vollzog sich die politische Entmachtung des Adels in der *Mark Brandenburg*. Auf einem allgemeinen Landtag, dem ersten seit 37 Jahren und zugleich dem letzten dieses Typs, wurde ein berühmter Landtagsrezeß ausgehandelt, der dem Kurfürsten die notwendigen Steuern für das stehende Heer, den »miles perpetuus«, verschaffte. Dieses Heer aber versetzte ihn von nun an in die Lage, Steuern ohne formelle Bewilligung durch den Landtag eintreiben zu lassen und damit in der Mark Brandenburg die Weichen für die absolutistisch-autokratische Regierungsreform zu stellen.[69] Anfang der sechziger Jahre des 17. Jahrhunderts folgte eine ähnliche Entscheidung in *Kleve und Mark,* wo die Stände ein Dezennium zuvor noch einen glänzenden Sieg davongetragen hatten. Der wegen der Spannungen zu Jülich-Berg geschwächte Große Kurfürst hatte ihre alten Ansprüche anerkennen müssen – das Recht, sich selbst zu versammeln, selbständig mit auswärtigen Mächten zu verhandeln, von fürstlichen Garnisonen verschont zu bleiben und nur von ihresgleichen regiert zu werden. Von all dem war in den Rezessen der Jahre 1660 und 1661 nicht mehr die Rede. Die landständische Verfassung blieb zwar in Geltung; die politische Eigenständigkeit von Adel und Städten aber war gebrochen.

Erbittert wogten die Auseinandersetzungen in *Ostpreußen* hin und her, weil hier die Stände Rückhalt im benachbarten Polen fanden und sich die Libertät der Adelsrepublik zum Vorbild nehmen konnten. Zweimal kam es zu erbittertem Widerstand: Das erste Mal (1661-1663) weigerte sich der »Lange Landtag«, die soeben erworbenen Souveränitätsrechte der Hohenzollern anzuerkennen; gleichzeitig erhob sich in Königsberg die Bürgergemeinde unter Führung des Schöppenmeisters Hieronymus Roth, weil sie zu Recht um ihre wirtschaftlichen und politischen Privilegien fürchtete. Das zweite Mal (1669-1672) lehnten die Stände weitere Steuerzahlungen rundweg ab, und einer ihrer Führer, der Oberst Christian Ludwig von Kalckstein (1630-1672), suchte in Warschau um Unterstützung des polnischen Reichstages nach.

Beide Male brach der Große Kurfürst den Widerstand gewaltsam, ohne sich um bestehendes Recht zu scheren: Im Oktober 1662 erschien Friedrich Wilhelm I. persönlich an der Spitze einer Armee in Preußen, ließ Roth gefangennehmen und auf eine brandenburgische Festung verschleppen, wo der Schöppenmeister bis zum Ende seines Lebens eingekerkert blieb, ohne je vor Gericht gestellt worden zu sein. 1672 setzte der Brandenburger sich sogar über das Völkerrecht hinweg und ließ den Oberst von Kalckstein mitten aus Warschau, wo er Exil gefunden hatte, entführen. Unter der Folter des Hochverrats und des Eidbruchs geständig, wurde der Oberst zum Tode verurteilt und in Memel exekutiert. Das Exempel tat seine Wirkung: Die Stände gaben ihren Widerstand auf. Auch in Preußen war die landständische Verfassung im Kern ausgehöhlt. 1674 wurden in Königsberg erstmals nichtbewilligte Steuern gewaltsam eingetrieben. Nur noch formell bestand ein Steuerbewilligungsrecht der Landtage. Aber auch dieses wurde 1704 zum letzten Mal ausgeübt; danach waren in Preußen die Steuern permanent.

Seit der Große Kurfürst ein stehendes Heer zur Verfügung hatte, dessen Unterhalt durch mehr oder weniger regelmäßige Steuern gesichert war und das von einer fürstlichen Militär- und Finanzverwaltung zentral organisiert wurde, sanken die Landtage der Einzelterritorien immer rascher zu Provinzialvertretungen herab, die mehr kommunalen als politischen Charakter besaßen. Damit waren die Landstände, voran der eben noch selbstbewußt aufgetretene Adel, politisch entmündigt. Regierung und Verwaltung waren fortan ausschließlich Sache des Fürsten und seiner Bürokratie. In Brandenburg-Preußen war der entscheidende Schritt zum autokratischen Regiment der Krongewalt getan.

»Der Wille zur Macht«, so heißt es in der klassischen Preußendarstellung von Otto Hintze, »den der Große Kurfürst seinem Staat eingepflanzt hat, und die Werkzeuge zur Verwirklichung dieser Machtstellung, Heer und Finanzverwaltung, drängten zur einheitlichen Zusammenfassung aller Kräfte und Mittel, die in den einzelnen Ländern vorhanden waren. Aus diesem Streben nach einer machtvollen staatlichen Einheit ist in Brandenburg-Preußen der Absolutismus hervorgegangen... Es handelte sich dabei nicht um eine despotische Laune oder um die einfache Nachahmung eines auswärtigen Vorbildes, sondern um eine große historisch-politische Notwendigkeit.«[70]

Die »große Verfassungsumwälzung«, die »Revolution von oben«, hatte indes ihren Preis: Die Hohenzollern mußten die politische Entmündigung des Adels durch Zugeständnisse in anderen Lebensbereichen kompensieren. Zwischen Krongewalt und Adel wurde ein Handel geschlossen, der die Allianz von Aristokratie, Bürokratie und Autokratie über Generationen hinweg sicherstellte und damit die weitere Geschichte Preußens und Deutschlands tief beeinflußte.

Dieser Interessenausgleich war nicht das Werk eines einzelnen Herrschers und einer einzigen Adelsgeneration. Fast ein Jahrhundert lang wurde an einem Kompromiß gearbeitet. Das Verhältnis zwischen Monarch und Junkerkaste durchlief dabei manche Höhen und Tiefen. Die von Kurfürst Johann Sigismund Anfang des 17. Jahrhunderts eingeleitete konfessionelle Entfremdung und die vom Großen Kurfürsten durchgeführte politische Offensive gegen die Landstände trafen den Adel jedesmal empfindlich, ohne jedoch prinzipiell und programmatisch gegen ihn gerichtet gewesen zu sein.

Um die Wende des 17. Jahrhunderts schien sich unter dem ersten Hohenzollernkönig Friedrich I. einen Moment lang die Möglichkeit einer höfisch-barocken Symbiose nach Versailler Vorbild anzubahnen. Das änderte sich aber schlagartig, als sein Sohn das Ruder radikal herumriß, so daß der adlig-opulente Glanz des Hofes der bürgerlich-frugalen Rationalität der Amtsstube und der kargen Nüchternheit des Kasernenhofs weichen mußte. Damit begann eine antiadlige Politik auf breiter Front. Der sparsame Friedrich Wilhelm I., der bei der Arbeit am Schreibtisch eine Schürze und leinene Ärmel trug, um seinen Uniformrock zu schonen, stützte sich bei der Errichtung des modernen Verwaltungsapparates vornehmlich auf Bürgerliche. Seine Steuerpolitik griff den Junkern rücksichtslos in den Geldbeutel – in Preußen durch den Generalhufenschoß, das war eine allgemeine Grundsteuer, die auch den dort steuerlich nicht exemten Adel traf; in den übrigen Territorien durch die Allodifikation der Lehnsgüter, das heißt durch die Ablösung der längst nicht mehr erbrachten ritterlichen Kriegsdienste mit 40 Talern pro Lehnspferd. Im Zuge seiner auf Wiederherstellung und Arrondierung ausgerichteten Domänenpolitik waren Friedrich Wilhelm I. alle Mittel recht, günstig gelegene Adelsgüter in staatlichen Besitz zu bringen - sei es durch Prozesse, sei es durch Aufkauf. Lediglich im Offizierskorps sollten Krongewalt und Junkerkaste eine gemeinsame Aufgabe finden - im Aufbau und in der Führung einer schlagkräftigen Gesamtarmee. Aber auch das verlief anfangs keineswegs spannungsfrei.

Erst unter Friedrich II. trat in der hohenzollerischen Adelspolitik ein prinzipieller Umschwung ein. Man hatte erkannt, daß man aufeinander angewiesen war - der König auf die Adligen als Kommandeure seiner Truppen und als Agenten seiner Interessen in den Gutsbezirken den Bauern gegenüber; der Adel auf den König, weil er nur an dessen Seite den Anspruch auf gesellschaftlichen Vorrang behaupten konnte gegenüber den bürgerlichen Eliten, die seit Anfang des 18. Jahrhunderts an Universitäten, im zivilen Staatsdienst sowie im Wirtschaftsleben große Erfolge erzielt hatten und deren gesellschaftliches Ansehen ebenso sprunghaft gestiegen war wie ihre Beteiligung an der politisch-administrativen Macht. Und da Friedrich im Gegensatz zu seinem Vater nicht zögerte, die Armee in die Schlacht zu führen und dem Offizierskorps einen hohen Blutzoll abforderte, war die Friderizianische Wende real- und machtpolitisch das Gebot der Stunde. Denn das, was man den Bauern mit Zwang, Strafe und Drill abpressen konnte, mußte dem Herrenstand durch gesellschaftliche Privilegierung und hervorgehobene Ehrenstellung abgeworben werden. Unterstützt wurde das durch die von Friedrich systematisch geförderte Herausbildung eines modern-adligen Krieger- und Korpsgeistes, der an die Stelle des längst überlebten Ritterideals des Feudaladels trat. Der borussische Offiziersadel erhielt sein Portepee, an das der Staat ihn immer dann greifen konnte, wenn er militärische Leistung und Gehorsam forderte - zum Guten, bisweilen aber auch zum Schlechten.

Die systematische Förderung des Adels wurde zur Grundmaxime der friderizianischen Gesellschaftspolitik. Bereits das Politische Testament von 1752 nimmt hierzu ausführlich Stellung:

Ein Gegenstand der Politik des Königs von Preußen ist die Erhaltung des Adels. Denn welcher Wandel auch eintreten mag, er wird vielleicht einen reicheren, aber niemals einen tapfereren noch treueren Adel bekommen. Damit der Adel sich in seinem Besitz behauptet, ist zu verhindern, daß die Bürgerlichen adlige Güter erwerben, und zu veranlassen, daß sie ihre Kapitalien im Handel anlegen, so daß, wenn ein Edelmann seine Landgüter verkaufen muß, nur Edelleute sie erwerben.

Ebenso ist zu verhindern, daß der Adel in fremde Dienste geht. Vielmehr muß ihm patriotischer Sinn und Standesbewußtsein eingeflößt werden. Daran habe ich gearbeitet und während des Ersten Schlesischen Krieges mir alle mögliche Mühe gegeben, den gemeinschaftlichen Namen Preußen in Aufnahme zu bringen, damit die Offiziere lernen, daß sie alle, aus welcher Provinz sie auch stammen, als Preußen zu gelten haben und daß aus dem gleichen Grunde alle Provinzen, obwohl voneinander getrennt, doch nur ein einziges Staatsgebilde ausmachen.

Es gehört sich, daß der Adel seine Dienste lieber seinem Vaterlande als irgendeiner anderen Macht widmet. Aus diesem Grunde sind gegen die Edelleute, die ohne Erlaubnis in fremde Dienste gehen, strenge Verord-

Georg Dietlof von Arnim, königlich preußischer wirklicher Geheimer Kriegsminister, Generalpostmeister und Direktor der kurmärkischen Landschaft, Gemälde von Antoine Pesne, erste Hälfte des 18. Jahrhunderts

Im 18. Jahrhundert schlossen in Brandenburg-Preußen Krongewalt und Adel einen Kompromiß, der der Krongewalt die unbestrittene Führung des Staates einräumte, während der Adel als erster Stand im Staat bestätigt wurde, dem ein Vorrecht auf die höchsten militärischen und administrativen Ämter im Staat eingeräumt wurde.

nungen erlassen. Da aber viele Edelleute Müßiggang und erbärmliches Leben dem Waffenruhm vorziehen, so sind denen, die dem Staat dienen, Auszeichnungen und Vorrechte zu verleihen; denen aber, die nicht dienen, sind sie vorzuenthalten. Von Zeit zu Zeit sind die jungen Edelleute in Pommern, Ostpreußen und Oberschlesien zu versammeln, um sie unter die Kadetten zu stecken und darauf in die Armee einzustellen.[71]

Friedrich stellte die von seinem Vater aufgenommenen fiskalischen Prozesse gegen den Adel ein. Die Krone kaufte fortan keine Adelsgüter mehr auf; Bürgerlichen war es generell verboten, Rittergüter zu erwerben. Neunobilitierungen fanden kaum noch statt. Die in den Händen des Adels liegende Selbstverwaltung der Kreise wurde gestärkt. Wo Rittergüter in wirtschaftliche Schwierigkeiten gerieten, konnten sie mit staatlichen Darlehen rechnen, vor allem nach dem Siebenjährigen Krieg, als es darum ging, die Kriegsschäden zu beseitigen. Selbst die höhere Beamtenschaft, in der seit Generationen gelehrte bürgerliche Aufsteiger gute Chancen gehabt hatten, wurde schließlich nur noch von Adligen besetzt. Die Regierung Friedrichs II. und seiner unmittelbaren Nachfolger war die hohe Zeit des preußischen Adels. »In der friderizianischen Epoche [stellte] der Adel das eigentliche Aktivbürgertum dar, und in der Hauptsache blieb es so bis 1806«, als die Stein-Hardenbergschen Reformen die verfassungsrechtlich fixierten Standesprivilegien des Adels aufhoben.[72]

Im Kern beruhte der unter Friedrich II. besiegelte Kompromiß zwischen Krone und Junkerkaste in einer Abgrenzung der Interessenräume: Der König übte unangefochten die öffentliche Gewalt im Staat aus und bestimmte Innen- und Außenpolitik, Militär- und Steuerwesen, Rechtssprechung und Verwaltung autokratisch. Die Lokal- und Kreisverwaltung sowie vor allem die halböffentliche Gewalt über ihre »Häuser«, Dörfer und Gutsbezirke wurden der Junkerkaste überlassen, die diese Sphäre ungestört von Interventionen durch die Zentrale nach ihren eigenen Wünschen und Vorstellungen gestalten durfte. Selbst in Preußen, das gerne als Musterbeispiel des Absolutismus auf deutschem Boden dargestellt wird, gehörte das »Nichtabsolutistische im Absolutismus«[73] zum Kernbestand der politischen und gesellschaftlichen Ordnung.

Als Entschädigung für den Verlust eigenständiger, nichtabgeleiteter Herrschaftsrechte und die damit verbundene Unterordnung unter den Hohenzollernstaat erhielt der Adel beachtliche gesellschaftliche und ökonomische Privilegien. Das war nicht die französische Lösung, die den Adel durch Repräsentation und Vergnügungen am Hof politisch ausschaltete. Das konnte sich das arme Preußen nicht erlauben. Der preußische Adel war keine »leisured class«, keine Luxusklasse. Er trug den Staat mit, auf beiden Schultern – aber er machte ihn zu *seinem* Staat. Wenn der Staat prosperierte, so sollten es die Junker sein, die den größten materiellen Gewinn daraus zogen, und wo materielle Interessen von Bürgertum und Städten mit solchen von Adel und Agrariertum konkurrierten, da sollte letzteren mehr Gewicht zufallen. Nur ein starker König konnte hier gegensteuern, wie etwa Friedrich der Große, der es wagte, ein Ausfuhrverbot für Wolle und feste Taxen für den Kornpreis zu erlassen, um die Lebenshaltungskosten breiter Schichten zu senken.

Geopfert hat der Staat vor allem die Bauern. Sie unterstanden

Bauern bei der Fronarbeit unter der Aufsicht des Gutsherrn und seiner Familie

Es gehörte zum hohenzolleri-schen Adelskompromiß, daß der Staat den Junkern freie Hand in ihren Gutsherrschaften ließ.

kaum noch direkt der Krone, sondern ihrem Gutsherrn - seiner paternalistischen Fürsorge, gar zu oft aber auch seiner Willkür. Denn einen Ausweg aus seiner Gewalt gab es nicht - der Junker war der Herr der Bauern, zugleich der Kommandeur ihrer Söhne sowie Patron und Brotherr ihres Pfarrers. Selbst die ethisch-moralischen und die politischen Werte, nach denen sich Untertanen wie Staatseliten zu richten hatten, wurden von der Junkerkaste definiert.

Während die Feste des französischen Hofadels verrauschten und die englische Hocharistokratie sich verschwenderisch jedem Spleen hingab, um ihn - ihrer Vergnügungen überdrüssig - wieder abzulegen, was im übrigen stets auch Handel und Gewerbe Impulse gab, lagen die gesellschaftlichen Kosten der auf den ersten Blick sparsameren preußischen Adelslösung auf anderem Felde, und vor allem waren sie längerfristig angelegt. Die gesellschaftliche Dominanz der Junker hat die politische Kultur Preußens und Deutschlands insgesamt tief und nachhaltig geprägt: Disziplin, Gehorsam, Leistungswille, aber auch militärisch-bürokratische Arroganz und Desinteresse an der Selbstentfaltung von Wirtschaft und Gesellschaft - das waren die preußisch-deutschen »Tugenden«, nicht aber ein auf Ausgleich und pragmatische Lösungen angelegtes liberales politisches Bewußtsein, wie es sich in den Staaten herausbilden konnte, in denen das Bürgertum eine stärkere Stellung hatte als in Preußen und wo demzufolge seine Normen die politische Kultur mitbestimmten.

Die Weichen für dieses grandiose Kompensationsgeschäft waren bereits unter dem Großen Kurfürsten gestellt worden: Denn dieselben Rezesse, die der Krongewalt Handhabe zur Einführung permanenter Steuern und damit zur politischen Entmachtung der Stände gaben, enthielten entscheidende Zugeständnisse für den Ausbau der gesellschaftlichen und ökonomischen Position des Adels - etwa die Ausdehnung und Befestigung der Leibeigenschaft, dadurch daß im Streitfall dem Bauern die Beweislast für eine prätendierte Freiheit zugewiesen wurde, was mangels schriftlicher Beweismittel natürlich meist unmöglich war.

Der Adelskompromiß prägte Lebenswirklichkeit und Lebensgefühl der Mehrheit der Menschen, die unter dem Preußenadler lebten. Im Verlauf der frühen Neuzeit waren die Gutsbezirke Ostelbiens zu in sich geschlossenen, selbstgenügsamen Welten geworden, die ungeachtet ihrer Einbindung in die europäischen Handelsverflechtungen in ihrem täglichen Bedarf weitgehend autark blieben. In der Kopplung von physischer Nähe und sozialer Distanz zwischen Gutsherrschaft und Bauern entwickelte sich der Paternalismus zu einem Herrschaftssystem[74] und zu einem alltäglichen Lebensgefühl, das Denken und Emotionen beider Seiten nachhaltig prägte. Grundlage dieser paternalistischen Herrschaft der Junkerkaste war das »ganze Haus«, jene ökonomische Produktionseinheit und soziale Lebensgemeinschaft Alteuropas, die der Volkskundler Wilhelm Heinrich Riehl während des 19. Jahrhunderts im Abendlicht ihrer Existenz beschrieb und die in unserer Zeit Otto Brunner zur Grundkategorie frühneuzeitlicher Sozialgeschichtsschreibung machte.[75] Ideologie und Realität des »ganzen Hauses« waren über ganz Europa verbreitet. Sie haben jedoch kaum irgendwo das Verhältnis der »oberen Klassen« zum Bauerntum nachhaltiger geprägt als in Brandenburg-Preußen.

Eine breitgefächerte und detaillierte »Hausväterliteratur« gab Auskunft über die beste Gestaltung der ökonomischen und sozialen Beziehungen im »ganzen Haus«. Der Gutsbesitzer konnte sich dort genaue Anleitungen holen, wie er als Pater familias wirtschaften und mit seiner Familie, dem Gesinde und nicht zuletzt den Bauern umgehen solle. Folgenreich mußte vor allem das Bild des Bauern sein, das diese Hausväterliteratur vermittelte: Der Bauer erscheint als eine Kreatur der Sinne, durch und durch von seiner körperlichen Arbeit geprägt:

Der Bauer hat fast durchgehends ein fühlloses Herz, welches durch vernünftige Vorstellungen sehr schwer zu bewegen und folgsam zu machen ist ... Nur blos sinnliche Empfindungen regieren seinen Lebenswandel, und diese allein sind es doch nur, wodurch er in Ordnung gebracht und zur Beobachtung der ihm obliegenden Pflichten angehalten

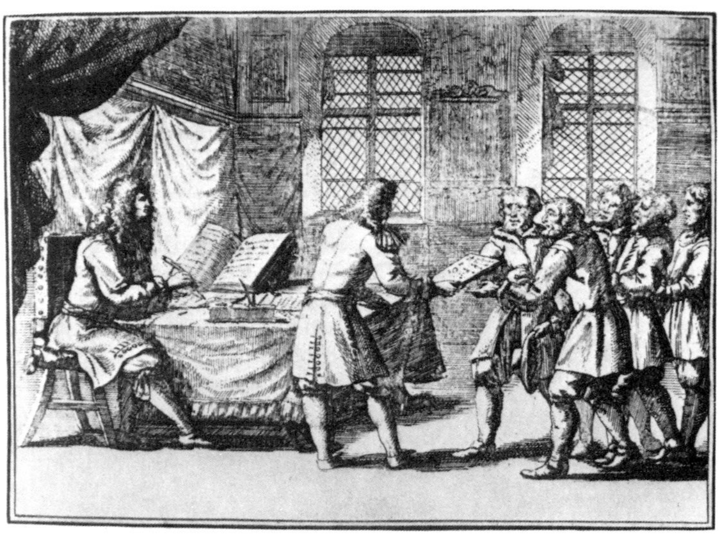

Übergabe einer Petition durch Bauern, Stich aus der Georgica Curiosa, einer erstmals 1682 erschienenen zweibändigen Enzyklopädie der Landwirtschaft aus der Feder des niederösterreichischen Adligen Wolf Helmhart Freiherr von Hohberg (1612-1688), die süddeutsche Verhältnisse widerspiegelt

Während im Westen und Süden des Reiches die Fürsten eine mehr oder weniger erfolgreiche Bauernschutzpolitik betrieben und den Bauern häufig auch der Weg zu den Gerichten oder die Beschwerde direkt beim Landesherrn offenblieb, waren die brandenburgisch-preußischen Bauern in den ostelbischen Gutsbezirken der Polizei- und Gerichtsgewalt ihrer Junker unterworfen.

Gutsherrschaft und Schnitter feiern das Erntefest, Kupferstich von J. M. Mettenleiter, 1788

Alltägliche Nähe und soziale Distanz, patriarchalische Fürsorge und politische Entmündigung - diese Spannung charakterisierte die Symbiose zwischen Junkern und Bauern auf der Basis des preußischen Adelskompromisses bis in unser Jahrhundert hinein.

werden kann... - so heißt es bei Karl Friedrich Beneckendorff, einem Autor des 18. Jahrhunderts.[76] Doch nicht nur kindhaft einfach ist der Bauer, er ist vor allem auch arglistig, unzuverlässig, unehrlich und rebellisch. Wegen dieses in doppelter Weise unvollkommenen und gefährlichen Charakters ist der Bauer der Aufsicht eines »strengen und fordernden Vaters«[77] zu unterwerfen. Permanente Kontrolle und Disziplinierung, falls nötig auch Züchtigung - das waren die »Zivilisierungsstrategien«, die die Hausväterliteratur anbot. Erziehung zur selbstbestimmten Mündigkeit war ihr weitgehend unbekannt; sie blieb daher auch außerhalb des Horizonts der preußischen Junker.

Die physische Nähe änderte nichts an der unüberbrückbaren sozialen Distanz zwischen Junker und Bauer. Im Gegenteil - diese Distanz wurde im alltäglichen Umgang eingeschliffen, gewann existentielle Qualität: Der Junker und seine Familie redeten die Bauern mit »Du« oder »Er« und mit dem Vornamen an, während diese sie selbstverständlich mit Titel und förmlicher Anrede zu bedenken hatten, wobei sie ehrerbietig den Kopf entblößten.

Gutsherr und Hörige feierten gemeinsam die Dorffeste, und dabei war es dem Junker erlaubt, innerhalb klar definierter Grenzen paternalistische Intimität zu zeigen. Das geschah vor allem auf den Erntedankfesten. Sie »begannen typischerweise damit, daß die Bauern sich versammelten, um dem Herrn eine Krone zu präsentieren, die aus dem geernteten Getreide hergestellt war, wobei dies in manchen Fällen von dem ritualisierten Vortrag eines Gedichtes durch einen der Bauern begleitet wurde. Der Gutsherr antwortete darauf, dankte den Bauern für ihre Arbeit, versicherte sie seiner Sorge für ihr Wohlergehen und lud sie ein, das Fest zu genießen. In manchen Fällen zog er sich danach zurück und erlaubte den Bauern, allein zu feiern; in anderen tanzten er und seine Gattin den ersten Tanz, bedeckt von der Getreidekrone, die danach an den Aufseher und dann weiter hinunter, durch die Reihen der Bauern hindurchgereicht wurde.«[78] Auch diese Feste gehörten zum »System symbolischer Herrschaft«; sie sollten dem Bauern den Rang seines Herrn innerhalb einer als natürlich und unveränderbar begriffenen Standes- und Gesellschaftsordnung vor Augen stellen. Den Junker und seine Familie rüsteten sie mit dem »Mantel der Autorität« aus und veranlaßten sie, diesen so zu tragen, »als gehöre er von Natur aus zu ihnen«.[79]

Ähnlich verhielt es sich mit dem allsonntäglichen Gottesdienst. Auch ihn feierten Bauern und Adlige gemeinsam in der meist engen Dorfkirche. Die Gutsherrenfamilie saß jedoch herausgehoben in einem eigenen Kirchenstuhl – der Gemeinde mehr gegenüber als unter ihr. Häufig war die Kirche geschmückt mit dem Wappen der Adelsfamilie, mit Fahnen und Standarten ihres Regiments, mit Büsten und Sarkophagen ihrer Vorfahren. Und der Pastor, der dem Patronat des Junkers unterstand, gedachte ihrer in seinen Gebeten so, wie er des Königs in Berlin gedachte. In der geschlossenen Welt der Gutsbezirke waren es häufig eher die Junker als der ferne Monarch, die im sakrosankten Glanz der Obrigkeit als irdischer Stellvertreter des himmlischen Vaters erstrahlten.

Wie die Könige im Jahrhundert des höfischen Absolutismus in den Empfängen und Festen des Hofes die barocke Ständegesellschaft inszenierten, so dienten solche und viele andere Handlungen – etwa die Jagd – dem Adel als Element »symbolischer Herrschaftsausübung« über die ihm untergebenen Bauern. In ihnen manifestierte sich der Paternalismus als gottgegebene Sozialbeziehung zwischen Adel und Volk. Wie das »ganze Haus«, so war auch die »repräsentative Öffentlichkeit« des Paternalismus ein über Deutschland und Europa insgesamt verbreitetes Phänomen. In Preußen war er jedoch im Zuge des Adelskompromisses zum unverrückbaren Eckstein der Staatsräson selbst geworden. Die Spannung zwischen physischer Nähe und sozialer Distanz, zwischen Herrenstand und einfachem, ungebildetem Landvolk machte den inneren Kern des Preußentums aus, weil sie tief in der Gesellschaftsverfassung verankert war.

Das waren die Kosten des Kompromisses zwischen Adel und Krongewalt, der den preußischen Macht- und Einheitsstaat ermöglicht und beachtliche Kapazitäten in Verwaltung, Militär und selbst in der Wirtschaft freigesetzt hatte. Dieser Gewinn wurde mit hohen Barrieren gegen die politisch-gesellschaftliche Modernisierung bezahlt – gegen die rasche und einfache Herausbildung von pluralistisch-partizipatorischen Institutionen, Verhaltensweisen und Handlungsnormen, die breiten Schichten, unter anderem auch der Landbevölkerung, die Möglichkeit geboten hätten, sich mit dem Preußentum nicht nur passiv und über die bekannten Hohenzollernlegenden zu identifizieren, sondern sich aktiv und unmanipuliert für einen Staat einzusetzen, den man als den eigenen hätte begreifen können.

5. Bürokratie und Manufakturbürgertum – der preußische Verwaltungs- und Wirtschaftsstaat

Auch die Wurzeln des modernen preußischen Verwaltungsstaates reichen sachlich und zeitlich zurück in die Jahrzehnte nach Beendigung des Dreißigjährigen Krieges, als der Große Kurfürst alle Kräfte seiner Länder auf einen Punkt konzentrierte – den Aufbau eines stehenden Heeres. Das machte parallel zur Durchsetzung permanenter Steuern eine effektive Finanz- und Militärverwaltung erforderlich. Dieses Kardinalproblem jeder frühmodernen Einheitsstaatsbildung wurde in Brandenburg-Preußen auf doppelte Weise angegangen – zum einen durch Umbildung und Konzentration der überkommenen *Domanialverwaltung*, das heißt der Administration des dynastischen oder »staatlichen« Eigenbesitzes; dann aber durch den Neuaufbau einer *Kriegsverwaltung*, die von vornherein zentralistisch auf den Souverän hin konzipiert war und die sich rasch ressortübergreifende Kompetenzen aneignete, namentlich bei der Verwaltung der Gelder, des Nervus rerum frühmoderner Kriegführung.

Was die *Domanialverwaltung* anbelangt, so hatte ja auch in Österreich die Kammerverwaltung zu den frühesten landesherrlichen Behörden gezählt. Nicht zuletzt wegen der Herausbildung von Nebenlinien in Vorder- und Innerösterreich war es dort jedoch bis zur großen Theresianischen Staatsreform nicht gelungen, eine gesamtstaatliche, in Wien zentralisierte und allein auf den kaiserlichen Souverän ausgerichtete Kammerverwaltung durchzusetzen. Die Länderkammern – in Prag, Graz und Innsbruck – wurden vielmehr zum Einfallstor partikular-landständischen Einflusses. Demgegenüber entstand in Brandenburg-Preußen bereits im Verlauf des 17. Jahrhunderts eine Domanialverwaltung, die vom Landesherrn kontrolliert wurde und nach sachlichen Gesichtspunkten einheitlich organisiert war. In den Einzelterritorien wurde aus dem jeweiligen Geheimen Rat – von Kleve, von Brandenburg, von Preußen – eine mit Finanz- und Domänenangelegenheiten befaßte »Fachbehörde« ausgegliedert, die gesamtstaatlichen Zuschnitt erhielt, indem sie auf eine zentrale Fachbehörde als einer Art »Oberbehörde« ausgerichtet wurde. Als eine solche Oberbehörde arbeitete ab 1686 in Berlin die *Geheime Hofkammer*, die nach organisatorischen Reformen 1713 den Namen *Generalfinanzdirectorium* erhielt. Diese Zentralbehörde faßte die Domänenverwaltung der einzelnen Territorien zusammen. Darüber hinaus zog sie allgemeine Finanz- und Wirtschaftsfragen an sich, da diese naturgemäß immer berührt waren, wenn es um die bestmögliche Nutzung der Staatsgüter ging.

Wirklich konsequent ließen sich die Modernisierungs- und Rationalisierungsimpulse naturgemäß dort durchsetzen, wo es nicht um Modifizierung bestehender, sondern um die Gründung neuer Institutionen und Instanzenzüge ging. In Brandenburg-Preußen war es die unter dem Großen Kurfürsten als gesamtstaatliches Behörden-

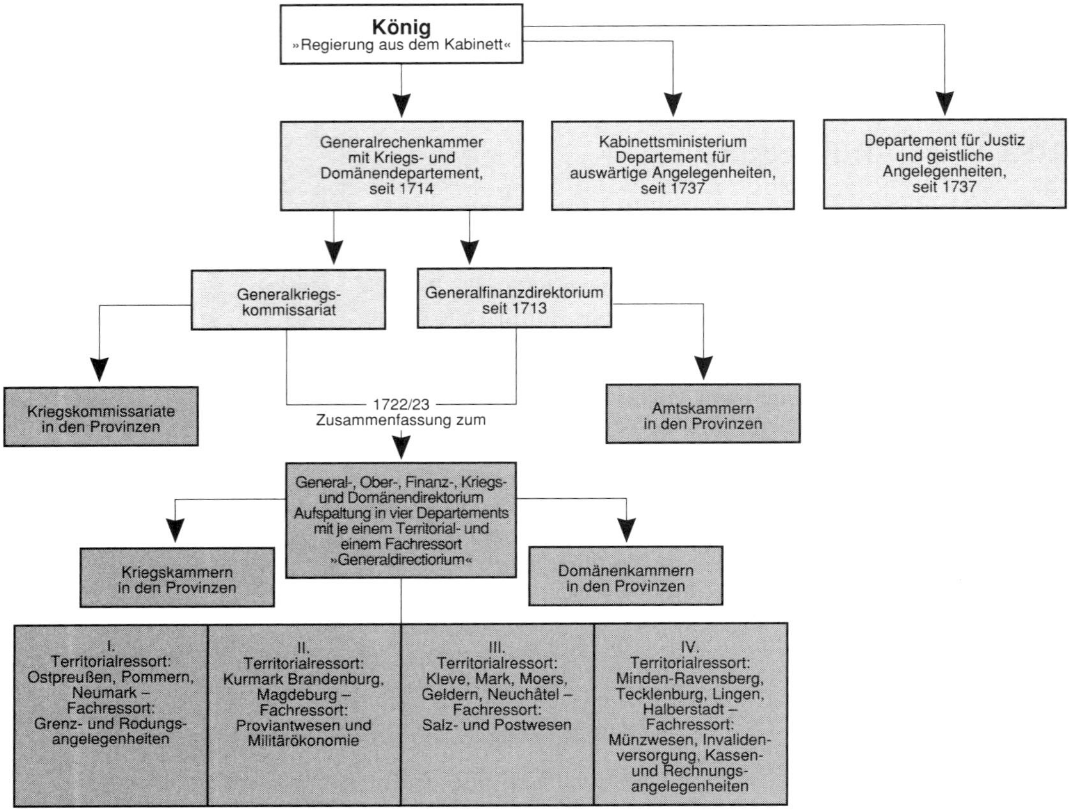

Brandenburg-preußische Verwaltungsorganisation unter König Friedrich Wilhelm I.

system konzipierte und rasch die Einzelländer in ein übergeordnetes, »borussisches« Personen- und Instanzengeflecht einbindende Militärverwaltung, die zum Motor moderner Institutionen und Abläufe in der Verwaltung wurde. In Brandenburg setzte sich das moderne Fachbeamtentum zuerst in der Militärverwaltung durch. Ihr tragender Pfeiler war der berühmte *commissarius loci* oder *Steuerrat*, dessen Benennung bereits auf den neuen Beamtentypus hinweist: Es handelt sich um einen an den Ort seiner Tätigkeit geschickten Beauftragten (lat. commissarius) des Landesherrn, nicht um einen aus dem »Land« hervorgegangenen, im Namen der Landstände oder doch als deren Vermittler tätigen Amtsträger alten Typs.

Dieser Gegensatz und die Ablösung des einen durch den anderen Typus des Amtsträgers waren im 17. und 18. Jahrhundert nicht nur in Brandenburg und Österreich, sondern überall in Europa zu beobachten. Berühmt ist der Gegensatz zwischen »officier«, dem altständischen Amtsträger der Länder, und »commissaire« in Frankreich. Dort war es der vom König in die Provinzen geschickte Intendant mit umfassenden Verwaltungsaufgaben, etwa beim Ausbau des Straßennetzes und der Wasserwege, der als einheitsstaatliches Instrument des modernisierenden Absolutismus wirkte. Daß in Preußen das Arbeitsfeld des modernen Beamtentyps lange Zeit von militärischen Belangen beherrscht war, mußte nachhaltig das Selbstverständnis des preußischen Beamtentums prägen, auch wenn im alltäglichen Verwaltungsleben der Steuerrat durchaus nicht immer nur ein willfähriges Instrument des Absolutismus war, sondern die Interessen seiner Stadt und ihrer Bürger zur Geltung brachte.

Bald saß in jeder bedeutenderen Stadt ein *commissarius loci*, der als Chef der Militäradministration über Einnahmen und Ausgaben wachte und dadurch tief ins alltägliche Leben der Stadt eingriff, vor allem in ihren Finanzhaushalt und ihre Wirtschaftspolitik. Natürlich arbeitete er aufs engste mit dem Ortskommandanten zusammen. So kam es zu einer mächtigen Straffung und Rationalisierung in allen Bereichen städtisch-bürgerlicher Existenz. Allerdings blieb die Commissariatsverwaltung auf die Städte beschränkt. Es war ja Teil des Interessenausgleichs zwischen Adel und Krongewalt, daß sich auf dem »platten Land« auf Dauer keine »Geschickten« des Souveräns halten konnten. Dort bildete sich vielmehr mit Billigung der Hohenzollern, zeitweilig sogar mit ihrer energischen Förderung, in den sogenannten Kreisen eine ständische, semibürokratische Verwaltung heraus, die vom kreisansässigen Adel getragen wurde. An der Spitze stand zur Zeit des Großen Kurfürsten ein vom Adel gewählter Kreisdirektor, neben dem ein Landeskommissar die Interessen des Kurfürsten vertrat. Gleich zu Anfang des 18. Jahrhunderts wurde dieses System dahingehend geändert, daß nur noch ein Amtsträger an der Spitze des Kreises stand – der Landrat. Er wurde vom König auf Vorschlag der im Kreis ansässigen Gutsherren ernannt, so daß er Vertrauensmann der Kreisstände und landesherrlicher Verwaltungs- und Vollstreckungsbeamter in einer Person war. Zusammen mit den übrigen öffentlichen Aufgaben nahm er auch die in seinem Kreis anfallenden Angelegenheiten der Militärverwaltung wahr.[80]

An der Spitze der Militärverwaltung stand seit den sechziger Jahren des 17. Jahrhunderts das *Generalkriegskommissariat* in Berlin. Diese Zentralbehörde dehnte ihr Tätigkeitsfeld rasch aus – war doch eine gesunde Finanz- und Wirtschaftspolitik der beste Garant für solide Staatsfinanzen und damit für den ordentlichen und reibungslosen Unterhalt der Armee. Das Generalkriegskommissariat wurde schließlich zum wichtigsten Motor einer merkantilistischen Wirtschaftspolitik. Die zu Beginn des 18. Jahrhunderts immer deutlicher Gestalt annehmende, gezielte Förderung von Handel und Gewerbe war im wesentlichen sein Werk. Der Wille zu planvoll rationaler Organisation und zielgerichtetem effektiven Handeln sprang in Preußen von der Armeeverwaltung auf die allgemeine Wirtschaftspolitik über. Mit ihrem straff behördenmäßigen Aufbau von Lokal- über Provinzial- hin zu Zentralinstanzen verfügten die Kriegskommissariate über Informations- und Befehlskanäle zwischen Zentrum und Peripherie, die der merkantilistischen Wirtschaftsplanung entscheidende Hilfestellung boten.

So führte die Geschichte des Staates und seiner Institutionen dazu, daß sich in Brandenburg-Preußen seit dem ausgehenden 17. Jahrhundert zwei unterschiedliche Finanz- und Wirtschaftsbehörden gegenüberstanden – die Steuer- und Kontributionsverwaltung der Kommissariate, gipfelnd im Berliner *Generalkriegskommissariat,* das die Armee unterhielt, und die Domanialverwaltung unter Leitung des *Generalfinanzdirectoriums*, von deren Erträgen die Zivilverwal-

Wahrhaffter PLAN
betreffend die
REFORME der JUSTITZ
Welchen
Se. Königl. Majestät von Preussen
Selbst, und durch Dero eigene Lumieres
formiret haben,
wornach
Alle PROCESSE
in Sr. Königl. Majestät Provintzen tractiret,
und
in dreyen INSTANTZEN in einem Jahre
geendiget werden.

Mit allergnädigsten PRIVILEGIIS.

HALLE,
In Verlegung des Wäysenhauses, Anno 1749.

Titelseite der von Friedrich dem Großen geplanten Justizreform, gedruckt in der Waisenhausdrukkerei der Franckeschen Anstalten in Halle, 1749

Neben dem Ausbau der Militär- und Zivilverwaltung kümmerte sich der Absolutismus vor allem um Vereinheitlichung und Reform des Justizwesens.

tung lebte. Beide Behörden hatten jeweils verschiedene Interessen im Auge und vertraten unterschiedliche Klientel: die Armeebehörde kümmerte sich in erster Linie um die Städte sowie um Handel und Gewerbe, während die Domanialbehörde vor allem das Land, in der Hauptsache die Landwirtschaft, in gewissem Umfang aber auch das ländliche Gewerbe förderte. Aus dem Nebeneinander der beiden Behördensysteme ergaben sich Rivalitäten, die schließlich den guten Fluß der Staatseinnahmen wie die planvolle merkantilistische Wirtschaftsförderung hemmten. Nicht selten gab es Streit und Kompetenzgerangel; selbst Prozesse der einen Behörde gegen die andere kamen vor.

Friedrich Wilhelm I. hatte die Klarsicht und Energie, dies gleichsam mit einem Federstrich zu beseitigen. Um Weihnachten 1722 zog er sich in die Einsamkeit der Schorfheide zurück und schrieb im Jagdschloß Schönebeck den Entwurf einer Instruktion an den Staatsminister Heinrich Rüdiger von Ilgen nieder. Durchdrungen vom majestätischen Bewußtsein, höchster Behördenchef zu sein, brachte der König seinen unverrückbaren Willen zum Ausdruck, alle damit kollidierenden Eigeninteressen von Behörden und Bürokraten radikal zu beschneiden:

Ordre an den von Ilgen, das er soll das Gen. Commissariat und Finantz Directorium in die Geheimte Rathstuhbe zu sammen kommen und Ihnen dieses vorlehßen und Ihnen in meinen nahmen andeutten, das ich sehr misvergnügt wehre mit Ihren Dienst, da sie nits gethan hetten als Collusiones einer gegen den andern zu machen, als wen das Gen. Comis nit seine Majestet von Preussen so wohll sein wehre als die Domenen. Ich wehre persuadieret, das diese confusions werk und haushaltungsardt vor seine Majestet lande und leutte nit bestandt haben könte: Itzo das Gen. Comis. Jures Consult und advocaten aus meinen beuttel hielten, nur zu fetten [fechten] gen die Domenen, ergo gegen mir selber! Die Finan.Direc. hingegen auf meinen beuttel wieder Juris consults und advocaten hielten, gen das Comis. sich zu wehren, und wohll mit die Landesstende colludierten gegen die Comis., ergo gegen mir selber sein unterschiedene und mehr als 1 000 exempels in die 9 jahr... Dieses alles kan ich nit lenger mit guhten Hertzen ansehen. Also habe resolviret die beide Collegia Gen. Comis. und Fin. Direc. zu cassieren und eine ander verfassung zu machen wie hier folget ... Nach Verlehsung der ordre soll der von Ilgen Ihnen vorlehßen die Membra der collegia die ich behalte und wie Ihre departement heißen und das das colle. soll heißen: das genne: Oberste finantz Kris und Domen. Directoriumb.[81]

Dies ist die Geburtsurkunde des *General-Ober-Finanz-Kriegs- und Domänendirectoriums,* kurz *Generaldirectorium* genannt; jener obersten Finanz- und Wirtschaftsbehörde des Hohenzollernstaates, die bald viel gerühmt und kopiert wurde, zuerst und am gründlichsten von den Habsburgern. Diese Modernisierung der preußischen Verwaltungsorganisation war das ganz persönliche Werk eines Königs, der nicht nur Entschlußkraft bewies, den wildgewachsenen Behördendschungel mit einem Schwertstreich zu beseitigen, sondern auch institutionelle Phantasie, eine neue, funktionsfähige Behörde zu begründen, die unter streng hierarchischer Leitung durch die Berliner Zentrale Wirtschaft und Fiskalwesen der einzelnen Provinzen steuerte. Friedrich Wilhelm I. hatte damit die institutionellen

Voraussetzungen für eine gesamtstaatliche Wirtschafts-und Finanzpolitik geschaffen.

In mehrere Provinzialdepartements gegliedert, denen aber zugleich bestimmte Sachressorts zugeordnet waren, blieb das Generaldirectorium bis zur Auflösung der altpreußischen Verwaltung in der Reformära des aufgehenden 19. Jahrhunderts der eigentliche Motor des hohenzollerischen Verwaltungsapparates. Daneben war, ebenfalls unter Friedrich Wilhelm I., als weitere Fachbehörde das Departement der auswärtigen Affären errichtet worden. Der Geheime Rat, die wichtigste Verwaltungsbehörde des 16. und frühen 17. Jahrhunderts, und damit in gewisser Weise ehrwürdiger Ahnherr aller neuzeitlichen Behörden, war auf die Justiz und den Kultus reduziert. Damit war praktisch eine dritte Fachbehörde geschaffen, deren Präsident zwar den ehrenvollen Titel »Großkanzler« führte, die aber kein dem Generaldirectorium vergleichbares Gewicht hatte.

So besaß Brandenburg-Preußen Mitte des 18. Jahrhunderts eine moderne, effektive Zentralverwaltung, die teils nach sachlichen, teils nach territorialen Arbeitsbezirken gegliedert war. An der Spitze der Ressorts stand je ein Minister, dem mehrere Räte untergeordnet waren. Die Entscheidungen des Generaldirectoriums mußten im Gesamtkollegium getroffen und vom König bestätigt werden.

Friedrich Wilhelm I. hatte noch vorgesehen, daß der König selbst den Vorsitz im Generaldirectorium ausübte. Tatsächlich nahm er jedoch nur selten an den täglichen Sitzungen teil. Er bevorzugte vielmehr »die Regierung aus dem Kabinett«, die Friedrich der Große übernahm und weiter ausbaute. Der König arbeitete in seinem Kabinett die Akten und Gutachten seiner Minister und Räte durch und entschied durch Marginalvermerke, die sein Kabinettssekretär in die Form sogenannter *Kabinettsordres* brachte: Die Beschwerde eines aus Halle durch Soldaten entführten und anscheinend zum Kriegsdienst gezwungenen Studenten erhielt den Marginalvermerk: Soll »nicht Resonniren, ist mein Unterthan. F.W.«. Den Antrag eines Domänenpächters, wegen einer Viehseuche 400 Taler staatliche Entschädigung zu erhalten, beschied der König mit: »200 Thaler! Der Kerrel hellet mehr pecus als zum Mist nötig, hofft beim Viehsterben zu profitiren.« Und als das Generaldirectorium einen Fahrdamm durch die morastigen Brüche des Amtes Stepenitz bauen will, um die Dörfer an das Verkehrsnetz anzuschließen, lautet der Marginalvermerk: »Narren Possen, Narren Possen, Narren Possen, Narren Possen«, woraus der Kabinettssekretär die Kabinettsordre, »daß es Sr. K. M. bedenklich sei, das Geld dazu geben zu lassen«, formulierte und dem Ministerium zuschickte.[82]

Die preußischen Könige besaßen nicht nur eine wohlorganisierte und effektive Bürokratie. Sie selbst führten das Leben pflichtbewußter Bürokraten. Von Friedrich II. berichtete General von Diebitsch an den russischen Zaren Paul I.:

Es ist bekannt, daß dieser große König, wenn er gesund war, außerordentlich früh aufstand, oft im Sommer gleich nach 3 Uhr, selten später als 4 Uhr, im Winter vielleicht eine Stunde später. Er speiste nie des Abends und legte sich auch gemeiniglich noch vor 10 Uhr schlafen ... Er befahl alle Zeit, wann er geweckt sein wollte, aber er wachte immer selbst gegen die Zeit auf, daher auch derjenige, so die Stelle des Geheimen Kämmerers vertrat, mit den von dem ersten Kabinettsrat in einem versiegelten

Samuel von Cocceji (1679-1755) setzte sich bereits seit 1723 als Präsident des Kammergerichts und von 1738 an als Chef der preußischen Justiz unter Friedrich Wilhelm I. für eine Justizreform ein. Nach dem Regierungsantritt Friedrichs II. bis zu seinem Tod 1755 arbeitete er an der Reform des Justizwesens, deren vorrangiges Ziel die Vereinheitlichung des Rechtswesens im Rahmen einer Gesamtmonarchie war.

Kuvert eingesandten Briefen schon immer früher in dem offenstehenden Vorzimmer, in welchem ein Läufer... und einer der kleinen Lakaien die Wache hatte, parat stand, um entweder die befohlene Zeit zum Wecken abzuwarten, oder sobald der König »Hier!« rief, vor das Bett des Königs zu treten... Er übergab... dem König das Paket mit den Briefen, durch einen reitenden Feldjäger in der Nacht an den ersten Geheimen Kabinettsrat gebracht, von der Potsdamer Post aber an denselben eingeschickt wurden, eingeschlagen und versiegelt. Der König öffnete das Kuvert höchstselbst, wobei er noch im Bette blieb, las jeden Brief und befahl, wo derselbe dann hingelegt werden sollte; zuweilen wurden von diesen Briefen einige in den unweit entfernten Kamin vom König geworfen, ohne daß jemand weiter etwas von dessen Inhalt erfuhr... Wenn sämtliche Briefe gelesen waren, wurden sie in Gegenwart des Königs wieder in einen Kuvert geschlagen, versiegelt und so dem ersten Geheimen Kabinettsrat zugestellt. Die beiden Geheimen Expedierenden Kabinettsräte waren deswegen so früh, als der König geweckt zu werden befohlen hatte, schon auf das Schloß gekommen und hatten alle übrigen eingegangenen Berichte, Vorstellungen und Anzeigen sämtlicher Departements sowie alle Suppliken der Unadligen bei sich und davon einen Extrakt gemacht. Sie teilten nun die vom König gelesenen Briefe unter sich, nachdem sie eines jeden Departement betrafen, um sie hernach dem König nochmals vorzutragen...

(Nach weiteren Geschäften ließ der König die Geheimen Kabinettsräte zum Vortrag kommen.) Der König nahm dann von seinem Schreibtische dasjenige mit, was er entweder diesem Geheimen Rat geben oder wovon er mit ihm sprechen wollte; der Geheime Kabinettsrat kam dann mit den Briefen und übrigen Papieren und fand entweder den König am Schreibtisch in seinem Zimmer oder vor dem Kamin im Nebenzimmer ... Der Anfang des Vortrages wurde allemal mit den Briefen gemacht, die der König schon früh gelesen hatte, wobei der Geheime Rat nur bloß den Namen des Verfassers nannte. Der König dekretierte dann entweder die Resolution gleich oder ließ sich den Brief nochmals vorlesen, und wenn dem Kabinettsrat über den Vortrag oder die Bitte eines solchen Briefes bereits etwas bekannt war, so war es ihm Pflicht, solches dem König zu sagen; auch hatte er die Erlaubnis, wenn der König vielleicht etwas dekretierte, welches mit bereits gegebenen Dekreten nicht vereinbar war, auch dies zu bemerken, und resolvierte überhaupt der König bei zweifelhaften Sachen nicht eher als nach eingezogenem Bericht, welchen er zu fordern den Befehl gab.

Alle Dekrete wurden von dem Geheimen Kabinettsrat mit Bleistift gleich auf das Schreiben wörtlich gesetzt... Waren die eingegangenen Briefe alle vorgetragen, so folgten Berichte, Vorstellungen und Anfragen sowohl von Militär- als allen verschiedenen Kollegiis, und auch darauf wurde das Dekret gleich den vorigen diktiert und notiert. Dann folgten die Suppliken und Vorstellungen von Privatleuten, denen Handschreiben an den König zu übersenden der Geburt nach nicht erlaubt war... Wenn die Geheimen Räte expediert waren, gingen selbige nach ihren Wohnungen zurück und fertigten die Kabinettsschreiben und Orders aus, wozu sie den Befehl erhalten, damit solche den Nachmittag um 3 Uhr dem König zur Unterschrift vorgelegt werden konnten, zu welchem Ende um 2 Uhr ein reitender Jäger zu dem ersten Geheimen Rat kam und das versiegelte Paket, worin erstgenannte Kabinettsschreiben waren, an den Kämmerer überbrachte und nach vollendeter Unterschrift des Königs es dem Geheimen Kabinettsrat wieder übergab, der dann die Schreiben kuvertieren und siegeln und entweder durch die Post in Potsdam oder durch einen Feldjäger an das Berliner Postamt, welches auch selbst bei der Nacht vom König angekommene Kabinettsorders an den, an welchen sie gerichtet waren, übergeben mußte oder solche nach dabei erhaltenen Befehl entweder durch die Post oder per Estafette weiterzusenden verpflichtet war.[83]

Vom Generaldirectorium angetrieben, entfaltete der preußische Wirtschaftsstaat unter Friedrich Wilhelm I. und Friedrich II. eine beachtliche Leistungskraft. Diese wirtschaftlichen Erfolge werden leicht übersehen, wenn es darum geht, die Gründe für den Aufstieg Preußens zur Großmacht zu benennen, und doch waren sie ebenso wichtig wie Adelskompromiß und Militärstärke.[84] Denn gerade in einem Land, das von Natur aus dürftig ausgestattet war, konnte die außenpolitische Machtentfaltung auf Dauer nur gelingen, wenn die Kräfte der Wirtschaft gesteigert und dem Staat nutzbar gemacht wurden. Und wiederum waren die entscheidenden Weichen vom Großen Kurfürsten gestellt worden,[85] durch Peuplierungspolitik und Bändigung der Stände - des Adels wie der Städte - war die brandenburgische Wirtschaft gestärkt und dafür Sorge getragen worden, daß dies dem Staat und nicht den intermediären Gewalten zugute kam.

Friedrich Wilhelm I. knüpfte hier an: Zuallererst machte er dem vom Luxusbedarf des Hofes bestimmten Zwischenspiel unter Friedrich I. ein spektakuläres Ende, indem er die Liebermännin, die Prinzipalin des bedeutendsten Berliner Hofjuweliers und Bankhauses, kurzerhand gefangensetzte. Im Zeitalter des fürstlichen Absolutismus, in dem ja Verschwendung und ausschweifender Lebensstil des Adels das Wachstum der Wirtschaft maßgeblich mitbestimmten, ging Preußen fortan auch wirtschaftspolitisch eigene Wege. Nicht die Luxusbranchen, sondern Außenhandel, Landwirtschaft und vor allem das Großgewerbe sollten Aufschwung nehmen, damit eine produktive Wirtschaft dem Staat sicheren Rückhalt für seine politischen Ziele geben konnte.

Auch die Peuplierungspolitik des Großvaters setzte der Soldatenkönig fort, vor allem durch die Aufnahme von etwa 20 000 Salzburger Protestanten, die 1731 einer späten Gegenreformation weichen mußten und die vor allem im pestentvölkerten Herzogtum Preußen angesiedelt wurden. Er hob die Produktivität der Domänen, indem er sie auf der Grundlage des modernen Vertragsrechtes en bloc, in der sogenannten Generalpacht, an befähigte Agrarunternehmer vergab. Um den Außenhandel zu steigern und dem einheimischen Gewerbe bessere Produktions- und Absatzmöglichkeiten zu eröffnen, erließ er Ausfuhrverbote, etwa 1718/19 für Wolle, und errichtete hohe Zollschranken gegen die Einfuhr ausländischer Gewerbeerzeugnisse. Vor allem aber bemühte er sich, in Brandenburg ein leistungsfähiges Großgewerbe aufzubauen, und zwar auf der Basis frühmoderner Betriebsformen und unter Einsatz der neuesten Produktionstechniken.

Zum Paradestück der merkantilistischen Gewerbeförderung wurde die große Wolltuchmanufaktur im Berliner »Lagerhaus«. Welche Bedeutung diesem Unternehmen beigemessen wurde, zeigt bereits die Tatsache, daß in den für die Wollproduktion vorgesehenen Ge-

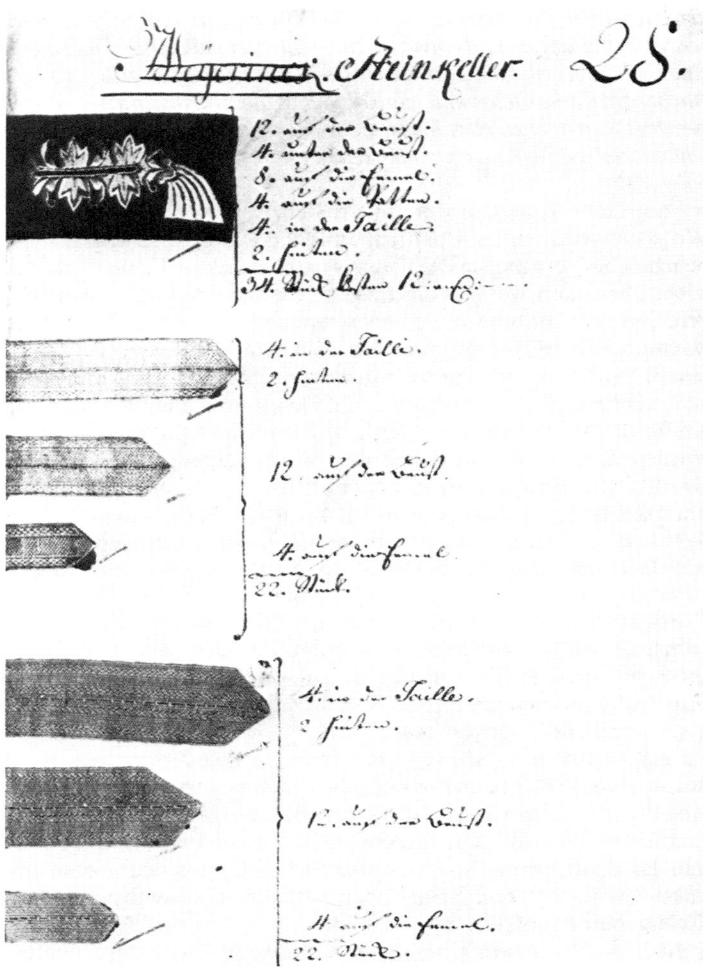

Tressenmusterbuch von 1755 – Zeuge der peniblen preußischen Militärökonomie, die alles bis ins kleinste hinein reglementierte, um dadurch einen Aufschwung der Wirtschaft herbeizuzwingen.

bäudekomplex an der Klosterstraße nicht nur eine ehemalige Ritterakademie einbezogen wurde, sondern auch das sogenannte Hohe Haus, die älteste, noch ins Mittelalter zurückreichende Residenz der hohenzollerischen Markgrafen in Berlin. Zweck des »Lagerhauses« war die Montierung des Heeres; vor allem das feine Offizierstuch wurde unter seiner Aufsicht hergestellt. Die größtenteils aus Spanien importierte Wolle wurde im Lagerhaus gewaschen und zugerichtet; Spinnen und Weben erfolgten im ländlichen Heimgewerbe, das vom Lagerhaus verlagsmäßig organisiert wurde, wobei das gesponnene Garn vor der Ausgabe an die Weber nach Berlin zurückkam, wo es für die Weiterverarbeitung vorbereitet wurde; auch die Rohtuche wurden wieder ins Lagerhaus gebracht, wo sie im Manufakturbetrieb gewalkt, geschert und gefärbt wurden, also die abschließende Appretur erhielten, die technisch besonders aufwendig war und hochqualifizierte Arbeitskräfte verlangte. Insgesamt beschäftigte das Königliche Lagerhaus über 4 000 Menschen. Das war auch ein beachtlicher Erfolg in der Bekämpfung des Arbeitslosen- und Armenproblems, das wieder drückend geworden war, seit zu Beginn des 18. Jahrhunderts die Bevölkerung rascher wuchs. Lösen ließen sich die Schwierigkeiten allein durch Manufakturgründungen allerdings nicht: In Berlin, wo sich die Kranken und Arbeitslosen konzentrierten, wurden in den letzten Regierungsjahren des Soldatenkönigs um die 8 000 Arme und Bettler gezählt.[86]

Neben dem Lagerhaus, das nur kurze Zeit von dem staatlich konzessionierten Unternehmer Johann Andreas Krautt geleitet, dann aber Staatsmonopolbetrieb wurde, profitierten auch die in Berlin ansässigen Handwerksmeister von der merkantilistischen Wirtschaftspolitik, und zwar wiederum vor allem die Textilbranche – Leineweber, Posamentierer und Knopfmacher. Weit über Berlin hinaus machten sich die Aktivitäten der 1726 gegründeten »Russischen Handels-Compagnie« bemerkbar, die das zaristische Heer mit brandenburgischen Tuchen belieferte.[87] Die Gold- und Silbermanufaktur der Firma Severin Schindler, die bereits seit 1705 in Berlin ansässig war, wußte sich auch unter dem Soldatenkönig zu behaupten: die Zahl ihrer Beschäftigten wuchs bis zum Ende des Jahrhunderts von 100 auf über 300, hinzukamen noch zahlreiche formal selbständige Handwerker als Zulieferer. Weiterhin gab es Manufakturen für Seiden- und Edelmetallstickereien, für Tapeten und Gobelins sowie die 1730 privilegierte Samtmanufaktur des Schutzjuden David Hirsch in Potsdam mit bald 100 Webstühlen; schließlich die Gewehrmanufaktur Splitgerber und Daum in Potsdam und Spandau, deren Produkte ebenfalls bis nach Rußland gingen.

Im Zentrum der staatlichen Wirtschaftsförderung standen die Mark Brandenburg und die östlichen Provinzen. Besonders rasch stieg die Wirtschaftskraft Berlins und seiner Umgebung, ablesbar bereits am Wachstum der Stadt sowohl an Fläche und Häusern als auch an Einwohnern. Friedrich Wilhelm vollendete die von seinem Vater gegründete Friedrichstadt, indem er 1725 eine Statistik der tatsächlichen Bebauung erstellen ließ und die Schließung der Baulücken befahl. Die Zahl der bewohnten Häuser stieg bis 1737 von 719 auf 1 682. Zu den fünf älteren Städten und Stadtteilen Berlin, Kölln, Friedrichswerder, Friedrichstadt, Dorotheenstadt, die 1709 vereinigt worden waren und seitdem einem einzigen Magistrat unterstanden, kamen bis 1740 noch vier Stadterweiterungen hinzu, nämlich die Luisenstadt, die Stralauer Vorstadt, die Königsstadt und die Sophienstadt. Die Einwohnerzahl der Gesamtstadt stieg sprunghaft von 55 000 im Jahr 1709 auf 65 300 (1721) und 79 000 vierzehn Jahre später; rascher noch war das in diesen Zahlen enthaltene Militär gewachsen, nämlich von 5 149 über 7 645 auf 18 257 Personen. Am Ende des Zweiten Schlesischen Krieges war die 100 000-Marke überschritten, für das Jahr 1747 wurden 106 803 Menschen gezählt, wovon 21 484 Soldaten waren. Berlin hatte den Weg zur Groß- und Weltstadt angetreten, im Reich war nur die Kaiserstadt größer.[88]

Relativ unabhängig von dem Wirtschaftssystem der mittleren und der östlichen Teile der Monarchie entwickelten sich die westlichen Besitzungen in Westfalen und am Niederrhein. Sie gehörten einem ganz anderen Wirtschaftsraum an, der durch seine traditionellen Verbindungen in die Niederlande und zu den Exporthäfen an der Nordseeküste eine eigenständige Dynamik entfaltete, vor allem in der großflächigen Entwicklung land- und kleingewerblicher Produk-

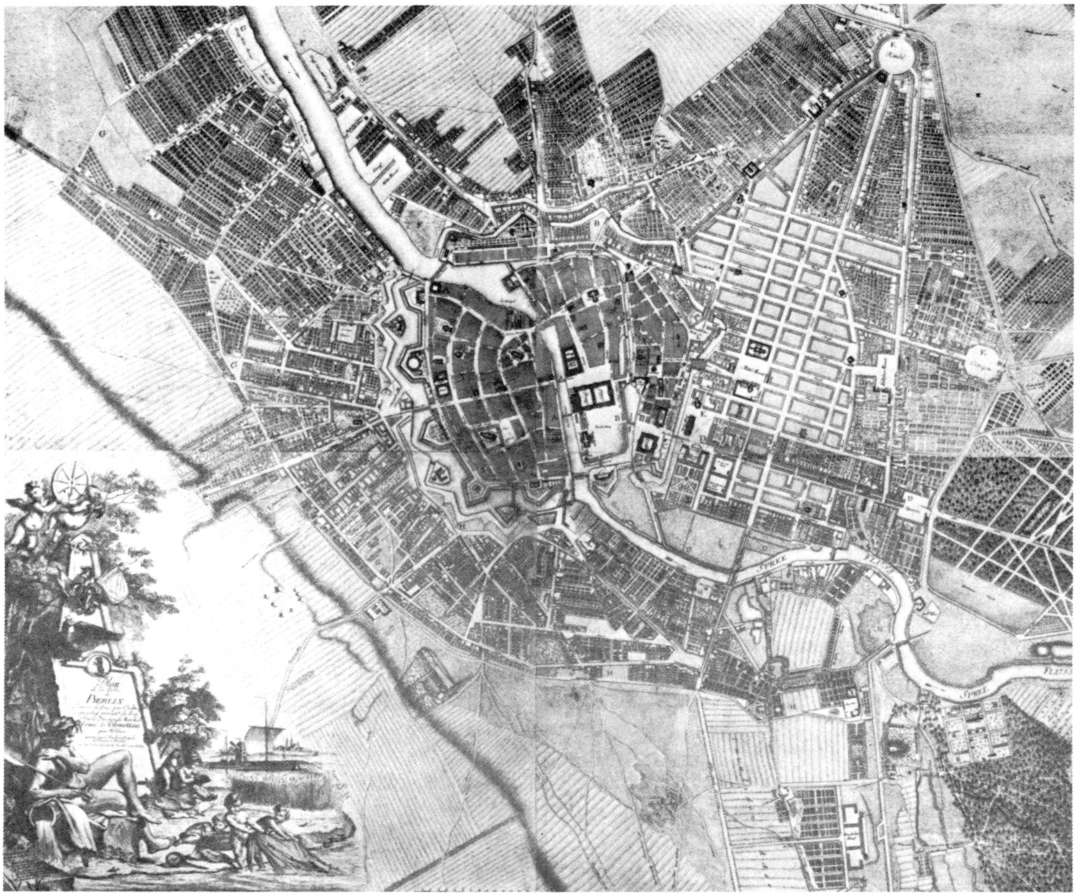

Plan des Grafen Schmettau von Berlin, 1748

Peuplierungspolitik und Gewerbeförderung ließen die ehemals verträumte märkische Residenzstadt Berlin innerhalb eines Jahrhunderts zur europäischen Großstadt aufsteigen. Nachdem die fünf älteren Städte und Stadtteile, nämlich Berlin, Kölln, Friedrichswerder, Friedrichstadt und Dorotheenstadt 1709 vereint worden waren, kamen neue Stadterweiterungen hinzu, und zwar die Luisenstadt, die Stralauer Vorstadt, die Königsstadt und die Sophienstadt. 1748 zählte Berlin bereits über 80 000 Menschen.

tion feiner Leinwand, die in Europa und Übersee guten Absatz fand. Der Hohenzollernstaat hat diese wirtschaftliche Eigendynamik aber nach Kräften gestärkt, indem er auch hier die merkantilistisch-territoriale Abgrenzung zugunsten der einheimischen Handwerker und Kaufleute erzwang, indem er verordnete, daß Garne und Gewebe zu marktgängigen Produkten zu standardisieren seien, was die Weiterverarbeitung und den Absatz erleichterte, und indem er technische Innovationen förderte, etwa bei der Bleicherei.[89]

Friedrich der Große baute das finanz- und wirtschaftspolitische System seines Vaters, das 1722/23 gleichzeitig mit der großen Behördenreform feste Gestalt angenommen hatte, weiter aus. Gleich beim Regierungsantritt richtete er als neue Fachbehörde im Generaldirectorium das fünfte Department für Handel und Gewerbe ein, das erste preußische Wirtschaftsministerium, dessen Leitung der König ab 1749 selbst übernahm. Es folgten weitere Spezialbehörden für die Wirtschaftsförderung, und zwar 1766 das Departement für Akzisen und Zölle, 1768 das für Bergwerke und Hüttenwesen, schließlich 1770 das für Forsten. Trotz der vielen Kriege konnte Friedrich bereits in der ersten Hälfte seiner Regierungszeit wichtige Weichen stellen: In der Landwirtschaft setzte er auf »Conservierung« der vorhandenen adligen und bäuerlichen Betriebe; auf Sicherung der Ernährung durch eine protektionistische Politik sowohl beim Handel mit Getreide als auch bei der Getreidebevorratung; auf die innere Kolonisation, vor allem die zwischen 1747 und 1753 erfolgte Trockenlegung des Oderbruchs; schließlich - als erster europäischer Herrscher - auf den Anbau der bereits seit dem 16. Jahrhundert in Europa bekannten Kartoffel, von der er zu Recht den Ausweg aus der Abhängigkeit vom Korn erwartete und damit aus den bislang unvermeidlichen Ernte- und Hungerkrisen.

In der Gewerbepolitik hatte weiterhin das Großgewerbe Vorrang. Vor allem die Seidenmanufaktur - neben den Kriegsgewerben die wichtigste Wachstumsbranche des höfischen Zeitalters - wurde jetzt auf eine breitere Basis gestellt, nachdem frühere Ansätze wenig erfolgreich gewesen waren. Bereits in den fünfziger Jahren gab es eine

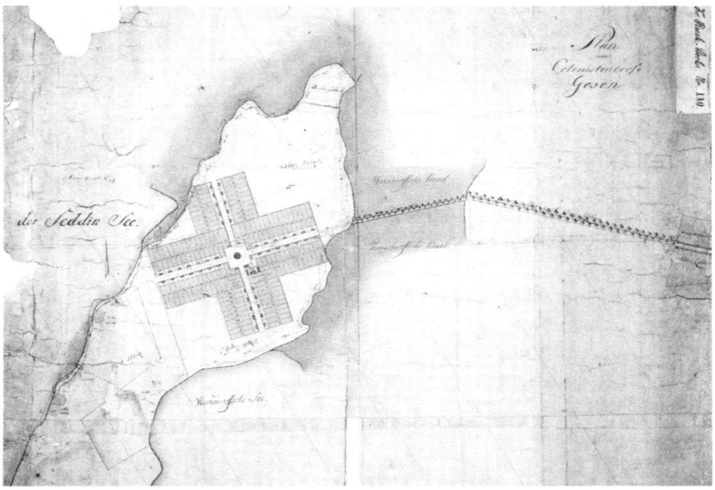

Plan des Kolonistendorfes Gosen, das 1754/55 als Spinnerdorf gegründet wurde. Kreuzförmige Anlage mit Kirche, Friedhof, Schule und den Häusern mit Grundstücksparzellen entlang der Straßen

Auch unter Friedrich dem Großen machte die Peuplierung Preußens Fortschritte, das war allerdings weniger auf die Einwanderung von Ausländern zurückzuführen als auf eine deutsche Binnenwanderung aus ökonomischen Gründen. Oder-, Netze- und Warthebruch wurden urbar gemacht und besiedelt. In der Umgebung Berlins wurden eine Reihe von Spinnerkolonien gegründet, um die Manufakturen in der Hauptstadt mit dem notwendigen Garn zu versorgen.

Reihe mittlerer und größerer Unternehmen, die mit insgesamt mehr als 1 000 Stühlen Seidengewebe produzierten.[90] Unter ihnen war der jüdische Seidenfabrikant Bernhard, der den berühmten Literaten und Philosophen Moses Mendelssohn in eben jenen Jahren als Erzieher in sein Haus nahm und ihn später zu seinem Geschäftspartner machte. 1751 nahm die erste Porzellanmanufaktur ihre Tätigkeit auf; die große Zeit des Berliner Porzellans kam aber erst nach dem Siebenjährigen Krieg. Natürlich florierte die kriegswichtige Eisenerzeugung in Hütten und Hämmern der Mark Brandenburg.

Als erster Hohenzollernherrscher verfolgte Friedrich der Große ein Städteförderungsprogramm, das auch den mittleren und kleineren Städten zugute kam, etwa dem märkischen Luckenwalde, wo ein Großbetrieb der Wollproduktion eingerichtet wurde und damit die erste brandenburgische Manufaktur außerhalb der Hauptstadt. Berlin, Spandau und Potsdam wurden zwar nicht vernachlässigt, im Gegenteil wurden sie unter Friedrich II. zur »Wirtschafts-Festung« Berlin und Umgebung ausgebaut. Die »wirtschaftsintelligente Städtepolitik« des großen Königs sorgte aber dafür, daß die gewerbliche Modernisierung über den Berliner Raum hinaus auch die Provinz erfaßte. 1769/70 gab es in 51 der altpreußischen Städte, also ohne Schle-

Die erste große Manufaktur außerhalb der Hauptstadt war die Tuchfabrik in Luckenwalde.

Christian Friedrich Blume (1693-1746), Begründer einer Samtfarbik in Berlin

Mit der Förderung des Großgewerbes entwickelte sich in Brandenburg-Preußen ein Wirtschaftsbürgertum, das zwar weit hinter der adligen Staatselite zurückstehen mußte, aber dennoch seinen Platz in der preußischen Gesellschaft zu finden wußte.

sien, Manufakturen oder manufakturähnliche Betriebe mit mehr als zehn Beschäftigten. Noch drei Wochen vor seinem Tod beauftragte der König seinen Gewerbeminister von Werden bei der Einführung englischer Maschinen in den preußischen Manufakturbetrieben, »sich keineswegs damit auf Berlin [zu] beschränken, sondern gleiche Rücksicht auf die kleinen Städte, als Wittstock, Perleberg und wo sonst fabriqueln vorhanden sind, [zu] nehmen, und die Maschinen zu deren Verbesserung ein[zu]führen«. Ergänzend zu den ökonomischen und technologischen Forderungen begann unter Friedrich II. eine fiskalisch organisierte Umverteilung der Einkommen, die darauf abzielte, das frühneuzeitliche Wirtschaftsbürgertum zu stärken und dadurch zu gewerblicher und kommerzieller Expansion zu befähigen.[91]

Sozialgeschichtlich gesehen nahm in der Friderizianischen Ära neben Franzosen und anderen Ausländern, etwa der Schweizer Familie Wegely, die eine Großfärberei und die erwähnte Porzellanmanufaktur betrieb, die Zahl der Juden in der preußischen Unternehmerschaft sprunghaft zu. Die Theoretiker des Merkantilismus, allen voran ihr französisches Haupt Jean Baptiste Colbert, hatten die Fürsten immer wieder aufgefordert, religiöse Bedenken aufzugeben und die Juden um des wirtschaftlichen Erfolges willen zu dulden und zu fördern. Der Kammerdirektor Hille, einer von Friedrichs wirtschaftspolitischen Lehrern, hatte die Maxime aufgestellt: »En matière de commerce ist es einerlei, ob ein Edelmann oder ein Jude handelt.«[92]

Damit war den Juden der Weg zur Eingliederung in die merkantilistische Staatsordnung geebnet. Eine Gleichstellung mit den Christen implizierte das allerdings nicht. In Brandenburg lebten die Juden im Schutz eines Niederlassungsedikts, das der Große Kurfürst 1671 fünfzig aus Wien vertriebenen Judenfamilien gewährt hatte, nachdem es zuvor hundert Jahre lang praktisch keine Juden in der Mark gegeben hatte. Als Erwerbsmöglichkeit stand ihnen der Handel mit Geld und Waren offen, während ihnen das bürgerliche, also das ganze zünftig organisierte Handwerk verboten war. In dem

»Revidierten General-Privilegium und Reglement vor die Judenschaft« von 1750, das bis zum Emanzipationsedikt vom 11. März 1812 in Kraft blieb, engte Friedrich der Große das Berufsfeld der Juden noch weiter ein, und zwar im wesentlichen auf bestimmte Sparten des Handels mit Geld und Waren. Und vor allem sollten nur reiche und ökonomisch nützliche Juden aufgenommen werden.

Silbermünze als Anerkennungsmedaille für gute Ergebnisse beim Anbau von Maulbeerbäumen und bei der Seidenproduktion. Auf der Vorderseite ein Brustbild des Königs, auf der Rückseite eine Spinnerin unter einem Maulbeerbaum.

Der ordentliche Schutzjude, die rechtlich am besten gestellte Klasse innerhalb der Judenschaft, mußte ein Vermögen von 10 000 Reichstalern nachweisen oder, wenn das Vermögen bescheidener war, »Genie zu Fabriken und Manufakturen haben, auch dergleichen Fabriken etabliren oder entrepreniren, welche im Lande noch gar nicht oder nicht genugsam vorhanden sind«. Bei diesen Bestimmungen wundert es kaum, daß in der Berliner Judenliste, die Mitte des Jahrhunderts 321 Haushalte zählte, Großhändler, Makler, Bankiers, Geldwechsler, Münzlieferanten, Kommissionäre, Fabrikanten und Manufakturisten den Löwenanteil stellten. In den Salons dieses jüdischen Großbürgertums entfaltete sich dann wenig später jenes glanzvolle Kultur- und Geistesleben, das von Berlin aus in das ganze Reich ausstrahlte.

Den strikten Aufnahmebestimmungen zum Trotz wuchs die preußische Judenschaft rasch an, so daß sie Ende des Jahrhunderts fast 10 000 Köpfe zählte. Die Masse dieser Menschen lebte wirtschaftlich und sozial in bedrückenden Verhältnissen: Abgedrängt in noch wenig besetzte Sparten wie den Handel mit Gebrauchtwaren, den Trödel, das Hausieren oder die Pfandleihe, kamen sie auf keinen grünen Zweig und mußten mit der Verachtung leben, die die alteuropäische Gesellschaft solchem Tun entgegenbrachte.[93]

In der Verkehrspolitik griff Friedrich Projekte seines Urgroßvaters auf, indem er von 1743 bis 1746 zwischen Elbe und Oder wichtige Kanäle baute, den Plauer und den Finow-Kanal, indem er die seit der Eroberung Schlesiens im Gesamtlauf preußische Oder von Stapelrechten befreite, so daß der Schiffsverkehr freie Fahrt hatte, schließlich indem er die unangreifbar scheinende Vermittlerstellung Hamburgs beseitigte und statt dessen Berliner und Magdeburger Ree-

Kaum hat es den Kampf um die politische Großmachtstellung aufgenommen, drängt Preußen in den Kreis der führenden Wirtschaftsmächte des Reiches. Selbst in der Binnenprovinz Brandenburg erreichen Handel und Schiffsverkehr ein sprunghaftes Wachstum. Die 1751 in Berlin erschienene »Historische Beschreibung der Chur und Mark Brandenburg« von Johann Christoph Bekmann veranschaulicht das mit einer allegorisch-propagandistischen Darstellung: Auf der linken Seite beobachten Neptun, der Meeresgott, und Merkur, der Gott des Handels, einen Binnenlastkahn, der Kisten und Fässer an den Kai anlandet, wo Träger sie in Empfang nehmen und Kaufleute die Ware begutachten. Im Hintergrund weitere Lastkähne im Kanal und in einer Schleuse, an deren Seitenwand ein Wasserrad zur Energiegewinnung läuft.

»König von Preußen«, in England gebautes Fregatt- oder Vollschiff der in Emden ansässigen Asiatischen Companie, Rapport über die am 15. Februar 1752 in Emden angetretene Fahrt nach Kanton/China, die am 6. Juli 1752 mit der Rückkehr nach Emden endete:
Länge über alles etwa 47,00 m
Breite etwa 12,00 m
Tiefgang etwa 5,40 m
Ladefähigkeit etwa 1000 t
Bewaffnung 36 Kanonen
Besatzung 120 Matrosen,
12 Grenadiere
Kapitän Carl Glaitschke aus Pillau
Todesfälle 20 Mann
Ladung:
Einige feine Tücher und Seidengewebe
Eine Partie Blei
700 000 holl. Gulden (= 400 000 Taler) zum Ankauf von Waren
Kosten:
für Schiff, Ausrüstung, Löhne und Versicherung 375 200 Taler

dern und Spediteuren ein Monopol auf den einheimischen Strömen verschaffte. Gegen das wirtschaftlich einstweilen noch weit überlegene Sachsen führte der König sogar einen Handelskrieg, zunächst versteckt, dann immer offener – durch immer höhere Zollschranken gegen die Einfuhr sächsischer Gewerbeprodukte; durch Ausfuhrverbote für Wolle und Garn aus der neu gewonnenen Provinz Schlesien, auf die das sächsische Textilgewerbe angewiesen war; schließlich durch eine Unterbindung des Durchgangsverkehrs von Sachsen nach Hamburg und von Sachsen nach Osten, vor allem nach Polen.

All das entsprach der Wirtschaftstheorie und der Wirtschaftspraxis des merkantilistischen Zeitalters, das alles daransetzte, die inneren Ressourcen zu steigern, in der Landwirtschaft ebenso wie im Gewerbe, um möglichst autark zu werden. Die Bevölkerung sollte mit Lebensmitteln und Gewerbeprodukten aus dem eigenen Lande versorgt werden; darüber hinaus waren Überschüsse für den Export zu erzielen, damit die Handelsbilanz positiv wurde. Wie Preußen, so verfuhren alle Territorien und Staaten, die es sich leisten konnten. So führten die Habsburger in eben jenen Jahren, als Friedrich die sächsische Wirtschaftskraft zu treffen suchte, einen nicht weniger radikalen Wirtschaftskrieg gegen Schlesien. Der eigene Nutzen – davon war man fest überzeugt – war nur im Schaden des anderen zu finden.

Je größer das Staatsgebiet, je zahlreicher die Untertanen, desto größer war die Chance, in diesem ökonomischen Krieg aller gegen alle erfolgreich zu bestehen. So fügte es sich auch und gerade für die Wirtschaftskraft des Hohenzollernstaates glücklich, daß im richtigen Moment weitere Provinzen gewonnen werden konnten. Im Westen brachte 1744 der Anfall Ostfrieslands endlich den Zugang zu den Weltmeeren und damit die Möglichkeit, auch in den Überseehandel einzudringen. Die Erfolge waren aber bescheiden, so daß keine der sogleich in Emden gegründeten Überseekompanien lange überlebte – weder die »Bengalische Handelsgesellschaft« von 1753

Carga des Schiffes „König von Preussen".
Vom Juli 1753. (Oben S. 120.)
Kabinetsakten Rep. 96. 423. D.

	Pfund Amsterdamschen Gewichts
Sago	450
Radix China	5 700
Galgant	6 400
Rabarber	2 067
Curcuma	7 700
Perl-Mutter	8 900
Stern-Anys	235
Berg-Zinnober	122
Quick-Silber	245
Antimonium	245
Borax	245
Kampher	130
Alaun	325
Aloe	160
Drachen-Blut	122
Muscus	8 1/2
Tée boey	451 730
„ Congo	65 832
„ Pecco	2 919
„ Soatchon	14 455
„ Singlo	5 642
„ Haysan	6 100
Rohe Seide	3 040

Seidene Stoffen Stück		Breite Covid.	Breite Punt.	Länge*) Covid.	Drätig.
60	Meuble Damasten (je 20 Cramoisi, Jonquille, Grassgrün)	2		45	10
794	Poesies Damasten von 18 Couleuren	2		45	8
28	dito von 2 Couleuren	2		45	8
30	gestreifte Damasten	2		45	8
237	Gorgorons von 19 Couleuren	2		45	8
18	dito von 3 Couleuren	2		38	6
90	bout de soies von 17 Couleuren	2		45	10
14	dito von 5 Couleuren	2		45	12
82	Satyne von 15 Couleuren	2		45	8
172	Pequins von 20 Couleuren	2	2	38	6
45	dito von 12 Couleuren	2	2	50	6
89	dito von 10 Couleuren	2	2	45	6
270	dito von 9 Couleuren	2	2	38	4
32	dito von 2 Couleuren	2	2	38	6
60	dito geschildert	2	2	38	4
110	Lustrins von 12 Couleuren	2	2	38	8
13	Lampas von 5 Couleuren	1	6	38	
3	dito	2		45	
18	ungeschoren Sammt als carmoisin, blau und oliven Farbe	1	6	40	
138	Tonquinse Pelongs	1	7	26	
20	Schnupftücher, jedes hat 20 Tücher blau und weiss				
3000	gelbe Nanquins				

Porzellan

227 diverse Taffel-Services
71 emaillirte Terrines mit Deckel und Schüssel
5 blaue und weisse dito
318 emaillirte Salatieres
1 014 emaillirte Suppenteller
2 910 dito Taffelteller mit Gold
1 446 Chinesisch-Japanisch dito
110 emaillirte 8 eckigte dito mit Gold
8 653 blaue und weisse dito
1 721 diverse emaillirte Punsch-Kumpen
2 250 Kumpen } blaue und weisse Marseille
2 275 Schaalen }
320 geschilderte Kumpen
3 250 Kumpen } geschildert mit Gold
3 250 Schaalen }
3 045 blaue und weisse Kumpen
3 440 halbe dito
150 Nest-Kumpen
80 Nacht-Geschirre
14 emaillirte 8 eckigte Aufsätze
24 dito etwas kleiner
30 dito noch kleiner
220 diverse Thée-Services
35 Services, bestehend aus 6 Ober- und Unter-Tassen, auch 1 Thee-Topf
239 geschilderte Thee-Töpfe
181 emaillirte dito
192 blaue und weisse dito
1 422 Chokolade Ober- und Unter-Tassen
180 dito Tassen mit Deckeln
49 750 paar diverses Coffée-Zeug
51 877 paar diverses Thée-Zeug.

*) „Covido ist eine indianische Ele. Deren 8 machen 5 Ele brabandsch. 1 Covido wird eingetheilt in 8 Puntos." Bemerkung des Originals.

Tee, Seide, Chinaporzellan, Gewürze, Farbstoffe und andere Schätze des fernen Ostens machen den Hauptteil der Rückfracht der »König von Preußen« aus.

noch die »Levantische Handelskompanie« (1766) und selbst die bereits 1750 entstandene »Asiatische Handelskompanie« nicht, obgleich sie von der Chinabegeisterung des Zeitalters profitierte und die eingeführten Chinoiserien gute Absatzchancen besaßen.

Ungleich wichtiger war der Erwerb des mit 1,1 Millionen Einwohnern dichtbevölkerten Schlesien, dessen Rohstoff- und Fertigwarenexporte seit Generationen hohe Ausfuhrgewinne brachten, während keine Lebensmittel eingeführt werden mußten, weil auch die Landwirtschaft blühte, und zwar vor allem der Weizenanbau. Als in der Friedenszeit nach dem Siebenjährigen Krieg diese reiche und dynamische Provinz endgültig eingegliedert und voll genutzt wurde, war auch wirtschaftlich der große Sprung nach vorn gelungen: Aus dem »Entwicklungsland« Preußen war ein Exportstaat und eine Wirtschaftsmacht geworden, die im Norden des Reiches auch das ökonomische Geschehen bestimmte. Eine gute Generation später, zu Beginn des neuen Jahrhunderts, stand der einst als des Reiches Streusandbüchse verspottete Hohenzollernstaat industriell hinter Frankreich, England und Holland an vierter Stelle in Europa.[94]

6. Heer und Heeresverfassung als Agenten des Preußentums

Fahnenadler des Soldatenkönigs aus der Zeit prokaiserlicher Reichs- und Außenpolitik Preußens: *Non soli cedit* – (»Er weicht der Sonne nicht«), was bedeuten soll, daß der preußische Adler an der Seite der Habsburger den französischen Ansprüchen im Stile des Sonnenkönigs nicht weichen wird.

Preußen wäre nicht Preußen geworden, wenn nicht am Anfang seiner Gesamtstaatwerdung die Armee gestanden hätte. Gleich nach dem Abschluß des langen Krieges hatte der Große Kurfürst seinen Ständen und Ländern den »miles perpetuus« abgerungen, um ihn als Instrument der Staatsräson einzusetzen – nach außen, um Brandenburg einen Platz im deutschen und europäischen Mächtesystem zu sichern; im Innern, um endgültig die fürstliche Souveränität durchzusetzen: »Alliancen seindt zwahr gutt«, so heißt es in seinem Politischen Testament von 1667, »aber eigene Krefte noch besser, darauf kan man Sich sicherer verlassen, undt ist ein herr in keiner consideration, wan er selbst nicht mittel und volck [d. h. Soldaten, H. Sch.] hätt, den das hatt mich, von der zeitt des Ich also gehalten, ... considerabell gemacht.«[95]

Hat man den bornierten wilhelminischen Leutnant vor Augen, wie er zu Anfang unseres Jahrhunderts so bissig in den Karikaturen des »Simplicissimus« verspottet wird, dann ist es schwer, die historische Funktion der brandenburgischen Armee im 17. und 18. Jahrhundert richtig zu begreifen. Es ist notwendig, das, was man den preußischen Militarismus genannt hat, in weiteren Perspektiven zu sehen. Vor allem müssen sowohl die Leistungen als auch die Kosten in den Blick treten, die mit der borussischen Heeresverfassung für Preußen und Deutschland verbunden waren.

In der Tat war die Entwicklung der Heeresstärke im europäischen Vergleich einzigartig:[96] 1688, beim Tod des Großen Kurfürsten, war der brandenburgisch-preußische »miles perpetuus« rund 30 000 Mann stark. Bis 1713, dem Regierungsantritt seines Enkels Friedrich Wilhelm I., war die Armee nur unwesentlich vergrößert worden, und zwar auf 38 000 Mann. Das war die normale Söldnerarmee eines deutschen Mittelstaates, wie sie etwa auch Sachsen besaß. Von den europäischen Mächten war das Königreich Sardinien, das mit Savoyen, Piemont und den übrigen oberitalienischen Besitzungen gut 75 000 Quadratkilometer umfaßte, also ein gutes Viertel kleiner war, ähnlich stark gerüstet. Und auch an der Art und Weise, wie der erste preußische König diese Armee eingesetzt hatte, war nichts Besonderes: Wie bei Klein- und Mittelstaaten üblich, vermietete er seine Truppen für Subsidien an auswärtige Mächte, etwa während des Spanischen Erbfolgekrieges an Österreich und England. Das erinnert an den florierenden Soldatenhandel, den ja die Landgrafen von Hessen-Kassel wenig später aufnahmen. Ein Unterschied bestand allerdings darin, daß der Preußenkönig darauf achtete, daß die Vermietung mit der Allianzpolitik, und das heißt mit der allgemeinen Staatsräson in Einklang stand.

Der entscheidende Sprung, der Preußen zur alteuropäischen Militärmacht par excellence machte, erfolgte unter Friedrich Wilhelm I., und zwar sowohl was die Heeresstärke als auch was Finanzierung und Heeresverfassung anbetraf: Zwischen 1713 und 1740 wuchs die Armee auf mehr als das Doppelte an. Weder vorher noch nachher wurden in Preußen ein so großer Teil der Staatseinnahmen und ein so hoher Anteil des Pro-Kopf-Einkommens der Bevölkerung für die Armee ausgegeben wie in jenen Jahren. Friedrich II. übernahm eine vorzüglich ausgerüstete und ausgebildete Armee von gut 80 000 Mann. Österreich hatte damals 100 000, Rußland 130 000, Frankreich 160 000 Mann. Preußen war aber 1740 an Fläche der zehnte, an Bevölkerung der dreizehnte der europäischen Staaten; nur hinsichtlich der militärischen Macht stand es an dritter oder vierter Stelle.[97] Fast noch wichtiger war die Zahl der Dukaten, denn für die Kriegführung galt im 18. Jahrhundert allemal: »pecunia nervus rerum« - das Geld ist der Nerv aller Dinge. Doch auch hier hatte der Soldatenkönig vorgesorgt: Er legte einen Staatsschatz an, einen »Tresor«, der sich bei seinem Tod auf rund acht Millionen Taler belief, gut verwahrt in Fässern im Keller des Berliner Schlosses.

Mit dieser Armee und mit diesem Geld hatte Preußen in Deutschland und Europa politische Handlungsfreiheit gewonnen. Friedrich der Große konnte es sich erlauben, über die Fürsten zu spotten, die von den Großmächten Subsidien nehmen mußten und damit ihre politische Entscheidungsfreiheit verspielten. Friedrich selbst war Herr seiner Entscheidungen, weil er »nie Subsidien von irgend jemanden« anzunehmen brauchte.[98]

Angesichts dieses Staatsschatzes und aufgrund regelmäßiger Einkünfte, die die Behördenreform des Vaters erschlossen hatte, war es Friedrich ein leichtes, die Heeresstärke nochmals drastisch zu erhöhen, und zwar auf 200 000 Mann. 1750 verfügte Österreich über 110 000 Mann, also über nicht wesentlich mehr als die Hälfte der preußischen Armeestärke. Dabei hatte der Habsburgerstaat mehr als doppelt so viele Einwohner - gut sechs Millionen gegenüber zweieinhalb Millionen. In Preußen war etwa jeder dreizehnte, in Österreich aber nur jeder sechzigste Einwohner Soldat. Man versteht, daß die Zeitgenossen besorgt spotteten: »Die preußische Monarchie ist nicht ein Land, das eine Armee, sondern eine Armee, die ein Land hat, in welchem sie gleichsam nur einquartiert steht.«[99]

Auch die Rekrutierung wurde unter Friedrich Wilhelm I. entscheidend modernisiert: 1733 wurde das Kantonatssystem eingeführt, das fortan den Kern der altpreußischen Militärverfassung ausmachte und tiefe Spuren in der Sozial- und Mentalitätsgeschichte Brandenburg-Preußens und Deutschlands insgesamt hinterließ.

Bis zu diesem Zeitpunkt besaß die Rekrutierung der Soldaten noch Züge des alten Condottiere-Verfahrens, das sich in Deutschland vor allem im Dreißigjährigen Krieg bewährt hatte: Ein Obrist warb auf eigene Faust Soldaten an, ernannte Offiziere und formierte einen geschlossenen Truppenkörper, den er unter seiner Führung an interessierte Kriegsherren vermietete. Auch wenn die Kriegsherren darauf bestanden, daß Soldaten und Offiziere in ein Treueverhältnis zu ihnen traten, war nicht ausgeschlossen, daß im Konfliktfall die Bindung an den Söldnerführer stärker war - Wallenstein steht uns vor Augen.

Mit dem stehenden Heer und den regelmäßigen Steuereinnahmen - in Preußen also in den sechziger Jahren des 17. Jahrhunderts - änderten sich die Verhältnisse, weil die Heere nun staatliche Einrichtungen waren. An einen bestimmten Staat gebunden, waren sie Armeen im modernen Sinne und nicht mehr Söldnertruppen, die nach Regeln des Marktes von einem Kriegsherrn zum anderen wechseln

Soldatenwerbung zu Anfang des 18. Jahrhunderts, Stich aus: Flemming, »Der vollkommene Teutsche Soldat«, Leipzig 1726

konnten. Sie erhielten ihren Sold aus der Staatskasse, und ihre Obristen wurden vom Souverän ernannt, waren also nicht mehr selbständige Kriegsunternehmer. Allerdings behaupteten die Obristen fürs erste noch das Recht, ihre Regimentsoffiziere selbst zu ernennen, so daß sich weiterhin unterhalb der staatlichen private Loyalitäten entwickelten. Das wurde erst anders, als auch die Offiziere direkt vom Landesherrn berufen wurden. Die Kriegsartikel des Soldatenkönigs postulierten lapidar: »Ein jeder Soldat ist verbunden, zuforderst Sr. Königl. Majestät als seinem Ober-Haupte und Krieges-Herre getreu, hold, gehorsam und gewärtig zu seyn.«[100]

Eines blieb jedoch die Achillesferse der Rekrutierung: Bis in die letzten Jahre des Soldatenkönigs hinein war die traditionelle Werbung das einzige Verfahren, neue Soldaten zu gewinnen. Die vom Landesherrn ernannten Chefs der Regimenter schickten Werbeoffiziere aus, die Dienstverträge mit solchen Männern abschlossen, die anstelle eines zivilen Berufs das Kriegshandwerk betreiben wollten. Theoretisch waren das freiwillige Verträge; in Wirklichkeit arbeiteten die Werber jedoch mit sehr zweifelhaften Mitteln – angefangen beim Branntwein bis hin zu Verschleppungen und physischer Gewalt. Der Aufschwung von Handel und Gewerbe ließ ja gerade in diesen Jahren die zivilen Beschäftigungschancen rasch ansteigen, während der Wettlauf der Staaten beim Aufbau immer größerer Heere den Bedarf an Soldaten in die Höhe trieb. So rang der frühmoderne Machtstaat mit dem merkantilistischen Wirtschaftsstaat notgedrungen um die Bevölkerungsressourcen.

Als Friedrich Wilhelm I. die vom Vater übernommene, relativ bescheidene Armee auszubauen begann, sah er sich gezwungen, auch im Ausland die Werbetrommel rühren zu lassen. Das brachte ihm unangenehme diplomatische Verwicklungen ein – mit Sachsen etwa oder mit den Niederlanden, beanspruchte doch jeder Staat sein Territorium als eigenes Rekrutierungsfeld. Zeitweilig sollen nicht weniger als tausend preußische Werbeoffiziere durch Deutschland und Europa gezogen sein, um die Berliner Regimenter mit einer hinreichenden Zahl von Soldaten zu versorgen und ihrem König und seinem Staat internationales Prestige und politisch-diplomatischen Handlungsspielraum zu verschaffen. Vor allem die berühmten »langen

Kerls« hatten es Friedrich Wilhelm I. angetan, für besonders prächtige Exemplare wurden Liebhaberpreise von mehreren tausend Talern gezahlt, was in gewissem Sinne an den Sportlerschacher unserer Tage erinnert. Zwischen 1713 und 1735 sollen nicht weniger als zwölf Millionen Taler Werbegeld ins Ausland geflossen sein.[101] Daß dieses den sparsamen Haushalter, der Friedrich Wilhelm I. war, fuchste, kann man sich vorstellen; seine Knauserigkeit mag dann auch wichtiges Antriebsmoment gewesen sein, auf Abänderung zu sinnen.

Schlimmer noch – die teuren Soldaten garantierten noch lange kein schlagkräftiges Heer. Weil Landeskinder wegen des allgemeinen Wirtschaftsaufschwungs am Kriegsdienst kaum noch interessiert waren, stieg der Anteil von Ausländern in der ersten Regierungsphase des Soldatenkönigs zeitweilig auf über zwei Drittel.[102] Um diesen bunten Haufen zu einer brauchbaren Armee zusammenzuschweißen, verschärfte Friedrich Wilhelm I. Drill und Disziplinierung. Wer im Streit mit Kameraden oder gar mit Offizieren den Degen zog, im Kriegsfall auf der Schildwache einschlief oder Alkohol trank, zu »Rottirungen, Zusammenkünffte[n], Berathschlagungen« aufrief, wurde »alsofort ohne alle Gnade verurtheilet und exequiret«. Wer sich einem »Ober-, auch ... Unter-Officier ... entgegen setzet, es sey auch nur mit Worten, oder raisonniret«, beim Zapfenstreich noch nicht im Quartier war oder in Friedenszeiten den Wachdienst nachlässig versah, wurde mit »Gassenlaufen« belegt, und zwar bis zu dreißigmal.[103] Über die »Spitz-Ruhten Straße«, die bald nirgends besser aufgestellt wurde als in der preußischen Armee, heißt es in der »Trille-Kunst zu Fuß« von Matthias Möllern:

Wenn du die commendirten Völcker an den Orth geführet hast mit den Gefangenen, ... so lasse zween Reigen von den rechten Flügel zugleich herauß marchiren, müssen sich aber so weit öffnen, so weit man die

Die »Langen Kerls«, Lieblings- und Prestigeobjekt des Soldatenkönigs

Spießrutenlaufen und Stäupen – zwei der drakonischen Militärstrafen, Kupferstich von Daniel Chodowiecki

Spitz-Ruhten Straße haben wil, und so fort zween Reigen zugleich, die sie alle ab marchiret sind; wilt du die Straße lang haben, so laß sie sich nicht nahe zusammen schließen, sol sie aber kurtz seyn, alsdenn können sie sich näher zusammen schließen ... Darauff werden die Spitz-Ruhten außgetheilet. Wann das geschehen, so laß den Verbrecher am Ende der Straße hinein treten, und wird die Straße auf beyden Seiten von den Unter-Officirern geschlossen mit ihrem kurtzen Gewehr, und auff beyden Enden werden die Tambouren gestellet... So schlagen sie auf den Verbrecher, und in dem das er durchläufft, wird die Trommel geschlagen, und wann er genug gelauffen hat, werden die Spitz-Ruhten an den Mousqueten in Stücken geschlagen, und weggeworffen.[104]

Das Grundübel der Söldnerarmee, auch der brandenburgischen, war die Fahnenflucht. Entsprechend scharf und unmißverständlich schritten die Kriegsartikel ein: »Welcher Soldat aber gar meyneidiger Weise davon läufft, es sey auf Marchen, im Felde, Lager oder Garnisonen, derselbe soll, wann er wieder ertappet wird, ohne alle Gnade mit dem Strang vom Leben zum Tode gebracht werden, ihm auch hierunter keine Entschuldigung zustatten kommen, es mag derselbe mit Gewalt zu Krieges-Diensten gezwungen, von anderen darzu verführet, oder solche Desertion zum ersten, zweyten oder dritten mahle geschehen seyn, sondern er soll solchenfalls ohne alle Gnade aufgehangen werden.«[105] Großen Eindruck scheinen die drakonischen Maßnahmen nicht gemacht zu haben. Und auch die Versuche, die im Ausland geworbenen Söldner durch Verheiratung an einheimische Frauen bei den preußischen Fahnen zu halten,[106] schlugen fehl: Desertionen waren und blieben an der Tagesordnung. Nur eine grundlegende Veränderung des Rekrutierungssystems konnte Abhilfe schaffen.

Edikt gegen Deserteure und ihre Helfer, Berlin 1726

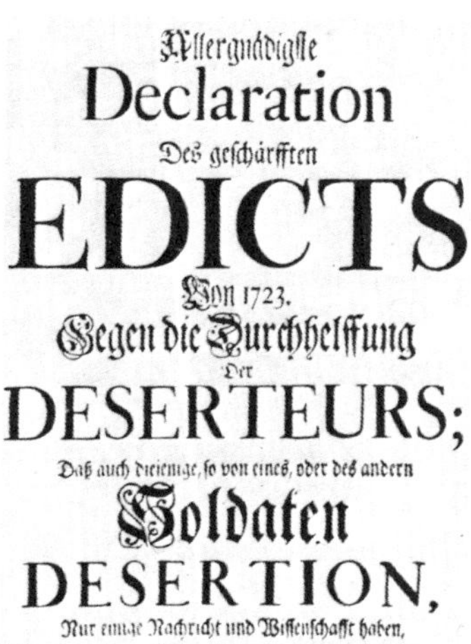

Allergnädigste
Declaration
Des geschärfften
EDICTS
Von 1723.
Gegen die Durchhelffung
Der
DESERTEURS;
Daß auch diejenige, so von eines, oder des andern
Soldaten
DESERTION,
Nur einige Nachricht und Wissenschafft haben,
Es aber denen Regimentern, und Compagnien nicht sofort anzeigen/ ebenmäßig
an Leib und Leben gestraffet werden sollen.
Sub Dato Berlin/ den 5. Augusti 1726.
BERLIN,
Gedruckt bey des Königl. Preußl. Hoff-Buchdruckers Gotthard Schlechtigers Wittwe.

Die Antwort des Königs war das *Kantonatssystem* von 1733, das zwar die Werbung von Ausländern nicht prinzipiell überflüssig machte, aber dafür sorgte, daß fortan der Kern aller preußischen Truppenteile aus »Landeskindern« gebildet wurde, die zudem aufgrund gleicher regionaler Herkunft ein enges Zusammengehörigkeitsbewußtsein besaßen. Die seit Frühjahr 1733 durch Kabinettsorder zunächst in den Ostprovinzen, später auch im Westen des Königreiches eingeführte Kantonatsverfassung war eine inländische Zwangswerbung, mit der ein Verfahren legalisiert und in ordentliche Bahnen gelenkt wurde, das bereits einige Zeit zuvor aus wilder Wurzel gewachsen war. Um sich billige Rekruten zu verschaffen, waren

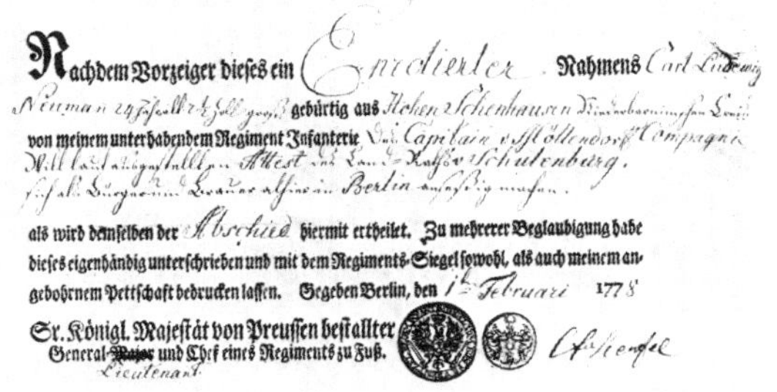
Nachdem Vorzeiger dieses ein Enrollierter Nahmens Carl Ludewig Neuman [illegible] gebürtig aus Hohen Schenhausen [illegible] von meinem unterhabendem Regiment Infanterie [illegible] Capitain v. Möllendorff Compagnie [illegible] Attest [illegible] v. Schulenburg. [illegible] Berlin [illegible]

als wird demselben der Abschied hiermit ertheilet. Zu mehrerer Beglaubigung habe dieses eigenhändig unterschrieben und mit dem Regiments-Siegel sowohl, als auch meinem angebohrnem Pettschaft bedrucken lassen. Gegeben Berlin, den 1. Februari 1778

Sr. Königl. Majestät von Preussen bestallter General-~~Major~~ Lieutenant und Chef eines Regiments zu Fuß.

Entlassungsschein, Ende des 18. Jahrhunderts

Wer »gedient« hatte, gehörte auch nach der Entlassung einem Kreis sozial hervorgehobener Untertanen an, in der frühen Neuzeit nicht anders als im 19. und frühen 20. Jahrhundert.

die brandenburgisch-preußischen Junker-Obristen dazu übergegangen, die Bauernburschen ihrer, bald auch anderer Gutsherrschaften in ihre Kompanien zu zwingen. Dort hatten sie zunächst eine Art Grundausbildung zu absolvieren, nach der sie wieder in ihre Dörfer zurückgeschickt wurden, um den Gutsbetrieben nicht als Arbeitskräfte verloren zu gehen. Wenn dann im Herbst die Ernte eingebracht war, kehrten sie auf zwei, drei Monate zur Kompanie zurück und erhielten wieder den militärischen Drill, den sie auf den heimischen Feldern vergessen haben mochten.

Militärisch gesehen war diese Rekrutierungsart für einen Agrarstaat mit geringen Bevölkerungsressourcen geradezu ideal, denn sie stellte sicher, daß das Heer zuverlässige, weil einheimische und den Gutsherren-Kommandanten gefügige Mannschaften erhielt, ohne daß der Landwirtschaft die Arbeitskräfte entzogen wurden, die sie in der Saat- und Erntezeit benötigte. So war es möglich, die Interessen des Macht- und des Wirtschaftsstaates auszubalancieren. Voraussetzung war allerdings, daß dieses System nicht zufällig und willkürlich, sondern rational und berechenbar funktionierte.

Um die Konkurrenz zwischen den Regimentskommandeuren sowie die dadurch eingerissenen Streitereien und Gewaltanwendungen zu beseitigen, teilte der König das ganze Land in sogenannte Kantone ein, die je einem dort oder in der Nähe liegenden Regiment zugewiesen wurden. Auf ein Infanterieregiment entfielen durchschnittlich 5 000, auf ein – in der Regel kleineres – Kavallerieregiment durchschnittlich 1 800 Feuerstellen.[107] Alle wehrfähigen Burschen der Kantone wurden »enrolliert«, das heißt in die Listen des Regiments beziehungsweise seiner Kompanien eingeschrieben. Alle Enrollierten erhielten einen Wehrpaß und mußten – wie es in dem königlichen Einsetzungsbefehl vom 1. Mai 1733 an das Regiment von Finckenstein heißt – »den Eyd der Treue schwehren, daß sie S. Königl. May. und dem Regiment, auch der Companie, wobey sie kommen, obligat seyn sollen«. Aus dieser enrollierten und vereidigten »jungen Mannschaft« konnte dann jede Kompanie »die besten Leuthe ... nehmen, um sich complet zu halten und Zuwachs zu haben«. Die Zugehörigkeit zu einem brandenburgisch-preußischen Regiment sollte jedem ersichtlich sein; deshalb sollte – so die Anordnung des Königs – »einem jeden von denen neuen enrollirten ... ein kleiner Püschel um den Hut gegeben werden, von denen alten Püschels, so das Regiment ableget, wenn es neue Hüte bekommt, und sollen

Auch die zivilen Bediensteten trugen im soldatenbesessenen Preußen Uniformen – ein königlicher Marstaller (links) und ein Bergwerksverwalter.

Offiziersgalerie des Königlichen Leibbataillons; Serie von Gemälden – gemalt zwischen 1722 und 1724 vorwiegend von Harper –, die im Schlafgemach des Soldatenkönigs im Potsdamer Stadtschloß hing.

alle diese enrollirten des Regiments nicht nur mit neuen Pässen von denen Capitains jeder Companie, nach denen ihnen zugetheilten Cantons versehen werden, sondern auch vorgedachter maßen dem König, dem Regiment und der Compagnie, wobey sie kommen, schweren ...«[108] Aus gutuntertänigen Bauernburschen, die nur den Befehl ihres Junkers kannten, waren Männer des Königs geworden, der Dynastie und dem Staat verpflichtet.

Enrolliert wurden im wesentlichen die Söhne gutsuntertäniger Bauern, während die »mit Haus und Hof Ansässigen« sowie der größte Teil der Stadtbewohner vom Militärdienst eximiert blieben. Vor allem, um das Wirtschaftsbürgertum zu stärken, wurden diese Exemtionen von Friedrich II. noch ausgedehnt.

Preußen folgte durchaus nicht blindlings der militärischen Staatsräson, und der »Soldatenschutz« aus militärischen Überlegungen leitete sogar unmittelbar über in eine sozial- und wirtschaftspolitisch stabilisierende Bauernschutzpolitik: »Aus dem Kantonwesen, nämlich zur Erhaltung des Bauernstandes als Rekrutenreservoir, daneben zur Sicherung der Arbeitsverfassung der Güter des Junkers als Gutsherr und Offizier, rührte die Vorschrift her, daß die Zahl der Bauernstellen auf den adligen Gütern erhalten sowie daß der Ankauf köllmischer Güter [das sind Güter von nichthörigen Freibauern, H. Sch.] durch den Adel verboten bleiben müssen.«[109]

Zeitlich parallel zur Herausbildung der Kantonsverfassung für die Rekrutierung der Mannschaften entstand das *moderne preußische Offizierskorps*. Aus Privatangestellten der Söldner-Obristen wurden Staatsdiener im neuzeitlichen Sinne. Jeder, auch der rangniedrigste Offizier war direkt vom König angestellt und ihm unmittelbar eidlich verpflichtet. Das Offizierskorps war bislang kein geschlossener Stand gewesen, weder nach Ausbildung oder gar nach Bildung noch nach Herkunft und Mentalität. Nur bei den brandenburgischen Junkern war die »patriotische« Neigung verbreitet, dem König im Waffenrock zu dienen, während in den anderen Landesteilen, in Preußen, in Magdeburg und Halberstadt, in Westfalen oder am Rhein, die Kluft zwischen Hohenzollern und Adel noch nicht überwunden war. Dort ging der Adel ebensogut in dänische, polnische oder holländische wie in brandenburgische Dienste.

Friedrich Wilhelm I. griff auch hier energisch durch. Wenn er sich auch sonst lieber auf Bürgerliche stützte und den Adel, wo er konnte, in die Schranken wies, das Kommando über seine Soldaten legte er in die Hand einheimischer Adliger.

Zunächst war jedoch die harte Schule des Umdenkens zu durchlaufen, und das ging nicht ohne Zwang und Gewalt: Wie die Bauernburschen, so wurden auch die Söhne des Adels, denen ausländischer Kriegsdienst fortan untersagt war, systematisch erfaßt, wenn man

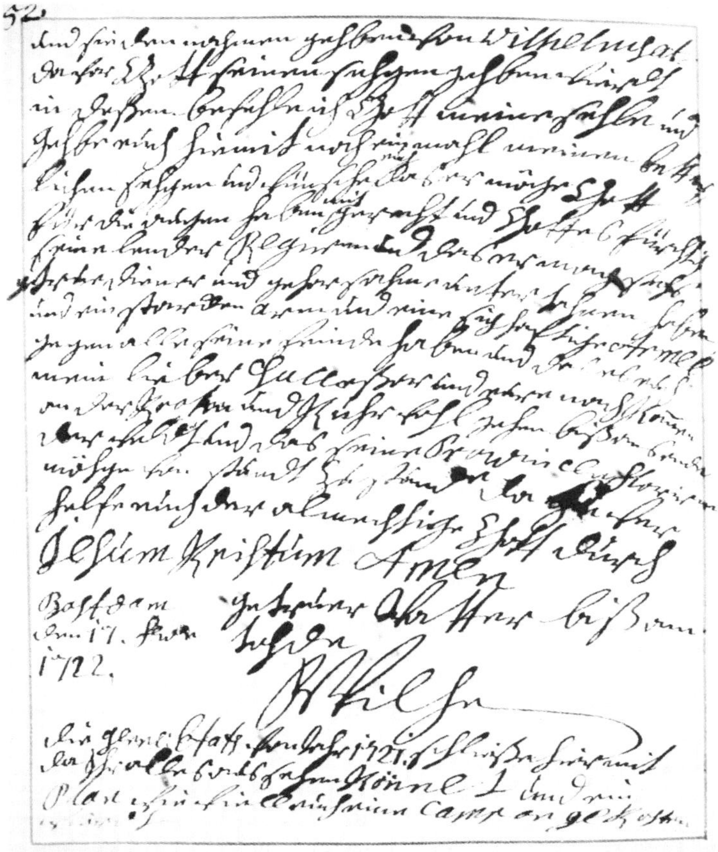

Letzte Seite des politischen Testaments Friedrich Wilhelms I. vom 17. Februar 1722

Eine Anweisung des Königs an seinen Nachfolger lautete, er solle *die von adell und grafen in die armée amplogieren und die Kinder unter die Kadets* geben, damit *der gantze adell … von Jugent auf darinnen erzogen werden und Keinen herren kennt als Gott und den König in Preußen.*

dazu auch nicht den gemeinen Begriff »enrollieren« gebrauchen wollte. Der König ließ sich die Listen vorlegen und bestimmte jährlich, wer in das Kadettenkorps einzuziehen habe. Machte eine Familie den Versuch, ihre Söhne vom Militär fernzuhalten, erschienen Polizeireiter und Unteroffiziere, um sie gewaltsam in den Dienst des Königs zu führen. Auf diese Art wurden nicht selten ganze Trupps junger Adliger, teils Kinder noch zwischen zwölf und achtzehn Jahren, quer durch den Hohenzollernstaat von Ostpreußen nach Berlin geleitet. Den Eltern wußte der König Trost zu spenden: Er garantiere ihnen, ließ er sie wissen, »daß ihre Söhne im Christentum angewiesen und zu denen ihnen nötigen Wissenschaften und exercitien, als zum Schreiben und Rechnen, zu Mathesie, Fortification, französischen Sprache, Geographie und Historie, Fechten und Tanzen angeführt würden, ingleichen jedesmal 24 von ihnen unentgeltlich reiten lernten, daß sie auch in reinlichen Camern logierten und mit gesundem und gutem Essen und Trinken wohl versehen würden.«[110]

Aristokratisierung des Kriegshandwerks und Disziplinierung des Adels griffen ineinander, ja man kann sogar davon sprechen, daß der »Prozeß der Zivilisation«, der im Westen, vor allem in Frankreich, seit dem späten Mittelalter rasch voranschritt, bis er im Zeitalter Ludwigs XIV. – im 17. Jahrhundert also – seinen frühneuzeitlichen Höhepunkt erreichte, den ostelbischen Adel eigentlich erst jetzt erfaßte. Und der Ort, wo das geschah, war nicht der Hof, sondern die Kadettenanstalt. Hier erhielten die unbändigen, oft sehr armen Junker, für die bereits freier Reitunterricht eine Attraktion sein konnte, einen Grundstock an Kulturfertigkeiten, Wissen und Lebensart.

Im Vergleich zum westeuropäischen, aber auch skandinavischen oder habsburgischen Adel entwickelte sich eine spezifische »Weltläufigkeit«, die ihre militärische Herkunft nicht leugnen wollte. Sie war geprägt durch Pflichtbewußtsein und einen exklusiven Ehrenkodex, in dem adlige und militärische Tugenden eine enge Verbindung eingingen. Friedrich der Große kommentierte die neue Offizierspolitik seines Vaters: »Man schaffte bei den Regimentern die Offiziere fort, deren Aufführung und Herkommen sich für die ehrenvolle Laufbahn nicht schickte, und seit dieser Zeit litten die Offiziere nur untadelige Namen unter sich.«[111]

Diese Selbststilisierung und kastenartige Abschottung der Junker-Offiziere von dem Rest der Bevölkerung, der entweder nicht »diente« oder durch das Kantonatsreglement ausschließlich für die Mannschaften in Frage kam, brachte hohe gesellschaftliche Kosten mit sich. Der Aufstieg Preußens zur Großmacht wurde bezahlt mit einer Zwei- oder besser Dreiteilung der Untertanenschaft, einer Spaltung, die in der preußischen und deutschen Gesellschaft lange negativ fortwirken sollte. Allerdings kann man auch nicht übersehen, daß der neue Geist des preußischen Soldatentums nicht ganz unbeteiligt war an einer gewissen Humanisierung des Krieges, um die sich Völkerrechtler und Politiker seit Jahrhunderten bemühten. Diese Humanisierung hing in der Praxis ja entscheidend davon ab, in welchem Geist und mit welchem Selbstverständnis die Soldaten, vor allem die Offiziere, das »Kriegshandwerk« betrieben.

Doch das war ohne Zweifel nicht das eigentliche Ziel der neuen hohenzollerischen Offizierspolitik. Friedrich Wilhelm I. und seinem

Sohn Friedrich II. ging es in erster Linie um die Erhöhung der militärischen Schlagkraft und um die innere Konsolidierung ihres Staates. Wie erfolgreich sie damit waren, sollte sich in den Schlesischen Kriegen und im Siebenjährigen Krieg zeigen, als Hunderte von Offizieren lieber das Leben ihrer Soldaten, aber auch das eigene hingaben, als schmachbedeckt das Schlachtfeld zu räumen. Und auch im Innern war der Hohenzollernstaat durch die neue Offizierspolitik entscheidend gefestigt worden: Der Widerstand des Adels gegen den Kriegsdienst war nach einer knappen Generation überwunden. Bereits Mitte der zwanziger Jahre des 18. Jahrhunderts gab es in Brandenburg, Pommern und Ostpreußen kaum noch eine Adelsfamilie, die im borussischen Offizierskorps nicht vertreten war, und auch der westdeutsche Adel hatte sich an den Dienst in des Königs Rock gewöhnt.

Diese Einbindung des Adels in das moderne Offizierskorps war eine weitere, in gewisser Weise die krönende Komponente des Adelskompromisses. Seit Friedrich Wilhelm I., stärker noch unter Friedrich dem Großen war das Offizierskorps der Garant einer gelungenen Versöhnung zwischen Krone und Adel. Es nahm die Funktion einer Schaltstelle wahr, die Idee und Interessen des borussischen Gesamtstaates zum Provinzadel hin weitervermittelte. Jetzt verschwanden im Landadel die letzten Spuren des altständischen Antimonarchismus. Das waren dieselben Jahre, in denen auch die konfessionellen Gegensätze zwischen lutherischem Adel und reformiertem Königshaus im Zeichen des Pietismus beseitigt wurden. Damit war in Brandenburg-Preußen, wie bereits ein Jahrhundert zuvor in Frankreich, der alte feudale, frondierende Adel endgültig umgegossen worden in den monarchischen Adel des Absolutismus.

Wie in Frankreich Krongewalt und Adel am Hof und bei höfischen Festen versöhnt wurden und zu neuer Interessengemeinschaft zusammenwuchsen, so in Preußen in der Kadettenanstalt, bei den alljährlichen Revuen und schließlich auch im Feld: Seit Friedrich Wilhelm I. zeigten sich die Hohenzollern meist, der »Alte Fritz« ausschließlich in der Offiziersuniform ihrer Leibregimenter. Der persönliche Kontakt zwischen Adel und Monarch war ein Leben lang eng. Er begann mit der ersten Bekanntschaft bei Reisen des Königs in die Provinzen, wo ihm in der Residenz, etwa in Königsberg oder Breslau, die heranwachsenden Adligen vorgestellt wurden. Zur Kadettenausbildung kamen die zukünftigen Offiziere nach Berlin und damit in

Mit dem Monarchen im Feld gestanden zu haben, bedeutete Auszeichnung fürs Leben. Entsagungen und Leid in den vielen Kriegsjahren unter Friedrich dem Großen erzeugten daher kaum Opposition gegen die Hohenzollern, sondern festigten im Gegenteil das Band zwischen Dynastie und Untertanenschaft. Populäre Bilderbogen sorgten für die propagandistische Verbreitung von Rührszenen: »In seinem Hut bietet ein Offizier dem erschöpften König Wasser zum Trinken an«; »Der Feldherr schläft im Schoße eines Soldaten«.

die unmittelbare Nähe des Monarchen. Nach der Auflösung kleinerer Kadettenhäuser in Kolberg und Magdeburg war nämlich in der Hauptstadt eine große zentrale Kadettenanstalt für dreihundert und mehr Absolventen pro Jahrgang errichtet worden.

Die Hohenzollern, der König selber, aber auch die Prinzen kümmerten sich regelmäßig um den militärischen und persönlichen Bildungsgang der Kadetten, vor allem auf den alljährlichen Revuen, bei denen der Aufzug des gesamten Heeres Gelegenheit gab, die angehenden Offiziere zu prüfen. Tadel oder Anerkennung aus königlichem Mund wurden entscheidend für die weitere militärische Laufbahn und damit für Glück oder Unglück des Adligen, nicht selten auch seiner ganzen Familie. Diese Kontakte blieben auch nach Übernahme eines eigenen Kommandos erhalten. Besonders Friedrich der Große kannte die Adelsfamilien seiner Provinzen aufs genaueste, vor allem, nachdem er mit seinen Offizieren jahrelang im Feld gelegen hatte. Dialoge wie die folgenden, die den Aufzeichnungen des Oberamtmannes Fromm über eine Inspektionsreise Friedrichs des Großen im Sommer 1779 entnommen sind, waren typisch:

In Dechdau bekamen Seine Majestät den Herrn Rittmeister von Zieten, dem Dechdau gehört, zu sehen und hielten ihn neben dem Wagen bei sich bis dahin, wo die Dechdauische Feldmark zu Ende geht. Hier wurde wieder umgespannt. Der Hauptmann von Rathenow, ein alter Liebling des Königs, dem das Gut Karvesee zum Teil gehört, befand sich hier mit seiner Familie und ging an den Wagen heran: Untertänigster Knecht Eurer Majestät. – Wer seid Ihr? – Ich bin der Hauptmann von Rathenow aus Karvesee. – (Die Hände faltend:) Mein Gott! Lieber Rathenow, lebt Er noch? Wie geht es ihm? ist Er gesund? – O ja, Eure Majestät. – Aber, mein Gott! wie dick ist Er geworden! – Ja, Eure Majestät, Essen und Trinken schmeckt noch immer; nur die Füße wollen nicht fort. – Ja, das geht mir auch so. Ist Er verheiratet? – Ja, Eure Majestät. – Ist Seine Frau auch unter den Damen dort? – Ja, Eure Majestät. – Laß Er sie doch herkommen! (Sogleich nahm er den Hut ab.) – Ich finde an Ihrem Herrn Gemahl einen guten alten Freund. – Sehr viel Gnade für meinen Mann! – Was sind Sie für eine geborene? – Ein Fräulein von Kröcher. – Haha! eine Tochter vom General von Kröcher! – Ja, Ihre Majestät. – O, den habe ich recht gut gekannt. – Hat Er auch Kinder, Rathenow? Ja, Eure Majestät. Meine Söhne sind in Diensten und dies sind meine Töchter! – Nun! Das freut mich. Leb Er wohl... Da Seine Majestät gleich an meinem Graben, die im Fehrbellinischen Luch auf königliche Kosten gemacht sind, vorbeifuhren, so ritt ich an den Wagen und sagte: Euer Majestät, das sind schon zwei neue Graben, die wir durch Euer Majestät Gnade hier erhalten haben, und die uns das Luch trocken erhalten. – So, so! das ist mir lieb! Wer seid Ihr? – Euer Majestät, ich bin der Beamte (Domänenpächter) hier von Fehrbellin. – Wie heißt Ihr? – Fromm. – Haha! Ihr seid ein Sohn von dem Landrat Fromm? – Euer Majestät halten zu Gnaden, mein Vater ist Amtsrat im Amte Lehnin gewesen. – Amtsrat! Amtsrat! Das ist nicht wahr! Euer Vater ist Landrat gewesen. Ich habe ihn recht gut gekannt. Sagt mir einmal, hat Euch die Abgrabung des Luchs hier viel geholfen? – O ja, Eure Majestät.

Und nur wenige Meilen weiter:

Wie heißt das Dorf hier vor uns? – Protzen. – Wem gehört es? – Dem Herrn von Kleist. – Was ist das für ein Kleist? – Ein Sohn vom General Kleist. – Von was für einem General Kleist? – Der Bruder von ihm ist Flü-

geladjudant bei Eurer Majestät gewesen und steht jetzt zu Magdeburg bei dem Kalcksteinschen Regiment als Oberstleutnant. - Haha! von dem? Die Kleiste kenne ich recht gut. Ist dieser Kleist auch in Diensten gewesen? - Ja, Euer Majestät! er ist Fähnrich gewesen unter dem Regiment Prinz Ferdinand. - Warum hat der Mann seinen Abschied genommen? - Das weiß ich nicht! - Ihr könnt es mir sagen, ich suche nichts darunter. Warum hat der Mann seinen Abschied genommen? - Euer Majestät, ich kann es wirklich nicht sagen. - Nun waren wir an Protzen heran. Ich ward gewahr, daß der alte General von Zieten in Protzen vor dem Edelhofe stand, ritt an den Wagen heran und sagte: Euer Majestät, der Herr General von Zieten sind auch hier. - Wo? wo? o reitet vor und sagt es den Leuten, sie sollen still halten; ich will aussteigen. - Nun stiegen Seine Majestät hier aus und freueten sich außerordentlich über die Anwesenheit des Generals von Zieten, sprachen mit ihm und dem Herrn von Kleist von mancherlei Sachen: ob ihm die Abgrabung des Luchs geholfen? ob er die Viehseuche gehabt? und empfahlen das Steinsalz gegen die Viehseuche.[112]

Kantonatssystem und modernes Offizierskorps galten der preußischen Geschichtsschreibung des 19. Jahrhunderts als Glanzpunkte des Preußentums. Gustav Schmoller, der bedeutende Vertreter der historischen Schule in der Nationalökonomie (1838-1917), ein gebürtiger Württemberger und begeisterter Wahlpreuße,[113] widmete 1877, also unter dem frischen Eindruck der Reichsgründung mit Hilfe preußischer Bajonette, der Entstehung des preußischen Heeres eine ausführliche Untersuchung, die in eine Verklärung mündet:

Nach Abschluß der Reformen sei um 1740 »aus den Privatunternehmungen von räuberischen, geldsüchtigen Obersten ... eine nationale Armee geworden, die dem Staate fest eingefügt, mit ihm verwachsen, nur der Ehre und dem Interesse des Ganzen diente. Es war jene Kombination gefunden, die Masse des Volkes in den Jugendjahren durch die Armee gehen und dort militärisch ausbilden zu lassen, ohne sie damit dauernd dem bürgerlichen Leben und ihrem Beruf zu entfremden, und daneben in den Offizieren und Unteroffizieren einen Stamm von lebenslänglichen Berufssoldaten zu schaffen, die der Armee diejenigen technisch-militärischen Fertigkeiten bewahrten, die bisher nur Söldnerheere und Prätorianer gehabt. Das Junkertum wurde durch den Offiziersdienst, der Bauernstand durch die Kantonpflicht wieder in die rechte Verbindung mit dem Staate und der Krone gebracht. Die Heeresorganisation hatte zugleich die sozialen Zustände von Grund aus verändert und gebessert.«[114] In dem Satz, »alle Einwohner des Landes sind für die Waffen geboren«, den das Kantonatsreglement vom 15. September 1733 enthielt, sah Schmoller den »ersten Schritt zur allgemeinen Wehrpflicht«. Denn, so fährt er mit einem Blick auf den romantischen Aufbruch der Freiheitskriege gegen die französische Fremdherrschaft zu Beginn des 19. Jahrhunderts fort, »nur ein Land, das achtzig Jahre lang in der breiten Masse des Volkes die Kantonpflicht getragen, konnte 1813 vollends auch den kleinen Bruchteil der Gebildeten und Besitzenden heranziehen«.[115]

Schmollers ungebrochene Begeisterung für das Militärische ist nicht die unsere. Doch nicht nur die Tonlage, sondern auch die Perspektive des historischen Urteils hat sich nach zwei Weltkriegen und durch das neue Interesse an gesellschaftsgeschichtlichen Zusammenhängen verschoben. Sicherlich, im Vergleich mit der älteren Söldnerverfassung, die keine Verbindung zwischen der Einwohnerschaft eines Landes und dem Militärdienst kannte, sondern durch Verträge und Geldzahlungen künstliche Bande herstellen mußte, waren die integrativen Kräfte der Kantonsverfassung zweifellos stärker entwickelt. Die enrollierten und zum Militärdienst herangezogenen Bauern wurden zeitweilig aus der quasinaturhaften Hörigkeit herausgenommen und in eine unmittelbare Verbindung zum Monarchen und dem Staat gebracht. Die enge Welt des Gutsbezirks öffnete sich ihnen hin zum brandenburgisch-preußischen Gesamtstaat; die Unterwerfung unter den Willen des Gutsherrn wurde überwölbt von der Loyalität gegenüber dem König und der von ihm verkörperten Staatsräson. Besonders die leidvollen und entsagungsreichen sieben langen Jahre, in denen die Welt von 1756 bis 1763 gegen Brandenburg stand, schmiedeten ein Band zwischen dem »Alten Fritz« und seiner Untertanenschaft, zwischen dem Monarchen und den Familien, deren Väter oder Söhne mit dem bewunderten Hohenzoller Tag und Nacht im Feld gestanden hatten.

Aber das schafft ja nicht die Tatsache aus der Welt, daß die Bauernburschen in die Armee gezwungen wurden und daß sie stets Untertanen dritter oder vierter Klasse blieben. Im Unterschied zu den mittelalterlichen Städten, wo Bürgerrecht und Waffendienst unlösbar zusammengehörten, oder zur Schweizer Kantonats-Republik, wo dasselbe galt, gab es in Brandenburg-Preußen keinerlei Entsprechung zwischen militärischem Dienst als einfacher Soldat für den Staat und politischen Rechten in diesem Staat. Mit der Enrollierung, und vor allem durch den Einsatz des Lebens auf den Schlachtfeldern hatten die Bauern zwar – wie Schmoller ein wenig pathetisch formuliert – an »Ehre und Schicksal« des Staates teil. Daß sie aber »aus mißhandelten Hörigen zu Bürgern« dieses Staates wurden, trifft nicht zu; ihnen wurden keine Rechte zuteil, die sie zu unabhängigen, freien Staatsbürgern qualifiziert hätten. Die preußische Kantonatsverfassung öffnete keine Tore, die auf diesen Weg geführt hätten. Das war erst möglich, nachdem in Frankreich die neue Idee einer nationalen Bürgerarmee geboren worden war und die französischen Revolutionstruppen den altpreußischen Staat ins Wanken gebracht hatten.

7. Untertanenschaft und Staatselite – das soziale Profil Preußens

Das Reformwerk Friedrich Wilhelms I. hatte den preußischen Militär- und Verwaltungsstaat hervorgebracht, der fortan die Geschichte Deutschlands und Europas im Guten wie im Bösen mitbestimmte. Das gilt vor allem auch von dem besonderen Typus der Gesellschaft, der sich im letzten Jahrhundert des Ancien régime in Preußen herausbildete.

Im frühen 18. Jahrhundert festigte sich jenes Bündnis von Bürokratie, Aristokratie und Autokratie zwischen Adel, Bürokraten, Militärs und autokratischem Königtum, das Preußen auf die Höhen staatlicher Modernität, geistig-kultureller Blüte und politischer Macht führte. Die Tragödie lag darin, daß in dieser Allianz keine Kräfte freigesetzt wurden, die den Wandel Preußens und Deutschlands von alteuropäisch-feudalen und obrigkeitlichen Verhältnissen zu modern-demokratischer und bürgerlicher Ordnung von Staat und Gesellschaft vorangetrieben oder auch nur erleichtert hätten. Als die Zeit der Demagogen aufzog, wurde aus diesem Mangel Versagen und Schuld. Preußen hatte zu Ende des 18. Jahrhunderts einen Januskopf oder – wie es Alexis de Tocqueville, der große französische Analytiker des Ancien régime, sagt – einen »modernen Kopf« und einen »altfränkischen Rumpf«: Die leistungsfähige Modernität in Rechtsstaatlichkeit, Verwaltung und Wirtschaft war aufgesetzt auf eine starr traditionale Gesellschaft, unfähig zum Wandel und damit zur Anpassung an die Bedingungen der aufziehenden Moderne.[116] Es gilt diese Zwittergestalt zu begreifen, um Leistungen und Kosten Preußens für die deutsche Geschichte abzuschätzen.

Die politische Gesellschaft Preußens, wenn man von einer solchen überhaupt sprechen kann, war eine dichotomische Gesellschaft – auf der einen Seite die Untertanenschaft, auf der anderen die politische Elite. Diese Spaltung war das Ergebnis einer langen Geschichte. Bereits zu Beginn des 17. Jahrhunderts hatte der Übertritt der Hohenzollern zum Calvinismus eine Entfremdung von der lutherischen Untertanenschaft und einen tiefen Riß durch die politische Elite herbeigeführt. Im frühen 18. Jahrhundert setzten Adelskompromiß und militärische Modernisierung neue Akzente, so daß sich das Bild sowohl bei den Untertanen als auch in der politischen Elite nochmals veränderte.

Was die Untertanenschaft anlangt, so war das folgenreichste Ergebnis der Reformära die endgültige Auslieferung der ostelbischen Bauern an Gutsherrschaft und Armee. Das waren teilweise gegenläufige Prozesse, so daß sich für die Bauern gewisse rechtliche und soziale Nischen ergaben – Soldatenschutz war Bauernschutz. Auch die ökonomischen Konsequenzen der Militärreformen waren keineswegs katastrophal – für die Bauern nicht, und schon gar nicht für die Gutsbetriebe oder für die preußische Gesellschaft als Ganzes. Die Bedürfnisse des Agrarstaates Preußen waren durch die Kantonatssysteme so gut wie eben möglich gesichert. Und wo der Paternalismus funktionierte, ließ es sich für die Landbevölkerung leben – bis in unser Jahrhundert hinein.[117]

Die eigentlichen Kosten fielen im Bereich der politischen Kultur und auf dem Feld der Mentalitätsgeschichte an. Als Männer des Königs – auch auf Urlaub durch den Büschel am Hut für jeden als solche gekennzeichnet – waren die enrollierten Bauernburschen zwar dem Staat und dem Interesse des Ganzen verbunden. Und auch nach ihrer Entlassung, wenn sie zur alltäglichen Arbeit auf die eigenen und die Äcker ihrer Junker zurückgekehrt waren, blieb die Erinnerung an die Welt jenseits der Gutsherrschaft erhalten, vor allem wenn man mit dem König die Siege bei Hohenfriedberg, Roßbach und Leuthen erfochten und an seiner Seite die Niederlage bei Hochkirch oder gar die Katastrophe von Kunersdorf durchlitten hatte.

Die Identifikation mit dem Alten Fritz und der von Krongewalt und politischer Elite bald systematisch ausgebaute Hohenzollernmythos lenkten die Bauern aber nur von ihrer gesellschaftlichen und politischen Lage ab, in der es für sie auch nach den Reformen keine individuellen Entwicklungschancen gab. Abgesehen von der Bauernschutzpolitik ergaben sich aus der Verbindung mit dem Gesamtstaat und dem Einsatz für die Interessen der Hohenzollern für den Bauernstand keine Verbesserungen – politisch nicht und auch nicht sozial und rechtlich. Der Bauer war kein Eckstein im Gebäude des Staates oder der Gesellschaft. Und er konnte es auch nach der »Bauernbefreiung« zu Beginn des 19. Jahrhunderts nicht werden. Dem standen die Interessen der Junker und Großagrarier entgegen, denen seit Friedrich II. unbedingt Vorrang eingeräumt wurde.

Kantonatssystem und Hohenzollernmythos gewöhnten die brandenburgisch-preußischen Bauern daran, Interessen zu verteidigen, die nicht die ihrigen waren. Der Weg zu einem Staatsbürger, der sich aufgerufen fühlen konnte, gleichzeitig mit den Interessen des Staates auch die Interessen der eigenen Person und des eigenen Standes zu verteidigen, blieb den ostelbischen Bauern verschlossen und damit der Mehrheit der preußischen Untertanen.

Das war nicht gemeineuropäisches Schicksal. Die Entwicklung in den Handelsstaaten am westeuropäischen Atlantiksaum, die zugleich ein starkes, selbstbewußtes Bauerntum besaßen, verlief in entgegengesetzter Richtung: Tatsächlich hatten sich in Holland und England bereits seit der Mitte des 17. Jahrhunderts eine politische Theorie und eine Gesellschaftslehre entwickelt, die die Identität von persönlichen oder Gruppeninteressen mit den Interessen des Staates und der Gesellschaft zu den entscheidenden Grundlagen des Gemeinwesens erklärten. Hier galt es bald als selbstverständlich, daß jeder sein eigenes Wohl suchen sollte, damit die Gesamtheit floriere. Die Verteidigung des Staates wurde nicht als heroische Pflicht gegenüber einem Gebilde verstanden, mit dem man real wenig zu tun hatte, sondern als Verteidigung des eigenen Besitzes, der Familie und der eigenen Person. Denn, so ein holländischer Gesellschafts- und Politiktheoretiker, »das Wort Eigentum bedeutet viel«, weil es zwischen dem einzelnen und der Gesellschaft beziehungsweise dem Staat ein solides Band der Interessengleichheit knüpft.[118] In der politischen Kultur Brandenburg-Preußens waren solche teils alteuropäisch-libertären, teils bereits modern-liberalen Prinzipien nicht angelegt.

Unter dem preußischen Verwaltungsstaat, dessen Modernität und Leistungskraft in Alteuropa vorbildlich waren, und unter dem Paternalismus des Gutssystems gewöhnten sich die Bauern an staatliche und gutsherrliche Fürsorge, aber eben auch an Reglementierung und Bevormundung. Für genossenschaftliche oder individuelle Eigenhilfe fehlten die gesellschaftlichen, bald auch die mentalen Voraussetzungen. War ein Damm durch morastiges Gelände zu bauen oder ein Luch zu entwässern, so war das nicht Angelegenheit der Bauern in den betroffenen Dörfern, sondern – wie Friedrichs Inspektionsberichte zeigen – der Gutsherren, der Bürokratie oder gar des Monarchen selbst, der Rat gegen die Kuhseuche gab. Unter solchen Verhältnissen mußte die breite Untertanenschaft eine Mentalität entwickeln, die schließlich auch für den Staat und die Gesellschaft einschließlich ihrer politischen Elite verderblich wurde – auf das von oben Verordnete zu warten und sich in das zu fügen, was der Grundherr paternalistisch oder die Staatselite bürokratisch geregelt hatten, und zwar bis in die kleinsten Dinge des dörflichen und bäuerlichen Alltags hinein. Nicht ökonomische Ausbeutung und soziale Verelendung zementierten die politische und gesellschaftliche Entmündigung der ostelbischen Bauern, sondern die emotionalen Zwänge, sich mit dem Staat und der Gutsherrschaft zu identifizieren. Denn dadurch wurden natürliche Interessengegensätze verschleiert und breite Bevölkerungsschichten daran gehindert, eigene Interessen und Ziele zu artikulieren, seien sie sozialer, ökonomischer, politischer oder auch kultureller Natur. So brachten die allumfassende Präsenz des gutsherrlichen Paternalismus und der wohlfunktionierende Verwaltungsstaat in den Dörfern Brandenburg-Preußens einen besonderen Typus des alteuropäischen Untertanen hervor.

Für die Bürger galten andere Bedingungen. Vor allem das gelehrte und das unternehmende Bürgertum wurde in Preußen gefördert – im Gegensatz etwa zu Rußland, wo der Zar zwar ganz anders als ein preußischer König mit dem Adel umspringen konnte, wo es aber bis ins 19. Jahrhundert hinein kaum gelang, eine selbständige bürgerliche Wirtschaftssphäre auszugrenzen, haben die Hohenzollern stets eine intensive und auch erfolgreiche Stadt- und Bürgerschaftspolitik betrieben. Der Militär- und Agrarstaat Preußen war für die Interessen von Handel, Gewerbe und Geldgeschäften offen, bis hin zu weitgehender Exemtion der Bürger vom Militärdienst. Selbst unter dem adelsfreundlichen Regiment Friedrichs II. konnte es geschehen, daß in einer konkreten Frage Bürger- vor Adelsinteressen kamen.[119]

Brandenburg, das Stammland der Hohenzollern, war keineswegs stadt- und bürgerarm. Der Anteil der städtischen Bevölkerung lag dort im 17. Jahrhundert bei 40 Prozent, 1740 bei über 43 Prozent. Er stieg dann rasch an, so daß Mitte des 19. Jahrhunderts die Mehrheit der Brandenburger in Städten lebte.[120] Motor der Urbanisierung war Berlin; im übrigen gab es nur Kleinstädte. Dennoch bildete sich im 18. Jahrhundert in Brandenburg und den Westprovinzen, etwa in Krefeld und Bielefeld, ein ökonomisch und finanziell starkes Wirtschaftsbürgertum heraus, dessen Gewicht noch einmal erheblich zunahm, als Mitte des Jahrhunderts das gewerbe- und städtereiche Schlesien dem preußischen Staat endgültig angegliedert wurde.

Bedeutender noch war die Stellung des Gelehrten-, vor allem des Beamtenbürgertums. An den Universitäten, vor allem im modernen Halle, und in der Berliner Akademie fand es Wirkstätten, die sich nicht nur im innerdeutschen Vergleich sehen lassen konnten. Das Beamtenbürgertum, durchweg Juristen, hatte sogar die Chance, bis in die oberen Ränge der Staatselite aufzusteigen. Unter Friedrich Wilhelm I. waren die höchsten Regierungsämter in bürgerlicher Hand, und selbst als sich das unter Friedrich dem Großen änderte, blieben den Bürgerlichen auf mittlerer und oberer Ebene hinreichend einflußreiche Ämter offen.

Am Ende wurde aber auch die Stellung des Bürgertums durch den Kompromiß zwischen Krone und Junkerkaste entscheidend geschwächt, wobei in der borussischen Kriegergesellschaft vor allem das adlige Offiziersmonopol schwer wog. Spätestens seit dem Regierungsantritt Friedrichs des Großen ergab sich in Preußen eine besonders folgenreiche Variante der Selbstschwächung des Bürgertums durch seine Orientierung am Adel, dessen Normen und Lebensstil. Natürlich galt mit der Ausnahme der wenigen bürgerlichen Republiken, der Schweiz und Hollands vor allem, in gewisser Weise auch Englands, adliges Leben in ganz Alteuropa als höchstes gesellschaftliches Ideal, dem sich Ehrgeizige aus anderen »Klassen«, und das heißt in der Regel aus dem Bürgertum, anzupassen suchten. Reichgewordene Bürger kauften sich in den Adel ein, was darauf hinauslief, daß sie ihr in Handel, Großgewerbe und Finanzgeschäften gewonnenes Geld in Adelsgütern oder gar in fürstlichen Herrschaften investierten. Vor allem in Frankreich war das lange ein gängiger Weg des sozialen Aufstiegs; in Deutschland sind die Fugger das glänzendste Beispiel. Dem alteuropäischen Bürgertum und der Wirtschaft gingen auf diese Weise ständig unternehmerisches Engagement und Kapital verloren.

Als Friedrich Bürgerlichen verbot, Adelsgüter zu erwerben, war zwar in Preußen dieser Selbstschwächung der Kaufmannswelt der Riegel vorgeschoben. Da aber gleichzeitig das soziale Podest, auf dem der Adel stand, weiter erhöht wurde, ergab sich aus diesem Verbot keine soziale Stärkung des Bürgertums, sondern nur eine weitere Verletzung seines Selbstbewußtseins. In der letzten Phase des Ancien régime sahen sich die Bürgerlichen im Hohenzollernstaat dazu aufgerufen, den Adel als höchste Ausprägung gesellschaftlicher, ja menschlicher Existenz schlechthin zu verehren, ohne aber die geringste Hoffnung zu haben, ihm jemals gleich werden zu können. Es gab eine scharfe Trennlinie zwischen Adel und Bürgertum, zwischen Landbesitz und Kapitalbesitz. Die bürgerliche Wirtschaftselite Brandenburg-Preußens mochte ökonomisch noch so erfolgreich sein, gesellschaftlich und politisch blieb sie in subalterner Stellung - durch eine Welt vom Adel getrennt.

Preußen war in dieser Hinsicht ein extremes Gegenbeispiel zu England. Dort fand stets ein intensiver Austausch zwischen dem Landadel, der Gentry, und dem Wirtschaftsbürgertum vor allem der Londoner City statt. Auch der Transfer von Geld, Personen und Wissen war beiden Seiten selbstverständlich. In Brandenburg-Preußen war eine solche Osmose ausgeschlossen, zum Nachteil beider Bevölkerungsgruppen und der Gesellschaft insgesamt. Damit blieb auch jene Dynamisierung der »Volkswirtschaft« aus, mit der sich England seit der zweiten Hälfte des 17. Jahrhunderts an die Spitze der europäischen Wirtschaftsentwicklung gesetzt hatte und die zur selben Zeit, als in Berlin der adelsgeprägte Militär- und Verwaltungsstaat triumphierte, Britannien in die industrielle Revolution führte.

Das Staats- und Gesellschaftsprofil Preußens wurde ganz und gar von den Eliten bestimmt, die von der Untertanenschaft sozial abgeschottet waren, wenn sie auch als Gutsherren in paternalistischem Kontakt mit ihr standen. Adelskompromiß, Bürokratisierung und Militarisierung hatten eine homogene, uniforme Staatsaristokratie geformt, die unter Leitung und Kontrolle des Monarchen regierte, verwaltete und in den deutschen und europäischen Kriegen die preußischen Armeen kommandierte. In einem langen Prozeß waren die alten internen Gegensätze abgeschliffen worden – diejenigen zwischen lutherischem Landjunkertum und monarchisch-calvinistischem Hofadel ebenso wie diejenigen zwischen dem traditionellen, ständisch-landschaftlich ausgerichteten Beamtentypus und dem modernen Staatsbeamten des allein den Berliner Zentralbehörden verpflichteten Commissarius-Typus. Verschwunden war auch der Widerspruch zwischen dem modernen adligen Offizierskorps und dem alten feudalen Ritterstand, dessen verarmte Mitglieder im Volksmund Krippen- oder Wurstreiter hießen.

Die Verschmelzung war das Ergebnis eines Ausgleichsprozesses:[121] Die neue, etatistische Bürokratie hatte den Sozialhabitus der alten ständischen Amtsträgerschaft angenommen, während der altständische Adel seinen Frieden mit dem Absolutismus und der Einheitsstaatsidee gemacht hatte. Indem der Adel an die Spitze der absolutistischen Armeen trat, gewann er auch als Wehrstand jene gesellschaftliche Funktionalität zurück, die der mittelalterliche Ritter-Krieger verloren hatte, als Artillerie und Infanterie den ritterlichen Zweikampf zu Pferde zur romantischen Reminiszenz werden ließen.

Für das Eigenverständnis und den Sozialhabitus dieser adligbürokratisch-militärischen Staatselite waren zwar der Beruf und der Dienst am Staat wichtiger als die Geburt, die hierarchisch-aristokratischen Denkbilder des vorabsolutistischen Adels wirkten aber fort. Hinzu kam der exklusiv-autoritäre Korpsgeist der neuen Offizierskaste, der rasch auf die gesamte preußische Elite übergriff. Die neue absolutistische Staatsaristokratie war von der Untertanenschaft abgehoben. Dem Herrscher gleich verstand sie ihr Tun zwar als Dienst am Staat und damit auch an den Untertanen; was diesem fruchtete, wollte sie aber alleine bestimmen. Der Untertanenschaft ein Mitspracherecht zuzubilligen, welcher Gestalt und wie restriktiv auch immer, mit ihr Absprachen zu treffen oder ihr gar verantwortlich zu sein, solche Vorstellungen waren der preußischen Staatsaristokratie fremd.

Die Spitze dieser bürokratisch-militärischen Staatsaristokratie sollte schließlich einen ungleich größeren Einfluß im Staat erreichen, als ihn der alte Adel je besessen hatte, so rebellisch und frondierend er auch im 17. Jahrhundert aufgetreten war. Sie besaß Geschlossenheit genug, ein Gegengewicht zum absolutistischen Herrscher zu bilden, ja Anspruch auf Übernahme der Macht zu stellen. Dazu ist es in Brandenburg-Preußen so lange nicht gekommen, wie mit Friedrich dem Großen eine starke Herrscherpersönlichkeit an der Spitze des Staates stand. Nach seinem Tod 1786 wurde die bürokratische Staatsaristokratie dann aber rasch vom Instrument in der Hand zum Partner an der Seite der Krongewalt. Das war die Zeit des bürokratischen Absolutismus, der anders als der höfische Absolutismus bereits auf der Schwelle hin zur Moderne lag.

VII.
Epilog: Der Weg in ein neues Zeitalter

1. Der Siebenjährige Krieg – um Schlesien und die Vorherrschaft in Übersee

Die im Aachener Frieden von 1748 festgeschriebene Mächteordnung, die in Europa auf eine Pentarchie und im Reich auf den Dualismus von Preußen und Habsburg hinauslief, wurde noch einmal grundsätzlich in Frage gestellt. Seit dem Österreichischen Erbfolgekrieg waren keine acht Jahre vergangen, da sprachen im Sommer 1756 wieder die Waffen, bevor 1763 in Hubertusburg die deutsche und europäische Mächteordnung endgültig etabliert wurde – endgültig für die letzte Spanne des Ancien régime. Denn als der Friede erneut gestört wurde, war dafür nicht mehr das Allianz-und Mächtespiel Alteuropas verantwortlich; mit der Französischen Revolution war ein neues Zeitalter aufgezogen, das sich nun mit den Revolutionsheeren über den Kontinent ausbreitete.

Was Preußen und Österreich anbelangt, so ging es auch im Siebenjährigen Krieg (1756-1763) erneut um Schlesien; ja in gewissem Sinn war der Siebenjährige Krieg ein dritter Schlesischer Krieg. Der Überfall des Jahres 1740 war in Wien auch anderthalb Jahrzehnte später nicht vergessen; Maria Theresia wartete nur auf eine günstige Gelegenheit, dem »bösen Mann von Sanssouci« den Raub wieder abzujagen. Ihre Berater bestärkten sie darin, allen voran der Fürst Kaunitz, dessen aufsteigender Stern durch außenpolitische und militärische Erfolge nur noch heller erstrahlen würde. Und da Friedrich der Große die Charakterstärke seiner erstaunlichen Gegenspielerin genauestens kannte, hatte er sich praktisch sogleich nach dem Ende des Zweiten Schlesischen Krieges darauf eingerichtet, für den sicheren Besitz der wirtschaftlich so wichtigen Provinz einen weiteren Waffengang zu wagen. Für Preußen und seinen König, der seit Jahren bereits Friedrich der Große hieß, nach den erneuten Strapazen des Siebenjährigen Krieges dann aber vornehmlich der Alte Fritz genannt werden sollte, stand mit den Herzogtümern Jägerndorf, Liegnitz, Brieg, Wohlau und der Grafschaft Glatz für die magische Spanne von sieben Jahren nochmals alles auf dem Spiel: endgültige Sicherung als Großmacht oder Rückstufung zur unbedeutenden Streusandbüchse des Reiches wie ein Säkulum zuvor. Die unerbittlichsten seiner Gegner forderten sogar die »déstruction totale«, also die radikale Tilgung Preußens von der politischen Landkarte. Das widersprach aber den Spielregeln des Zeitalters und wäre daher auch unter für Preußen ungünstigsten Umständen kaum realisiert worden.

Für Wien war der Einsatz weniger dramatisch, auch wenn Scharfmacher von einer Existenzbedrohung des Hauses Österreich sprachen. Das war lediglich Propaganda, denn nach dem glücklichen Abschluß des Erbfolgekrieges war der Habsburgerstaat als Großmacht etabliert – gesichert durch eine neu gefestigte Tradition und das neuzeitliche Gesetz der Größe, das er der Fläche wie der Einwohnerzahl nach erfüllte. Der Kaisermacht ging es zum einen darum, ihr Anrecht auf die schlesischen Gebiete endlich durchzusetzen, an dem sie um so unerschütterlicher festhielt, als in der Realität das Machtprinzip triumphierte. Zum andern ging es um Gestalt und Machtbalance des Reiches: Sollte es bei dem Dualismus zweier Vormachtstaaten bleiben, der sich seit dem zweiten Jahrhundertviertel herausgebildet hatte, oder konnte es in letzter Minute doch noch gelingen, den Konkurrenten zurückzustoßen und Habsburg wieder zum unbestrittenen Führer im Reich zu machen? Eine Rückkehr zu mittelalterlicher Kaiserherrlichkeit wäre das nicht gewesen und auch nicht zum frühmodernen »Kaiserstaat«, von dem noch Ferdinand II. im ersten Jahrzehnt des Dreißigjährigen Krieges hatte träumen können. Vielmehr ging es um eine Revision des Allianz- und Mächtesystems in der Mitte Europas im Sinne seiner eindeutigen und alleinigen Führung durch die Wiener Kaisermacht.

Revision strebten Maria Theresia und die Hofburg noch in einem weiteren Sinne an: Die von Preußen angeführten protestantisch-norddeutschen Kräfte galt es zu schwächen, um die Katholizität des Heiligen Reiches wieder zur Geltung zu bringen. Die »Pietas Austriaca«, das barock-katholische Lebens- und Weltgefühl des österreichischen 18. Jahrhunderts, sollte zur »Pietas Germanica« werden, zur Deutschland prägenden Konfessionsmentalität, damit die wiedererstarkte Römische Kirche endlich über die von Luther ausgegangene »Pestis Germaniae« triumphiere - ein gleichermaßen kulturelles wie politisches Programm, wodurch mehr als zweihundert Jahre nach der Reformation die Gegensätze im Reich nochmals den Unterton eines Konfessionskonfliktes erhielten.[1]

Entscheidungskampf um Schlesien und um die mächtepolitische Gestalt des Reiches - das war jedoch nur die deutsche, vor allem die Berliner und Wiener Perspektive. Denn wie der Österreichische Erbfolgekrieg, so war auch der Siebenjährige Krieg ein europäisches Mächteringen; genau betrachtet war er sogar bereits ein erster Weltkrieg. Mitte des 18. Jahrhunderts war eine neue Mächtekonstellation aufgezogen. In England, wo man die europäischen Mächtekonjunkturen stets besonders aufmerksam beobachtete, sprach man vom Umsturz des Gleichgewichts:

Die militärische Macht der Holländer [ist] zu Wasser und zu Lande nahezu ausgelöscht worden, während eine andere Macht, an die man damals in Europa noch kaum dachte, sich erhoben hat, nämlich Rußland, das seiner eigenen Bahn folgt, außerhalb aller anderen Systeme, aber nach dem Maße der von ihnen ausgehenden Anziehungskraft zu jedem von ihnen gravitierend. Eine weitere Macht erhob sich in Europa, gleichfalls gegen jede menschliche Voraussicht, mit dem Hause Brandenburg, und die atemberaubenden Erfolge Seiner Majestät von Preußen beweisen, daß er zum natürlichen Schutzherrn der deutschen Libertät gegen das Haus Österreich bestimmt ist. Wir sind gewöhnt, mit Ehrfurcht auf dieses Haus zu blicken, und das Phänomen einer zweiten Großmacht in Deutschland war für uns etwas [völlig] Neues.[2]

Mit dem Waffenruhm und dem Zugewinn an Land und Leuten, die Friedrich aus den ersten beiden Schlesischen Kriegen heimgebracht hatte, war der Hohenzollernstaat politisch und militärisch zu einer Macht geworden, deren Gewicht im europäischen Mächtespiel mit der Stellung vor 1740 nicht mehr vergleichbar war. Der deutsche Dualismus wurde damit zum europäischen Problem. Der Handlungsspielraum der Großmächte hing wesentlich davon ab, ob es Berlin in dem neuen Waffengang gelänge, seine Position im deut-

Ludwig XIII.
Kg. v. Frankreich, † 1643
∞ 1615 Anna, Tochter
Kg. Philipps III. v. Spanien, † 1666

Elisabeth
† 1644
∞ 1621 Philipp IV.
Kg. v. Spanien, † 1665

Ludwig XIV.
Kg. v. Frankreich, † 1715
∞ 1660 Maria Theresia, Tochter
Kg. Philipps IV. v. Spanien, † 1683
Geliebte: Luise Franziska de la Vallière, † 1710, und Franziska v. Rochechouart Marquise v. Montespan, † 1707

Ludwig
Dauphin v. Frankreich, † 1711
∞ 1680 Maria Anna, Tochter
Kfst. Ferdinands v. Bayern, † 1690

Maria Anna
† 1739
∞ 1680 Ludwig Armand I.
Prinz v. Conty, † 1685

Ludwig Alexander
Gf. v. Toulouse, † 1737
∞ 1723 Marie Viktoria
v. Noailles, † 1766

Luise Franziska
† 1743
∞ 1685 Ludwig III.
Hzg. v. Condé, † 1710

Franziska Maria
† 1749
∞ 1692
Philipp II.

Ludwig
Dauphin v. Frankreich
† 1712
∞ 1697 Marie Adelheid

Philipp V.
Hzg. v. Anjou
Kg. v. Spanien, † 1746
∞ 1701 Luise
2. 1714 Elisabeth Farnese
† 1766

Karl
Hzg. v. Berry
† 1714
∞ 1710 Luise

Ludwig XV.
Kg. v. Frankreich, † 1774
∞ 1725 Maria, Tochter
Kg. Stanislaus' I.
Leszczynski v. Polen
† 1768

Ludwig (1.)
Kg. v. Spanien,
† 1724
∞ 1723
Elisabeth

Ferdinand VI. (1.)
Kg. v. Spanien,
† 1759
∞ 1729 Maria Barbara
v. Portugal, † 1758

Karl III. (2.)
Hzg. v. Parma
Kg. v. Neapel u. Spanien
† 1788
∞ 1738 Maria Amalia
v. Sachsen, † 1760

Maria Theresia (2.)
† 1746
∞ 1745 Ludwig

Ludwig
Dauphin v. Frankreich, † 1765
∞ 1745 Maria Theresia
2. 1747 Josepha
v. Sachsen, † 1767

schen und internationalen Mächtesystem weiter zu festigen, oder ob der habsburgische Konkurrent es auf die Stufe einer Mittelmacht zurückdrängen würde. So ist es nicht verwunderlich, daß neben Österreich auch Rußland, Frankreich und England mit von der Partie waren.

Es ging von vornherein um viel mehr als um eine deutsche Provinz, und selbst das Mächtegleichgewicht in Europa war nur ein Teil des Einsatzes. Zeitlich parallel zu den Kämpfen auf dem alten Kontinent und in engster mächtepolitischer Verflechtung mit ihnen wurde in der Neuen Welt zwischen England und Frankreich um Kolonialbesitz in Nordamerika und in der Karibik, um die Beherrschung der transatlantischen Seewege, um Stützpunkte in Afrika sowie um lukrative Handelsvorteile in Asien, vornehmlich in Indien, gewürfelt. Schon im Bewußtsein der Zeitgenossen war der Siebenjährige Krieg ein Weltkonflikt, und zwar selbst in den Augen der einfachen Untertanen. Der Berliner Bäckermeister Johann Friedrich Heyde zum Beispiel hielt in seiner Chronik neben den Lokalereignissen und den Vorgängen auf den europäischen Schlachtfeldern auch Gewinne und Verluste in Übersee fest, etwa im Frühjahr 1762, daß »den 5. Januari ... die französische Insel Martinique an den Engländern übergegangen [ist] nach wenigen Widerstand«.[3]

Henriette
† 1669
⚭ 1625 Karl I.
Kg. v. England, † 1649

Gaston
Hzg. v. Orléans
† 1660
(ohne männliche Erben)

Philipp I.
Hzg. v. Orléans, † 1701
⚭ 1661 Henriette
2. 1671 Elisabeth Charlotte
v. d. Pfalz, † 1712

Henriette
† 1670
⚭ 1661 Philipp I.

Ludwig August
Hzg. v. Maine, † 1736
⚭ 1692 Luise, Tochter Prinz Heinrich Julius‘ v. Condé
† 1753

Anna (1.)
† 1728
⚭ 1684 Viktor Amadeus II.
Kg. v. Sardinien, † 1732

Marie Luise (1.)
† 1689
⚭ 1679 Karl II.
Kg. v. Spanien, † 1700

Elisabeth (2.)
† 1744
⚭ 1698 Leopold
Hzg. v. Lothringen
† 1729

Philipp II. (2.)
Hzg. v. Orléans
† 1723
⚭ 1692 Franziska Maria

Marie Adelheid
† 1712
⚭ 1697 Ludwig

Marie Luise
† 1714
⚭ 1701
Philipp V.

Luise
† 1719
⚭ 1710
Karl

Charlotte
† 1761
⚭ 1720
Franz III. d'Este
Hzg. v. Modena
† 1780

Elisabeth
† 1742
⚭ 1723
Ludwig

Ludwig
Hzg. v. Orléans
† 1752
⚭ 1724 Augusta
v. Baden-Baden
† 1726

Luise Diana
† 1736
⚭ 1732
Ludwig Franz I.
Prinz v. Conty
† 1776

Der konkrete Auftakt des Krieges faßte all diese mächtepolitischen und psychologischen Motive zu einem überraschenden und gewaltigen Furioso zusammen.[4] In Frankreich gab es seit etwa 1752 eine private Geheimdiplomatie des Königs und seiner engsten Umgebung, die in der Allianzfrage ganz neue und erstaunliche Wege einzuschlagen bereit war.[5] Während das offizielle Außenministerium in Versailles weiterhin in den Kategorien der jahrhundertealten »Erbfeindschaft« zwischen Habsburg und Bourbon dachte, war diese für die Männer um Ludwig XV. kein Glaubensdogma mehr. Sie waren bereit, Konsequenzen aus der Tatsache zu ziehen, daß es für die tiefsitzende Furcht vor einer habsburgischen Umklammerung keine politische Realität mehr gab.

In Spanien regierte seit über einer Generation das Haus Bourbon; ebenso in Neapel, der Hauptstadt des süditalienischen Königreiches Neapel-Sizilien, wo 1735 im Zusammenhang mit dem Polnischen Thronfolgekrieg Karl von Bourbon, ein Urenkel Ludwigs XIV., auf den Thron gelangt war. Hauptgegenspieler Frankreichs war Mitte des 18. Jahrhunderts nicht mehr der immer stärker auf den ost- und südostmitteleuropäischen Raum ausgerichtete Binnenstaat Habsburg, sondern die See- und Handelsmacht England. Ihr gegenüber galt es die französischen Staatsinteressen zu sichern – in Kanada, wo das Siedlungsgebiet der Franzosen von der 1749 in Nova Scotia gegründeten englischen Kolonie Halifax aus bedroht wurde, im Ohiotal, wo Engländer und Franzosen um die Vorherrschaft rangen, und selbst in Indien, obgleich die Krone Frankreichs dort in der Verfallsphase des einst mächtigen Mogulreiches seit Beginn des Jahrhunderts festen Fuß gefaßt hatte. Vor allem in Nordamerika standen sich englische und französische Siedler in unversöhnlicher Feindschaft gegenüber, so daß der offene Kolonialkrieg nicht mehr zu vermeiden war,

Mitte des 18. Jahrhunderts hat das Haus Bourbon die Habsburgerdynastie an europäischem Glanz und mächtepolitischem Einfluß eingeholt, wenn nicht überflügelt: Bourbonen herrschen in Frankreich (Ludwig XIV., Schwiegervater des polnischen Titularkönigs und Herzogs von Lothringen, Stanislaus I. Leszczynski), in Spanien (Ferdinand VI., verheiratet mit Maria Barbara von Portugal) und im Königtum Neapel-Sizilien (Karl III.). Versailles braucht sich in der Tat vor einer Umklammerung durch Habsburg nicht mehr zu fürchten – der »Umsturz der Allianzen«, nämlich das Bündnis zwischen Wien und Paris, liegt in der Konsequenz dieser dynastischen und mächtepolitischen Verschiebungen.

Anna
† 1666
⚭ 1615 Ludwig XIII.
Kg. v. Frankreich, † 1643

Philipp IV.
Kg. v. Spanien, † 1665
⚭ 1621 Elisabeth, Tochter
Heinrichs IV. v. Frankreich, † 1644
2. 1649 Maria Anna

Marie
† 1646
⚭ 1631
Ferdinand III.

Don Juan d'Austria
† 1679
(natürlicher Sohn)

Maria Theresia (1.)
† 1683
⚭ 1660 Ludwig XIV.
König v. Frankreich, † 1715

Margarete (2.)
† 1673
⚭ 1666 Leopold I.

Karl II.
Kg. v. Spanien, † 1700
⚭ 1679 Marie Luise, Tochter
Hzg. Philipps I. v. Orléans, † 1689
2. 1690 Maria Anna
v. d. Pfalz, † 1740

Maria Anna (1.)
† 1696
⚭ 1649 Philipp IV.

Maria Antonia (1.)
† 1692
⚭ 1685
Maximilian II. Emanuel
Kfst. v. Bayern, † 1726

Joseph I. (3.)
dt. Kg. u. Kaiser
† 1711
⚭ 1699 Wilhelmine Amalie
v. Braunschweig-Lüneburg
† 1742

Maria Josepha
† 1757
⚭ 1717 Friedrich August II.
Kg. v. Polen, Kfst. v. Sachsen
† 1763

Maria Amalia Josepha Anna
† 1756
⚭ 1722 Karl Albert (Karl VII.)
Kfst. v. Bayern
dt. Kg. u. Kaiser, † 1745

Im 16. und 17. Jahrhundert überzogen die Familienverbindungen der Habsburger ganz Europa. Nachdem der spanische Zweig 1700 erloschen war, schrumpften diese dynastischen Beziehungen im Verlaufe des 18. Jahrhunderts und beschränkten sich weitgehend auf das Deutsche Reich – in der Konkurrenz mit dem Hause Bourbon war das ein deutlicher Rückschlag.

als König Georg II. im Spätherbst 1754 von Virginia her eine militärische Expedition ins Ohiotal schickte.

In dieser Lage mußte Frankreich an jeder Stärkung seines europäischen Allianzsystems interessiert sein; eine überlebte Feindschaft konnte man sich nicht leisten. Als dann Anfang der fünfziger Jahre Graf Kaunitz, der spätere allmächtige Staatskanzler, als Botschafter Österreichs nach Paris kam und seinerseits ganz ähnliche Bündnisvorstellungen entwickelte, bahnte die habsburgisch-bourbonische Geheimdiplomatie jenem berühmten »renversement des alliances« den Weg, das zu Beginn des Siebenjährigen Krieges all diejenigen in Erstaunen und Aufregung versetzte, für die in der Außenpolitik das Dogma mehr galt als konkretes, flexibles Interessenkalkül. Diese allianzpolitische Wende ließ sich allerdings nicht leicht vollziehen, waren dazu doch das Mißtrauen von Jahrhunderten und tief eingefleischte Feindbilder zu überwinden.

Welch diplomatisches Geschick und wieviel mühevolles Werben um Vertrauen nötig waren, hat Graf Kaunitz, der Spiritus rector der neuen Allianz, wenige Wochen nach ihrem Abschluß selbst zu Papier gebracht, nicht ohne die Ausgangslage theatralisch zu überzeichnen: Brandenburgs Machtzuwachs seit dem Breslauer Frieden von 1742 sei so gewaltig, daß Europas Gleichgewicht schwer erschüttert worden sei. Verantwortlich hierfür seien nicht zuletzt die starren allianzpolitischen Fronten, die Friedrich II. den Rücken stärkten, während sie die Existenz des Hauses Österreich in Gefahr brächten. »In dieser äußersten Not«, so fährt der Bericht wörtlich fort, »galt es keinen Augenblick zu verlieren, um die Monarchie zu retten, und es blieb kein anderes Mittel, als den Rivalen selbst an ihrer Erhaltung zu interes-

Ferdinand III.
dt. Kg. u. Kaiser, † 1657
⚭ 1631 Marie
2. 1648 Marie Leopoldine
3. 1651 Eleonore Gonzaga, † 1686

Maria Anna
† 1665
⚭ 1635 Maximilian I.
Kfst. v. Bayern, † 1651

Maria Leopoldine
† 1649
⚭ 1648 Ferdinand III.

Karl
Erzhzg. v. Österreich (Tirol)
† 1662
⚭ 1646 Anna, Tochter Grhzg.
Kosimos II. v. Toskana, † 1676

Ferdinand (IV.) (1.)
Kg. v. Böhmen
u. Ungarn
† 1654

Leopold I. (1.)
dt. Kg. u. Kaiser, † 1705
⚭ 1666 Margarete
2. 1673 Klaudia Felizitas
3. 1676 Eleonore Magdalene
v. d. Pfalz, † 1720

Eleonore Maria Josepha (3.)
† 1697
⚭ 1670 Michael
Kg. v. Polen, † 1673
2. 1678 Karl IV.
Hzg. v. Lothringen, † 1690

Klaudia Felizitas
† 1676
⚭ 1673 Leopold I.

Maria Anna Josepha (3.)
† 1754
⚭ 1708 Johann V.
Kg. v. Portugal, † 1750

Karl VI. (3.)
Kg. v. Spanien
dt. Kg. u. Kaiser, † 1740
⚭ 1708 Elisabeth Christine
v. Braunschweig-Wolfenbüttel
† 1750

Leopold Joseph
Hzg. v. Lothringen
† 1729
⚭ 1698 Elisabeth
Charlotte v. Orléans
† 1744

Maria Theresia
Erzhzg. v. Österreich
Kg. v. Böhmen u. Ungarn
† 1780
⚭ 1736 Franz I. Stephan

Franz I. Stephan
Hzg. v. Lothringen
Grhzg. v. Toskana
dt. Kg. u. Kaiser, † 1765
⚭ 1736 Maria Theresia

Joseph II.
dt. Kg. u. Kaiser
† 1790

Leopold II.
Grhzg. v. Toskana
dt. Kg. u. Kaiser
† 1792

sieren. Das mag zunächst fragwürdig erscheinen, und in der Tat gab es nichts so Problematisches wie die Unterhandlung, die man nun mit Frankreich anknüpfte. Eine Großmacht überreden, daß das System, auf dem sie ihre ganze Politik aufgebaut hat, ihren Interessen widerspricht, ihr zeigen, daß das vermeintlich einzige Mittel, sich England gegenüber aus der Verlegenheit zu ziehen, nichts taugt; sie überzeugen, daß sie mit der Unterstützung des Königs von Preußen, den sie immerhin als den Schlußstein ihrer Allianzen betrachtet, auf dem falschen Wege ist; mit einem Wort, ihre alte Rivalität gegen das Haus Österreich entwurzeln, ja schließlich die angeborene Sinnesart eines ganzen Ministeriums umformen: das war ein Vorhaben, das allein die Vorsehung eingeben, fortführen und gelingen lassen konnte. Unter ihren Auspizien begann man denn auch das Werk ...«[6]

Daß sich trotz solcher Widerstände der Erfolg rasch und reibungslos einstellte, dafür sorgte Friedrich der Große höchstpersönlich. Obgleich er seit langem mit Frankreich verbündet war und diese Tradition der preußischen Außenpolitik auch keineswegs prinzipiell in Frage stellen wollte, hatte er sich Großbritannien angenähert. König Georg II. war an den Berliner Hof herangetreten, weil er um die Sicherheit seiner Hannoveraner Stammlande fürchtete, sobald der englisch-französische Kolonialkrieg auf Europa übergriff. Und da angesichts der ungestillten habsburgischen Revisionsgelüste in be-

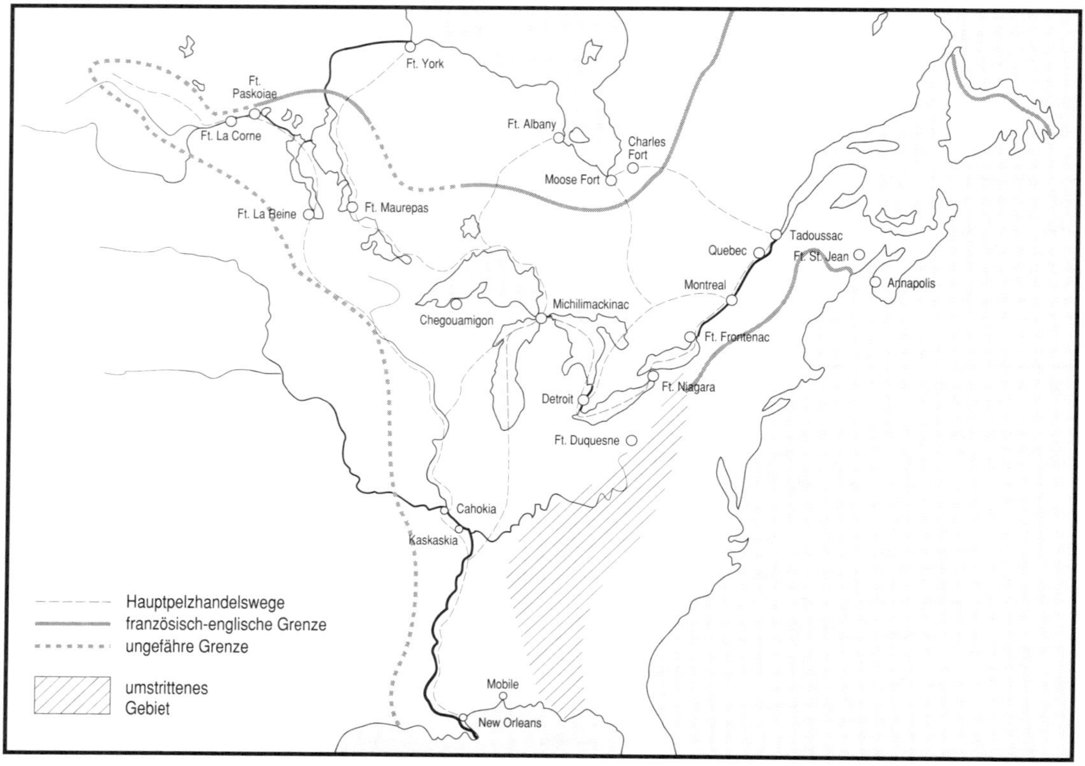

Französisch-Nordamerika um 1700

Das im Verlaufe des 17. Jahrhunderts an der Ostküste durch Engländer kolonialisierte Nordamerika wurde im Verlaufe des 18. Jahrhunderts immer stärker auch durch Franzosen besiedelt, die vom Süden her den Mississippi aufwärts und von Norden von den großen Seen her nach Süden in den mittleren Westen eindrangen. So weit und so groß das Land auch war, das koloniale Vormachtdenken zwang Franzosen und Engländer zum Entscheidungskampf darüber, wem Nordamerika gehören sollte.

zug auf Schlesien auch der Preußenkönig an einer Sicherung des Status quo interessiert war, schlossen beide Mächte am 16. Januar 1756 die sogenannte Westminsterkonvention ab, deren Hauptinhalt die gegenseitige Garantie des territorialen Besitzstandes war. Darüber hinaus kam man überein, bei einem Einfall ausländischer Truppen ins Reich sich gemeinsam »einem derartigen Friedensbruch zu widersetzen und ... die Ruhe in Deutschland ... zu erhalten«.[7]

Obgleich Preußen somit keineswegs eine wirkliche Wende gegen Frankreich vollzogen hatte, nahm die Pariser Allianzdiplomatie das Abkommen äußerst ernst. Der preußische Gesandte hatte das Befremden darüber entgegenzunehmen, daß sein Monarch »einen solchen Vertrag mit einer Macht geschlossen habe, die einen Angriffskrieg gegen Frankreich führe«, so die offizielle französische Auslegung des nordamerikanischen Kolonialkonflikts. Zudem argwöhnte man, es gäbe ein zusätzliches Geheimabkommen, das direkt gegen französische Interessen gerichtet sei; zu diesem Mißtrauen hatte Friedrich II. selbst Anlaß gegeben, weil er den alten Bündnispartner erst sehr spät von den Londoner Verhandlungen in Kenntnis gesetzt hatte. Als der Preußenkönig dann auch noch wenig psychologisches Geschick zeigte und seinen Pariser Botschafter anwies, den französischen Außenminister Rouillé auf das Recht eines jeden »gekrönten Haupt[es]« aufmerksam zu machen, »Verträge zu schließen, [ohne um] ... die Genehmigung eines anderen Fürsten nachzusuchen«,[8] war in Versailles die Stunde des Grafen Kaunitz und der Österreich zuneigenden Hofpartei gekommen. Bereits Anfang Mai, also drei

Monate nach Bekanntwerden der Westminsterkonvention, war die Allianz zwischen Wien und Paris unter Dach und Fach.

In der Mitte Europas war eine Mächtekonstellation entstanden, wie es sie in der Neuzeit noch nie gegeben hatte und wie man sie eben noch für ganz unmöglich gehalten hatte: Österreich, das seit den Tagen Leopolds I. und Ludwigs XIV. als Britanniens Festlanddegen galt, stand plötzlich an der Seite seines bisherigen Erzrivalen Frankreich, während Preußen, dessen Verbindung mit Paris den Zeitgenossen fast naturgegeben erschien, mit England verbündet war.

Verlierer war eindeutig die preußische Diplomatie. Denn Friedrich II. hatte die Annäherung an England unter der Voraussetzung vollzogen, daß im Westen und in der Mitte des Kontinents keine Veränderung einträte, Wien und Paris verfeindet blieben und Preußen somit seine allianzpolitische Offensive antreten könnte, ohne Gefahr zu laufen, isoliert zu werden. In dieser Konstellation sollte die Westminsterkonvention im Osten neue Spielräume schaffen, wo Preußen seit einiger Zeit russischem Druck ausgesetzt war.[9] Angesichts der alteingespielten Achse Berlin-Paris hatte das Zarenreich seit den vierziger Jahren konsequent darauf hingearbeitet, den preußischen König zu isolieren und zu schwächen, um damit zugleich Paris zu treffen.

Es ging darum, die französische Politik einer Barrière de l'Est zu unterlaufen, die ja darauf abzielte, Rußland bereits in der ostmitteleuropäischen Randzone zu blockieren und so dessen weiteres Vordringen nach Mitteleuropa zu verhindern. Um die Barrière zu sprengen, sollte Preußen territorial beschnitten und in die Abhängigkeit von Österreich gebracht werden. Rußland arbeitete schließlich offen auf einen Krieg hin - durch Bündnisse mit Sachsen (1744) und Österreich (1746) und durch Subsidienverträge mit England (1747 und 1755). Als sich nun im Winter 1755 für Berlin die Möglichkeit diplomatischer Abstimmung mit England bot, rechnete Friedrich II., der die russische Gefahr unterschätzte, fest damit, daß der neue Bündnispartner St. Petersburg im Zaum halten und dadurch Preußen im Osten jene Ruhe und Stabilität bringen werde, ohne die eine Sicherung Schlesiens vor dem österreichischen Revisionsverlangen unmöglich war.

Auf die überraschende Wende der Allianzen im Westen reagierte der Preußenkönig mit der Flucht nach vorn: Während Wien und seine antipreußischen Partner in Paris und St. Petersburg noch aufrüsteten und die diplomatischen Instrumente schärften, um im Frühjahr 1757 den Krieg zu eröffnen, erklärte Friedrich der Große am 21. Juli 1756 seinem einigermaßen erstaunten Außenminister Graf Heinrich von Podewils (1695-1760) in geheimer Privataudienz, er habe sichere Nachrichten, daß Österreich und Rußland im kommenden Frühjahr gegen Preußen losschlagen würden, und er sei daher entschlossen, dagegen »das Praevenire zu spielen«, das heißt einen militärischen Präventivschlag zu wagen.[10]

Um wenigstens den Schein diplomatischer Gesprächsbereitschaft zu wahren, ließ Friedrich seinen Wiener Botschafter im August eine scharfe Note übergeben, in der er Kaiserin Maria Theresia und Zarin Elisabeth offen der Kriegsabsicht bezichtigte und kategorisch eine formelle Nichtangriffserklärung verlangte. Als die Hofburg formal

Der Siebenjährige Krieg in Europa

wahrheitsgemäß jegliche Offensivallianz abstritt, die inhaltlich entscheidende Nichtangriffszusage aber mit Stillschweigen überging und auch zwei weitere Demarchen, wie erwartet, ohne befriedigende Antwort blieben, schien das dem Preußenkönig auszureichen, um der europäischen Öffentlichkeit zu erklären: »Da ich weder für die Gegenwart noch für die Zukunft irgendwelche Sicherheiten habe, bleibt mir nur der Appell an die Waffen, um die Anschläge meiner Feinde zunichte zu machen. Ich marschiere [also] und gedenke in kurzem diejenigen, die sich jetzt von Stolz und Haß verblenden lassen, anderen Sinnes zu machen.«[11]

Den bewährten Allianzpartner Frankreich hatte er verspielt, ohne dafür vom russischen Druck befreit zu sein, ringsum lauerten Feinde, und von England kam nur vage allgemeiner Zuspruch – da verließ den Preußenkönig die politische und diplomatische Phantasie. Er nahm erneut Zuflucht zu dem scheinbar bewährten Mittel seiner Jugend – dem militärischen Präventivschlag, diesmal gegen Sachsen gerichtet, wo er zu Recht den geringsten Widerstand erwartete. Der wegen seiner Freimütigkeit bekannte Graf Podewils hatte dem König in letzter Minute vergeblich entgegengehalten: »... es sei nicht zweifelhaft, daß die ersten Fortschritte und Erfolge vielleicht glänzend sein würden, aber die Unzahl der Feinde zu einer Zeit, wo der König isoliert und jeder fremden Hilfe beraubt sei, (was ihm noch nie begegnet wäre ...), würde ihn eines Tages an das erinnern, was ich ihm jetzt zum letzten Mal in allem Respekt zu sagen mir erlaubte«, daß nämlich ein solches Vorgehen unweigerlich zu »Inconvenienzen und terriblen Suiten [Folgen]« führen müsse. Friedrich hatte mit beißendem Spott geantwortet. »Monsieur de la timide politique«[12] – »Monsieur Hasenfuß von der furchtsamen Politik«, schimpfte er den greisen Außenminister und ersetzte ihn kurzerhand durch den zwanzig Jahre jüngeren Grafen Finck von Finckenstein, der ihn schon allein deswegen mit solchen unliebsamen Mahnungen verschonte, weil er mit ihm zusammen großgeworden und stets sein besonderer Vertrauter geblieben war.

Allein, der erfahrene Diplomat sollte recht behalten. Was dem Zaunkönig 1740 geglückt war, konnte dem zu europäischer Großmacht aufgestiegenen Monarchen eineinhalb Jahrzehnte später nicht noch einmal gelingen. Er hatte übersehen, daß eine beneidete Militärmacht nicht mit derselben Nachsicht oder auch nur Gleichgültigkeit der anderen europäischen Mächte rechnen konnte, wie der Aufsteiger von einst. Und auch die menschlichen Leidenschaften, die hinter den sachlich begründeten Interessen dieser Staaten standen, hatte der einsame Mann von Sanssouci zu wenig bedacht. Zwar wußte er Maria Theresia, die unbeirrt an ihren Besitzrechten festhaltende Habsburgerin, richtig einzuschätzen. Daß auf dem Zarenthron eine nicht weniger entschiedene Gegnerin saß, begriff er erst im Laufe des Krieges, als Elisabeth, die Tochter Peters des Großen und Katharinas I., beharrlich auf sein Verderben hinarbeitete – weil sie sich, wie man berichtete, durch abfällige Äußerungen des verschrienen Frauenfeindes persönlich tief verletzt fühlte.[13]

Wie Podewils vorausgesagt hatte, ließ der Einsatz der Armee Friedrich offen als Aggressor erscheinen und seine politische Lage ganz und gar hoffnungslos werden. Das zunächst noch auf Defension angelegte österreichisch-französische Bündnis wurde im Handumdrehen zur Offensivallianz; im Januar 1757 trat das Zarenreich offiziell dem antipreußischen Bündnis bei; es folgten Schweden und die meisten deutschen Fürsten mit Ausnahme Braunschweigs, Hessens und Gothas, die mit den Hohenzollern verwandt oder befreundet waren. Auch das Reich trat auf den Plan. Anfang 1757 erklärte der Reichstag auf Drängen Österreichs und Frankreichs dem Preußenkönig den Krieg und stellte eine Reichsarmee gegen ihn ins Feld, an der sich selbst protestantische Stände beteiligten.

Eins gelang der Kaisermacht allerdings nicht: die Acht über den Preußenkönig verhängen zu lassen. Die Hofburg hatte zwar konkrete Schritte eingeleitet, Friedrich II. unter Berufung auf den Reichslandfrieden und die Kammergerichtsordnung von 1495 und 1521 als »landfriedensbrüchigen Empörer« zu ächten, war damit aber auf dem Reichstag gescheitert. Dieser Vorgang sagt viel über den politischen Zustand des Reiches und Deutschlands in der Mitte des 18. Jahrhunderts aus: Es war nicht mehr möglich, den Krieg gegen einen Reichsstand als »Reichsbürgerkrieg« unter Leitung des Kaisers zu führen;[14] auch die Kriege im Reich galten längst als Allianzkriege zwischen eigenständigen Mitgliedern der europäischen Staatengemeinschaft, selbst wenn der Reichskrieg erklärt wurde.

Kaiserliches Hofdekret vom 14. September 1756 gegen Friedrich II. von Preußen, der als Friedensbrecher und Aggressor verurteilt wird.

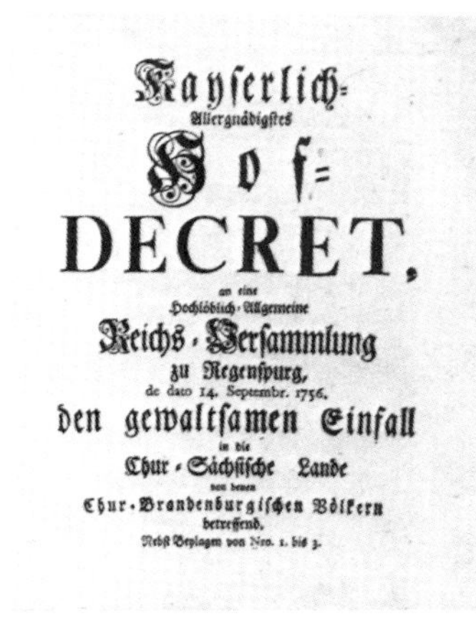
Kayserlich-
Allergnädigstes
Hof-
DECRET,
an eine
Hochlöblich-Allgemeine
Reichs-Versammlung
zu Regenspurg,
de dato 14. Septembr. 1756.
den gewaltsamen Einfall
in die
Chur-Sächsische Lande
von denen
Chur-Brandenburgischen Völkern
betreffend.
Nebst Beylagen von Nro. 1. bis 3.

Rein militärisch gesehen konnte Friedrich II. seinen Präventivschlag zunächst noch für erfolgreich halten:[15] Die rund 66 000 Mann starke preußische Armee, die am 29. August unmittelbar nach der letzten diplomatischen Demarche in Wien in drei Heeressäulen in

Sachsen einmarschierte, stieß auf keinen ernsten Widerstand. Bereits am 9. September wurde Dresden eingenommen; wenig später überschritt eine Heeresabteilung unter Feldmarschall Schwerin die sächsisch-böhmische Grenze, um Habsburg im eigenen Land herauszufordern. Doch es gelang nicht, die militärische Überlegenheit in politische Erfolge umzusetzen, was letztlich allein zählen würde. Der sächsische Kurfürst, König August III. von Polen, wollte von Kapitulation und Anschluß an Preußen nichts wissen; die zum Gegenschlag fest entschlossene Hofburg wies das Angebot einer zweijährigen Friedensgarantie kühl zurück; die in Pirna eingeschlossene sächsische Armee hielt der Belagerung erstaunlich lange stand und war auch politischen Verlockungen nicht zugänglich. Allerdings gelang es Anfang Oktober bei Lobositz an der Elbe, die zum Entsatz ihrer Verbündeten heraneilenden böhmischen Truppen der Habsburger zurückzuschlagen, so daß die sächsische Armee am 16. Oktober kapitulieren mußte. Sie wurde in das preußische Heer eingegliedert, und das Kurfürstentum war schutzlos der Ausbeutung durch die borussische Kriegführung ausgesetzt.

Die Gleichgewichtsidee – Vorwand für den Krieg oder Instrument seiner Einhegung? – Zeitgenössische Abhandlung von Johann Heinrich Gottlob von Justi, königlich-großbritannischer Bergrat und Mitglied der Königlichen Gesellschaft zu Göttingen

Der Aufstieg Preußens zur zweiten Großmacht im Reich hatte das Gleichgewicht in Europa verändert und dadurch maßgeblich zum erneuten Waffengang beigetragen.

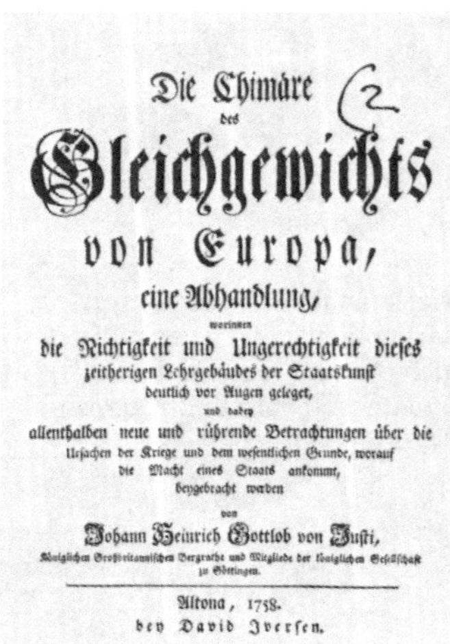
Die Chimäre des Gleichgewichts von Europa, eine Abhandlung, worinnen die Richtigkeit und Ungerechtigkeit dieses zeitherigen Lehrgebäudes der Staatskunst deutlich vor Augen geleget, und dabey allenthalben neue und rührende Betrachtungen über die Ursachen der Kriege und dem wesentlichen Grunde, worauf die Macht eines Staats ankommt, beygebracht werden von Johann Heinrich Gottlob von Justi, Königlichen Großbritannischen Bergrathe und Mitgliede der königlichen Gesellschaft zu Göttingen.

Altona, 1758. bey David Iversen.

Das alles hatte jedoch viel zu lange gedauert, um Friedrich den angestrebten Vorsprung bei der Festigung der eigenen Position zu sichern, ohne den Preußen auf Dauer weder militärisch noch politisch den überlegenen Gegnern gewachsen war. Wegen der vorangeschrittenen Jahreszeit mußte der König den Plan aufgeben, in Böhmen Winterquartier zu beziehen, wo auf Kosten Habsburgs sich eine günstige Ausgangslage für den Frühjahrsfeldzug hätte schaffen lassen. König August III. war es gelungen, sich nach Warschau abzusetzen, ohne auch nur im geringsten etwas von seinen sächsischen Rechten preiszugeben. In dieser Lage war Ostpreußen verloren, noch ehe darum gekämpft wurde. Im Winter 1757/58 marschierte dort die russische Armee ein, um unangefochten zu herrschen, bis im Frühjahr 1762 ein neuer Zar Frieden mit dem Hohenzoller schloß. England-Hannover, der einzige Bündnispartner, der wirklich zählte, hielt sich weiterhin bedeckt, ja man sprach sogar davon, daß Westminster das von seinem alten Bündnispartner Österreich angebotene Neutralitätsabkommen ernsthaft prüfe.

Der Hohenzollernstaat war weit zurückgeworfen; seine Existenz stand in Frage und sein König hatte ihn selbst in diese Lage hineinmanövriert. Einziger Schutz waren die Armee und das Feldherrntalent Friedrichs II. Die Entscheidung lag allein beim Schlachtenglück, das launisch sein konnte und hohe Kosten an Menschen und Geld fordern würde, wohin es sich auch immer wenden mochte. In dem Krieg, der im Frühjahr 1757, als die antipreußische Koalition endgültig kampfbereit war, mit voller Gewalt entbrannte, haben sich Preußen und sein großer König borussisch-heroisch behauptet, nämlich gegen eine schier erdrückende Überzahl, in schier hoffnungslosen Situationen, in ruhmvollen Schlachten und mit erschreckenden Verlusten – von den rund 500 000 Toten des Krieges hatte allein Preußen 180 000 zu beklagen, über 60 000 Soldaten gerieten in österreichische Gefangenschaft. Beim Friedensschluß 1763 gab es in der Mark kaum eine Adelsfamilie, die nicht mindestens einen Angehörigen dem Ruhm Preußens geopfert hatte; viele hatten Vater und mehrere Söhne verloren. In den drei Schlesischen Kriegen waren 1 550 Offiziere gefallen, darunter 60 Generäle – alles

Adlige, allein die Familie Kleist hatte 23 Mitglieder verloren, die Münchows 14, die Seydlitz', Arnims, Bredows, Schulenburgs, Puttkamers und viele andere deren sieben oder acht. Von den 1850 Mann, mit denen das Berliner Grenadierregiment Linden 1756 auszog, sollten 1763 ganze 50 Soldaten heimkehren.[16]

Die Namen der Schlachten, die sie entscheidenden Attacken oder Episoden haben sich dem borussischen Geschichtsbewußtsein tief eingeprägt, und als Preußen im 19. Jahrhundert ein neues Kaiserreich begründete, gingen sie in das kleindeutsche Nationalbewußtsein ein. Hauptschauplätze des für Friedrich und seine Armee trotz glänzender Siege immer hoffnungsloser werdenden Ringens waren wiederum Sachsen, Böhmen und Schlesien. Auch nachdem sich Anfang 1757 die große Offensivallianz endgültig gegen ihn formiert hatte, setzte Friedrich auf Angriff, kühn den Vorteil der inneren Linie und der einheitlichen Führung nutzend, dem auf der Gegenseite die Last komplizierter Abstimmung und Weitläufigkeit der militärischen Operationen entsprach.

Die österreichische Hauptarmee in Böhmen von rund 133 000 Mann sollte nach dem Plan Friedrichs noch im Winterlager vernichtet werden. Hierzu stießen im April 1757 vier preußische Heeressäulen auf Prag vor. Anfang Mai gelang dort ein großer Sieg über die arglosen Österreicher unter dem Feldmarschall Karl von Lothringen. Die Preußen hatten mit dem Leben ihres greisen, schon im Spanischen Erbfolgekrieg bei Höchstädt bewährten Generalfeldmar-

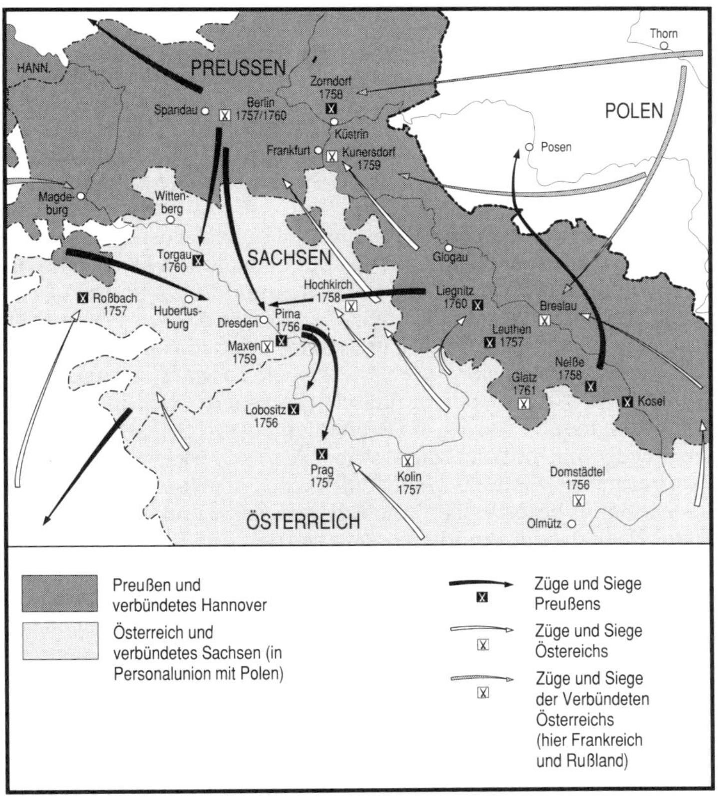

Feldzüge und Schlachten des Siebenjährigen Krieges

»Theater kriegender Potentaten«, kaiserlich-österreichisches Flugblatt, Kupferstich von Johann Michael Probst, Augsburg im ersten Kriegsjahr

Wie alle Kriege in Alteuropa, so wurde auch der Siebenjährige Krieg von Anfang an von einer intensiven Flugblattpropaganda begleitet. Dargestellt sind die Häupter der kriegführenden Parteien. Im Gegensatz zur ersten Phase des Dreißigjährigen Krieges war die Propaganda Mitte des 18. Jahrhunderts aber von Anfang an von Friedenssehnsucht geprägt, wie das dem Flugblatt mitgegebene Gebet unten links belegt.

schalls Kurt Christoph Graf von Schwerin (1684-1757) zu zahlen. Ihr Ziel konnten sie nicht erreichen: Das wohlbefestigte Prag war nicht im Handstreich zu nehmen.

Am 18. Juni unterlagen die Preußen bei Kolin der österreichischen Entsatzarmee unter Feldmarschall Graf Leopold von Daun (1705 bis 1766), mußten die Belagerung abbrechen und Böhmen erneut räumen. Und als im Westen die englischen Verbündeten im Hannoverschen unter dem Herzog von Cumberland so unglücklich operierten, daß die Franzosen sie mit einer einzigen Schlacht auszuschalten wußten; im Norden das preußische Pommern wehrlos von den Schweden besetzt wurde; in Ostpreußen bei Großjägersdorf die erste Begegnung mit der zaristischen Armee verloren wurde; der österreichische General Hadik mit nur 3500 Husaren im Handstreich Berlin besetzte, Hof und Bürgern Angst und Schrecken einjagte, 215000 Taler Brandschatzung eintrieb und wieder das Weite suchte – da gab es nur wenige in Deutschland und Europa, die dem Hohenzollernstaat noch eine große Zukunft zugetraut hätten.

Roßbach am 5. November und Leuthen genau einen Monat später brachten den Umschwung. Roßbach war ein Überraschungssieg desjenigen, der nichts mehr zu verlieren hatte: Friedrich ließ kurz entschlossen seine nur 22000 Mann starke Armee das fast doppelt so starke Heer der Franzosen und des Reiches angreifen, bevor diese sich mit den Österreichern zum dann kaum noch zu verhindernden Einfall in das preußisch besetzte Sachsen vereinigen konnten. Die alles entscheidende Attacke ritt gleich zu Beginn der gerade sechsunddreißigjährige Reiterführer Friedrich Wilhelm von Seydlitz, der bald neben dem »Husarenvater« Zieten zum legendenumwobenen Vorbild der borussischen Kavallerie wurde. Nach zwei Stunden hatte die Reichsarmee den Titel »Reißausarmee« erworben, den die preußische Propaganda ebenso virtuos zu nutzen wußte wie den Patriotismus, den die Niederlage der Franzosen in ganz Deutschland auslöste. In einem der zahlreichen Soldatenlieder, die Volkslieder genannt wurden, aber zweifellos auf die offizielle Propaganda der Preußen zurückgehen, heißt es:

Wenn unser großer Friedrich kömmt
und klopft nur auf die Hosen,
so läuft die ganze Reichsarmee
Panduren und Franzosen.

Die »fritzische Gesinnung« in der jüngeren Generation der reichsstädtisch-frankfurtischen Goethe-Familie entzündete sich an diesem Ereignis.[17] Und ein halbes Jahrhundert später fand die nationale Begeisterung der Befreiungskämpfe in der Erinnerung an Roßbach Stärke und Zuversicht – endlich hatte Deutschland den vaterländischen Heros hervorgebracht, der alle seit dem Dreißigjährigen Krieg von französischen Feldherren und Diplomaten erlittene Schmach zu rächen in der Lage war.

Nachdem der Kaiser bereits drei Wochen nach dem preußischen Präventivschlag am 14. September 1756 ein kaiserliches Hofdekret gegen den »Friedensbrecher« erlassen hatte, wurde am 17. Januar 1757 ein Reichsheer gegen Preußen aufgeboten. Bei der entscheidenden Abstimmung auf dem Regensburger Reichstag hatten nur 26 der evangelischen Stände für Brandenburg, 60 dagegen für den kaiserlichen Antrag gestimmt, darunter Mecklenburg-Schwerin, Pfalz-Zweibrücken, Hessen-Darmstadt, Holstein-Gottorp, Schwarzburg und Ansbach, also auch des Königs eigener Schwager.

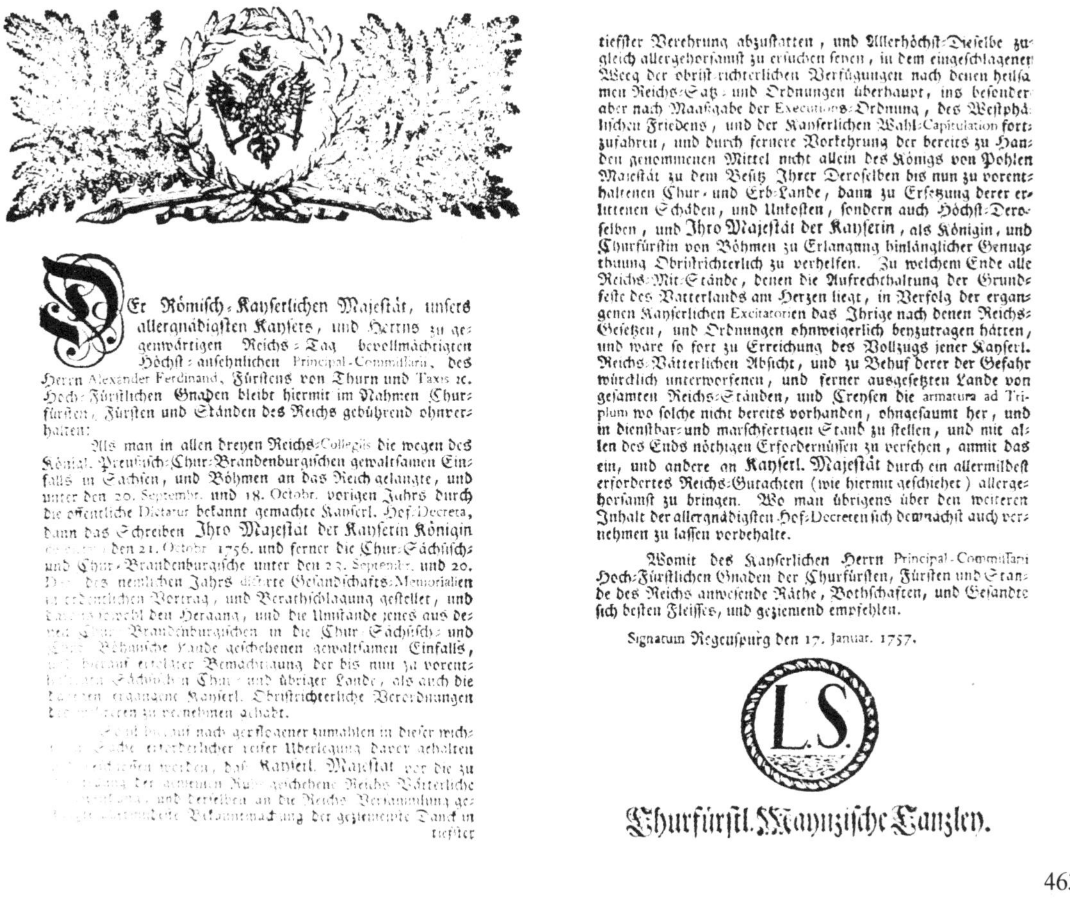

DEr Römisch-Kayserlichen Majestät, unsers allergnädigsten Kaysers, und Herrns zu gegenwärtigen Reichs-Tag bevollmächtigten Höchst-ansehnlichen Principal-Commissarii, des Herrn Alexander Ferdinand, Fürstens von Thurn und Taxis etc. Hoch-Fürstlichen Gnaden bleibt hiermit im Nahmen Churfürsten, Fürsten und Ständen des Reichs gebührend ohnverhalten:

Als man in allen dreyen Reichs-Collegiis die wegen des Königl. Preußisch-Chur-Brandenburgischen gewaltsamen Einfalls in Sachsen, und Böhmen an das Reich gelangte, und unter den 20. Septembr. und 18. Octobr. vorigen Jahrs durch die öffentliche Dictatur bekannt gemachte Kayserl. Hof-Decreta, dann das Schreiben Ihro Majestät der Kayserin Königin [illegible] den 21. Octobr. 1756. und ferner die Chur-Sächsisch- und Chur-Brandenburgische unter den 23. Septembr. und 20. [illegible] des nemlichen Jahrs dictirte Gesandschafts-Memorialien in ordentlichen Vortrag, und Berathschlagung gestellet, und [illegible] sowohl den Hergang, und die Umstände jenes aus denen Chur-Brandenburgischen in die Chur-Sächsisch- und [illegible] Böhmische Lande geschehenen gewaltsamen Einfalls, [illegible] hierauf erfolgter Bemächtigung der bis nun zu vorent[illegible] Sächsischen Chur- und übriger Lande, als auch die [illegible] ergangene Kayserl. Obristrichterliche Verordnungen [illegible] zu vernehmen gehabt.

[illegible] nach gepflogener zumahlen in dieser wichtigen Sache erforderlicher reifer Überlegung davor gehalten [illegible] werden, daß Kayserl. Majestät vor die zu [illegible] der gemeinen Ruhe geschehene Reichs-Väterliche [illegible] und derselben an die Reichs-Versammlung ge[illegible] Bekanntmachung der geziemende Danck in tiefster Verehrung abzustatten, und Allerhöchst-Dieselbe zugleich allergehorsamst zu ersuchen seyen, in dem eingeschlagenen Weeg der obrist-richterlichen Verfügungen nach denen heilsamen Reichs-Satz- und Ordnungen überhaupt, ins besonder aber nach Maaßgabe der Executions-Ordnung, des Westphälischen Friedens, und der Kayserlichen Wahl-Capitulation fortzufahren, und durch fernere Vorkehrung der bereits zu Handen genommenen Mittel nicht allein des Königs von Pohlen Majestät zu dem Besitz Ihrer Deroselben bis nun zu vorenthaltenen Chur- und Erb-Lande, dann zu Ersetzung derer erlittenen Schäden, und Unkosten, sondern auch Höchst-Deroselben, und Ihro Majestät der Kayserin, als Königin, und Churfürstin von Böhmen zu Erlangung hinlänglicher Genugthuung Obristrichterlich zu verhelfen. Zu welchem Ende alle Reichs-Mit-Stände, denen die Aufrechthaltung der Grundfeste des Vatterlands am Herzen liegt, in Verfolg der ergangenen Kayserlichen Excitatorien das Ihrige nach denen Reichs-Gesetzen, und Ordnungen ohnweigerlich beyzutragen hätten, und wäre so fort zu Erreichung des Vollzugs jener Kayserl. Reichs-Vätterlichen Absicht, und zu Behuf derer der Gefahr würcklich unterworfenen, und ferner ausgesetzten Lande von gesamten Reichs-Ständen, und Creysen die armatura ad Triplum wo solche nicht bereits vorhanden, ohngesaumt her, und in dienstbar- und marschfertigen Stand zu stellen, und mit allen des Ends nöthigen Erfordernüssen zu versehen, anmit das ein, und andere an Kayserl. Majestät durch ein allermildest erfordertes Reichs-Gutachten (wie hiermit geschiehet) allergehorsamst zu bringen. Wo man übrigens über den weiteren Inhalt der allergnädigsten Hof-Decreten sich demnächst auch vernehmen zu lassen vorbehalte.

Womit des Kayserlichen Herrn Principal-Commissarii Hoch-Fürstlichen Gnaden der Churfürsten, Fürsten und Stände des Reichs anwesende Räthe, Bothschaften, und Gesandte sich besten Fleisses, und geziemend empfehlen.

Signatum Regenspurg den 17. Januar. 1757.

L. S.

Churfürstl. Maynzische Canzley.

In Leuthen wurde das in Roßbach Begonnene vollendet: Wieder trafen die Preußen auf einen fast doppelt so starken Gegner, 35 000 gegenüber 65 000 Mann. Diesmal war es die österreichisch-kaiserliche Armee – geführt gleich von zwei großen Feldherren, Karl von Lothringen und Graf Daun. Friedrich II. brachte seine »schiefe Schlachtordnung« zum Einsatz, das heißt er ließ seine Front auf einem Flügel absichtlich schwach, um den dort eines leichten Sieges gewissen Gegner rasch vorrücken zu lassen, während auf der anderen Seite der eigene, dort besonders starke Flügel energisch angriff, so daß der Feind in Verwirrung geriet, seine Truppen überstürzt umgruppierte und in diesem Moment von einer alles entscheidenden Attacke niedergeworfen werden konnte. Nach dem Sieg von Leuthen, der ihn Breslau und bis zum Jahresende ganz Schlesien zurückgewinnen ließ, schien der Preußenkönig wieder ganz Herr der Lage. Seine Überlegenheit gerann zur Anekdote: Am Abend nach der Schlacht in einem Schloß bei Lissa Quartier suchend, stieß Friedrich II. dort unvermutet auf österreichische Offiziere, die er ungerührt begrüßte: »Bonsoir Messieurs! Gewiß vermuthen Sie mich hier nicht. Kann man hier auch noch mit unterkommen?«[18] Solche erdichteten Episoden sagen mehr über die Psychologie als über die tatsächliche Lage aus. Doch fürs erste war Preußen gerettet. England kündigte in Hannover das Stillhalteabkommen mit Frankreich auf und ging im folgenden Frühjahr mit der zweiten Westminsterkonvention vom 11. April erneut einen Subsidienvertrag ein, der Friedrich dem Großen in den nächsten Jahren nicht weniger als 27 Millionen Taler brachte.

Von einer militärischen oder politischen Entscheidung war man indes weit entfernt. Sieg und Niederlage wechselten auf beiden Seiten noch mehrmals ab, und Preußen geriet wiederholt an den Rand der Katastrophe. Friedrich büßte den in Roßbach und Leuthen erworbenen Nimbus, ein genialer Feldherr zu sein, schon im folgenden Jahr wieder ein: Olmütz in Mähren wurde vergeblich belagert. In Zorndorf, einer der blutigsten Schlachten des Krieges überhaupt, gelang es ihm zwar noch einmal, die Vereinigung von Russen und Österreichern zu verhindern, einen Sieg konnte er jedoch nicht erringen. In Hochkirch mußten die Preußen am 14. Oktober 1758 den Österreichern sogar verlustreich das Feld überlassen: Gideon Laudon (1717-1790), ein aufsteigender Stern in der habsburgischen Generalität, hatte aus den gegnerischen Überraschungsangriffen gelernt und seinerseits die Preußen unvermutet attackiert – 9 000 Blauröcke waren gefallen, darunter Feldmarschall Keith, 200 Kanonen und der gesamte Troß waren verloren.

Friedrich mußte sich nach Schlesien zurückziehen, um seine Truppen erst einmal wieder mit neuen Männern aufzufrischen. Zur Offensive war Preußen fortan nicht mehr in der Lage. Und als seine Armee nach der Katastrophe vom 12. August bei Kunersdorf in der Neumark sich aufzulösen begann und nur noch 3 000 Mann bei den Fahnen blieben, da schien das Ende des Hohenzollernstaates gekommen. Nur die eigene Uneinigkeit hinderte die Alliierten, Brandenburg kurzerhand einzunehmen – das war der Augenblick, in dem Friedrich der Große die berühmte Wendung vom »Mirakel des Hauses Brandenburg« prägte.[19]

Auch in den nächsten Jahren waren es immer wieder Unentschlos-

»The difference«, Flugblatt der antipreußischen Partei in London aus dem Jahre 1758

Während London von schwarzen Wolken bedrängt wird, erstrahlt Berlin unter der Sonne des Krieges. Friedrich der Große, als römischer Held gekleidet, steht selbstbewußt neben einer aus Britannien eingeführten Freiheitsmütze und wirft Britannia vor, bestechlich zu sein. Britannia ihrerseits verspottet den Preußenkönig, indem sie ihm das bloße Hinterteil zeigt und ihn bezichtigt, von Geld nichts zu verstehen, während die Insel festgekettet ist an einen auf Dukatensäcken sitzenden Teufels-Mammon.
Anders als in den absolutistischen Staaten hing in England die Regierung stark von der öffentlichen Meinung ab. Als der Herzog von Cumberland gleich zu Beginn des Krieges eine vernichtende Niederlage durch die Franzosen einstecken und die demütige Konvention von Kloster Zeven unterzeichnen mußte, schlug das innenpolitische Klima in England gegen das Engagement für Friedrich den Großen um.

senheit und Uneinigkeit des alliierten Lagers, die es Friedrich II. ermöglichten, einen Manövrierkrieg zu führen, der die letzte große militärische Entscheidungsschlacht vermied. Wie durch ein Wunder war es ihm gelungen, für die Kampagne des Jahres 1760 noch einmal eine 100 000 Mann starke Armee aufzustellen, die im Westen durch die vor allem von England unterhaltene sogenannte Hannoveraner Observationsarmee von insgesamt 94 000 Mann abgesichert wurde. Dem stand auf seiten der antipreußischen Allianz eine Übermacht von 369 000 Soldaten gegenüber. Doch weder im Osten noch im Westen fiel 1760 und 1761 eine endgültige militärische Entscheidung.

Beide Seiten verzeichneten Siege und schwere Verluste. Dresden wurde verwüstet, als der Hohenzoller sich im Sommer 1760 entschloß, die dort stationierten 14 000 Österreicher der Reichsarmee zu verjagen, zu diesem Zweck die Stadt einschloß und acht Tage lang mit Feldartillerie und schwerem Geschütz beschießen ließ. Die weit gepriesene urban-barocke Heiterkeit der Elbmetropole versank im Chaos. Selbst in den preußischen Kriegsberichten ist das Erschauern ob der Zerstörungskraft der neuzeitlichen Kriegstechnik spürbar: »Viele der vornehmsten Straßen brannten von einem Ende zum anderen, und wo man hinblickte, stürzten Häuser ein, ... die Preußen hatten bemerkt, daß die österreichischen Officiere vom Turme der Kreuzkirche aus ihre Bewegungen mit Ferngläsern beobachteten und signalisierten; nun beschossen sie diesen Turm. Er gerieth in Brand, und sein Einsturz verursachte eine weit um sich greifende Feuersbrunst.«[20]

Auf der Gegenseite fiel am 9. Oktober 1760 Berlin erneut für vier Tage in die Hand der Alliierten; das Hauptkontingent der Verteidiger hatte sich in die sichere Zitadelle Spandau zurückgezogen. Österreicher und Sachsen, die die Verwüstung ihrer eigenen Hauptstadt vor Augen hatten, zogen plündernd und zerstörend durch die Residenz, vor allem das Schloß Charlottenburg wurde übel zugerichtet. Die Russen zeigten sich besonnener. Sie zerstörten die militärischen und kriegswirtschaftlichen Anlagen, vor allem Pulvermühlen und Kanonengießereien, zogen 1 800 000 Taler Kontribution ein und ließen sich von dem Berliner Unternehmer Gotzkowsky, der sich um gefangene russische Offiziere verdient gemacht hatte, überreden, Lagerhaus, Gold- und Silbermanufaktur und selbst das königliche Arsenal zu verschonen. Am 12. Oktober war der Spuk vorüber.

William Pitt der Ältere (1708 bis 1778), Earl of Chatham, Kupferstich von J. E. Nilson nach dem Gemälde von W. Hoare

William Pitt trat entschieden für ein britisches Engagement auf dem Kontinent zugunsten Preußens ein, weil für ihn feststand, daß England in Übersee nur erfolgreich sein konnte, wenn Friedrich der Große die Kräfte Frankreichs lange genug binden würde.

Inzwischen sichert der König Schlesien noch einmal mit Mühe für Preußen, während Sachsen nun ganz in die Hand der Alliierten fällt. Im Westen geht der Kampf an der Weser und in Hessen hin und her, bis im Sommer 1760 Hessen und das angrenzende Thüringen von den Franzosen erobert werden, preußische Truppen dafür aber im Juli 1761 in Vellinghausen am Rande des Sauerlandes das französische Heer unter den Marschällen de Broglie und Soubise ins Westfälische zurückschlagen und für den Rest des Jahres matt setzen. Schlesien gerät im Sommer 1761 in die Hand Laudons; die pommersche Festung Kolberg wird von den Russen genommen, die bis nach Brandenburg vordringen.

In diesem militärischen Hin und Her, in dem die endgültige Niederwerfung Preußens immer wieder verhindert wurde, weil Friedrich und seine Feldherren zäh auch die kleinste Chance zu nutzen wußten und die Alliierten weiterhin über die Kriegführung uneinig waren, wurde die Entscheidung durch einschneidende Veränderungen auf dem politisch-diplomatischen Feld herbeigeführt: Am 25. Oktober 1760 starb König Georg II. von England. Sein Sohn und Nachfolger Georg III. (1760-1820) warf das Ruder herum, weil er von der politischen Elite seines Vaters unabhängig sein wollte und weil er sich als Friedensherrscher verstand. So stürzte im Oktober 1761 der allgewaltige Premierminister William Pitt der Ältere (1708-1778), der auch den Rückhalt im Parlament und in seiner Partei verloren hatte. Die Regierung kam in die Hände profranzösischer Kräfte, die im Sommer 1762 die britischen Subsidienzahlungen an Preußen einstellten und Paris die Bereitschaft signalisierten, Friedrich den Großen zu opfern und einen Sonderfrieden zu schließen. Dieser Meinungsumschwung war unumstößlich, weil er fest in den englischen Staatsinteressen verwurzelt war. Denn in Übersee standen die Auseinandersetzungen mit dem Rivalen Frankreich sehr günstig für Britannien – vor allem weil Friedrich von Preußen in Europa die Kräfte des französischen Rivalen gebunden hatte. Kanada und das Ohiotal waren in englische Hände gefallen, auch in Indien waren die Franzosen zurückgedrängt worden. Es galt diesen Status zu sichern, solange Frankreich in Europa an einer Entlastung interessiert war.

Am 3. November 1762 schlossen beide Mächte den Präliminarfrieden von Fontainebleau. Als die Präliminarien am 9. Dezember dem englischen Parlament zur Ratifizierung vorgelegt wurden, hielt der ehemalige Premierminister Pitt eine große dreistündige Rede, um den von ihm leidenschaftlich abgelehnten Frieden mit Frankreich in letzter Minute doch noch zu verhindern. Auf ihrem Höhepunkt appellierte er an die Fairness seiner Landsleute. Allein Preußens Einsatz im deutschen Krieg habe, so beschwor er einem authentischen Bericht zufolge das Unterhaus, Frankreich daran gehindert, »seine Kolonien und Inseln in Amerika, Asien und Afrika zu unterstützen ... Daß die auf dem Tisch des Hauses niedergelegten Präliminarartikel den König von Preußen (welchen der Redner den hochherzigsten Bundesgenossen nannte, den England je besessen habe) seinem Schicksal überlassen wollten, tadelte er in den schärfsten Ausdrücken. Er nannte das hinterhältig, betrügerisch, gemein und ver-

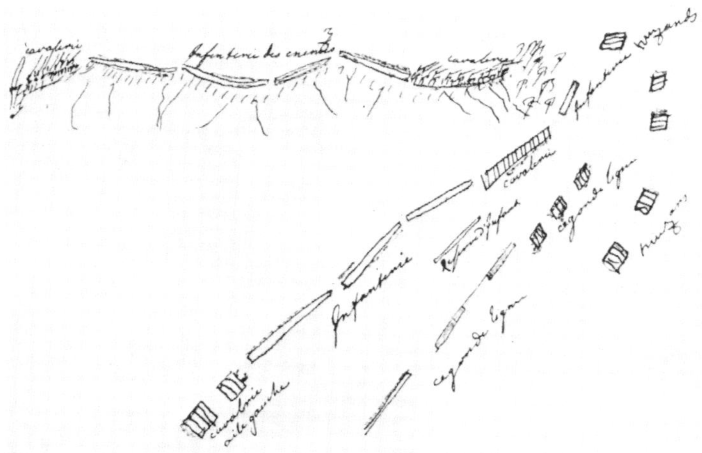

Die von Friedrich dem Großen entwickelte »schiefe Schlachtordnung« – eigenhändige Skizze mit Erläuterungen aus der Instruktion für seine Generäle, 1746

Titelblatt der 1758 in Berlin erschienenen »Preußischen Kriegslieder« von Johann Wilhelm Ludwig Gleim

Preussische
Kriegslieder
in den
Feldzügen 1756 und 1757
von
einem Grenadier.

Mit Melodieen.

Berlin,
bey Christian Friedrich Voß.

räterisch. Nachdem man diesen großen und herrlichen Monarchen vier Monate lang mit Subsidienversprechungen hingehalten, habe man ihn schließlich hintergangen und enttäuscht ... Alles in allem müsse er die vorgeschlagenen Friedensbedingungen aus tiefstem Herzen verdammen ...«[21] Allein, Friedenssehnsucht und Staatsinteressen wogen schwerer als das Schicksal eines deutschen Fürsten, mochte man seinen Heldenmut auch noch so sehr bewundern. Die Präliminarien wurden ratifiziert; der einzige gewichtige Allianzpartner der Preußen war aus dem Krieg ausgeschieden.

Als sich diese Wende im Winter 1761/62 abzeichnete, gab es für den Hohenzollernstaat nach menschlichem Ermessen keine Hoffnung mehr. Die nächste Kampagne konnte nur noch den glorreichen Untergang bedeuten. Da brachte ein erneuter Todesfall die Rettung: Am 5. Januar 1762 starb in Petersburg die Zarin Elisabeth, die erbittertste der erbitterten Feinde des Preußenkönigs. An ihre Stelle trat Zar Peter III. (1728-1762) aus dem Hause Holstein-Gottorp, ein glü-

Friedrich der Große in Lissa am Abend nach der Schlacht von Leuthen, Kupferstich von Anton Wachsmann, Ende des 18. Jahrhunderts

Bonsoir Messieurs! Gewiß vermuthen sie mich hier nicht. Kann man hier auch noch mit unterkommen? Die borussische Propaganda läßt es jeden wissen – auch nach der Schlacht ist der Preußenkönig seinen Gegnern überlegen.

Preußische Heerführer
Obere Reihe:
Heinrich Prinz von Preußen
Leopold von Anhalt-Dessau
Kurt Christoph von Schwerin
Untere Reihe:
Hans Joachim von Zieten
Heinrich de la Motte-Fouqué
Friedrich Wilhelm von Seydlitz

hender Verehrer Friedrichs und zugleich ein auf Konsolidierung der Finanzen bedachter Realpolitiker, der sogleich Frieden und am 19. Juni sogar ein Bündnis mit dem Hohenzollern schloß.[22] Als Zar Peter kurz darauf am 17. Juli ermordet wurde, kündigte seine Frau und Nachfolgerin Katharina II. (1762-1796) das Bündnis allerdings wieder auf. In den Krieg kehrte sie aber nicht zurück. Denn der war in Rußland längst unbeliebt und zu einer schweren Belastung geworden – weil der Wechsel der Allianzen und der damit verbundene Verzicht auf die englischen Subsidien eine schwere Finanzkrise hervorgerufen hatten und weil der neue Verbündete Frankreich auch in der veränderten Konstellation seine Barrière-Politik im Prinzip nicht aufgegeben hatte, sondern weiterhin alles tat, um Rußland in Ostmitteleuropa klein zu halten.

Die russische Wende ließ Preußen und seinen großen König wie einen Phönix aus der Asche erstehen, zumal auch Schweden aus dem Krieg ausschied. Mit Hilfe Rußlands und durch Aushebung in den bislang russisch besetzten Gebieten, vor allem Ostpreußen, stand im Sommer 1762 ein 210 000 Mann starkes preußisches Heer im Feld, das sogleich in Schlesien und Sachsen zur Offensive überging und die Österreicher zur böhmischen Grenze zurückdrängte. Da aber alle Seiten kriegsmüde waren, begannen im Dezember Friedensgespräche zwischen Österreich und Preußen, die rasch vorangeschritten.

Österreichische Heerführer
Obere Reihe:
Karl Alexander von Lothringen
Joseph Wenzel Fürst von Liechtenstein
Franz Nádasdy
Untere Reihe:
Leopold Joseph Graf Daun
Ernst Gideon von Laudon

Der Siebenjährige Krieg endete im Frühjahr 1763 in einem Doppelfrieden - dem Pariser vom 10. Februar zwischen England und Frankreich und dem Hubertusburger vom 15. Februar zwischen Preußen und Österreich/Sachsen, benannt nach einem zwischen Leipzig und Dresden gelegenen Jagdschloß der Wettiner. Der große Sieger war unbestritten England: Es sicherte sich die entscheidenden Positionen in Indien; übernahm alle französischen Besitzungen in Nordamerika, mit Ausnahme der kleinen Inseln St. Pierre und Miquelon südlich Neufundland; erhielt von dem Anfang 1762 an die Seite Frankreichs getretenen Spanien Honduras und Florida, dazu als Stützpunkte in der Karibik die vier kleinen, nördlich vor Venezuela gelegenen Inseln Tobago, Grenada, St. Vincent und Dominica. Als Gegenleistung mußte London das erst im Sommer 1762 eroberte Havanna auf Kuba, West-Louisiana und Manila auf den Philippinen wieder an Spanien abtreten; Frankreich erhielt Martinique, Guadeloupe und Dakar-Gorée an der Nordwestküste Afrikas zurück. Im Vergleich zu den handfesten Vorteilen in Asien und in der Neuen Welt waren das Zugeständnisse, die kaum ins Gewicht fielen, auch wenn der City damit einträgliche Sklaven- und Gummimärkte vorenthalten blieben. Entscheidend war, daß England in Indien die eindeutige Hegemonie errungen hatte, vor allem in Bengalen, der für den europäischen Handel wichtigsten Region des Subkontinents, und daß der französische Konkurrent praktisch ganz Nordamerika hatte räumen müssen.[23]

General Hadik (1710-1790) mit seinen Husaren vor Berlin, zeitgenössischer Stich im Verlag von Martin Will, Augsburg

Damit hatte Großbritannien den Wettkampf um die Nachfolge der iberischen Mächte und Hollands endgültig für sich entschieden. Es war zur ersten Kolonial- und Seemacht aufgestiegen, auch wenn sein Triumph in Nordamerika nur kurze Zeit anhielt, weil sich die dort eben gesicherten dreizehn Kolonien bereits am 4. Juli 1776 als unabhängig vom englischen Mutterland erklärten. Eindeutiger Verlierer waren die Franzosen, denen der spektakuläre Allianzwechsel von 1756 nicht die erhoffte Festigung ihrer internationalen Position gebracht hatte – der zu Beginn des Jahrhunderts eingetretene machtpolitische Verfall setzte sich fort, was nicht unwesentlich zur bald aufziehenden revolutionären Situation beitrug.

Auch auf dem Kontinent hatte sich die Stellung Englands gefestigt. Denn es war nicht nur dafür verantwortlich gewesen, daß Frankreich nach dem Präliminarfrieden von Fontainebleau seine Truppen aus dem Reich abzog, es hatte auch die im Sommer 1762 nach dem Frontwechsel der Russen neu angelaufene Offensive Preußens gestoppt, indem es die Subsidienzahlungen einstellte und König Friedrich an den Verhandlungstisch zwang. Dort vermittelten dann aber konsequenterweise nicht englische, sondern sächsische Diplomaten zwischen den Hauptrivalen Österreich und Preußen, wodurch sie zugleich die Lage ihres eigenen zwischen Hammer und Amboß geratenen Kurfürstentums zu verbessern gedachten. In gut sechs Wochen war man einig – von der allgemeinen Kriegsmüdigkeit und der auf beiden Seiten drohenden Finanzkatastrophe zur Eile getrieben.

Zarin Elisabeth, mit deren Tod am 5. Januar 1762 die österreichisch-russische Koalition auseinanderbricht und Preußen in letzter Minute die kaum noch erhoffte Entlastung erhält; anonyme Miniatur

In Deutschland sollte alles beim Besitzstand der Vorkriegszeit bleiben, den sich die Vertragspartner einschließlich Sachsens gegenseitig garantierten. Österreich gestand Preußen endgültig Schlesien zu; als Gegenleistung sicherte Friedrich II. den Fortbestand des habsburgischen Kaisertums der jüngeren Linie, indem er in einer Geheimklausel zusagte, seine brandenburgische Kurstimme für Erzherzog Joseph abzugeben, den ältesten Sohn Maria Theresias und Franz' von Lothringen.

Der preußische König konnte zufrieden sein – nicht triumphierend, aber in der ihm eigenen distanziert pessimistischen Weltsicht, die Leistung und Erfolg von Pflichterfüllung und Entsagung herleitet. Er hatte nicht nur die einst in keckem Griff an sich gerissene Provinz behauptet; er hatte darüber hinaus vor allem im Reich und in Europa ein neues Mächtesystem erzwungen. Das noch im Dezember 1762 von William Pitt in seiner großen Unterhausrede als etwas umstürzend Neues bewertete »Phänomen einer zweiten Großmacht in Deutschland«[24] war mit dem Hubertusburger Frieden fest etabliert. Der Hohenzollernstaat hatte bewiesen, daß er trotz aller Schwächen politisch und vor allem militärisch im System der europäischen Mächte eine eigenständige Rolle zu spielen wußte, wenn er auch gut daran tat, nach den Erfahrungen im Siebenjährigen Krieg in Ostmitteleuropa fortan Abstimmung und Allianz mit Rußland zu suchen, um einer erneuten Isolierung vorzubeugen. So hatte sich denn auch für das Zarenreich, das ansonsten keine konkreten Ergebnisse aus dem Krieg hervorbrachte, der Einsatz gelohnt – es war zum »Schiedsrichter des Nordens« aufgestiegen.

Aus der engeren Perspektive der preußischen Untertanen, denen es an Sinn für die große Politik und historische Umbrüche mangelte,

Begräbnis des preußischen Generals Keith auf Befehl des österreichischen Feldmarschalls Graf Daun nach der Schlacht von Hochkirch. Im Hintergrund das von gefallenen Soldaten und Pferdekadavern übersäte Schlachtfeld; Kupferstich und Ätzung von Joseph Erasmus Belling

Die Trümmer der Kreuzkirche, Gemälde von Canaletto

Ein massives Bombardement der Preußen im Juli 1760 lehrte die Dresdener die verheerende Gewalt neuzeitlicher Artillerie kennen.

Von preußischen Grenadieren nur nachlässig behindert, erbitten gefangene russische Soldaten beim Berliner Bürgertum Unterstützung für ihren Unterhalt; Stich von Daniel Chodowiecki aus dem Jahre 1758

Allegorische Darstellung auf den Hubertusburger Frieden von 1763

Zwey Kayser und drey Könige
sind nun des Krieges müde.
Drum machen sie auf Gottes Winck
mit Preußen Friedrich steten Friede.

sah das Ergebnis der langen Kriegsjahre allerdings anders aus. Graf Heinrich von Lehndorff, Kammerherr der preußischen Königin Elisabeth Christine, ein etwas klatschsüchtiger, doch mit nüchternem Verstand begabter Höfling am Rande der politischen Gesellschaft Berlins, notiert nach Empfang der Friedensbotschaft in sein Tagebuch: »Somit hat alle Not ein Ende. Wenn man nun aber bedenkt, welche unzähligen Opfer dieser Krieg gefordert hat, wieviel Provinzen verwüstet, wieviel Familien ruiniert worden sind, und das alles, um die Herrscher in dem status quo ante zu sehen, so möchte man über den Wahnwitz der Menschheit laut aufschreien.«[25]

Was das Zusammenleben der Deutschen anbelangt, so waren die längerfristig wirksamen Tendenzen erneut bestätigt und befestigt worden: Die im späten Mittelalter und im 16. Jahrhundert aufgebrochene politische und konfessionelle Spaltung des Reiches hatte sich über vielfältige Stufen und Wandlungen hinweg entwickelt zum mächtepolitischen und kulturellen Gegensatz zwischen einem norddeutsch-protestantischen, von Preußen geführten Deutschland, das gestärkt aus dem Krieg hervorgegangen war, und einem südlich-katholischen, auf Habsburg ausgerichteten Reich, wo die Traditionen des Kaisertums weiterhin stark blieben. Die Konstellation des 19. Jahrhunderts zeichnete sich ab, in der zu entscheiden war, wem bei der neuen Aufgabe der nationalstaatlichen Einigung die Führungsrolle zufallen sollte - Habsburg oder Preußen.

2. Retablissement und Sattelzeit

Der Siebenjährige Krieg war der letzte der großen Allianzkriege Alteuropas; es folgte ein Vierteljahrhundert der Ruhe. Als dann Europa erneut in Kriegswirren versank, brach mit der alten Gesellschaft auch das alte Staats- und Mächtegefüge wie ein baufälliger Palast zusammen - beim Ansturm der modernen französischen Revolutionsarmeen, hinter denen die Kraft einer im neuen Sinne freien, brüderlich geeinten und gleichen Nation stand. Die neue Epoche, die sich in Frankreich revolutionär Bahn gebrochen hatte und sich von dort über den Kontinent ausbreitete, kam jedoch nicht von ungefähr, so gewaltsam der Bruch auch vollzogen wurde.[26] Bereits in der letzten Phase des Ancien régime war vieles in Bewegung geraten; in Deutschland vor allem in den Jahren und Jahrzehnten nach Abschluß des Siebenjährigen Krieges, als eine 1740 einsetzende, also gut zwanzigjährige Periode kriegerischer Auseinandersetzungen und äußerster Kraftanstrengung zu Ende gegangen war. Von dem Druck befreit, konnten sich die Regierungen wieder um die inneren Verhältnisse ihrer Staaten und die Lebensbedingungen ihrer Untertanen kümmern.

Wie stets nach langen Jahren des Krieges, bedeutete der Wiederaufbau zugleich einen Umbau in Staat und Gesellschaft. Doch während dabei in der Regel Fundament und Grundmauern unberührt blieben, wurde diesmal ein Prozeß in Gang gesetzt, der die gesellschaftliche und politische Ordnung selbst umstürzen sollte und sogar die Mentalität erfaßte, das heißt das Denken der Menschen über diese Ordnungen und ihre Stellung in ihnen. Die frühneuzeitliche Modernisierung verdichtete sich, und bald setzte jene fundamentale Transformation ein, in der Alteuropa unterging und die Moderne des 19. und 20. Jahrhunderts aufstieg.

In Regierung und Verwaltung begann die hohe Zeit des aufgeklärten Fürstenabsolutismus, der den höfischen Absolutismus ablöste und die Schwelle zur Moderne bildete - hin zum bürokratischen Staatsabsolutismus der Reformepoche im frühen 19. Jahrhundert, wo aus dem patriarchalischen Monarchen des Ancien régime ein Organ des Staates geworden war, und weiter zum bürokratisch-konstitutionellen Staat der späteren Zeit. In Frankreich waren es vor allem die Reformen Turgots, von 1774 bis 1776 Generalkontrolleur der Finanzen und wohl der größte Wirtschafts- und Sozialpolitiker des 18. Jahrhunderts, die bereits eine Brücke zu erkennen gaben zwischen der historisch begründeten Privilegienwelt des Ancien régime und der neuen, universelle Gültigkeit beanspruchenden Vernunftordnung der Moderne[27] - eine Brücke, die dann doch nicht errichtet werden konnte, so daß das menschenverschlingende Chaos der Revolution unvermeidlich wurde.

In Deutschland tritt der Übergangscharakter des letzten Jahrhundertdrittels besonders deutlich im Friderizianischen Preußen der Spätzeit und im Josephinischen Österreich zutage. Das Allgemeine Preußische Landrecht, das 1794 nach jahrzehntelanger Vorarbeit in Kraft trat, wirkte bei all seiner konservierenden Grundtendenz modernisierend, weil es im Recht und in der Gesellschaft entwicklungs- und innovationshemmende Strukturen beseitigte. Es zielte auf eine einheitliche staatsbürgerliche Gesellschaft ab und liberalisierte die Wirtschaftsordnung. Im Verhältnis von Staat und Kirche zog es die Konsequenzen aus der Säkularisierungsforderung der Aufklärung.[28]

In den Habsburgerterritorien einschließlich der südlichen Niederlande wurde in den späten siebziger und achtziger Jahren der Josephinismus geradezu zum Inbegriff von modernisierenden Reformen in Staat, Kirche und Gesellschaft, die die Untertanen übrigens keineswegs in Begeisterung versetzten.[29] Auch in den Mittel- und Kleinstaaten des Reiches sind Ansätze zu einem Aufbruch in die moderne Welt deutlich - zum Beispiel der Febronianismus, der in den geistlichen Territorien des Rheinlandes und Süddeutschlands für einen aufgeklärten Katholizismus eintrat und die alteuro-

Österreichische Ratifikation des Hubertusburger Friedens, und zwar des Separatartikels über die Einbeziehung der beiderseitigen Verbündeten. Ausfertigung mit den Unterschriften Maria Theresias und des Grafen Kaunitz

päische Bindung der deutschen Bischöfe an den Papst aufheben wollte. Daneben standen Freimaurerlogen und Illuminatenorden, die in zahlreichen deutschen Staaten, voran in Bayern, die Säkularisation vorantrieben und für ein humanistisches Menschheits- und Gesellschaftsideal jenseits der altständischen Grenzen eintraten.[30]

Diese Tendenzen der Übergangsepoche spiegeln sich in Goethes Wilhelm Meister: Am Ende seiner Lehrjahre wird Wilhelm in die geheime »Gesellschaft des Turms« aufgenommen - einen säkular-humanitären Orden, dessen Ziel es ist, in Gesellschaft und Staat nach der Erkenntnis des sittlichen Wesens der Menschen und der Dinge zu wirken.[31] In den deutschen Staaten formierte sich allenthalben eine solche moderne, aufklärerisch-reformerisch eingestellte Bildungselite aus Gelehrten- und Beamtenbürgertum, Klerikern und Teilen des Adels, die über alle Standesgrenzen hinweg auf Verbesserungen in Staat, Kirche und Gesellschaft sann. Diese Reformer gaben dem absolutistischen Herrschafts- und Regierungssystem, das sich in Deutschland und Europa bereits im Laufe des 17. Jahrhunderts etabliert hatte, einen neuen Inhalt und eine neue Form. Der aufgeklärte absolutistische Herrscher war nicht mehr Autokrat im alten Sinne, sondern Exponent des Staates und der ihn mittragenden Beamten- und Bildungsschicht.

Wenn Friedrich II. sich als »erster Diener des Staates« begreift, setzt das voraus, daß Preußen neben ihm noch eine ganze Reihe weiterer Diener besaß, nämlich die bürokratische Politikelite in den Zentral- und Lokalbehörden. Die Moderne kündigte sich an, deren Staatsbegriff nicht mehr personal, sondern sachlich definiert und deren Beamtenelite bürgerlich geprägt war. Die höchste Entfaltung des personalen Herrschaftsprinzips bedeutete zugleich Versachlichung von Regierung und Verwaltung und damit längerfristig die endgültige Überwindung der feudal-personell bestimmten Welt Alteuropas. In einem dialektischen Umschlag traten auf dem Höhepunkt des Ancien régime die Konturen der Moderne hervor.

Ökonomisch und sozial beschleunigte sich in der Phase des Wiederaufbaus nach dem Siebenjährigen Krieg – dem Retablissement, wie es die Zeitgenossen nannten – jener rasche soziale Wandel, der über manche Stufen und Brüche hinweg die agrarisch geprägte Stände- oder Feudalgesellschaft zur bürgerlichen Wirtschafts- und Klassengesellschaft des industriellen Zeitalters umformte.

Es waren keine glücklichen Jahre; die Bevölkerung verspürte »weniger den Segen des Friedens als die Folgen des Krieges«.[32] Vor allem in Brandenburg-Preußen, das am schwersten unter dem Krieg gelitten hatte, herrschten Elend, Not und Verzweiflung. Als sie im Februar 1763 durch einen berittenen Leibjäger des Königs vom Ende des Krieges unterrichtet wurden, waren die Berliner nur fürs erste erleichtert. Auf den Fingern brannte ihnen vor allem die »Münzfrage«, die ihr König in den letzten Kriegsjahren durch bedenkenlos betrügerische Münzmanipulation geschaffen hatte, um die ins Gigantische gestiegenen Kriegskosten formal zu decken. Wenn hier nicht, so prophezeite Graf Lehndorff, »der König ... schleunigst Hilfe schafft, sind wir alle ruiniert. Die Preise aller Waren haben eine Höhe erreicht, daß uns ein permanenter Notstand droht. Aber man verspricht uns ja Wunder vom Erscheinen des Königs und einen Umschwung aller Verhältnisse.« Und der Berliner Bäckermeister Heyde klagt noch im Mai 1763 über »das böse Geld [,das] noch bis dato im Gange, wodurch die Lebens Mittel immer in höheren Preis steigen«.[33] Tatsächlich hatten die drei Schlesischen Kriege dem Hohenzollernstaat nicht weniger als eine halbe Million Menschen abverlangt; Staatshaushalt und Wirtschaft lagen danieder.[34]

Ähnlich sah es in Sachsen aus, das fast noch stärker ruiniert war als Brandenburg, da es immer wieder Kriegsschauplatz gewesen war. Auch Österreich und die übrigen deutschen Territorien waren ausgeblutet. Zu allem Überfluß folgte dem Krieg eine schwere Konjunkturkrise auf dem Fuß. Nicht nur Deutschland war betroffen: »Alle Welt«, so notiert Lehndorff im September 1763 in sein Berliner Tagebuch, »spricht nur von den Bankerotten, die jetzt allenthalben an der Tagesordnung sind. In Hamburg sind 56 Kaufleute davon betroffen worden, Amsterdam, Danzig und sogar London leiden sehr darunter. Manche dieser Herren haben durch ihren übermäßigen Luxus selbst viel dazu beigetragen, besonders in Berlin, wo man Vergoldungen, Statuen, Gemälde und große Wohnungen bloß noch bei den Geschäftsleuten zu sehen bekam.«[35] Als dann auch noch die Ernten immer schlechter ausfielen, stiegen selbst in Württemberg, das vom Siebenjährigen Krieg nicht direkt betroffen gewesen war, die Preise seit der Mitte des Jahrzehnts stark an - der Scheffelpreis für Dinkel, das Hauptbrotgetreide Württembergs, der in normalen Zeiten bei zwei Gulden lag, kletterte auf dreieinhalb und ein Jahrzehnt später auf über vier Gulden.[36] Die Alte Welt wurde zum letzten Mal von einer großen Krise alten Typs erschüttert; allenthalben in Europa kam es zu Hungerrevolten - Vorboten der zwei Jahrzehnte später in Frankreich ausbrechenden Revolution.

Domine Conserva Nos In Pace. Nach dem Siebenjährigen Krieg beteten die Deutschen um eine lange Friedensperiode, auch und vor allem die preußischen Offiziere - Schützenscheibe mit dem Preußenadler, den Standarten eines Kürassierregiments und dem Namenszug des Leutnants von Dyherrnn, die der preußische Offizier 1764 dem Schützenverein der Reichsstadt Schwäbisch Hall schenkte

In dieser internationalen Wirtschaftskrise, die - wie die offenkundig ressentimentgeladenen Äußerungen des adligen Tagebuchschreibers am Berliner Hof erahnen lassen - zugleich Teil eines längerfristigen Umbruchs der sozialen Verhältnisse zugunsten des wirtschaftenden Bürgertums war, geriet in Deutschland das Retablissement zu einem großen, planvollen Neubeginn. In etatistischer Lenkung wurden ökonomische und demographische Kräfte freigesetzt, deren Dynamik über den alteuropäischen Gesellschaftsrahmen hinauswies.

In Berlin hatte man sich nicht zu Unrecht »Wunder vom Erscheinen des Königs und einen Umschwung aller Verhältnisse« versprochen, wobei das Ergebnis allerdings anders als erhofft ausfiel. Ohne auf Wirtschaftsfachleute zu hören, konzentrierte Friedrich alle Energien auf die sofortige Gesundung der Währung. Dabei bediente er sich der Hilfe französischer Fachbeamter und Unternehmer, die gleich nach Ende des Krieges in großer Zahl nach Preußen strömten, weil - wie die irritierten Berliner unterstellten - »man hofft, in unserem Lande so ungeheure Reichtümer erwerben zu können, daß alles hierher will«.[37] In Wahrheit benötigte sie der König, um mit ihnen seine rigide Finanz- und Steuerreform durchzuführen. Als am 1. Juni ein »Münz Edict zum Vorschein [kam], ging der Geld Krieg an«, der eine Deflation des Geldwertes um über 50 Prozent brachte. Mit einem Schlag waren Unternehmer, Kaufleute und Beamte nur noch halb so vermögend, und mancher Zunftmeister, Geselle und kleine Gehaltsempfänger geriet in Existenznot. Denn »die könnigliche Abgaben mußten ... alle mit schweren Gelde, nämlich alter Münze bezahlt werden«.[38]

Auf diese Weise wurde eine solide monetäre Basis für den Wiederaufbau geschaffen – wo die einen verloren, legten die anderen den Grundstein für einen rasanten ökonomischen und sozialen Aufstieg. Vor allem der Staat erstarkte weiter – die konsolidierten Steuereinnahmen setzten den König in den Stand, im Jahr des Münzedikts »in Potsdam ein prächtiges Schloß vor der Stadt hinter Sanssouci an den Berg« zu bauen, aber auch energische Maßnahmen zu ergreifen, um verwüstete und bevölkerungsarme Provinzen oder Distrikte zu peuplieren; die Ernährungslage zu verbessern, indem er die im Krieg begonnene Förderung des Kartoffelanbaus intensivierte; das Kanal- und Straßennetz auszubauen; systematisch Gewerbebetriebe anzusiedeln; die gesellschaftlichen und rechtlichen Rahmenbedingungen für ein dauerhaftes Wirtschaftswachstum zu schaffen, indem bald nach 1763 die Befreiung der Domänenuntertanen und die Bearbeitung des Allgemeinen Landrechts einsetzten. Und schließlich wäre Preußen nicht Preußen und Friedrich nicht Friedrich gewesen, wenn nicht auch die Verwaltung verbessert worden wäre, vor allem durch Einrichtung neuer Departements im Generaldirectorium.[39] All das diente der Festigung des Staates, bewirkte aber zwangsläufig auch Veränderungen in der Gesellschaft.

Auch in den anderen Territorien und Regionen des Reiches setzte der Wiederaufbau das Schwungrad der Modernisierung und des sozialen Wandels in Gang – besonders deutlich und erfolgreich in Sachsen, weil dort neue Männer mit wirtschaftlichem Verstand das Ruder ergriffen und die zuletzt nur noch belastende Personalunion mit dem Königreich Polen zu Ende ging. Noch im Jahr des Friedensschlusses ergab sich ein tiefer Einschnitt, wie ihn Sachsen kaum je erlebt hatte: Innerhalb weniger Wochen starben im Oktober 1763 Kurfürst Friedrich August II., der letzte Polenkönig aus sächsischem Hause, und sein mächtiger Premierminister Graf Brühl, der Hauptverantwortliche für Kriegspolitik und Mißwirtschaft. Es folgte die Ära eines aufgeklärten Regiments, das von dem im Herbst 1763 für nur wenige Wochen regierenden Kurfürsten Friedrich Christian und seiner bedeutenden Witwe, Kurfürstin Maria Antonia (1724-1780), eingeleitet und unter Kurfürst Friedrich August III. (1768-1827) fortgesetzt wurde.

Nicht der Dienst am Ruhm des Fürstenhauses und an der Macht eines Militär- und Beamtenstaates, wie im benachbarten Brandenburg, waren fortan höchste Regierungsmaxime des sächsischen Kurfürsten, sondern die »Beförderung des Wohls seiner Untertanen«. Es begann eine auf politische Stabilität, gesellschaftlichen Ausgleich und langfristige Förderung der Volkswirtschaft angelegte Reformpolitik, die den von Großmachtvisionen geheilten wettinischen Mittelstaat auf dem Weg zu neuen Verhältnissen in Politik, Wirtschaft und Gesellschaft voranschreiten ließ, und zwar ohne die anderwärts so hohen Kosten für die Bevölkerung: »Hier vollzog sich ei-

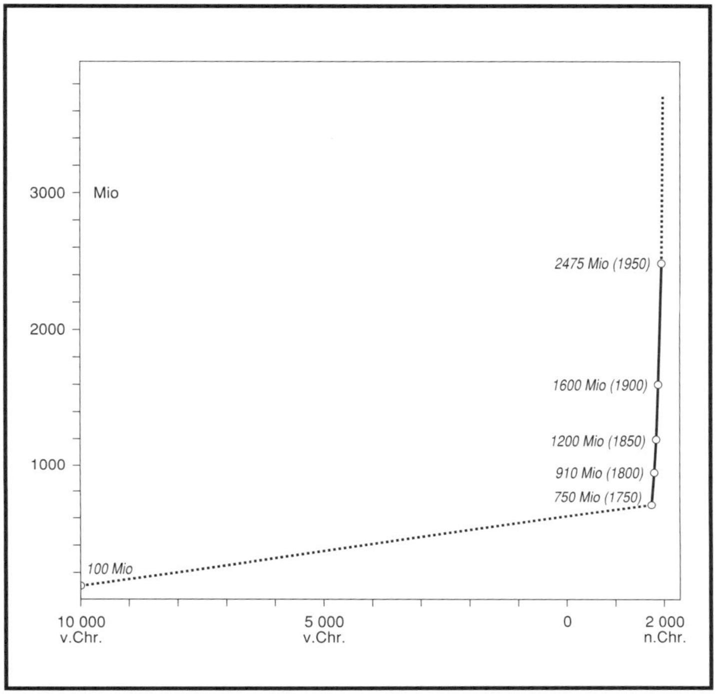

Das Wachstum der Weltbevölkerung

Drei Revolutionen markieren den Übergang von Alteuropa zur modernen Welt: die in Amerika und Frankreich ausgebrochene politische Revolution, die industrielle Revolution, die von England aus ihren Siegeszug antrat; die demographische Revolution, die zunächst in Europa, bald aber auch weltweit ein explosionsartiges Bevölkerungswachstum einleitete.

ne vorwiegend von bürgerlichen Kräften getragene Reformpolitik im Interesse der heraufziehenden bürgerlichen Gesellschaft.«[40]

Schrittmacher des wirtschaftlichen und sozialen Auf- und Umbruchs waren zwei Reichsstädte, die als altbewährte Zentren des wagenden Finanz-, Handels- und Unternehmerbürgertums zu Nothelfern des Wiederaufbaus wurden: Frankfurt, »des Deutschen Reiches Silber- und Goldloch«, und Hamburg, »die allerenglischste Stadt des Kontinents«, entwickelten sich in den letzten Jahrzehnten des Ancien régime zu Motoren der finanziellen und kommerziellen Dynamik im Reich.[41] Auch und gerade die Wirtschaft der Territorialstaaten geriet in ihren Bann, und zwar nicht nur die norddeutsche Großmacht Preußen, sondern vor allem die Mittelstaaten im Westen und Südwesten, die Vertreter jenes »dritten Deutschland«, deren Leistung beim Übergang von alteuropäischen zu modernen Verhältnissen im Reich immer deutlicher zutage tritt.[42]

Entscheidend dabei war, daß in bestimmten Teilen Deutschlands in der letzten Phase des Ancien régime nun doch noch das frühneuzeitliche Wirtschaftsbürgertum an Kraft gewann, das sich bereits in der zweiten Hälfte des 16. Jahrhunderts zu formieren begonnen hatte, dessen Entfaltung aber immer wieder dadurch gebremst worden war, daß im frühneuzeitlichen Deutschland Staat und Politik stets vor Wirtschaft und Gesellschaft rangiert hatten.[43] In den Jahrzehnten des Wiederaufbaus nach Abschluß der langen Kriegsphase zwischen 1740 und 1763 konnten Finanziers, Großkaufleute, Manufakturisten und eine Meisterelite des Gewerbebürgertums in der deutschen Gesellschaft jenes Gewicht erlangen, das nötig war, um den Übergang zur Bürgernation zu erzwingen und dann im 19. Jahrhundert Anschluß an die industrielle Revolution zu gewinnen.[44]

Der in Analogie zum politischen Umbruch in der amerikanischen und Französischen Revolution als »industrielle Revolution« bezeichnete Prozeß technologischen, arbeitsorganisatorischen und gesellschaftlichen Wandels, der ein völlig neues, bis dahin unvorstellbares Wirtschaftswachstum erzeugte, war bereits Mitte des 18. Jahrhunderts auf der britischen Insel in Gang gekommen und sollte sich in den folgenden Generationen in zeitlich und regional unterschiedlichen Schüben über den Kontinent verbreiten.[45] Wie bereits der Übergang vom Mittelalter zur frühen Neuzeit,[46] wurde auch dieser Epochenumbruch von einer rasanten Bevölkerungsentwicklung getragen. Jetzt war der demographische Aufschwung aber von ganz anderer, qualitativ neuer Art; er war nicht mehr ein Teil der säkularen, alteuropäischen Zyklen, wo auf einen lang anhaltenden Anstieg stets ein rapider Zusammenbruch der Bevölkerungszahlen folgte. Es war vielmehr erstmals ein linearer, sich selbst beschleunigender Anstieg, den wir in Anlehnung an die industrielle und politische Revolution die »demographische Revolution« der Moderne nennen.

Nach der demographischen Schrumpfungsphase in der ersten Hälfte des 17. Jahrhunderts war die europäische Bevölkerung im letzten Drittel des Jahrhunderts wieder angewachsen, zuletzt auch im Reich, das unter den Kriegen des 17. Jahrhunderts am stärksten gelitten hatte.[47] Das Wachstum setzte sich mit Schwankungen im 18. Jahrhundert fort, zunächst noch ganz und gar im üblichen Umfang und in den für Alteuropa typischen Bahnen. Nach der Jahrhundertmitte kam dann aber der moderne Typus demographischer Entwicklung zum Durchbruch, und zwar wiederum zuerst in England, in verschiedenen, bis weit ins 19. Jahrhundert hineinreichenden Wellen dann auch auf dem Kontinent. Diese »demographische Revolution« brachte völlig neue, moderne Verhältnisse der menschlich-gesellschaftlichen Reproduktion hervor: An die Stelle der alteuropäischen trat die moderne Art und Weise der Bevölkerungsentwicklung, das heißt jene Wellenbewegung eines Auf und Ab in den Bevölkerungszahlen wurde abgelöst durch ein explosionsartiges, anhaltendes Bevölkerungswachstum, das erst in unseren Tagen – und zwar nur in den Industriegesellschaften – durch moderne empfängnisverhütende Methoden beendet wurde.[48]

In Deutschland wuchs die Bevölkerung im 18. Jahrhundert zunächst schneller als in den Nachbarländern, womit aber nur nachgeholt wurde, was dort bereits im 17. Jahrhundert geschehen war. Die strukturellen Veränderungen, die den Kern der »demographischen Revolution« ausmachten, bahnten sich auch im Reich erst im ausgehenden 18. Jahrhundert an, als es zu einer einschneidenden Verringerung der Sterblichkeit und damit zu der demographisch entscheidenden Verbesserung im Verhältnis zwischen Sterbe- und Geburtenziffern kam. Die Bevölkerungsexplosion fand sogar erst im 19. Jahrhundert statt, als sich die deutsche Bevölkerung zwischen 1800 und 1880 verdoppelte, also innerhalb von achtzig Jahren, während das zuvor rund dreihundert Jahre gedauert hatte, nämlich etwa von 1500 bis 1800.[49]

Mit den umstürzenden Veränderungen in Wirtschaft, politischer Organisation und beim Bevölkerungswachstum ging eine gewaltige semantische Anstrengung einher, in der die europäischen Sprachen die alten Wörter und Begriffe mit neuen Bedeutungsgehalten füllten, damit sie die sich wandelnden Realitäten sprachlich erfassen und begreifen konnten. Mitte des 18. Jahrhunderts begann sich die politisch-soziale Sprache herauszubilden, mit der wir heute noch die politischen, gesellschaftlichen und wirtschaftlichen Institutionen, Prozesse und Gegebenheiten unserer modernen Welt beschreiben, durchdenken und gestalten.[50] Leitbegriffe der vorrevolutionären Zeit – etwa »Staat«, »bürgerliche Gesellschaft«, »Freiheit« – wurden in die revolutionären Ereignisse und Wandlungen hineingenommen und in ihrer Kernbedeutung verändert. Daneben entstanden Neologismen, die das Geschehen sprachlich einfingen – etwa »Cäsarismus« oder »Kommunismus«. Wörter, die in Alteuropa nicht der politisch-sozialen Sprache angehörten, sondern Sachverhalte aus anderen Bereichen bezeichneten, wurden in den Kanon der politischen Rede übernommen und rückten dort sogar zu modernen Schlüsselbegriffen auf. So vor allem das Wort »Revolution« selbst, das bislang die gesetzmäßigen Umwälzungen am Sternenhimmel meinte, also etwas ganz anderes als den abrupten politischen und gesellschaftlichen Umbruch, für den es fortan stehen sollte. Ganz ähnlich verhielt es sich mit den Wörtern »Klasse«, »Bedürfnis«, »Fortschritt«.

Das Ausmaß der Veränderungen läßt sich besonders deutlich an den Begriffen »Freiheit« und »Familie/Haus« aufzeigen. Diese beiden Begriffe der politisch-sozialen Sprache sind in aller Munde und geben niemandem Probleme auf – am allerwenigsten denjenigen, die sie zur Bestimmung ihres politischen Handelns verwenden. Aber der moderne *Freiheits*begriff hat eine lange und spannende Geschichte, und es sind viele, teils unterschiedliche Denktraditionen in ihn eingegangen. Die heutige Bedeutung brach sich im ausgehenden 18. Jahrhundert Bahn, als die alteuropäischen »Freiheiten«, die kollektive Sonderrechte und Standesprivilegien meinten, umgemünzt wurden zur modernen »Freiheit«, die individuell und universell geprägt ist, also nicht mehr Vorrechte eines bestimmten Standes meint – etwa des Adels – oder bestimmter Korporationen – etwa einer Stadt –, sondern ein universelles Menschenrecht, auf das ein jeder im weiten Erdkreis Anspruch hat. Dieser neue Freiheitsbegriff war antiständisch; er hat wesentlich zum Sturz des Ancien régime beigetragen.[51]

Ähnlich verhält es sich mit dem Begriff »Familie«: In Alteuropa war er dem politisch zentralen Begriff des »ganzen Hauses« untergeordnet, der sachlich und personal die Gesamtheit des Haushalts meinte. Am Idealbild des adligen Hauses orientiert, das sowohl den Adelssitz als auch die in ihm lebende Dynastie meinen konnte, war damit die Gesamtheit des Haushalts umschrieben – die »oeconomia« oder Hauswirtschaft ebenso wie die im »Haus« lebenden Menschen, von dem Ehepaar und dessen Kindern, Enkelkindern, den Domestiken, dem Hofmeister, Hauslehrer und Wirtschaftsführer bis hin zu den Stallknechten, Laufboten und Türstehern. »Familie«, wie wir sie heute verstehen, als intime Kleingruppe von Mutter, Vater und Kindern, löste sich aus dieser alteuropäisch »öffentlichen« Institution erst nach einer außerordentlich komplexen begriffs- und sozialgeschichtlichen Entwicklung heraus.[52]

Es ließen sich noch eine ganze Reihe weiterer Wandlungsvorgänge nennen, die in den sechziger und siebziger Jahren des 18. Jahrhunderts entscheidend an Schubkraft gewannen und zusammengenommen eine tiefgreifende Umgestaltung des öffentlichen und privaten Lebens bewirkten. Das gilt für die neue Säkularisierungswelle, die mit den staatskirchenrechtlichen Reformen des Territorialismus und Josephinismus verbunden war,[53] ebenso wie für die Aufklärung, deren Wurzeln zwar tief in die frühneuzeitliche Geistesgeschichte zurückreichen, die aber erst jetzt ihren Höhepunkt erreichte und unmittelbar gesellschaftsverändernd wirkte.[54] Und vor allem gilt das für die Stellung der Juden – ein besonders sensibler Indikator für grundsätzlichen Wandel in der abendländischen Gesellschaft: Durch kulturelle Anpassung und eine soziale Mobilität, die man kurz zuvor noch für unmöglich gehalten hätte, trat die jüdische Minderheit seit Mitte des 18. Jahrhunderts aus ihrer jahrtausendealten sozialen Randexistenz heraus, um sich auf den Weg der Emanzipation zu begeben, die im Laufe des 19. Jahrhunderts dann formalrechtlich vollzogen wurde.[55]

Ein ganz ähnliches Bild zeigt sich schließlich auch beim literarisch-politischen Denken über Deutschland und die Deutschen: Der nationale Diskurs war in der älteren Frühneuzeit immer wieder erstarkt – bei den Humanisten etwa oder im Reichspatriotismus im Zeitalter der Franzosen- und Türkenkriege.[56] Jetzt nahm er jedoch eine ganz neue, eine neuzeitlich-moderne Qualität an, und zwar nicht zuletzt aufgrund der breiten politischen Öffentlichkeit, die wie in Goethes Vaterstadt Frankfurt,[57] so auch in anderen Teilen des Reiches während des Siebenjährigen Krieges aufgebrochen war. Das Tableau literarischer Zeugnisse – vom nationalen Epos über den Bildungs-und Entwicklungsroman bis hin zum großen Reisebericht eines Winckelmann, Herder oder Goethe – läßt einen tiefgreifenden mentalitätsgeschichtlichen Wandel erkennen, der darauf hinauslief, den eigenen »Nationalgeist« zu erkennen. Angestoßen von den als »fortschrittlicher« empfundenen westeuropäischen Nachbarn, voran Frankreich, aber auch England, trat die deutsche Literatur in ihre »Nationalisierungsphase« ein.[58] Am Ende wurde die Vielzahl lokaler, regionaler und territorialer Patriotismen des Alten Reiches aufgehoben in der gewaltigen Einheitsthese von der deutschen Bildungsnation, die dann die Brücke schlug zur Idee von der politischen Bürgernation des 19. Jahrhunderts.

All dies waren Prozesse, die noch Generationen in Anspruch nehmen sollten, ganz zu schweigen von den umstürzenden Ereignissen der Revolutionskriege und der Napoleonischen Zeit, die nötig waren, dem Heiligen Reich den Todesstoß zu versetzen und den politischen Flickenteppich großflächig zu erneuern. Diese Zusammenhänge sind genauestens zu verfolgen und darzustellen, wobei auch die Frage zu beantworten ist, ob der Wandel unter günstigeren Umständen sich nicht doch auf reformerischem Wege hätte Bahn brechen können oder ob angesichts von Hunger, Handelskrise, Kapitalknappheit und Arbeitsmangel auch eine noch so perfekte, dem Vernunftprinzip verpflichtete Verwaltungsherrschaft einen friedlichen Verlauf der Transformation nicht mehr hätte ermöglichen können. Eines steht jedenfalls fest: Mit den Jahrzehnten nach Abschluß des Siebenjährigen Krieges, in denen so viel in Bewegung kam, war in Deutschland das Ende der frühen Neuzeit angebrochen.

Man hat die Jahrzehnte von Mitte des 18. bis in die dreißiger Jahre des 19. Jahrhunderts »Sattelzeit« genannt[59] und will damit sagen, daß die Zeit gleichsam den Sattel des Berges erreicht hatte und der Übergang angebrochen war – von Alteuropa zur Moderne, von der Epoche der Höfe und Allianzen zur Bürgerwelt mit ihren im neuzeitlich-modernen Sinne nationalen Mächtekonflikten, vom ständisch-korporativen über den absolutistisch-bürokratischen hin zum bürokratisch-konstitutionellen Staat, von der alteuropäischen Agrar- und Ständegesellschaft hin zur industriellen Wirtschafts- und Klassengesellschaft des 19. Jahrhunderts.

Nicht zuletzt der Wandel selbst nahm in jener Epoche des Übergangs eine neue Qualität an: Bislang war der Prozeß der Veränderung, den wir frühneuzeitliche Modernisierung nennen mögen, in einer langfristigen säkularen Wellenbewegung vorangeschritten, in der sich Phasen raschen und weniger raschen Wandels abwechselten. Aufgebrochen im späten Mittelalter, hatte er im 16. Jahrhundert einen ersten massiven Schub der Veränderung erzeugt[60] und war dann nach dem tiefen Einschnitt des Dreißigjährigen Krieges in die konzentrierende und zusammenfassende Aufbauarbeit der absolutistischen Regierungen eingemündet. In der »Sattelzeit« des ausgehenden 18. Jahrhunderts beschleunigte und konzentrierte sich der Wandel in einer Weise, die man bis dahin für völlig unmöglich gehalten hatte. In wenigen Jahrzehnten war vieles überwunden oder verloren[61] – wie man es immer nennen mag –, was im Mittelalter und in der frühen Neuzeit über ein Jahrtausend hin dem öffentlichen und privaten Leben Halt gegeben hatte. Ja, die Zeit selbst hatte sich verändert – die im Rückblick geruhsame, naturhafte, meist noch als Kreisbewegung verstandene Zeit Alteuropas war abgelöst worden durch die beschleunigte, lineare Zeit der Moderne, die noch heute unsere Lebenswelt bestimmt.[62]

Anmerkungen

Die Quellen- und Literaturhinweise erscheinen in abgekürzter Form. Die vollständigen bibliographischen Angaben lassen sich über das Quellen- und Literaturverzeichnis erschließen.

Anmerkungen zu Kapitel I

1 Begriff nach Hassinger, Das Werden, S. XI-XVIII. Ausführlich zu den im folgenden skizzierten Zusammenhängen: Schilling, Aufbruch und Krise, S. 13-83.
2 Rabb, Struggle.
3 So im Ploetz, Deutsche Geschichte. – Dem universalgeschichtlichen Ansatz marxistischer Geschichtswissenschaft entsprechend, wird der Epocheneinschnitt in der »Deutschen Geschichte in zwölf Bänden«, die ein DDR-Herausgeberkollegium unter Leitung von Horst Bartel vorlegt, auch für die deutsche Geschichte bei 1789 gesetzt, dem Jahr der Französischen Revolution: A. Laube u. G. Vogler (Leiter), Deutsche Geschichte: Die Epoche des Übergangs vom Feudalismus zum Kapitalismus von den siebziger Jahren des 15. Jahrhunderts bis 1789, Berlin (Ost) 1983, = »Deutsche Geschichte in zwölf Bänden«, Bd. 3.
4 Erbe, Geschichte, S. 11. Dieselbe Einteilung in: Gebhardt, Bd. 3.
5 Dieselbe Periodisierung in der letzten großen Gesamtdarstellung dieser Epoche: Vierhaus, Staaten und Stände.
6 Zu den Niederlanden die Beiträge von Mörke und Schilling, in: Birke, Asch, Der Hof. – Zu Hamburg: Whaley, Religious Toleration, S. 169ff.
7 Wenn das bekannte Wort nicht von Ludwig XIV. selbst stammen sollte, »so entspricht es doch seinem Staatssystem«. Weis, in: Schieder, HEG Bd. 4, S. 176. – Friedrich II. zit. nach: Geschichte in Quellen, S. 608. – Darstellungen zu Stufen und Typen des Absolutismus: Hubatsch, Absolutismus; Aretin, Der aufgeklärte Absolutismus.
8 Vgl. Schilling, Aufbruch und Krise, S. 371-464.
9 Vgl. den Sammelband Birke, Asch, Der Hof.
10 Baldassare Castiglione, Das Buch vom Hofmann. Zahlen bei P. Burke, Vom Nutzen Italiens. Castigliones »Hofmann« in Europa, in: FAZ 52 (2. März 1988), S. 35. Grundlegend zur höfischen Kultur in Italien: Bertelli, Crifo, Rituale, Cerimoniale; natürlich weiterhin Burckhardt, Kultur der Renaissance.
11 Goubert, Ludwig XIV.; Mager, Frankreich.
12 Saint-Simon, Memoiren, Bd. II, S. 85, zit. n. Elias, Prozeß der Zivilisation, Bd. II, S. 272f.; Geschichte in Quellen, S. 430-433.
13 Louis XIV., Memoires. Zit. n. der dt. Übers., in: Geschichte in Quellen, S. 429f.
14 Zu Versailles und seinen Gärten: van der Kemp, Versailles; Marie, Naissance de Versailles; de Nolhac, Histoire du Château de Versailles; Beutler, Paris und Versailles.
15 Furet, Richet, Die französische Revolution, S. 48.
16 Geschichte in Quellen, S. 427 f.
17 Stürmer, in: ZHF 7 (1980), S. 220.
18 Vierhaus, in: Hinrichs, Absolutismus, S. 117.
19 Hofmann, in: Jahrbuch für fränkische Landesforschung 31 (1971), S. 145, 148 u. 150 ff.
20 Schrader, Der Große Garten; v. Alvensleben, Reuther, Herrenhausen;

Lange-Kothe, Wasserkunst. Leibniz, zit. n. Hermeding, Geheimnis, S. 2.

21 Allgemein zur höfischen Gesellschaft: Elias, Höfische Gesellschaft. (Begriff »Figuration« dort S. 60). Dazu die ältere Untersuchung: Prozeß der Zivilisation. v. Kruedener, Rolle des Hofes.

22 Vierhaus, in: Hinrichs, Absolutismus, S. 117. Konkret über den Wiener Kaiserhof: Ehalt, Ausdrucksformen.

23 Hammerstein, in: Respublica Guelpherbytana, S. 57.

24 Stürmer, in: ZHF 7 (1980), S. 220; zusammenfassend die Forschungen von Baillie, in: Archaeologia 101 (1967), S. 193-199.

25 Wichtigste Literatur: Näf, Epochen, Bd. 1, S. 410; ders., Staat und Staatsgedanke. - v. Raumer, in: HZ 183 (1957). - Gerhard, Alte und neue Welt; ders., in: Alteuropa; ders., Gesammelte Aufsätze; ders., Das Abendland. - Oestreich, Geist und Gestalt; ders., Strukturprobleme der frühen Neuzeit. - Vierhaus, Staaten und Stände; Hinrichs, Absolutismus (Aufsatzsammlung als Dokumentation des gegenwärtigen Forschungsstandes mit einem konzisen Problemaufriß des Herausgebers); Kunisch, Absolutismus; zur Spätphase vgl. v. Aretin, in: Seibt, Gesellschaftsgeschichte, S. 78-87.

26 Kunisch, ebd., S. 56.

27 Zur »Relativität des Absolutismus« im Reich und der Bedeutung der Stände v.a.: Vierhaus, in: HZ 223 (1976); ders., Deutschland im 18. Jahrhundert; ders., Staaten und Stände.

28 Vierhaus, Land, S. 56.

29 Schmädeke, in: Baumgart, Ständetum. Erstes Zitat von Schindling, ebd., S. 491; zweites Zitat von Heinrich, dem derzeit wohl besten Kenner der brandenburgischen Landesgeschichte, ebd., S. 492.

30 Repgen, in: HZ 241 (1985), S. 30: 16. u. 17. Jh. nicht einmal 10 Jahre ohne Krieg; im 18. Jh. immerhin 16.

31 Wann genau Theorie und Praxis des europäischen Gleichgewichts einsetzen, ist in der Forschung umstritten. Sicher ist, daß sie im Utrechter Frieden von 1713 voll ausgebildet sind, die Wurzeln aber viel früher liegen, im Westfälischen Frieden und noch davor: Kaeber, Idee; Schieder, HEG, Bd. 4, S. 63ff. mit älterer Literatur. Fenske, in: GGB, Bd. 2. - Repgen (in: Spieker, Friedenssicherung, Bd. 1) führt den Nachweis, daß das Prinzip beim Westfälischen Frieden explizit noch keine Rolle spielte und erst in den folgenden Generationen mit diesem Friedensschluß in Verbindung gebracht wurde. - Aus englischer Sicht Anderson, in: Hatton, Anderson, Studies.

32 Grundlegend zum Wesen und zur Funktion des Krieges in Alteuropa: Janssen, in: GGB, Bd. 3 (mit weiterführender Literatur). - Zur technischen Seite frühneuzeitlicher Kriege: G. Parker, The Military Revolution. - Interessante Perspektiven auch für die Frühneuzeit in der philosophisch-systematischen Abhandlung von Werner Becker, Streit.

33 Thomas Hobbes, Opera Philosophica, Bd. 1, Elementa philosophiae de cive, Praefatio ad lectores, dt. Übers.: Hobbes, Bürger, S. 59.

34 Hobbes, Opera Omnia, Bd. 1, Elementa philosophiae de cive, Ep. Ded.; Hobbes, Bürger, S. 69.

35 Hobbes, Leviathan, S. 82, Erster Teil, 13. Kapitel. Deutsche Übersetzung nach Th. Hobbes, Leviathan, hg. v. I. Fetscher, Neuwied 1966, S. 97f. und 96: »... so befinden sich doch zu allen Zeiten Könige und souveräne Machthaber auf Grund ihrer Unabhängigkeit in ständigen Eifersüchteleien und verhalten sich wie Gladiatoren: sie richten ihre Waffen gegeneinander und lassen sich nicht aus den Augen - das heißt, sie haben ihre Festungen, Garnisonen und Geschütze an den Grenzen ihrer Reiche und ihre ständigen Spione bei ihren Nachbarn. Das ist eine kriegerische Haltung. Weil sie aber dadurch den Fleiß ihrer Untertanen för-

dern, so folgt daraus nicht dieses Elend, das die Freiheit von Einzelmenschen begleitet« (S. 97f.). »... das Wesen des Krieges besteht nicht in tatsächlichen Kampfhandlungen, sondern in der bekannten Bereitschaft dazu während der ganzen Zeit, in der man sich des Gegenteils nicht sicher sein kann« (S. 96).

36 »That every man, ought to endeavour peace, as far as he has hope of obtaining it; and when he cannot obtain it, that he may seek, and use, all helps, and advantages of war.« Hobbes, Leviathan, S. 85.

37 Fisch, Krieg und Frieden, S. 335 f., 355 ff.

38 Zit. nach Repgen, Westfälischer Frieden, S. 67. Allgemein zum Staatensystem: Immich, Geschichte; Renouvin, Histoire, Bde 2 und 3; Schieder, HEG, Bd. 4. – Zur Einordnung der westfälischen Friedensschlüsse in die Geschichte der Friedensverträge jetzt das magistrale Werk: Fisch, Krieg und Frieden.

39 Machiavelli, Der Fürst.

40 Grundlegend für den gesamten Zusammenhang: Meinecke, Die Idee. Zu den Grundlagen bei Machiavelli dort S. 29-56. Koselleck, in: GGB, Bd. 3, S.305-365.

41 Meinecke, Idee, S. 192-231; Salmon, in: Schnur, Staatsräson. Bereits 1640 erschien die erste deutsche Übersetzung.

42 Koselleck, in: GGB, Bd. 3, S. 345.

43 Dickmann, Friedensrecht; Duchhardt, Gleichgewicht; ders., Studien; ders., in: ZHF 8 (1981); Hoyer, Held, Friedensgedanke.

44 Meinecke, Idee, S. 302-320.

45 Ebd., S. 305.

46 Burkhardt, Abschied. – Kleyser, Flugschriftenkampf; v. Zwiedinek-Südenhorst, Öffentliche Meinung; Gillot, Le regne de Louis XIV.

47 Grundlegend zum Gesamtkomplex die Arbeiten von Johannes Kunisch und seinen Schülern: Kunisch, Staatsverfassung und Mächtepolitik; ders., Mirakel; ders., in: ZHF 14 (1987). Dazu die Aufsätze in Kunisch, E. Neuhaus, Fürstenstaat. Kunisch, in: Gesetzgebung; ders., Staatsverfassung und Heeresverfassung, S. 9-16; Klueting, Lehre von der Macht. – Grundsätzliches, und zwar als Gegenposition, bei Zernack, Schweden, in: HZ 232 (1981); ders., Preußisches Königtum, in: Jahrbuch f. d. Geschichte Mittel- und Ostdeutschlands 30 (1981), S. 4-20, der gegenüber jener traditionellen Position neue Perspektiven in der Beziehungsgeschichte der europäischen Staaten einführt (vgl. vor allem Jahrbuch f. d. Geschichte Mittel- und Ostdeutschlands 30, S. 10ff.).

48 Fisch, Krieg und Frieden, S. 536f. Wichtige neuere Studie über die Ausübung: Decker, Frankreich. Vgl. auch unten Kap. II, § 4.

49 Anonyme Flugschrift aus dem Jahr 1801, zit. n. v. Aretin, Hammerstein, in: GGB, Bd. 5, S. 481. Dort auch das Einschlägige zu Leibniz, Moser, Rousseau (S. 473ff.; 480ff.).

50 Fisch, Krieg und Frieden, S. 537f., 548-609.

51 Maria Medici, Regentin in Frankreich, an Jakob I. von England, zit. nach: Geschichte in Quellen, S. 384f.

52 3. April 1559, abgedruckt in: Geschichte in Quellen, S. 383f.

53 So Maria Medici an Jakob I., zit. nach: Geschichte in Quellen, S. 385.

54 Wichtig vor allem die Traktatensammlung Vitorias »Relectiones Theologicae«. Deutsche Ausgabe eines seiner Hauptwerke: Vitoria, De Indis recenter, mit dt. Übersetzung. – Die beste Darstellung der Zusammenhänge findet sich bei Elliott, Old World. Weiterhin grundlegend: Höffner, Christentum und Menschenwürde. Reibstein, Völkerrecht. Kurzer Überblick mit Literaturangaben von Kimminich, in: Fetscher, Münkler, Handbuch, Bd. 3, S. 73-100; Engel, in: Schieder, HEG, Bd. 3, S. 359ff.

55 Elliott, Old World, S. 100.

56 Hugo Grotius, Von der Freiheit des Meeres. Zu Grotius vgl. den Abschnitt von Hofmann, in: Stolleis, Staatsdenker, S. 51-77.

57 Elliott, Old World, S. 102. Vorzüglich auch H. Lüthy, Die Epoche der Kolonisation und die Erschließung der Erde: Versuch einer Interpretation des europäischen Zeitalters, in: ders., In Gegenwart der Geschichte, Köln 1967, S. 179-270. Deutschsprachige Gesamtdarstellung: W. Reinhard, Geschichte der europäischen Expansion, 4 Bde., Stuttgart 1983 ff.
58 So die berühmte Bezeichnung (»monstro simile« im lateinischen Original) bei Samuel Pufendorf, Die Verfassung des deutschen Reiches, S. 107. Vgl. unten Kapitel II, § 3.

Anmerkungen zu Kapitel II

1 Friedrich Schiller, Geschichte des Dreißigjährigen Krieges, S. 557 f.
2 Grundlegend für die Neudeutung: Dickmann, Der Westfälische Frieden. Gleichzeitig kam ein großes Editionswerk in Gang, die Acta Pacis Westfalicae, die in 3 Serien erscheinen. Serie I umfaßt die Instruktionen an die Diplomaten der einzelnen Staaten, Serie II die Korrespondenzen und Serie III schließlich die Diarien. Dazu: Schriftenreihe der Vereinigung zur Erforschung der neueren Geschichte, bisher 15 Bde.
3 Er wurde von den Zeitgenossen allerdings bisweilen »Teutscher Krieg« genannt. Vgl. Barudio, »Teutsche Krieg«.
4 Schiller, Geschichte des Dreißigjährigen Krieges, S. 557.
5 Grotius, Drei Bücher vom Recht des Krieges und des Friedens. Zu Grotius vgl. Link, Grotius, und Hofmann, in: Stolleis, Staatsdenker.
6 Zu den Friedensverhandlungen vgl. Schilling, Aufbruch und Krise, S. 450 ff., dort S. 457 auch der ikonographische Beleg der Grotius-Verehrung, die eindringlich nachgewiesen ist bei Gellinek, in: Simpliciana, S. 31.
7 Wäscher, Flugblatt, S. 49. Koselleck, in: GGB, Bd. 5.
8 Lutz, in: Heiss, Lutz, Friedensbewegungen, S. 45.
9 Burckhardt, Richelieu; Church, Richelieu; Wollenberg, Richelieu; Thuau, Raison d'Etat; Dickmann, Friedensrecht, S. 36-78; ders., Der Westfälische Frieden; Repgen, Ursprünge, S. 75 f.
10 Zit. n. Lutz, in: Heiss, Lutz, Friedensbewegung, S. 49.
11 Bild Fabio Chigis in: Münster 800 - 1800, S. 167.
12 Lahrkamp, in: Quellen und Forschungen, S. 281 f., nach Augenzeugenberichten. - Vgl. auch Repgen, Protest, S. 94 ff. - Protest gegen den Osnabrücker Frieden, Lahrkamp, ebd., S. 283.
13 Lahrkamp, ebd., S. 281-287.
14 v. Ranke, Die römischen Päpste, S. 136 f. - Das Zitat bezieht sich konkret auf den Protest Papst Urbans VIII. gegen den Prager Frieden von 1635.
15 Lutz, in: Heiss, Lutz, Friedensbewegungen, S. 45.
16 Instruktionen der Kurie zu den im November 1758 sich abzeichnenden Friedensverhandlungen, Abdruck bei Burkhardt, Abschied, Anhang Nr. 28, S. 409 § 4, vgl. auch S. 233.
17 Burkhardt, Abschied, S. 374.
18 Instrumentum Pacis Westphaliae, S. 103. Die ausführlichste Darstellung weiterhin: Erdmannsdörfer, Deutsche Geschichte.
19 Backhaus, Reichsterritorium; Schwarzwälder, Geschichte, Bd. 1, S. 350-390.
20 Geschichte in Quellen, S. 345.
21 IPM §§ 73, 74, 87, S. 160 u. 165.
22 IPM § 76, S. 161.
23 Backhaus, Reichsterritorium.
24 Aristoteles, Politik, Buch V, Kap IV, § 8; auch ders., Die Verfassung Athens, Buch XXVII, § 1.
25 Zusammenfassender Überblick: Glezerman, Harsgor, Cleve.

26 Hierzu und zum Folgenden ausführlich: Schilling, Aufbruch und Krise, S. 36-53, 72-81, 373-381.
27 Zur Dynamik der frühneuzeitlichen Niederlande: Schilling, in: GG 8 (1982); ders., in: Duchhardt, Deutschland. Gesamtüberblick bei Lademacher, Geschichte, und Zahn, Holland.
28 Hagedorn, Ostfrieslands Handel; Schilling, Exulanten, S. 65ff., 83ff., 158ff., 179ff.; Schmidt, Geschichte, S. 346ff.
29 Pelus, Walter von Holstein; dies., in: Revue d'Histoire Diplomatique 92 (1978); Jorgensen, in: Zeitschrift d. Vereins für lübeckische Geschichte und Altertumskunde 48 (1968), S. 47f. u. 49; Harder-Gersdorff, in: Hansische Geschichtsblätter 96 (1978); Bogucka, Danzig; Beiträge von Zernack, Małecki, Drozdowski, in: Zernack, Biskup, Schichtung.
30 Zur brandenburgischen Seefahrt: Steltzer, Mit herrlichen Häfen; zu Jan Moritz vgl. die beiden ausführlichen Kataloge mit aufschlußreichem Bildmaterial: Soweit der Erdkreis reicht; Zowijd de wereld streckt. Allgemein: Reinhard, Geschichte der Expanison, 2 Bde. (zu Jan Moritz: Bd. 2, S. 116-153, v.a. S. 142f.).
31 Terwen, in: Soweit der Erdkreis, S. 127-142; Taverne, ebd., S. 143-150.
32 Franz, Der Dreißigjährige Krieg, S. 19ff., Franz stellt hier fest, daß die Dörfer des Barnim 85 bis 95 Prozent ihrer Bevölkerung verloren hatten. Zu Ulm: Zillhardt, Dreißigjähriger Krieg, S. 167.
33 Zillhardt, ebd., S. 240. Zahlreiche weitere Belege bei: Abel, in: HDWSG, S. 509ff.; ders., Agrarkrisen, S. 148-151; Erdmannsdörffer, Deutsche Geschichte, S. 96-110; Franz, Quellen, S. 135ff., 141 u. 145.
34 Wolf, in: Kohl, Geschichte, Bd. 1, S. 587.
35 Aus dem Kirchenbuch von Ummerstadt in der Nähe von Coburg, zitiert v. Freytag, Bilder, Bd. II, S. 369. Ehezwang: zitiert ohne weitere Angaben bei Junker, Ortenberg, S. 7.
36 Weiterhin grundlegend: Franz, Der Dreißigjährige Krieg. Zu Hamburg: Mauersberg, Wirtschafts- und Sozialgeschichte. Zu Württemberg: v. Hippel, in: ZHF 5 (1978) sowie neueste regional differenzierte Einzeldaten in dem Sammelband von Brückner, Blickle und Breuer, Literatur und Volk, Bd. I, und zwar in den Aufsätzen von v. Hippel, Heitz und Grees.
37 Zur Kriegswirtschaft in der Oberpfalz: Götschmann, Eisen, S. 124-144. Zu Essen: Borchardt, Haushalt, S. 113f., 117f., 120f.; Ernstberger, Hans de Witt.
38 Vgl. Friedrichs, Urban Society, S. 35-72. In Württemberg bricht der bereits in den fünfziger Jahren kräftig einsetzende Bevölkerungsaufschwung in den 1690er Jahren wegen der französischen Feldzüge in Südwestdeutschland zusammen. v. Hippel, in: ZHF 5 (1978), S. 446f.
39 v. Hippel, ebd., S. 447f.
40 Schilling, in: GG 8 (1982) und 10 (1984); ders., in: Duchhardt, Deutschland.
41 Zur Modernisierung der niederländischen Landwirtschaft grundlegend: de Vries, Rural Economy. Der Unterschied zwischen den Niederlanden und Deutschland bleibt bestehen, auch wenn die jüngere Forschung die alte These von der absoluten politischen Handlungsunfähigkeit der deutschen Bauern widerlegt hat. Vgl. Schilling, Aufbruch und Krise, S. 160f.
42 Schilling, in: Petri, Kirche.
43 Clarkson, Economy; Wilson, Apprenticeship, S. 141ff. - Mager, Frankreich, S. 166-180 (mit umfangreichen Literaturhinweisen).
44 Zit. n. Gothein, in: ZGO 40 (1886), S. 29 (Mannheim und Heidelberg); Abel, Agrarkrisen, S. 150 (Schwarzwald).
45 v. Hippel, in: ZHF 5 (1978), S. 442.
46 Erdmannsdörfer, Deutsche Geschichte, S. 109.

47 v. Hippel, in: ZHF 5 (1978), S. 443f. Kriegsverluste: Franz, Der Dreißigjährige Krieg, S. 42ff.
48 Abel, in: HDWSG, S. 510; Kollnig, Pfalz; Philippi, in: Heinemeyer, Das Werden, S. 356ff.; Franz, Der Dreißigjährige Krieg, hier Kapitel 2: »Die Herkunft der Neusiedler«. Zur Kurpfalz: Boutant, L'Europe, S. 37ff.; Biskup, Versuche; Kollnig, Pfalz, S. 15.
49 Opgenoorth, Friedrich Wilhelm, Bd. I, S. 29ff. u. 173ff.
50 v. Hippel, in: ZHF 5 (1978), S. 446.
51 Zit. nach Abel, in: HDWSG, S. 510.
52 Abel, in: HDWSG, S. 507-514; de Vries, Economy of Europe; Abel, Agarkrisen, S. 152-181; Kriedte, Spätfeudalismus.
53 Abel, Massenarmut, S. 154ff.; vgl. Schilling, Aufbruch und Krise, S. 63ff., 372ff.
54 Bevölkerungszahlen nach de Vries, Economy of Europe, S. 5; Cipolla, Borchardt, Wirtschaftsgeschichte, Bd. II, S. 20; Abel, in: HDWSG, S. 511; Tremel, Wirtschafts- und Sozialgeschichte, S. 231f.; Klein, in: Helczmanovszki, Beiträge, S. 47-112; Tabelle S. 105; Blaschke, Bevölkerungsgeschichte, S. 31, 102 u. 106.
55 Abel, in: HDWSG, S. 510.
56 Vgl. Schilling, Aufbruch und Krise, S. 58-67, mit Tabellen und Graphiken.
57 de Vries, Economy of Europe, S. 81 und Graphik S. 14-15.
58 v. Hippel, in: ZHF 5 (1978), S. 444.
59 Zit. n. Abel, in: HDWSG, S. 509; Einfuhrzoll in Sachsen (ebd., S. 510f.).
60 Folgende Zahlen nach de Vries, Economy of Europe, S. 5; Abel, in: HDSWG, S. 511; Wehler, Gesellschaftsgeschichte, Bd. 1, S. 69.
61 Bergeron, Furet, Koselleck, Zeitalter der europäischen Revolution, S. 13-20.
62 Vgl. Oestreich, Holzer, in: Gebhardt.
63 Stürmer, Herbst, S. 225ff.; ders., Handwerk, S. 165ff. u. 212ff.
64 Zum Folgenden: Rachel, Akzisepolitik; ders., in: Forschungen zur Brandenburgischen und Preußischen Geschichte 40 (1937). Opgenoorth, Friedrich Wilhelm, Bd. I, S. 177ff., 228ff.; Escher, in: Ribbe, Geschichte Berlins, S. 358ff.
65 Rosenberg, Bureaucracy, S. 30ff., 53ff. Auch Oestreich, Friedrich Wilhelm, S. 28f., S. 43f. Opgenoorth, Friedrich Wilhelm, Bd. I, v.a. S. 260. Ausführlich dazu unten Kapitel VI.
66 Forberger, Manufaktur, S. 299.
67 Lehmann, Verhältnisse, S. 26. – Über ähnliche Entwicklungen in der benachbarten Oberlausitz vgl. Leszczynski, Klassenkampf, S. 26ff.
68 Vgl. Schilling, Aufbruch und Krise, S. 318ff., 347ff.
69 Schremmer, in: Spindler, Handbuch, Bd. II, S. 693. Zur Landwirtschaft: A. Sandberger, ebd., S. 657-672. Dazu Schremmer, Wirtschaft. Jüngst Schlögl, in: ZHF 15 (1988), S. 151-186.
70 Ksoll, Verhältnisse, S. 8ff., 58ff., 60ff., 209ff.
71 Ebd., S. 11.
72 Schremmer, in: Spindler, Handbuch, Bd. II, S. 694.
73 Das Folgende nach: Hantsch, Geschichte Österreichs, Bd. II, S. 7-43; Spielman, Leopold I.; Helczmanovszki, Beiträge; Tremel, Wirtschafts- und Sozialgeschichte, S. 232-280; Good, Aufstieg, S. 22-32. Zur Institution der Hofjuden grundlegend: Schnee, Hoffinanz; Fallbeispiel aus Norddeutschland: Schedlitz, Behrens.
74 Neu herausgegeben von Androsch und Vranitzky. – Zu den Theoretikern: Hassinger, J. J. Becher; v. Srbik, Schröder.
75 Samuel Pufendorf, Die Verfassung des deutschen Reiches, S. 4, dort auch Denzers Nachwort. Wichtig zu Pufendorf: Hammerstein, in: Stolleis, Staatsdenker. Grundlegende Literatur zum Reich vgl. Anm. 77

sowie bei Roeck, Reichssystem, und v. Aretin, Hammerstein, in: GGB, Bd. 5, dort auch wichtige Bemerkungen zu Pufendorf.

76 Pufendorf, ebd., S. 106f.

77 Zu Hobbes vgl. oben, Anm. I, 35. Grundlegend zur Neubewertung des Reiches: v. Aretin, Heiliges Römisches Reich; ders., Das Reich.; Roeck, Reichssystem. Die wichtigste Neuakzentuierung, nämlich die Erkenntnis, daß das Reich von den Zeitgenossen als wohlabgestimmtes »System« begriffen wurde und dementsprechend auch von den Historikern ernstzunehmen sei, bereits bei Roeck, in: Wittelsbachkatalog II, 1, S. 456-468. Unter den zahlreichen einschlägigen Aufsätzen von Press vgl. vor allem: Das Römisch-Deutsche Reich, in: Klingenstein, Lutz, Spezialforschung. Grundlegend von begriffsgeschichtlicher Seite: v. Aretin, Hammerstein, in: GGB, Bd. 5. Speziell zur Neubewertung des Wehrwesens vgl. Neuhaus, in: Kunisch, Staatsverfassung und Heeresverfassung. Zusammenfassende Darstellung der Institutionen- und Rechtsgeschichte mit älterer Literatur: v. Unruh, in: DVerwG.

78 v. Aretin, Das Reich, S. 74.

79 Böckenförde, Der Westfälische Frieden, S. 477f. Vgl. auch Koselleck, in: GGB, Bd. 1, S. 615-617. Vgl. auch Randelzhofer, Aspekte.

80 Malettke, in: ZNR 1987, S. 151.

81 Vgl. Schilling, Aufbruch und Krise, S. 240ff. und 258ff.

82 IPO, Art. VIII, § 3, S. 134f.

83 Teilabdruck des »Jüngsten Reichsabschiedes« (JRA) bei: Hofmann, Quellen, S. 195-221. - Vgl. Oestreich, in: Vierhaus, Herrschaftsverträge, S. 59-61.

84 § 25 des Augsburger Religionsfriedens, in: Geschichte in Quellen, S. 206f.

85 § 17, ebd., S. 205

86 IPO, Art. VII, S. 132-134, Zitat S. 132.

87 Über die gescheiterten Versuche, einen Protestanten auf den Kaiserthron zu bringen, ausführlich Duchhardt, Kaisertum.

88 IPO, Art. V, § 53-58, S. 129-131.

89 IPO, Art. V, § 52, S. 43, 129.

90 Heckel, in: ZRG (KA) 64 (1978), S. 307f.

91 Zit. n. v. Aretin, Das Reich, S. 407.

92 Roeck, in: Archiv für Kulturgeschichte 65 (1983), S. 359ff.; Gegenkräfte: v. Aretin, Hammerstein, in: GGB, Bd. 5.

93 Duchhardt, Kaisertum.

94 Jahns, Frankfurt, S. 317.

95 Wahlkapitulation zit. n. Hofmann, Quellen, S. 307. v. Aretin, Das Reich, S. 403-433.

96 J.W. v. Goethe, Dichtung und Wahrheit, 5. Buch.

97 IPO, Art. VIII, § 2, S. 134.

98 Oestreich, in: Vierhaus, Herrschaftsverträge, S. 67. Aufgegriffen von Schindling, in: Weber, Ordnungen, S. 114.

99 IPO, Art. VIII, § 3, S. 134f.

100 IPO, Art. XVII, § 2, S. 75, 149.

101 Erdmannsdörffer, Deutsche Geschichte, S. 147. Vierhaus, Staaten und Stände, S. 81f.

102 Erdmannsdörffer, ebd., S. 147. Krafft, Otto von Guericke, S. 116ff.; Kauffeldt, Otto von Guericke, S. 66ff.; Wußin, Geschichte, S. 263ff; Hall, Galileo, S. 257.

103 Oestreich, in: Vierhaus, Herrschaftsverträge, S. 60.

104 Moraw, in: BlldtLG 122 (1986), S. 136.

105 Fürnrohr, Kurbaierns Gesandte, S. 10. - Grundlegend für die Neubeurteilung des Reichstages sind die Arbeiten von Schubert, Reichstage; und v. Aretin, Heiliges Römisches Reich. In Fortsetzung dieser Linie ist

eine neue Monographie von Schindling angekündigt, vgl. einstweilen Schindling, in: Weber, Ordnungen; Schindling, in: ZHF 8 (1981).

106 Schindling, in: Weber, Ordnungen, S. 152. Fürnrohr, Reichstag; ders., Kurbaierns Gesandte, S. 10.

107 Fürnrohr, Kurbaierns Gesandte, S. 12; Boldt, in: GGB, Bd. 4.

108 Friedrich, Verfassungsstaat, S. 303.

109 Oestreich, in: Gebhardt, Bd. 2, S. 390. Oestreich, Holzer, ebd., S. 781ff.

110 Fürnrohr, Kurbaierns Gesandte, S. 13.

111 Schubert, Reichstage.

112 Oestreich, Holzer, in: Gebhardt.

113 IPO, Art. VIII, § 4, S. 135.

114 Conrad, Rechtsgeschichte, Bd. 2, u.a. S. 90; Oestreich, in: Gebhardt, S. 389ff.; Hartung, Verfassungsgeschichte, S. 36ff.; v. Aretin, Heiliges Römisches Reich, Bd. 1, S. 51ff.

115 IRA, §§ 8-175.

116 Reichsarmatur von 1681; Reichsschluß und kaiserliche Ratifikation von 1703 und 1706, in: Hofmann, Quellen, S. 232-243 u. 274f.

117 Vgl. Conrad, Rechtsgeschichte, Bd. 2, S. 150f., 358ff., 382.

118 Abdruck in: Schmauss, v. Senckenberg, Sammlung, Bd. IV, S. 376ff.

119 Paraphrase bei Conrad, Rechtsgeschichte, Bd. 2, S. 150.

120 Vgl. Pohl, in: DVerwG, S. 214-267.

121 Fürnrohr, Kurbaierns Gesandte, S. 11.

122 Ebd., S. 11f., S. 37ff., 58ff.

123 Ebd., S. 12 nach ADB, Bd. 26, S. 312ff.; Schieder, Friedrich der Große, S. 267ff.

124 Zu den Kammergerichtsassessoren die Studien von Sigrid Jahns, die ein ganz neues Feld erschließen: Juristen im Alten Reich, in: Diestelkamp, Reichskammergericht, S. 1-39 (dort S. 22 das Beispiel); dies., Der Aufstieg in die juristische Funktionselite, in: Schulze, Gesellschaft, S. 353-387. – Zu Plotho vgl. Schieder, Friedrich der Große, S. 267.

125 Ebd., S. 267ff.

126 Jahns, Assessoren; dies., in: Diestelkamp, Forschungen, S. 1-40.

127 Bittner, Groß, Repertorium, Bd. 1, S. 137f.; Bd. 2, S. 57f.; Bd. 3, S. 70f.

128 Statistik nach Fürnrohr, Kurbaierns Gesandte, S. 16f.

129 Vgl. Smend, Reichskammergericht; Diestelkamp, Reichskammergericht; Jahns, Assessoren; Ranieri, Recht und Gesellschaft.

130 v. Gschliesser, Reichshofrat. Moraw, in: HRG, Bd. 4.

131 Für das 16. Jahrhundert: Wiemann, Grundlagen; für das 18. Jahrhundert: Kappelhoff, Regiment.

132 Beispiele bei Walz, Stände.

133 Das Folgende nach Diestelkamp, Reichskammergericht, Zitat S. 7.

134 Grundlegend jetzt zu den quantitativen Aspekten Ranieri, Recht und Gesellschaft, Bd. 1, S. 139; Bd. 2, S. 296-300.

135 So Oestreich, Reichsverfassung, in: ders., Geist und Gestalt, S. 241. Allgemein ging Oestreich beim Erscheinen dieses Aufsatzes (1960) noch von einem »Versagen des Kammergerichts« aus.

136 Diestelkamp, Reichskammergericht, S. 23ff.

137 IPO, Art. VIII, § 3, S. 134f.

138 Böhme, in: ZHF 11 (1984).

139 Casser, in: Aubin, Schulte, Raum Westfalen, Bd. II, 2, S. 35-70; v. Aretin, Kurfürst von Mainz; Bader, in: Ulm und Oberschwaben 37 (1964); Hartung, Fränkischer Kreis; Sicken, Fränkischer Reichskreis; v. Aretin, in: ders., Das Reich, S. 167-208.

140 Bader, in: Ulm und Oberschwaben 37 (1964). Zu den süddeutschen Reichskreisen ausführlich die Beiträge von Endres, Wunder u. Philippi, in: DVerwG.

141 Schilling, in: Koenigsberger, Republiken.

142 Schilling, in: GG 10 (1984); ders., in: Bijdragen en Mededelingen betreffende de Geschiedenis der Nederlanden, Bd. 102 (1987), S. 403-434.
143 IRA, § 178, S. 214f. Die Neubewertung des Reiches und seiner Institutionen (vgl. oben Anm. 77) tat sich bei der Reichswehrverfassung und dem Reichsheer besonders schwer. Grundlegend erst Neuhaus, in: Kunisch, Staatsverfassung und Heeresverfassung; und demnächst die Drucklegung von Neuhaus' Kölner Habilitationsschrift (1985): Vom »obristen Vheldthaubtmann«. – Zu den Fakten vgl. Papke, Miliz, S. 236-256.
144 Geschichte in Quellen, S. 336.
145 IRA, §§ 178 und 179, S. 214f.
146 IRA, § 180, S. 215f.
147 IRA, § 180, S. 215f.
148 Vgl. Schulze, in: ZHF 2 (1975), S. 43-58.
149 Vgl. Vierhaus, Staaten und Stände, S. 84.
150 Hofmann, Quellen, S. 232-243.
151 Sanktioniert im Reichsschluß von 1706, in: Hofmann, Quellen, S. 274. Ausführlich Neuhaus, in: Kunisch, Staatsverfassung und Heeresverfassung, S. 310ff. u. 337.
152 Zahlen zur Truppenstärke nach Papke, Miliz, S. 218ff. (Preußen), S. 223ff. (Bayern), S. 226ff. (Sachsen), S. 228ff. (Württemberg); Hersche, in: Schmidt, Stände (Würzburg). Für Österreich lassen sich schwer Zahlen angeben, da sich der Aufbau eines stehenden Heeres »im Verlaufe einer Entwicklung vollzog, die sich nicht in Daten oder einschlägigen Fakten erfassen läßt«. Evans, Das Werden, S. 118; Zimmermann, Militärverfassung.
153 Oestreich, Heeresverfassung, in: ders., Geist und Gestalt, S. 292.
154 Beleg bei Neuhaus, in: Kunisch, Staatsverfassung und Heeresverfassung, S. 299. – Vgl. unten Kap. VII, § 1, S. 463.
155 So der Reichspublizist Johann Ehrenfried Zschackwitz in der zweiten Hälfte des 18. Jahrhunderts, mit weiteren, gleichlautenden Stimmen zit. bei Hammerstein, in: Kunisch, Neue Studien, S. 201.
156 Carl von Dalberg, damals Mainzer Koadjutor und wenig später Fürst-Primas von Napoleons Gnaden, in seiner Schrift »Von Erhaltung der Staatsverfassungen«, zit. n. v. Aretin, Hammerstein, in: GGB, Bd. 5, S. 480.
157 Oestreich, Holzer, in: Gebhardt.
158 Vgl. Karte in: W. Bauer (Hg.), Unser Land Baden-Württemberg, Stuttgart 1986, S. 205.
159 Die vielfältigen Perspektiven der frühmodernen Staatsbildung sind beschrieben im ersten Band des Frühneuzeitteils Schilling, Aufbruch und Krise, v.a. S. 18ff., 313-349. – Über den Entwicklungsschub des 18. Jahrhunderts vgl. unten die Passagen über die Einheitsstaatwerdung Österreichs und Preußens.
160 IPO V, § 30; VIII, §§ 1 u. 2.
161 Vgl. Schilling, Aufbruch und Krise, S. 19, 341f. Quaritsch, Staat, Bd. 1; Quint, Souveränitätsbegriff; Hofmann, Entstehung.
162 Gegen die herkömmliche Meinung nachgewiesen von Malettke, in: Duchhardt, Schmitt, Deutschland; und in: ZNR 1987.
163 Vgl. Jean Bodin, Les six livres de la République, I. Buch, Kap. VIII, S. 122-161 und Kap. X, S. 211-251. Zur Rezeption im Reich zuletzt Stolleis, Geschichte, Bd. 1, S. 170ff.
164 Schilling, Konfessionskonflikt, u.a. S. 385.
165 IPO Art. V, § 30, IPM § 96. – Zum Problem vgl. Dickmann, Der Westfälische Frieden, S. 129 u. 536.
166 Belege bei Dickmann, ebd., S. 129, 185.
167 In einem Brief an den Vizekanzler v. Hannover Ludolf Hugo, abge-

druckt in: Werke von Leibniz, 1. Reihe, 4. Bd., S. 5f. Allgemein Hammerstein, in: Nassauische Annalen 85 (1974), S. 87-102.

168 Zum Folgenden Koselleck, in: GGB, Bd. 1.

169 Schulz, in: Ribbe, Geschichte Berlins, Bd. 1, S. 266f.

170 Böckenförde, in: Der Staat 8 (1969), S. 456. Stolleis, Geschichte, Bd. 1, S. 186-197.

171 IPO VIII, § 2, S. 134.

172 V. L. von Seckendorff, Teutscher Fürsten-Staat, S. 43.

173 Entretiens de Philarète et d'Eugène touchant la souveraineté des Electeurs et Princes de l'Empire, à Duisburg 1677, Abdruck in: Werke von Leibniz, 1. Reihe, 4. Bd., S. 333-335; dt. Übers., Geschichte in Quellen, S. 475. Vgl. Stolleis, Geschichte, Bd. 1, S. 236f.

174 Marginalie des Königs als Kabinettsordre vom 31. Januar 1717 als Antwort auf ein Gutachten des Feldmarschalls Graf von Dohna gegen die vom König in Ostpreußen eingeführte Steuer, den General-Hufenschoß, Abdruck bei Förster, Friedrich Wilhelm I., S. 49f.

175 Strenger noch das Urteil bei v. Aretin, Heiliges Römisches Reich, Bd. 1, S. 24f.: »Österreich und Preußen konnten jedes für sich bestehen. Die Grenzen der deutschen Stände, die ja keine wirklichen Staatsgrenzen waren, lagen so, daß sich diese Territorien nur in einer freundlichen und friedlichen Umgebung halten ließen . . ., d.h. die deutschen Stände lebten nicht aus eigener Kraft, sondern verdankten ihre Existenz dem Reich und der Reichsverfassung . . . Deshalb ist es an sich falsch, mit Ausnahme von Österreich und Preußen, von den deutschen Territorien als Staaten zu sprechen. Sie waren Stände des Reiches, die ihre Bedeutung von der Reichsverfassung erhielten.« Zu Bayern vgl. ders., Bayerns Weg.

176 Huber, Dokumente, Bd. 1, S. 78; Böckenförde, in: Der Staat 8 (1969), S. 475f.

177 Kraemer, Kleinstaat; Stolleis, Staatsdenker, S. 148-173.

178 Patze, Schlesinger, Geschichte Thüringens; Fertig, Obrigkeit und Schule.

179 Maier, Verwaltungslehre; Stolleis, Geschichte.

180 Seckendorff, Teutscher Fürsten-Staat, Teil II, Kap. V, §§ 1 und 2, S. 76ff.

181 Ebd., Teil II, Kap. V, § 1, S. 32.

182 Ebd., Teil II, Kap. I, § 6, S. 37.

183 Ebd., Teil II, Kap. IV, §§ 3,4,5,7.

184 Ebd., Teil II, Kap. IV, § 8, S. 63. – Weitgreifende Überlegungen zum Ständetum im frühneuzeitlichen Staat: Press, in: Baumgart, Ständetum, S. 280-318 u. 319-326.

185 Seckendorff, Teil II, Kap I, § 8, S. 40f.

186 Fertig, Obrigkeit und Schule.

187 Näheres mit Quellen- und Literaturbelegen bei Schilling, Konfessionskonflikt, S. 23-34; vgl. auch Lehmann, Zeitalter.

188 Zwei Marginalvermerke vom Juni 1740, abgedruckt bei Bardong, Friedrich der Große, S. 542.

189 Vgl. Schilling, in: Petri, Kirche; Tazbir, Geschichte; Sykes, Sheldon; Cragg, The Church ; Watts, The Dissenters; Jordan, The Development.

190 Hassinger, in: ARG 49 (1958); Schilling, in: Histoire Sociale – Social History, XVI, No. 31 (1983); Lutz, Geschichte der Toleranz; Lecler, Geschichte der Religionsfreiheit.

191 Schilling, Niederländische Exulanten; ders., in: Histoire Sociale – Social History, XVI, No. 31 (1983).

192 Whaley, Religious Toleration.

193 IPO V, § 3, S. 114.

194 Friedrich Nicolai, Beschreibungen, Bd. 7, 3. Buch, § 4, S. 86f; vgl. Warmbrunn, Zwei Konfessionen; François, in: Förderverein.

195 Mayr, Emigration; Florey, Geschichte.
196 Lehmann, Zeitalter.
197 Vgl. Heckel, in: ZRG (KA) 97 (1980); Böckenförde, Vorgang der Säkularisation, in: ders., Staat, S. 9-41.
198 Seckendorff, Teutscher Fürsten-Staat, Teil II, Kap. I, § 6, S. 37f.
199 Schöne, Säkularisation; ders., Stadt.
200 Thomann, in: Stolleis, Staatsdenker, S. 255.
201 Vgl. Hirschman, Passions; Schilling, in: GG 10 (1984).
202 Zit. n. Thomann, in: Stolleis, Staatsdenker, S. 252.
203 Hammerstein, in: Samuel von Pufendorf, 1632-1982, S. 51. Vgl. auch ders., Ius und Historie, Göttingen 1972.

Anmerkungen zu Kapitel III

1 Brief an den Vizekanzler Hugo, in: Werke von Leibniz, 1. Reihe, 4. Bd., S. 6, »de se produire sur le théâtre public de l'Europe et de prendre part à toutes ces nouvelles cérémonies estrangeres«.
2 Moraw, Von offener Verfassung, S. 176.
3 Zu Brandenburg: Opgenoorth, Friedrich Wilhelm, Bd. I, S. 284ff.; Fehling, Europäische Politik; zu den Wittelsbachern: Weis, in: Z.f. Bay.Lg 44 (1981), S. 211-231; Press, in: Verhandlungen der Ver. f. Oberpfalz u. Regensburg 120 (1980). Zum Problem übergreifend: Braubach, Versailles; Immich, Geschichte.
4 Zum folgenden ausführlich: Mattingly, Renaissance Diplomacy; Janssen, Anfänge; Engel, in: Schieder, HEG, Bd. 3, v.a. S. 361, 377ff.; vgl. auch ebd., S. 858.
5 Janssen, Anfänge, S. 77.
6 Scheuner, in: Festgabe für M. Braubach; Duchhardt, Studien; ders., Gleichgewicht.
7 Lappenberg, in: ZVHG 3 (1851), S. 421.
8 Janssen, Anfänge, S. 75; ausführlich auch Mattingly, Diplomacy.
9 Weis, in: Schieder, HEG, Bd. 4, S. 202; Picavet, Diplomatie.
10 Zusammengestellt nach: Bittner, Groß, Repertorium, Bd. 1.
11 Bittner, Groß, Repertorium; Lappenberg, Listen.
12 Ebd., Ramcke, Beziehungen.
13 Whaley, Religious Toleration, S. 37ff.
14 Fürnrohr, Kurbaierns Gesandte, S. 11, 25f., 37ff.
15 Geschichte in Quellen, S. 510.
16 Engel, in: HEG, Bd. 3, S. 382.
17 Augenzeugenbericht des Grafen Taaffe vom 22. September 1683, abgedruckt in: Sturminger, Türken, S. 357f.; vgl. auch ebd., S. 21, 28 u.a.
18 Zum folgenden vgl. die entsprechenden Listen, in: Bittner, Groß, Repertorium.
19 Lappenberg, Listen, S. 422 u. 526f.; Pohl, Beziehungen, S. 6f., 15ff.
20 Einschlägig dazu die Arbeiten von Moraw, in: BlldtLG 112 (1976); ders., in: Silagi, Kanzleien.
21 v. Reden-Dohna, Reichsstandschaft.
22 Specht, Johann VII.; Demandt, Geschichte, S. 304. Ein halbes Jahrhundert später konvertierte auch ein Erbprinz aus dem calvinistischen Hessen-Kassel, ebd., S. 276.
23 Zur Standeserhöhung der Wettiner 1697 vgl. mit weiterführender Literatur Hoensch, Geschichte Polens, S. 155ff.; Barock in Dresden; Czok, August der Starke. – Zur Kurwürde Hannovers 1692 vgl. Schnath, Geschichte Hannovers; Press, in: Birke, Kluxen, England.
24 Gurlitt, August der Starke; Czok, August der Starke.
25 Bardong, Friedrich der Große, S. 211; zu Sachsen vgl. Blaschke, in: Seibt, Gesellschaftsgeschichte, v. a. S. 430ff., 438 ff.

26 Ebd., S. 211: Testament.
27 Große Biographie: Gurlitt, August der Starke; biographischer Abriß: Pönicke, August der Starke; Czok, August der Starke.
28 Vgl. Barock in Dresden; dazu auch Czok, August der Starke.
29 Hintze, Kalvinismus, in: ders., Abhandlungen, Bd. 3. Letzter Stand der Calvinismusdiskussion bei Schilling, Reformierte Konfessionalisierung. – Ausführlich zu Brandenburg-Preußen unter Kap. VI.
30 Zur Landesgeschichte immer noch wichtig: Häusser, Geschichte, bes. Bd. I, S. 580-843; Schmidt, in: Mannheimer Hefte (1962); Press, in: ZGO 130 (1982); ders., in: Mannheimer Hefte (1975). Zur Frankreichpolitik: Wysocki, in: Geschichtliche Landeskunde 2 (1965). Zu »Liselotte von der Pfalz«: Strich, Liselotte; Knoop, Madame Liselotte.
31 Fischer, in: 900 Jahre Haus Württemberg; Wunder, ebd.; Press, in: Fried, Probleme.
32 Storz, Karl Eugen; ders., in: 900 Jahre Haus Württemberg; Quarthal, Hohe Carlsschule, in: Jamme, Pöggeler, Fürstin, S. 35-54.
33 Patze, Geschichte Niedersachsens; Schnath, Geschichte Hannovers, Bd. 1; Havemann, Geschichte der Lande, Bd. 1, S. 57; Oberschelp, Geschichte. Zum Erwerb der englischen Krone vgl. den Stammbaum unten S. 244 / 245.
34 Buff, G. A. von Münchhausen; Meinhardt, Die Universität Göttingen; vgl. unten Kap. VI, § 3.
35 Oberschelp, Geschichte; Lampe, Aristokratie; Zitat Birke, Kluxen, England, S. 8.
36 Demandt, Geschichte; Press und Philippi, in: Heinemeyer, Das Werden.
37 Demandt, Geschichte, S. 302.
38 Philippi, Landgraf Karl; ders., in: Heinemeyer, Das Werden, S. 352ff.; Schweikhart, Stadtplanung.
39 Vgl. unten Kapitel III, § 3, S. 241.
40 Ebd., S. 268f.
41 Noch eine Generation später besaß das etwa gleich große Württemberg eine knapp halb so starke Armee, nämlich 3 000 Mann. Nach: Papke, Miliz, S. 228f.
42 Olsson, Riddarholm Church.
43 Demandt, Geschichte, S. 268ff.; Philippi, in: Heinemeyer, Das Werden, S. 354ff.; Sauer, Finanzgeschäfte; Preser, Soldatenhandel. Zum hess.-darmstädt. Soldatenhandel: Franz, in: Archiv f. hess. Geschichte und Altertumskunde, NF 35 (1977); zum Soldatenhandel allgemein: Kügler, Truppen.
44 II. Akt, 2. Szene.
45 Landgraf Ludwig, zit. n. Demandt, Geschichte, S. 284. – Baggesen, Labyrinth, S. 228.
46 Spindler, Handbuch, Bd. 3; Moraw, Press, Fürstentümer, geistliche, in: TRE, Bd. 11; Hersche, in: Schmidt, Stände; Kundert, in: Barock; v. Reden-Dohna, Reichsstandschaft.
47 Zit. n. v. Aretin, Hammerstein, in: GGB, Bd. 5, S. 474.
48 Hantsch, Friedrich Karl Graf von Schönborn ; Schröcker, in: BlldtLG 111 (1975); ders., in: Mitteilungen des österreichischen Staatsarchives 26 (1973), S. 212-234; Kurfürst Lothar Franz von Schönborn (Katalog).
49 Schröcker, Fallstudie, S. 218.
50 Ebd., S. 220 u. S. 224 (Stammbaum).
51 G. W. Leibniz, Bedencken Welchergestalt Securitas publica interna et externa ... im Reich ... auf festen Fuß zu stellen, in: ders., Schriften, Reihe IV, Bd. 1, § 25, S. 137 und §§ 77-80, S. 161-163; § 81, S. 163 ff.
52 Detaillierter zum Rheinbund in den ereignisgeschichtlichen Passagen unten Kap. II, § 2.

53 Nach einem Memoire von Leibniz über die Beziehungen Mainz-Frankreich; ders., Schriften, Reihe IV, Bd. 1, S. 507.
54 Weit ausgreifender Überblick: Weber, in: L'Europe; v. Aretin, Kurfürst. Zur inneren Politik allgemein: Wild, Lothar Franz von Schönborn.
55 Hantsch, Friedrich Karl Graf von Schönborn.
56 Fürnrohr, Kurbaierns Gesandte; Lutz, in: Kraus, Land, Bd. 2; Press, in: Verhandlungen des Historischen Vereins für Oberpfalz und Regensburg 120 (1980); Kraus, in: Spindler, Handbuch, Bd. II. Zur Spätzeit ausführlich: Rall, Kurbayern, S. 71-186; v. Arentin, Bayerns Weg.
57 Hüttl, in: Miscellanea Bavarica Monacensia, Bd. 29 (1971).
58 K. Th. v. Heigel, in: Quellen und Abhandlungen, Bd. I, S. 74. - Ein Loblied des Vertrages sang dagegen Doeberl, Bayern; vgl. auch ders., Entwicklungsgeschichte, Bd. 2. Neuester Überblick bei Kraus, Geschichte Bayerns.
59 v. Heigel, in: ADB 25 (1887), S. 26.
60 Hüttl, in: Miscellanea; zum Volksaufstand 1705/1706: Probst, Bayrisch sterben (Zahl zur Sendlinger Mordweihnacht, S. 359). Allgemein zur Lage Anfang des 18. Jahrhunderts auch v. Aretin, Bayerns Weg.
61 Wagner, Karl VII.; Hartmann, Karl Albrecht; Press, in: Kraus, Land, Bd. 2; Hammerstein, Karl VII., Bd. II, S. 49-66; Gotthardt, Kaiserwahl. Die Ereignisse ausführlich unten Kap. IV, § 4.
62 Lojewski, in: Wittelsbach-Katalog, Bd. II, 1, S. 40-47; Braubach, letzte Kurfürsten; ders., Kurköln; ders., Wilhelm von Fürstenberg.
63 Braubach, Wilhelm von Fürstenberg; Tumbült, Fürstenberg.
64 So z. B. Erdmannsdörffer, Deutsche Geschichte Bd. 1, S. 561. Umwertung bei Braubach, Wilhelm von Fürstenberg.
65 So in einem Gutachten des Gottfried Wilhelm Leibniz aus dem Jahre 1672, in: ders., Schriften, Reihe IV, Bd. 1, S. 507.
66 Kohl, Christoph Bernhard von Galen; Wolf, in: Kohl, Westfälische Geschichte, Bd. I, S. 588 ff.
67 Zu den Gebietsgrößen und Einwohnerzahlen vgl. zu Bayern: Ziechmann, Panorama, S. 741; zu Hannover: ebd., S. 742; zu Hessen-Kassel: Demandt, Geschichte, S. 239, 272, 288; zu den Kurstaaten Köln, Mainz, Trier und Kurpfalz: Ziechmann, Panorama, S. 763; die Flächengröße Österreichs bei Lüdtke, Mackensen, Kulturatlas, Bd. 3, S. 20. Vom Gesamtgebiet gehörten rund 380 000 km^2 zum Reich, dessen Flächengröße mit rund 850 000 km^2 anzusetzen ist. Zu den Einwohnerzahlen vgl.: Raum und Bevölkerung, Bd. 2, S. 71. 1754 hatte das Habsburgerreich mit Böhmen aber ohne Ungarn rund 6,135 Millionen Einwohner. Zu Preußen: Preußen-Ploetz, S. 34-36; auch Bleckwenn, Preußen-Adler, S. 246. Danach hatte Brandenburg-Preußen 1618 81 068,56 km^2 mit rund 899 100 Einwohnern, 1688: 110 841,61 km^2 mit rund 1,5 Millionen Einwohnern. Zu Württemberg: Raum und Bevölkerung, Bd. 2, S. 68.
68 Prononciert etwa als Geschichtsforschungsprogramm bei Berding, Ullmann, Deutschland. Ausführlich zur »Dritten Partei« (diese aber zwischen Frankreich und Kaiser) im 17. Jahrhundert: Decker, Frankreich.
69 Grundlegend weiterhin: Immich, Geschichte. Dazu Wagner, in: HEG, Bd. 4, S. 1-165.
70 Robb, William of Orange; Baxter, William III; Hahlweg, in: Westfälische Forschungen 14 (1961) S. 23-59; Bots, Peace of Nijmwegen; Carter, Neutrality.
71 Erdmannsdörffer, Deutsche Geschichte, Bd. 1, S. 127 ff.; Oestreich, in: HEG, Bd. 4, 378-475; Vierhaus, Staaten und Stände.
72 Evans, Das Werden, S. 99 ff.
73 Erdmannsdörffer, Deutsche Geschichte, Bd. 1, S. 133 ff.; Opgenoorth, Friedrich Wilhelm, Bd. 1, S. 210 ff.; Petri, Droege, Rheinische Geschichte, Bd. 2, S. 228; Jaitner, Konfessionspolitik.

74 Lademacher, Geschichte, S. 113 ff.; Schilling, in: GG 10 (1984); ders., in: Duchhardt, Deutschland.

75 Erdmannsdörffer, Georg Friedrich von Waldeck, besonders Kapitel V; Opgenoorth, Friedrich Wilhelm, Bd. 1, S. 277 ff. Petri, Droege, Rheinische Geschichte Bd. 2, S. 240.

76 Göhring, in: ders., Scharff, Geschichtliche Kräfte, S. 65-83. Erdmannsdörffer, Deutsche Geschichte, Bd. 1, S. 294 ff.

77 In weiter Perspektive: Weber, Neutrale Mitte, in: L'Europe, S. 193-202; Wagner, Rheinpolitik; Schnur, Rheinbund. Vgl. auch v. Aretin, Kurfürst von Mainz; Duchhardt, in: ders., Studien, S. 1-22; Weber, in: Beiträge Festungsstädte, S. 74-89; Quellenauszüge: Geschichte in Quellen, S. 502 f. Hofmann, Quellen, S. 222.

78 Schilling, Aufbruch und Krise, S. 238.

79 Querfurth, Unterwerfung.

80 Vgl. oben Kap. II, § 1, S. 59; Kap. III, § 1, S. 192 ff.

81 Weiß, Von der Frühbürgerlichen Revolution, in: Gutsche, Erfurt, S. 103 bis 144, hier 142 ff.; Overmann, Erfurt; Wiegand, Erfurt; Unterwerfung: Erdmannsdörffer, Deutsche Geschichte, Bd. 1, S. 367 ff.; zur Rolle des Rheinbundes: Schnur, Rheinbund.

82 Zum »Gesetz der Quantität« vgl. oben den letzten Passus von Kap. III, § 1. – Zur Geschichte Frankreichs: Weis, in: HEG, Bd. 4, S. 166 ff. Mager, Frankreich, S. 111 ff., 142 ff.; Voss, Geschichte Frankreichs, S. 66 ff., 92 ff.

83 Zusammenfassender Überblick: Duffy, Fortress. Mit vorzüglichen Abbildungen der Katalog »Architekten und Ingenieure«, v.a. S. 379 ff.

84 Ausführlich: Schnur, Rheinbund, S. 62-72.

85 Zur internationalen Konstellation: Hahlweg, in: HZ 187 (1959), S. 54 bis 89; Rowen, Ambassador; Boutant, L'Europe, S. 56 ff.

86 Zu den innerholländischen Bedingungen: Rowen, John de Witt, speziell die Ausführungen zu der Außenpolitik der sechziger Jahre S. 448 ff.; Boogman, in: Actae Historiae Neerlandica 11 (1978), S. 55-78.

87 Grundlegend zum Reich: Decker, Frankreich. Zu Bernhard von Galen: Kohl, Christoph Bernhard von Galen. Zu den Welfen: Schnath, Geschichte Hannovers, Bd. 1.

88 Opgenoorth, Friedrich Wilhelm, Bd. 2, S. 157; ders., in: Hauser, Preußen, S. 19-32; Erdmannsdörffer, Deutsche Geschichte, Bd. 1, S. 570 f.

89 Erdmannsdörffer, ebd., S. 576.

90 Ebd., S. 581; Hüttl, Friedrich Wilhelm, S. 402.

91 Darstellung der Schlacht: Opgenoorth, Friedrich Wilhelm, Bd. 2, S. 167 ff.; Hüttl, Friedrich Wilhelm, S. 405 ff.

92 Zit. n. v. Petersdorff, Kurfürst, S. 149.

93 H. v. Kleist, Prinz Friedrich von Homburg, in: Sämtliche Werke, hg. von J. Meinerts, Gütersloh o. J., II. Akt, 9. Auftritt.

94 Erdmannsdörffer, Deutsche Geschichte, Bd. 1, S. 590.

95 Duchhardt, Gleichgewicht, S. 5-40; Bots, Peace.

96 Opgenoorth, Friedrich Wilhelm, Bd. 2, S. 207 ff.

97 Erdmannsdörffer, Deutsche Geschichte, Bd. 1, S. 618.

98 Weis, in: HEG, Bd. IV., S. 202 u. 205, Anm. 3.

99 Wunder, Frankreich; Piquet Marchal, Chambre de Reunion; Wysocki, Kurmainz.

100 Braubach, Wilhelm von Fürstenberg; Histoire de Strasbourg, Bd. III, S. 72 ff.

101 Erdmannsdörffer, Deutsche Geschichte, Bd. 1, S. 387.

102 Querfurth, Unterwerfung (Einleitung); Gerteis, Städte, S. 75 f.; Heinrich, in: Städte Mitteleuropas, S. 155-172.

103 Pfaehler, in: »Der Fall der Reichsstadt Straßburg und seine Folgen. Zur Stellung des 30. September 1681 in der Geschichte«, S. 17 – bereits ein mit Emotionen geladener Titel – ist von dieser Doppelzüngigkeit nicht frei.

104 Ebd., S. 17.
105 Literatur zu Straßburg 1681: v. Borries, Geschichte, S. 186ff.; Histoire de Strasbourg, Bd. III, S. 81ff. Zur Reaktion im Reich vgl.: Holscher, Öffentliche Meinung; Fink, in: Pouvoir.
106 Vgl. etwa die von Pfaehler auf dem Beiblatt »Ergänzende Literaturangaben« zu »Der Fall Straßburgs« geäußerte Kritik am Katalog »Strasbourg«.
107 Schilling, in: Koenigsberger, Republiken.
108 Zit. n. Hackert, in: HZ 165 (1942), S. 482.
109 Erdmannsdörffer, Deutsche Geschichte, Bd. 1, S. 636.
110 Hubatsch, Zeitalter, S. 103.
111 Straßburgische Chronik, S. 102.
112 So in der Kapitulation Straßburgs vom 30. September 1681. Abgedruckt in: Pfaehler, Der Fall Straßburgs, S. 207ff.
113 Geschichte in Quellen, S. 525.
114 v. Ranke, Lebensgeschichte, S. 591.
115 Hertner, in: Jb. für schwäb.-fränk. Geschichte des Hist. Vereins Heilbronn, 27 (1973).
116 Wenig überzeugender Versuch die grundlegenden Unterschiede zwischen Ludwig XIV. und Wilhelm von Oranien zu bestreiten: Le Roy Ladurie, in: Rapports.
117 v. Ranke, Lebensgeschichte, S. 591.
118 Straßburgische Chronik, S. 102f., Anm. 3.
119 Hertner, Stadtwirtschaft. Zum Gesamtproblem aufschlußreich der Ausstellungskatalog »Strasbourg«.
120 Mörke, in: Schilling, Diederiks, Eliten.
121 v. Zwiedineck-Südenhorst, Öffentliche Meinung, S. 71, 110; Gillot, Le Régne; Kleyser, Flugschriftenkampf; Meyer, Flugschriften. – Über die Flugschriften hinaus und daher differenziert: Fink, in: Pouvoir.
122 Zit. n. Demandt, Geschichte, S. 270. Zur französischen Triumphmünze vgl. oben S. 222.
123 S. v. Zwiedineck-Südenhorst, Öffentliche Meinung, S. 71, 86, 92, 108f., 110.
124 G. E. Rinck, Leopolds des Großen ... wunderwürdiges Leben und Thaten, Leipzig 1709. Zusammenfassung und weiterführende Literatur: Evans, Das Werden, S. 99ff.
125 Robb, William of Orange; Jones, Revolution of 1688; Baxter, William III. Zur Reichspolitik: Havelaar, Libertätsgedanke; Baxter, William III.; Hahlweg, in: Westfälische Forschungen 14 (1961), S. 23-59.
126 Schilling, Aufbruch und Krise, S. 24-28, S. 223-226. Literatur zu 1683 und den späteren Phasen: Klingenstein, Heiss, Weltreich; Broucek u.a., Sieg; Tietze, Beziehungen; Schreiner, Osmanen, S. 199ff.
127 Boutant, L'Europe, S. 177-230; Jansky, in: HEG, Bd. 4, S. 753-776, hier S. 758ff. Vorzügliche knappe Analyse: Adanir, in: Geschichte fernsehen 3 (1983), S. 9-15. Alexandrescu-Dersca Bulgaru, in: Tietze, Beziehungen.
128 Kriegserklärung in der deutschen Übersetzung bei Sturminger, Die Türken, S. 27.
129 Zit. n. ebd., S. 45.
130 Offiziöser Augenzeugenbericht des Zeremonienmeisters der Hohen Pforte, abgedruckt in: Schreiner, Osmanen, S. 204f.
131 Brief an den kaiserlichen Beichtvater Markus von Aviano, zit. n. Sturminger, Die Türken, S. 167.
132 Tagebuch des Zeremonienmeisters zum 12. September, in: Schreiner, Osmanen, S. 221, 223.
133 Knapp auf den Punkt gebracht bei Zernack, in: Geschichte fernsehen 3 (1983), S. 19-23.

134 Jansky, in: HEG, Bd. 4, S. 760ff.
135 Neue Gesamtdeutung: Boutant, L'Europe. Zu den Vorgängen in der Pfalz weiterhin unersetzt v. Raumer, Zerstörung. Zu Wilhelm von Oranien und England: Baxter, William III.
136 Boutant, L'Europe, S. 898.
137 Erdmannsdörffer, Deutsche Geschichte, Bd. 2, S. 12, übers. v. Verf.
138 Fénelon, Ecrits et Lettres Politiques, S. 148. Deutsche Übersetzung in: Der Fall Straßburgs, S. VIII: »Mitten im Frieden haben Sie Krieg geführt und gewaltige Eroberungen gemacht. Sie haben eine Reunionskammer eingerichtet, um gleichzeitig Richter und Partei zu sein: Das hieß, der widerrechtlichen Besitzergreifung und der Gewalt Beleidigung und Hohn hinzuzugesellen: Sie haben im Westfälischen Friedensvertrag nach mehrdeutigen Formulierungen gesucht, um Straßburg zu überrumpeln. Nie hatte es irgendeiner Ihrer Minister innerhalb so vieler Jahre gewagt, in irgendeiner Verhandlung sich auf diese Vertragsartikel zu berufen, um nachzuweisen, daß Sie auch nur das geringste Anrecht auf diese Stadt hätten. Ein solches Verhalten hat ganz Europa gegen Sie vereinigt und aufgebracht. Sogar diejenigen, die es nicht gewagt haben, offen Partei zu ergreifen, wünschen wenigstens sehnlich Ihre Schwächung und Demütigung als einziges Mittel zur Sicherung der Freiheit und der Ruhe für alle christlichen Nationen.«
139 Elliott, Imperial Spain, S. 370, übers. v. Verf.
140 Abwandlung eines berühmten Ranke-Wortes zum deutschen Bauernkrieg, v. Ranke, Geschichte Reformation, Bd. 1, S. 126.
141 Elliott, Imperial Spain, S. 370ff.
142 Erdmannsdörffer, Deutsche Geschichte, Bd. 2, S. 158ff.; Wagner, in: HEG, Bd. 4, S. 31-35; Kamen, War of Succession.
143 Elliott, Imperial Spain, S. 370ff., Zitat S. 372, übers. v. Verf.
144 Duchhardt, Gleichgewichte, S. 41-89.
145 Zit. n. Elliott, Imperial Spain, S. 371f., übers. v. Verf.
146 Reinhard, Geschichte Expansion, Bd. 2, S. 138ff., 165ff.
147 Zu der niederländischen Barriere Hahlweg, in: Westf. Forsch. 14 (1961), S. 42-81; ders., in: HZ 187 (1959).
148 Press, in: ZGO 130 (1982), S. 248f.
149 Boutant, L'Europe, S. 899, übers. v. Verf.
150 F. S. Polleross, Sonnenkönig und österreichische Sonne. Kunst und Wissenschaft als Fortsetzung des Krieges mit anderen Mitteln, in: Wiener Jahrbuch für Kunstgeschichte 40 (1987), S. 239-256, Zitat S. 251.

Anmerkungen zu Kapitel IV

1 Erbe, Dt. Geschichte; Oestreich, in: HEG, Bd. 4; Vierhaus, Staaten und Stände.
2 Kluxen, in: HEG, Bd. 4; Birke, Kluxen, England und Hannover, S. 17-32 (v.a. Beiträge von R. Hatton und V. Press); Speck, Stability.
3 Weis, in: HEG, Bd. 4. Mager, Frankreich; Voss, Frühneuzeitliche Monarchie; Mandrou, La France.
4 Einstieg: Imhof, Grundzüge, S. 99-115; Pipes, Rußland, S. 127ff.; Zernack, in: Handbuch, Bd. II, 1, S. 246-295; ders., in: Jb. für Geschichte Osteuropas N/F: Bd. 20, (1972), S. 77-100; Müller, Polen. Zu Polen wichtige neue Perspektiven: Müller, Teilungen Polens.
5 So Zernack, in: HZ 232 (1981), S. 354.
6 Zernack, in: ZHF 1 (1971); ders., in: Handbuch, Bd. II, 1, S. 230-296; Mediger, Mecklenburg; ders., Moskaus Weg; Hassinger, Brandenburg-Preußen.
7 Conrads, Durchführung.

8 Hatton, Charles XII.; Wittram, Peter der Große.
9 Zernack, in: Lexikon der Geschichte Rußlands, S. 259.
10 Zu Sachsen im deutschen Mächtekonzert vgl. oben Kap. III, § 1.
11 Zernack, in: Lexikon der Geschichte Rußlands, S. 260; Hellmann, in: Historisches Jahrbuch der Görres-Gesellschaft 97/98 (1978), S. 270-288.
12 Zernack, in: HZ 232 (1981), S. 354.
13 Müller, Polen.
14 So zuletzt noch Wagner, in: Francia 2 (1974), S. 297.
15 Kunisch, Staatsverfassung und Mächtepolitik.
16 So prononciert Klaus Zernack in einer Reihe von Aufsätzen, vor allem in: HZ 232 (1981), S. 327-357, und in: Jahrbuch für die Geschichte Mittel- und Ostdeutschlands 30 (1981), S. 4-20.
17 Ebd., S. 4; allgemein zur niederländischen Außenpolitik: Carter, Neutrality.
18 Mächtepolitische Konstellation: Müller, Teilung Polens, S. 18ff.; ders., Polen. Über die kriegerischen Ereignisse: Sutton, King's Honor.
19 Müller, Teilung Polens; ders., in: Lexikon der Geschichte Rußlands, S. 381-384.
20 Vgl. oben Kap. III, § 3.
21 Zit. b. Braubach, in: Diplomatie und geistiges Leben im 17. und 18. Jahrhundert, S. 396. Allgemein zur Funktion von dynastischen Erbregelungen im Mächteeuropa des 18. Jahrhunderts, vgl. Kunisch, Neuhaus, Fürstenstaat, S. 50 ff.; Kunisch, Staatsverfassung und Mächtepolitik, v.a. S. 62ff.
22 Schieder, Friedrich der Große, S. 21, 129ff., 136f., dort auch die beiden Zitate von Friedrich Wilhelm I. und Friedrich II., S. 147ff. Weiter grundlegend zu Friedrich: Koser, Geschichte Friedrichs; Baumgart, in: ZHF 6 (1979), S. 287-316; v. Aretin, Friedrich der Große; Treue, Preußens großer König; Baumgart, in: ders., Expansion, S. 81-118; Hauser (Hg.), Friedrich der Große in seiner Zeit.
23 Friedrich der Große am 26. Okt. 1740 an Voltaire, in: Bardong, Friedrich der Große, S. 88 (erstes Zitat); Brief vom 16. Dez. 1740 an Podewils, ebd., S. 91 (zweites Zitat).
24 Vgl. Schieder, Friedrich der Große, S. 33.
25 Ausführlich nachgewiesen aus den frühen Werken und der Korrespondenz bei Schieder, Friedrich der Große; v. Aretin, Friedrich der Große, S. 23, 33ff.
26 Hauke, in: Bosl, Handbuch, Bd. II, S. 415-434.
27 Zum Vergleich: Schilling, Aufbruch und Krise, S. 414ff.
28 Spindler, Handbuch, Bd. 2, S. 457ff. Press, in: Kraus, Land und Reich, S. 201-234; Hartmann, Karl Albrecht - Karl VII.; ders., Karl VII.; Koch, Stahl, Wahl und Krönung.
29 So der Titel der jüngeren Biographie v. Hartmann, Karl Albrecht - Karl VII.
30 J. W. v. Goethe, Dichtung und Wahrheit. Aus meinem Leben. 1. Buch. Zit. n. Goethes Werke, hg. v. E. Trunz, Bd. 9, Hamburg[4] 1961, S. 201.
31 Zu den Kriegszügen und Schlachten: Die Kriege Friedrichs des Großen, hg. v. Großen Generalstab. Grundlegend zur Kriegführung des 18. Jahrhunderts: Kunisch, Der kleine Krieg.
32 Schieder, Friedrich der Große, S. 168; auch: Weber, Politik, S. 260-292.
33 Bei Hohenfriedberg (4. Juni 1745) standen sich 50 000 Preußen und 66 000 Alliierte gegenüber, von denen 4 737 Preußen und 13 176 Alliierte den Tod fanden; Soor (30. Sept. 1745), wo 22 562 Preußen und 41 000 Österreicher u. Sachsen kämpften, kostete 3 876 und 7 444 Menschen das Leben; für Kesselsdorf (15. Dez. 1745) lauten die Zahlen 31 000 zu 31 200 mit 5 000 bzw. 6 630 Toten. Zahlen aus: Duffy, Friedrich der Große, S. 363; Korff, Ranke, Preußen, Versuch einer Bilanz, Bd. 1, S. 197 f.

34 Als Einstieg: Wandruszka, Maria Theresia. Immer noch: v. Arneth, Maria Theresias erste Regierungsjahre; Tapié, Maria Theresia; Crankshaw, Maria Theresia; Koschatzky, Maria Theresia.
35 Zit. n. Schieder, Friedrich der Große, S. 489; die schwierigen Seiten in der Person und der Geschichte des großen Preußenkönigs v.a. belegt bei v. Aretin, Friedrich der Große.
36 v. Kuenheim, Aus Tagebüchern, S. 152ff.; März 1764, also kurz nach Beendigung des für Preußen so verlustreichen Siebenjährigen Krieges!
37 J. W. v. Goethe, Dichtung und Wahrheit. Aus meinem Leben. 1. Teil, 2. Buch. Zit. n. Goethes Werke, hg. v. E. Trunz, Bd. 9, Hamburg[4] 1961, S. 46f. (Kommasetzung modernisiert).

Anmerkungen zu Kapitel V

1 Allgemein zur österreichischen Geschichte: Evans, Das Werden; Press, in: Kann, Prinz, Deutschland und Österreich, S. 44-88; Wandruszka, Haus Habsburg; Redlich, Weltmacht des Barock; ders., Das Werden; Frass, Quellenbuch, Bd. 2; Hantsch, Geschichte Österreichs, Bd. 2.
2 Wiesflecker, Maximilian I., Bd. 2, S. 175-201; Link, in: DVerwG, S. 476; Burkert, Landesfürst. Allgemein zur Entwicklung der frühmodernen Bürokratie im 16. und frühen 17. Jahrhundert vgl. Schilling, Aufbruch und Krise, Kap. VI., § 1.
3 Zuletzt: Eberhard, Monarchie und Widerstand; Burkert, Landesfürst, v.a. S. 127-170.
4 Sturmberger, Ferdinand II.
5 v. Aretin, Heiliges Römisches Reich, Bd. 1, S. 468; Press, in: GG 6 (1980), S. 559-573.
6 Link, in: DVerwG, S. 468-552; Zöllner, in: Hantsch, Voegelin, Valsecchi, Historica, S. 63-89.
7 Zahlen nach Lüdtke, Mackensen, Kulturatlas, Bd. 3., S. 20; Raum und Bevölkerung, Bd. 2, S. 71; Redlich, Weltmacht des Barock, S. 9, andere Zahlen.
8 Zur Pestsäule ausführlich: Matsche, Kunst im Dienst, Bd. 1, S. 103-107, Abbildung ebd., Bd. 2, Abbildung Nr. 66-68.
9 Elias, Prozeß der Zivilisation.
10 Schilling, Aufbruch und Krise, Kap. III und IV.
11 Ebd., S. 194ff.
12 Mecenseffy, Protestantismus; Barton, Geschichte der Evangelischen, Bd. 1; Heiss, in: Klingstein, Lutz, Spezialforschung, S. 48-55.
13 Zu Böhmen: Bosl, Handbuch, Bd. 2, S. 167-182; zu Innerösterreich: Mezler-Andelberg, in: Südostdeutsches Archiv 13 (1970), S. 97-118; zum ungarischen Protestantismus: Barton, Geschichte der Evangelischen; Bucsay, Protestantismus in Ungarn.
14 Mecenseffy, Protestantismus, S. 181.
15 Vorzügliche Chronik über eine Kärntener Gemeinde: Sakrausky, Sankt Ruprecht.
16 Tiefdringender Überblick über die konfessionspolitischen Folgen der Offensive nach 1683: Lutz, in: Zeit und Stunde.
17 Link, in: DVerwG, S. 513f.; zu Altranstädt vgl. oben Kap. IV, § 1, S. 275f.
18 Zahlen nach Mecenseffy, Protestantismus, S. 171 u. 173.
19 Ebd., S. 173.
20 Ebd., S. 171.
21 Heiss, in: Klingenstein, Lutz, Spezialforschung, S. 139-157.
22 Conrads, Ritterakademien.
23 Redlich, Weltmacht des Barock, S. 25.
24 Klingenstein, Staatsverwaltung, S. 134.

25 Ebd., S. 7 u. 131ff.
26 Zit. n. ebd., S. 5.
27 Schilling, Aufbruch und Krise, S. 274-292.
28 Jean Bodin, Über den Staat, S. 58.
29 The Trew Law of Free Monarchies, in: Mc Ilwain (Hg.), The Political Works of James I., S. 53-70.
30 Lehmann, Zeitalter, S. 23-104.
31 Tomek, Kirchengeschichte Bd. 2, S. 21.
32 Vgl. dazu unten, Kap. VI, § 3.
33 Winter, Josephinismus, S. 62ff.
34 Lehmann, Zeitalter, S. 71.
35 Winter, Josephinismus, S. 45; Tomek, Kirchengeschichte, Bd. 3, S. 356ff.
36 Karniel, Toleranzpolitik.
37 Winter, Josephinismus, S. 119.
38 Schilling, Aufbruch und Krise, S. 414ff.
39 Bosl, Handbuch, Bd. 2, S. 389, Anm. 25.
40 Winter, Josephinismus, S. 119.
41 So die Bischöfe Hay und Bobrovsky, zit. n. Bosl, Handbuch, Bd. 2, S. 390, Anm. 28.
42 Zum Problem allgemein grundlegend: Oestreich, in: ders., Geist und Gestalt, S. 290-310; Kunisch, Staatsverfassung und Heeresverfassung; die verschiedenen Aufsätze und Darstellungen von Neuhaus. – Zu Österreich: Allmeyer-Beck, in: Kann, Prinz, Deutschland und Österreich, S. 490-517 (weitgreifender, anregender Essay); Handbuchdarstellungen zum Folgenden: Zimmermann, Militärverwaltung; Allmeyer-Beck, Lessing, Das Heer.
43 Zitate aus: Innerösterreichische Defensionsordnung von 1575, Abdruck bei Schulze, Landesdefension, S. 252-258 (modernisierte Schreibung).
44 Ausführlich hierzu: Schulze, Landesdefension.
45 Defensionsordnung von 1575, § 5, ebd., S. 255.
46 Ebd., S. 253.
47 Zimmermann, Militärverwaltung, S. 18ff. u. 45ff.; Schulze, in: Kunisch, Staatsverfassung und Heeresverfassung, S. 129-150; Oestreich, in: ders., Geist und Gestalt, S. 290-310.
48 Redlich, Das Werden, S. 25.
49 Zum Prinzen weiterhin grundlegend: Braubach, Prinz Eugen. Jüngst: Kunisch, Prinz Eugen; Mraz, Prinz Eugen; Gutkas, Prinz Eugen.
50 Neuhaus, in: Kunisch, Staatsverfassung und Heeresverfassung, S. 337, vgl. auch S. 329; vgl. auch ders., in: Kunisch, Prinz Eugen, S. 163-177.
51 Link, in: DVerwG, S. 501f.
52 Vgl. Die österreichische Zentralverwaltung, 1. Abt., Bd. I, S. 259.
53 Zimmermann, Militärverwaltung, S. 69.
54 Link, in: DVerwG, S. 519.
55 Oestreich, Geist und Gestalt; ders., Strukturprobleme; Gerhard, Aufsätze; Kunisch, Neuhaus, Fürstenstaat.
56 Schmelzeisen, Polizei- und Landesordnungen, 1. Halbbd., S. 57.
57 Brandt, Geschichte Schleswig-Holsteins, S. 121.
58 Redlich, Weltmacht, S. 11.
59 Vgl. oben, Kap. V, § 2 und Schilling, Aufbruch und Krise, S. 278f.
60 Bosl (Hg.), Handbuch, Bd. 2, S. 281ff. Text: Jirecek, Die verneuerte Landes-Ordnung.
61 Zum Rákóczi-Aufstand: HEG Bd. 4, S. 430; v. Bogyay, Grundzüge, S. 113.
62 Richter, in: Bosl (Hg.), Handbuch, Bd. 2, S. 287; Jirecek, Verneuerte Landes-Ordnung.

63 Link, in: DVerwG, S. 472.
64 Erstes Zitat: Bosl, Handbuch, Bd. 2, S. 316; zweites Zitat: Press, Willoweit, Lichtenstein, S. 17; vgl. auch Link, in: DVerwG, S. 473f.
65 Geschichte in Quellen, S. 665; Gesamttext: Turba, Die Pragmatische Sanktion.
66 Gerhard, Amtsträger, in: Alteuropa und moderne Gesellschaft, Festschrift O. Brunner, S. 230-247; ders., Alte und neue Welt; ders. (Hg.), Ständische Vertretung.
67 Schilling, Aufbruch und Krise, Kap. VI, § 1, S. 323.
68 Oestreich, in: HEG Bd. 4, S. 431.
69 Vgl. oben Kap. III, § 1c.
70 Ausführlich: Hantsch, Friedrich Graf von Schönborn.
71 Braubach, Geheimdiplomatie; Kunisch, Prinz Eugen.
72 Brauneder, Lachmeyer, Österreichische Verfassungsgeschichte, S. 74; vgl. auch Gross, Geschichte der Reichskanzlei.
73 Kanzleiordnung von 1720, in: Die Österreichische Zentralverwaltung, I. Abt., Bd. 3, Nr. 50, S. 347ff.
74 Schilling, Aufbruch und Krise, Kap. VI, § 1, S. 321f.
75 Link, in: DVerwG, S. 500; vgl. auch Dickson, Finance.
76 Hierzu bereits oben Kap. V, § 2 und 3.
77 Vgl. unten, Kap. VI, § 5.
78 Zit. n. Link, in: DVerwG, S. 516.
79 Hantsch, Geschichte Österreichs, Bd. 2, S. 137f.
80 Walter, Männer um Maria Theresia; Klingstein, in: Fichtenau, Zöllner, Beiträge, S. 243-263.
81 Die Österreichische Zentralverwaltung II. Abt., Bd. 1,1, S. 14, Anm. 5.
82 Ebd., S. 77f.
83 Ebd., S. 138; Walter, Theresianische Staatsreform; Ogris, Recht und Macht, S. 3.
84 Zit. n. Link, in: DVerwG, S. 519; Walter, in: NDB, Bd. 8, S. 95f.
85 Tremel, Wirtschafts- und Sozialgeschichte, S. 11 u. 245f.; v. Srbik, Wilhelm von Schröder.
86 Zit. n. Die Österreichische Zentralverwaltung II. Abt., Bd. 1, 1, S. 120.
87 Ders., Theresianische Staatsreform, S. 44f.
88 Ausführlich bei Ogris, Recht und Macht, S. 3f.
89 Link, in: DVerwG, S. 521f.
90 Allmeyer-Beck, in: Maria Theresia, S. 7-24; Allmeyer-Beck, Lessing, Das Heer, S. 52; Zimmermann, Militärverwaltung, S. 40.
91 Zimmermann, ebd., S. 139f.; Allmeyer-Beck, Lessing, Das Heer, S. 58f.
92 Walter, Verfassungs- und Verwaltungsgeschichte, S. 90; vgl. auch ders., Theresianische Staatsreform.
93 v. Aretin, in: NDB, Bd. 11, S. 363-369; Klingenstein, Aufstieg; Novotny, Staatskanzler.
94 v. Aretin, in: NDB, Bd. 11, S. 365; Tradition dieses Denkens bei: Stollberg-Rilinger, Staat als Maschine, S. 127f.
95 Die Österreichische Zentralverwaltung II. Abt., Bd. 1, 1, S. 273.
96 Klueting, Lehre von der Macht, zu Kaunitz S. 167ff.
97 Klingenstein, in: Zöllner, Diplomatie und Außenpolitik, S. 74-93.
98 Zum Kaunitz-Porträt: H. Klueting, in: FAZ, Nr. 239 vom 15.10.1986, S. VII. Ausführlicher: ders., in: MIÖG 95 (1987), S. 298-310.
99 Johann Christoph Gottsched, Klage-Lied des Herrn Professor Gottscheds über das rauhe Pfälzer-Land in einer Abschieds-Ode, zit. n. Schneider, Deutsche Landschaften, S. 41.
100 Zahlen zu Wien nach: François, in: Revue d'Histoire Moderne et Contemporaine, 25 (1978), S. 591. Zahlen zu den anderen Städten und die Wachstumsraten nach: Cipolla, Borchardt, Wirtschaftsgeschichte, Bd. 2, S. 22 und Bd. 3, S. 18.

101 Zum Folgenden: Matsche, Kunst im Dienst; Koschatzky, Maria Theresia (v. a. die Beiträge von R. Wagner-Rieger, G. Heinz, W. Mrazek und E. Neubauer zu den »Bildenden und Angewandten Künsten«); Gutkas, Prinz Eugen (v. a. die entsprechenden Beiträge von P. Csendes, H. Lorenz und W. G. Rizzi); Ehalt, Ausdrucksformen; Csendes, Geschichte Wiens.
102 Nach Schwarz, in: Gutkas, Prinz Eugen, S. 304f.
103 Mecenseffy, Protestantismus, S. 174. - Dagegen in weiter Perspektive: D. Breuer, in: Knapp, Zeman, Österreichische Literatur, S. 1117-1148 u. 1335-1358; ders., Deutsche Nationalliteratur und katholischer Kulturkreis, in: Garber, Nation. Vgl. auch Schilling, Aufbruch und Krise, S. 305f. (Abraham a Santa Clara).
104 Redlich, Weltmacht des Barock, S. 26.

Anmerkungen zu Kapitel VI

1 Grundlegend zur kriegs- und ereignisgeschichtlichen Perspektive, in die der Ausspruch Friedrichs II. konkret gehört: Kunisch, Mirakel. - Allgemeine Literatur zur Geschichte Brandenburg-Preußens: Hintze, Hohenzollern; Carsten, Entstehung; Rosenberg, Bureaucracy; Vogler, Vetter, Preußen; Baumgart, in: ZHF 6 (1979), S. 287-316; Haffner, Preußen; Puhle, Wehler, Preußen; Büsch, Neugebauer, Preußische Geschichte; v. Thadden, Fragen; Heinrich, Geschichte; Baumgart, Ständetum; Pfeiffer, Bayern und Brandenburg-Preußen; Hauser, Preußen; Mittenzwei, Herzfeld, Brandenburg-Preußen; D. Willoweit, Preußischer Beitrag.
2 Vgl. oben Kap. II, §2 S. 85f. und Kap. III, §2, S. 223ff.
3 Zur Königserhebung: Duchhardt, Königskrönung, in: Duchhardt, Königskrönung, S. 82-95. Baumgart, in: Hauser, Preußen, S. 65-86. - Zum Soldatenkönig grundlegend weiterhin: Hinrichs, Friedrich-Wilhelm I.; Oestreich, Friedrich Wilhelm I.; Venohr, Soldatenkönig; literarische Bearbeitung: Klepper, Der Vater, Roman eines Königs, Stuttgart 2.1957. - Zu Friedrich II. neben den Monographien von v. Aretin und Schieder der Sammelband Hauser, Friedrich der Große. - Zum preußischen Absolutismus konzis: Baumgart, in: Preußen-Ploetz, S. 149-162.
4 Zahlen nach: Preußen-Ploetz, S. 34-36.
5 Abel, Geschichte, S. 285f.
6 Zahlen nach: ebd.; Hohorst, Wirtschaftswachstum, S. 125, der vom Preußen-Ploetz (S. 36f.) abweichende, aber überzeugende Zahlen und Berechnungen vorlegt.
7 Hohorst, ebd.
8 Zahlen nach Abel, Geschichte, S. 286; ders., Massenarmut, S. 31.
9 Hohorst, Wirtschaftswachstum, S. 126.
10 Lüdtke, Mackensen, Kulturatlas, Bd. III, S. 20; 1754 lebten allein in den Reichsgebieten der Habsburger 6,1 Millionen Menschen. Bevölkerungs-Ploetz, S. 71. Hinzu kommen Ungarn, die südlichen Niederlande und die italienischen Besatzungen.
11 Vgl. oben, Kap. III, §1, letzter Passus.
12 Hintze, in: ders., Abhandlungen, Bd. 3, S. 72.
13 In Nachfolge von Jellineck, Erklärung.
14 v. Thadden, in: Schilling, Reformierte Konfessionalisierung, S. 234; Nischan, in: Schnucker, Calviniana, S. 215-233.
15 Hintze, in: ders., Abhandlungen, Bd. 3, S. 56-96.
16 v. Thadden, in: Preußen-Ploetz, S. 86-96.
17 Zit. n. Kniebe, Schriftenstreit, S. 9.
18 Ebd.

19 Vgl. Schilling, Aufbruch und Krise, S. 109-115; 271-278.
20 Ebd., S. 288ff.; Zusammenstellung der konfessionspolitisch entscheidenden Daten von Goeters, in: Schilling, Reformierte Konfessionalisierung, S. 46-51.
21 Schilling, Aufbruch und Krise, S. 288ff.; 414ff.
22 Chroust, in: Forschungen, S. 19.
23 Ebd., S. 20.
24 Zit. n. Kniebe, Schriftenstreit, S. 9f.
25 Weerda, Nach Gottes Wort.
26 v. Thadden, in: Schilling, Reformierte Konfessionalisierung, S. 245; ausführlich: ders., Hofprediger.
27 Hintze, in: ders., Abhandlungen Bd. 3, S. 82.
28 Ders., in: ebd., S. 264.
29 Zu Bylandt-Rheydt ausführlich Hintze, in: ders., Abhandlungen, Bd. 3, S. 283-312. – Zur Kirchenpolitik des Großen Kurfürsten vgl. Flaskamp, in: Historisches Jahrbuch 45 (1925), S. 253-270; die traditionelle Idealisierung der hohenzollerischen Toleranzpolitik ausgeprägt bei: Keller, Der Große Kurfürst; Lackner, Kirchenpolitik, S. 304ff. Demgegenüber Heinrich, in: Schlenke, Preußen, S. 61-68.
30 Politisches Testament des Großen Kurfürsten, in: Dietrich, Politische Testamente, S. 182.
31 Flaskamp, in: Historisches Jahrbuch 45 (1925), S. 253-270.
32 v. Thadden, in: Schilling, Reformierte Konfessionalisierung, S. 249.
33 Vgl. oben Kap. II, § 2.
34 Dietrich, Politische Testamente, S. 181.
35 Vgl. oben Kap. II, § 4, S. 143f.
36 So bereits kurz nach Regierungsantritt am 22. Juni 1740 in einem Marginalvermerk, vgl. Treue, Preußens großer König, S. 50; vgl. auch Büsching, Character Friedrichs II., S. 118.
37 Zit. n.: Sagave, in: Frankreich und Deutschland, S. 34; Verfasser war der calvinistische Prädikant Johannes Kayser aus Kleve. Ausführlicher ders., Berlin und Frankreich. – Grundlegend zum folgenden Kapitel: Geiger, Berlin; Harnack, Preußische Akademie; Harnack, in: Büsch, Neugebauer, Preußische Geschichte, Bd. 3, 1243-1267. Dagegen problematisch: Meschkowski, »Jeder nach seiner Façon«.
38 Theodor Fontane, Sämtliche Werke, hg. v. E. Groß u. K. Schreinert, Bd. XX: Balladen und Gedichte, München 1962, S. 272; zur Realität, die weniger gastfreundlich war, vgl. die Lit. in Anm. 39.
39 v. Thadden, Magdelaine, Hugenotten; dort v.a. der »wirkungsgeschichtliche« Überblick von François. Jersch-Wenzel, Juden und »Franzosen«. Muret, Französische Kolonie; Florey, Geschichte.
40 Muret, Französische Kolonie.
41 Sagave, in: Frankreich und Deutschland, S. 35. – Zu Leibniz und den Akademiegedanken: Kanthak, Akademiegedanke; Baumgart, in: Archiv für Kulturgeschichte 48 (1966), S. 364-386.
42 Zit. n. Sagave, in: Frankreich und Deutschland, S. 34f. – Wichtige Korrekturen an einem zu einfachen Bild des Soldatenkönigs: Birtsch, in: Hauser, Preußen, S. 87-102.
43 Zit. n. Sagave, in: Frankreich und Deutschland, S. 38. Allgemein zu Friedrich dem Großen und Frankreich: ders., Berlin und Frankreich 1685-1871; Skalweit, Frankreich und Friedrich der Große; Schieder, Friedrich der Große, u.a. S. 365ff. Malettke, in: Treue, Preußen, S. 185 bis 196.
44 Vgl. oben Anm. 37.
45 Schilling, Aufbruch und Krise, S. 392-396. Lehmann, Zeitalter. Ders., Pietismus; Schmidt, Jannasch, Pietismus; Greschat, Pietismusforschung; Brecht (u.a.), Pietismus und Neuzeit. Jahrbuch, Bd. 1ff.

46 Zur Reformation des Lebens im Calvinismus vgl. die Beiträge in: Schilling, Reformierte Konfessionalisierung; dort speziell zu Brandenburg-Preußen: v. Thadden, v.a. S. 248.
47 Grundlegend: Weigelt, Pietismus-Studien, Bd. 1; Hinrichs, Preußentum; Deppermann, Pietismus; Lehmann, in: Hauser, Preußen, S. 103 bis 122.
48 Grundlegend: Wallmann, Spener; zur kirchengeschichtlichen Situation allgemein vgl.: ders., Kirchengeschichte, Bd. I, S. 136 ff.
49 Peschke, Bekehrung; Beyreuther, Francke; Bunke, Francke.
50 Geldwert nach Ziechmann, Panorama, Bd. 1, S. 640.
51 Ausführlich: Hinrichs, Friedrich Wilhelm I., S. 559-599. - Ausspruch des Kronprinzen zit. n. ebd., S. 595. Lehmann, Zeitalter, S. 88ff.
52 Deppermann, Pietismus, S. 173.
53 Hinrichs, Friedrich Wilhelm I., S. 599.
54 Dietrich, Politische Testamente, S. 221f.
55 Lehmann, Zeitalter, S. 91.
56 So die These von Nipperdey, die nun auch für das 19. Jahrhundert das Klischee der klassischen Religionssoziologie aufbricht: Nipperdey, in: Von Geschichte umgeben, S. 194; ders., in: HZ 246 (1988), S. 591 bis 615.
57 v. Thadden, in: ARG 79 (1988), S. 19.
58 Ausführlich dazu: Hinrichs, Preußentum, S. 1-125.
59 Timm, Die Universität Halle-Wittenberg; Hübner, Geschichte. - Zu Seckendorff vgl. oben Kap. II, § 4 b.
60 vom Bruch, in: Boehm, Müller, Universitäten, S. 175.
61 E. Bloch, in: ders., Naturrecht, S. 316f.- Grundlegend von historischer Seite zu Thomasius und Halle: Hammerstein, Jus und Historie, S. 43 bis 168.
62 Grundlegend zum Folgenden: Hammerstein, ebd.; ders., in: Samuel von Pufendorf, S. 31-51; ders., in: Aufklärung, S. 82-104.
63 Hammerstein, in: Samuel von Pufendorf, S. 51.
64 Schneiders, Christian Wolff.
65 Rosenberg, Bureaucracy. Dieses bis heute nur in Teilübersetzungen vorliegende Buch eines Berliner Emigranten wurde in Deutschland erst im Verlaufe der 1960er Jahre rezipiert; aber dann trug es entscheidend zur Selbstfindung einer neuen, liberalen und demokratischen Historikergeneration bei. Teilübersetzungen in: v. Aretin, Absolutismus, S. 182-204; und in: Rosenberg, Machteliten, S. 83-101 u. 102-117.
66 Grundlegend: Lütge, Agrarverfassung; knapper Abriß: Ennen, Janssen, Agrargeschichte, S. 194ff.; Carsten, Entstehung; ders., in: Büsch, Neugebauer, Preußische Geschichte, Bd. 1, S. 265-281; Hahn, Struktur.
67 Zum Folgenden: Carsten, Die Entstehung, S. 113-122; v. Schmoller, Städtewesen, S. 235ff.; Dollinger, Hanse, passim und S. 455-457; Papritz, Handelshaus.
68 Hintze, Hohenzollern, S. 187; Schissler, in: Puhle, Wehler, Preußen, S. 113.
69 Carsten, Entstehung, S. 149-223; Fürbringer, Necessitas. In weiter, komparatistischer Perspektive Schramm, in: Biskup, Zernack, Schichtung, S. 59-81.
70 Hintze, Hohenzollern, S. 203.
71 Dietrich, Politische Testamente, S. 311 u. 313.
72 Hintze, in: ders., Abhandlungen, Bd. III, S. 50.
73 Gerhard Oestreich. - Thesenhafte Zusammenfassung: Press, 50 Thesen, in: Baumgart, Ständetum, S. 319-326.
74 Berdahl, in: Puhle, Wehler, Preußen, S. 123-145.
75 Riehl, Naturgeschichte, Bd. III; Brunner, Neue Wege.
76 Zit. n. Berdahl, in: Puhle, Wehler, Preußen, S. 128.

77 Ebd., S. 130
78 Ebd., S. 140.
79 Ebd.
80 Vgl. Vogel und Hubatsch, in: DVerwG, S. 858-941.
81 Geschichte in Quellen, S. 576f. (Interpunktion nach heutigen Regeln hinzugefügt.)
82 Ebd., S. 582.
83 Ebd., S. 609ff.
84 Vorzügliche Essays zu diesem Problem: Kaufhold, in: Preußen-Ploetz, S. 77-85; ders., in: Treue, Preußens großer König, S. 101-118. - Grundlegend: Schmoller, Umrisse; Rachel, Wirtschaftsleben; Büsch, Neugebauer, Preußische Geschichte, Bd. 2, S. 911-993 (Aufsätze von G. Schmoller, H. Rachel); ausführlich zur Wirtschaft auch Oestreich, Friedrich Wilhelm I., und Escher, in: Ribbe, Geschichte Berlins, Bd. I, S. 343-403; Blaich, Epoche, S. 170-178.
85 Vgl. oben Kap. II, § 2, S. 85f.
86 Zahlen nach Oestreich, Friedrich Wilhelm I., S. 87. - Grundlegend Hinrichs, Wollindustrie; ders., in: Forschungen zur Brandenburgisch-Preussischen Geschichte 44 (1931), S. 46-69.
87 Schmoller, in: ders., Umrisse, S. 457-529.
88 Escher, in: Ribbe, Geschichte Berlin, Bd. I, S. 383.
89 Kohl, Westfälische Geschichte, Bd. 1, S. 605-686; Petri, Droege, Rheinische Geschichte, Bd. 2; vor allem Mager, in: Duewell, Köllmann, Rheinland-Westfalen, Bd. 1, S. 61-72.
90 Schmoller, in: ders., Umrisse, S. 541.
91 Ausführlich: Heinrich, Spätmerkantilismus, in: Press, Merkantilismus, S. 301-322, dort S. 316 das Friedrich-Zitat.
92 Zit. bei Heckscher, Merkantilismus, Bd. 2, S. 280.
93 Jersch-Wenzel, Juden und »Franzosen«, S. 94; dies., in: Treue, Preußens großer König, S. 119-129.
94 Treue, Wirtschaft, in: Gebhardt, Bd. 2, S. 534ff.
95 Politisches Testament des Großen Kurfürsten, in: Dietrich, Politische Testamente, S. 191f.
96 Zum Folgenden vgl. Schmoller, in: Büsch, Neugebauer, Preußische Geschichte, Bd. II, S. 749-766; Jany, in: ebd., S. 767-809; Büsch, Militärsystem.
97 Schmoller, ebd., S. 765.
98 Vgl. seine zynische Bemerkung zu dem »Sack Guineen«, mit dem der englische König die deutschen Reichsfürsten besteche, zitiert oben Kap. III, § 1, S. 163.
99 So der deutsche Militärschriftsteller Georg Heinrich von Behrenhorst (1733-1814), natürlicher Sohn des Fürsten Leopold von Anhalt-Dessau, zit. n. Schoeps, Preussen, S. 98. Ähnlich auch der französische Graf Mirabeau, La monarchie prussienne, Paris 1788, zit. bei v. Thadden, Fragen, S. 59.
100 Kriegsartikel vom 12. Juli 1713, § 3, zit. n. Geschichte in Quellen, S. 589.
101 Schmoller, in: Büsch, Neugebauer, Preußische Geschichte, Bd. II, S. 759.
102 Ebd., S. 760.
103 Kriegsartikel vom 12. Juli 1713, in: Geschichte in Quellen, S. 589f.
104 M. Möllern, Neu herausgegebenes Trille-Kunst zu Fuß, Lübeck 1672, zit. n. Geschichte in Quellen, S. 590.
105 Kriegsartikel vom 12. Juli 1713, in: Geschichte in Quellen, S. 590.
106 Schmoller, in: Büsch, Neugebauer, Preußische Geschichte, Bd. 2, S. 760.
107 Ebd., S. 761. Vgl. auch Jany, Kantonatsverfassung, in: Büsch, Neugebauer, Preußische Geschichte, Bd. II, S. 767-809.
108 Schreiben Friedrich-Wilhelms I. an den General Graf von Finckenstein, zit. n. Geschichte in Quellen, S. 589.

109 Büsch, Militärsystem, S. 157.
110 Zit. n. Schmoller, in: Büsch, Neugebauer, Preußische Geschichte, Bd. 2, S. 763.
111 Zit. n. ebd., S. 762.
112 Zit. n. Geschichte in Quellen, S. 621 f. - Vgl. Hinrichs, Allgegenwärtiger König.
113 Anderson, in: Wehler, Historiker, Bd. II, S. 39-65.
114 Schmoller, in: Büsch, Neugebauer, Preußische Geschichte, Bd. 2, S. 765 f.
115 Ebd., S. 761.
116 Alexis de Tocqueville, L'Ancien Régime et la Révolution, Paris 1952, = Oeuvres Complètes, hg. v. J. P. Mayer, Bd. 2, S. 269, Anmerkungen Tocquevilles, Nr. 6: »tête toute moderne« und »corps tout gothique«. Vgl. auch R. v. Thadden, Mehr als nur ein Stück »Ancien régime« der Deutschen, Rede zur Eröffnung der Preußen-Ausstellung, Berlin 1981, Abdruck in: FAZ, Nr. 208 (9.9.1981), S. 11.
117 Vgl. die Jugenderinnerungen von Marion Gräfin Dönhoff, Kindheit in Ostpreußen, Berlin 1988, S. 60 ff.
118 P. de la Court, Consideratie van Staat, S. 664. Vgl. dazu Schilling, in: GG 10 (1984), S. 498-533.
119 Hintze, in: ders., Abhandlungen, Bd. 3, S. 48 f.
120 Zahlen bei Schmoller, Städtewesen, S. 288 f. - Grundlegende, revisionistische Darstellung der brandenburgisch-preußischen Städte- und Gewerbeförderung bei Heinrich, Preussischer Spätmerkantilismus, in: Press, Merkantilismus, S. 301-322.
121 Rosenberg, Bureaucracy, S. 122 ff., 137 ff.

Anmerkungen Kapitel VII

1 Burkhardt, Abschied.
2 So William Pitt vor dem Unterhaus. Zit. n. Geschichte in Quellen, S. 709.
3 Chronik Bäckermeister Heyde (= Schultz, Roggenpreis), S. 94. - Einschlägige Literatur zum Konflikt Frankreich-England in Übersee: Reinhard, Geschichte Expansion, Bd. I, S. 219 f., Bd. II, S. 165 ff., S. 168 bis 202; Peckham, Colonial Wars; Simmons, American Colonies, S. 277 ff.
4 Grundlegend zum Siebenjährigen Krieg: Schieder, Friedrich, S. 170 bis 224; Kunisch, Mirakel; ders., in: ZHF 2 (1975), S. 173-222.
5 Voss, Von der frühneuzeitlichen Monarchie, S. 113 ff.; Braubach, Versailles und Wien; Malettke, in: Treue, Preußens großer König, S. 185 bis 196; Skalweit, Frankreich.
6 Denkschrift des Staatskanzlers Kaunitz vom Juli 1756, abgedruckt in Auszügen in: Geschichte in Quellen, S. 685 f., Zitat S. 686. - Zum Vorgang: Schieder, Friedrich, S. 174-177.
7 Zit. n. dem Auszug in: Geschichte in Quellen, S. 686 f., Zitat S. 687. Grundlegende Darstellung: Schlenke, England; Hauser, in: ders., Friedrich, S. 137-150; Hatton, in: Hauser, Friedrich, S. 151-164.
8 Bericht des preußischen Gesandten aus Paris vom 8. Februar und Antwort Friedrichs II. vom 16. Februar 1756, zit. n. Geschichte in Quellen, S. 687 ff.
9 Mediger, Moskaus Weg; ders., in: Hauser, Friedrich, S. 109-136; Kaplan, Russia; Müller, in: Jahrbücher für Geschichte Osteuropas 28 (1980), S. 198-219; Zernack, in: Treue, Preußens großer König, S. 197-208; Schieder, Friedrich, S. 175 ff., 225 ff.
10 Brief des Grafen Podewils vom 22. Juli 1756 an den königlich-preußischen Kabinettssekretär Eichel, zit. n. Geschichte in Quellen, S. 691.

11 Friedrich am 26. August 1756 an seinen Gesandten in Wien, zit. n. Geschichte in Quellen, S. 692.
12 Brief des Grafen Podewils, zit. n. Geschichte in Quellen, S. 691.
13 Rice, Elisabeth, S. 65, 85, 133 u. 140.
14 Vgl. Koselleck, in: GGB Bd. 5, S. 707; Schieder, Friedrich, S. 267 f.
15 Über die militärischen Ereignisse, die im folgenden nur gestreift werden, ausführlich die zeitgenössische Darstellung, v. Tempelhof, Geschichte; Die Kriege Friedrichs des Großen, Teil III; Duffy, Friedrich; Aufsätze von: J. Kunisch, U. Marwitz und Frhr. v. Allmayer-Beck, in: Hauser, Friedrich, S. 193-254.
16 Duffy, Friedrich, S. 300f., 317f.; Chronik Bäckermeister Heyde (= Schultz, Roggenpreis), S. 98; Schieder, Friedrich, S. 65, 122f., 184; Korff, Ranke, Preußen, Bd. I, S. 198.
17 Vgl. Zit. aus »Dichtung und Wahrheit«, oben, Kap. IV, § 1, S. 300f. Zit. des Volksliedes nach Kaiser, Friedrich, S. 97. Zit. »Reißausarmee« nach Neuhaus, in: Kunisch, Staatsverfassung und Heeresverfassung, S. 299 u. 332.
18 Diese vor allem in der Napoleonischen Zeit in Preußen beliebte Episode entspricht nicht den Tatsachen. Vgl. Kaiser, Friedrich, S. 99, 144 u. 147.
19 Brief vom 1. September 1759, zit. n. Schieder, Friedrich, S. 196.
20 J. W. Archenholtz, Geschichte des Siebenjährigen Krieges in Deutschland, 2 Bde., Berlin 1840, zit. n. Duffy, Friedrich, S. 306.
21 Zit. n. Geschichte in Quellen, S. 708f.
22 Fleischhacker, in: Jahrbücher für Geschichte Osteuropas, NF 5 (1957); zu Peters III. Politik gegenüber Preußen vor allem S. 152ff.
23 Reinhard, Geschichte Expansion, Bd. I, S. 219f.; Bd. II, S. 165ff., S. 168 bis 202.
24 Rede vom 9. Dez. 1762 im Unterhaus, zit. n. Geschichte in Quellen, S. 708f., hier: S. 709.
25 Kuenheim, Tagebücher, S. 146.
26 Grundsätzlich dazu vor allem die Arbeiten von Koselleck, GGB Bd. 1, S. XIII-XXVII; ders., in: Herzog, Koselleck, Epochenschwelle, S. 269 bis 282; Bergeron, Furet, Koselleck, Zeitalter.
27 v. Aretin, Absolutismus; ders., in: Seibt, Gesellschaftsgeschichte, S. 78 bis 87 (grundlegend); Birtsch, in: Hauser, Friedrich, S. 31-46. Koselleck, Kritik und Krise, S. 115-131; Stürmer, in: Deutsche Verwaltungsgeschichte, Bd. 2, S. 1-20; Weis, in: HEG Bd. IV, S. 241-244; Voss, Von der frühneuzeitlichen Monarchie, S. 124-128.
28 Koselleck, Preußen; ders., in: Bulst, Goy, Hoock, Familie, S. 109-124; Allgemeines Landrecht (1794).
29 Kovacs, Katholische Aufklärung; Österreich im Europa der Aufklärung.
30 Hammermayer, in: Spindler, Handbuch, Bd. 2, S. 1027-1033; van Dülmen, Geheimbund.
31 J.W. Goethe, Wilhelm Meisters Lehrjahre, zit. n. Goethes Werke, bearb. von E. Trunz, Bd. VIII, München[9] 1977: Wilhelms Initiation in die Gesellschaft, S. 492ff., Jarno über die Gesellschaft, S. 547-554.
32 Vierhaus, Staaten und Stände, S. 341.
33 Kuenheim, Tagebücher, S. 146; Chronik Bäckermeister Heyde (= Schultz, Roggenpreis), S. 98.
34 Preußen-Ploetz, S. 167; vgl. auch oben Kap. IV, Anm. 33; VII, Anm. 16.
35 Kuenheim, Tagebücher, S. 148.
36 Troeltsch, Calwer Zeughandelskompanie, S. 238ff. Daten aus Berlin: Chronik Bäckermeister Heyde (=Schultz, Roggenpreis), S. 98, 105, 109, 116. Allgemein zur Konjunktur der Nachkriegszeit: Kriedte, Spätfeudalismus, S. 127-189; Grießinger, Kapital der Ehre, S. 327-337; Stürmer, Herbst, S. 107-152, 263-330; Ebeling, Bürgertum und Pöbel, passim.
37 Kuenheim, Tagebücher, 24. Mai 1766, S. 189. – Allgemein zur preu-

ßischen Wirtschaftspolitk nach 1763: Rachel, in: Forschungen zur Brandenburgischen und Preußischen Geschichte 40 (1927); Treue, in: Gebhardt, Bd. 2, S. 520-525; Mittenzwei, Preußen; v. Knobelsdorff-Brenkenhoff, Provinz; Simsch, Wirtschaftspolitik, v.a. S. 36ff., 155ff; Henderson, State; ders., Studies; Mager, in: Düwell, Köllmann, Rheinland-Westfalen, S. 61-72; Schissler, Agrargesellschaft, v.a. S. 50ff., 59f., 106ff.; Koselleck, Preußen.

38 Chronik Bäckermeister Heyde (= Schultz, Roggenpreis), S. 101.

39 Vgl. oben Kap. VI, § 5, S. 424.

40 So das Urteil des derzeit wohl besten Kenners der sächsischen Landesgeschichte: Blaschke, in: Seibt, Gesellschaftsgeschichte, Bd. 2, S. 432.

41 Zu Frankfurt und Hamburg: Böhme, Frankfurt und Hamburg; Liebel, in: VSWG 52 (1965), S. 207-238; Dietz, Frankfurter Handelsgeschichte, Bd. IV, 2.

42 Berding, Ullmann, Deutschland; Fehrenbach, Ancien Régime; Ullmann, Staatsschulden.

43 Zu den Ansätzen eines frühneuzeitlichen Wirtschaftsbürgertums im 16., 17. Jahrhundert vgl. Schilling, Aufbruch und Krise, S. 78-81; zu den politischen Hemmnissen vgl. oben Kap. II. – Entwicklung im 18. Jahrhundert: Barkhausen, in: Rheinische Vierteljahresblätter 19 (1954), S. 135-177; ders., in: VSWG 45 (1958), S. 168-241; Kisch, Textilgewerbe.

44 Ausführliche Analyse des Übergangs in Deutschland: Möller, Fürstenstaat. Magistral zu den sozial- und gesellschaftsgeschichtlichen Vorgängen: Wehler, Deutsche Gesellschaftsgeschichte, Bd. 1. Konkrete Fallstudie: Ebeling, Bürgertum und Pöbel.

45 Pollard, Peaceful Conquest.

46 Schilling, Aufbruch und Krise, S. 54ff.

47 Zur Bevölkerungsentwicklung vgl. oben Kap. II, S. 80ff. – Als Zusammenfassung weiterhin wichtig: Keyser, Bevölkerungsgeschichte, S. 304-401, bes. S. 365-382.

48 Allgemeiner Überblick: Cipolla, Wirtschaftsgeschichte, S. 66-99; Flinn, Demographic System; Chesnais, La Transition.

49 Zuletzt Rödel, in: Berding, François, Ullmann, Deutschland und Frankreich, S. 34.

50 Koselleck, in: GGB Bd. 1, S. XIV-XIX.

51 Conze (u.a.), in: GGB Bd. 2, S. 425-542. Schlumbohm, Freiheitsbegriff und Emanzipationsprozeß; ders., Freiheit; Klippel, Politische Freiheit; Birtsch, Grund- und Freiheitsrechte.

52 Schwab, in: GGB Bd. 2, S. 253-302; Brunner, in: ders., Neue Wege, S. 103-127; Reif, Familie; Koselleck, in: Bulst, Goy, Hoock, Familie, S. 109-124.

53 Vgl. dazu oben Kap. V., S. 320-323.

54 Möller, Vernunft und Kritik. Möllers Bedenken gegen die »Sattelzeit«-These (S. 8) heben sich meines Erachtens im Verlaufe seiner Darstellung selbst auf.

55 Dazu zusammenfassend: Berding, Moderner Antisemitismus, S. 20ff.; S. 38ff.

56 Vgl. dazu oben Kap. III, S. 241-256.

57 Vgl. das Zitat oben Kap. IV, § 1, S. 300f.

58 Ausführlich am Beispiel der Schriftstellerreisen: Wiedemann, in: ders., Rom-Paris-London, S. 2, 10f.

59 Koselleck, in: GGB Bd. 1, S. XV.

60 Die spätmittelalterliche Modernisierung profiliert herausgearbeitet bei Moraw, Von offener Verfassung; zum 16. Jahrhundert vgl. Schilling, Aufbruch und Krise, v.a. S. 313-370.

61 Laslett, Verlorene Lebenswelten.

62 Grundlegend: Koselleck, Vergangene Zukunft.

Verzeichnis der Abkürzungen und Siglen

ADB	Allgemeine deutsche Biographie, 56 Bde., Leipzig 1875-1912
ARG	Archiv für Reformationsgeschichte
BlldtLG	Blätter für deutsche Landesgeschichte
DVerwG	Deutsche Verwaltungsgeschichte, hg. v. K.G.A. Jeserich, H. Pohl, G.-Chr. v. Unruh, Bd. 1 (Stuttgart 1983)
FS	Festschrift
Gebhardt	Bruno Gebhardt, Handbuch der deutschen Geschichte, 9. Aufl., hg. v. H. Grundmann, Bd. 2, 3, Stuttgart 1970
GG	Geschichte und Gesellschaft. Zeitschrift für historische Sozialwissenschaft
GGB	Geschichtliche Grundbegriffe. Historisches Lexikon zur politisch-sozialen Sprache in Deutschland, hg. v. O. Brunner, W. Conze, R. Koselleck, Bd. 1-, Stuttgart 1972 ff.
Geschichte in Quellen	F. Dickmann (Bearb.), Renaissance, Glaubenskämpfe, Absolutismus (= Geschichte in Quellen, Bd. 3), München 1966
HDWSG	Handbuch der deutschen Wirtschafts- und Sozialgeschichte, hg. v. H. Aubin, W. Zorn, Bd. 1, Stuttgart 1971
HEG	Handbuch der europäischen Geschichte, hg. v. Th. Schieder, Stuttgart, Bd. 3, 1971; Bd. 4, 1968
HRG	Handwörterbuch der deutschen Rechtsgeschichte, hg.v. A. Erler, E. Kaufmann, Bd. 1-, Berlin 1964 ff.
HZ	Historische Zeitschrift
IPM	Instrumentum Pacis Monasteriense. Der Münsterische Friedensvertrag, zitiert nach der Ausg.: Instrumenta Pacis Westphalicae. Die Westfälischen Friedensverträge 1648, bearb. v. K. Müller, Bern ^{2}1966
IPO	Instrumentum Pacis Osnabrugense. Der Osnabrücker Friedensvertrag, zitiert nach der Ausg.: Instrumenta Pacis Westphalicae. Die Westfälischen Friedensverträge 1648, bearb. v. K. Müller, Bern ^{2}1966
IRA	Der jüngste Reichsabschied, zitiert nach: Quellen zum Verfassungsorganismus des Heiligen Römischen Reiches Deutscher Nation, 1495-1815, hg. v. H. H. Hofmann, Darmstadt 1976, S. 195-221
MIÖG	Mitteilungen des Instituts für Österreichische Geschichte
ND	Nach- bzw. Neudruck
NDB	Neue deutsche Biographie, Bd. 1-, Berlin 1953 ff.
TRE	Theologische Realenzyklopädie, hg. v. G. Krause, G. Müller, Bd. 1 - Berlin/New York 1967 ff.
VSWG	Vierteljahrschrift für Sozial- und Wirtschaftsgeschichte
Wittelsbach-katalog	Um Glauben und Reich. Kurfürst Maximilian I (= Wittelsbach und Bayern, hg. v. H. Glaser, Bd. II, 1), München/Zürich 1980
ZGO	Zeitschrift für die Geschichte des Oberrheins
ZHF	Zeitschrift für Historische Forschung
ZNR	Zeitschrift für Neuere Rechtsgeschichte
ZRG (KA)	Zeitschrift der Savigny-Stiftung für Rechtsgeschichte. Kanonistische Abteilung

Bibliographie

Quellen

Acta Pacis Westphalicae, 3 Serien hg. v. M. Braubach u. K. Repgen, Münster 1962ff.

Allgemeines Landrecht für die Preußischen Staaten von 1794, Frankfurt/Berlin 1970.

Aristoteles, The Works of Aristotle, hg. v. W. O. Ross, Bd. X, Oxford 1966.

Baggesen, J., Das Labyrinth oder Reise durch Deutschland in die Schweiz 1789, München (1986).

Bardong, O. (Hg.), Friedrich der Große, Darmstadt 1982.

Bittner, L., C. Groß (Hgg.), Repertorium der diplomatischen Vertreter aller Länder, 3 Bde., 1936-1965.

Bodin, J., De Republica libri sex, Frankfurt am Main ^{5}1609.

Bodin, J., Les six Livres de la République, Paris 1583, ND Aalen 1961.

Bodin, J., Über den Staat, Stuttgart 1976 (Auswahl).

Castiglione, Baldassare, Das Buch vom Hofmann, bearb. v. P. Baumgart, Bremen o. J.

Chroust, A., Aktenstücke zur brandenburgischen Geschichte unter Kurfürst Johann Sigismund, in: Forschungen zur Brandenburgischen und Preußischen Geschichte Bd. 9, Leipzig 1897, S. 1-21.

Court, P. de la, Consideratien van Staat, ofte Politik Weeg-schaal, Amsterdam ^{4}1662.

Dickmann, F. (Bearb.), Renaissance, Glaubenskämpfe, Absolutismus (=Geschichte in Quellen, Bd. 3), München 1966.

Dietrich, R. (Hg.), Politische Testamente der Hohenzollern, Köln/Wien ^{2}1986.

Fénelon, F. de Salignac de la Mothe, Ecrits et Lettres Politiques, hg. v. Ch. Urbain, Genève/Paris 1981.

Franz, G. (Hg.), Quellen zur Geschichte des deutschen Bauernstandes in der Neuzeit, Darmstadt 1963.

Frass, O. (Hg.), Quellenbuch zur österreichischen Geschichte, Bd. 2, Wien 1959.

Freytag, G., Bilder aus der deutschen Vergangenheit, Bd. II, München 1987.

Friedrich der Große, Mein lieber Marquis! Sein Briefwechsel mit Jean-Baptiste d'Argens während des Siebenjährigen Krieges, hg. v. H. Schumann, Zürich 1985.

Gigas, E. (Hg.), Briefe Samuel Pufendorfs an Christian Thomasius (1687-1693), München/Leipzig 1897.

Grotius, H., Drei Bücher vom Recht des Krieges und des Friedens, übers. v. W. Schätzel, Tübingen 1950.

Grotius, H., Von der Freiheit des Meeres, übers. u. eingel. v. R. Boschan, Leipzig 1919.

Hobbes, Th., Leviathan, or the Matter, Form and Power of a Commonwealth. Ecclesiastical and Civil, hg. v. M. Oakeshott, Oxford 1960.

Hobbes, Th., Opera Philosophica Quae Latine Scripsit Omnia, In unum Corpus, ed. W. Molesworth, 5 Bde., London 1839-1845, ND Aalen 1961.

Hobbes, Th., Vom Bürger, eingel. u. hg. v. G. Gawlick, Hamburg 1977.

Hofmann, H. H. (Hg.), Quellen zum Verfassungsorganismus des Heiligen Römischen Reiches Deutscher Nation, 1495-1815, Darmstadt 1976.

Huber, E. R. (Hg.), Dokumente zur deutschen Verfassungsgeschichte, Bd. 1, Stuttgart 1961.

Instrumentum Pacis Westphalicae. Die Westfälischen Friedensverträge 1648, bearb. v. K. Müller, Bern ^{2}1966.

Jessen, H. (Hg.), Friedrich der Große und Maria Theresia in Augenzeugenberichten, Düsseldorf 1965.

Jirecek, H. (Hg.), Die verneuerte Landes-Ordnung des Erb-Königreiches Böhmen, Prag 1888.

Kohl, W. (Hg.), Akten und Urkunden zur Aussenpolitik Christoph Bernhards von Galen (1650-1678), Teil 3, Münster 1986.

Kuenheim, H. v. (Hg.), Aus den Tagebüchern des Grafen Lehndorff, Berlin 1982.

Lappenberg, J. M., Listen der in Hamburg residierenden, wie der dasselbe vertretenden Diplomaten und Consuln, in: Zeitschrift des Vereins für hamburgische Geschichte 3 (1851), S. 414-534.

Laufs, A. (Hg.), Der Jüngste Reichstagsabschied, Bern 1975.

Leibniz, Die Werke von Leibniz, hg. v. O. Klopp, 1. Reihe: Historisch-politische und staatswissenschaftiche Schriften, 4. Bd., Hannover 1865.

Leibniz, G. W., Sämtliche Schriften und Briefe, hg. v. d. Preuß. Akad. d. Wiss., Reihe IV, Bd. 1, Darmstadt 1931.

Louis XIV., Mémoires, hg. von J. Longnon, Paris 1927.

Machiavelli, N., Der Fürst, übers. u. eingel. v. R. Zorn, Stuttgart 1972.

McIlwain, C. H. (Hg.), The Political Works of James I, 1616, ND New York 1965.

Pufendorf, S., Die Verfassung des deutschen Reiches, übers. v. H. Denzer, Stuttgart 1976.

Rinck, G. E., Leopolds des Großen ... wunderwürdiges Leben und Thaten, Leipzig 1709.

Saint-Simon, L. de Rouvroy, Memoiren, hg. u. eingel. v. F. Lotheissen, Bd. 2, Stuttgart 1885.

Schmauss, J. J., H. Ch. v. Senckenberg (Hgg.), Neue und vollständigere Sammlung der Reichs-Abschiede ..., Frankfurt 1747, ND Osnabrück 1967.

Schmelzeisen, G. K. (u. a.) (Hgg.), Polizei- und Landesordnungen, 2 Halbbde., Weimar 1968/69.

Schreiner, S. (Hg.), Die Osmanen in Europa, Graz/Wien/Köln 1985.

Schultz, H. (Hg.), Der Roggenpreis und die Kriege des großen Königs. Chronik des Berliner Bäckermeisters Johann Friedrich Heyde, Berlin 1988.

Seckendorff, V. L. von, Teutscher Fürsten-Staat, 2. verb. Aufl., m. Anm. versehen v. A. S. v. Biechling, Jena 1737, ND Aalen 1972.

Straßburgische Chronik von 1667

bis 1710. Memorial des Ammeisters Franciscus Reisseissen, hg. v. R. Reuss, Straßburg 1877.

Sturminger, W. (Hg.), Die Türken vor Wien in Augenzeugenberichten, München 1983.

Turba, G. (Hg.), Die Pragmatische Sanktion. Authentische Texte samt Erläuterungen und Übersetzungen, Wien 1913.

Vitoria, F. de, De Indis recenter inventis et de jure belli Hispanorum in Barbaros relectiones, lat. Text mit dt. Übersetzung, hg. v. W. Schätzel, Tübingen 1952.

Zillhardt, G. (Bearb.), Der Dreißigjährige Krieg in zeitgenössischer Darstellung. Hans Heberles »Zeytregister« (1618-1672), Aufzeichnungen aus dem Ulmer Territorium, Ulm 1975.

Darstellungen

Abel, W., Agrarkrisen und Agrarkonjunktur, Hamburg/Berlin ^{3}1978.

Abel, W., Geschichte der deutschen Landwirtschaft vom frühen Mittelalter bis zum 19. Jahrhundert, Stuttgart ^{3}1978.

Abel, W., Massenarmut und Hungerkrise im vorindustriellen Deutschland, Göttingen 1972.

Adanir, F., Die Türken vor Wien – bedrohten sie das Abendland?, in: Geschichte fernsehen 3 (1983), S. 9 bis 15.

Alexandrescu-Dersca Bulgaru, M. M., Sur les relations entre Habsbourg et Ottomans (1681-1683), in: A. Tietze (Hg.), Habsburgisch-Osmanische Beziehungen, Wien 1985, S. 193-207.

Allmeyer-Beck, J. Ch., Das Heerwesen in Österreich und in Deutschland, in: R. A. Kann, F. E. Prinz (Hgg.), Deutschland und Österreich, München/Wien 1980, S. 490-517.

Allmeyer-Beck, J. Ch., E. Lessing, Das Heer unter dem Doppeladler. Habsburgs Armeen 1718-1848, München 1981.

Allmeyer-Beck, J. Ch., Wandlungen im Heerwesen zur Zeit Maria Theresias, in: Maria Theresia. Beiträge zur Geschichte des Heerwesens ihrer Zeit, Graz 1967, S. 7-24.

Alvensleben, U. v., H. Reuther, Herrenhausen. Die Sommerresidenz der Welfen, Hannover 1966.

Anderson, M. S., Eighteenth-Century Theories of the Balance of Power, in: R. Hatton, M. S. Anderson (Hgg.), Studies in Diplomatic History (London 1970), S. 183-198.

Anderson, P. A., Gustav von Schmoller, in: H. U. Wehler (Hg.), Deutsche Historiker, Bd. II, Göttingen 1971, S. 39-65.

Architekt und Ingenieur (Ausstellungskatalog der Herzog August Bibliothek), Wolfenbüttel 1984.

Aretin, K. O. v. (Hg.), Der aufgeklärte Absolutismus, Köln 1974.

Aretin, K. O. v., Aufgeklärter Herrscher oder aufgeklärter Absolutismus? Eine notwendige Begriffserklärung, in: F. Seibt (Hg.), Gesellschaftsgeschichte. FS für Karl Bosl, Bd. 1, München 1988, S. 78-87.

Aretin, K. O. v., Bayerns Weg zum souveränen Staat, München 1976.

Aretin, K. O. v., Friedrich der Große. Größe und Grenzen des Preußenkönigs, Freiburg/Basel/Wien 1985.

Aretin, K. O. v., Heiliges Römisches Reich: 1776-1806. Reichsverfassung und Staatssouveränität, 2 Bde., Mainz 1967.

Aretin, K. O. v., N. Hammerstein, Art. »Reich IV. Frühe Neuzeit«, in: GGB Bd. 5, S. 456-486.

Aretin, K. O.v., Kaunitz, in: NDB, Bd. 11, S. 363-369.

Aretin, K. O. v., Die Kreisassoziationen in der Politik der Mainzer Kurfürsten Johann Philipp und Lothar Franz von Schönborn 1648-1711, in: ders., Das Reich, Stuttgart 1986, S. 167-208.

Aretin, K. O. v. (Hg.), Der Kurfürst von Mainz und die Kreisassoziationen 1648-1746, Wiesbaden 1975.

Aretin, K. O. v., Das Reich, Stuttgart 1986.

Arneth, A. v., Maria Theresias erste Regierungsjahre, 3 Bde., Wien 1863-1865.

Backhaus, H., Reichsterritorium und schwedische Provinz. Vorpommern unter Karl XI. Vormündern, 1660-1672, Göttingen 1969.

Bader, K. S., Der schwäbische Kreis in der Verfassung des alten Reiches, in: Ulm und Oberschwaben 37 (1964), S. 9-24.

Baillie, H. M., Etiquette and the Planning of State Apartments in Baroque Palaces, in: Archaeologia 101 (1967), S. 169-199.

Barkhausen, M., Der Aufstieg der rheinischen Industrie im 18. Jahrhundert und die Entstehung eines industriellen Großbürgertums, in: Rheinische Vierteljahresblätter 19 (1954), S. 135-177.

Barkhausen, M., Staatliche Wirtschaftslenkung und freies Unternehmertum im westdeutschen und im nord- und südniederländischen Raum bei der Entstehung der neuzeitlichen Industrie im 18. Jahrhundert, in: VSWG 45 (1958), S. 168-241.

Barock in Dresden. Kunst und Kunstsammlungen unter der Regierung des Kurfürsten Friedrich August I. von Sachsen und Königs August II. von Polen, genannt August der Starke 1694-1733 und des Kurfürsten Friedrich August II. von Sachsen und Königs August III. von Polen 1733-1763, Katalog zur Ausstellung in der Villa Hügel in Essen vom 8. Juni – 2. Nov. 1986, Leipzig 1986.

Barton, P. F., Die Geschichte der Evangelischen in Österreich und Südostmitteleuropa, Bd. 1, Wien/Köln/Graz 1985.

Barudio, H., Der »Teutsche Krieg« 1618-1648, Frankfurt 1985.

Baumgart, P., Die Annexion und Eingliederung Schlesiens in den friederizianischen Staat, in: ders. (Hg.), Expansion und Integration, Köln/Wien 1984, S. 81-118.

Baumgart, P., Epochen der preußischen Monarchie im 18. Jahrhundert, in: ZHF 6 (1979), S. 287-316.

Baumgart, P., Grundzüge des preußischen Absolutismus, in: Preußen-Ploetz, hg. v. M. Schlenke, Freiburg/Würzburg 1983, S. 149-162.

Baumgart, P., Leibniz und der Pietismus, in: Archiv für Kulturgeschichte 48 (1966), S. 364-386.

Baumgart, P., Die preußische Königskrönung von 1701, das Reich und die europäische Politik, in: O. Hauser (Hg.), Preußen, Europa und das Reich, Köln/Wien 1987, S. 65-86.

Baumgart, P. (Hg.), Ständetum und

Staatsbildung in Brandenburg-Preußen, Berlin/New York 1983.
Baxter, S., William III, London 1966.
Becker, W., Der Streit um den Frieden, München 1984.
Berdahl, R. M., Preußischer Adel: Paternalismus als Herrschaftssystem, in: H. J. Puhle, H. U. Wehler (Hgg.), Preußen im Rückblick, Göttingen 1980, S. 123-145.
Berding, H., Moderner Antisemitismus in Deutschland, Frankfurt 1988.
Berding, H., H. P. Ullmann (Hgg.), Deutschland zwischen Revolution und Restauration, Königstein 1981.
Bergeron, L., F. Furet, R. Koselleck, Das Zeitalter der europäischen Revolution 1780-1848, Frankfurt 1969.
Bertelli, S., G. Crifo (Hgg.), Rituale, Ceremoniale, Etichetta, Mailand 1985.
Beutler, C., Paris und Versailles, Stuttgart [2]1979.
Beyreuther, E., August Hermann Francke. 1663-1727, Marburg 1987.
Birke, A. M., K. Kluxen (Hgg.), England und Hannover, München 1986.
Birtsch, G., Friedrich der Große und die Aufklärung, in: O. Hauser (Hg.), Friedrich der Große und seine Zeit, Köln/Wien 1987, S. 31-46.
Birtsch, G., Friedrich Wilhelm I. und die Aufklärung in Brandenburg-Preußen, in: O. Hauser (Hg.), Preußen, Europa und das Reich, Köln/Wien 1987, S. 87-102.
Birtsch, G. (Hg.), Grund- und Freiheitsrechte von der ständischen zur spätbürgerlichen Gesellschaft, Göttingen 1987.
Birtsch, G., Der Idealtyp des aufgeklärten Herrschers, Hamburg (1987).
Birtsch, G., Der Idealtyp des aufgeklärten Herrschers. Friedrich der Große, Karl Friedrich von Baden, Joseph II. im Vergleich, in: Aufklärung 2 (1987).
Blaich, F., Die Epoche des Merkantilismus, Wiesbaden 1973.
Blaschke, K., Bevölkerungsgeschichte von Sachsen bis zur industriellen Revolution, Weimar 1967.
Blaschke, K., Raum, Gesellschaft und Persönlichkeit in der Geschichte des Hauses Wettin, in: F. Seibt (Hg.), Gesellschaftsgeschichte. FS für Karl Bosl, München 1988, S. 415-440.
Bleckwenn, H., Unter dem Preußen-Adler. Das brandenburgisch-preußische Heer 1640-1807, München 1978.
Bloch, E., Christian Thomasius, ein deutscher Gelehrter ohne Misere (1953), in: ders., Naturrecht und menschliche Würde, Frankfurt 1961, S. 315-356.
Böckenförde, E.-W., Die Entstehung des Staates als Vorgang der Säkularisation, in: ders., Staat, Gesellschaft, Freiheit, Frankfurt 1976, S. 42 bis 64.
Böckenförde, E. W., Der Westfälische Friede und das Bündnisrecht der Reichsstände, in: Der Staat 8 (1969), S. 449-478.
Bogucka, M., Das alte Danzig, Leipzig 1980.
Bogyay, Th. v., Grundzüge der Geschichte Ungarns, Darmstadt [3]1977.
Böhme, H., Frankfurt und Hamburg, Frankfurt 1968.
Böhme, K.-R., Die deutschen Provinzen der Schwedischen Krone während der Türkenkriege im 17. Jahrhundert, in: ZHF 11 (1984), S. 165 bis 176.
Boldt, H., Art. »Parlament« in: GGB Bd. 4, S. 649-676.
Boogman, J. C., The Raison d'état Politician Johan de Witt, in: Acta Historiae Neerlandica 11 (1978), S. 55-78.
Borchardt, P., Der Haushalt der Stadt Essen am Ende des 16. Jahrhunderts und Anfang des 17. Jahrhunderts, Essen 1903.
Borries, E. v., Geschichte der Stadt Straßburg, Straßburg 1909.
Bosl, K. (Hg.), Handbuch der Geschichte der Böhmischen Länder, Bd. II, Stuttgart 1974.
Bots, J. H. A. (Hg.), The Peace of Nijmegen 1676-1679, Amsterdam 1980.
Boutant, Ch., L'Europe au grand tournant des années 1680, Paris 1985.
Brandt, O., Geschichte Schleswig-Holsteins, Kiel [6]1966.
Braubach, M., Die Geheimdiplomatie des Prinzen von Savoyen, Köln/Opladen 1962.
Braubach, M., Kurköln, Gestalten und Ereignisse aus zwei Jahrhunderten rheinischer Geschichte, Münster 1949.
Braubach, M., Prinz Eugen von Savoyen, 5 Bde., München 1963 bis 1965.
Braubach, M., Eine Satire auf den Wiener Hof aus den letzten Jahren Kaiser Karls VI., in: ders., Diplomatie und geistiges Leben im 17. und 18. Jahrhundert, Bonn 1969, S. 385 bis 436.
Braubach, M., Versailles und Wien von Ludwig XIV. bis Kaunitz, Bonn 1952.
Braubach, M., Die vier letzten Kurfürsten von Köln, Bonn 1981.
Braubach, M., Wilhelm von Fürstenberg (1629-1704) und die französische Politik im Zeitalter Ludwigs XIV., Bonn 1972.
Braudel, F., Die Geschichte der Zivilisation. 15. bis 18. Jahrhundert, (München 1979).
Braudel, F., Sozialgeschichte des 15.-18. Jahrhunderts, 3 Bde., (München 1985).
Brauneder, W., F. Lachmayer, Österreichische Verfassungsgeschichte, Wien [3]1983.
Brecht, M. (u. a.) (Hgg.), Pietismus und Neuzeit. Ein Jahrbuch, Bd. 1ff., Bielefeld 1974ff.
Breuer, D., Deutsche Nationalliteratur und katholischer Kulturkreis, in: K. Garber (Hg.), Nation und Literatur im Europa der frühen Neuzeit, Tübingen 1989.
Breuer, D., Hippolytus Guarinonius als Erzähler; Matthias Abele und seine Erzählsammlungen; Abraham a Santa Clara. Der Kaiserliche Prediger als Erfolgsschriftsteller, in: F. P. Knapp, H. Zeman (Hgg.), Die österreichische Literatur im Mittelalter bis ins 18. Jahrhundert (1050-1750), Graz 1986, S. 1117-1148, 1335-1358.
Broucek P. (u. a.), Der Sieg bei Wien 1683, Wien 1983.
Bruch, R. vom, Die Martin-Luther-Universität Halle-Wittenberg, in: L. Boehm, R. A. Müller (Hgg.), Universitäten und Hochschulen in Deutschland, Österreich und der Schweiz, Düsseldorf 1983, S. 174 bis 181.

Brunner, O., Das »ganze Haus« und die alteuropäische Ökonomik, in: ders., Neue Wege der Verfassungs- und Sozialgeschichte, Göttingen ²1968, S. 103-127.

Brunner, O., Neue Wege der Verfassungs- und Sozialgeschichte, Göttingen ²1968.

Bucsay, M., Der Protestantismus in Ungarn 1521-1978, 2 Bde., Wien/Köln/Graz 1977 und 1979.

Buff, W., G. A. von Münchhausen als Gründer der Universität Göttingen, Göttingen 1936.

Bunke, E., August Hermann Francke, Gießen/Basel ³1986.

Burckhardt, J., Die Kultur der Renaissance in Italien, 1860 o. Ö.

Burckhardt, C. J., Richelieu, 4 Bde., München ²1966/67.

Burkhardt, J., Abschied vom Religionskrieg. Der Siebenjährige Krieg und die päpstliche Diplomatie, Tübingen 1985.

Burkert, R., Landesfürst und Stände. Karl V., Ferdinand I. und die österreichischen Erbländer im Ringen um Gesamtstaat und Landesinteressen, Graz 1987.

Büsch O., W. Neugebauer (Hgg.), Moderne preußische Geschichte. 1648-1947. Eine Anthologie, 3 Bde., Berlin/New York 1981.

Büsch, O., Militärsystem und Sozialleben im alten Preußen 1713 bis 1807, Berlin 1962.

Büsching, A. F., Character Friedrichs II., Königs von Preußen, Halle 1788.

Carsten, F. L., Die Entstehung des Junkertums, in: O. Büsch, W. Neugebauer (Hgg.), Moderne preußische Geschichte 1648-1947. Eine Anthologie, Berlin/New York 1981, Bd. 1, S. 265-281.

Carstens, F. L., Die Entstehung Preußens, Köln/Berlin 1968.

Carter, A. M., Neutrality or Commitment: The Evolution of Dutch Foreign Policy 1667-1795, London 1975.

Casser, P., Der niederrheinisch-westfälische Reichskreis 1500-1806, in: H. Aubin, F. Petri (Hgg.), Der Raum Westfalen, Bd. II, 2, Berlin 1934, S. 34-70.

Chaunu, P., Europäische Kultur im Zeitalter des Barock, München, Zürich 1968.

Chesnais, J.-C., La transition démographique: Etapes, formes, implications économiques, Paris 1986.

Church, W. F., Richelieu and Reason of State, Princeton 1972.

Cipolla, C., K. Borchardt (Hgg.), Europäische Wirtschaftsgeschichte Bd. 2 u. 3, Stuttgart 1983.

Cipolla, C., Wirtschaftsgeschichte und Weltbevölkerung, München 1972.

Clarkson, L. A., The Pre-Industrial Economy in England, 1500-1750, London 1972.

Conrad, H., Deutsche Rechtsgeschichte, Bd. 2, Karlsruhe 1966.

Conrads, N., Die Durchführung der Altranstädter Konvention in Schlesien 1707-1709, Köln/Wien 1971.

Conrads, N., Ritterakademien der frühen Neuzeit, Göttingen 1982.

Conze, W. (u. a.), Art. »Freiheit«, in: GGB Bd. 2, S. 425-542.

Coreth, A., Pietas Austriaca. Österreichische Frömmigkeit im Barock, ²1982.

Cragg, G. R., The Church and the Age of Reason, 1648-1789, Harmondsworth 1960.

Crankshaw, E., Maria Theresia. Die mütterliche Majestät, München ⁵1980.

Csendes, P., Geschichte Wiens, München ³1981.

Czok, K., August der Starke und Kursachsen, München 1987.

Decker, K. P., Frankreich und die Reichsstände 1672-1675, Bonn 1981.

Demandt, K. E., Geschichte des Landes Hessen, Kassel ²1972.

Deppermann, K., Der hallische Pietismus und der preußische Staat unter Friedrich III. (I.), Göttingen 1961.

Dickmann, F., Friedensrecht und Friedenssicherung, Göttingen 1971.

Dickmann, F., Der Westfälische Friede, Münster ⁵1985.

Dickson, P. G. M., Finance and Government under Maria Theresia 1740-1780, 2 Bde., Oxford 1987.

Diestelkamp, B., Das Reichskammergericht im Rechtsleben des Heiligen Römischen Reiches Deutscher Nation, Wetzlar 1985.

Dietz, A., Frankfurter Handelsgeschichte, Bd. IV, 2, Frankfurt 1925.

Doeberl, M., Bayern und Frankreich vornehmlich unter Kurfürst Ferdinand Maria, 2 Bde., München 1900-1903.

Doeberl, M., Entwicklungsgeschichte Bayerns, Bd. 2, München 1928.

Dollinger, Ph., Die Hanse, Stuttgart 1966.

Dönhoff, M. Gräfin, Kindheit in Ostpreußen, Berlin 1988.

Drozdowski, M., Der Handel zwischen Großpolen und Mitteleuropa im 16. und in der ersten Hälfte des 17. Jahrhunderts, in: K. Zernack, M. Biskup (Hgg.), Schichtung und Entwicklung der Gesellschaft in Polen und Deutschland im 16. und 17. Jahrhundert, Wiesbaden 1983, S. 55-58.

Duchhardt, H., Frieden, Friedensvertrag, Friedensforschung, in: ZHF 8 (1981), S. 469-479.

Duchhardt, H. (Hg.), Friedrich der Große, Franken und das Reich, Köln/Wien 1986.

Duchhardt, H., Gleichgewicht der Kräfte, Convenance, Europäisches Konzert. Friedenskongresse und Friedensschlüsse vom Zeitalter Ludwig XIV. bis zum Wiener Kongreß, Darmstadt 1976.

Duchhardt, H., Der Kurfürst von Mainz als europäischer Vermittler, in: ders., Studien zur Friedensvermittlung in der frühen Neuzeit, Wiesbaden 1979, S. 1-22.

Duchhardt, H., Die preußische Königskrönung von 1701. Ein europäisches Modell?, in: ders. (Hg.), Herrscherweihe und Königskrönung im frühneuzeitlichen Europa, Wiesbaden 1983, S. 82-95.

Duchhardt, H., Studien zur Friedensvermittlung in der frühen Neuzeit, Wiesbaden 1979.

Duffy, Ch., The Fortress in the Age of Vauban and Frederick the Great, 1660-1789, London 1985.

Duffy, Ch., Friedrich der Große und seine Armee, Stuttgart 1978.

Dülmen, R. v., Der Geheimbund der Illuminaten, Stuttgart 1977.

Ebeling, D., Bürgertum und Pöbel. Wirtschaft und Gesellschaft Kölns im 18. Jahrhundert, Köln 1987.

Eberhard, W., Monarchie und Widerstand. Zur ständischen Opposition im Herrschaftssystem Ferdinand I. in Böhmen, München 1985.

Ehalt, H. Ch., Ausdrucksformen absolutistischer Herrschaft. Der Wiener Hof im 17. und 18. Jahrhundert, München 1980.

Elias, N., Die höfische Gesellschaft, Neuwied 1969.

Elias, N., Über den Prozeß der Zivilisation, 2 Bde., Frankfurt [3,4]1977.

Elliott, J. H., Imperial Spain 1469 bis 1716, London [2]1965.

Elliott, J. H., The Old World and the New, Cambridge 1969.

Endres, R., Der fränkische Reichskreis, in: DVerwG, S. 599-658.

Engel, J., Von der spätmittelalterlichen respublica christiana zum Mächte-Europa der Neuzeit, in: HEG Bd. 3, S. 1-448.

Engel, L., Geschichte des Illuminatenordens, Berlin 1906.

Ennen E., W. Janssen, Deutsche Agrargeschichte, Wiesbaden 1979.

Erbe, M., Deutsche Geschichte 1713-1790, Stuttgart 1985.

Erdmannsdörffer, B., Deutsche Geschichte vom Westfälischen Frieden bis zum Regierungsantritt Friedrich des Großen 1648 -1740, 2 Bde., Leipzig 1932, ND Darmstadt 1974.

Erdmannsdörffer, B., Graf Georg Friedrich von Waldeck, Berlin 1869.

Erlanger, Ph., Richelieu. Der Ehrgeizige, der Revolutionär, der Diktator, Frankfurt 1977.

Ernstberger, A., Hans de Witt – Finanzmann Wallensteins, Wiesbaden 1954.

Escher, F., Die brandenburgisch-preußische Residenz und Hauptstadt Berlin im 17. und 18. Jahrhundert, in: W. Ribbe (Hg.), Geschichte Berlins, Bd. I, München 1987, S. 343-403.

Evans, R. J. W., Das Werden der Habsburgermonarchie 1550-1700, Wien/Köln/Graz 1986.

Der Fall der Reichsstadt Straßburg und seine Folgen, Bad Neustadt 1981.

Fehling, F., Die europäische Politik des Großen Kurfürsten 1667-1688, Leipzig 1910.

Fehrenbach, E., Vom Ancien Régime zum Wiener Kongreß, München 1981.

Fenske, H., Art. »Gleichgewicht«, in: GGB Bd. 2, S. 959-996.

Fertig, L., Obrigkeit und Schule. Die Schulreform unter Herzog Ernst dem Frommen (1601-1675) und die Erziehung zur Brauchbarkeit im Zeitalter des Absolutismus, Neuburgweiler/Karlsruhe 1971.

Fetscher, I., H. Münkler (Hgg.), Pipers Handbuch der politischen Ideen, Bd. 3, München/Zürich 1985.

Fink, G.-L., La prise de Strasbourg et son écho dans les lettres Allemandes (1681-1684), in: Pouvoir, ville et société en Europe (1650-1750), Paris 1983, S. 131-144.

Fisch, J., Krieg und Frieden im Friedensvertrag, Stuttgart 1979.

Fischer, J., Herzog Eberhard III. (1628-1674), in: 900 Jahre Haus Württemberg, Hg. v. R. Uhland, Stuttgart 1984, S. 195-209.

Flaskamp, F., Die Religions- und Kirchenpolitik des Großen Kurfürsten Friedrich Wilhelm von Brandenburg nach ihren persönlichen Bedingungen, in: Historisches Jahrbuch 45 (1925), S. 253-270.

Fleischhacker, H., Porträt Peters III., in: Jahrbücher für Geschichte Osteuropas, NF 5 (1957), S. 127-189.

Flinn, M. W., The European Demographic System 1500-1820, Brighton 1981.

Florey, G., Geschichte der Salzburger Protestanten und ihrer Emigration 1731/32, Köln/Wien/Graz 1977.

Forberger, R., Die Manufaktur in Sachsen vom Ende des 16. bis zum Anfang des 19. Jahrhunderts, Berlin (Ost) 1958.

Förster, F., Friedrich Wilhelm I., König von Preußen, Potsdam 1834.

François, E., Die Parität im reichsstädtischen Alltag: Abgrenzung, friedliche Koexistenz oder Toleranz?, in: Förderverein Augsburger Parität e.V., Jahresgabe 1984, Augsburg 1984.

François, E., Des républiques marchandes aux capitales politiques, in: Revue d'Histoire Moderne et Contemporaine 25 (1978), S. 587-603.

François, E., Vom preußischen Patrioten zum besten Deutschen, in: R. v. Thadden, M. Magdelaine (Hgg.), Die Hugenotten 1685-1985, München 1985, S. 198-212.

Franz, E. G., Landgraf Ludwig IX., der hess. »Soldatenhandel« und das Regiment »Royal Hesse Darmstadt«, in: Archiv f. hess. Geschichte und Altertumskunde, NF 35 (1977), S. 177 bis 227.

Franz, G., Der Dreißigjährige Krieg und das Deutsche Volk, Stuttgart, New York [4]1979.

Friedrich, C. J., Der Verfassungsstaat der Neuzeit, Berlin 1953.

Friedrichs, Ch., Urban Society in an Age of War: Nördlingen 1580 bis 1720, Princeton 1980.

Frijhoff, W., Grandeur des nombres et misères des réalités: la courbe de Franz Eulenburg et le débat sur le nombre d'intellectuels en Allemagne, 1576-1815, in: Les Universités Européennes du XVIe au XVIIIe Siècles, Bd. 2, Paris 1986, S. 23-63.

Fürbringer, Ch., Necessitas und Libertas. Staatsbildung und Landstände im 17. Jahrhundert in Brandenburg, Frankfurt/Bern/New York (1985).

Furet, F., D. Richet, Die französische Revolution, Frankfurt 1968.

Fürnrohr, W., Der immerwährende Reichstag zu Regensburg, in: Verhandlungen des Historischen Vereins für Oberpfalz und Regensburg 103 (1963), S. 165-255.

Fürnrohr, W., Kurbaierns Gesandte auf dem immerwährenden Reichstag. Zur baierischen Außenpolitik 1663 bis 1806, Göttingen 1971.

Geiger, L., Berlin 1688-1840. Geschichte des geistigen Lebens der preußischen Hauptstadt, 2 Bde., Berlin 1893/1895.

Gellinek, C., Hugo Grotius und Gerard Ter Borch. Neues zum Kampf um den Westfälischen Frieden, in: Simpliciana. Schriften der Grimmelshausen Gesellschaft III, Bern 1981, S. 17-38.

Gerhard, D. Das Abendland, 800 bis 1800. Ursprung und Gegenbild unserer Zeit, Freiburg/Würzburg 1985.

Gerhard, D., Alte und neue Welt in vergleichender Geschichtsbetrachtung, Göttingen 1962.

Gerhard, D., Amtsträger zwischen Krongewalt und Ständen, in: Alteuropa und die moderne Gesellschaft, FS für Otto Brunner, Göttingen 1963, S. 230-247.

Gerhard, D., Gesammelte Aufsätze, Göttingen 1977.

Gerhard, D. (Hg.), Ständische Vertretung in Europa im 17. und 18. Jahrhundert, Göttingen ²1974.

Gillot, H., Le regne de Louis XIV et l'opinion publique en Allemagne, Paris 1914.

Glezerman, H., M. Harsgor, Cleve – ein unerfülltes Schicksal, Berlin 1985.

Göhring, M. Kaiserwahl und Rheinbund von 1658, in: ders., A. Scharff (Hgg.), Geschichtliche Kräfte und Entscheidungen, Wiesbaden 1954, S. 65-83.

Goeters, J. F. G., Genesis, Form und Hauptthemen des reformierten Bekenntnisses in Deutschland, in: Schilling,H. (Hg.), Die reformierte Konfessionalisierung in Deutschland, Gütersloh 1986, S. 44-59.

Good, D. F., Der wirtschaftliche Aufstieg des Habsburgerreiches 1750 bis 1914, Wien/Köln/Graz 1986.

Gothein, E., Die oberrheinischen Lande vor und nach dem dreißigjährigen Kriege, in: ZGO 40 (1886), S. 1-45.

Götschmann, D., Oberpfälzer Eisen – Bergbau und Eisengewerbe im 16. und 17. Jahrhundert, Amberg 1985.

Gotthardt, E., Die Kaiserwahl Karls VII., Frankfurt/Bern/New York 1986.

Goubert, P., Ludwig XIV. und zwanzig Millionen Franzosen, Berlin 1973.

Grees, H., Die Lage des Volkes im Süden des Reiches, in: W. Brückner, P. Blickle, D. Breuer (Hgg.), Literatur und Volk im 17. Jahrhundert, Bd. I, Wiesbaden 1985, S. 175-203.

Greschat, M. (Hg.), Zur neueren Pietismusforschung, Darmstadt 1977.

Grießinger, A., Das symbolische Kapital der Ehre. Streikbewußtsein und kollektives Bewußtsein deutscher Handwerksgesellen im 18. Jahrhundert, Berlin 1981.

Gross, L., Die Geschichte der deutschen Reichskanzlei von 1559 bis 1806, Wien 1933.

Gschliesser, O. v., Der Reichshofrat, Wien 1942.

Gurlitt, C., August der Starke. Ein Fürstenleben aus der Zeit des deutschen Barock, 2 Bde., Leipzig 1924.

Gutkas, K. (Hg.), Prinz Eugen und das barocke Österreich, Salzburg/Wien 1985.

Hackert, H., Der Friede von Nimwegen und das deutsche Elsaß, in: HZ 165 (1942), S. 472-509.

Haffner, S., Preußen ohne Legende, Hamburg 1978.

Hagedorn, B., Ostfrieslands Handel und Schiffahrt vom Ausgang des 16. Jahrhunderts bis zum Westfälischen Frieden (1580-1648), Berlin 1912.

Hahlweg, H., Untersuchungen zur Barrierepolitik Wilhelms III. von Oranien und der Generalstaaten im 17. und 18. Jahrhundert, in: Westfälische Forschungen 14 (1961), S. 23 bis 59.

Hahlweg, W., Barriere – Gleichgewicht - Sicherheit, in: HZ 187 (1959), S. 54-89.

Hahn, P. M., Struktur und Funktion des brandenburgischen Adels im 16. Jahrhundert, Berlin 1979.

Hall, A. R., From Galileo to Newton, 1630-1720, London 1970.

Hammermayer, L., Die Illuminaten, in: M. Spindler (Hg.), Handbuch der bayerischen Geschichte, Bd. 2, München 1969, S. 1027-1033.

Hammerstein, N., »Imperium Romanum cum omnibus suis qualitatibus ad Germanos est translatum«. Das vierte Weltreich in der Lehre der Reichsjuristen, in: J. Kunisch (Hg.), Neue Studien zur frühneuzeitlichen Reichsgeschichte, Berlin 1987, S. 187 bis 202.

Hammerstein, N., Ius und Historie, Göttingen 1972.

Hammerstein, N., Karl VII. 1742 bis 1745, in: R. Koch und P. Stahl (Hgg.), Wahl und Krönung in Frankfurt a. M., Frankfurt 1986, S. 49-66.

Hammerstein, N., Leibniz und das Heilige Römische Reich deutscher Nation, in: Nassauische Annalen 85 (1974), S. 87-102.

Hammerstein, N., Reichshistorie, in: Aufklärung und Geschichte, Göttingen 1987, S. 82-104.

Hammerstein, N., Res publica litteraria – oder asinus in aula? Anmerkungen zur »bürgerlichen Kultur« und zur »Adelswelt«, in: Respublica Guelpherbytana. FS für Paul Raabe, Amsterdam 1987, S. 35-68.

Hammerstein, N., Samuel Pufendorf, in: M. Stolleis (Hg.), Staatsdenker im 17. und 18. Jahrhundert, Frankfurt 1977, S. 174-197.

Hammerstein, N., Universitätsgeschichte im Heiligen Römischen Reich Deutscher Nation am Ende der Renaissance, in: A. Buck, T. Klaniczay (Hgg.), Das Ende der Renaissance: Europäische Kultur um 1600, Bd. 6, Wiesbaden 1987, S. 109-123.

Hammerstein, N., Zum Fortwirken von Pufendorfs Naturrechts-Lehre an den Universitäten des Heiligen Römischen Reichs, in: Samuel Pufendorf 1632-1982. Ett rätthistorisk symposium i Lund 1982 (Lund 1986), S. 31 bis 51.

Handbuch der Geschichte Rußlands, Bd. II/1, hg. v. M. Hellmann, K. Zernack, G. Schramm, Stuttgart 1985.

Hantsch, H., Geschichte Österreichs, Bd. 2, Graz/Wien/Köln ²1953.

Hantsch, H., Reichsvizekanzler Friedrich Karl Graf von Schönborn (1674-1746), Augsburg 1929.

Harder-Gersdorff, E., Lübeck, Danzig und Riga am Ende des 17. Jahrhunderts, in: Hansische Geschichtsblätter 96 (1978), S. 106-138.

Harnack, A. v., Das geistige und wissenschaftliche Leben in Brandenburg-Preußen um das Jahr 1700, in: O. Büsch, B. Neugebauer (Hgg.), Moderne preußische Geschichte 1648-1947. Eine Anthologie, Berlin/New York 1981, Bd. 3, S. 1243-1267.

Harnack, A. v., Geschichte der Königlichen Preußischen Akademie der Wissenschaften zu Berlin, 4 Bde., Berlin 1900.

Hartmann, P. C., Karl Albrecht – Karl VII. Glücklicher Kurfürst, unglücklicher Kaiser, Regensburg 1985.

Hartmann, P. C., Karl VII. Der zweite Wittelsbacher auf dem Kaiserthron, München 1982.

Hartung, F., Deutsche Verfassungsgeschichte. Vom 15. Jahrhundert bis zur Gegenwart, Suttgart ⁹1969.

Hartung, F., Geschichte des fränkischen Kreises von 1521-1559, Leipzig 1910, ND Aalen 1973.

Hassinger, E., Das Werden des neuzeitlichen Europa 1300-1600, Braunschweig ²1967.

Hassinger, E., Wirtschaftliche Motive und Argumente für religiöse Duldsamkeit im 16. und 17. Jahrhundert, in: ARG 49 (1958), S. 225-245.

Hassinger, H., Johann Jakob Becher 1635-1682, Wien 1951.

Hatton, R., Charles XII. of Sweden, London 1968.

Hatton, R., Frederick the Great and the House of Hanover, in: O. Hauser (Hg.), Friedrich der Große und seine Zeit, Köln/Wien 1987 S. 151-164.

Hauke, G., Das Zeitalter des Zentralismus 1740-1848, in: K. Bosl (Hg.), Handbuch der Geschichte der böhmischen Länder, Bd. II, Stuttgart 1974, S. 415-575.

Hauser, O., England und Friedrich der Große, in: ders. (Hg.), Friedrich der Große und seine Zeit, Köln/Wien 1987, S. 137-150.

Hauser, O., (Hg.), Friedrich der Große und seine Zeit, Köln/Wien 1987.

Hauser, O., (Hg.), Preußen, Europa und das Reich, Köln/Wien 1987.

Häusser, L., Geschichte der rheinischen Pfalz, 3 Bde., Heidelberg 1845, ND Pirmasens 1970-71.

Havelaar, P., Der deutsche Libertätsgedanke und die Politik Wilhelms III. von Oranien, Berlin/Bonn 1935.

Havemann, W., Geschichte der Lande Braunschweig und Lüneburg, 3 Bde., Hannover 1853-1857.

Heckel, M., Itio in partes. Zur Reichsverfassung des Hl. Röm. Reiches Deutscher Nation, in: ZRG (KA) 64 (1978), S. 180-308.

Heckel, M., Säkularisierung. Staatskirchenrechtliche Aspekte einer umstrittenen Kategorie, in: ZRG (KA) 97 (1980), S. 1-163.

Heckscher, E. F., Der Merkantilismus, Bd. 2, Jena 1932.

Heigel, K. Th. v., Johann Georg Oexle, in: ADB 25 (1887), S. 26.

Heigel, K. Th. v., Das Projekt einer Wittelsbachischen Hausunion unter schwedischem Protektorat 1667 bis 1697, in: Quellen und Abhandlungen zur neueren Geschichte Bayerns, Bd. I, München 1884.

Heinemeyer, W. (Hg.), Das Werden Hessens, Marburg 1986,

Heinrich, G., Geschichte Preußens. Staat und Dynastie, Frankfurt/Berlin/Wien 1981.

Heinrich, G., Der preußische Spätmerkantilismus und die Manufakturstädte in den mittleren und östlichen Staatsprovinzen 1740-1806, in: V. Press (Hg.), Städtewesen und Merkantilismus in Mitteleuropa, Köln/Wien 1983, S. 301-322.

Heinrich, G., Religionstoleranz in Brandenburg-Preußen. Idee und Wirklichkeit, in: M. Schlenke (Hg.), Preußen. Beiträge zu einer politischen Kultur, Hamburg 1981,(= Katalog der Preußenausstellung, Bd. 2, S. 61-88)

Heinrich, G., Staatsaufsicht und Stadtfreiheit in Brandenburg-Preußen unter dem Absolutismus 1660 bis 1806, in: Die Städte Mitteleuropas im 17. und 18. Jahrhundert, hg. von W. Rausch, Linz 1981, S.155-172.

Heiss, G., Bericht über Absicht, Vorgangsweise und Ergebnisse der Gruppenarbeit zum Thema »Der niederösterreichische Adel um 1600«, in: G. Klingenstein, H. Lutz (Hgg.), Spezialforschung und »Gesamtgeschichte«, München 1982, S. 48-55.

Heiss, G., Bildungsverhalten des niederösterreichischen Adels im gesellschaftlichen Wandel, in: G. Klingenstein, H. Lutz (Hgg.), Spezialforschung und »Gesamtgeschichte«, München 1982, S. 139-157.

Heitz, G., Die Lage des Volkes im 17. Jahrhundert. Der Osten des Reiches, in: W. Brückner, P. Blickle, D. Breuer (Hgg.), Literatur und Volk im 17. Jahrhundert, Bd. I, Wiesbaden 1985, S. 141-153.

Helczmanovszki, H. (Hg.), Beiträge zur Bevölkerungs- und Sozialgeschichte Österreichs, München 1973.

Held, W., S. Hoyer (Hgg.), Friedensgedanke und Friedensbewahrung am Beginn der Neuzeit, Leipzig 1987.

Hellmann, M., Die Friedensschlüsse von Nystad und Teschen als Etappen des Vordringens Rußlands nach Europa, in: Historisches Jahrbuch 97/98 (1978), S. 270-288.

Henderson, W. O., The State and the Industrial Revolution in Prussia 1740-1870, Liverpool 1958.

Henderson, W. O., Studies in the Economic Policy of Frederick the Great, London 1963.

Hermerding, S., Das Geheimnis des Königsgartens in Hannover, Kassel 1974.

Hersche, P., Die Geistlichen Staaten im Gefüge des Alten Reiches, in: G. Schmidt (Hg.), Stände und Gesellschaft im Alten Reich, Wiesbaden 1989.

Hertner, P., Stadtwirtschaft zwischen Reich und Frankreich. Wirtschaft und Gesellschaft Straßburgs 1650-1716, Köln/Wien 1973.

Hertner, P., Die Straßburger Einwanderung in süddeutsche Städte an der Wende vom 17. zum 18. Jahrhundert, in: Jb. für schwäb.-fränk. Geschichte des Hist. Vereins Heilbronn, 27 (1973), S. 221-247.

Hinrichs, C., Der allgegenwärtige König. Friedrich der Große im Kabinett und auf Inspektionsreisen, Berlin [3]1943.

Hinrichs, C., Friedrich-Wilhelm I., König in Preußen, Hamburg 1941.

Hinrichs, C., Das Königliche Lagerhaus in Berlin, in: Forschungen zur Brandenburgisch-Preußischen Geschichte 44 (1931), S. 46-69.

Hinrichs, C., Preußentum und Pietismus, Göttingen 1971.

Hinrichs, C., Die Wollindustrie in Preußen unter Friedrich Wilhelm I., Berlin 1933, Auszug: S. 3-7.

Hinrichs, E. (Hg.), Absolutismus, Frankfurt 1986.

Hintze, O., Die Epochen des evangelischen Kirchenregiments in Preußen, in: ders., Gesammelte Abhandlungen, hg. v. G. Oestreich, Bd. 3, Göttingen [2]1967, S. 56-96.

Hintze, O., Gesammelte Abhandlungen, hg. v. G. Oestreich, 3 Bde., Göttingen 1962-1967.

Hintze, O., Die Hohenzollern und der Adel, in: ders., Gesammelte Abhandlungen, hg. v. G. Oestreich, Bd. 3, Göttingen [2]1967, S. 30-55.

Hintze, O., Die Hohenzollern und ihr Werk, Berlin [3]1915.

Hintze, O., Kalvinismus und Staatsraison in Brandenburg zu Beginn des 17. Jahrhunderts, in: ders., Gesammelte Abhandlungen, Bd. 3, Göttingen [2]1967, S. 255-312.

Hippel, W. v., Bevölkerung und Wirtschaft im Zeitalter des 30jährigen Krieges, in: ZHF 5 (1978), S. 413 bis 448.

Hippel, W. v., Zum Problem der wirtschaftlichen Auswirkungen des Dreißigjährigen Krieges im Deutschen Reich, in: W. Brückner, P. Blickle, D. Breuer (Hgg.), Literatur und Volk im 17. Jahrhundert, Bd. I, Wiesbaden 1985, S. 111-125.

Hirschman, A., The Passions and the Interests. Political Arguments for Capitalism before its Triumph, Princeton 1977, dt. Frankfurt 1980.

Histoire de Strasbourg des origines a nos jours, hg. v. G. Livet u. F. Rapp, Bd. III, Straßburg 1981.

Hoensch, J. K., Geschichte Polens, Stuttgart 1983.

Höffner, J., Christentum und Menschenwürde, Trier 1957.

Hofmann, H. H. (Hg.), Die Entstehung des modernen souveränen Staates, Köln 1967.

Hofmann, H., Hugo Grotius, in: M. Stolleis (Hg.), Staatsdenker im 17. und 18. Jahrhundert, Frankfurt 1977, S. 51-77.

Hofmann, W. J., Der Neue Bau von Kloster Ebrach, in: Jahrbuch für fränkische Landesforschung 31 (1971), S. 139-227.

Hohorst, G., Wirtschaftswachstum und Bevölkerungsentwicklung in Preußen 1816 bis 1914, New York 1977.

Holscher, K., Die öffentliche Meinung über den Fall der Reichsstadt Straßburg während der Jahre 1681 bis 1684, Diss. München 1896.

Hörnigk, Ph. W. v., Österreich über alles, wann es nur will, (1684), hg. v. H. Androsch u. F. Vranitzky, Wien 1983.

Hubatsch, W. (Hg.), Absolutismus, Darmstadt 1973.

Hubatsch, W., Verwaltungsentwicklung [Brandenburg-Preußen] von 1713-1803, in: DVerwG, S. 892-941.

Hubatsch, W., Das Zeitalter des Absolutismus, 1600-1789, Braunschweig ²1965.

Hübner, H. (Hg.), Geschichte der Martin-Luther-Universität Halle-Wittenberg, 1502-1977, Halle 1977.

Hüttl, L., Caspar von Schmid (1622-1693), ein kurbayerischer Staatsmann aus dem Zeitalter Ludwigs XIV., München 1971.

Hüttl, L., Friedrich Wilhelm, der Große Kurfürst 1620-1688, München 1981.

Imhof, A. E., Grundzüge der nordischen Geschichte, Darmstadt 1970.

Immich, M., Geschichte des europäischen Staatensystems 1660-1789, München/Berlin 1905, ND Darmstadt 1967.

Jahns, S., Die Assessoren des Reichskammergerichts in Wetzlar, in: Schriftenreihe d. Ges. für Reichskammergerichtsforschung, Heft 2 (1986), S. 5-38.

Jahns, S., Der Aufstieg in die juristische Funktionselite des Alten Reiches, in: W. Schulze, Ständische Gesellschaft und soziale Mobilität, München 1988, S. 353-387.

Jahns, S., Frankfurt, Reformation und Schmalkaldischer Bund, Frankfurt 1976.

Jahns, S., Juristen im Alten Reich – Das richterliche Personal des Reichskammergerichts 1648-1806. Bericht über ein Forschungsvorhaben, in: B. Diestelkamp (Hg.), Forschungen aus Akten des Reichskammergerichts, Köln/Wien 1984, S. 1-40.

Jaitner, K., Die Konfessionspolitik des Pfalzgrafen Philipp Wilhelm von Neuburg in Jülich-Berg von 1647 bis 1679, Münster 1973.

Jansky, H., Osmanenherrschaft in Südosteuropa 1648 bis 1789, in: HEG Bd. 4, S. 753-776.

Janssen, W., Die Anfänge des modernen Völkerrechts und der neuzeitlichen Diplomatie, Stuttgart 1965.

Janssen, W., Art. »Krieg«, in: GGB Bd. 3, S. 567-615.

Jany, C., Die Kantonverfassung des altpreußischen Heeres, in: O. Büsch, W. Neugebauer (Hgg.), Moderne Preußische Geschichte 1648-1947. Eine Anthologie, Berlin/New York 1981, Bd. II, S. 767-809.

Jellinek, G., Die Erklärung der Menschen- und Bürgerrechte, München/Leipzig 1919.

Jersch-Wenzel, S., Ausländer und Ausländerpolitik, in: W. Treue (Hg.), Preußens großer König, Freiburg 1986, S. 119-129.

Jersch-Wenzel, S., Juden und »Franzosen« in der Wirtschaft des Raumes Berlin/Brandenburg, Berlin 1978.

Jones, J. R., The Revolution of 1688 in England, London 1972.

Jordan, W. K., The Development of Religious Toleration in England, 4 Bde., London 1932-1940.

Jørgensen, J., Die Familie Wurger und Dänemark im 17. Jahrhundert, in: Zeitschrift d. Vereins für lübeckische Geschichte und Altertumskunde 48 (1968), S. 39-51.

Junker, H., Die Stadt Ortenberg im Zeitalter des Dreißigjährigen Krieges, Diss. phil., Gießen 1936.

Kaeber, E., Die Idee des europäischen Gleichgewichts in der publizistischen Literatur vom 16. bis zur Mitte des 18. Jahrhunderts, Berlin 1907, ND Hildesheim 1971.

Kaiser, W. J. (Hg.), Friedrich der Große. Sein Bild im Wandel der Zeiten, (Ausstellungskatalog des Historischen Museums Frankfurt) Frankfurt 1986.

Kamen, H., The War of Succession in Spain 1700-1715, London 1969.

Kanthak, G., Der Akademiegedanke zwischen utopischem Entwurf und barocker Projektmacherei, Berlin 1987.

Kaplan, H. H., Russia and the Outbreak of the Seven Years' War, London 1952.

Kappelhoff, B., Absolutistisches Regiment oder Ständeherrschaft?, Hildesheim 1982.

Karniel, J., Die Toleranzpolitik Kaiser Josephs II., Gerlingen 1986.

Kauffeldt, A., Otto von Guericke, Leipzig ³1977.

Kaufhold, K. H., Der friderizianische Merkantilismus, in: W. Treue (Hg.), Preußens großer König, Freiburg 1986, S. 101-118.

Kaufhold, K. H., Die Wirtschaft, in: Preußen-Ploetz, hg. v. H. Schlenke, Freiburg/Würzburg 1983, S. 77 bis 85.

Keller, L., Der Große Kurfürst und die Begründung des modernen Toleranzstaates, Berlin 1901.

Kemp, G. van der, Versailles, Stuttgart 1979.

Keyser, E., Bevölkerungsgeschichte Deutschlands, Leipzig ³1943.

Kimminich, O., Die Entstehung des neuzeitlichen Völkerrechts, in: I. Fetscher, H. Münkler (Hgg.), Pipers

Handbuch der politischen Ideen, Bd. 3, München/Zürich (1985), S. 73 bis 100.

Kisch, H., Die hausindustriellen Textilgewerbe am Niederrhein vor der industriellen Revolution, Göttingen 1981.

Klein, K., Die Bevölkerung Österreichs vom Beginn des 16. bis zur Mitte des 18. Jahrhunderts, in: H. Helczmanovszki (Hg.), Beiträge zur Bevölkerungs- und Sozialgeschichte Österreichs, München 1973, S. 47 bis 112.

Kleyser, F., Der Flugschriftenkampf gegen Ludwig XIV. zur Zeit des pfälzischen Krieges, Berlin 1935, ND Vaduz 1965.

Klingenstein, G., Der Aufstieg des Hauses Kaunitz, Göttingen 1975.

Klingenstein,G., Institutionelle Aspekte der österreichischen Außenpolitik im 18. Jahrhundert, in: E. Zöllner (Hg.), Diplomatie und Außenpolitik Österreichs, Wien 1977, S. 74-93.

Klingengstein, G., Kaunitz kontra Bartenstein, in: H. Fichtenau, E. Zöllner (Hgg.), Beiträge zur neueren Geschichte Österreichs, Wien/Köln/Graz 1974, S. 243-263.

Klingenstein, G., G. Heiss (Hgg.), Das Osmanische Weltreich und Europa 1683-1789, Wien 1983.

Klingenstein, G., H. Lutz (Hgg.), Spezialforschung und »Gesamtgeschichte«, München 1982.

Klingenstein, G., Staatsverwaltung und kirchliche Autorität im 18. Jahrhundert. Das Problem der Zensur in der theresianischen Reform, München 1970.

Klippel, D., Politische Freiheit und Freiheitsrechte im deutschen Naturrecht des 18. Jahrhunderts, Paderborn 1976.

Klueting, H., Die Lehre von der Macht der Staaten, Berlin 1986.

Klueting, H., Wissen ist Macht, in: MIÖG 95 (1987), S. 298-310.

Kluxen, K., Großbritannien von 1660-1783, in: HEG Bd.4, S. 308 bis 378.

Kniebe, R., Der Schriftenstreit über die Reformation des Kurfürsten Johann Sigismund von Brandenburg seit 1613, Halle 1902.

Knobelsdorff-Brenkenhoff, B. v., Eine Provinz im Frieden erobern. Brenckenhoff als Leiter des friderizianischen Retablissements in Pommern 1762-1780, Berlin/Köln 1984.

Knoop, M., Madame Liselotte von der Pfalz, Stuttgart ^{2}1966.

Koch, R., P. Stahl (Hgg.), Wahl und Krönung in Frankfurt a.M., Kaiser Karl VII. 1742-1745 (Ausstellungskatalog und Beitragsband), 2 Bde., Frankfurt 1986.

Kohl, W., Christoph Bernhard von Galen. Politische Geschichte des Fürstbistums Münster 1650-1678, Münster 1964.

Kohl, W. (Hg.), Westfälische Geschichte, Bd. 1, Düsseldorf 1983.

Kollnig, K., Die Pfalz nach dem Dreißigjährigen Krieg, Heidelberg 1949.

Korff, G., W. Ranke (Hgg.), Preußen, Versuch einer Bilanz (Ausstellungskatalog), 5 Bde., Hamburg 1981.

Koschatzky, W. (Hg.), Maria Theresia und ihre Zeit, Salzburg/Wien ^{2}1980.

Koselleck, R., Das achtzehnte Jahrhundert als Beginn der Neuzeit, in: R. Herzog, R. Koselleck (Hgg.), Epochenschwelle und Epochenbewußtsein, München 1987, S. 269 bis 282.

Koselleck, R., Art. »Bund«, in: GGB Bd. 1, S. 582-671.

Koselleck, R., Art. »Interesse«, in: GGB Bd.3, S. 305-365.

Koselleck, R., Art. »Revolution«, in: GGB Bd. 5, S. 689-788.

Koselleck, R., Die Auflösung des Hauses als ständische Herrschaftseinheit, in: N. Bulst, J. Goy, J. Hoock (Hgg.), Familie zwischen Tradition und Moderne, Göttingen 1981, S. 109 bis 124.

Koselleck, R., Einleitung, in: GGB Bd. 1, S. XIII-XXVII.

Koselleck, R., Kritik und Krise, Frankfurt ^{2}1973.

Koselleck, R., Preußen zwischen Reform und Revolution, Stuttgart ^{2}1975.

Koselleck, R., Vergangene Zukunft. Zur Semantik geschichtlicher Zeiten, Frankfurt ^{2}1984.

Koser, R., Geschichte Friedrichs des Großen, Bd. 1, ND Darmstadt 1974.

Kovács, E. (Hg.), Katholische Aufklärung und Josephinismus, München 1979.

Kraemer, H., Der deutsche Kleinstaat des 17. Jahrhunderts im Spiegel von Seckendorffs »Teutschem Fürstenstaat«, Darmstadt 1974.

Krafft, F., Otto von Guericke, Darmstadt 1978.

Kraus, A., Bayern im Zeitalter des Absolutismus (1651-1745), in: M. Spindler (Hg.), Handbuch der bayerischen Geschichte, Bd. 2, München 1969, S. 411-472.

Kraus, A., Geschichte Bayerns von den Anfängen bis zur Gegenwart, München 1983.

Kriedte, P., Spätfeudalismus und Handelskapital, Göttingen 1980.

Die Kriege Friedrichs des Großen, hg. vom Großen Generalstab, Abt. f. Kriegsgeschichte, 2. Teil: Der Zweite Schlesische Krieg, Berlin 1895.

Kruedener, J. v., Die Rolle des Hofes im Absolutismus, Stuttgart 1973.

Krüger, K., Wandel des Stadtbildes durch Festungsbau – Oldenburg in dänischer Zeit, in: Oldenburger Jb. 87 (1987), S. 47-108.

Ksoll, M., Die wirtschaftlichen Verhältnisse des bayrischen Adels 1600-1679, München 1986.

Kügler, D., Die deutschen Truppen im amerikanischen Unabhängigkeitskrieg, Stuttgart 1980.

Kundert, W., Reichskirche und Adel im Südwesten des Reichs, in: Barock in Baden-Württemberg vom Ende des Dreißigjährigen Krieges bis zur Französischen Revolution, (Ausstellungskatalog, hg. vom Badischen Landesmuseum), Bd. 2, Karlsruhe 1981, S. 325-334.

Kunisch, J., Absolutismus, Göttingen 1986.

Kunisch, J., Der Ausgang des Siebenjährigen Krieges, in: ZHF 2 (1975), S. 173-222.

Kunisch, J., H. Neuhaus (Hgg.), Der dynastische Fürstenstaat, Berlin 1982.

Kunisch J., La guerre c'est moi! Zum Problem des Staatenkonfliktes im Zeitalter des Absolutismus, in: ZHF 14 (1987), S. 407-438.

Kunisch, J., Der kleine Krieg. Studien zum Heerwesen des Absolutismus, Wiesbaden 1973.

Kunisch, J., Das Mirakel des Hauses Brandenburg, München/Wien 1978.

Kunisch J. (Hg.), Prinz Eugen von Savoyen und seine Zeit, Freiburg/Würzburg 1986.

Kunisch, J., Staatsbildung und Gesetzgebungsproblem, in: Gesetzgebung als Faktor der Staatsentwicklung, Berlin 1984, S. 63-88.

Kunisch, J. (Hg.), Staatsverfassung und Heeresverfassung in der europäischen Geschichte der frühen Neuzeit, Berlin 1986.

Kunisch, J., Staatsverfassung und Mächtepolitik, Berlin 1979.

Kurfürst Lothar Franz von Schönborn 1655-1729. Gedächtnisausstellung zur 300-Jahr-Feier seines Geburtstags, Bamberg 1955.

Lackner, M., Die Kirchenpolitik des Großen Kurfürsten, Witten 1973.

Lademacher, H., Geschichte der Niederlande, Darmstadt 1983.

Lahrkamp, H., Der Friedensprotest des päpstlichen Nuntius Chigi, in: Quellen und Forschungen zur Geschichte der Stadt Münster, N. F. 5 (1970), S. 281-287.

Lampe, J., Aristokratie, Hofadel und Staatspatriziat in Kurhannover, 2 Bde., Göttingen 1963.

Lange-Kothe, I., Die Wasserkunst in Herrenhausen, o. O. 1959.

Laslett, P., Verlorene Lebenswelten. Geschichte einer vorindustriellen Gesellschaft, Wien/Köln/Graz 1988 (Original London 1965).

Laube, A., G. Vogler (u. a.), Die Epoche des Übergangs vom Feudalismus zum Kapitalismus von den siebziger Jahren des 15. Jh. bis 1789, Berlin (Ost) 1983,(= Deutsche Geschichte in zwölf Bänden, Bd. 3).

Le Roy Ladurie, E., Intolérance, économie et société (à l'occasion du tricentenaire de la Révocation de l'Edit de Nantes, 1685-1985), in: XVIe Congrès International des Sciences Historiques, Stuttgart du 25 août au 1er septembre 1985, Rapports II, S. 710-734.

Lecler, J., Geschichte der Religionsfreiheit im Zeitalter der Reformation, 2 Bde., Stuttgart 1968.

Lehmann, H., Pietismus und soziale Reform in Brandenburg-Preußen, in: O. Hauser (Hg.), Preußen, Europa und das Reich, Köln/Wien 1987, S. 103-122.

Lehmann, H., Pietismus und weltliche Ordnung in Württemberg vom 17. bis zum 20. Jahrhundert, Stuttgart/Berlin/Köln/Mainz 1969.

Lehmann, H., Das Zeitalter des Absolutismus, Stuttgart/Berlin/Köln/Mainz 1980.

Lehmann, R., Die Verhältnisse der Niederlausitzischen Herrschafts- und Gutsbauern in der Zeit des Dreißigjährigen Krieges bis zu den preußischen Reformen, Köln/Graz 1956.

Leszczyński, J., Der Klassenkampf der Oberlausitzer Bauern in den Jahren 1635-1720, Bautzen 1964.

Lichtenberger, E., Von der mittelalterlichen Bürgerstadt zur City, in: H. Helczmanovszki (Hg.), Beiträge zur Bevölkerungs- und Sozialgeschichte Österreichs, München 1973, S. 297-332.

Liebel, H., Laissez-faire vs. Mercantilism: The Rise of Hamburg and the Hamburg Bourgeoisie vs. Frederick the Great in the Crisis of 1763, in: VSWG 52 (1965), S. 207-238.

Link, Ch., Die habsburgischen Erblande, die böhmischen Länder und Salzburg, in: DVerwG, S. 468 bis 552.

Link, Ch., Hugo Grotius als Staatsdenker, Tübingen 1983.

Lojewski, G. v., Bayerns Kampf um Köln, in: Wittelsbach-Katalog, II,1, S. 40-47.

Lüdtke, G., L. Mackensen (Hgg.), Deutscher Kulturatlas Bd. 3, Berlin/Leipzig 1928-1936.

Lütge, F., Geschichte der deutschen Agrarverfassung vom frühen Mittelalter bis zum 19. Jahrhundert, Stuttgart ²1967.

Lüthy, H., In Gegenwart der Geschichte, Köln/Berlin 1967.

Lutz, H., Bayern und Deutschland seit der Reformation, in: A. Kraus (Hg.), Land und Reich, Stamm und Nation, Bd. 2, München 1984, S. 1 bis 19.

Lutz, H., Die Christenheit im Jahre 1683; in: Zeit und Stunde, FS für Aloys Goergen, München 1985, S. 167-182.

Lutz, H., Friedensideen und Friedensprobleme in der frühen Neuzeit, in: G. Heiss, H. Lutz (Hgg.), Friedensbewegungen: Bedingungen und Wirkungen, Wien 1984, S. 28-54.

Lutz, H. (Hg.), Zur Geschichte der Toleranz und Religionsfreiheit, Darmstadt 1977.

Mager, W., Frankreich vom Ancien Régime zur Moderne. 1630 bis 1830, Stuttgart 1980.

Mager, W., Die Rolle des Staates bei der gewerblichen Entwicklung Ravensbergs in vorindustrieller Zeit, in: K. Duewell, W. Köllmann (Hgg.), Rheinland-Westfalen im Industriezeitalter, Bd. 1, Wuppertal 1983, S. 61-72.

Maier, H., Die ältere deutsche Staats- und Verwaltungslehre, München ²1980.

Malecki, J. M., Der Außenhandel und die Spezifik der sozialökonomischen Entwicklung Polens im 16. und 17. Jahrhundert, in: K. Zernack, M. Biskup (Hgg.), Schichtung und Entwicklung der Gesellschaft in Polen und Deutschland im 16. und 17. Jahrhundert, Wiesbaden 1983, S. 21-41.

Malettke, K., Altes Reich und Reichsverfassung in der französischen Enzyklopädie, in: ZNR 1987, S. 129-151.

Malettke, K., Altes Reich und Reichsverfassung in französischen Traktaten des 17. Jahrhunderts, in: H. Duchhardt, U. Schmitt (Hgg.), Deutschland und Frankreich in der frühen Neuzeit, München 1987, S. 221-258.

Malettke, K., Frankreich und Friedrich der Große, in: W. Treue (Hg.), Preußens großer König, Freiburg 1986, S. 185-196.

Mandrou, R., La France aux XVIIe et XVIIIe siècles, Paris ³1974.

Marie, A., Naissance de Versailles, le château, les jardins, 2 Bde., Paris 1968.

Matsche, F., Die Kunst im Dienst der Staatsidee Kaiser Karls VI., 2 Halbbde., New York/Berlin 1981.

Mattingly, G., Renaissance Diplomacy, London ²1962.

Mauersberg, H., Wirtschafts- und Sozialgeschichte zentraleuropäischer Städte, Göttingen 1960.

Mayr, J. K., Die Emigration der Salzburger Protestanten von 1731/32, Salzburg 1931.

Mecenseffy, G., Geschichte des Protestantismus in Österreich, Graz/Wien 1956.

Mediger, W., Friedrich der Große und Rußland, in: O. Hauser (Hg.), Friedrich der Große und seine Zeit, Köln/Wien 1987, S. 109-136.

Mediger, W., Mecklenburg, Rußland und England-Hannover 1700 bis 1721, Hildesheim 1967.

Mediger, W., Moskaus Weg nach Europa, Braunschweig 1952.

Meinecke, F., Die Idee der Staatsraison, München 1957.

Meinhardt, G., Die Universität Göttingen, Frankfurt/Zürich 1977.

Meschkowski, H., »Jeder nach seiner Façon«. Berliner Geistesleben 1700-1810, München 1986.

Meyer, R., Die Flugschriften in der Epoche Ludwigs XIV. 1661-1679, Stuttgart 1955.

Mezler-Andelberg, H. J., Erneuerung des Katholizismus und Gegenreformation in Österreich, in: Südostdeutsches Archiv 13 (1970), S. 97 bis 118.

Mittenzwei, I., E. Herzfeld, Brandenburg-Preußen, Berlin (Ost) 1987.

Mittenzwei, I., Preußen nach dem Siebenjährigen Krieg. Auseinandersetzungen zwischen Bürgertum und Staat um die Wirtschaftspolitik, Berlin (Ost) 1979.

Möller, H., Fürstenstaat und Bürgernation, Deutschland 1763-1815, (erscheint Berlin 1989).

Möller, H., Vernunft und Kritik. Deutsche Aufklärung im 17. und 18. Jahrhundert, Frankfurt 1986.

Moraw, P., Die Entfaltung der deutschen Territorien im 14. und 15. Jahrhundert, in: G. Silagi (Hg.), Landesherrliche Kanzleien im Spätmittelalter, München 1984, S. 61-108.

Moraw, P., Franken als königsnahe Landschaft im späten Mittelalter, in: BlldtLG 112 (1976), S. 123-138.

Moraw, P., Fürstentum, Königtum und »Reichsreform« im deutschen Spätmittelalter, in: BlldtLG 122 (1986), S. 117-136.

Moraw, P., V. Press, Art. »Fürstentümer, geistliche«, in: TRE, Bd. 11, S. 711-719.

Moraw, P., Reichshofrat, in: HRG Bd. 4, S. 630-638.

Moraw, P., Von offener Verfassung zu gestalteter Verdichtung. Das Reich im späten Mittelalter, 1250 bis 1490, Berlin 1985.

Mörke, O., Der gewollte Weg in Richtung »Untertan«, in: H. Schilling, H. Diederiks (Hgg.), Bürgerliche Eliten in den Niederlanden und in Nordwestdeutschland. Köln/Wien 1985, S. 111-133.

Mörke, O., Sovereignty and Authority – On the Role of the Court in the Republic of the United Netherlands during the first Half of the 17th Century, in: R. Asch, A. Birke (Hgg.), Politics, Patronage and the Nobility: the Court at the Beginning of the Modern Age (erscheint Oxford Ende 1989).

Mraz, G., Prinz Eugen. Ein Leben in Bildern und Dokumenten, München 1985.

Müller, M. G., Polen zwischen Preußen und Rußland, Berlin 1983.

Müller, M. G., Rußland und der Siebenjährige Krieg, in: Jahrbücher für Geschichte Osteuropas 28 (1980), S. 198-219.

Müller, M. G., Teilungen Polens, in: Lexikon der Geschichte Rußlands, hg. v. H. J. Torke, München 1985, S. 381-384.

Müller, M. G., Die Teilungen Polens, München 1984.

Münster 800-1800. 1000 Jahre Geschichte der Stadt. Katalog zur Ausstellung im Stadtmuseum Münster 21. Sept. 1984 bis 30. Juni 1985, Münster 1984.

Muret, E.,Geschichte der Französischen Kolonie in Brandenburg-Preußen unter besonderer Berücksichtigung der Berliner Gemeinde, Berlin 1885.

Näf, W., Die Epochen der neueren Geschichte, 2 Bde., Aarau [2]1945, 1946.

Näf, W., Staat und Staatsgedanke, Bern 1935.

Neuhaus, H., Prinz Eugen als Reichsgeneral, in: J. Kunisch (Hg.), Prinz Eugen von Savoyen und seine Zeit, Freiburg/Würzburg 1986, S. 163 bis 177.

Neuhaus, H., Das Problem der militärischen Exekutive in der Spätphase des Alten Reiches, in: J. Kunisch (Hg.), Staatsverfassung und Heeresverfassung in der europäischen Geschichte der frühen Neuzeit, Berlin 1986, S. 297-346.

Neuhaus, H., Vom »obristen Vheldthaubtmann« des Reichs zur stehenden Reichsgeneralität, phil. habil. Köln 1985.

Nicolai, F., Beschreibungen einer Reise durch Deutschland und die Schweiz im Jahre 1781, Bd. 7, Berlin und Stettin 1786.

Niedhart, G., Aufgeklärter Absolutismus oder Rationalisierung der Herrschaft, in: ZHF 6 (1979) S. 199 bis 211.

Nipperdey, Th., Max Weber, der Protestantismus und die Deutschen, in: Von Geschichte umgeben. Joachim Fest zum Sechzigsten, Berlin 1987, S. 181-199.

Nipperdey, Th., Religion und Gesellschaft: Deutschland um 1900, in: HZ 246 (1988), S. 591-615.

Nischan, B., The Schools of Brandenburg and the »Second Reformation«: Centers of Calvinist Learning and Propaganda, in: R. V. Schnucker (Hg.), Calviniana. Ideas and Influence of Jean Calvin, (Kirksville/Missouri 1988), S. 215-233.

Nolhac, P. de, Histoire du Château de Versailles, 2 Bde., Paris 1911/12.

Novotny, A., Staatskanzler Kaunitz als geistige Persönlichkeit, Wien 1947.

Oberschelp, R., Politische Geschichte Niedersachsens 1714-1803, Hildesheim 1983.

Oestreich, G., Friedrich Wilhelm I., Göttingen/Zürich/Frankfurt 1977.

Oestreich, G., Geist und Gestalt des frühmodernen Staates, Berlin 1969.

Oestreich, G., Das Reich – Habsburgische Monarchie – Brandenburg-Preußen von 1648-1803, in: HEG Bd. 4, S. 378-475.

Oestreich, G., Reichsverfassung und europäisches Staatensystem 1648 bis 1789, in: ders., Geist und Gestalt des frühmodernen Staates, Berlin (1969), S. 235-252.

Oestreich, G., Strukturprobleme der frühen Neuzeit, Berlin 1980.

Oestreich, G., E. Holzer (Bearb.), Übersicht über die Reichsstände, in: Gebhardt. – Handbuch der deutschen Geschichte, 9. Aufl. hg. v. H. Grundmann, Bd. 2, Stuttgart 1970, S. 769 bis 784.

Oestreich, G., Verfassungsgeschichte vom Ende des Mittelalters bis zum Ende des alten Reiches, in: Gebhardt Bd. 2, S. 361-436.

Oestreich, G., Vom Herrschaftsvertrag zur Verfassungsurkunde, in: R. Vierhaus (Hg.), Herrschaftsverträge, Wahlkapitulationen, Fundamentalgesetze, Göttingen 1977, S. 45-67.

Oestreich, G., Zur Heeresverfassung der deutschen Territorien von 1500 bis 1800, in: ders., Geist und Gestalt des frühmodernen Staates, Berlin 1969, S. 290-310.

Ogris, W., Recht und Macht bei Maria Theresia, Wien 1980.

Olsson, M., Riddarholm Church, Stockholm 1970.

Opgenoorth, E., Friedrich Wilhelm - Der Große Kurfürst von Brandenburg, 2 Bde., Göttingen/Frankfurt/Zürich 1971, 1978.

Opgenoorth, E., Der Große Kurfürst, das Reich und die europäischen Mächte, in: O. Hauser (Hg.), Preußen, Europa und das Reich, Köln/Wien 1987, S. 19-32.

Österreich im Europa der Aufklärung. Internationales Symposion in Wien 20.-23. Oktober 1980, 2 Bde., Wien 1985.

Die österreichische Zentralverwaltung, Abt. I, Bde. 1-3, bearb. v. Th. Fellner, H. Kretschmayr; Abt. II, Bd. 1,1 bearb. v. F. Walter, Wien 1907-1938.

Overmann, A., Erfurt in zwölf Jahrhunderten, 1929, ND Frankfurt/M. 1980.

Papritz, J., Das Handelshaus der Loitz zu Stettin, Danzig und Lüneburg, in: Baltische Studien, N. F. 44 (1957), S. 73-94.

Papke, G., Von der Miliz zum Stehenden Heer, München 1979.

Parker, G., The Military Revolution. Military Innovation and the Rise of the West, 1500-1800, Cambridge 1987.

Patze, H. (Hg.), Geschichte Niedersachsens , Hildesheim 1977ff.

Patze, H., W. Schlesinger (Hgg.), Geschichte Thüringens, Bde. I-VI, Köln/Wien 1967-1984.

Peckham, H., The Colonial Wars, 1689-1762, Chicago 1964.

Pelus, M.-L., Lübeck au milieu du 17e siècle, in: Revue d'Histoire Diplomatique, Bd. 92 (1978), S. 189-209.

Pelus, M.-L., Walter von Holstein, Köln 1981.

Peschke, E., Bekehrung und Reform, Bielefeld 1977.

Petersdorff, H. v., Der große Kurfürst, Leipzig ^{2}1939.

Petri, F., G. Droege (Hgg.), Rheinische Geschichte, Bd.2, Düsseldorf ^{2}1976.

Pfaehler, D., Die Kapitulation der Reichsstadt Straßburg am 30. September 1681, ihre Vorgeschichte und ihre Folgen, in: Der Fall der Reichsstadt Straßburg und seine Folgen, Bad Neustadt 1981, S. 3-53.

Pfeiffer, G., Bayern und Brandenburg-Preußen. Ein geschichtlicher Vergleich, München 1984.

Philippi, H., Hessen vom Barock zum Klassizismus, in: W. Heinemeyer (Hg.), Das Werden Hessens, Marburg 1986, S. 349-385.

Philippi, H., Landgraf Karl von Hessen-Kassel, Marburg 1976.

Philippi, H., Der oberrheinische Kreis, in: DVerwG, S. 634-658.

Picavet, G., La diplomatie français au temps de Louis XIV., Paris 1930.

Pipes, R., Rußland vor der Revolution, München 1977.

Piquet-Marchal, M.-O., La Chambre de Réunion de Metz, Paris 1969.

Ploetz, Deutsche Geschichte, Freiburg/Würzburg 1979.

Pohl, H., Die Beziehungen Hamburgs zu Spanien und dem spanischen Amerika, Wiesbaden 1963.

Pohl, H., Die wirtschaftliche und soziale Entwicklung vom Spätmittelalter bis zum ausgehenden 18. Jahrhundert, in: DVerwG, S. 215-267.

Pollard, S., Peaceful Conquest. The Industrialization of Europe 1760-1970, Oxford 1981.

Polleross, F. S., Sonnenkönig und österreichische Sonne, in: Wiener Jb. für Kunstgeschichte 40 (1987), S. 239 bis 256.

Pönicke, H., August der Starke. Ein Fürst des Barock, Göttingen 1972.

Preser, K., Der Soldatenhandel in Hessen, Marburg 1900.

Press, V., Bayern, Österreich und das Reich in der frühen Neuzeit, in: Verhandlungen des Historischen Vereins für Oberpfalz und Regensburg 120 (1980), S. 493-519;

Press, V., Das »Droit d'Epaves« des Kaisers von Österreich, in: GG 6 (1980), S. 559-573.

Press, V., Die Erblande und das Reich von Albrecht II. bis Karl VI. (1438-1740), in: R. A. Kann, F. E. Prinz (Hgg.), Deutschland und Österreich, München/Wien 1980, S. 44-88.

Press, V., Formen des Ständewesens in den deutschen Territorien des 16. und 17. Jahrhunderts, in: P. Baumgart (Hg.), Ständetum und Staatsbildung in Brandenburg-Preußen, Berlin/New York 1983, S. 280-318.

Press, V., Friedrich der Große als Reichspolitiker, in: H. Duchhardt, Friedrich der Große, Franken und das Reich, Köln/Wien 1986, S. 25-56.

Press, V., Graf Otto von Solms-Hungen und die Gründung der Stadt Mannheim, in: Mannheimer Hefte 1 (1975), S. 9-23.

Press, V., Kurhannover im System des alten Reichs 1692-1803, in: A. M. Birke, K. Kluxen (Hgg.), England und Hannover, München 1986, S. 53-79.

Press, V., Das Römische-Deutsche Reich – ein politisches System in verfassungs- und sozialgeschichtlicher Fragestellung, in: G. Klingenstein, H. Lutz (Hgg.), Spezialforschung und »Gesamtgeschichte«, München 1982, S. 221-242.

Press, V., Schwaben zwischen Bayern, Österreich und dem Reich 1486-1805, in: P. Fried (Hg.), Probleme der Integration Oberschwabens in den bayerischen Staat, Sigmaringen 1984, S. 17-78.

Press, V., Vom »Ständestaat« zum Absolutismus, in: P. Baumgart (Hg.), Ständetum und Staatsbildung in Brandenburg-Preußen, Berlin/New York 1983, S. 319-326.

Press, V., D. Willoweit (Hgg.), Liechtenstein – Fürstliches Haus und staatliche Ordnung, München/Wien 1987.

Press, V., Das Wittelsbacher Kaisertum Karls VII., in: A. Kraus (Hg.), Land und Reich, Stamm und Nation, Bd. 2, München 1984, S. 201-234.

Press, V., Die »Zweite Reformation« in der Kurpfalz, in: H. Schilling (Hg.), Die reformierte Konfessionalisierung in Deutschland, (Gütersloh 1986), S. 104-129.

Press, V., Zwischen Versailles und Wien. Die Pfälzer Kurfürsten in der Geschichte der Barockzeit, in: ZGO 130 (1982), S. 207-262.

Preußen-Ploetz. Eine historische Bilanz in Daten und Deutungen, hg. v. H. Schlenke, Freiburg/Würzburg 1983.

Probst, Ch., Lieber bayrisch sterben. Der bayrische Volksaufstand der Jahre 1705 und 1706, München 1978.

Puhle, H. J., H. U. Wehler (Hgg.), Preußen im Rückblick, Göttingen 1980.

Quaritsch, H., Staat und Souveränität, Bd. 1, Frankfurt 1970.

Quarthal, F., Die »Hohe Carlsschule«, in: Jamme, Ch., O. Pöggeler (Hgg.), »O Fürstin der Heimath! Glükliches Stutgard«. Politik, Kultur und Gesellschaft im deutschen Südwesten um 1800, Stuttgart 1988, S. 35-54.

Querfurth, H., Die Unterwerfung der Stadt Braunschweig im Jahre 1671, Braunschweig 1953.

Quint, W., Souveränitätsbegriff und Souveränitätspolitik in Bayern, Berlin 1971.

Rabb, Th. K., Struggle for Stability in Early Modern Europe, New York 1975.

Rachel, H., Das Berliner Wirtschaftsleben im Zeitalter des Frühkapitalismus, Berlin 1931.

Rachel, H., Die Handels-, Zoll- und Akzisepolitik Brandenburg-Preußens bis 1713, Berlin 1911.

Rachel, H., Der Merkantilismus in Brandenburg-Preußen, in: Forschungen zur Brandenburgischen und Preußischen Geschichte 40 (1937), S. 221-266.

Rall, K., Kurbayern in der letzten Epoche der Alten Reichsverfassung, 1745-1801, München 1952.

Ramcke, R., Die Beziehungen zwischen Hamburg und Österreich im 18. Jahrhundert, Hamburg 1969.

Ranieri, F., Vom Stand zum Beruf, in: Ius Commune XIII, Frankfurt 1985, S. 83-105.

Ranieri, F., Recht und Gesellschaft im Zeitalter der Rezeption, 2 Bde., Köln/Wien 1985.

Ranke, L. v., Deutsche Geschichte im Zeitalter der Reformation, Bd. 1, Leipzig 1867.

Ranke, L. v., Die römischen Päpste in den letzten vier Jahrhunderten, 2 Bde., Stuttgart 1953.

Ranke, L. v., Zur eigenen Lebensgeschichte, hg. v. A. Dove, Leipzig 1890.

Raum und Bevölkerung in der Weltgeschichte. Bevölkerungs-Ploetz, Bd. 2, Würzburg ^{2}1956.

Raumer, K. v., Absoluter Staat, korporative Libertät, persönliche Freiheit, in: HZ 183 (1957), S. 55-96.

Raumer, K. v., Die Zerstörung der Pfalz von 1689, München 1930.

Reden-Dohna, A. v., Reichsstandschaft und Klosterherrschaft, Wiesbaden 1982.

Redlich, O., Weltmacht des Barock. Österreich in der Zeit Kaiser Leopold I., Wien ^{4}1961.

Redlich, O., Das Werden einer Großmacht. Österreich von 1700 bis 1740, Brünn/München/Wien ^{3}1942.

Reibstein, E., Völkerrecht. Eine Geschichte seiner Ideen in Lehre und Praxis, Freiburg/München 1957.

Reif, H. (Hg.), Die Familie in der Geschichte, Göttingen 1982.

Reinhard, W., Geschichte der europäischen Expansion, 4 Bde., Stuttgart 1983ff.

Renouvin, P. (Hg.), Histoire de relationes internationales, Bde. 2 u. 3, Paris 1953/1955.

Repgen, K., Kriegslegitimation in Alteuropa, in: HZ 241 (1985), S.27 bis 49.

Repgen, K., Der päpstliche Protest gegen den Westfälischen Frieden und die Friedenspolitik Urban VIII., in: Hist. Jb. 75 (1956), S. 94-122.

Repgen, K., Der Westfälische Frieden und die Ursprünge des europäischen Gleichgewichts, in: M. Spieker (Hg.), Friedenssicherung, Münster 1987, S. 67-84.

Ribbe, W. (Hg.), Geschichte Berlins, Bd. I, München 1987.

Rice, T. T., Elisabeth von Rußland. Die letzte Romanow auf dem Zarenthron, München 1973.

Richter, K., Die böhmischen Länder von 1471-1740, in: K. Bosl (Hg.), Handbuch der Geschichte der böhmischen Länder, Bd. II, Stuttgart 1974, S. 99-412.

Riehl, W. H., Die Naturgeschichte des Volkes als Grundlage einer deutschen Social-Politik, Bd. 3: Die Familie, Stuttgart ^{10}1889.

Robb, N. A., William of Orange, Bd.2., London/Melbourne/Toronto 1966.

Rödel, W. G., Die demographische Entwicklung in Deutschand 1770 bis 1820, in: H. Berding, E. François, H. P. Ullmann (Hgg.), Deutschland und Frankreich im Zeitalter der Französischen Revolution, Frankfurt 1989, S. 21-41.

Roeck, B., Reichssystem und Reichsherkommen, Stuttgart 1984.

Roeck, B., Titelkupfer reichspublizistischer Werke der Barockzeit als historische Quellen, in: Archiv für Kulturgeschichte 65 (1983), S. 329 bis 370.

Roeck, B., Westfälischer Friede, Reich und Territorien, in: Wittelsbach-Katalog II, 1, S. 456-468.

Rosenberg, H., Bureaucracy, Aristocracy and Autocracy. The Prussian Experience, Cambridge/Mass. 1958.

Rosenberg, H., Machteliten und Wirtschaftskonjunkturen, Göttingen 1978.

Rosenberg, H., Die Pseudodemokratisierung der Rittergutsbesitzerklasse, in: ders., Machteliten und Wirtschaftskonjunkturen, Göttingen 1978, S. 83-101.

Rosenberg, H., Zur sozialen Funktion der Agrarpolitik im Zweiten Reich, in: ders., Machteliten und Wirtschaftskonjunkturen, Göttingen 1978, S. 102-117.

Rowen, H. H., The Ambassador Prepares for War: the Dutch Embassy of Arnauld de Pomponne, 1669-1671, Den Haag 1957.

Rowen, H. H., John de Witt, Grand Pensionary of Holland, 1625-1672, Princeton N.J., 1978.

Sagave, P.-P., Berlin und Frankreich 1685-1871, Berlin 1980.

Sagave, P.-P., Frankreich und Preußen - eine produktive Nachbarschaft, in: Frankreich und Deutschland. Zur Geschichte einer produktiven Nachbarschaft, Bonn/Hannover 1986, S. 33 bis 51.

Sakrausky, O., Sankt Ruprecht am Moos, St. Ruprecht am Moos 1986.

Salmon, J. H. M., Rohan and Interest of State, in: R. Schnur (Hg.), Staatsräson, Berlin 1975, S.121-140.

Sandberger, A., Die Landwirtschaft, in: M. Spindler (Hg.), Handbuch der bayerischen Geschichte, Bd. 2, München ^{2}1977, S. 657-672.

Sauer, J., Finanzgeschäfte der Landgrafen von Hessen-Kassel, Fulda 1930.

Schedlitz, B., Leffmann Behrens. Untersuchungen zum Hofjudentum im Zeitalter des Absolutismus, Hildesheim 1984.

Scheuner, U., Die großen Friedensschlüsse als Grundlage der europäischen Staatenordnung zwischen 1648 und 1815, in: Festgabe für M. Braubach, Münster 1964, S. 220-250.

Schieder, Th., Friedrich der Große, Berlin 1983.

Schiller, F., Geschichte des Dreißigjährigen Krieges, Vollständiger ND der Erstfassung hg. v. G. Mann, Zürich 1985.

Schilling, H., Aufbruch und Krise, Deutsche Geschichte 1517-1648, Berlin 1988.

Schilling, H., Calvinismus und Freiheitsrechte, in: Bijdragen en Mededelingen betreffende de Geschiedenis der Nederlanden 102 (1987), S. 403 bis 434.

Schilling, H., Gab es im späten Mittelalter und zu Beginn der Neuzeit in Deutschland einen städtischen Republikanismus?, in: H. Koenigsberger (Hg.), Republiken und Republikanismus im Europa der Frühen Neuzeit, München 1988, S. 101-143.

Schilling, H., Die Geschichte der nördlichen Niederlande und die Modernisierungstheorie, in: GG 8 (1982), S. 475-517.

Schilling, H., Innovation through Migration: The Settlements of Calvinistic Netherlanders in 16th and 17th Century Central and Western Europe, in: Histoire Sociale – Social History, Vol XVI, No. 31 (May 1983), S. 7-33.

Schilling, H., Konfessionskonflikt und Staatsbildung, Gütersloh 1980.

Schilling, H., Der libertär-radikale Republikanismus der holländischen Regenten, in: GG 10 (1984), S. 498 bis 533.

Schilling, H., Niederländische Exulanten im 16. Jahrhundert. Ihre Stellung im Sozialgefüge und im religiösen Leben deutscher und englischer Städte, Gütersloh 1972.

Schilling, H., The Orange Court in the Netherlands, in: R. Asch, A. Birke (Hgg.), Politics, Patronage and the Nobility: the Court at the Beginning of the Modern Age (erscheint Oxford Ende 1989).

Schilling, H. (Hg.), Die reformierte Konfessionalisierung in Deutschland, (Gütersloh 1986).

Schilling, H., Religion und Gesellschaft in der calvinistischen Republik der Vereinigten Niederlande, in: Kirche und gesellschaftlicher Wandel in deutschen und niederländischen Städten der werdenden Neuzeit, hg. v. F. Petri, Köln/Wien 1980, S. 197-250.

Schilling, H., Die Republik der Vereinigten Niederlande - ein bewunderter und beargwöhnter Nachbar, in: H. Duchhardt (Hg.), In Europas Mitte. Deutschland und seine Nachbarn, (Bonn 1988), S. 20-28.

Schilling, H., Die »Zweite Reformation« als Kategorie der Geschichtswissenschaft, in: ders. (Hg.), Die reformierte Konfessionalisierung in Deutschland, Gütersloh 1986, S. 387 bis 437.

Schindling, A., Le Développement de la Diète Permanente de Ratisbonne, in: L'Europe, l'Alsace et la France, Etudes réunies en l'honneur du Doyen Georges Livet, Colmar 1986, S. 83 bis 88.

Schindling, A.,Reichstag und europäischer Frieden, in: ZHF 8 (1981), S. 159-177.

Schindling, A., Der Westfälische Frieden und der Reichstag, in: H. Weber (Hg.), Politische Ordnungen und soziale Kräfte im Alten Reich, Wiesbaden 1980, S. 113-153.

Schissler, H., Die Junker. Zur Sozialgeschichte und historischen Bedeutung der agrarischen Elite in Preußen, in: H. J. Puhle, H. U. Wehler (Hgg.), Preußen im Rückblick, Göttingen 1980, S. 89-122.

Schissler, H., Preußische Agrargesellschaft im Wandel. Wirtschaftliche, gesellschaftliche und politische Transformationsprozesse von 1763 bis 1847, Göttingen 1978.

Schlenke, M., England und das friderizianische Preußen 1740-1763, Freiburg/München 1963.

Schlögl, R., Absolutismus im 17. Jahrhundert – Bayrischer Adel zwischen Disziplinierung und Integration, in: ZHF 15 (1988), S. 151 bis 186.

Schlumbohm, J., Freiheit - Die Anfänge der bürgerlichen Emanzipationsbewegung in Deutschland im Spiegel ihres Leitwortes, Düsseldorf 1975.

Schlumbohm, J., Freiheitsbegriff und Emanzipationsprozeß. Zur Geschichte eines politischen Wortes, Göttingen 1973.

Schmädeke, J., Diskussionsbericht, in: P. Baumgart (Hg.), Ständetum und Staatsbildung in Brandenburg-Preußen, Berlin 1983, S. 485-495.

Schmidt, H., Die Kurpfalz unter den Kurfürsten der Häuser Neuburg und Sulzbach, 1665-1799, in: Mannheimer Hefte (1962), S. 19-28.

Schmidt, H., Politische Geschichte Ostfrieslands, Leer 1975.

Schmidt, M., W. Jannasch (Hgg.), Das Zeitalter des Pietismus, Bremen 1965.

Schmoller, G., Deutsches Städtewesen in älterer Zeit, Bonn 1922, ND Aalen 1964.

Schmoller, G., Die Entstehung des preußischen Heeres (1877), in: O. Büsch, W. Neugebauer (Hgg.), Moderne Preußische Geschichte 1648 bis 1947. Eine Anthologie, Berlin/New York 1981, Bd. II, S. 749-766.

Schmoller, G., Die preußische Seidenindustrie im 18. Jahrhundert und ihre Begründung durch Friedrich den Großen, in: Ders., Umrisse und Untersuchungen zur Verfassungs-, Verwaltungs- und Wirtschaftsgeschichte, Leipzig 1898, S. 530-627.

Schmoller, G., Die russische Compagnie in Berlin, 1724-1738, in: ders.,

Umrisse und Untersuchungen zur Verfassungs-, Verwaltungs- und Wirtschaftsgeschichte, Leipzig 1898 S. 457 -529.

Schmoller, G., Umrisse und Untersuchungen zur Verfassungs-, Verwaltungs- und Wirtschaftsgeschichte, Leipzig 1898.

Schnath, G., Geschichte Hannovers im Zeitalter der neunten Kur und der englischen Sukzession 1674 bis 1714, 3 Bde., Hildesheim 1938 bis 1978.

Schnee, H., Die Hoffinanz und der moderne Staat, 6 Bde., Berlin 1953 bis 1967.

Schneider, H. J. (Hg.), Deutsche Landschaften, Frankfurt 1981.

Schneiders, W., (Hg.), Christian Wolff 1679-1754, Hamburg 1983.

Schnur, R., Der Rheinbund von 1658 in der deutschen Verfassungsgeschichte, Bonn 1955.

Schoeps, H.-J., Preußen. Geschichte eines Staates, Berlin 1966.

Schöne, A., Säkularisation als sprachbildende Kraft. Studien zur Dichtung deutscher Pfarrersöhne, Göttingen 1968.

Schöne, A. (Hg.), Stadt – Schule – Universitäten – Buchwesen und die deutsche Literatur im 17. Jahrhundert, München 1976.

Schrader, E., Der Große Garten zu Herrenhausen, Hannover 1985.

Schramm, G., Adel und Staat: Ein Vergleich zwischen Brandenburg und Polen-Litauen im 17. Jahrhundert, in: M. Biskup, K. Zernack (Hgg.), Schichtung und Entwicklung der Gesellschaft in Polen und Deutschland im 16. und 17. Jahrhundert, Wiesbaden 1983, S. 59-81.

Schremmer, E., Gewerbe und Handel, in: M. Spindler (Hg.), Handbuch der bayerischen Geschichte, Bd. 2, München ^{2}1977, S. 673-719.

Schremmer, E., Die Wirtschaft Bayerns, München 1970.

Schröcker, A., Besitz und Politik des Hauses Schönborn vom 14. bis zum 18. Jahrhundert, in: Mitteilungen des österreichischen Staatsarchives 26 (1973), S. 212-234.

Schröcker, A., Eine Fallstudie zum Typus »materiellkonservativ«, in: BlldtLG 111 (1975), S. 209-231.

Schubert, F. H., Die deutschen Reichstage in der Staatslehre der frühen Neuzeit, Göttingen 1966.

Schulz, K., Vom Herrschaftsantritt der Hohenzollern bis zum Ausbruch des dreißigjährigen Krieges (1411/12 bis 1618) in: W. Ribbe (Hg.), Geschichte Berlins, Bd.1, München 1987, S.139-248.

Schulze, W., Die deutschen Landesdefensionen im 16. und 17. Jahrhundert, in: J. Kunisch (Hg.), Staatsverfassung und Heeresverfassung in der europäischen Geschichte der frühen Neuzeit, Berlin 1986, S. 129 bis 150.

Schulze, W., Landesdefension und Staatsbildung, Köln/Wien 1973.

Schulze, W., Reichstage und Reichssteuer im späten 16. Jahrhundert, in: ZHF 2 (1975), S. 43-58.

Schwab, D., Art. »Familie«, in: GGB Bd. 2, S. 253-302.

Schwarz, M., Die Ausbildung der österreichischen Barocklandschaft, in: K. Gutkas (Hg.), Prinz Eugen, Salzburg 1985, S. 301-312.

Schwarzwälder, H., Geschichte der freien Hansestadt Bremen, Bd. 1, Bremen 1975.

Schweikhart G., (Hg.), Stadtplanung und Stadtentwicklung in Kassel im 18. Jahrhundert, Kassel 1983.

Sellert, W., Prozeßgrundsätze und Stilus Curiae am Reichshofrat im Vergleich mit den gesetzlichen Grundlagen des reichskammergerichtlichen Verfahrens, Aalen 1973.

Sellert, W., Über die Zuständigkeitsbegrenzung von Reichshofrat und Reichskammergericht, Aalen 1965.

Sicken, B., Der fränkische Reichskreis, Würzburg 1970.

Simmons, R. C., The American Colonies. From Settlement to Independence, London 1976.

Simsch, A., Die Wirtschaftspolitik des preußischen Staates in der Provinz Südpreußen 1793-1806/07, Berlin 1983.

Skalweit, St., Frankreich und Friedrich der Große, Bonn 1952.

Smend, R., Das Reichskammergericht, Weimar 1911, ND Aalen 1965.

Soweit der Erdkreis reicht. Johann Moritz von Nassau-Siegen 1604 bis 1679, Ausstellungskatalog hg. von der Stadt Kleve, Kleve 1979.

Specht, G., Johann VII. von Nassau-Siegen und die katholische Restauration in der Grafschaft Siegen, Paderborn 1964.

Speck, W. A., Stability and Strife, England 1714-1760, London 1977.

Spielman, J.P., Leopold I., Graz/Wien 1981.

Spindler, M. (Hg.), Handbuch der bayerischen Geschichte, 4 Bde., München 1967-1975.

Srbik, H. Ritter v., Wilhelm von Schröder, Wien 1910.

Steltzer, H.G., Mit herrlichen Häfen versehen, Brandenburg-preußische Seefahrt vor dreihundert Jahren, Frankfurt 1981.

Stollberg-Rilinger, B., Der Staat als Maschine. Zur politischen Metaphorik des absoluten Fürstenstaates, Berlin 1986.

Stolleis, M. (Hg.), Staatsdenker im 17. und 18. Jahrhundert, Frankfurt 1977.

Stolleis, M., Geschichte des öffentlichen Rechts in Deutschland, Bd. 1, München 1988.

Storz, G., Herzog Carl Eugen, in: 900 Jahre Haus Württemberg, hg. v. R. Uhland, Stuttgart 1984, S. 237 bis 267.

Storz, G., Karl Eugen. Der Fürst und das »gute alte Recht«, Stuttgart 1981.

Strasbourg. Ville Libre Royale. 1681-1792, Musées de Strasbourg 1981.

Strich, M., Liselotte und Ludwig XIV., München/Berlin 1912.

Sturmberger, H., Kaiser Ferdinand II. und das Problem des Absolutismus, München 1957.

Stürmer, M., Gehäuse der höfischen Gesellschaft, in: ZHF 7 (1980), S. 219-228.

Stürmer, M., Herbst des Alten Handwerks, München 1979.

Stürmer, M., Die Suche nach dem Glück: Staatsvernunft und Utopie, in: Deutsche Verwaltungsgeschichte, hg. v. K. G. A. Jeserich, H. Pohl, G.-Ch. v. Unruh, Bd. 2, (Stuttgart 1983), S. 1-19.

Sutton, J. L., The King's Honor and the King's Cardinal. The War of the Polish Succession, Lexington 1980.

Sykes, N., From Sheldon to Secker: Aspects of English Church History, 1660-1768, Cambridge 1959.

Tapié, V. L., Maria Theresia. Die Kaiserin und ihr Reich, Graz/Wien/ Köln 1980.

Taverne, E., Ein Plan zur Stadterweiterung von Kleve aus dem Jahre 1664, in: Soweit der Erdkreis reicht. Johann Moritz von Nassau-Siegen 1604-1679, hg. von der Stadt Kleve, Kleve 1979, S. 143-150.

Tazbir, J., Geschichte der polnischen Toleranz, Warschau 1977.

Tempelhof, G. F. v., Geschichte des Siebenjährigen Krieges in Deutschland zwischen dem Könige von Preußen und der Kaiserin Königin mit ihren Alliierten, 6 Bde., Berlin 1783 bis 1801, ND Osnabrück 1986.

Terwen, J. J., Johann Moritz und die Architektur, in: Soweit der Erdkreis reicht. Johann Moritz von Nassau-Siegen 1604-1679, hg. von der Stadt Kleve, Kleve 1979, S. 127 bis 142.

Thadden, R. v., Die brandenburgisch-preußischen Hofprediger im 17. und 18. Jahrhundert, Berlin 1959.

Thadden, R. v., Die Fortsetzung des »Reformationswerkes« in Brandenburg-Preußen, in: H. Schilling (Hg.), Die reformierte Konfessionalisierung in Deutschland, Gütersloh 1986, S. 233-250.

Thadden, R. v., Fragen an Preußen, München (1981).

Thadden, R. v., Die Kirchen im Staat der Hohenzollern, in: Preußen-Ploetz, hg. v. H. Schlenke, Freiburg/ Würzburg 1983, S. 86-96.

Thadden, R. v., Luther in Preußen, in: ARG 79 (1988), S. 5-26.

Thadden, R. v., M. Magdelaine (Hgg.), Die Hugenotten 1685-1985, München 1985.

Thomann, M., Christian Wolff, in: M. Stolleis (Hg.), Staatsdenker im 16. und 17. Jahrhundert, Frankfurt 1977, S. 248-271

Thuau, E., Raison d'Etat et pensée politique à l'époque de Richelieu, Paris 1966.

Tietze, A. (Hg.), Habsburgisch-osmanische Beziehungen, Wien 1985.

Timm, A., Die Universität Halle-Wittenberg, Frankfurt 1960.

Tocqueville, A. de, L'Ancien Régime et la Révolution, Paris 1952.

Tomek, E., Kirchengeschichte Österreichs, Bd. 2, Innsbruck/Wien 1949, Bd. 3, Innsbruck/Wien/ München 1959.

Tremel, F., Wirtschafts- und Sozialgeschichte Österreichs, Wien 1969.

Treue, W. (Hg.), Preußens großer König. Leben und Werk Friedrichs des Großen, Freiburg 1986.

Treue, W., Wirtschaft, Gesellschaft und Technik in Deutschland vom 16. bis zum 18. Jahrhundert, in: Gebhardt, Bd. 2, S. 437-545.

Troeltsch, W., Die Calwer Zeughandelskompanie und ihre Arbeiter, Jena 1887.

Troßbach, W., »Erlösung aus der Dienstbarkeit«? – Emanzipationsversuche der Untertanen in der Herrschaft Westerburg 1706-1728, in: Nassauische Annalen 94 (1983), S. 47-85.

Tumbült, G., Das Fürstentum Fürstenberg von seinen Anfängen bis zur Mediatisierung im Jahre 1806, Freiburg 1908.

Ullmann, H. P., Staatsschulden und Reformpolitik. Die Entstehung moderner öffentlicher Schulden in Bayern und Baden 1780-1820, 2 Bde., Göttingen 1986.

Unruh, G.-Chr. v., Die Herzogtümer Pommern und Preußen (Ostpreußen), in: DVerwG, S. 889-891.

Unruh, G.-Ch. von, Die Wirksamkeit von Kaiser und Reich, in: DVerwG, S. 268-278.

Venohr, W., Der Soldatenkönig, Berlin 1988.

Vierhaus, R., Deutschland im 18. Jahrhundert, Göttingen 1987.

Vierhaus, R., Deutschland im Zeitalter des Absolutismus, Göttingen 1978.

Vierhaus, R., (Hg.), Herrschaftsverträge, Wahlkapitulationen, Fundamentalgesetze, Göttingen 1977.

Vierhaus, R., Höfe und höfische Gesellschaft in Deutschland im 17. und 18. Jahrhundert, in: E. Hinrichs (Hg.), Absolutismus, Frankfurt 1986, S. 116-137.

Vierhaus, R., Land, Staat und Reich in der politischen Vorstellungswelt deutscher Landstände im 18. Jahrhundert, in: HZ 223 (1976), S. 40-60.

Vierhaus, R., Staaten und Stände, Berlin 1984.

Vogel, W., Die Entwicklung der brandenburgischen Verwaltung bis zum Regierungsantritt Friedrich Wilhelms I. (1713), in: DVerwG, S. 858 bis 889.

Vogler, G., K. Vetter, Preußen, Berlin (Ost) 51977.

Voss, J., Die Mannheimer Akademie als Zentrum kurpfälzischer Wissenschaftspflege im Zeitalter Karl Theodors, in: Der Antikensaal in der Mannheimer Zeichenakademie 1769 bid 1803, Mannheim 1984, S. 32-47.

Voss, J., Von der frühneuzeitlichen Monarchie zur Ersten Republik, 1500 bis1800 (= Geschichte Frankreichs Bd. 2), München (1980).

Vries, J. de, The Dutch Rural Economy in the Golden Age 1500-1700, New Haven 1974.

Vries, J. de, The Economy of Europe in an Age of Crisis. 1600-1750, Cambridge 1976.

Wagner, F., Europa im Zeitalter des Absolutismus und der Aufklärung. Die Einheit der Epoche, in: HEG Bd. 4, S. 1-165.

Wagner, F., Europa um 1700 – Idee und Wirklichkeit, in: Francia 2 (1974), S. 295-308.

Wagner, F., Frankreichs klassische Rheinpolitik, Stuttgart 1941.

Wagner, F., Kaiser Karl VII. und die Großen Mächte 1740-1745, Stuttgart 1938.

Wagner, F., Der Spanische Erbfolgekrieg, in: HEG Bd. 4, S. 31-35.

Wallmann, J., Kirchengeschichte Deutschlands, Bd. I, Frankfurt/Berlin/ Wien 1973.

Wallmann, J., Philipp Jakob Spener und die Anfänge des Pietismus, Tübingen 21986.

Walter, F., Friedrich Wilhelm Graf von Haugwitz, in: NDB, Bd. 8, S. 95f.

Walter, F., Männer um Maria Theresia, Wien 1951.

Walter, F., Österreichische Verfassungs- und Verwaltungsgeschichte von 1500-1955, Wien/Köln/Graz 1972.

Walter, F., Die theresianische Staatsreform von 1749, Wien 1958.

Walz, R., Stände und frühmoderner Staat. Die Landstände von Jülich-Berg – 16. und 17. Jahrhundert, Neustadt/Aisch 1982.

Wandruszka, A., Das Haus Habsburg, Wien/Freiburg/Basel [5]1984.

Wandruszka, A., Maria Theresia, Göttingen 1980.

Warmbrunn, P., Zwei Konfessionen in einer Stadt. Das Zusammenleben von Katholiken und Protestanten in den paritätischen Reichstädten Augsburg, Biberach, Ravensburg und Dinkelsbühl von 1548 bis 1648, Wiesbaden 1983.

Wäscher, H., Das deutsche illustrierte Flugblatt, Dresden 1955.

Watts, M., The Dissenters. From the Reformation to the French Revolution, Oxford 1985.

Weber, H., Die französische Rheinpolitik zwischen dem Westfälischen Frieden und dem Renversement des Alliances, in: Beiträge zur Geschichte der frühneuzeitlichen Garnisions- und Festungsstädte, Saarbrücken 1983, S. 74-89.

Weber, H., Neutrale Mitte, Möglichkeiten und Grenzen rheinischer Außenpolitik während des Ancien Régime, in: L'Europe, l'Alsace et la France, Etudes réunies en l'honneur du Doyen Georges Livet, Colmar 1986, S. 193-202.

Weber, H., Die Politik des Kurfürsten Karl Theodor von der Pfalz während des Österreichischen Erbfolgekrieges, Bonn 1956.

Weerda, J. R., Nach Gottes Wort reformierte Kirche. Beiträge zu ihrer Geschichte und ihrem Recht, München 1964.

Wehler, H. U., Deutsche Gesellschaftsgeschichte, Bd. 1, München 1987.

Weigelt, H., Pietismus-Studien, Bd. 1: Der spener-hallische Pietismus, Stuttgart 1965.

Weis, E., Frankreich von 1661 bis 1789, in: HEG Bd. 4, S. 164-303.

Weis, E., Das Haus Wittelsbach in der europäischen Politik der Neuzeit, in: Zeitschrift für Bayerische Landesgeschichte 44 (1981), S. 211-31.

Weiß, U., Von der frühbürgerlichenRevolution bis zur völligen Unterwerfung durch Kurmainz vom Ende des 15. Jahrhunderts bis 1664, in: Geschichte der Stadt Erfurt, hg. v. W. Gutsche, Weimar 1986, S. 103 bis 144.

Werunsky, E., Österreichische Reichs- und Rechtsgeschichte, Bd. 2, Wien 1921.

Whaley, J., Religious Toleration and Social Change in Hamburg 1529 bis 1819, Cambridge 1985.

Wiedemann, C., »Supplement seines Daseins?« Zu den kultur- und identitätsgeschichtlichen Voraussetzungen deutscher Schriftstellerreisen nach Rom–Paris–London seit Winckelmann, in: ders. (Hg.), Rom–Paris–London. Erfahrung und Selbsterfahrung deutscher Schriftsteller und Künstler in den fremden Metropolen, Stuttgart 1988, S. 1-20.

Wiegand, F., Erfurt, Rudolstadt 1964.

Wiesflecker, H., Kaiser Maximilian I. Das Reich, Österreich und Europa an der Wende zur Neuzeit, 4 Bde., München 1971-1981.

Wiemann, H., Die Grundlagen der landständischen Verfassung Ostfrieslands, Aurich 1974.

Wild, K., Lothar Franz von Schönborn, Bischof von Bamberg und Erzbischof von Mainz, Heidelberg 1904, ND Nendeln/Liechtenstein 1970.

Willoweit, D., Über den preußischen Beitrag zur deutschen Staatsentwicklung, in: Saeculum 33 (1982), S. 347-358.

Wilson, C. H., England's Apprenticeship, 1603-1763, Oxford 1965.

Winter, E., Der Josefinismus. Die Geschichte des österreichischen Reformkatholizismus 1740-1848, Berlin 1962.

Wittram, R., Peter der Große, Czar und Kaiser, 2 Bde., Göttingen 1964.

Wolf, M., Das 17. Jahrhundert, in: W. Kohl (Hg.), Westfälische Geschichte, Bd. 1, Düsseldorf 1983, S. 537-604.

Wollenberg, J., Richelieu. Staatsräson und Kircheninteresse, Bielefeld 1977.

Wunder, B., Frankreich, Württemberg und der Schwäbische Kreis während der Auseinandersetzungen um die Reunionen (1679-1697), Stuttgart 1971.

Wunder, B., Herzog Eberhard Ludwig (1677-1733), in: 900 Jahre Haus Württemberg, hg. v. R. Uhland, Stuttgart 1984, S. 210-226.

Wunder, B., Der schwäbische Kreis, in: DVerwG, S. 615-633.

Wußin, H. (Hg.), Geschichte der Naturwissenschaften, Köln 1983.

Wysocki, J., Frankreich und die Kurpfalz 1680-88, in: Geschichtliche Landeskunde 2 (1965), S. 46-108.

Wysocki, J., Kurmainz und die Reunionen, Diss. Mainz 1961.

Zahn, E., Das unbekannte Holland, Berlin 1984.

Zatschek, H., Handwerk und Gewerbe in Wien, (Wien) 1949.

Zernack, K., Art. »Nordischer Krieg«, in: Lexikon der Geschichte Rußlands, hg. v. H. J. Torke, München 1985, S.258-260.

Zernack, K., Die Anfänge von Peters Regierung (1689-1700); Der große nordische Krieg, in: Handbuch der Geschichte Rußlands, Bd. II,1 hg. v. M. Hellmann, K. Zernack, G. Schramm, Stuttgart 1985, S. 230 bis 296.

Zernack, K., Friedrich, Rußland und Polen, in: W. Treue (Hg.), Preußens großer König. Leben und Werk Friedrichs des Großen, Freiburg 1986, S. 197-208.

Zernack, K., Der Ostseehandel der frühen Neuzeit und seine sozialen und politischen Wirkungen, in: ders., M. Biskup (Hgg.), Schichtung und Entwicklung der Gesellschaft in Polen und Deutschland im 16. und 17. Jahrhundert, Wiesbaden 1983, S. 1-20.

Zernack, K., Polens König kämpft um Wien, in: Geschichte fernsehen 3 (1983), S. 19-23.

Zernack, K., Das preußische Königtum und die polnische Republik im europäischen Mächtesystem des 18. Jahrhunderts, in: Jb. f. d. Geschichte Mittel- und Ostdeutschlands 30 (1981), S. 4-20.

Zernack, K., M. Biskup (Hgg.), Schichtung und Entwicklung der Gesellschaft in Polen und Deutschland im 16. und 17. Jahrhundert, Wiesbaden 1983.

Zernack, K., Schweden als europäische Großmacht, in: HZ 232 (1981), S. 327-357.

Zernack, K., Von Stolbovo nach Nystad, Rußland und die Ostsee in der Politik des 17. und 18. Jahrhunderts, in: Jb. für Geschichte Osteuropas N.F. Bd. 20, (1972), S.77-100.

Zernack, K., Das Zeitalter der Nordischen Kriege von 1568 bis 1809 als frühneuzeitliche Geschichtsepoche, in: ZHF 1 (1971), S.55-79.

Ziechmann J. (Hg.), Panorama der Friedericianischen Zeit, Bremen 1985.

Zimmermann, J., Militärverwaltung und Heeresaufbringung in Österreich bis 1806, Frankfurt 1965.

Zöllner, E., Formen und Wandlungen des Österreich-Begriffes, in: Historica. Studien zum geschichtlichen Denken und Forschen, hg. v. H. Hantsch, E. Voegelin, F. Valsecci, Wien/Freiburg/Basel 1965, S. 63 bis 89.

Zowijd de wereld streckt, Ausstellungskatalog hg. durch die Stichting Johan Maurits van Nassau, Den Haag 1979.

Zwiedineck-Südenhorst, H. v., Die öffentliche Meinung im Zeitalter Ludwigs XIV. 1650-1700, Stuttgart 1888.

Personenregister

Es sind grundsätzlich Lebensdaten genannt, im Text sind bei Herrschern die Regierungsdaten angegeben

Abbildungsnachweis

Archive und Leihgeber

Amberg, Staatsarchiv: 73; – Amsterdam, Königliches Pfennigkabinett: 216 oben und unten; – Amsterdam, Rijksmuseum: 48, 218, 220 oben, 221 oben; – Augsburg, Stadtarchiv, Evangelisches Wesensarchiv: 141; – Barcelona, Ediciones vicens-vives: 68 unten; – Berlin, Archiv für Kunst und Geschichte: 36, 45, 155 oben, 353, 365, 468 oben Mitte und oben rechts, 468 unten Mitte und unten rechts, 468 unten links, 469 Mitte links und Mitte rechts; – Berlin, Berlin Museum (Foto H. J. Bartsch): 424; – Berlin, Bildarchiv Preußischer Kulturbesitz: 28, 62, 165, 289, 370, 371, 373, 387, 391 unten, 393, 419, 433, 435 unten, 437 Mitte, 546 f.; – Berlin, Geheimes Staatsarchiv (Foto H. M. Moll-Bakaris u. S. Titzmann): 384 links, 391 oben, 425, 426 unten, 427 oben, 459, 466, 467 oben; - Berlin, Museum für Deutsche Geschichte: 53; - Berlin, Schloß Charlottenburg: 225, 276, 439 links und rechts; - Berlin (Ost), Hugenotten-Museum: 388; - Bonn, Stadtarchiv und wissenschaftliche Stadtbibliothek: 192; - Bonn, Werbe- und Verkehrsamt der Stadt Bonn: 191; - Braunschweig, Herzog-Anton-Ulrich-Museum: 389 oben; - Bremerhaven, Deutsches Schiffahrtsmuseum: 427 unten, 428 oben; - Budapest, Magyar Nemzeti Museum: 299; - Columbus, Ohio, Galerie der Schönen Künste: 22, 23; - Den Haag, Gemeindemuseum: 219; - Dresden, Deutsche Fotothek: 105, 151; - Dresden, Gemäldegalerie Alte Meister: 149; - Dresden, Staatliche Kunstsammlung: 161, 164, 166 oben und unten, 283; - Dünkirchen, Cardon: 67 unten; - Düsseldorf, Goethe Museum: 471 oben; - Eisenstadt, Bildarchiv des Instituts für österreichische Kulturgeschichte: 296, 469; - Frankfurt/Main, Archiv der Deutschen Bundesbank: 118 unten; - Frankfurt/Main, Casella Riedel Archiv: 181; - Frankfurt/Main, Historisches Museum: 290, 291, 295, 301, 467 unten, 468 oben links; - Fresach, Evangelisches Diözesanmuseum: 313, 321; - Gent, Studio Claerhout: 227; - Gent, Universitätsbibliothek: 318; - Göttingen, Universitätsbibliothek: 380, 381; - Haarlem, Frans-Hals-Museum: 205; - Hamburg, Historia Photo: 328; - Hamburg, Helga Schmidt-Glassner: 263 Mitte; - Hannover, Historisches Museum am Hohen Ufer: 171; - Hannover, HRH Prince Ernst of Hannover: 274; - Heidelberg, Kurpfälzisches Museum: 167, 255; - Hildesheim, Rosenkranz: 265; - Ingolstadt, Bayerisches Armeemuseum: 247; - Innsbruck, Landesmuseum Ferdinandeum: 326 unten; - Karlsruhe, Badisches Landesmusem: 27 oben; - Karlsruhe, Manfred Schaeffer: 26 unten; - Kevelaer, Katholische Kirchengemeinde St. Marien: 384 oben; - Klagenfurt, Landesbildstelle: 331; - Kleve, Städtisches Museum Haus Koekkoek: 39, 69; - Köln, Archiv Rolf Hellmut Foerster: 198, 199 oben und unten; - Köln, Müller-Brunke: 241; - Köln, Rheinisches Bildarchiv: 129; - Kopenhagen, Frederiksborgmuseum: 277; - London, Britisches Museum: 21, 148, 465; - London, Eric Pelham: 35, 186; - London, Tower: 263 oben; - Mannheim, Reiß Museum: 26 oben; - Marburg, Bildarchiv Marburg: 233; - Marburg, Universitätsbibliothek: 119; - Merseburg, Deutsches Zentralarchiv, Abt. Merseburg: 79; - München, Archiv Max Hueber: 214; - München, Bayerisches Hauptstaatsarchiv: 293; - München, Bayerisches Nationalmuseum: 187; - München, Bruckmann Verlag: 37; - München, Deutsche Luftbild GmbH: 31; - München, Sammlung Gräfin Harrach: 472; - München, Wittelsbacher Bildersammlung: 262; - München-Riem, Bertram Luftbild: 27 unten (freig. Reg. v. Obb. G 41 30 929); - Münster, Archiv Bleckwenn: 122, 123, 422, 430, 435 oben, 437 oben und unten; - Münster, Stadtarchiv: 190; - Münster, Stadtmuseum (Foto Tomasz Samek): 193; - Münster, Westfälisches Landesmuseum für Kunst und Kulturgeschichte: 195, 352; - Nimwegen, Katholische Universität: 70; - Nürnberg, Germanisches Nationalmuseum: 86; - Ottobeuren (Allgäu), Hannes Oefele Verlag: 142; - Paris, Bilderdienst der Vereinigung der Nationalmuseen Frankreichs: 20, 40; - Paris, Nationalbibliothek: 19, 188, 237, 273; - Paris, Nationalmuseum: 60; - Pliezhausen, J. Feist: 25; -

St. Pölten, Herbert Fasching: 316; – St. Pölten, Stadtmuseum: 334, 347 unten, 357, 363; – Rees, Stadtarchiv: 217; – Regensburg, Museum der Stadt Regensburg: 104 oben, 109, 110, 111, 157; – Rotterdam, Atlas van Stolk: 243; – Salzburg/München, Archiv Michel: 143; – Schwäbisch Hall, Keckenburg Museum: 477; – Siegen, Fürstengruft: 68 oben; – Stockholm, Bengt Lundberg: 279; – Straßburg, Münzkabinett: 239; – Stuttgart, Landesbildstelle Württemberg: 169, 170; – Telfs, H. Linster: 311; – Ulm, Stadtarchiv: 118 oben; – Warschau, Marian Sokolowski: 285; – Weimar, Klaus G. Beyer: 209; – Wetzlar, Städtisches Museum: 115; – Wien, Alpenland: 172; – Wien, Archiv Herder: 259; – Wien, Bildarchiv der Österreichischen Nationalbibliothek: 160, 168, 179, 180, 269, 287, 309, 317, 319, 326 oben, 327, 329, 343, 344, 345, 348, 359 oben, 469 oben Mitte, 470; – Weimar, Klaus G. Beyer: 209; – Wien, Fotostudio Otto: 228; – Wien, Graphische Sammlung Albertina: 294, 342; – Wien, Haus-, Hof- und Staatsarchiv: 307; – Wien, Heeresgeschichtliches Museum: 251, 261, 325; – Wien, Historisches Museum der Stadt Wien: 246, 249, 250, 263 unten, 264, 349; – Wien, Kulturhistorisches Museum (Foto Udo Otto): 104 unten, 360; – Wien, Kunsthistorisches Museum: 469 oben links; – Wien, Museum der Stadt: 335, 361; – Wien, Österreichische Nationalbibliothek: 29, 347 oben, 544 f.; Wien, Stadtbibliothek: 320; – Wolfenbüttel, Herzog August Bibliothek: 213, 379, 390 oben und unten.

Publikationen

Der Adeliche Hofemeister, Frankfurt 1693: 314; – Bauer, Ernst W., Unser Land Baden-Württemberg, Stuttgart 1986: 226; – Benninghoven, Friedrich, Helmut Börsch-Supan, Friedrich der Große, Berlin 1986: 462, 475; – Bosch, L. v., Schauplatz des Krieges in den Vereinigten Niederlanden, Amsterdam 1675: 221 unten; – Besonders eurieuses Gespräch im Reiche der Todten, Frankfurt/Leipzig 1729: 394; – Boshof, Egon, Archiv für Kulturgeschichte, Bd. 65, Köln 1983: 95, 137; – Damals, Zeitschrift für geschichtliches Wissen, Heft 8, Aug. 1977: 176; – Deutsche Geschichte in zwölf Bänden, Bd. 3, Die Epoche des Übergangs vom Feudalismus zum Kapitalismus, Köln 1983: 395, 412, 434 unten, 463, 467 Mitte; – Drews, P., Der evangelische Geistliche in der deutschen Vergangenheit, Jena 1905: 322; – Ermatinger, Emil, Deutsche Kultur im Zeitalter der Aufklärung (Handbuch der Kulturgeschichte), Potsdam 1935: 87, 144, 145 oben und unten, 375, 398, 426 oben, 434 oben; – Esser, Karl Heinz, Deutsche Lande – Deutsche Kunst, München 1969: 76; – Freytag, Gustav, Bilder aus der deutschen Vergangenheit, Bd. III, Absolutismus und Aufklärung, Hamburg 1978: 72; – Die Grafen von Schönborn, Eine kunstbegeisterte Epoche rheinisch-fränkischen Barocks, Nürnberg 1988: 178; – Flemming, W., Deutsche Kultur im Zeitalter des Barock (Handbuch der Kulturgeschichte), Potsdam 1937: 240, 254; – Francke, A. H., Kurtzer und einfältiger Unterricht, Halle 1748: 396; – Francke, A. H., Segensvolle Fußstapfen, 3. Aufl., Halle 1709: 397; – Frédéric le Grand, Œuvres, Bd. XXVII, Berlin 1856: 402 oben; – Goetz, Walter, Das Zeitalter des Absolutismus (Propyläen Weltgeschichte), Berlin 1931: 34, 418; – Der große Kurfürst 1620-1688, Sammler, Bauherr, Mäzen, Katalog, Potsdam 1988: 67 oben und Mitte, 369; – Gutkas, Karl (Hrsg.), Prinz Eugen und das barocke Österreich, Salzburg 1985: 364; – Hinske, Norbert (Hrsg.), Halle – Aufklärung und Pietismus (Wolfenbütteler Studien zur Aufklärung), Wolfenbüttel 1988: 401; – Jacobeit, S. und W., Illustrierte Alltagsgeschichte des deutschen Volkes 1550-1810, Leipzig 1985: 411; – Kemp, Gérald von der, Versailles, Stuttgart 1979: 153; – Klassiker der Politik, Bd. 3, Severinus von Mozambano, Über die Verfassung des deutschen Reiches, Berlin 1922: 94; – Matsche, Franz, Die Kunst im Dienst der Staatsidee Kaiser Karls VI., New York/Berlin 1981: 358, 359; – Meinhardt, Günther, Die Universität Göttingen, Göttingen 1977: 173 links, 173 rechts; – Mittenzwei, J., Brandenburg-Preußen 1648-1789, Köln 1987: 85, 460 oben rechts, 460 unten, 471 unten; – Preußen, Versuch einer Bilanz, Ausstellungskatalog,Hamburg 1981: 384, 405, 409; – Oestreich, Gerhard, Friedrich Wilhelm - Der Große Kurfürst, Persönlichkeit und Geschichte, Göttingen 1971: 386; - Opgenoorth, Friedrich Wilhelm - Der Große Kurfürst von Brandenburg, Bd. I., Göttingen/Frankfurt/Zürich 1971: 383; - Pfeiffer, A., Der einfältige schlecht und rechte Baur-glaube, Meißen 1682: 136; - Reingrabner, Gustav, Protestanten in Österreich, Wien 1981: 315; - Rinderknecht, P., Baden, Baden 1979: 265 unten; - Schatzkammer Deutschland, Stuttgart 1970: 24; - Temmel, Leopold, Evangelisch in Oberösterreich, Linz 1982: 312 oben und unten; - Trevor-Roper, Hugh, Die Zeit des Barock (Europa und die Welt 1559-1660), München 1970: 150, 203; - Turba, Gustav, Die Pragmatische Sanktion, Wien 1913: 42; - 450 Jahre Martin-Luther-Universität, Halle/Wittenberg 1952: 402 unten; - Ziechmann, Jürgen, Panorama der fridericianischen Zeit, Bremen 1985: 399, 428 unten.

Die Karten und Graphiken wurden vom Freien Redaktions-Dienst Berlin erstellt.

Milliaria Germanica Communia
Milliaria Italica
Milliaria Hungarica
MARE GERMANICUM
REGNI GALLIÆ PARS
NIEDER SÆCHSISCHE
HERTZOGT MECKLENBURG
CRAIS
WESTPHÆLISCHE CRAIS
OBER SÆCHSISCHE
NIEDER RHEINISCHE CRAIS
OBER RHEIN CRAIS
FRANCKISCHE CRAIS
KŒNIGREICH BŒHMEN
SCHWABISCHER CRAIS
BAYRISCHE CRAIS
ERTZHERTZOGTHUM OSTERREICH
SCHWEITZER LAND
SAVOYA
PIEMONT
REPUBLICA DI GENOVA
VENETO
STATO DELLA CHIESA
GRAN-DUCATO DI TOSCANA
MARE LIGUSTICUM
MARE ADRIATICUM
MARE CORSICUM
CORSICA
SARDINIA
MARE SARDOUM
MARE TYRHENUM five THUSCUM
Valle di Mazara
SICILIA

Tabula Geographica Europae Austriacae – etwa 1724-1730, Kupferstich von Johann Christoph Homann

Die Verteilung der vom Hause Österreich beherrschten Länder vom Süden Italiens bis an die Nordseeküste und von den Alpenländern über Böhmen und die weiten Ebenen Ungarns hinweg bis zu den Gipfeln der Karpaten Transsylvaniens läßt die Spannweite der deutschen Geschichte im Jahrhundert der Höfe und Allianzen erkennen. Deutsche Geschichte war immer auch europäische Geschichte – weil deutsche Staaten in Europa machtpolitische Interessen hatten und weil die Nachbarn stets das Mächtespiel im Reich argwöhnisch beobachteten. Die im Südosten geballte Ländermasse der Habsburger, die mit Ausnahme der kurzen Zeitspanne von 1740 bis 1745 die Kaiserkrone trugen, offenbart auch die beiden Kardinalprobleme im Innern: die Ansammlung von Territorien und Herrschaftsrechten mußte zu einem modernen Gesamtstaat zusammengezwungen werden und dieser war in das rechte Verhältnis zu den übrigen Territorien und Staaten des Deutschen Reiches zu bringen.

Generalkarte der gesamten königlich-preußischen Länder, Darstellung des Kartographen J. D. Schleuen, 1750

Die verstreute Lage der Territorien und ein starker Herrscherwille waren die ausschlaggebenden Bedingungen für den Aufstieg Kurbrandenburgs zur Großmacht Preußen, des Staates, der in der neueren Geschichte Deutschlands und Europas eine prägende Rolle spielte. Da sich die Ländermasse vom Niederrhein im Westen bis zur Memel im Osten quer über den Norden des Reiches und des Kontinents erstreckte, sahen sich die Hohenzollernherrscher aufgerufen, in die deutschen und europäischen Dinge einzugreifen. Daß sie das mit solchem Erfolg taten, hing nicht zuletzt mit der Leistungs- und Leidensfähigkeit ihrer Untertanen zusammen. Gemeinsam »hungerte man sich hoch« und kämpfte auf dem Schlachtfeld für die Vision einer Großmacht. Auf der Karte ist Schlesien wie selbstverständlich den hohenzollerischen Ländern hinzugefügt. In Wahrheit galt der Besitz in den Augen vieler deutscher und europäischer Regierungen 1750 noch als Beute eines frechen Raubes. Ein weiterer Krieg war nötig, bis die Herzogtümer als preußische Provinz behauptet werden konnten. Damit war aber zugleich auch der Anspruch eingelöst, im europäischen Mächtespiel ernstgenommen zu werden.

MITTER NACHT
Breslau
DIE OST SEE
KÖNIGREICH
POHLEN
KÖNIGREICH
BRANDENBURG
BÖHMEN
MÄHREN
UNGARN
MORGEN
MITTAG
Rügen
Dantziger Rhede
Ausfluss der Weichsel
die 3 Ausflüsse der Oder
DANTZIG
PILLAU
BERLIN
DRESDEN
BRESLAU
WARSCHAU
LUBLIN
CRACAU
PRESBURG
Olmutz
Thorn
Culm
Gnesen
Posen
Kalisch
Sandomir
Radom
Novogrod
Pultnuck
Ciechanowiecz
Erklärung der Zeichen
Vestung oder bevestigte Stadt
grosse Stadt
Kleine Stadt
Amt
Dorf
Schloss
Universitat
Post-wege
Gemeine Teutsche Meilen
SEMPER HONOS NOMEN TUUM LAUDES MANEBUNT
Königsberg
Gott mit uns

Siedler Deutsche Geschichte

Das Reich und die Deutschen

Herwig Wolfram · Das Reich und die Germanen
Zwischen Antike und Mittelalter

Hans K. Schulze · Vom Reich der Franken
zum Land der Deutschen
Merowinger und Karolinger

Hans K. Schulze · Hegemoniales Kaisertum
Ottonen und Salier

Hartmut Boockmann · Stauferzeit und spätes Mittelalter
Deutschland 1125–1517

Heinz Schilling · Aufbruch und Krise
Deutschland 1517–1648

Heinz Schilling · Höfe und Allianzen
Deutschland 1648–1763

Die Deutschen und ihre Nation

Horst Möller · Fürstenstaat oder Bürgernation
Deutschland 1763–1815

Heinrich Lutz · Zwischen Habsburg und Preußen
Deutschland 1815–1866

Michael Stürmer · Das ruhelose Reich
Deutschland 1866–1918

Hagen Schulze · Weimar
Deutschland 1917–1933

Hans-Ulrich Thamer · Verführung und Gewalt
Deutschland 1933–1945

Adolf Birke · Nation ohne Haus
Deutschland 1945–1961

Umweltschutzhinweis:
Alle bedruckten Materialien dieses Taschenbuchs
sind chlorfrei und umweltschonend.

Siedler Taschenbücher erscheinen im Goldmann Verlag,
einem Unternehmen der Verlagsgruppe Bertelsmann.

1. Auflage
Vollständige Taschenbuchausgabe Oktober 1998

Redaktion: Ditta Ahmadi, Berlin
Umschlag: Design Team München
Umschlagmotiv: Friedrich Wilhelm I.
Satz: Bongé+Partner, Berlin
Printed in Austria 1998
ISBN 3-442-75523-9
Gesamtkassette: ISBN 3-442-90565-6